KB008985

복지자본주의냐
민주적 사회주의냐

복지자본주의냐
민주적 사회주의냐

2012년 3월 16일 초판 1쇄 찍음
2012년 3월 23일 초판 1쇄 펴냄

지은이 신정완

편집 김천희, 권현준
마케팅 박현이
표지 디자인 심신운
본문 디자인 디자인시

펴낸곳 (주)사회평론
펴낸이 윤철호

등록번호 10-876호(1993년 10월 6일)
전화 326-1182(영업) 326-1185(편집)
팩스 326-1626
주소 서울시 마포구 서교동 247-14 임오빌딩 3층
이메일 editor@sapyoung.com
홈페이지 www.sapyoung.com

ⓒ 신정완, 2012

ISBN 978-89-6435-516-9 93320

복지자본주의냐
민주적 사회주의냐

임노동자기금논쟁과 스웨덴 사회민주주의

신정완

정치권과 시민사회에서 '복지국가 논쟁'이 전개되면서 우리 사회에서도 스웨덴 모델이 크게 주목받고 있다. 한국 사회를 유럽식 복지국가, 특히 북구식 복지국가에 가까운 사회로 발전시켜가길 열망하는 사람들에게 스웨덴 사회는 거의 모든 면에서 모범적인 사회이자 우리가 추구해야 할 이상향으로 그려진다. 특히 최근 세계경제위기 와중에 미국과 영국 등 시장주의적 개혁을 주도한 나라들이 큰 곤경을 겪은 반면에 스웨덴, 덴마크 등 북구 나라들이 비교적 위기를 쉽게 극복할 수 있었다는 사실로 인해, 스웨덴을 필두로 하는 북구 사회에 대한 선호가 더 강해진 것 같다. 반면에 시장주의적 지향이 강한 보수적 인사들은 2006년과 2010년 스웨덴 총선에서 보수당을 중심으로 하는 부르주아 정당 연립정부가 구성되었으며, 1980년대 이후 스웨덴 모델이 시장주의적 성격을 다소 강화하는 방향으로 변모했다는 점을 거론하며 스웨덴식 복지국가 모델의 종언을 이야기한다.

필자는 기본적으로 스웨덴 모델과 이 모델 건설의 주역인 스웨덴 사회민주주의 세력에 대해 호의적인 입장을 갖고 있기 때문에, 우리 사회에서 스웨덴 모델에 대한 논의가 활성화된 것을 반가워 하고 있다. 그러나 스웨덴 모델에 대한 국내 논의를 살펴보노라면 스웨덴 모델의 지지자나 반대자 모두 스웨덴 모델에 대한 정확하고 폭넓은 지식이 부족한 상태에서 논의를 전개하는 경우를 종종 발견하게 된다. 또 스웨덴 모델의 여러 측면 중에서 본인의 논지에 유리한 부분만을 취사선택하여 논의를 전개하는 경우가 많다. 예컨대 스웨덴 모델 지지자들은 스웨덴 모델의 전성기인 2차대전 이후 60년대 말까지의 경험을 주로 언급하고, 스웨덴 모델에 호의적이지 않은 사람들은 1990년대 초에 스웨덴이 겪었던 금융위기나 그 이후의 시장주의적 개혁을 주로 강조한다.

스웨덴 모델의 공과를 균형 있게 평가하고, 그 긍정적 요소를 우리 사회가 수용할 수 있는 방안을 찾으려면 우선 스웨덴 모델의 형성·발전과정과 스웨덴 모델의 여러 측면들에 대한 폭넓은 지식이 필요하다. 이 책은 그런 점에서 스웨덴 모델에 대한 국내 논의에 어느 정도 기여할 수 있으리라 감히 기대한다. 이 책은 1970년대 중반에서 1980년대 초반에 걸쳐 스웨덴에서 전개된 '임노동자기금논쟁'을 분석하는 것을 주된 과제로 삼고 있지만, 임노동자기금논쟁이 발단된 배경을 살펴보는 과정에서 19세기 말에서 1970년대 중반까지 스웨덴 사회민주주의의 이념 발전사와 스웨덴 모델의 형성·발전사를 폭넓게 조명하였다. 또한 임노동자기금논쟁에서 주요 쟁점이 되었던 사안들이 논쟁 종결 이후에는 어떻게 전개되었는지를 확인하는 과정에서 1980년대 이후 1990년대 후반까지 스웨덴 모델의 변모과정을 추적하였다. 이 책을 정독하면 스웨덴 모델의 역사와 현황, 그리고 스웨덴 사회민주주의 세력의 이념과 정책에 관해 상당히 많은 지식을 얻을 수 있으리라 기대한다.

이 책은 2000년에 나온 필자의 책 『임노동자기금 논쟁과 스웨덴 사회민주주의』(여강출판사)의 개정판이다. 위 책은 1쇄를 발간한 후에 출판사의 사정으로 인해 절판되었다. 그런데 절판 이후에도 이 책을 구하려는 분들로부터 필자에게 종종 문의가 들어오곤 했다. 또 2011년 2학기에 필자가 근무하는 성공회대학교의 NGO 대학원 정치경제학과정에 '스웨덴 사회민주주의'라는 과목이 신설되어 필자가 강의를 맡게 되었는데, 이 강의의 주교재로 활용할 만한 적당한 책을 찾기 어려웠다. 그래서 2000년에 나온 필자의 책을 다시 발간해줄 출판사를 찾아보던 중에 사회평론사에서 개정판을 내주겠다고 제안하였다. 필자로서는 고마운 일이 아닐 수 없었다.

2000년에 나온 초판과 비교할 때 개정판에서는 다음과 같은 변화가 이루어졌다. 첫째, 초판이 나온 지 10년 이상의 시간이 경과했기 때문에 그간의 스웨덴 사회의 변화를 반영하여 내용을 수정·보완한 부분들이 있다. 이는 주로 3장 3절 후반부 서술에 반영되었다. 둘째, 초판의 내용 중 사실관계 서술에서 부정확한 부분들을 발견하여 수정하였다. 셋째, 편집방식상의 변화가 있다. 예컨대 주요 등장인물이나 주요 제도, 정당들에 대한 설명을 초판에서는 각주에 달았는데, 개정판에서는 본문 상자(box) 안에 담아내어 독자들이 읽기 쉽게 처리했다. 넷째, 문장과 용어를 전반적으로 다듬었다.

다른 출판사에서 이미 나온 책의 개정판을 기꺼이 발간해주기로 결정해주신 사회평론의 윤철호 사장님과 책을 잘 만들기 위해 교정과 편집에 힘써주신 권현준 씨께 감사드린다. 개정판이 나온 것을 계기로 삼아 앞으로 스웨덴 사회민주주의와 스웨덴 모델에 관해 더 좋은 글을 쓸 수 있도록 노력할 것을 다짐해본다.

2012년 2월
신정완

대부분의 책과 마찬가지로 이 책도 처음부터 순서대로 정독하는 것이 가장
좋다. 그러나 분량이 만만치 않은 데다 독자에 따라 시간 여유가 부족할 수
도 있고, 또 관심사가 서로 다를 수 있기 때문에, 독자에 따라 읽는 순서를
달리하거나 일부 내용을 건너뛰는 것이 나은 경우도 있을 것이다.

이 책은 주로 임노동자기금논쟁(이하 '기금논쟁')을 분석하고 있지만,
기금논쟁의 발단 배경을 이해하기 위해 I장에서 스웨덴 사회민주주의(이하
'사민주의')와 스웨덴 모델의 역사를 상당히 상세하게 설명하였고, III장의
'1) 배경' 및 '3) 논쟁 이후'에서도 스웨덴 모델의 여러 측면들에 대해 설명
하였다. 따라서 기금논쟁보다는 스웨덴 사민주의와 스웨덴 모델의 역사를
전반적으로 이해하는 데 관심이 많은 독자들은 I장을 먼저 읽고 나서 III장
의 '1) 배경'과 '3) 논쟁 이후'를 읽을 것을 권한다.

한편 임노동자기금논쟁이 도대체 어떤 논쟁이었으며 어떤 과정을 통
해 어떻게 귀결되었는지를 빨리 알고 싶은 독자의 경우엔 먼저 I장의 '스웨
덴 모델과 기능사회주의론'을 읽고 나서 II장을 읽으면 좋을 것이다. IV장의
경우엔 스웨덴 사회의 구체적 맥락과는 상당히 독립적으로, 대안적 경제체
제 모델 구상으로서 기금사회주의 모델의 타당성을 둘러싸고 전개된 이론
적 논쟁을 다루고 있으므로, 경제체제론적 논의에 관심이 적은 독자들은 건

너뛰어도 될 것이다. 책의 내용을 간단히 소개하면 다음과 같다.

 I장에서는 기금논쟁의 발단 배경과 쟁점을 심층적으로 이해하기 위한 예비적 분석으로, 기금논쟁이 전개되기 이전의 스웨덴 사민주의 운동의 이념과 정책의 역사를 종합적으로 설명, 분석한다. 우선 스웨덴 사민주의 운동의 이념 노선이 개혁주의 노선으로 정착하기까지의 이념발전의 궤적을 살펴보고, 이러한 개혁주의 노선이 정책과 제도로 구현된 결정체(結晶體)인 스웨덴 모델의 형성과정과 그 구조 및 작동원리를 분석한다. 또 1960년대 말 이후 스웨덴 노동운동의 급진화를 반영하여, 기금논쟁의 발단과 거의 동시에 공동결정제도가 도입되었는데, 이 제도가 도입되게 된 배경과 제도의 내용을 살펴본다. 마지막으로 기금논쟁 이전에 스웨덴 사민주의 진영으로부터 제안되었던, 기업 소유의 사회화 구상이나 이윤분배제도 구상, 노동자 자본형성 참여 구상을 소개하고, 이러한 구상들과 임노동자기금안의 내용을 비교한다.

 II장에서부터 기금논쟁에 대한 본격적 분석이 이루어진다. II장에서는 기금논쟁의 경과를 통시적(通時的)으로 설명하고, 기금논쟁에서 수요 이익단체들과 정당들이 취했던 입장과 전략을 분석한다. 즉 정치투쟁과정으로서의 기금논쟁을 분석한다. 기금논쟁은 LO와 사민당이 제안한 각종 임노동자기금안(이하 '기금안')을 중심으로 전개되었기 때문에, LO와 사민당이 제안한 각종 기금안의 내용을 상세하게 살펴보고, 여타 이익단체나 정당들이 제시한 정책대안들은 간략하게 살펴본다. 기금논쟁에서 이익단체나 정당들이 취한 입장을 분석함에 있어, 이러한 집단들의 이념적 성향과, 이들이 기금논쟁에서 취한 정치전략을 함께 고려하여 분석한다. 마지막으로 이익단체들과 정당들이 제안한 각종 정책대안들을, 좌우 이념적 스펙트럼 선상(線上)에 배치하여 서로 비교함으로써, 스웨덴 정치의 이념적 지형(地形)을 확인한다.

Ⅲ장과 Ⅳ장에서는 기금논쟁의 쟁점을 집중적으로 분석한다. 즉 담론 투쟁으로서의 기금논쟁을 분석한다. 기금논쟁을 발단시킨 LO의 기금안은, 스웨덴 모델의 한계와 문제점을 더욱 사회주의적인 방향으로 극복하겠다는 구상을 담고 있었다. 따라서 LO의 기금안에는 스웨덴 모델의 문제점에 대한 LO의 진단과 처방이 제시되어 있었다. 따라서 자연히 기금논쟁에서는, 스웨덴 모델의 문제점에 대한 기금안의 진단과 처방이 적절한 것이냐는 문제가 중요 쟁점이 되었다. Ⅲ장에서 분석할 문제가 바로 이것이다. Ⅲ장에서는 스웨덴 모델에 대한 평가를 중심으로 전개된 논쟁을 세 가지 문제군(群)으로 나누어 분석한다. LO가 추진해온 연대임금정책으로 인한, 고수익 기업의 초과이윤 취득 문제, 재산과 경제적 권력이 소수 사적 주주들에게 집중되어 있다는 문제, 1970년대 후반에 들어 뚜렷해진 스웨덴 경제의 침체를 극복하기 위한 적절한 방안이 무엇이냐는 문제를 둘러싸고 전개된 논쟁을 분석한다. 또 논쟁 이후 각각의 쟁점사안들이 실제로 어떻게 발전해 갔는지를 살펴본다. 마지막으로 이상의 분석에 기초하여, 스웨덴 모델의 발전 및 해체과정에서 기금논쟁이 차지하는 위치를 확인하고, 기금논쟁에 나타난, 스웨덴 사민주의의 딜레마를 점검해본다.

Ⅳ장에서는 기금안에 내장되었던, 자본주의에 대한 대안적 경제체제 모델인 기금사회주의(基金社會主義) 모델의 타당성 여부를 둘러싸고 전개된 논쟁을 분석한다. LO가 제안한 기금안은, 궁극적으로는 시장사회주의의 일종인 기금사회주의로의 체제이행을 통해, 스웨덴 모델의 한계를 극복하자는 제안이었다. 따라서 기금사회주의 모델의 타당성 여부를 둘러싸고 치열한 논쟁이 전개되었다. Ⅳ장에서는 이 논쟁을 크게 두 가지 문제 영역으로 나누어 분석한다. 하나는 기금사회주의 모델이 논리적으로 정합성을 가진 경제체제 모델이냐는 문제이고, 다른 하나는 기금사회주의로의 이행과정에서 발생할 수 있는 경제적 혼란을 극복할 수 있느냐는 문제다. 또 기금논쟁에서 사민주의자들 간에도 큰 입장 차이가 확인되어, 스웨덴 사민주의

운동의 이념적 스펙트럼을 선명히 보여주었다. IV장 말미에서는 기금논쟁에서 사민주의자들이 취한 입장을 세 가지로 대별하여, 각 입장이 젖줄을 대고 있는 이념적 뿌리와 이론적 자원의 성격을 분석한다.

마지막으로 V장에서는 이 책에서 이루어진 연구의 주요결과를 요약하고, 기금논쟁에 대한 분석을 통해 얻을 수 있는 시사점을 정리한다.

이 책은 기금논쟁의 참여주체인 주요 이익단체들과 정당들, 개별 논자들이 기금논쟁과 관련하여 출간한 자료들을 핵심적인 1차자료로 활동했다. 여기에는 각 집단들의 공식적 입장이 정리되어 있는 정책보고서, 각 집단들 내부에서의 교육과 토론을 위해 작성된 회람자료, 대중선전용 팸플릿, 정당들의 의회 발안, 기금문제를 둘러싸고 개최된 학술토론회들의 회의록, 개별 논자들의 논문과 저서, 기금문제를 다룬 국가연구위원회의 보고서인 SOU 자료 등이 포함된다.

국가연구위원회는 스웨덴의 독특한 제도로서, 의회나 행정부에 의해 발족, 운영되는 연구조직이다. 국가연구위원회에는 특정 현안을 둘러싸고 상이한 이해관계를 가진 이익 집단 및 정당들의 대표, 또 그 문제에 대한 전문가들이 모여 서로의 의견을 나눈다. 그리고 이해당사자들 간에 최종적으로 타협에 도달하게 될 경우엔, 연구위원회는 타협안을 보고서 형식으로 작성하여 정부에 제출한다. 이렇게 국가연구위원회에 의해 제출된 보고서는 Statens Offentliga Utredning(SOU; 국가의 공적 연구)이라는 타이틀로 출간된다. 국가연구위원회에서 다루는 문제들이 모두 정치적 성격이 두드러진 것은 아니다. 정부의 정책입안에 참고가 될 수 있는, 순수 전문과학적, 행정기술적 성격의 문제들도 다루어지며, 이럴 경우 연구위원회는 해당 분야의 전문가들에 의해 주도된다. 그러나 정부가 입안하는 정책이라는 것은, 대체로 상이한 인구 집단들에 대해 이익과 손실의 재분배를 초래하게 마련이므로, 많은 경우 해당 문제에 대한 이해당사자들의 대표들이 연구위원회에 참여하게 된다. 이렇게 이해당사자들이 주요 참여자가 될 경우엔, 연구위원회는 단순히 연구기능을 수행한다기보다는 이해당사자들의 상이한 입장을 조정하고 타협시키는 정치적 제도로서의 성격을 강하게 띠게 된다. 따라서 연구위원회가 정부에 제출하는 최종보고서는 이해당사자들의 상이한 이해관계가 조정, 타협된 내용을 담게 된다. 위원회 참여자들 사이에 끝내 타협에 이르지 못할 경우엔 다수 의견과 소수 의견이 각기 별도로 제시된 보고서가 작성된다. 이렇듯 국가연구위원회의 최종보고서는 이미 이해당사자들의 상이한 입장들이 조정, 타협된 내용을 담게 되므로 정부는 정책입안에 있어 국가연구위원회의 보고서에 크게 의지해왔다. 스웨덴 정치의 주요 특징의 하나로 조합주의적(corporative) 의사결정구조를 지적하는 논자들은, 조합주의적인 방식으로 의사결정이 이루어지도록 하는 대표적인 정치적 장치로 국가연구위원회를 거명해왔다. 또 스웨덴의 경우 대학교수 등 전문지식인들이 정부의 정책입안과정에 깊이 참여하는 편인데, 이들 전문지식인들의 핵심적인 참여통로가 바로 국가연구위원회다.

국가연구위원회는 연구의 결과를 SOU 보고서로 발표하는데 표기법은 다음과 같다. 예를 들어 이 책 참고문헌에는 SOU 1982:47, Löntagarna och kapitaltillväxten 10이라는 자료가 제시된다. 여기에서 'SOU 1982:47'은 1982년에 나온 SOU 보고서 47호를 의미하며, 'Löntagarna och kapitaltillväxten 10'은 이 보고서가 '임노동자와 자본성장' 문제를 다룬 국가연구위원회가 제출한 10번째 보고서라는 것을 의미한다.

또 이 책에서는 기금논쟁의 배경을 이해하기 위한 예비적 분석으로, 임노동자기금논쟁 이전의 스웨덴 사민주의의 이념과 정책의 발전 과정을 살펴볼 것인데, 이를 위해 사민당의 전당대회 회의록, LO의 각종 정책보고서 및 총회 회의록, 또 주요 사민주의 이론가들의 저술 등을 1차자료로 활용했다.

한편 문헌 자료 외에도, 애초의 임노동자기금안의 입안자인 마이드너

(Rudolf Meidner)와의 인터뷰 기록도 자료로 활용되었다. 마이드너는 LO 가 제출한 임노동자기금안의 입안책임자로서 기금논쟁의 중심 인물이다. Meidner의 스웨덴어식 발음은 '메이드네르'다. Meidner는 본래 독일 사람으로, 1930년대에 나치의 박해를 피해 스웨덴으로 이주했다. Meidner의 독일어식 발음은 '마이드너'로 여기서는 '마이드너'로 표기하기로 한다. 그는 1945년에서 1966년까지 LO에서 연구책임자로 일했으며, 이 시기에 LO의 독특한 임금정책인 연대임금정책을 발전시켰다.

마지막으로 이 책을 읽기 위해 알아두면 좋을 약어 목록을 정리했다.

ATP   allmänna tillägspension(일반보충연금); 스웨덴의 중추적 공적 연금제도

AP 기금   allmänna pension fonder(일반연금기금); ATP 기여금을 기금화한 것

LO   Landsorganisationen(전국조직); 생산직 노동자 노동조합 중앙조직

PTK   Privattjänstemannakartellen(민간 사무직원 카르텔); TCO와 SACO/SR에 속한 조합원들 중, 민간부문에 종사하는 사무직 임노동자들을 대표하여, SAF와 중앙단체교섭에 임하는 단체교섭 카르텔

SACO/SR   Sveriges akademikers centralorganisation/Statstjänstemännens riksförbund (스웨덴 고학력자 중앙조직/국가공무원 전국연합); 상위 사무·관리직 전문직 종사자, 고급공무원, 고학력 전문자유직 종사자들의 노동조합 중앙조직

SAF   Sveriges arbetsgivareförening(스웨덴 사용자연합); 전국적 차원의 사용자 총연맹

SAP   Sveriges socialdemokratiska arbetareparti(스웨덴 사회민주주의
          노동자당); 스웨덴 사회민주당

SKTF   Sveriges kommunaltjänstemannaförbund(스웨덴 콤뮨 사무직원
          연맹); 스웨덴의 기초 지방자치 행정기구인 콤뮨(kommun)에 종
          사하는 중하위 사무직 노동자들의 연맹으로 TCO에 속해 있음.

TCO   Tjänstemännens centralorganisation(사무직원 중앙조직); 중하
          위 사무직 노동자 노동조합 중앙조직

VF   Verkstadsförening(작업장연맹); 금속 및 기계공업 부문 사용자
          연맹

| 차례 |

| 세부차례 |

스웨덴 사회민주주의와
임노동자기금논쟁

우리의 질문은 두 가지로 압축된다. LO(중앙 노동조합)는 무엇 때문에 임노동자기금안이라는 급진적 구상을 제출하게 되었는가? 국제적으로 사민주의 운동의 놀라운 성과물로 평가되어오던 스웨덴 모델의 틀을 계속 유지하지 않고, 임노동자기금안이라는 형태로 본격적인 생산수단 소유의 사회화 프로젝트에 착수한 이유는 무엇인가?

둘째, LO의 시도는 왜 좌초되었는가? 역사상 최초로 민주적이고 평화적인 방식으로 시도되는 사회주의 이행 프로젝트였으며, 스웨덴 내외의 좌파 사민주의자들로부터 큰 기대를 모았던 최초의 임노동자기금안의 무산된 이유는 무엇인가?

세계사적 차원에서 보자면, 1980년대 이후 현재까지의 시기는 전 세계적 범위에서 사회주의의 패배의 시기로 기억될 수 있을 것이다. 무엇보다도 소련에서 70여 년간, 동구에서 40여 년간 존속해왔던 현실 사회주의 체제가 1980년대 말에서 1990년대 초까지 반(反)공산주의 인민혁명이라는 가장 극적인 방식으로 완전히 붕괴했다. 소련-동구 사회주의의 붕괴처럼 극적인 패배를 경험한 것은 아니더라도, 서구의 사회민주주의(이하 '사민주의')에 있어서도 1980년대 이후의 시기는 퇴조의 시기로 기억될 것이다. 물론 외형적으로 사민주의는 여전히 건재해 보일 수 있다. 현재에도 여전히 많은 나라들에서 사민주의 정당들이 집권하고 있거나, 적어도 강력한 야당의 지위를 유지하고 있기 때문이다. 그러나 사민주의 정당의 집권 여부에 관계없이 어디에서나 탈규제, 복지국가의 축소 등 경제정책 및 사회정책의 자유주의화가 지배적 경향으로 관철되어가고 있다. 가속화하는 자본운동의 지구화(globalization)로 인해 국민국가 차원에서의 사민주의적 개입정책의 여지가 크게 축소된 데다, 그간의 사민주의 정책이 낳은 많은 문제들이 겹쳐 서구 사민주의 역시 고전을 면치 못하고 있다.

우리나라 사회과학계 일각에서 사민주의에 대한 관심이 일기 시작한 것은 비교적 최근의 일이다. 물론 무엇보다도 소련-동구 사회주의의 몰락

이 가장 결정적인 이유로 작용했다. 1980년대에 들어 우리나라 사회과학계에서 진행된 가장 두드러진 사건은 마르크스주의의 수용 및 확산일 것이다. 그러나 국제적인 기준에서 보면 아주 늦게 찾아온, 한국에서의 '마르크스주의 르네상스'는 소련-동구 사회주의의 붕괴로 인해 급속히 위기 국면으로 들어서게 되었다. 소련-동구형 국가사회주의 체제가 자본주의에 대한 대안적 경제체제 모델로서의 매력을 상실하게 되었을 뿐 아니라 이념과 이론체계로서의 마르크스주의에 대한 신뢰 역시 급속히 약화되었다.[1] 이렇게 소련-동구 사회주의의 붕괴가 가져다준 이념적 혼돈 속에서, 우리 사회과학계의 일각에서 서구 사민주의에 대한 관심이 일기 시작했다. 적어도 서구 사민주의는 정치적 민주주의와 공존해왔으며, 적지 않은 한계에도 불구하고 나름대로 사회주의적 요소들을 내장(內藏)해왔으며, 또 이를 정책으로 구현해왔다는 점에서 의미 있는 대안으로 재인식되기 시작했다. 소련-동구 사회주의의 붕괴 외에도 국내 정치상황의 변화도 사민주의에 대한 관심을 일게 한 또 하나의 요인으로 작용했다. 군사정권과 민주화운동 세력 사이의 전면 대치라는 오랜 정치적 대립 구도가 해소되고 자유민주주의적 질서의 기본 틀이 확립되어가는 국내의 정치상황은, 급격한 변혁보다는 점진적 개혁을 통해 사회구조를 변화시켜가려는 사회운동 노선을 더 설득력 있는 노선으로 대두시켰다. 따라서 자본주의 틀 내에서 개혁의 축적에 노력을 집중해온 서구 사민주의의 경험이 의미 있는 연구대상으로 떠오르게 되었다.

특히 스웨덴 사민주의의 경우, 사민당의 장기집권에 기초하여 매우 안정적이고 지속적으로 개혁정책을 추진해왔다는 점에서 사민주의의 대표적

---

1 물론 소련-동구 사회주의의 붕괴에 대한 우리나라 사회과학 연구자들의 반응이 모두 똑같은 것은 아니다. 소련-동구 사회주의의 공식적 지도이념으로 기능해온 마르크스주의 자체에 대한 회의와 기각으로 나아간 연구자들도 있지만, 마르크스주의와 소련-동구 현실 사회주의체제를 엄격히 구분하고, 이념과 이론체계로서의 마르크스주의는 여전히 큰 생명력을 가질 수 있다고 보는 연구자들도 있다. 그러나 마르크스주의와 소련-동구 사회주의 사이의 관계를 구명하는 일이 이 책의 관심사는 아니다.

성공사례로 주목을 끌었다. 만일 사민주의운동이 개혁의 축적을 통해 궁극적으로는 복지자본주의(welfare capitalism)를 넘어 자본주의와 구별되는 새로운 유형의 경제체제로의 이행을 달성할 수 있다면, 스웨덴 사민주의 운동이야말로 가장 먼저 이를 달성할 수 있으리라 기대되기도 하였다.

그러나 이렇게 우리가 스웨덴 사민주의에 대해 관심을 가지게 된 시점은, 이미 스웨덴 사민주의 운동의 경제-사회 운영 모델이었던 '스웨덴 모델'[2]의 해체 과정이 거의 마무리되어가던 시점이었다. 스웨덴 모델은 이미 1960년대 말부터 위기의 조짐을 나타내기 시작했고, 1980년대에 와서는 스웨덴 모델의 중추적 요소의 하나였던 생산직 노동자 중앙 노동조합조직인 LO[3]와 전국적 차원의 사용자단체인 SAF[4] 간의 중앙단체교섭[5] 전통이 깨

2　스웨덴 모델에 대한 자세한 설명은 I장 2. 스웨덴 모델과 기능사회주의론 참조.

3　LO는 Landsorganisationen(전국조직)의 약자로, 주로 생산직 노동자들을 포괄하는 전국적 차원의 중앙 노동조합조직이다. LO는 1898년에 결성된 이래, 스웨덴 사민당(SAP: Sveriges socialdemokratiska arbetareparti: 스웨덴 사회민주주의 노동자당)과 긴밀한 협력, 공생관계를 유지해왔다. 그리하여 LO와 사민당은 스웨덴 사민주의 운동의 두 날개라 불려왔다.

4　SAF는 Sveriges arbetsgivareförening(스웨덴 사용자연합)의 약자다. SAF는 1898년에 결성된 LO를 상대로 하여, 노사 간 단체교섭에서 사용자들의 이익을 대변하는 조직으로서 1902년에 결성되었다. LO가 생산직 노동자의 대다수를 포괄하는 거대한 조직인 것과 유사하게, SAF는 민간경제 부문의 수많은 사용자들을 포괄하는 거대 조직이다. 임노동자기금논쟁이 진행 중이던 1979년 현재 SAF의 회원 기업 수는 3만 7천 개에 달했으며, 이들 회원 기업들에 고용된 임노동자 수는 131만 5천 명에 달했다. SAF에는 스웨덴을 대표하는 거대 기업들과, 중소기업들이 함께 포괄되어 있다. 1979년 현재 SAF 회원 기업 중 종업원 수 25인 이하의 중소기업이 차지하는 비중이 80%에 달하는 것으로 나타났다. 그러나 스웨덴 경제의 높은 집중 수준을 반영하여, SAF 회원 기업에 종사하는 임노동자 중 종업원 수 500인 이상 대기업에 종사하는 임노동자들의 수가 65만 명으로, SAF에 포괄된 기업들의 임노동자 총수의 절반에 해당하는 것으로 나타났다. SAF의 가장 기본적인 역할은 LO 등 중앙 노동조합 조직들을 상대로 중앙단체교섭을 체결하는 것이지만, 재계의 이익을 대변하여 정부의 경제 정책이나 사회여론에 영향을 미치는 일도 SAF의 중요한 역할로 자리 잡아왔다.

5　중앙단체교섭이란 전국적 차원에서 중앙집권적으로 조직된 노동조합과 사용자단체 간에 행해지는 단체교섭을 말한다. 스웨덴의 중앙단체교섭에 대한 자세한 설명은 이 책 I장 2.

지는 등 모델의 해체가 일관되게 진행되었다. 더욱이 1980년대 이후엔 사민당 정부가 앞장서 자유주의화 노선을 추진해왔고, 이러한 경향은 1994-2006년 기간에 집권한 사민당 정부하에서 더욱 뚜렷하게 확인되었다. 복지국가의 축소, LO의 영향력 약화 등을 사민당 정부가 앞장서 추진해왔다. 물론 스웨덴 모델의 모든 요소가 완전히 사라졌다고 할 수는 없겠으나 종합적인 경제-사회 운영 모델로서의 스웨덴 모델은 이미 오래 전에 사라졌다고 할 수 있다.

이 책에서 살펴보려고 하는 임노동자기금논쟁[6](이하 '기금논쟁')은 스웨덴 사민주의의 이념 및 정책의 발전 과정에서 큰 분수령 역할을 한 사건이다. 1976년에 LO가 제출한 임노동자기금안(이하 '기금안')은 이미 위기의 조짐을 보이기 시작한 스웨덴 모델의 한계와 문제점을 더욱 사회주의적인 방식으로 해결하기 위한 것이었다. 애초의 기금안은 다음 세 가지 목표를 달성하기 위한 것이었다.

첫째, 스웨덴의 독특한 임금제도로서 그동안 LO가 적극적으로 추진해온 연대임금정책(스웨덴어 den solidariska lönepolitik / 영어 the solidaristic wage policy)[7]이 낳은 부작용인, 고수익 기업의 초과이윤 취득 문제를 해소

스웨덴 모델과 기능사회주의론 참조.

6 '임노동자기금'은 스웨덴어 löntagarfonder를 번역한 것이다. 우선 löntagar는 영어의 wage earner에 해당되는 용어인데, 이를 '임노동자'라 번역하는 것이 통례화된 것으로 판단되어 이를 따랐다. fonder는 영어의 funds에 해당되는데, 우리말의 경우 복수형 접미사 '들'을 생략하는 것이 자연스럽고 편리한 경우가 많다. 이 경우도 그에 해당된다고 판단되어 '기금'으로 번역하기로 했다. löntagarfonder의 영어 번역어로는, 직역에 해당되는 wage earners' funds나, 그 내용을 살리는 데 주안점을 둔 표현인 employee investment funds가 사용되어왔다.

7 연대임금정책에 대한 자세한 설명은 I장 참조. 한편 앞으로 별다른 설명 없이, /를 사이에 두고 괄호 안에 두 개의 외국어가 표기될 경우, 앞의 것은 스웨덴어이고 뒤의 것은 영어이다.

한다는 것이었다. 연대임금정책은 LO가 강력하게 추진해온 스웨덴 특유의 임금정책이다. 정책의 핵심은 동일한 노동에 종사하는 노동자들의 경우에 그들이 속한 기업의 수익성이나 임금지불능력 수준에 관계없이 동일 임금을 적용받도록 한다는 것이다. 즉 '동일 노동, 동일 임금' 원칙에 기초한 임금정책을 말한다. 따라서 연대임금정책은 대체로 수익률이 높은 기업에 종사하는 노동자들에게는 불리하게 작용하며, 수익률이 낮은 기업에 종사하는 노동자들에게는 유리하게 작용한다. 또 수익률이 높은 기업의 자본가에게는 유리하게 작용하며, 수익률이 낮은 기업의 자본가에게는 불리하게 작용한다. 연대임금정책은 고수익 기업에 종사하는 노동자들에게는 임금인상억제정책적 성격을 띠었기 때문에, 이들은 연대임금정책에 불만을 갖고 있었다. 그러다가 1971년 LO 총회에서 주로 고수익 부문을 포괄하는 금속노조[8]의 산하 지부들이, 연대임금정책으로 인해 그들이 속한 기업이 초과이윤을 누리게 된다는 점을 문제 삼았고, 이 문제에 대한 해결책을 마련해줄 것을 LO 지도부에 요청해왔는데, 이것이 기금안이 나오게 된 가장 직접적인 배경으로 작용한 문제였다.

둘째, 그동안 사민당과 LO가 추진해온 거대 기업 위주의 성장주의적 경제정책의 부작용을 해소한다는 것이었다. 앞으로 자세히 살펴보겠지만, 1950년대 이후 스웨덴 사민주의 세력이 추진해온 경제정책은 성장잠재력이 높고 국제시장에서 경쟁하는 거대 기업들에 유리하게 짜여졌다. 이에 따라 거대 기업의 주식을 집중적으로 소유한 소수 사적 거대 주주들에게 주식재산과 경제적 권력이 과도하게 집중된다는 문제가 초래되었다. 1960년

---

8 금속노조(Svenska Metallindustriarbetareförbundet 스웨덴 금속산업노동자연맹. 흔히 'Metall'로 약칭됨)는 1888년에 결성되었으며, LO의 창립(1898년)에 적극적으로 참여했다. 이후 금속노조는 LO의 중심 세력 역할을 담당해왔으나, 1980년대에 들어 LO와 SAF 간의 중앙단체교섭체계로부터 이탈하여, 금속 및 기계공업 사용자연맹과 산업별 단체교섭에 응함으로써, LO의 역량 약화의 주된 요인을 제공하였다.

대 후반 이후 노동운동의 급진화 추세 속에서 거대 기업으로 경제력이 집중되고 거대 사적 주주들에게로 재산 및 경제적 권력이 집중되는 문제가 노동조합 활동가들로부터 비판받게 되었다. 기금안은 이러한 재산과 경제적 권력의 집중을 억제하는 것을 또 하나의 중요한 목표로 삼았다.

셋째, 그동안 스웨덴 사민주의 세력이 분배정책에 치중하느라 소홀히 해온 경제생활에 대한 의사결정 문제에서 임노동자들의 영향력을 획기적으로 증대시키겠다는 것이었다.

이러한 목표들을 달성하기 위한 방안으로 LO는 민간 대기업들의 이윤의 일부를 신규발행주식의 형태로, 노동조합을 매개로 하여 임노동자 집단 전체 차원에서 소유·관리하는 임노동자기금에 매년 자동적으로 이전시킨다는 임노동자기금안을 제출했다. 임노동자기금에 적립되는 이윤은 현금이 아니라 신규발행주식의 형태를 띠며, 주식시장에서 거래되지 않고 기금에 동결되도록 했다. 또 개별 임노동자들에게 개인 지분의 형태로 분배되지 않고, 개별 임노동자들에게 배당소득을 제공하지도 않으며, 오직 임노동자 집단 전체 차원에서 소유·관리되도록 했다. 따라서 임노동자기금에 적립된 자금은 외부로 유출되지 않고, 기금 내에 계속 적립되기만 할 것이기 때문에, 이 기금안이 그대로 시행된다면 몇 년 지나지 않아 노동조합을 매개로 하여 임노동자 집단이 소유·관리하는 임노동자기금이 대다수 기업에서 최대 주주가 되도록 설계되었다. 그리고 이렇게 이삼십 년이 지나면 임노동자기금이 대다수 기업의 주식의 과반수를 소유하게 될 것으로 예측되었다. 주로 분배문제에 노력을 경주하고, 생산수단의 소유문제를 건드리지 않던 스웨덴 사민주의의 오랜 전통에 비추어 볼 때, LO의 기금안은 이례적으로 급진적인 것이었다. 기금안이 나오자 스웨덴 국내외의 많은 사회과학자들은 이제 스웨덴 사민주의 세력이 그간의 개혁정책의 성과를 토대로 하여 복지자본주의를 넘어 민주적 사회주의로의 이행을 본격적으로 추진하게 되었다고 판단했다.

기금안이 제출된 이후, 스웨덴 사회는 거센 논쟁과 정치적 격돌의 회오리에 휘말려들게 되었다. 모든 정당들과 주요 이익단체들이 기금안에 대해 그들의 입장을 표명했고, 많은 학자들이 논쟁에 개입했다. 1983년엔 기금 도입에 반대하는 7만 5천 명의 시민들이 스톡홀름에서 반대 시위를 하는, 전후 스웨덴 정치사상 초유의 사건까지 발생했다.

이렇듯 여러 해에 걸쳐 스웨덴 사회를 뜨겁게 했던 기금논쟁은 1983년 말에 사민당 정부가 제출한 임노동자기금 입법안이 의회를 통과하는 것으로 종결되었다. 그러나 이렇게 의회를 통과하여 실제로 시행된 기금안은 비록 '임노동자기금'이라는 명칭은 유지하고 있었지만, LO가 애초에 제출한 기금안과는 전혀 다른 내용을 담고 있었다. 실제로 입법화된 기금안은 임금 인상 억제를 최우선적 목표로 삼고 있었으며, 기업 소유의 사회화라는 애초의 기금안의 급진적 내용을 완전히 배제시킨 것이었다.

이렇듯 애초의 기금안이 거센 논쟁 과정에서 여러 차례의 수정을 거쳐 그 급진적 성격을 잃어가는 과정은, 동시에 스웨덴 사민주의의 노선이 자유주의 쪽으로 경도(傾倒)되어가는 과정이기도 했다. 스웨덴 모델의 한계와 문제점을 더욱 좌파적인 방식으로 해결하기 위한 대안으로서 제출된 애초의 기금안이 포기된 후, 남은 대안은 자유주의적인 방향으로 스웨덴 모델의 문제점을 해결하는 길이었다. 6년간의 야당생활을 마치고 1982년 말에 재집권한 사민당은 스웨덴 경제의 침체를 해소하기 위한 대안으로 '제3의 길' 정책[9]을 내건다. 민간 기업들의 수익성 제고를 통해 경제성장을 촉진한다는, 자유주의적 성격이 뚜렷한 정책 노선이었다. 그리고 이러한 자유주의적 정책기조는 현재까지 이어지고 있다.

9 '제3의 길' 정책에 대한 자세한 설명은 pp. 246-248, 464-472 참조.

그런 점에서 볼 때 기금논쟁은 스웨덴 사민주의의 이념 및 정책의 발전 과정에서 클라이맥스를 이룬 사건이라 할 수 있다. LO가 제출한 애초의 기금안은 스웨덴 사민주의의 급진주의적 잠재력이 그 절정에서 표출된 사례로, 적어도 스웨덴 사민주의 진영 일부에서는 생산수단 소유의 사회화라는 고전적인 사회주의적 기획을 포기하지 않았다는 점을 보여준 사례라 할 수 있다. 또 생산수단 소유의 사회화라는 급진적인 기획이 핵심적인 정치 현안으로 대두될 수 있었다는 사실 자체가 스웨덴 사민주의 세력의 정치적 역량이 매우 강고했음을 보여준다. 반면에 애초의 기금안이 사민주의 주류의 회의적 태도와 부르주아 진영의 거센 저항 속에서 점차 그 급진적 내용을 잃어가는 과정은, 그동안 봉합되어온 스웨덴 사민주의 진영 내부의 이념적 갈등을 적나라하게 노출시키는 과정이었다. 또한 사민당의 오랜 집권에도 불구하고 부르주아 진영이 시민사회 내에서 보유해온 다양한 권력자원(權力資源)[10]의 우위를 보여주었다. 요컨대 스웨덴 사민주의 진영은 기금안이라는 급진적 기획을 정치 현안으로 대두시킬 수 있을 만큼 정치적으로 강력하였지만, 이를 관철시키기에는 역부족이었던 것이다.

기금논쟁은 스웨덴 사민주의에 대한 연구의 흐름에도 큰 영향을 미쳤다. 기금논쟁이 개시되기 전에는, 스웨덴 사민주의 세력이 전형적인 자본주의와 국가사회주의 사이의 '중간의 길'(the middle way)[11]을 걸어왔다는 견해가 널리 받아들여졌다. 그러다 LO의 기금안이 제출되자, 이제 스웨덴 사민주의 세력이 점진적 방식으로, 스웨덴 사회를 복지자본주의를 넘어 민주적 사회주의로 이행시켜가고 있다는 견해가 강력하게 대두되었다. 그러나

10 여기에서 권력자원(power resource)이란 권력을 증대시키는 요소들을 의미한다. 예컨대 노동계급의 권력자원을 나타내주는 주요 지표로는 노동계급의 수, 노동조합 조직율, 노동계급의 이익을 정치적으로 대변하는 정당의 존재 및 역량 등을 들 수 있다.
11 스웨덴 사민주의의 노선을 가리키는 유명한 용어인 '중간의 길'(the middle way)이라는 용어를 유행시킨 책은 미국의 저널리스트 차일즈(Marquis W. Childs)가 쓴 *Sweden: The Middle Way* (New Haven; Yale Univ. Press)다. 이 책의 초판은 1936년에 간행되었다.

기금논쟁이 종결된 이후엔, 스웨덴 사민주의의 구조적 한계를 강조하는 견해가 주류를 이루고 있다.

임노동자기금을 통해 기업 소유의 사회화를 추진하려 했던 스웨덴 사민주의 좌파나, 이의 가능성에 기대를 걸었던 스웨덴 내외의 연구자들의 입장에서 보면, 기금논쟁은 완전한 실패로 귀결되었다고 할 수 있다. 1983년에 입법화되어 시행된 기금안은 애초의 기금안과는 전혀 성격이 다른 것이었을 뿐 아니라, 그나마 이후 7년간의 기금 적립이 끝나자, 당시 집권 부르주아 정당들에 의해 기금제도 자체가 완전히 해체되었다. 그동안 적립된 그리 크지 않은 규모의 기금자금은, 몇몇 학술연구 프로젝트의 지원 등 임노동자들의 이익과 직접적 관계가 없는 사업들에 사용되어왔다. 또 가까운 장래에 기업 소유의 사회화를 위한 기금 도입이 스웨덴에서 정치적 의제로 다시 논의될 가능성은 거의 전무하다고 판단된다.

이렇듯 애초의 기금안 주창자들의 의도라는 측면에서 보면 완전한 실패로 귀결된 기금논쟁을 여기서 분석하고자 하는 것은 다음과 같은 이유 때문이다.

첫째, 기금논쟁에 대한 분석은 그간의 스웨덴 사민주의 운동의 경제-사회 운영 모델이었던 스웨덴 모델의 작동방식과 그 문제점을 잘 이해할 수 있게 해준다. 기금논쟁은 기본적으로 스웨덴 모델의 위기의 산물이다. LO가 기금안을 제출한 것은, 스웨덴 모델의 성과에 기초하면서도 그 부작용을 해소하고 그 한계를 극복하기 위한 것이었다. 따라서 LO의 기금안에는 스웨덴 모델에 대한 LO의 평가가 압축되어 있다. 이렇게 기금논쟁을 촉발한 LO의 기금안이 스웨덴 모델에 대한 특정한 해석과 평가에 기초해 있었으므로 기금 도입에 반대했던 이익단체 및 정당, 개별 논자들의 반대 논변 역시 스웨덴 모델에 대한 나름의 해석과 평가를 수반하지 않을 수 없었다. 그런 점에서 기금논쟁은 스웨덴 모델 논쟁이기도 하다. 또 앞으로 자세히 살펴보겠지만 기금논쟁 자체가 스웨덴 모델의 해체를 가속화시킨 면도 있다. 따라서 기금논쟁에 대한 분석을 통해 국제적 수준에서 사민주의운동의 최량의 제도적 성과물로 인정받아왔던 스웨덴 모델이 어떠한 구조적 문제점을 안고 있었으며, 또 왜 해체되어갔는지를 분명히 이해할 수 있다.

둘째, 기금논쟁은 자본주의에 대한 대안적 경제체제의 모색이라는 측면에서 관심을 끈다. LO가 제출한 애초의 기금안은 지금껏 서구 사민주의 진영에서 매우 희귀하게 제기된, 기업 소유의 사회화 기획 중에서도 대표적 사례라 할 수 있다.[12] 사실 이윤분배제도에 기초하여 임노동자들이 소유, 관리하는 자본을 형성한다는 계획은 스웨덴에 앞서 많은 서구 나라들과 미국에서 이미 제기되고 또 시행된 바 있다. 그러나 이러한 이윤분배제도는 주로 임금인상 억제를 통한 물가안정이라는 안정화정책적 목표나 투자재원 부족을 해소하기 위한 추가적 자본형성이라는 성장정책적 목표를 주된 동기로 삼은 경우가 많았고, 재분배정책적 동기를 가졌던 경우에도 주로 개인적 차원에서의 재산 분배의 균등화를 주된 동기로 삼았다.[13]

---

12 물론 각국의 사민주의 정당들은 이미 20세기 초부터 몇몇 산업 및 기업의 국유화를 추진했고, 또 상당 부분 실현시켰다. 그러나 국유화된 기업들은 채산성이 낮아 국가의 개입 없이는 도산 위기에 직면해 있던 것들이거나, 철도나 전화, 전신산업처럼 자연독점적 성격이 강하거나 공익성이 강한 산업, 또는 군수산업처럼 국가의 강한 통제가 요구되는 산업에 속한 것들이었다. 따라서 이러한 산업 및 기업들의 국유화는 흔히 부르주아 정당들에 의해서도 추진되며 특별히 사회주의적인 의미를 갖고 있지 않다. 이에 반해 LO가 임노동자기금 도입을 통해 그 소유를 사회화하려 한 기업들은 대부분의 민간 대기업들이었다.

13 스웨덴 이외의 나라들에서 시도되거나 제안된, 각종 이윤분배제도 및 임노동자 자본소유 참여방안의 사례들에 대한 상세한 연구로는 D'Art (1992) 참조. 또 개괄적 소개로는 Eidem, Rolf, & Berndt Öhman (1979: 1-37), Meidner (1981: 12-21) 참조.

스웨덴의 기금안을 제외하고, 임노동자 집단을 주식 소유에 참여시킴으로써, 기업에 대한 임노동자들의 영향력을 강화시키는 것을 핵심적 목표로 삼았던 유일한 사례는 덴마크의 '경제민주주의'안이다. 덴마크의 경제민주주의안의 내용은 스웨덴의 기금안의 내용과 유사한 점이 많으며, 경제민주주의안을 둘러싸고 전개된 논쟁의 양상도 스웨덴에서의 기금논쟁과 비슷한 점이 많다. 덴마크의 경제민주주의논쟁은 스웨덴의 기금논쟁보다 몇 년 먼저 시 스웨덴의 기금안의 예외적으로 급진적인 내용 외에도, 스웨덴 내외의 연구자들이 기금안에 큰 관심을 기울이게 된 또 하나의 핵심적 이유는 스웨덴 사민주의 세력의 조직적, 정치적 역량의 단단함에서 찾을 수 있다. 기금안을 제출한 LO는 당시 생산직 노동자의 90% 정도를 포괄하는 강력한 조직이었으며, 스웨덴 사민당은 서구 사민주의 정당들 중 최장기집권을 기록한 정당이었다. 게다가 스웨덴 사민주의 세력은 장기집권에 기초하여 서구 사민주의 세력 중에서 가장 성공적으로 사회경제구조의 심원(深遠)한 개혁을 달성한 것으로 평가되어왔다. 따라서 기금안의 성공가능성도 그만큼 높게 평가될 수 있었다. 또한 기금안은 그간의 스웨덴 사민주의 운동의 경제-사회운영 모델이었던 스웨덴 모델을 완전히 백지화시키자는 것이 아니라, 스웨덴 모델의 성과를 보존하면서도 그 한계와 문제점을 극복하려는 것이었으므로 그만큼 신뢰성이 큰 매력적인 기획으로 평가될 수 있었다.

애초의 기금안은 생산물시장과 노동시장이 완전하게 기능하고, 자본시장은 약간의 변용을 거친 채 작동하는 시장경제 질서와 종래의 복지국가의 존속을 전제로 한다. 또 사적 주주들의 참여가 보장되는 주식회사형 회

작되었다. 1967년 덴마크 노동조합총연맹(LO) 총회에서 작업장 민주주의 문제에 관한 보고서가 제출된 것이 직접적 시발점이었다. 이후 경제민주주의논쟁은 많은 굴곡을 겪으며 복잡하게 전개되었으나, 여러 번에 걸쳐 의회에 제출된 경제민주주의에 관한 입법안들이 번번이 의회에서 부결되어, 아무런 구체적인 결실을 맺지 못하였다. 덴마크의 경제민주주의안과 스웨덴의 기금안을 비교해 볼 때 눈에 띄는 대표적 차이로는 다음과 같은 것들을 들 수 있다. 첫째, 스웨덴의 기금안은 여러 번의 수정을 거치면서도, 개별 임노동자들에 의한 지분 소유 및 배당 수취를 배제하고, 임노동자 집단 전체에 의해 기금이 소유, 관리된다는 집단주의적 성격을 일관되게 유지했다. 그러나 경제민주주의안의 경우에는 초기에는 이러한 집단적 소유·관리의 원칙에 충실했으나, 1973년 이후에는 개별 임노동자들에 의한 지분 소유 및 배당 수취를 중추적 구성요소로 삼았다. 둘째, 스웨덴의 기금안은 개별 기업 수준뿐 아니라 산업이나 지역, 더 나아가 국민경제 전체 차원에서 임노동자 집단의 영향력 행사를 중요한 목표로 삼았으나, 경제민주주의안은 개별 기업 수준에서의 영향력 행사에 초점을 맞추었다. 덴마크의 경제민주주의안에 대한 개괄적 소개로는 D'Art (1992), Ch 5, 또 Eidem, Rolf, & Berndt Öhman (1979: 24–35), 또 Esping-Andersen (1985: 302–305) 참조.

사 형태를 전제로 하면서도 노동조합에 의해 소유, 관리되는 기금이 대다수 민간 대기업의 지배주주로 기능하게 되는 독특한 경제체제를 구상하였다. 물론 LO의 기금안은 그저 구상으로 끝났기 때문에, 기금안에서 구상되었던 경제체제 모델은, 실제로 수십 년간 존속했던 현실 사회주의 경제체제와 같은 역사적 무게를 가질 수는 없다. 그러나 다른 한편으로는 종래의 소련-동구형 국가사회주의 체제나 유고형 노동자 자주관리기업 체제, 또 헝가리 등 일부 동구 나라들에서 잠시 실험된 바 있었던 국가-시장 혼합형 사회주의 체제 등, 기존의 모든 사회주의 경제체제가 실패했다는 사정을 고려하면, LO가 제출한 기금안에서 구상되었던 경제체제 모델에 더욱 관심을 가지게 된다. 또한 기존의 모든 사회주의 경제체제는, 프롤레타리아 혁명을 통해 노동계급이 생산수단을 실물적으로 접수함으로써 성립한 경제체제라는 점을 생각하지 않을 수 없다. 기존의 사회주의 경제체제가 잘 작동하지 않았다는 점은 차치하고라도 프롤레타리아혁명이 요구하는 많은 희생과 또 그것이 이후의 사회에 부과하는 크나큰 역사적 부담은, 혁명 이후의 사회가 정치적 민주주의와 양립하는 것을 거의 불가능하게 만드는 측면이 있다는 점을 고려하지 않을 수 없다. 혁명을 통해 노동계급이 생산수단을 실물적으로 접수하는 방식의 경제체제 변혁이 아니라, 점진적 방식에 의해 자본주의적 소유관계를 변화시킬 것을 모색하는 사람들에게는, 스웨덴의 임노동자기금안은 상당히 큰 무게를 지닌 채 다가올 수 있다.

오늘날의 자본주의 경제에서 민간 기업의 기본적인 형태는 주식회사다. 대다수의 주요 민간기업들이 주식회사 형태로 존재하는 현실에서, 전통적인 국유화가 아닌 다른 방식으로 기업의 소유를 점진적으로 사회화하려면, 어떠한 방식으로든 임노동자 집단이나 조직화된 시민 집단이 주요 민간 기업들의 지배주주 또는 적어도 주요 주주로 등장하도록 하는 것 외에는 다른 길이 없다고 판단된다.[14] 임노동자기금안의 구상이 바로 그런 것이었다.

이렇게 우리가 대안적 경제체제의 모색이라는 맥락에서 기금안에 관심을 둔다면, 우리는 무엇보다도 기금안에 내장되었던 경제체제 구상이 과연 실현가능한 것인지를 따져보아야 할 것이다. 우선 기금안이 구상했던 새로운 경제체제가 과연 의도대로 작동 가능한 것인지, 경제체제로서 안정적으로 재생산 가능한 것인지를 따져보아야 한다. 또 기금안에 따라 주요 대기업들의 이윤의 일부가 신규발행주식의 형태로 기금으로 자동적으로 이전되는 과정에서 예상되는, 기존 주주들이나 경영자들의 거센 저항과 각종 사보타지 등을 고려할 때, 과연 이러한 문제들을 해결할 길이 있는 것인지, 즉 이행기의 혼란 문제를 해결할 수 있는지를 따져보아야 할 것이다. LO의 기금안에 담겼던 대안적 경제체제 구상에 대한 평가는, 기금논쟁의 핵심 쟁점의 하나였다.

　셋째, 스웨덴의 모든 정당들과 주요 이익단체들이 적극적으로 참여한 기금논쟁은, 스웨덴 정치에 큰 영향력을 행사하는 행위 주체들인 정당들과 주요 이익단체들의 이념적 성향과 스웨덴 정치의 역학관계를 선명히 드러내주었다. 따라서 기금논쟁에 대한 분석은 일단 스웨덴 사민주의 운동이 활동을 전개해온 환경인 스웨덴 정치의 지형을 압축적으로 보여준다. 또 더 일반적으로는 기금안과 같은 급진적인 기획을 의회민주주의 틀을 통해 관철하고자 시도할 때 봉착하게 되는 문제들을 잘 보여준다. 모든 사민주의적 개혁정책은 의회민주주의 틀 내에서 관철되어야 한다. 또 스웨덴처럼 이익단체들이 잘 발달한 사회에선 사회적 영향력이 큰 이익단체들로부터 지지

14　스페인의 몬드라곤 협동조합 복합체는 의미 있는 실험으로 주목의 대상이 될 만하지만, 과연 협동조합형 기업을 통해 중추적 산업들을 운영할 수 있을 것인지 여부를 판단하려면 앞으로 오랜 관찰이 필요하다고 생각된다. 적어도 아직까지는 거대 규모의 자본과 높은 수준의 과학기술이 요구되는 산업이 협동조합형 기업에 의해 운영된 사례는 극히 드물다. 스웨덴도 협동조합운동의 역사가 오래고, 또 협동조합운동이 성공적으로 발전한 대표적 나라의 하나로 꼽히지만, 스웨덴의 협동조합들은 주로 소비재 유통이나 주택 건설 부문 등에 국한되어 발전하였으며, 중화학공업이나 첨단산업 부문에는 진출하지 못하였다.

를 받는 것도 사민주의적 개혁정책의 실현을 위한 중요한 조건이다. 따라서 우리는 기금논쟁에 대한 분석을 통해 소유관계에 심대한 변화를 가하려는 급진적 개혁안이, 의회민주주의적 정치게임의 틀 속에서 관철될 수 있는 가능성 여부를 타진하는 데 크게 참고가 되는 희귀한 경험자료를 얻을 수 있기를 기대한다.

넷째, 기금논쟁은 스웨덴 사민주의 진영 내에 포용되어온 다양한 이념적 조류들의 성격을 선명히 드러내는 계기로 작용했다. 스웨덴 현대 정치사에서 사민주의 진영과 부르주아 진영 사이에 전개된 주요 논쟁들 중에서,[15] 기금논쟁의 독특한 측면의 하나는 사민주의 진영 내부에서도 매우 큰 견해차가 표출되었다는 점이다. 기금안이 제출되기 전까지는 타협과 공존 상태에 있어온 상이한 이념적 조류들이, 기금안이라는 급진적 기획이 제시되자 각기 제 목소리를 내게 되었다. 그리고 이에 따라 스웨덴 사민주의자들의 이념적 스펙트럼이 아주 선명하게 드러나게 되었다. 사민주의 진영 내에도 임노동자기금의 도입을 지지한 논자들뿐 아니라, 이에 완강히 반대한 논자들도 있었고, 임노동자기금이 아닌 다른 형태의 대안적 기금을 도입할 것을

---

15 현대 스웨덴 정치사에서 사민주의 진영과 부르주아 진영 사이에 전개된 논쟁들 중 대표적인 것으로는 '경제계획논쟁', '일반보충연금(ATP)논쟁', '임노동자기금논쟁'이 꼽힌다. '경제계획논쟁'은 사민당과 LO가 1944년에 공동으로 작성한 『노동운동의 전후강령(戰後綱領)』을 둘러싸고 전개되었다. 주요 쟁점은 경제계획과 시장경제질서 간의 양립 가능성 여부, 경제계획과 정치적 민주주의 간의 양립 가능성 여부, 국가와 시민의 자유 간의 관계 등이었다. 'ATP논쟁'은 1950년대 초에 시작되어, 1959년에 사민당과 LO의 ATP안이 의회를 통과할 때까지 지속되었다. 핵심 쟁점은 복지국가의 운영방식 및 적정 규모 문제였다. 이 논쟁에서 부르주아 진영은 그 내부에 다소의 입장 차이는 있었으나, 대체로 이미 스웨덴 사회가 세계 최고 수준의 번영을 누리고 있고, 기본적인 사회복지제도가 정비된 만큼 더 이상 국가가 사회복지문제에 개입할 필요가 없다는 입장을 취했고, 사민주의 진영은 경제발전이 진행될수록 공공재에 대한 수요가 증가하기 때문에, 사회복지 영역에서 국가의 역할도 증대되어야 한다는 논리를 전개했다. 이상의 3대 논쟁 중에서도 많은 연구자들은 논쟁의 격렬성이나 정치적 파장 등에 있어 기금논쟁이 최대의 논쟁이었다고 평가한다. 예컨대 Öhman (1982: 12).

제안한 논자들도 있었다. 그런데 필자의 판단으로는 기금논쟁에서 스웨덴 사민주의자들이 취한 다양한 입장은 그간 스웨덴 사민주의 운동 이념 발전의 궤적을 압축적으로 반영한다. 따라서 기금논쟁에서 표출된 사민주의 진영 내의 다양한 입장들에 대한 분석을 통해, 스웨덴 사민주의 진영 내에 포용되어온 다양한 이념적 조류들의 성격과 그것들이 의존해온 이론적 자원들의 내용을 파악할 수 있다. 나아가 스웨덴 사민주의의 이념적 성격을 종합적으로 이해할 수 있을 것이다.

임노동자기금 문제를 다룬 기존 연구들 간의 쟁점은, 무엇보다도 LO가 오랜 계급타협의 틀을 깨고 기금안이라는 급진적인 정책안을 제출하게 된 배경이 무엇인가를 둘러싸고 형성되었다. 이 문제에 대한 해석을 둘러싸고, '권력자원론자(權力資源論者)'로 분류되는 논자들과 이를 비판하는 논자들 간에 논쟁 구도가 형성되었다.

권력자원론자들은 스웨덴 사민주의 세력이 민주적이고 점진적인 방식으로 스웨덴 사회를 복지자본주의를 넘어 민주적 사회주의로 이행시켜가리라고 본다. 또 이들의 논리를 연장시키면, 다른 나라들의 사민주의운동도 스웨덴의 경험으로부터 잘 배운다면 언젠가는 그들의 사회를 민주적 사회주의로 이행시킬 수 있으리라는 결론이 유도된다. 그런 점에서 권력자원론자들은 사민주의의 개혁 잠재력의 크기를 가장 높이 평가하는 그룹이라고 할 수 있다. 그리고 이들이 이러한 견해를 갖게 된 데는 기금논쟁의 발단이 결정적인 영향을 미쳤다. 기금안이 제출되게 된 배경에 대한 권력자원론자들의 설명의 요지는 이렇다. '자본주의의 발전과 사민주의적 개혁정책의 성공에 힘입어 권력자원을 누적적으로 강화시켜온 노동계급은 거의 필연적으로 생산수단 소유의 사회화 프로젝트에 착수하게 마련인데, 기금안은 그 최초의 사례이다.'

권력자원론의 입장에서 스웨덴 사민주의 운동을 분석한 대표적 연구로는 코르피의 연구(Korpi 1978)를 들 수 있다. 코르피는 다양한 자료에 기초하여 광범위한 문제 영역을 세밀하게 다루고 있지만 핵심은 간명하다.

1) 자본주의의 발전은 그 고유의 발전 논리에 따라 노동계급의 권력자원을 강화시킨다. 자본주의의 발전에 따라 전체 인구에서 노동계급이 차지하는 양적 비중이 커진다. 또 노동계급은 자신들의 이익을 지키기 위해 노동조합으로 조직화된다. 또 자본주의의 성숙에 따라 사무직 노동자들이 급증하는데, 자본주의가 발전해갈수록 이들의 경제적 처지는 점차 생산직 노동자들의 처지와 유사해진다. 이에 따라 사무직 노동자들의 노동조합 가입률이 높아지며, 이들과 생산직 노동자들 사이의 연대 가능성도 커진다. 스웨덴의 사무직 노동자 노동조합인 TCO[16]가 생산직 노동자 노동조합인 LO와 밀접하게 협력해온 것이 그 대표적 사례. 이렇게 생산직 노동자들뿐 아니라 사무직 노동자들도 노동계급으로서의 자의식을 갖고 자신들을 조직화함에 따라 사민당의 정치적 기반은 한층 강화되고 부르주아 정당들의 기반은 그만큼 약화된다.

2) 노동조합과 사민당은 합리적 역할 분담에 기초한 밀접한 협력을 통해 노동계급의 권력자원을 효과적으로 강화시킬 수 있다. 스웨덴의 경우 LO와 사민당은 밀접한 협력을 통해, 완전고용을 달성하고 사회복지제도를 확충함으로써 노동계급의 권력자원을 비가역적(非可逆的)으로 강화시켜왔다. 중요한 점은 노동조건이 개선되고 사회복지제도가 정비될수록 노동계급이 '부르주아화'하여 자본주의 체제 내에 안주하게 되는 것이 아니라, 그간의 개혁 성과를 교두보로 삼아 한층 더 높은 수준의 개혁을 요구하게 된다는 점이다. 사민주의적 개혁 정책들은 노동계급 내부의 경쟁을 약화시키고, 시장과 자본에 대한 노동계급의

---

16 TCO(Tjänstemännens centralorganisation 사무직원 중앙조직)는 중하위 사무직 노동자들의, 전국적 차원의 중앙 노동조합 조직이다.

의존성을 약화시킴으로써, 노동계급이 자본에 대해 저항할 수 있는 근거지를
만들어주는 효과를 낳는다.

3) 이러한 개혁정책들에 힘입어 노동계급의 경제적 처지가 크게 개선된 후
에도, 노동계급이 자본주의에 대해 계속 비판적인 태도를 유지할 수 있는 것은
자본주의가 가진 근본적 한계 때문이다. 설령 복지자본주의라 하더라도 그것
이 자본주의인 한 여전히 많은 문제들을 야기한다. 생산의 사회적 성격과 소유
의 사적 성격 간의 모순으로 인해 야기되는 경제적 불안정 및 만성적 투자 부족,
또 자연환경의 훼손, 자본주의적 방식으로 추진되는 노동과정의 합리화가 낳는
노동의 단순반복성 강화 등의 문제가 해결되지 않은 채 남는다. 노동계급의 권
력자원이 강화될수록 노동계급은 이러한 문제들을 더욱 민감하게 느끼며, 이에
대해 해결책을 요구하게 된다.

4) 이러한 문제들의 해결을 위해 1970년대에 들어 스웨덴의 노동계급은 분
배 영역의 문제들을 넘어 생산 영역의 문제들에도 관심을 기울이게 되었다. 이
미 입법화된 공동결정제도[17]와 아직 논의 중에 있는 기금안이 그 대표적 사례
다. 특히 기금안은 생산수단의 사적 소유를 정면으로 문제 삼고 있다는 점에서
스웨덴 사민주의 운동의 역사에서 커다란 이정표로 기록될 중요한 사건이다.
기금안에 대한 LO의 열성적 지지와 TCO의 공감, 그리고 예상되는 사민당의 협
력 등을 고려할 때 기금안을 둘러싼 정치적 대립이 노동계급의 승리로 귀결될
개연성은 아주 높다. 이렇게 되면 스웨덴 사민주의 운동은 민주적이고 점진적
인 방식으로 민주적 사회주의로의 이행을 달성한 최초의 사례로 역사에 기록될
것이다.

5) 현재의 관점에서 회고해볼 때 1930년대로부터 1960년대까지 스웨덴 사
민주의 세력이 추진해온 자본과의 타협 노선은 합리적인 선택이었다고 평가된

---

17 공동결정제도란 기업 내의 의사결정에 임노동자들의 참여를 보장하는 제도를 말한다.
공동결정제도에 대해서는 pp. 189-191 참조.

다. 스웨덴 사민주의 세력이 타협 노선을 추진해온 것은 그들이 사회주의 이념을 포기하였거나, 자본의 힘에 일방적으로 굴복했기 때문이 아니라, 한정된 권력자원이라는 조건하에서 달성 가능한 것을 최대한 얻어내기 위해 합리적으로 선택한 결과였다. 또 자본주의가 충분히 성숙해야만 사회주의로의 이행을 위한 조건이 마련되므로, 우선 자본주의의 성숙을 촉진하는 정책을 추진해야 한다는 사민당 지도부의 판단도 계급타협 노선을 선택하게 된 배경으로 작용했다. 또 스웨덴 사민주의 세력은 이러한 타협에 그저 안주해온 것이 아니라, 그동안 강화된 권력자원에 기초하여 이제 공세적인 방식으로 이러한 타협을 깨려하고 있다. 결국 선진 자본주의국에서 사회주의로의 이행은 마르크스의 예견대로 자본주의의 붕괴와 프롤레타리아 혁명에 의해 이루어지는 것이 아니라, 개혁의 축적에 기초한 노동계급의 권력자원의 강화를 통해, 신중하게 검토된 안전한 방식으로 점진적으로 이루어지게 될 것이다.

이러한 코르피의 논리는 선진 자본주의 사회에서 노동계급의 체제 내 통합을 전망하는 입장과 자본주의의 내적 모순의 전개를 통한 자본주의의 붕괴를 전망하는 마르크스주의 사이의 중간적 위치에서 양자의 논리 중 일부 요소들을 취합하여 재구성해낸 것이라 평가할 수 있다. 우선 코르피에 대한 마르크스주의의 영향은 아주 뚜렷하다. 코르피는 노동계급의 권력자원을 강화시켜주는 가장 기초적인 조건을 노동계급의 수의 증가, 노동계급의 내부구성의 동질화에서 찾는데 이는 마르크스의 '프롤레타리아화론'의 연장선상에 있다. 또 자본주의의 근본적 한계를 생산의 사회적 성격과 소유의 사적 성격 사이의 모순에서 찾는 것도, 코르피의 논리가 마르크스주의에 결정적으로 의존해 있다는 점을 보여주는 대표적 사례다. 그러나 코르피는 자본주의의 내적 모순의 전개를 통한 자본주의의 전면적 붕괴를 믿지 않는다. 그 대신 노동조합과 사민주의 정당이라는 형태로 자신을 조직화한 노동계급이 개혁의 축적을 통해 자신의 권력자원을 강화하고, 또 이에 기초하여 더욱 수준 높은 요구를 제기하고 관철시켜가는 방식으로 자본주의를 지양해나간다고 본다. 이 문제와 관련하여 노동계급의 '부르주아화'를 주장하는 입장과 코르피의 입장 사이에는 공통점과 차이점이 동시에 확인된다. 자본주의 체제 내에서도 노동계급의 경제적·사회적 처지가 크게 개선될 수 있다고 보는 점에서는, 코르피는 부르주아화론과 입장을 같이한다. 하지만 그렇다고 노동계급이 체제 내에 안주하게 되는 것이 아니며, 기존의 개혁성과를 교두보로 삼아 더욱 급진적인 요구를 제기하게 된다고 보는 점에서는 입장이 크게 달라진다. 그리고 이렇게 노동계급이 자본주의 체제 내에 안주하지 못하도록 하는 요인을 설명하는 대목에서 코르피는 다시 마르크스주의에 크게 의존한다. 자본주의의 근본적 한계를 강조하는 것이다. 그런 점에서 코르피의 논리는 개혁주의적으로 재구성된 마르크스주의라 평가해도 무방할 것이다.

스테픈스(Stephens 1979)도 핵심 논지에 있어 코르피와 대동소이하다. 다만 그는 진보적 계급동맹의 중요성을 좀더 부각시키고 있을 뿐이다. 스테픈스에 따르면, 지금까지 선진 자본주의국들에서 노동운동 세력이 사회주의로의 이행을 당면 과제로 설정하지 못하고 주로 복지국가의 확충에 주력해온 것은, 무엇보다도 노동운동 세력의 힘이 충분히 성장하지 못한 데 기인한다. 주로 생산직 노동자층을 핵심 지지 기반으로 삼아온 사민주의 정당들은 집권을 위해 다른 계급, 계층, 정치 세력들과 동맹을 맺어야 했다. 그런데 이 동맹 세력들은 복지국가의 확충에는 사민주의 정당들과 입장을 같이하였으나, 생산수단의 소유 및 통제의 사회화라는 사회주의적 기획에는 공감하지 않았다. 따라서 사민주의 정당들은 동맹 세력들이 공유하는 정치적 목표의 최대공약수를 실현하는 데 주력해야 했고, 그러다보니 생산수단 소유의 사회화 문제를 정치 일정에 올릴 수 없었다는 것이다.

스웨덴의 경우에도 1960년대까지는 이러한 상황에 있었으나, 1970년대에 들어 기금안이 제출됨으로써 민주적 사회주의로의 이행문제가 당면한 정치 현안으로 대두되었다는 것이다. 이렇게 생산수단의 소유 및 통제 문제를 다루고 있는 기금안이 노동계급의 큰 기대와 지지 속에 제출될 수 있게 된 가장 근본적인 배경은, 그간의 자본주의 발전에 따라 스웨덴 사회의 계급구성이 크게 변화한 데서 찾을 수 있다. 1930년대에 이루어진 사민주의적-케인스주의적 계급타협은, 생산직 노동자층에 기반을 둔 사민당과 농민층을 정치적으로 대변하는 농민당 간의 동맹의 결과였다. 사민당은 농민당을 동반자로 삼음으로써 안정적 집권에 성공할 수 있었고, 또 이에 기초하여 광범위한 사회경제개혁을 달성할 수 있었다. 그러나 다른 한편으로 농민당과의 동맹은 생산수단의 소유관계의 개혁을 도모하는 본격적인 사회주의적 기획을 먼 장래의 일로 미루게 만드는 요인으로 작용했다는 것이다. 그러나 자본주의의 발전에 따라 농민 인구가 격감한 반면, 사무직 노동자층이 급증하고 이들이 TCO로 조직됨에 따라 시민사회 내에서의 권력관계가 노동계급 쪽에 유리한 방향으로 크게 기울게 되었다는 것이다. 사무직 노동자들은 농민들과는 달리 소득재분배문제에는 별다른 관심을 보이지 않는 대신, 기업의 의사결정과정에 대한 임노동자들의 영향력 강화에는 큰 관심을 보이고 있다. 아직 TCO가 기금문제에 대해 최종적인 입장을 표명하지는 않았지만, 제반 상황을 고려해볼 때 최종적으로는 LO와 보조를 같이할 것으로 예상된다. 이렇게 되면 자신들의 정치적 지지 기반의 상당 부분을 사무직 노동자층에 의존하고 있는 자유당과 중앙당(농민당의 후신)도 기금 도입을 지지하게 될 공산이 크다. 이렇게 되면 부르주아 정당들이 사회주의적 기획을 지지한다는 기묘한 사태가 발생하게 되는데, 스웨덴의 경우 사태가 이러한 방향으로 진전될 개연성은 아주 높다는 것이다.

에스핑-안델센(Esping-Andersen 1985)도 스테픈스와 마찬가지로 진보적 계급동맹의 중요성을 강조한다. 다만 그는 진보적 계급동맹의 형성을 가능케 하는 사민주의 정당의 정책의 역할을 크게 부각시키고 있을 뿐이다. 또 그의 연구는 기금논쟁이 종결된 후에 나온 관계로 사민주의운동의 장래에 대해 코르피나 스테픈스만큼 낙관적으로 전망하지는 않고 있다. 그러나 여전히 스웨덴의 기금안으로 대표되는 경제민주주의 프로젝트의 성공 여부에 큰 기대를 건다. '케인스 더하기 비버리지(Beveridge)'[18]라는 사민주의의 전통적 정책 패키지(policy package)의 효력이 현저히 약해져가고, 또 1970년대 이후 서구 자본주의국들이 장기불황에 처해온 현 상황에서, 기금안과 같은 경제민주주의 프로젝트의 성공 여부는 스웨덴뿐 아니라 서구 사민주의 전체의 운명이 걸린 문제라는 것이다.

기금논쟁이 사민주의 진영의 승리로 귀결하리라 낙관적으로 예견한 코르피나 스테픈스의 연구는 기금논쟁이 진행 중이던 1970년대 말에 나왔다. 하지만 기금문제를 둘러싸고 전개된 이후의 사태는 이들의 낙관적 전망을 여지없이 무너뜨렸다. 기금논쟁 초기에는 LO와 대체로 입장을 같이하던 TCO는 기금논쟁이 격화되자 공식적 입장 표명을 유보하고 정치적 중립의 자세로 일관하였으며, 사민당도 기금논쟁 기간 내내 기금문제가 핵심적 정치 현안으로 부각되는 것을 회피하는 데 주력했다. 또 노동계급의 대다수가 기금안을 열성적으로 지지한 것도 아니었다. 반면에 부르주아 정당들과 재계(財界)[19]는 높은 수준의 정치적 결속과 효과적인 기금 반대 캠페인을 통

---

18 2차대전 이후 영국의 사회복지제도의 틀을 설계한 윌리엄 비버리지(William Beveridge)를 가리킨다. 여기에서 '케인스 더하기 비버리지'라는 표현이 의미하는 바는, 케인스주의적 수요관리정책과 복지국가의 확충이 전후(戰後) 서구 사민주의운동의 정책 노선의 핵심이었다는 것이다.

19 '재계'(財界)라는 용어는 스웨덴어 näringslivet(여기에서 'et'는 정관사)을 번역한 것이다. näringslivet이라는 용어는 여러 가지 의미로 사용된다. ㄱ) 가장 광의로 사용될 경우엔 '경제' 또는 '경제생활'로 번역할 수 있다. 그러나 이렇게 '경제'나 '경제생활'을 의미하는 경우보다는, ㄴ) 공공부문과 대비되는 '민간경제부문'이라는 의미로 사용되는 경우가 많다. 즉 영리를 목적으로 하여 민간경제주체들에 의해 운영되는 산업, 상업 등의 경제 부문을 지칭하는 용어로 흔히 사용된다. ㄷ) 또 이러한 민간경제부문을 주도, 대표하는 세력, 집단

해 과반수 유권자를 기금 반대 진영으로 결속시킬 수 있었다. 또 1980년대 이후 사민당에 의해 추진된 경제정책 및 사회정책의 자유주의화, 이와 병행하여 진행된 스웨덴 모델의 가속적 해체 등 사태의 전개 방향은 권력자원론자들의 전망과는 완전히 상반된 것이었다.

이러한 사정을 반영하여 기금논쟁이 종결된 이후에 나온 연구들은 대체로 기금논쟁에 대해 권력자원론자들과는 사뭇 다른 해석을 제시하였다. 특히 LO가 기금안을 제출하게 된 배경에 대해 권력자원론자들과는 크게 다른 설명을 제시하였다. 권력자원론자들은 자본주의의 발전과 사민주의적 개혁정책의 누적적 성공에 기초하여 자신의 권력자원을 강화시켜온 노동계급이 조만간 생산수단 소유의 사회화라는 최후의 사회주의적 과제에 자연스럽게 도전하게 된다는 점을 역설하였다. 그리고 그 최초의 사례가 LO가 제출한 기금안이라고 주장하였다. 그러나 기금논쟁이 종결된 이후에 나온 연구들은 주로 기금안이 나오게 될 당시에 LO가 직면했던 특수한 딜레마에 초점을 맞추어 LO가 기금안을 제출하게 된 이유를 설명한다.

스웬손(Swenson 1989: 129-76)은 기금안의 제출 배경을 연대임금정책의 딜레마로부터 찾는다. 그동안 LO가 일관되게 추진해온 연대임금정책이 1960년대 후반 이후 수익률이 높은 기업들에 종사하는 LO 소속 노조원들로부터 큰 불만을 사게 되었는데, 이것이 기금안이 나오게 된 직접적 배경으로 작용했다는 점을 강조한다. 기업의 수익률 수준에 관계없이 동일 노동

이라는 의미로도 사용된다. 즉 자본가, 주주, 경영자, 또 이들의 이익을 대변하기 위해 설립된 각종 이익단체를 통칭하는 용어로 사용되는 것이다. 예컨대 스웨덴의 조합주의적 의사결정구조에서 정부(regering) 및 노동조합운동 세력(fackföreningsrörelse)을 상대하는 행위주체라는 의미로 näringslivet이라는 용어가 흔히 사용된다. 이 경우 näringslivet에 가장 부합되는 우리말은 '재계'라고 판단된다. '재계'라는 용어는 엄밀한 사회과학적 용어라고 보기는 어렵지만, ㄷ)의 의미로 사용되는 näringslivet의 뉘앙스를 정확하게 전달하기 위해 사용하기로 한다.

에 대해서는 동일 임금이 지급되도록 하는 것을 목표로 삼는 연대임금정책은, 고수익 기업에 종사하는 노동자들의 입장에서는 임금인상 억제정책과 다르지 않았다. 이런 이유로 고수익 기업 노동자들의 불만이 1960년대 후반 이후 강력하게 표출되어 노동시장과 노사관계[20]에 불안정을 초래했다는 것이다. 민간 대기업들의 이윤으로부터 기여금을 받아 조성·적립되는 임노동자기금을 도입한다는 LO의 구상은 연대임금정책을 유지하는 틀 내에서 고수익 기업 노동자들의 불만을 해소하기 위한 방안이었다. 즉 임노동자기금안은 생산수단 소유의 사회화라는 고전적인 사회주의적 기획을 드디어 실현하겠다는 원대한 야심적, 공세적 목표의 구현물이라기보다는, 연대임금정책에 수반하는 필연적 딜레마로부터 빠져나오기 위한 LO의 방어적 전략의 소산이라는 것이다.

폰투손(Pontusson 1984, 1987, 1992)의 설명 방식도 이와 대동소이하다. 다만 그는 기금안이 나오게 된 배경을 설명하는 데 있어, 연대임금정책의 딜레마뿐 아니라 1960년대 후반 이후 스웨덴이 직면한 다양한 거시경제적 문제점들도 주요 요인으로 거론하고 있다는 점에서 차이를 보이고 있다. 1960년대 후반 이후 연대임금정책에 대한 고수익 기업 노동자들의 불만이 뚜렷이 표출되었을 뿐 아니라, 민간경제부문 성장 둔화, 연대임금정책의 혜

---

20 이 책에서 '노사관계'라는 용어와 '노자관계'라는 용어는 다음과 같이 구별되어 사용된다. '노사관계'(industrial relations)는 노동시장에서 노동조합과 사용자단체 간에 형성되는 관계를 지칭한다. 임금문제 등을 둘러싸고 행해지는 단체교섭을 중심으로 노동조합과 사용자단체 간에 형성되는 협력이나 갈등 관계가 그 대표적 사례다. '노자관계'(labor-capital relations)는 노동시장에서의 노동조합과 사용자단체 간의 관계뿐 아니라, 정치 영역에서의 노동자 정당과 부르주아 정당 간의 관계를 포함하여, 자본주의 사회의 양대 중추 세력으로서의 노동과 자본 간에 형성되는 관계의 총체를 지칭한다. 이때 '노동'은 노동자들과 노동조합뿐 아니라, 노동자 정당, 노동운동을 지지하는 지식인 등 노동자들의 이익을 대변·옹호하는 세력 전체를 의미하며, '자본'은 자본가들의 이익을 대변·옹호하는 세력 전체를 의미한다.

택을 본 성장 부문의 고용창출능력 감퇴, 그동안 가속적으로 진행되어온 합리화운동의 결과로 초래된 노동자들의 이직률 및 결근율 상승, 살쾡이 파업(wildcat strikes) 빈발 등의 문제가 대두되었다. 이에 따라 스웨덴 사민주의 세력은 민간기업의 투자에는 가능한 한 개입하지 않는다는 종래의 경제성장전략을 유지하기 어렵게 되었고, 개입주의적 투자정책으로 선회하게 되었다는 것이다. 1960년대 말부터 추진된 적극적 산업정책,[21] 1970년대 중반에 들어 입법화된 공동결정제도, 1970년대 중반에 LO가 제출한 기금안은 모두 이러한 배경에서 나온 것들이다. 기금안은 연대임금정책의 딜레마를 해소하는 한편, 둔화된 경제성장을 촉진하기 위한 추가적 투자재원의 조성, 투자에 대한 임노동자들의 통제 강화를 달성해 당시 스웨덴 경제가 직면했던 여러 문제들을 동시에 해결하기 위한 구상이었다는 것이다. 요컨대 LO가 기금안을 제출한 것은 당면한 거시경제적 문제들을 해결하고, 연대임금정책으로 인해 야기된 LO 내부의 긴장을 해소하기 위한 것이었지 원대한 사회주의적 이상을 구현하기 위한 것이 아니었다는 것이다.

---

21 사민당은 1967년 임시총회로부터, 기존의 자유주의적 산업정책을 수정하고 국가가 산업구조조정에 적극적으로 개입하는 적극적 산업정책으로 방향을 선회했다. 이렇게 방향을 선회하게 된 배경으로는 무엇보다도 그간의 사민당의 시장순응적, 성장주의적 산업정책이 낳은 부작용에 대해 당 내외로부터 비판이 증대되었던 점을 들 수 있다. 당시 사민당 당수이자 수상이었던.에얼란데르(Tage Erlander)는 당시 사민당이 적극적 산업정책으로 방향을 선회하게 된 주요 배경으로, 경제력 집중 문제를 다룬 국가연구위원회의 보고서에서 드러난 과도한 경제력 집중 문제와, 대도시 중심의 산업화과정에서 진행된 지역 간 급격한 인구이동의 부작용에 대한 반성, 또 1966년 총선에서 사민당 지지율의 하락 등을 들고 있다. 1966년 총선에서 사민당 지지율이 떨어진 것도 그간의 산업정책의 부작용과 관련이 있으리라고 당 지도부가 판단했다는 것이다(Erlander 1982: 36-40). 한편 1976-82년 기간에 집권한 부르주아 정당 연립정부는 자신들의 이데올로기와는 달리 사민당보다도 더 개입주의적인 산업정책을 시행했다. 이는 무엇보다도 당시 파산 위기에 직면한 스웨덴의 몇몇 주요 산업들을 구제하기 위한 것이었다. 적극적 산업정책에 대한 자세한 분석으로는 Pontusson(1992), Ch. 5 참조.

오사드의 연구(Åsard 1978)는 기금논쟁의 초기 국면에 나왔다. 기금문제를 본격적으로 분석한 최초의 연구였던 관계로 별다른 논쟁 구도를 염두에 두지 않고 있다. 그러나 기금안이 나오게 된 배경을 설명하는 방식은 스웬손이나 폰투손의 설명에 가깝다. 오사드는 기금안이 나오게 된 배경을 연대임금정책의 딜레마에서 찾고 있지만, 이 문제를 LO가 그동안 추구해온 양대 이념적 목표 사이의 긴장이라는 맥락에 위치 지운다. LO는 그동안 빠른 경제성장을 촉진하는 것과 소득 및 재산의 분배를 균등화하고 경제생활에 대한 임노동자들의 영향력을 증대시키는 것을 양대 이념적 목표로 삼아왔다. 즉 LO의 이념 노선에는 성장주의적 요소와 분배적-권력정치적 요소가 결합되어 있었다. 그런데 연대임금정책은 노동계급 내부의 임금격차를 축소하고 산업합리화와 경제성장을 촉진하는 효과를 낳은 반면, 노동과 자본 간의 기능적 소득분배에선 자본에게 유리하게 작용하고 성장 부문의 사적 자본가들의 경제적 권력을 강화시키는 결과를 초래했다. 즉 연대임금정책으로 구현된 성장주의적 목표의 추구가 분배적-권력정치적 목표와 갈등을 빚게 된 것이다. 기금안은 이 문제의 해결을 위해 마련된 것이다. 연대임금정책을 유지해 종래의 성장주의 노선을 계속 추구하면서도, 기업들의 성장의 과실인 이윤의 일부를 노동조합이 소유·통제할 수 있게 함으로써 분배적-권력정치적 차원의 목표도 동시에 달성할 수 있게 해주는 구상이었다는 것이다.

그런데 LO가 기금안을 제출하게 된 배경에 대한 권력자원론자들의 설명방식과 스웬손이나 폰투손, 오사드의 설명방식은 서로 배제적이지 않다. 당시에 LO가 기금안과 같은 무언가 새로운 돌파구를 절실히 필요로 하게 된 배경에 대한 설명으로는 스웬손이나 폰투손, 오사드의 설명이 더 적절하다. 하지만 상정 가능한 여러 돌파구 중에서도 하필 기금안과 같은 급진적 기획이 구상되고, 또 이것이 LO 총회에서 공식적으로 채택될 수 있었던 것을 설명하는 데는 권력자원론자들의 해석이 유효하다고 판단되기 때문이다. 개혁의 축적에 상대적으로 성공해온 사민주의운동은 노동계급이 더욱 수준 높은 욕구를 가질 수 있게 하고, 이러한 욕구 역시 사민주의운동의 정치적 헤게모니에 기초하여 순조롭게 충족되리라고 기대하게 만드는 측면이 있다고 판단된다. 또한 사민주의운동은 자본주의에 대한 비판을 이념적 자기정체성의 골간으로 삼는다는 점에서 운동의 진전을 위해서는 노동계급을 중심으로 한 대중의 평등주의적 열정을 끊임없이 고취시키고, 또 이를 정치적으로 동원해야 할 필요가 있다. 평등주의적 담론(discourse)과 문화 속에서 교육받고 성장했으며, 그동안 평등주의적 기획들이 순차적으로 실현되어온 것을 경험한 노동계급 세대가 더욱 급진적인 요구를 제기하게 되는 것은 매우 자연스럽다. 그런 점에서 권력자원론자들의 설명은 성공적인 사민주의운동이 일반적으로 직면하게 되는 문제를 포착한 측면이 두드러지고, 스웬손이나 폰투손, 오사드의 설명은 연대임금정책을 포함하여 스웨덴 모델이라는 특수한 경제-사회 운영 모델이 직면하게 된 딜레마를 강조한 측면이 두드러진다고 보면 될 것이다.

그러나 기금논쟁의 귀결에 대한 전망에서는 권력자원론자들은 완전히 오류를 범했다. 이로 인해 기금논쟁의 종결 이후 스웨덴 사민주의를 연구하는 학자들 사이에서는, 자신들의 입론을 부각시키기 위해 권력자원론자들을 먼저 비판하면서 논의를 시작하는 것이 일종의 공식이 되었을 정도다. 이 문제와 관련하여 코르피를 대표로 하는 권력자원론자들에 대해 제기된 많은 비판들 중에서 대표적인 것들을 소개하면 다음과 같다.

첫째, 권력자원론자들은 노동계급의 권력자원의 강화에만 초점을 맞추었지, 그 상대편인 자본가계급의 권력자원의 변화에는 무심했다는 것이다(Olsen 1992: 1-2; Pontusson 1992: 17-18). 즉 노동계급의 권력자원이 절대적으로 강화되는 것과 병행하여 자본가계급의 권력자원도 절대적으로 강화될 수 있으므로, 노동계급의 권력자원이 절대적으로 강화되었다는 점을 보여주었다고 해서 자본가계급의 권력자원이 상대적으로 약화되었다고 판단할 수는 없다는 것이다.

둘째, 권력자원론자들은 노동운동 세력 내부의 결속을 과대평가하였다는 것이다. 권력자원론자들은 노동계급이 거의 자동적으로 사회주의적 지향을 가진다고 전제하였다. 하지만 이 전제도 틀렸을 뿐만 아니라 LO와 TCO, 사민당을 기본적으로 동일한 지향을 갖는 동질적 집단으로 본 것도 잘못되었다는 것이다(Olsen 1992: 104-12; Pontusson 1992: 193-96).

셋째, 코르피는 생산수단의 소유관계를 변화시키는 성격의 급진적 개혁과 노동조건이나 사회복지 수준을 개선시키는 성격의 개혁 사이에 가로 놓인 질적인 차이를 과소평가했다는 것이다. 구스탑손(Gustafsson, Bo 1980)은 경제적으로 비교적 양호한 조건에 있는 노동계급이 한층 더 수준 높은 욕구를 충족시키려고 사회체제의 근본적인 변화를 위해 투신할 것이라고 전망하는 것은 완전히 비현실적이라고 지적한다. 구스탑손에 따르면 사회성원의 대다수가 기본적인 생활조건마저 위협받게 되는 상황이 아닌 조건에서 사회체제의 변혁이 일어난 역사적 사례는 없다는 것이다. 또 그에 따르면, 생산수단의 사적 소유를 공격하는 임노동자기금이 도입될 경우, 충분히 예견 가능한 기존 주주 및 경영자들의 격렬한 저항을 코르피가 과소평가하고 있는 것도 큰 결함이라는 것이다. 구스탑손은 영국의 페비안 사회주의자인 토니(R. H. Tawney)의 말을 인용하여 "양파 껍질은 하나씩 벗길 수 있지만, 살아 있는 호랑이의 발톱을 하나씩 벗길 수는 없다"라는 점을 강조한다.

그렇다면 권력자원론자들을 비판한 논자들은 기금논쟁에서 LO가 패배하게 된 원인을 어디에서 찾고 있는가? 이 문제에 관해서는 기금논쟁의 경과와 귀결을 통해 많은 것이 경험적으로 여실히 드러난 관계로 별다른 이견이 존재하지 않는다. 다만 강조점의 차이가 다소 발견되는 정도다.

첫째, 노동 측에 대해 자본 측이 근본적으로 우월한 권력을 보유했다는 점을 강조하는 설명이 있다. 폰투손(Pontusson 1992)은 무엇보다도 부르주아 진영, 특히 재계(business)가 보유한 압도적으로 우월한 권력을 강조한다. 재계의 권력은 자본주의의 운행원리 자체에 내재해 있다는 점에서 압도적이다. 재계는 이러한 우월한 권력을 효과적으로 동원하여 기금안에 일관되게 반대함으로써 LO의 급진적 기금안을 무산시킬 수 있었다. 그런데 적극적 산업정책이나 공동결정제도와 관련해선 부분적인 타협과 양보의 자세를 보이던 재계가 기금문제와 관련해서는 처음부터 일관된 대결 노선을 취하게 된 이유는 무엇인가? 이는 적극적 산업정책이나 공동결정제도와는 달리, 기금문제는 재계의 근본적 이익을 원리적으로 침해하는 성격을 갖고 있었기 때문에 재계의 입장에서 볼 때 얻을 것이 하나도 없는 문제였다는 데 기인한다는 것이다. 구스탑손(Gustafsson, Bo 1995: 13)도 이와 유사한 설명을 제시한다. 스웨덴의 경우 다른 자본주의 사회들에 비해 노동운동의 힘이 매우 강하여, 노자 간 세력균형에 기초한 계급타협의 틀이 장기간 유지될 수 있었지만, 그럼에도 불구하고 자본 측은 노동 측에 비해 원리적으로 유리한 위치에 있어왔다는 것이다. 자본 측은 경제적 권력의 전략적 부분의 창출을 통제할 수 있기 때문에, 만일 노동 측이 과도한 요구를 제시한다고 판단할 경우에는 계급타협 게임으로부터 탈퇴하는 선택을 할 수 있기 때문이다. 기금논쟁의 경과와 귀결이 이를 잘 보여주었다는 것이다.

둘째, 기금문제를 둘러싸고 사민주의 진영이 분열되어 있었다는 점은 거의 모든 연구자들이 지적한 요인이다(Helco, Hugh, & Henrik Madsen 1987; Steinmo 1988; Swenson 1989; Pontusson 1992; Olsen 1992; Gustafsson, Bo 1995). 기금안을 둘러싸고 LO와 사민당, LO와 TCO 간에 큰 입장 차이가 있었고 민간부문 노조와 공공부문 노조 간에도 이해관계가 대립되는 측면이 있었다는 것이다.

셋째, 기금문제와 관련하여 LO의 전략이 부적절했다는 점도 많이 지적된 요인이다. 폰투손(Pontusson 1987: 31, 1992: 232)은 기존의 조합주의적

(corporative) 의사결정구조에 익숙해진 LO가 기금문제와 관련해서도 정치 엘리트 수준에서의 협상을 통해 문제를 해결하는 데 집착한 나머지, 대중에 대한 교육과 설득과 대중동원에 소홀했다는 점을 지적한다. 구스탑손(Gustafsson, Bo 1995: 10)은 기금안이 사안의 중요성에 비해 일반 임노동자 대중 사이에서 광범위하게 논의되지 못했다는 점을 지적한다.

넷째, 기금안에 대한 일반 유권자들의 호응도가 낮았다는 것이다. 기금문제와 관련하여 일반 유권자들의 여론 추이를 상세히 분석한 일리얌(Gilljam 1988)에 따르면, 기금논쟁 기간 전체를 통틀어 기금안을 지지하는 유권자는 여론조사 대상 유권자의 20% 선에 머물렀다. 또 사민당을 지지하는 유권자의 1/4, LO 소속 노조원의 1/3만이 기금안을 지지했다는 것이다. 또 기금안 지지층의 지지 강도에 비해, 기금안 반대층의 반대 강도가 훨씬 강했다는 것이다.

다섯째, 기금논쟁 기간에 전개된 일련의 정치적, 경제적, 이념적 사태들이 기금안 관철에 불리하게 작용했다는 것이다. 구스탑손(Gustafsson, Bo 1995: 10)은 기금논쟁이 진행 중이던 1976년과 1979년 선거에서 사민당이 패배했고, 1970년대 후반에 심각한 경제침체가 찾아왔으며, 이념적으로는 국제적으로 신자유주의적 조류가 거세게 득세하는 등 외적 조건들이 기금안의 관철에 불리하게 작용했다는 점을 지적한다.

그런데 기금논쟁에서 LO가 패배하게 된 원인에 대한 기존의 설명들은 모두 정치적 요인에 초점을 맞추고 있다는 공통점을 갖고 있다. 또 기금안을 둘러싸고 사민주의 진영이 분열하게 된 원인을 설명하는 대목에서도 LO와 사민당, TCO와 같은 중심적 조직들의 계급적 기반과 정치적 이해관계가 서로 달랐다는 점에만 주목하고 있다. 일단 이러한 설명 방식은 정당성을 인정받을 수 있다고 판단된다. 애초의 기금안이 관철되려면 기금안을 둘러싸고 사민주의 진영이 결속되어 일반 유권자들에게 지지를 받고, 부르주아 진영의 반대를 정치적으로 제압할 수 있어야 했지만, 실제 사태의 전개는 이와 정반대로 흘러갔기 때문이다. 그런 점에서 기금논쟁에서 LO가 패배하게 된 가장 중요한 원인을 사민주의 진영의 분열과 부르주아 진영의 결속, 또 기금 안에 대한 일반 유권자들의 비호응 등 정치적 요인들에서 찾은 것은 자연스 럽고 또 정당하다. 또 기금안을 둘러싸고 사민주의 진영이 분열하게 된 핵심 적 이유를 기금문제와 관련하여 범(汎)사민주의 블록을 구성하는 중추적 조 직들 간에 이해관계가 달랐다는 점, 특히 사민주의 운동의 두 날개로 불려온 LO와 사민당 간에 이해관계가 달랐다는 점에서 찾은 것도 적절하다.

그러나 필자가 보기에는 이러한 기존의 설명들이 완전히 놓치고 있는 부분도 있다.

첫째, 기존의 설명들에서는 기금안의 내용의 적절성 여부, 기금안 입안 자나 지지자들이 기금안을 정당화하는 데 동원한 논변(arguments)의 설득력 여부에 대한 분석과 평가는 완전히 누락되어 있다. 앞에서도 언급한 바와 같 이 LO가 기금안을 제출했던 것은, 그동안 스웨덴 사민주의 운동의 경제-사 회 운영 모델로 기능해온 스웨덴 모델이 낳은 여러 문제점들을 좀더 사회주 의적인 방향으로 해결하기 위해서였다. 즉 기금안은 스웨덴 모델의 문제점 에 대한 특정한 진단과 처방의 결합물이다. 따라서 기금안이 대중들로부터, 특히 여론형성층으로부터 폭넓은 지지를 얻으려면, 우선 기금안이라는 형 태로 제시된 스웨덴 모델의 문제점에 대한 진단과 처방이 논리적으로도 설 득력을 가질 수 있어야 하고, 가능한 한 광범위한 대중들의 이해관계에 잘 착근되어 있어야 한다. 또 애초의 기금안의 구상대로 기금을 장기간 적립하 면 조만간 노동조합이 대다수 민간 대기업의 지배주주로 들어서게 되는 새 로운 경제체제 모델을 실험하게 된다. 따라서 기금안이 대중적 지지를 얻으 려면, 기금논쟁에서 '기금사회주의'(fondsocialism / fund socialism)라 불린 이 새로운 경제체제 모델이 과연 장기적으로 잘 작동할 수 있을 것인가 하는 문제에서 대중들로부터 폭넓은 신뢰와 지지를 얻을 수 있어야 한다. 그런데 기금안은 내용적으로 이러한 문제들에서 큰 결함을 갖고 있었으며, 기금안의 입안자나 지지자들이 기금안을 정당화하는 데 동원한 논변 역시 많은 약점을 가졌던 것으로 판단된다. 그리고 이러한 기금안의 약점은 기금안 반대 진영으로부터 날카롭게 지적되었고, 부르주아 진영이 확고한 헤게모니를 행사하고 있던 신문 등 대중매체와 학계를 통해 대중들에게 선전되었다. 요컨대 기금논쟁에서 LO가 패배하게 된 원인의 일부는 기금안의 내용 및 기금안을 정당화하는 논변의 설득력 부족에서 찾을 수 있다는 것이다. 따라서 서구 사민주의 진영으로부터 지금껏 시도된 유일무이한 본격적 사회화 구상이었던 기금안이 좌초하게 된 배경을 입체적으로 이해하려면, 통상적인 정치투쟁으로서의 기금논쟁뿐 아니라 지적·담론적 차원의 투쟁으로서의 기금논쟁에도 충분히 주목해야 할 필요가 있다. 그리고 기금논쟁의 이러한 측면은 기금안의 내용에 대한 세밀한 검토와, 기금안을 둘러싸고 기금안 지지자들과 반대자들 사이에 전개된 풍부한 논쟁의 내용에 대한 본격적인 분석을 통해서만 조명될 수 있다.

둘째, 기금안을 둘러싸고 사민주의 진영이 분열하게 된 배경을 설명하는 데 있어 기존 연구들이 강조한 바와 같이 LO나 사민당, TCO와 같은 중심적 조직들의 계급적 기반과 정치적 이해관계가 서로 상당한 차이를 보였다는 점 외에도, 사민주의 진영 내에 이념적으로도 근본적으로 상이한 조류들이 기금안을 둘러싸고 전면적으로 대립했다는 점에 주목해야 한다. 기금논쟁에서 사민주의자들이 취한 입장은 크게 세 가지로 대별된다. 임노동자기금안 지지 입장, 중앙집권적 시민기금안 지지 입장, 분권화된 다원적 시민기금안 지지 입장이 그것이다. 그런데 우리가 보기에는 이 세 가지 입장은 그간의 스웨덴 사민주의 운동의 이념적 발전의 모든 궤적을 압축적으로 반영한다. 1960년대까지는 복지국가주의(välfärdsstatism / welfare statism), 또는 기능사회주의(funktionssocialism / functional socialism)[22]라는 형태로 잠

---

22 기능사회주의에 대한 자세한 설명은 I장 2. 스웨덴 모델과 기능사회주의론 참조.

정적인 타협 상태 속에 잠복해 있던 상이한 이념적 조류들이 기금안이라는 급진적 기획이 제출된 것을 계기로 하여 각기 제 목소리를 내게 된 것이다. 근본적으로 상이한 이념적 조류들을 포괄하고 있던 스웨덴 사민주의 진영이 기금논쟁이라는 본격적인 이념투쟁에서 정치적으로 결속하기는 기본적으로 어려운 일이었던 것이다. 사민주의 진영 내부의 이념투쟁으로서의 기금논쟁에 대한 이해는, 기금논쟁의 내용에 대한 세밀한 분석과 스웨덴 사민주의 운동의 이념적 발전과정에 대한 본격적인 분석을 통해서만 달성될 수 있다.

요컨대 기금논쟁에서 LO가 패배하게 된 원인에 대한 기존의 설명들이 그릇된 것은 아니지만 불충분하고 일면적이다. 그리고 이렇게 된 것은 기존의 연구들이 기금논쟁을 분석함에 있어, 그 정치과정적 측면에만 초점을 맞추고, 기금논쟁의 내용, 즉 논변과 담론의 측면에는 전혀 주목하지 않은 데 기인한다. 이 책에서는 기존 연구들이 다루지 않은 문제인 기금논쟁의 내용을 심층적으로 분석함으로써, 애초의 기금안이 좌초하게 된 원인과 관련하여 기존의 설명들에 대한 보완적·추가적 설명을 제공하고자 한다.

기존 연구들 중에서도 기금논쟁의 내용을 분석한 연구가 전혀 없는 것은 아니다. 룬드(Lundh 1979)는 기금논쟁에서 좌익[23] 진영의 글들을 분석하

---

23 스웨덴에서 '좌익'(vänstern / the leftists)이라 할 때에는 마르크스주의에 입각한 정통 사회주의 노선을 추구하는 정치 세력을 의미한다. 스웨덴 좌익은 여러 갈래의 세력들로 이루어져 있으나, 현재 의회에 의석을 갖고 있는 좌익 정당은 좌익당(Vänsterpartiet)뿐이다. 좌익당은 1980년대까지는 유럽공산주의(Eurocommunism) 노선에 충실했으나, 소련-동구 사회주의의 몰락 이후 페미니즘(feminism)과 생태주의를 적극적으로 수용하여, 포스트모던한 사회주의 정당으로 변신해가고 있다. 또 1990년엔 당명을 종래의 '공산주의자 좌익당'(Vänsterpartiet kommunisterna, 약어 'Vpk')에서 '좌익당'(Vänsterpartiet, 약어 'V')으로 바꾸었다. EMU 가입 반대, 노동시간 단축을 통한 실업문제 해결, 여성의 사회적 지위 개선, 생태 친화적인 경제발전 추구, 관대한 이민정책의 유지 등이 요즈음의 좌익당의 노선을 대표해주는 주장들이다.

였고, 외만(Öhman 1982b)은 기금논쟁에서 정당과 주요 이익단체가 제출한 공식적 정책보고서나 의회 발안 등의 내용을 정리하였다. 이에 비해 이 책에서는 기금논쟁에 참여한 모든 주요 논쟁 주체, 즉 정당과 주요 이익단체, 개별 논자들의 입장과 논변을 모두 포괄하여 분석함으로써 기금논쟁의 전체적 모습을 재구성하고자 한다. 그런 점에서 이 책은 기금논쟁의 내용, 즉 담론투쟁으로서의 기금논쟁을 종합적이고 본격적으로 분석한 최초의 접근이다.

그리고 이러한 분석은 기금논쟁에서 LO가 패배하게 된 원인을 구명하는 데 초점이 맞추어질 것이다. 첫째, 기금안의 내용과 기금안의 정당화 논변에 대한 분석을 통해, 기금안의 설득력이 부족했다는 점을 보여줄 것이다. 우선 기금안의 내용과 관련하여, 첫째 스웨덴 모델의 문제점에 대한 진단과 처방으로서의 기금안의 내용의 적절성 여부를 분석·평가할 것이며, 둘째, 자본주의에 대한 대안적 경제체제 모델로서의 기금사회주의 모델의 적절성 여부를 분석·평가할 것이다. 기금안의 입안자나 지지자들이 기금안을 정당화하는 데 동원한 논변들에 대한 분석에서는, 논변들의 논리적 정합성 여부와 논변 전략의 정치적 합리성 여부를 따져볼 것이다.

그리고 기금논쟁에서 사민주의 진영에서 제출된 상이한 입장들의 내용을 분석하고 그 이념적 뿌리를 스웨덴 사민주의 운동의 이념적 발전의 궤적에 대한 분석을 통해 드러냄으로써, 기금논쟁에서 사민주의 진영이 분열하게 된 원인의 하나로 사민주의 진영 내에 근본적으로 상이한 이념적 조류들의 존재를 보여줄 것이다.

스웨덴의 정당

스웨덴에서 '부르주아 정당들'(borgeliga partierna)이라 할 때에는 보수당, 자유당, 중앙당, 기민당을 지칭한다. 그런데 스웨덴에서 '부르주아 정당들'이라는 용어는, 좌익의 입장에서 우익 정당들을 비난조로 부를 때 쓰는 용어라기보다는, 보수당, 자유당, 중앙당, 기민당도 스스로를 그렇게 부르는 공식화된 정치용어다. 스웨덴어 'borgelig'(형용사. 명사형은 borgelighet)는 불어 'bourgeois'에 해당되는 용어로 '유산시민'이라는 뜻이지만, 예를 들면 '부르주아 계급'이라는 용어에서의 '부르주아'보다는 계급적 색채가 약하다. 이러한 사정을 반영해서인지, 'borgeliga partierna'를 영어로 번역할 때에는, 통상 'bourgeois parties' 대신 'non-socialist parties'로 번역한다.

'보수당'은 영어로는 'Conservative Party'로 번역되나, 스웨덴어 명칭은 '온건주의자 집결당'(Moderata samlingspartiet)이다. 역사적으로 보면 보수당은 귀족, 승려, 고급공무원, 고급군인 등 전통적 지배계급을 주요 지지기반으로 하여 탄생하였으며, 20세기 초에는 보통선거권 도입에 반대하는 세력을 정치적으로 대변하였다. 초기에는 '우익'(högern) 또는 '우익당'(högerpartiet)으로 부르다, 1969년에 '온건주의자 집결당'으로 당명을 바꾸었다. 보수당은 거의 모든 정치적 이슈에서 사민당과 대립하는 입장을 취해왔으며, 현재의 정치 노선은 보수적 자유주의에 충실한 편으로, 대체로 재계의 입장을 충실히 대변한다고 할 수 있다. 복지국가의 축소, 정부의 경제개입의 축소, 시장경제의 활성화, EMU(European Monetary Union) 가입 적극 지지 등이 보수당의 정치 노선을 대표하는 입장들이다. 보수당은 1980년대 이후엔 사민당에 이어 제2정당의 위치를 확보해왔으며, 현재 부르주아 정당들을 대표하는 위치에 있다. 이 책에서는 '온건주의자 집결당'을, 그 정치적 성향을 분명히 나타내주기 위해 '보수당'이라 번역하기로 한다.

'자유당'은 영어로는 'Liberal Party'로 번역되나, 스웨덴어 명칭은 '자유주의자 국민당'(Folkpartiet liberalerna)이다. 역사적으로 자유당은 신흥 부르주아 계급을 주요 지지기반으로 하여 탄생했으며, 19세기의 '자유교회 운동' '절주(節酒)운동'에 참여한 세력들도 자유당의 중요한 기반이 되었다. 자유당은 20세기 초에 사민당과 더불어 보통선거권 도입을 강력히 추진하였으며, 이후 사민당과 때로는 경쟁하고 때로는 협력하는 관계를 유지해왔다. '자유당'은 1940년대 이래 '사회자유주의'(socialliberalism; social liberalism) 노선에 충실해왔다. 즉 자본주의 시장경제의 원리를 근간으로 삼되, 고용문제나 사회복지문제 등에서는 정부가 적극적인 역할을 수행하는 것을 지지해왔다. 오늘날 자유당의 핵심 지지기반으로는 전문직 종사자, 상층 사무직 노동자 등을 들 수 있다. 1970년대 후반 이후엔 스웨덴의 정당정치 구도가 사민당 대 부르주아 정당들 사이의 대립구도로 정착된 관계로, 주요 정치 이슈들에서 자유당의 입장은 보수당의 입장과 크게 차이나지 않았다. 여기서는 '자유주의자 국민당'을 '자유당'으로 번역하기로 한다.

'중앙당'은 영어로는 'Center Party'로 번역되며, 스웨덴어 명칭도 '중앙당'(Centerpartiet)이다. 중앙당은 주로 독립 자영농을 기반으로 하여 태동하였으며, 여러 번에 걸쳐 당명을 고쳤다. '농민연합'(Bondeförbundet), '농민연합 농촌당'(Landsbygspartiet bondeförbundet) 등 과거 당명들은 중앙당이 농민의 이익을 대변하는 정당임을 분명히 해주고 있다. 그러다 1959년부터 '중앙당'이라는 당명을 사용해왔다. 중앙당은 처음부터 농민의 정치적 대변 조직으로 태동한 관계로, 주로 농업문제에 관심을 집중해왔다. 그리하여 농산물 수입 규제, 국내 농산물 가격 지지 등을 주장하고 또 관철시켜왔다. 그러나 산업화에 따라 농업인구가 격감하는 데다, 농업문제에만 주력하는 단일 이슈 정당으로서의 한계가 분명해지자, 중앙당으로 당명을 바꾸고, 이후 지방자치의 강화, 균형된 지역발전, 생태계 보존 등으로 관심 영역을 크게 확장시켰다. 농업문제 이외의 이슈들에서 중앙당은 낭명 그대로 대체로 사민당과 여타 부르주아 정당들 사이의 중간 노선을 취해왔다. 중앙당은 여러 차례에 걸쳐 사민당과 연립정부를 구성함으로써, 사민당의 장기집권에 크게 조력했으나, 1976년에 보수당, 자유당과 함께 부르주아 정당 연립정부를 구성한 이후로는, 주로 보수당 및 자유당과 보조를 함께 해왔다. 현재 중앙당은 득표율은 미약한 편이지만, 사민당과 여타 부르주아 정당들 중간에 위치한 정치 노선으로 인해 캐스팅 보트를 행사할 수 있기 때문에, 스웨덴 정당정치구도에서 무시할 수 없는 영향력을 행사할 수 있다.

'기민당'(Kristdemokrati samhällspartiet 기독교 민주주의 사회당)은 기독교 정신에 기초한 사회건설을 목표로 1964년에 창당되었다. 애초에 기민당은 통상적인 경제정책이나 사회정책에는 큰 관심이 없었고, 주로 종교문제와 사회윤리문제에 관심을 집중시켰다. 또 좌우 블록 정치구도에도 가담하지 않았다. 그러다 1980년대에 들어 기민당은 반(反) 사회주의 노선을 분명히 하고, 여타 부르주아 정당들과 협력하기 시작했다. 통상적인 경제정책과 사회정책 영역에서 기민당의 입장은, 자유당과 유사하게 사회자유주의적인 성격을 띠고 있다. 그러나 사회윤리, 문화정책 영역에선 자유당의 세속주의적, 자유주의적 입장과는 대비되는 보수주의적 입장을 취해왔다. 스웨덴의 정당정치구도에 대한 상세한 설명으로는 Bäck Mats. & Tommy Möller (1995)를 참고하면 된다.

I

스웨덴 사회민주주의의 역사

모델이나 제도는 어느 날 갑자기 하늘에서 떨어진 것이 아니다. 그런데 스웨덴은 모델이나 제도가 탄생하게 된 정치 · 경제 · 사회 · 문화적 배경에 대해 이야기하기 전에 모델의 좋고 나쁨이 논란이 되고, 제도의 적용 가능성 여부가 토론된다. 그러나 배경에 대한 이해 없이 결론부터 시작되는 이 토론이 성공적으로 끝나는 경우는 거의 없다.

합법적 방식의 사회주의 이행을 도모한 임노동자기금안과 이를 둘러싼 논쟁을 살펴보기 전에 스웨덴 사민주의 운동의 이념과 정책의 역사를 살펴본다. 잘 나가던 스웨덴의 고민은 무엇이었으며, 왜 LO는 임노동자기금안을 들고 나오게 되었을까?

1. 사회화논쟁

여기서는 스웨덴 사민주의 운동의 태동기로부터 개혁주의적 이념 및 정책 노선이 정착되는 1930년대 중반에 이르기까지, 스웨덴 사민주의 운동의 이념 발전의 궤적을 생산수단의 소유문제를 중심으로 살펴보고자 한다. 사회주의적 소유관계의 바람직한 형태를 무엇으로 보느냐는 문제는 다양한 사회주의적 이념 조류들의 성격을 규정해온 핵심적 문제인 동시에, 임노동자기금안(이하 '기금안')이라는 사회화 프로젝트를 둘러싸고 전개된 논쟁을 분석하는 데 있어 중요하기 때문이다. '사회화논쟁의 발생'에서는 생산수단의 소유문제를 둘러싸고 이 시기에 사민당 내에서 전개된 논의의 역사를 개관하고, '칼레비의 개혁주의 사상'에서는 생산수단의 소유문제와 관련하여 전통적 국유화 노선을 비판하고 개혁주의 노선을 이론적으로 정당화함으로써, 이후 스웨덴 사민주의의 개혁주의 노선의 정착에 큰 영향을 미친 사민주의 이론가 닐스 칼레비(Nils Karleby)의 사상을 살펴본다.

1) 사회화논쟁의 발생[1]

(1) 생산수단의 소유문제에 대한 초기 스웨덴 사민주의자들의 입장

초기 스웨덴 사민주의 운동에서 스웨덴 특유의 이념적 전통은 발견되지 않는다. 스웨덴 사민주의 운동은 태동기로부터 독일 사민주의운동에서 압도적인 이념적 영향을 받았다. 통상 스웨덴 최초의 사민주의적 강령으로 간주되어온 팔름(August Palm)의 1882년 강령은, 사실상 1876년에 덴마크 사민주의자들이 채택한 기믈레(Gimle)강령을 번역하다시피한 것에 불과했고, 또 이 기믈레강령은 1875년의 독일 사민당의 고타(Gotha)강령의 복사판에 불과했다. 또 1889년에 창당된 스웨덴 사민당(SAP / Sveriges socialdemokratiska arbetareparti 스웨덴 사회민주주의 노동자당)이 1897년에 최초로 공식적으로 채택한 당 강령은 1891년의 독일 에어푸르트(Erfurt)강령의 압도적 영향하에 있었다.

초기 스웨덴 사민주의의 이념은 근본적으로 마르크스주의에 뿌리를 두고 있었다. 부분적으로 라살레(Lassale)의 영향도 있었고, 무정부주의적 조류도 스웨덴 사민주의 내에 포용되어 있었으나, 마르크스주의의 영향이 압도적이었다. 특히『공산당선언』에 표현된 마르크스의 사상은 초기 스웨덴 사민주의자들 이념의 골간이었다. 그러나 마르크스주의에 대한 당시 스웨덴 사민주의자들의 이해 수준은 그리 높지 않았다. 마르크스주의에 대한 해석에 있어, 적어도 20세기에 들어서기 전에 스웨덴 사민주의 특유의 독특한 해석이라 할 만한 것을 발견하기 어렵다. 또 스웨덴 사민주의자들은 마르크스주의 이론 중에서도 예컨대 가치론이나 공황론과 같이 매우 이론적인 문제에 대해서는 별다른 관심이 없었다. 반면에 자본주의의 일반적 발전 경향에 대한 마르크스의 설명은 스웨덴 사민주의자들의 사고의 중심 틀로

---

[1] 이 소절의 내용은 Tingsten(1941) I권 3장에 크게 의존하였으며, 또 Lewin(1967: 59-153), Tilton(1990: 86-102), 안재흥(1995)에 부분적으로 의존하였다.

작용했다. 즉 자본주의의 발전이 낳는 필연적이고 비가역적인 효과들로서 자본의 집적과 집중, 또 이에 수반되는 중간계급 소멸 및 계급 양극화, 노동계급 궁핍화, 노동계급의 계급의식 성장, 또 이러한 경향들의 최종적 귀결로서 자본주의의 필연적 사멸과 사회주의 사회의 도래에 대한 이론은 스웨덴 사민주의자들의 사유세계를 구성하는 중심틀이었다.

자본주의의 발전경향에 대한 마르크스의 이론은 스웨덴 사민주의자들에게 이중적으로 작용했다. 하나는 사회주의 사회의 도래는 자본주의가 충분히 성숙하고나서야 가능하므로, 스웨덴과 같이 상대적으로 산업화가 지체된 나라에서는 아직 상당히 먼 미래의 일로 상정되었다. 따라서 생산수단 소유의 사회화와 같이 직접적으로 사회주의적인 성격을 갖는 과제들은, 적어도 당면 투쟁과제는 아닌 것으로 간주되었다. 다른 한편 자본주의의 성숙에 따른 자본주의의 사멸과 사회주의 사회의 도래는, 다소 시간이 걸리긴 해도 언젠가는 반드시 찾아올 것이므로, 마르크스주의의 거대한 역사발전 전망을 포기할 필요는 없었다. 따라서 스웨덴 사민주의자들은 실천적으로는 자본주의 틀 내에서의 개혁에 역량을 집중하면서도, 혁명적 이념과 수사(修辭)를 유지하고 또 이를 정치적으로 활용할 수 있었다.[2] 그런 점에서 스웨덴 사민

---

2 자본주의의 발전경향에 관한 마르크스의 이론에 대한 스웨덴 사민주의자들의 수용방

주의자들의 마르크스주의 수용 방식은, 당시 독일 사민주의 주류를 대표했던 카우츠키(Karl Kautsky)의 마르크스주의 해석과 크게 다를 바 없었다. 다만 스웨덴의 경우 독일에 비해 산업화가 크게 지체되어 있었으므로, 사회주의의 도래를 더욱 먼 미래의 일로 생각하였다는 차이가 있었을 뿐이다.

19세기 말에서 1921년까지 스웨덴 사민주의자들이 역량을 집중했던 최대의 투쟁과제는 보통선거권의 쟁취였다.[3] 결국 이 시기 스웨덴 사민주의 주류가 상정했던 사회주의로의 이행전략의 핵심은, 보통선거권의 쟁취를 통해 사민주의자들이 의회에 진출하고 선거를 통해 집권하여 사회의 사회주의적 개조를 실행한다는 것이었다. 집권 이후에 실행할 사회화조치의 내용은 전통적인 마르크스주의의 구상대로 자연자원과 주요 산업의 전반적 국유화와 이에 기초한 계획경제의 실시였다. 그러나 이는 상당히 먼 미래의 일로 간주되었기 때문에, 구체적으로 어떠한 방식으로 사회화를 실행할 것인지, 미래 사회주의 사회를 구체적으로 어떻게 조직·운영할 것인지에 대해서는 논의가 깊이 있게 진행되지 않았다.

또 사민주의자들은 보통선거권 외에도 노동계급의 경제적, 사회적 처지를 개선해주는 사회정책의 시행을 당면 과제로 설정하고, 이의 실현을 위해 노력하였다. 그러나 이러한 부분적 개혁의 누적이 종합적, 총체적 사회주의화와 어떠한 관계에 있는지에 대해서도 심도 있는 논의가 이루어지지 않았다. 다만 시간이 지날수록 자본주의 틀 내에서의 개혁 조치들을 좀더 원칙적이고 열성적으로 지지하는 방향으로 사민주의자들의 입장이 정리되어 갔다.

스웨덴 사민주의의 이념에 대한 고전적 연구를 수행한 팅스텐에 따르면, 이미 1890년대에 들어서면서부터 마르크스주의에 대한 스웨덴 사민주

식 및 그 정치적 효과에 대한 설명으로는 안재홍(1995: 15-20) 참조.
3   1921년에 보통선거권이 완전히 확보되었다.

얄마르 브란팅(Hjalmar Branting 1860-1925)

이 념과 조직 활동 모두에서 초기 스웨덴 사민주의 운동을 이끈 최고 지도자. 그는 1889년 스웨덴 사민당의 창당을 주도하였으며, 1907년부터 사망 시까지 사민당 당수직을 맡았다. 또 사민당원들 중 최초로 의회에 진출하였으며(1897), 1920년에 출범한 최초의 사민당 소수 내각의 수상직을 맡은 이래 1920년대에 세 차례에 걸쳐 출범한 사민당 내각에서 모두 수상직을 맡았다.

악셀 다니엘손(Axel Danielsson 1863-1899)

브 란팅과 더불어 초기 스웨덴 사민주의 운동을 대표하는 인물. 그는 스웨덴 남부 스코네(Skåne) 지역의 노동운동을 주도하였으며, 초기에는 브란팅에 비해 더욱 급진적인 입장을 가져 당시 스웨덴 사민주의 운동 내의 혁명주의적 조류를 대표했다. 그러나 1890년대에 들어 다니엘손은 크게 입장을 바꾸어 의회주의적 개혁 노선을 원리적으로 수용하게 된다.

의자들의 이념적 의존이 약화되어가기 시작했다고 한다. 그리고 이는 스웨덴 국내 사정을 반영하는 측면도 있지만, 주로 독일 사민주의 내에 대두되기 시작한 수정주의적 조류의 영향이 컸다는 것이다. 예를 들면 당시 스웨덴 사민주의 운동의 최고 지도자였던 브란팅(Hjalmar Branting)은 점차 중간계급 소멸론과 노동계급 궁핍화론을 포기하게 되었다.

또한 초기 스웨덴 사민주의 운동 내의 혁명주의적 조류를 대표하던 다니엘손(Axel Danielsson)은 점점 더 마르크스주의의 주요 이론들에 대해 유보적인 태도를 취하고, 자본주의 내에서 시행되는 사회정책적 차원의 개혁 조치들을 유보 없이 원칙적으로 지지하는 입장을 취하게 되었다는 것이다 (Tingsten 1941: 169-81).

생산수단의 소유문제와 관련하여 입장의 근본적 수정이 최초로 발생한 영역은 농업문제였다. 농업문제와 관련하여 스웨덴 사민주의자들은, 초기에는 마르크스주의 이론대로 농업의 자본주의화에 따라 농지 소유 및 농업 경영이 대규모화하고, 이에 따라 소농(小農)들이 농업프롤레타리아화할 것이라 전망했다. 따라서 농업 부문에서도 공업 부문에서와 마찬가지로 소유의 집단화가 이루어져야 한다고 생각했다. 따라서 농업문제에 고유한 특성은 없으며, 농민문제는 노동자문제의 일부일 뿐이라고 간주했다. 그러나 1900년대 초에 들어 사민주의자들의 입장이 근본적으로 수정되는데, 소농 보호정책으로 선회하게 된 것이다. 이렇게 농업정책의 근본적 수정이 이루어지게 된 데는 당시 스웨덴의 농업 사정이 크게 작용했다. 마르크스주의 농업이론의 전망과는 달리 스웨덴에서 소농은 쉽사리 축출되지 않았으며 끈질기게 잔존한 것이다. 농업 부문에서 대경영이 등장할 조짐은 별로 보이지 않았다. 또 벌목회사들에 의한 토지 황폐화, 농기계 구입을 위한 농가의 부채 증가 등 당면한 농업문제들도 사민주의자들로 하여금 소농보호정책으로 선회하게 하는 데 일조했다. 그러나 가장 중요한 요인은 사민당이 의회주의 노선을 채택한 이상, 인구의 큰 부분을 차지하는 소농들로부터 지지를 확보해야 한다는 정치적 고려였다. 이후 스웨덴 사민당의 농업정책의 기조는 소농 보호, 농지 소유의 집중 억제로 굳어진다.

한편 사민당 의원들의 의회 진출은 착실하게 증가하여 1914년 가을 선거에서 사민당은 모든 정당들 중 최대 의석을 확보하게 된다. 선거를 통한 집권이 현실성 있게 다가오게 된 것이다. 의회 내에서 사민당 의원들은 의회의 전통적 논의와 협상의 틀에 순응해가며, 단기간 내에 해결 가능한 사회개혁조치들을 입법화하는 데 주력했다. 특히 사민주의자들은 많은 문제 영역들에서 자유주의자들과 협력하여 사회개혁조치들을 입법화할 수 있었다. 이에 따라 스웨덴 사민주의의 의회주의적 체질은 한결 강화되어가고 정치적 입장도 더욱 온건화되어갔다.

그러나 사민당이 마르크스주의를 공식적으로 포기한 것은 아니었다. 마르크스주의는 여전히 사민주의자들의 언어를 지배하는 지도이념의 위치를 유지했다. 그러나 실제 현안들의 처리에 있어서, 사민주의자들은 마르크스주의와 별로 관계 없이 실천했다. 팅스텐의 표현에 따르자면 "마르크스주의는 점차 교의(教義)라기보다는 상징으로 변모해갔다."(Ibid., 201).

1918년 말에 들어 그동안 미루어두었던 생산수단 소유의 사회화문제가 사민당의 정치일정의 전면에 부상(浮上)하게 되었다. 이렇게 된 데는 무엇보다도 1차대전 중에 발생한 러시아혁명과 독일혁명의 영향이 컸다. 특히 러시아혁명은 스웨덴 사민당 내의 급진적 그룹을 크게 고무시켰는데, 급진그룹은 러시아혁명 발발 직전인 1917년 5월에 사민당으로부터 독립해나가 사회민주주의 좌익당(Det socialdemokratiska vänsterpartiet)을 창당하였다. 좌익 사회주의자 의원들은 1917년 의회에서 스웨덴에서도 당장 전면적 사회화조치를 단행할 것을 요구하였고, 사민당 의원들은 이에 반대하였다. 그러나 이로 인해 사민당은 사회화문제에 대해 이제 무언가 구체적 입장을 표명해야 한다는 압력을 크게 느끼게 되었다. 특히 상대적으로 후진국인 러시아에서 사회주의혁명이 일어났다는 사정으로 인해, 자본주의가 충분히 성숙한 후에야 사회주의가 가능하다는 종래의 주장을 반복하기가 어렵게 되었다. 외국에서의 혁명 못지 않게 스웨덴 내의 사정도 사회화문제를 부상시키는 데 크게 작용했다. 1918년에 여성의 참정권을 쟁취함으로써, 보통선거권의 쟁취를 위한 기나긴 도정에서 결정적인 진전을 달성한 것이다. 당시까지 사민당의 정치 노선을 극히 간략하게 압축한다면 당면 과제로서 보통선거권 쟁취와 장기적, 궁극적 과제로서 사회화로 요약할 수 있다. 그런데 이제 드디어 보통선거권의 완전한 쟁취가 목전에 이르렀고, 사회화문제를 먼 미래의 일로 미룰 구실이 사라진 것이다. 또 의회 내에서 사민당 의석이 꾸준히 증가해감에 따라, 사민주의자들은 사민당의 집권을 임박한 문제로 생각하게 되었다. 이제 집권 이후의 정책에 대한 청사진을 마련해야 할 필요를 절실히 느끼게 된 것이다. 게다가 사민주의자들은 지금까지 정치권력을 장악하게 되면 사회화조치를 단행하겠다고 노동계급에게 약속해온 터였다.

이러한 시대적 상황 속에서 사민당의 핵심 지도자의 하나였던 묄러(Gustav Möller)는 1918년 가을에 사민당 이론지인 『시대』(*Tiden*)에 "사회혁명"(Den sociala revolution)이라는 글을 발표한다. 이 글은 스웨덴 사민주의 진영 내에서 사회화문제를 본격적으로 다룬 최초의 글이었다. 이 글에서 묄러는 러시아혁명을 혹독히 비판한다. 러시아혁명과 같은 급격한 방식의 사회주의화는 장기간에 걸쳐 생산의 감소를 낳을 것이고, 따라서 장기적으로 유지될 수 없으므로 받아들일 수 없다는 것이었다. 러시아혁명 식의 사회주의화에 대한 대안으로 묄러는 점진적 방식의 사회화를 제안한다. 정치권력의 장악 이후 점진적, 단계적으로 주요 산업들을 국유화한다. 국유화과정에서 기존 소유주들에 대한 보상이 이루어져야 한다. 그리고 이렇게 단계적으로 국유화를 진행시켜가는 과정에서 계획경제의 실시도 점차 달성해간다는 것이다.[4] 결국 묄러가 생각했던 사회주의 경제는 전통적 마르크스주의의 구상과 다를 바 없이 국유화에 기초한 전면적 계획경제였다. 다만 이를 달성해가는 방식은 평화적 수단에 기초한 점진적인 방식이어야 한다는 것이다. 이러한 묄러의 구상은 당시 스웨덴 사민주의 주류의 입장을 대변한 것이었다고 할 수 있다. 급격한 혁명을 통한 사회개조를 기피하면서도, 궁극적으로 달성해야 할 사회주의 사회의 모습에 대한 구상은 마르크스의 사회주의상(像)의 틀 내에 있었던 것이다.

1919년 5월에 열린 사민당 집행위원회 회합에서는 사회화문제가 중점적으로 논의되었다. 많은 집행위원들이 사회화문제를 당면 정치일정에 올

---

4 사회화문제에 대한 묄러의 견해를 간략하게 잘 정리한 글로는 Tilton(1990: 104-12), Bergström(1984: 473-75) 참조.

리는 것에 대해 주저하는 가운데, 합의가 이루어진 유일한 구체적 사항은 사회화문제를 연구할 국가연구위원회를 발족하자는 것이었다. 사민당 주도로 국가연구위원회를 발족하여 이 위원회로 하여금 사회화문제에 대한 구체적 정책대안을 제출하도록 하고, 이에 기초하여 향후 사회화 전략을 마련하자는 것이었다.

1920년 5월에 사민당은 최초로 집권에 성공한다. 사민당 단독 소수내각이 출범한 것이다. 같은 책 6월 22일에 사민당 당수이자 신임 수상인 브란팅은 사회화문제를 연구할 국가연구위원회를 발족한다. 위원의 과반수는 사민주의자들로 구성되었고, 위원회 위원장으로는 사민당의 핵심 지도자의 하나였던 산들레르(Rickard Sandler)가, 위원회 서기로는 당시 촉망받는 사민주의 청년 이론가였던 칼레비(Nils Karleby)가 선임되었다.

(2) 사회화위원회의 활동

사회화위원회는 연구 및 정책제안에 있어 큰 자유재량권을 부여받았다. 사회화를 단행할 영역 및 구체적인 사회화 방식의 선택에 있어 아무런 사전적인 제한도 부과되지 않았다. 사회화위원회는 발족 초기부터 추상적인 경제체제론적 논의보다는 다른 나라들에서 구체적으로 진행되어가는 사회화 조치의 경험들을 연구했다. 그리고 이를 통해 스웨덴 사회에 합당한 사회화 전략을 모색하기로 연구의 방향을 잡았다. 특히 위원회 위원들이 기대를 걸었던 것은 독일 및 오스트리아에서의 향후 사회화조치의 전개였다. 그러나 기대와는 달리 이 나라들에서의 사회화 시도는 몇 년 지나지 않아 무위로 끝나고 말았다. 1936년에 발간된 사회화위원회 최종 보고서는 이를 다음과 같이 풍자적으로 표현하고 있다.

[유럽]대륙에서의 사회화의 물결이 남긴 것은 결국 [사회화문제에 대한 연구와 계획을 위해 소비된] 종이뿐이었다. 그것이 남긴 종이량이라는 측면에서 사회

화는 종이산업에 대해서는 분명히 의미를 가질 수 있었다(SOU 1936: 7, 2).

그러나 어쨌든 사회화위원회는 오스트리아, 덴마크, 영국, 소련에서 진행된 사회화조치들의 사례들에 관한 연구보고서들을 제출하였다.

이웃 나라들에서의 사회화 시도가 무위로 끝나자 위원회는 스웨덴의 기존 국영기업들의 운영 실태를 연구하는 쪽으로 연구의 방향을 돌렸다. 그리하여 스웨덴의 국영 철도, 수력발전소, 우체국 등의 역사와 경영 실태에 관한 연구보고서들을 제출하였다. 그러나 구체적인 사회화 전략에 관한 정책제안을 제출한다는 본래의 과제는 계속 미루어졌다. 오랜 기간에 걸친 연구에도 불구하고 사회화 전략에 관한 또렷한 청사진을 마련하기가 쉽지 않았던 것이다. 분명한 것은 위원회 위원의 다수가, 전면적 국유화에 기초한 계획경제 체제에 대해서는 뚜렷이 부정적인 태도를 가졌다는 점이다. 위원회활동의 초기에 위원장직을 맡았고 위원회 최종보고서의 책임집필자였던 산들레르는 시장경제의 장점을 충분히 인정하는 인물이었고, 위원회 활동 초기에 위원회 서기를 맡았던 칼레비는 시장경제를 원리적으로 수용하는 인물이었다. 또 위원들은 국영기업의 경우에도 경영에 있어서는 국가의 행정기구로부터 독립적으로 운영되는 것이 바람직하다는 의견을 갖고 있었다. 사회화문제에 대한 위원회 위원들의 전반적 태도는, 산업별, 사안별로 실사구시적으로 문제에 접근하되, 경영의 효율성 문제를 중시해야 한다는 것으로 요약할 수 있다.

사회화위원회가 최종 보고서를 제출하지 못한 채 여러 해를 끌게 되는 상황이 사민당 지도부에게는 불만족스럽기만 한 것은 아니었다. 사회화문제에 대한 구체적 입장의 제시를 요구받을 때마다 사민당 지도부는 사회화위원회의 작업이 아직 종료되지 않았다는 점을 들어 입장 표명을 차후로 미룰 수 있었던 것이다. 시간이 경과할수록 사회화위원회는, 제출하는 연구보고서의 내용보다도 존재 그 자체를 통해 사민당 지도부에게 도움을 주게 되었다. 사회화위원회의 존재 및 활동은 사회화문제에 대한 사민당의 정책 노선 부재에 대한 좋은 변명거리로서 기능하게 된 것이다.

1920년대에 사민당은 세 차례에 걸쳐 단독으로 집권했다.[5] 집권 기간 의 사민당의 정책은 자유주의적 경제정책과 비교적 적극적인 사회정책으로 요약된다. 사회화문제에 대해 입장이 서지 않은 상태에서 사민당이 선택할 수 있는 경제정책은 종래의 부르주아 정당들과 마찬가지로 시장경제의 원리를 충실하게 따르는 자유주의적 성격을 띨 수밖에 없었다. 그리하여 1920년대 초의 경제공황에 집권 사민당은 긴축정책으로 대응하였다. 그런 점에서 1920년대는 사민당에게 있어 정치적 성공과 이념적 혼돈이 교차하는 시기였다고 할 수 있다. 집권에는 성공하였으나 정작 집권을 통해 추진할 사회주의적 정책에 대한 구상이 없었던 것이다. 이러한 딜레마로부터 사민당을 구출한 것은 1929년의 세계대공황이었다.

(3) 1932년 사민당 전당대회와 사회화논쟁의 종결

1929년의 세계대공황은 스웨덴에도 큰 파장을 미쳤다. 1931년에 들어 스웨덴 경제도 경제위기 수준의 곤란을 겪게 되었다. 경제공황은 사회화문제를 다시금 사민당의 정치 현안으로 부상시키는 계기로 작용하였다. 많은 사민주의자들은 대공황을 자본주의 붕괴의 신호로 받아들였다. 그들은 대공황을 마르크스의 자본주의 붕괴론을 확증시켜주는 사례로 판단하고, 이제야말로 사민당이 사회화조치를 단행해야 할 시기가 찾아왔다고 생각했다. 반면에 당 지도부는 공황이 자본주의와 불가분하게 구조적으로 결합되어 있는 것은 사실이나 이번의 대공황이 자본주의 체제의 붕괴가 임박했음을 알리는 것은 아니라고 보았다. 따라서 위기관리 차원의 제한적 정책조치들

---

5 1920년대에 사민당은 1920년 3월-10월, 1921년 10월-1923년 4월, 1924년 10월-1926 년 6월까지 세 차례에 걸쳐 사민당 단독 소수내각의 형태로 집권하였다.

을 통해 공황을 극복해야 한다고 판단하였다. 그리하여 당 지도부는 1931년에 사민당의 공황정책을 마련할 위원회를 구성했다. 비그포르스(Ernst Wigforss), 횔드(Per Edvin Sköld), 벤너스트룀(Ivar Vennerström) 3인으로 구성된 이 위원회의 연구와 정책제안에 기초하여 사민당은 1932년 의회에서 공황극복정책안을 발안(發案)하였다.

비그포르스의 주도로 마련된 발안에서 사민당은 공채 발행, 직접세 증세, 국방예산 삭감 등을 통해 공황 극복을 위한 정책자금을 마련해 실업의 축소와 경기부양을 위해 사용할 것을 제안하였다. 특히 이 발안에서 주목할 만한 것은 실업정책의 내용이다. 종래에 사민당의 실업정책의 골간은 긴축정책을 통한 임금인상 억제 및 저축 증대였다. 이는 기본적으로 신고전파 경제학의 실업이론에 기초한 정책으로 부르주아 정당들의 실업정책과 차이가 없었다. 다만 사민당 집권 이전부터 있어온 전통적 실업정책에 따라, 실업자들에 대한 한시적·직접적 지원정책으로서 현금을 지급하여 실직으로 인해 상실된 임금의 일부를 보상해주고, 국가가 예비노동(reservarbeten)을 조직하여 한시적으로 일자리를 마련해주었다. 예비노동은 주로 도로 건설 및 정비 등 민간 기업들이 참여하지 않는 사업에서 조직되었으며, 예비노동에 참여한 노동자들에게는 시장임금 수준보다 낮은 수준의 임금이 지급되었다.

그러나 1932년에 사민당이 의회에 제출한 발안에서는 예비노동이 아니라 준비노동(beredskapsarbeten)을 조직하는 데 정부예산을 지출하도록 했다. 준비노동은 예비노동과 마찬가지로 정부의 예산에 의해 조직된 노동이지만, 직접적으로 생산적 효과가 있으며 민간 기업들도 참여하는 사업 영역들에서도 조직되고, 또 시장임금 수준과 같은 수준의 임금이 지급되는 노동이었다. 그리고 이렇게 준비노동을 조직하는 데 정부예산을 지출하는 것은 실업자들에게 더 좋은 일자리를 제공해준다는 점뿐 아니라, 이들에게 지급된 상대적으로 높은 임금이 유효수요를 창출하여 경기부양에 기여한다는 점에 의해서도 논리적으로 정당화되었다. 사민당의 공황극복정책 입안을 주도한 비그포르스는 케인스(John. M. Keynes)의 초기 저술 및 웹 부부(Sidney & Beatrice Webb) 등 영국 사회주의자들의 저술 등에 대한 연구를 통해 이미 이 시기에 케인스주의적 사고를 나름대로 발전시켜가고 있었던 것이다.

1932년 5월에 개최된 사민당 14차 전당대회에서는 종래의 그 어떤 전당대회에서보다도 사회화문제가 중점적으로 논의되었다. 이는 물론 대공황의 효과였다. 1932년 전당대회에서는 사민당이 단기간 내에 구체적인 사회화 전략을 마련하여 사회화조치에 착수할 것을 요구하는 세 개의 발안이 제출되었다. 브루세비츠(Per Emil Brusewitz)와 브란팅(Georg Branting) 등이 제출한 발안은 대공황을 자본주의의 근원적 한계에 대한 결정적 폭로로 보는 한편, 러시아혁명이 그 폭력적 방식의 문제점에도 불구하고 일단 자본주의에 대한 대안적 경제체제의 건설이라는 점에서 새로운 가능성을 열어주었다고 평가하고 있다.

이러한 시각에 기초하여 이 발안은, 이번 전당대회에서 사회화 요구를 향후 사민당의 선전 및 교육 활동, 또 정책조치의 중심에 둘 것과 사회화문제에 대한 구체적인 실천강령(handlingsprogram)을 긴급히 작성할 것을 결의하도록 촉구하고 있다(SAP 1932: 418-20). 또 리세베리(Riseberg) 노동자 콤뮨이[6] 제출한 발안은 사회화문제를 포함하여 주요 경제문제들에 대한 10개년 경제계획을 작성할 것을 요구하고 있다(Ibid., 421-22).

이러한 발안들에 대한 공식적 논평(utlåtande)에서 당 서기국[7]은 일단 발안들의 동기에 대해 공감을 표시했다. 대공황이 자본주의의 한계를 결정적으로 폭로하였다는 점에는 이의가 있을 수 없다는 것이다. 그리하여 이번 전당대회에서 특히 대공황문제와의 관련 속에서 사회화문제에 대한 원칙적 선언(uttalande)을 채택할 것을 제안하였다. 그러나 구체적인 사회화조치를 마련하라는 요구에 대해서는, 아직 사회화위원회의 연구가 끝나지 않았기 때문에 당장 사회화조치를 마련할 수는 없다고 응답했다. 사회화위원회의 최종 정책 제안 보고서가 나오고, 또 이것이 당 내에서 충분히 검토되고 난 후에야 구체적인 사회화조치를 마련할 수 있다는 것이다(Ibid., 422-23). 결국 당 서기국은 1932년 전당대회에서도 구체적인 사회화조치의 결정을 회피하고자 한 것이다. 이어 진행된 토론에서 당의 지도적 인사들은 대부분 당 서기국의 입장을 따라 사회화조치를 시급히 마련하는 것에 대해 부정적 입장을 나타냈다. 사회화위원회의 초대 위원장이었던 산들레르는 사회화위원회의 연구 활동의 중요성을 역설하고, 일단 위원회가 최종 보고서를 제출하는 것을 기다려보아야 한다고 주장했다(Ibid., 427-28). 횔드(Per Edvin Sköld)는 대공황을 자본주의의 최종적 위기의 표현으로 보는 시각 자체에 대해 부정적 입장을 표명했다. 현재의 대공황은 자본주의 자체 때문이라기보다는 민족주의적·제국주의적 정부의 정책 때문에 발발했다는 것이

6 노동자콤뮨(arbetarekommun)은 사민당의 지방 하부조직이다.

7 사민당의 최고의결기관은 전당대회((partikongressen)다. 당 서기국(partistyrelsen / party secretariat)은 전당대회가 열리지 않는 기간에 사민당의 의사결정을 관장하는 최고의 결기관이며, 서기국 위원들은 전당대회에서 선출된다. 서기국 위원들 중에서 일상적 당무의 집행을 책임지는 집행위원회(verkställande utskott / executive committee) 위원들이 선임된다.

다. 그리고 자본주의는 이번 공황을 극복해낼 가능성이 크다고 보았다(Ibid, 442). 당의 지도적 인사들 중에서 마르크스주의에 가장 충실한 편이었던 엥베리(Arthur Engberg)는 스웨덴과 같이 작은 나라에서 일국사회주의를 실현하는 것이 불가능하다는 점을 강조했다(Ibid, 446).

가장 주목할 만한 발언을 한 인물은, 당시 사민당 내의 최고 이데올로그이자 경제전문가로서의 위치를 굳혀가고 있던 비그포르스였다(Ibid, 469-75). 당 서기국의 일원이었던 비그포르스는 사회화문제와 관련하여 구체적인 실천강령을 만드는 데 있어 당 서기국이 전적으로 무능했음을 아무런 유보 없이 인정했다. 또 그는 대공황이 사회화문제를 다시금 사민당의 정치 현안의 핵심으로 부상시켰지만, 이번 전당대회를 통해 사회화문제에 관한 구체적인 실천강령을 준비하는 것은 전적으로 불가능하다는 점을 지적했다. 당 서기국뿐 아니라 이번 전당대회에 참석한 그 누구도 사회화문제와 관련하여 작성해야 할 실천강령에 대해 구체적인 의견을 가지지 못했다는 것이다. 한편 공황(kris / crisis)이 자본주의의 전면적 파국(katastrof / catastrophe)으로 나아갈지 여부는 아직 불분명하다고 주장했다. 자본주의 경제에는 전면적 파국으로 나아가는 것을 막는 길항력(拮抗力)이 내재해 있다는 것이다. 따라서 이번 공황은 전면적 파국보다는 장기화된 실업을 동반하는 장기적 불황으로 나아갈 가능성이 크다고 보았다.

비그포르스에 따르면, 사민당은 지금까지 만일 전면적 파국이 닥쳐온다면 그때에는 경제에 개입하여 어떻게든 사회화를 달성할 수 있을 것이라고 생각해왔다는 것이다. 그런데 이는 거꾸로 말하면, 파국이 오지 않는 한 사회화문제와 관련하여 아무런 실천강령도 가지지 못한다는 것을 의미하는 것이며, 이는 분명히 사민당의 약점이었다는 것이다. 그리고 이렇게 사회화문제와 관련하여 사민당이 취약했던 근본적 이유는, 사민당이 이념적으로 서로 다른 두 개의 원천을 갖고 있다는 점에 연원한다고 지적했다. 그 하나는 마르크스주의이고 다른 하나는 경제적 자유주의다. 사민당에 의해 개혁주의적 방식으로 해석된 마르크스주의는 자본주의의 발전을 수동적으로 방관하게 만드는 측면이 있었다는 것이다. 즉 사민주의자들은 사회화문제와 관련하여, 일단 사태의 진전 과정을 따라가다가 시기가 성숙하면 경제에 개입해서 무언가 해낼 수 있을 것이라는 식의 태도를 가져왔다는 것이다. 다른 한편으로 구체적인 경제정책을 입안하는 데 있어서 사민당은 경제적 자유주의에 의존해왔다는 것이다. 결국 비그포르스는 그동안 사민당에 의해 개혁주의적 방식으로 해석된 마르크스주의가, 실천적으로는 경제적 자유주의와 다를 바 없는 효과를 낳았다는 점을 지적한 것이다.

비그포르스의 발언에서 가장 중요한 대목은 사회화와 계획경제 (planmässig hushållning / planned economy, 문맥에 따라서는 '경제계획'으로 번역하는 것이 나은 경우도 있음)가 결코 동일한 것이 아니라는 점을 강조한 부분이었다.

사회주의의 이념 세계에 서로 중복되지 않는 두 가지의 것이 있다는 점은 분명하다. 그리고 나는 양자를 분명히 구별하는 것이 유용하다고 믿는다. 한편으로는 사회화라 불리는 것, 즉 생산수단의 사회적 접수에 대한 요구가 있고, 다른 한편으로는 계획경제라고 불리는 것이 있다. 사회화는 단계적으로 진행될 수 있다. 첫 해에는 불리텐(Boliden)사를 접수하고, 다음 해에는 대규모 신발공장을 [국가가] 설립하고, 3년째에는 국영 상업은행을 설립하고, 4년째에는 신발산업 전체를 사회가 접수하는 식으로 말이다. 그러나 이러한 식의 조치를 시행한다고 해서 자유시장과 그것의 혼란으로부터 우리가 빠져나올 수 있는 것은 아니라는 점에 주목해야 한다. 우리가 국영철도를 가졌다고 해서, 공황이 찾아올 경우에도 철도노동자들의 일자리를 보장해줄 수 있는 것은 아니다. 철도가 그 구성 요소로 포함되어 있는 경제생활을 우리가 지배할 수 없기 때문에, 우리는 오천 명 또는 일만 명의 철도노동자들을 해고시켜야 한다. 우리는 하나의 산업을 먼저 사회화하고 나서 다음 산업을 사회화시키는 식으로 사회화를 진전시킬 수 있다.

하지만 그럼에도 전체적으로 보면 시장에서의 가격 형성을 규정적 요소로 삼는 경제적-자유주의적 체제 속에 통합되어 있는 것이다. 사회화가 바로 계획경제와 동일한 것은 아니다……나는 생산적 자원을 사회의 수중에 두려 할 경우에, 사회화라 불리는 것에 대한 평행 노선(parallellinje / parallel line)으로서 계획경제에 대한 사상을 취하는 것이 필수적이라고 믿는다(Ibid., 473-74).

결국 비그포르스의 발언의 요지는 사회화 노선 대신에 계획경제 노선을 채택하자는 것으로 이해할 수 있다. 정통 마르크스주의에서는 생산수단 소유의 사회화와 자원배분 메커니즘으로서의 계획경제는 불가분의 관계에 있는 것으로 해석되어왔다. 이는 생산수단의 사적 소유와 시장경제가 불가분의 관계에 있는 것으로 인식되어온 것의 자연스런 논리적 귀결이라 할 수 있다. 그리하여 정통 마르크스주의의 사회주의화 전략이란, 경제에 결정적 영향을 미치는 기간산업들을 필두로하여 거의 모든 산업을 국유화하고, 이에 기초하여 총체적 계획경제를 시행한다는 것으로 요약할 수 있다. 그런데 스웨덴 사민당은 사회화 노선을 받아들이기는 하되 자본의 집적, 집중 수준에 의해 판별되는 산업의 성숙도와, 각 산업이 경제에 미치는 효과를 고려하여 상당히 오랜 기간에 걸쳐 점진적인 방식으로 신중하게 사회화를 진전시켜가야 한다고 생각해왔다. 비그포르스에 따르면 그럴 경우 부분적으로 사회화가 진행되어가는 오랜 이행기간 중에도 자원배분의 주된 메커니즘은 여전히 시장일 수밖에 없고, 따라서 이행기간에도 이번 대공황과 같은 경제공황을 피할 길이 없다는 것이다. 반면에 생산수단의 대종이 사적으로 소유되어 있는 상황에서도 계획경제는 가능하다는 것이다. 물론 이때의 계획경제란 총체적, 전면적 성격의 것이 아니라 자본주의 틀 내에서 국가의 경제개입을 통한 부분적 시장통제를 의미한다. 그러나 어쨌든 이를 통해 경제공황을 피할 수 있다는 것이다. 그리고 이때 비그포르스가 염두에 두고 있었던 계획경제의 실 내용은 그가 구상을 진전시켜가고 있던 케인스주의적 수요관리정책이었다. 비그포르스가 '평행 노선'이라는 용어를 사용한 것은 사회화와 계획경제가 논리적으로 상호 독립적이며, 따라서 사회화 없이도 계획경제를 실시하는 것이 가능하다는 점을 강조하기 위한 것이었다.

비그포르스의 전당대회 발언은 사회화 노선 대신에 계획경제 노선을 채택할 것을 촉구한 것이었지만, 그렇다고 해서 비그포르스가 사회화 노선을 원리적으로 거부한 것은 결코 아니었다. 사회화문제와 관련하여 비그포르스가 강조하고자 했던 것은 다음 두 가지였다. 첫째, 자신을 포함하여 사민당 내의 그 누구도 사회화문제와 관련하여 구체적인 실천 전략을 갖고 있지 못한 상태에서 사회화문제에 관한 당의 실천강령을 조속히 마련한다는 것은 불가능하다는 것이다. 둘째, 설령 이 문제에 대해 합의가 이루어져 몇몇 산업을 우선적으로 사회화한다고 해도 경제체제의 기본틀이 시장경제인 한 공황을 피할 수 없으므로, 사회화 노선을 일단 유보하고 자본주의 경제의 틀 내에서라도 우선 경제계획을 시행함으로써 공황을 극복하자는 것이었다.

스웨덴 사민주의의 이념 발전사에 관한 대표적 연구들은 비그포르스의 1932년 전당대회 발언을 매우 중요하게 평가하고 있다. 예컨대 레빈(Leif Lewin)은 비그포르스의 이 발언이야말로 스웨덴 사민당이 마르크스주의의 경제결정론으로부터 벗어나오는 오랜 도정에서 최종적이고 결정적인 역할을 한 발언이라고 주장한다. 사회화와 계획경제를 상호독립적인 것으로 보고 사회화 없이도 계획경제에 착수할 수 있다는 점을 역설함으로써 사민당의 이데올로기적 딜레마, 즉 한편으로는 마르크스주의의 경제결정론적 거대전망과 다른 한편으로는 개혁주의적인 일상적 실천 사이의 갈등 속에 교착되어 있던 상태로부터 탈출구를 마련해주었다는 것이다(Lewin 1967: 75).[8]

한편 사민당이 단기간 내에 구체적인 사회화 전략을 마련하여 사회화

---

8 Tingsten(1941: 342-43)도 비그포르스의 발언을 비중 있게 다루고 있다.

조치에 착수할 것을 주장한 급진파들은 당 지도부의 무사안일한 태도를 신랄히 공격했다. 급진파의 대표격이라 할 수 있었던 브란팅(Georg Branting)은 우선 산들레르에게 비판의 화살을 돌렸다. 산들레르는 사회화위원회의 최종 보고서가 나오기 전에는 어떠한 사회화 전략도 마련할 수 없다고 했는데, 브란팅에 따르면 현재의 심각한 "경제적 파국은 사회화위원회의 발언을 기다려주지 않는다"라는 것이다(SAP 1932: 432). 그리고 우선적으로 사회화할 부문의 사례로 은행 부문을 거론했다.

　구체적인 사회화 실천강령을 가능한 한 조속히 마련할 것을 주장한 급진파의 발안들은 전당대회 표결에 의해 기각되었다. 전당대회는 157 대 149의 근소한 차이로 급진파의 발안을 기각하고 당 서기국의 입장을 수용했다. 즉 경제공황과의 관련하에 사회화문제에 대한 당의 원칙적 입장을 천명하는 선언문을 작성·채택하되, 사회화를 위한 구체적인 실천강령을 마련하는 것은 유보하기로 한 것이다. 그리고 공황 극복을 위한 구체적 정책대안과 관련해선, 사민당이 이미 의회에서 제출한 발안에 제시된 정책들을 추인하고, 이를 선언문 형태로 작성·채택하기로 결의하였다. 전당대회는 최종적으로 3개의 선언문을 채택하였다. '농업노동자문제에 관한 선언문',[9] '사회화와 경제공황에 관한 선언문',[10] '당면 정치 상황에 관한 선언문'[11]이 그것이다.

　'사회화와 경제공황에 관한 선언문'은 상당히 급진적인 수사(修辭)들로 채워져 있다. 이 선언문에서 경제공황은 생산력을 관리하는 데 있어 자본주의의 무능력을 결정적으로 폭로한 사례로 규정되었으며, 사회화 행동(socialiseringsaktion / socialization action)을 완수하는 것을 사민당의 최대의 근본적 과제로 천명하였다. 그리고 이러한 사회주의적 행동강

9　Uttalande i lantarbetarfrågor, In SAP 1932, pp. 152-55.
10　Uttalande rörande socialiseringen och den ekonomiska krisen, Ibid., pp. 513-14.
11　Uttalande rörande det aktuella politiska läget, Ibid., pp. 515-16.

령(aktionsprogram)은 정치적, 사회적, 경제적 민주주의 아래에서 실행되어야 한다고 언급하고 있다. 그러나 동시에 이러한 사회주의적 실천강령(handlingsprogram)은 조심스런 준비를 요구한다는 점을 첨언하고 있다. 중요한 점은 사회화 행동의 구체적 내용에 대해서는 아무것도 언급되지 않았다는 점이다.

반면에 '당면 정치 상황에 관한 선언문'은 당면한 경제공황을 어떠한 방식으로 극복할 것인지 비교적 구체적으로 다루고 있다. 이 선언문은 경제공황으로 인해 가장 크게 고통 받는 집단을 신속히 지원하는 것을 최우선적 과제로 설정하고 그 지원 방식으로서 가능한 한 많은 일자리를 창출하는 데 주력하고, 이것이 어려울 경우엔 충분한 현금 지급을 통해 공황으로인해 상실된 소득을 보상해줄 것, 또 실업보험 도입을 신속히 추진할 것 등을 거론하고 있다. 이에 더하여 공황으로 인해 크게 타격받은 농민들에 대한 지원을 위해 농업 생산물 판매조직을 개선하고 농업 생산비를 감소시킬수 있는 조치를 시행하며, 농민들에 대한 직접적인 경제적 지원도 실시할것을 천명하고 있다. '사회화와 경제공황에 대한 선언문'이 구체적 내용이하나도 없는 추상적 선언문인 데 반해, '당면 정치 상황에 대한 선언문'은사민당의 구체적 공황 극복 대책을 집약하고 있었다. 그리고 물론 후자에무게중심이 놓여 있었다. 문제는 두 선언문 사이에 별다른 논리적 일관성이확인되지 않는다는 점이다. 팅스텐(Herbert Tingsten)은 두 선언문이 동일한편집위원회(redaktionsutskott / editorial committee)에 의해 작성되어, 동일한전당대회에서 채택되었다는 점을 믿기 힘들 정도로 양자의 내용이 서로 이질적이라는 점을 강조한다. 또 팅스텐은 후자의 선언문에 나타난 공황 극복정책이 성공하면 사회화의 단행을 위한 전제조건이 되는 자본주의의 붕괴가 찾아오지 않게 되므로 두 선언문 사이에는 뚜렷한 논리적 모순이 존재한다는 것이다. 그리고 이는 사민당의 공식 지도이념인 마르크스주의와 실제의 개혁주의적 정책 노선 사이의 괴리를 극명히 나타내주는 사례라는 것이다(Tingsten 1941: 347).

사민당 전당대회의 폐회 이후 곧이어 찾아온 1932년 선거에서 사민당은 승리하여 6년간의 야당 생활을 마치고 재집권한다. 1933년 의회에서 사민당 정부는 획기적인 공황 극복 정책을 제안한다. 스톡홀름학파와의 협력 하에 당시 재무부 장관이었던 비그포르스가 주도하여 작성한 공황 극복 정책은 케인스주의적 수요관리정책을 핵심 내용으로 삼고 있었다.[12]

또한 1933년에는 사민당과 농민당 사이에 정책연합이 이루어진다. 이 정책연합의 핵심 내용은 사민당이 농산물 수입 규제, 농산물 가격 지지, 농민에 대한 정부 대출 등을 통해 농업과 농민을 보호해주는 대신, 농민당은 사민당의 적극적 실업정책을 지지해준다는 것이었다. 농민당과의 정책연

12 스톡홀름학파와 비그포르스가 어떠한 지적 경로를 통해 케인스주의적 사고를 발전시켜갈 수 있었는가 하는 문제에 대해서는 국제적으로 논쟁이 전개된 바 있다. 올린(Bertil Ohlin)은 이미 1920년대부터 자신을 포함한 몇몇 스웨덴 경제학자들이, 19세기 말에서 20세기 초에 활동한 스웨덴의 대표적 신고전파 경제학자인 빅셀(Knut Wicksell)의 지적 영향하에서 케인스와 독립적으로 케인스주의적 사고를 발전시켜갔다고 주장한다. Ohlin(1937). 이에 반해 스톡홀름학파의 생성과정을 본격적으로 연구한 란드그렌(Karl-Gustav Landgren)은 1930년대 초에 비그포르스가 케인스주의적 수요관리정책을 실시할 수 있었던 것은 케인스를 필두로 하는 영국 자유주의 경제학자들의 『일반이론』 이전 저작들에 강력하게 영향 받았던 데에 연유하며, 올린 역시 케인스의 초기 저작들의 영향하에서 연구를 진행시켰다는 점을 정교하게 논증하고 있다. Landgren(1960). 한편 당사자인 비그포르스는 자신이 케인스를 비롯한 영국 자유주의 경제학자들의 저작들을 읽었고, 이를 통해 확대재정정책의 효과에 대해 이론적 확신을 더하게 된 것은 사실이나, 그보다는 웹 부부(Sidney & Beatrice Webb)나 콜(G. D. H. Cole) 등 영국 사회주의 계열의 학자들의 논의로부터 더 크게 영향받았으며, 설령 자신이 영국 자유주의 경제학자들의 저술들에 접하지 못했다 하더라도, 당시 사민당은 적극적 경제개입을 통해 경기를 부양하고 실업을 억제하는 정책을 썼을 것이라고 한다. Wigforss(1960). 레빈(Leif Lewin)은 비그포르스를 위시한 스웨덴 사민주의자들이 마르크스의 공황이론 중 과소소비설적 요소에 익숙해 있었기 때문에 케인스주의적 사고를 할 수 있었다는 점을 강조한다. Lewin(1967: 75-76). 웅아(Nils Unga)는 1930년대에 사민당이 실시한 수요관리정책은 별다른 경제이론적 혁신에 기초한 것이라기보다는, 실업문제에 대해 좀더 적극적인 대책을 요구하는 노동자들의 요구에 사민당과 LO가 경험주의적으로 대응해가는 과정에서 실행된 것일 뿐이라고 주장한다. Unga(1976).

스톡홀름학파(Stockholmsskolan / the Stockholm school)

19^{20년대에} 형성되어 1940년대까지 발전한 스웨덴의 경제학파. 올린(Bertil Ohlin), 뮈르달(Gunnar Myrdal), 린달(Erik Lindahl) 등이 중심 인물이었다. '스톡홀름학파'라는 용어는 올린이 "Some notes on the Stockholm theory of savings and investments." I-II, *Economic Journal*, 1937 no. 185, vol. XLVII, pp. 53-69; no. 186, vol. XLVII, pp. 221-40에서 처음으로 사용하였다. 이들은 『일반이론』(*The General Theory of Money, Interest and Employment*, 1936)에 나타난 케인스의 거시경제이론과 유사한 경제이론을 나름대로 발전시켰다.

합을 이루는 대가로 사민당은 기존의 경제정책 노선의 기본 원칙 하나를 수정해야 했다. 창당 이래 고수해온 자유무역주의를 농업 부문에 한해서는 적용하지 않기로 한 것이다. 비그포르스는 농업보호정책을 유효수요의 논리로 정당화했다. 즉 농업보호정책을 통해 농민들의 소득이 증가하면 이것이 구매력 증대를 낳고 경기부양효과를 가져와 경제성장과 실업 감소에도 크게 도움이 된다는 것이다.

전체적으로 보면 사민당은 농민당과의 정책연합을 통해 큰 이득을 얻을 수 있었다. 사민당은 1920년대 초반에 세 차례에 걸쳐 집권한 바 있지만, 그때에는 사민당이 의회의 과반수를 점하지 못한 관계로, 자신의 정책을 강력하게 관철시킬 만한 힘이 부족했다. 물론 1920년대에는 사민당이 자신의 고유한 경제정책 노선을 갖고 있지도 않았지만, 설령 그러한 것을 가졌다 하더라도 부르주아 정당들의 반대로 이를 실현시키지 못하였을 것이다. 그런데 이제 부르주아 정당들 중 농민당을 자신의 편으로 끌어들일 수 있게 된 것이다. 1936년부터는 사민당은 농민당과의 정책연합을 넘어, 아예 사민당-농민당 연립정부를 구성하게 된다. 이를 통해 사민당-농민당은 의회 내에서 안정 과반수 의석을 확보할 수 있게 되었고, 연립정부의 주도 세력인 사민당은 자신의 정책 노선을 소신껏 추진할 수 있게 되었다. 사민당 장기집권의 시대가 개막된 것이다. 게다가 1920년대와는 달리 케인스주의적 수요관리정책이라는 유력한 경제정책 수단까지 확보하게 된 것이다.

1930년대 초의 경제공황은 세계 최초로 의식적으로 시행된 케인스주의적 수요관리정책에 부분적으로 힘입어 비교적 성공적으로 극복되었다.[13] 이를 통해 케인스주의적 수요관리정책은 사민당 내에서 확고한 신임을 얻게 된다. 이후 케인스주의적 수요관리정책은 적극적 사회정책과 더불어 사민당을 특징짓는 핵심 정책으로 뿌리내리게 된다. 1930년대에 달성된 사민당의 정치적, 정책적 성공으로 인해 사회화문제는 사민당의 정치 일정으로부터 아주 멀어지게 된다. 생산수단 소유의 사회화를 사민당이 결코 공식적으로 거부한 적은 없지만, 이제 그 누구도 사회화문제를 긴급한 정치 현안으로 생각하지 않게 된 것이다. 그리고 케인스주의적 수요관리정책과 사회정책이 성공적으로 추진되어감에 따라, 이러한 정책들 자체를 일종의 '사회화'나 '사회주의'로 생각하는 경향도 확산되어 갔다.

1935년 1월에 사민당 정부는 이제 더 이상 별다른 정치적 의미를 갖지 않게 된 사회화위원회를 해산시키기로 결정한다. 그리하여 사회화위원회 초대 위원장이었던 산들레르에게 그간의 논의를 정리하여 최종 보고서를 가능한 한 빨리 제출할 것을 요구했다. 산들레르가 제출한 최종 보고서는 사회화문제에 관해 구체적인 정책대안을 전혀 담고 있지 않았다. 사회화위

---

13 대다수의 연구자들은 스웨덴이 비교적 성공적으로 대공황을 극복할 수 있었던 요인 중에서 가장 중요한 것으로 1931년 자유당 정부하에서 단행된 금본위제 포기를 든다. 금본위제 포기는 스웨덴의 통화인 크로나(krona / crown)화의 대폭적 평가절하를 낳아, 평가절하를 통해 수출을 촉진하는 한편 내수시장을 보호할 수 있었고, 이것이 이후의 경기부양으로 이어졌다는 것이다. 그러나 1933년 이후 사민당 정부가 시행한 케인스주의적 수요관리정책이 공황 극복에 일조했다는 점은 누구도 부인하지 않는다. 스웨덴의 공황극복정책에 대한 설명으로는 Magnusson(1996: 401-06), Lewin(1967: 90-111) 참조.

원회에 부여된 과제를 달성하는 데 실패한 것이다. 그러나 사민당 지도부는 이에 대해 전혀 실망하지 않았다. 이제 사회화문제는 어차피 사민당의 관심 영역 바깥으로 밀려난 것이다.

사회화위원회의 최종 보고서는 두 권의 독립된 보고서로 이루어져 있다. 1936년에 출간된 첫 번째 보고서『사회화문제 I: 일반적 관점』(*Socialiseringsproblemet I: Allmänna synpunkter*)[14]에서는 사회화문제와 관련된 개념들이 해제(解題)되고 있으며, 사회화문제에 대한 위원회의 기본적 입장이 드러나 있다. 1937년에 출간된 두 번째 보고서『사회화문제 II: 경제계산의 문제와 요소들』(*Socialiseringsproblemet II: Hushållsräkningens problem och faktorer*)[15]에서는 좀더 이론적이고 기술적인 문제들이 다루어지고 있다. 즉 사회주의 계산논쟁이 소개되고 있고, 사회화된 사회에서도 임금, 이윤, 자본이자, 지대, 기업가이윤 등의 경제범주가 존속되어야 하는지 여부의 문제가, 이러한 경제범주들에 대한 경제학설사(史)상의 주요 설명과 관련하여 다루어지고 있다.

여기에서는 사회화문제에 관한 위원회의 기본 입장이 나타나 있는 첫 번째 보고서의 주요 내용을 살펴보기로 하겠다. 첫 번째 보고서는 사회화문제를 몇 개의 문제 영역으로 세분하고, 각 문제 영역과 관련된 주요 개념들을 해제해가며 논평을 덧붙이는 형식으로 구성되어 있다. 사회화문제에 관한 위원회의 입장이 체계적으로 제시되어 있지는 않으나, 군데군데 삽입된 논평들을 통해 위원회의 입장을 읽어내는 것은 그리 어렵지 않다. 위원회의 입장의 핵심은 총체적 사회화에 기초한 전면적 계획경제체제를 거부하고, 그 대신 시장경제의 틀 내에서 국영기업, 협동조합 등 다양한 유형의 사회화된 기업들이 활동하고, 또 부분적 경제계획을 통해 시장에 대한 통제가

---

14 SOU 1936:7.
15 SOU 1937:1.

이루어지는 형태의 경제체제를 지향한다는 것으로 요약할 수 있다. 위원회의 이러한 입장을 좀더 자세히 살펴보기로 하자.

첫째, 사회화위원회는 미래 사회를 건설하는 데 있어 구성주의적(konstruktiv / constructive) 접근방식을 거부하고 있다.

[총체적 사회화를 추구하는 사람은] 자신의 사회화 목적을 아무런 구멍과 모순이 없는 유기적 체제로 형성해내려 한다. 그는 사회설계사가 된다……하나의 체제가 단순하고 수미일관되게 구성되면 될수록 그것은 그만큼 더 조잡한 틀이된다. 또 여러 가지 관점을 조합해내어 예술적으로 정치한 체제를 만들어낸다해도, 이는 항상 오직 종이 위에서나 경탄해줄 만한 메커니즘으로 남게 될 뿐이다. 이러한 총체적 관념을 거부하는 입장에서 보면, 그러한 '정당한' 체제를 선택해야 할 필요가 존재하지 않는다. 그러한 체제라는 것 자체가 존재하지 않는다. 이러한 입장은 올바른 사회 설계에 대한 엔지니어적 관념을 원리적으로 전적으로 거부하는 것이다……사회는 살아 있는 방정식 체계인 관계로 항상 방정식의 수보다 많은 미지수를 포함하게 된다. 따라서 구성주의적 해법은 문제를해결하지 못하며, 단번에 확정된 체제를 선택하는 일은 자의적인 것인 동시에장애로 남게 된다―사회화와 관련해서도 바로 그러하다(SOU 1936:7, 53-55).

그렇다면 이렇게 구성주의적 접근방식을 거부한다면, 과연 어떠한 접근방식을 택해야 하는가. 이 문제에 대해 위원회는 기존의 경제체제의 틀내에 이러저러한 방식으로 사회화의 요소가 도입될 경우, 이것이 어떠한 효과를 미칠 것인가를 예측하는 방식을 추천하고 있다.

사회화문제에 관해 이러한 [반(反)구성주의적인] 원칙적 입장을 가질 경우에는 문제를 다음과 같은 방식으로 제기하지 않는다. 어떻게 하면 사회화 이념의목적에 부합되는 사회가 건설될 수 있을까? 어떻게 하면 그러한 사회가 실현될

까? 그대신 다음과 같은 방식으로 문제를 제기한다. 기존 사회 내에 이러저러한 사회화된 경제 유형이 도입되거나 더욱 발전한다면 과연 어떠한 효과가 발생할 것인가? 이러한 새로운 요소가 삽입되어 기존의 요소들과 상호작용하게 됨으로써 초래되는 사회의 형태 변화는 사회화의 목적을 실현해줄 것인가? 이러한 방식으로 문제가 설정되려면 문제가 예측 가능한 단기 내로 국한되어야 할 것이다. 그 조건에 대해 그 누구도 알 수 없는 미래에 대해 예언하는 것은 위원회의 과제 설정 범위 바깥에 있다(Ibid., 55-56).

둘째, 이렇듯 구성주의적 접근 방식을 원리적으로 거부하는 입장을 가진 위원회에게 있어 총체적 사회화 노선은 처음부터 배제될 수밖에 없었다.

총체적 사회화체제는 위원회에게 있어 순수한 사유상(思惟像)으로밖에는 전혀 관심의 대상이 되지 못했다. 조금도 남김의 여지를 두지 않는 총체를 지향하는 어떤 원칙에 대해 생각해보는 것은, 비록 그러한 원칙이 사유구성물로서만 현실적이라는 점, 즉 [실제로는] 비현실적이라는 점을 확신한다 하더라도, 문제를 분석하는 데 있어 길을 안내해줄 수는 있는 것이다(Ibid., 56).

즉 총체적 사회화는 상정 가능한 하나의 논리적 극한으로서, 분석에 유용하게 활용될 수 있는 개념으로서만 의미를 가질 수 있었다는 것이다. 즉 베버(Max Weber)의 이념형(Idea Typus)과 같은 역할을 할 수 있었을 뿐이라는 것이다.
이렇게 총체적 사회화를 원리적으로 거부하는 사회화위원회에게 있어 러시아혁명은 부정적으로 평가될 수밖에 없었다.

러시아혁명의 본질적 특징의 하나는 구성주의적 계획이다……의지가 강력하게 강조되고 의도에 맞는 [사회] 형성을 지향한다는 점에서, [러시아혁명의] 사회화 유형은 특별히 '혁명적'이라는 느낌을 준다. 그러나 그럼에도 그 이념적 내용은 깊숙이 보수적이다. 즉 사회화를 달성해주는 행동만을 고려할 것이 아니라 그 후에 도래할 것으로 상정되는 [사회의] 상태까지 고려하고, 보수주의라는 개념을 그 본래의 의미, 즉 진보적 사유과정에 대한 대립물로 파악한다면. 즉 그러한 사회화가 순수히 진행된다면 그 생산형태에 있어 정태적인 사회 상태에 도달하게 된다. 행동이 목표까지도 연속적으로 변화시켜갈 것을 의도하지 않는 한, 우리는 그 최종 단계에 있어 원리적으로 정태적인 성격으로부터 벗어날 수 없다(Ibid., 64-65).

다소 모호한 느낌을 주는 이 문장이 의미하는 바는, 러시아혁명의 경우 총체적 사회화를 통해 궁극적으로 실현할 사회의 모습이 구성주의적 계획에 의해 미리 고정되어 있다는 점에서 보수적 성격을 가진다는 것으로 이해할 수 있을 것이다. 즉 추구해야 할 목표 자체도 변화할 수 있는 여지를 허용하는 실천만이 진보적이라는 것이다. 이러한 관점에서 본다면 바람직한 미래 사회의 모습에 대해 상당히 구체적으로 확정된 구상에 확고하게 의존하는 실천은 모두 보수적이라 할 수 있을 것이다. 추구해야 할 목표 자체가 변화할 수 있는 여지가 있어야 한다는 것이다.

또 소비에트 경제의 경우 정치와 경제가 하나로 융합되어 있으며 자본주의 경제에서의 국영기업과 마찬가지로 관료주의적 성격을 띠고 있다는 것이다. 그리고 이러한 점은, 사회주의 사회의 건설에 대한 볼셰비키 이데올로기가 전시(戰時)경제체제에 뿌리를 두고 있으며, 특히 독일의 전시경제체제의 경험에 의해 크게 영향받았다는 점을 고려하면 별로 놀라운 일도 아니라는 것이다(Ibid., 71).

종래에 스웨덴 사민주의자들의 대부분은 러시아혁명의 급진적·폭력적 방식에 대해서는 부정적 태도를 분명히 했으나, 러시아혁명이 추구하는 사회주의 사회의 모습에 대해서는 분명한 태도를 표명하지 못했다. 사실 스웨덴 사민주의자들의 대다수가 상정해온 사회주의 경제의 기본틀이 소비에트 경제와 크게 다르다고 보기도 어려웠다. 예컨대 앞에서 살펴본 바와 같이, 1932년 전당대회에서 브루세비츠 등이 제출한 발안은 러시아혁명의 폭력적 방식에 대해서는 부정적 평가를 내리면서도, 러시아혁명을 통해 자본주의에 대한 대안적 경제체제 건설의 가능성이 열렸다는 점은 유보 없이 높이 평가했다. 그러나 이제 사회화위원회는 러시아혁명의 실천 방식뿐 아니라, 그것이 지향하는 사회주의 사회의 모습에 대해서도 부정적인 태도를 분명히 표명한 것이다.

그렇다면 이렇듯 구성주의적 계획에 기초한 총체적 사회화 노선을 완강히 거부하는 사회화위원회가 제안하는 사회화 유형은 어떠한 것인가? 유감스럽게도 사회화위원회의 구상은 그리 구체적이지 않다. 그러나 구성주의적 접근방식을 거부하는 사회화위원회의 입장을 고려하면 이는 매우 자연스런 귀결이라 할 수도 있을 것이다. 그러나 그들의 구상의 기본틀은 분명히 확인된다.

첫째, 시장경제가 존속되어야 한다. "시장이 없는 유형만을 사회화라 생각하는 것은 명백히 비합리적"이라는 것이다(Ibid., 84). 특히 시장경제는 민주주의와 친화력이 있다는 점이 강조된다. "정치적 문제들에서 개인이 투표권을 자유롭게 행사하는 것과, 경제적 사물(事物)에서 개인이 구매력을 자유롭게 행사하는 것 사이에는 내적 조응관계가 있다"라는 것이다(Ibid., 88-89).

둘째, 부분적인 경제계획이 시행되어야 한다. 이와 관련하여 사회화위원회는 생산수단 소유의 사회화와 경제계획이 서로 독립적이라는 점을 강조한다. 이는 1932년 사민당 전당대회에서 비그포르스가 한 말의 연장이다. 그러나 이는 부분적 경제계획에만 해당되는 이야기이고, 총체적 경제계획은 집산주의적인 경제적 기초를 전제로 한다는 것이다(Ibid., 85).

셋째, 사회정책이나 재분배동기 아래에서 시행되는 조세정책은 넓은 의미에서 사회화에 포함될 수 있으며 적극적으로 추진되어야 한다(Ibid., 81-82).

넷째, 협동조합 등 다양한 유형의 사회화된 기업들의 조직과 운영이 실험될 수 있다(Ibid., 75-76).

결국 사회화위원회의 구상은 사민당의 기존 경제정책의 연장선상에 있다고 할 수 있다. 사회화위원회가 상정하는 경제체제란, 자본주의적 기업들이 중추를 이루되 국영기업이나 협동조합 등이 부분적으로 활동하고, 시장이 자원배분의 주된 메커니즘으로 작용하되 부분적인 경제계획을 통해 시장경제의 약점을 보완하며, 사회정책과 조세정책 등을 통해 재산과 소득의 재분배가 달성되는 경제체제라 할 수 있다. 결국 사회화위원회는 새로운 구상은 하나도 제시하지 못한 것이다.

다만 사회화위원회의 최종 보고서는 사회화위원회의 발족 이래 가속적으로 진행되어온 사민당의 개혁주의 노선의 정착을 잘 드러내주는 측면이 있다. 우선 총체적 사회화 노선이 원리적으로 거부되고 있다. 총체적 사회화 노선이 거부되고 있는 것은 단지 그것을 추진하는 과정에서 겪어야 하는 정치적 곤란 때문만이 아니라, 그 내용 자체가 긍정적으로 평가되지 않기 때문이다. 이의 자연스런 귀결로서 시장경제가 원리적으로 승인되고 있다. 부분적인 경제계획을 동반하는 시장경제는 총체적 사회화에 기초한 전면적 계획경제보다 원리적으로 우월하다는 시각이 도처에서 확인되고 있다. 다음으로는 그간의 사민당의 개혁주의적 사회정책과 경제정책의 성과에 대한 자신감이 잘 드러나 있다.

결국 사회화위원회는 사회화문제와 관련하여 별다른 능동적 역할을 수행하지 못한 채 해산된 셈이다. 그러나 사회화위원회를 발족시킨 사민당 지도부의 입장에서 보면 사회화위원회는 적지 않은 정치적 공헌을 했다고 할 수 있다. 사회화위원회는 한편으로는 당장 사회화조치를 취하라고 요구하는 당내 급진파의 요구를 무마시키는 정치적 효과를 발휘하는 한편, 특히

1930년대 이후 성공적으로 추진된 사민당의 개혁주의 노선을 사후 추인해 주는 것으로 자신의 역할을 다한 것이다.

2) 칼레비의 개혁주의 사상

닐스 칼레비(Nils Karleby 1892-1926)는 1910년대 후반에서 1920년대 중반에 걸쳐 활동한 사민주의 청년 이론가로, 스웨덴 사민주의의 개혁주의 노선을 정착시키는 데 중요한 역할을 담당한 인물이다. 그가 시도했던 것은 무엇보다도 그간의 스웨덴 사민당의 개혁주의 노선을 이론적으로 정당화하는 일이었다. 앞에서 살펴본 바와 같이, 당시까지 스웨덴 사민당은 마르크스주의를 공식 지도이념으로 내세우면서도 실천적으로는 자본주의 틀 내에서의 개혁에 역량을 집중해왔다. 그런데 문제는 혁명주의적 이념과 개혁주의적 실천 사이의 관계가 명료하게 해명되지 않은 상태에서 양자가 그저 병존해왔다는 점이었다. 스웨덴 사민주의자들의 대다수는 그들의 개혁주의적 실천이 그 자체로 사회주의적인 성격을 갖는 것은 아니고 생산수단 소유의 사회화로 대표되는 진정한 사회주의적 실천을 위한 예비작업인 것으로 해석해왔다. 그렇다면 언제부터 또 어떠한 방식으로 진정한 사회주의적 실천에 착수할 것인가 하는 문제가 제기되는데, 이 문제에 대해 스웨덴 사민주의자들은 명료한 입장을 갖지 못했다. 앞에서 살펴본 사회화위원회가 발족된 것도 이러한 사정을 배경으로 한 것이었다.

　1920년대에 들어 칼레비는 이러한 해묵은 이념적 딜레마로부터 사민당을 구출해내는 것을 자신의 소임으로 삼고 활발한 집필 활동을 통해 자신의 입장을 천명했다. 그의 입장의 핵심은 그간의 사민당의 개혁주의적 실천은 모종의 진정한 사회주의적 실천을 위한 예비 작업인 것이 아니라 그 자체가 바로 사회주의적 실천이라는 것이었다. 그는 마르크스주의의 주요 개념들을 개혁주의적 방향에서 재해석하는 한편, 마르크스주의의 일정 측면들을 비판하고 마르크스주의를 상대화시킴으로써 그간의 사민당의 실천을 정당화했다. 특히 그는 소유권 개념을 재해석함으로써 당시 사민당 내의 이념 논쟁의 핵심 사안이었던 사회화문제에 대해 새로운 시각을 열어주었다. 칼레비의 사상은 특히 당시 청년층이었던 제3세대 사민주의자들에게 큰 영향을 미쳐, 향후 '스웨덴 모델'이라는 형태로 제도화되는 개혁주의 노선의 정착에 크게 기여했다.[16]

칼레비는 노동계급 가정에서 출생하여 제도교육의 혜택을 별로 받지 못한 채 주로 독학을 통해 지식을 습득했다. 그는 처음에는 인쇄노동자로 일하다가 1917년부터 사민주의 저널리스트로 활동하기 시작했다. 1917년부터 그는 스웨덴 남부 스코네(Skåne) 지방 사민주의자들의 지방 일간지인 『스코네 사민주의자』(Skånska Social-Demokraten)의 편집장으로 일하게 되었고, 1918년에는 스웨덴 사민주의 청년동맹(SSU; Sveriges Socialdemokratiska Ungdomsförbundet)의 기관지인 『자유』(Frihet)의 편집장직도 겸임하게 되었다. 이 시기에 칼레비의 저술 활동은 러시아혁명을 추종하던 스웨덴 사민주의 좌익그룹을 비판하는 데 초점이 맞추어져 있었다. 당시 그의 좌익 비판은 마르크스주의에 대한 카우츠키적 해석에 기초하고 있어서, 사회주의 혁명의 점진성을 강조하는 데 주안점을 두고 있었다.

1920년에 칼레비는 사민당 서기국의 위원으로 선임되는 동시에 그 해에 발족된 사회화위원회의 초대 서기로 선임됨으로써, 사민당의 중앙 정치

---

16 칼레비의 사상에 대한 기존 연구로는 Lindhagen, Jan(1977), Andersson, Lilian(1978), Abrahamsson, Bengt. & Anders Broström(1979: 199-208), Lindkvist(1982), Bergström(1984), Tilton(1990: 70-78) 등이 있다. 칼레비에 대한 기존 연구에서 쟁점이 되었던 사항은, 후기 칼레비를 사회주의자로 볼 수 있느냐는 문제와 초기 칼레비와 후기 칼레비의 사상 간의 관계 문제였다. 첫 번째 문제와 관련하여 Lindhagen과 Andersson, 또 Abrahamsson과 Broström은 후기 칼레비를 사회자유주의자로 본다. 반면에 Lindkvist와 Tilton은 후기 칼레비를 시장사회주의자로 본다. 한편 초기 칼레비와 후기 칼레비의 관계와 관련해선, Lindhagen과 Andersson은 칼레비가 초기의 카우츠키적 마르크스주의의 입장을 버리고 사회자유주의자로 변신했다고 주장하는 반면에, Tilton과 Lindkvist는 연속의 측면을 강조한다.

무대에서 활동하게 된다. 사회화위원회에서 활동했던 경험은 칼레비의 사상이 발전하는 과정에서 큰 전환점으로 작용하게 된다. 스웨덴의 기존 국영 기업들의 운영 실태에 대한 조사와 연구를 수행해가는 과정에서 칼레비는 국유화 노선에 대해 근본적으로 회의하게 된다.[17] 또 기존 국영기업들의 운영 실태에 관한 분석을 위해 그는 신고전파 경제학을 본격적으로 공부하게 되는데, 이 과정에서 신고전파 경제학의 주요 이론들을 수용하게 된다. 이에 따라 마르크스 경제이론의 의미를 상대화하게 된다. 이러한 과정을 통해 그는 종래의 카우츠키적 마르크스 해석으로부터 벗어나, 마르크스의 이론들을 부분적으로는 수용하고 부분적으로는 버리는 태도를 취하게 된다. 또 그간의 사민당의 개혁주의 노선이 올바른 것이었다는 점을 확신하게 된다. 또 그는 1922년부터 사민당의 이론지인 『시대』(Tiden)의 공동편집인으로서 활동하면서, 『시대』에 활발하게 기고하며 자신의 새로운 입장을 과감히 천명했다. 특히 그는 종래에 사민당 내에서 별다른 비판적 검토 없이 관습적으로 사용되어온 마르크스주의 용어들을 해부하고 그 의미를 재해석하며 사민당 내에서 우상 파괴자 역할을 수행했다.

그의 주저는 1926년에 출간된 『현실에 직면한 사회주의』(Socialismen inför verkligheten)[18]로 후기 칼레비의 사상이 집약되어 있다. 『현실에 직면한 사회주의』와 그의 후기 사상이 아주 간략하게 압축되어 있는 그의 마지

---

17 칼레비는 1924년에 아내에게 보낸 편지에서, 사회화위원회에서 국영 철도 문제에 대해 연구보고서를 준비하는 작업이 자신을 전통적인 사회주의적 교의(敎義)로부터 멀어지게 한 최초의 계기로 작용했다고 술회하였다. 이 편지의 일부는 Lindhagen, Jan(1977: 246)에 수록됨.

18 Nils Karleby, *Socialismen inför verkligheten: Studier över socialdemokratisk åskåning och nutidspolitik* (『현실에 직면한 사회주의: 사회민주주의적 견해와 오늘날의 정치에 관한 연구』), (Stockholm : Tidens Förlag, 1926). 이 책은 15편의 독립 논문들로 이루어졌는데, 이 중 9편은 이미 *Tiden*지에 실렸던 것을 재수록한 것이고, 6편은 이 책을 위해 새로 쓴 것이다. 또 이 책은 같은 출판사에 의해 1976년에 영인본으로도 출간되었다.

막 논문 "물신숭배"(Fetischism)[19]에 대한 분석을 통해 후기 칼레비의 사상을 살펴보자.

(1) 거대 단일 주체로서의 '사회' 개념 비판

칼레비는 사민주의자들 사이에 편만한 사고 경향의 하나로, 사회를 일종의 거대 단일 주체로 간주하는 사고 경향을 비판한다. 사회는 결국 개인들로 구성되는 것이며 주체는 개인들일 수밖에 없다는 것이다. 칼레비가 사회를 단일 주체로 파악하는 사고 경향을 비판하는 이유는, 이러한 사고 경향이 구체적으로 사고를 진전시키는 것을 저해한다고 판단되기 때문이다.

> 사회는 오직 개인들로 구성되며 개인들에 의해 기능한다. 이것은 근본적인 사회적 사실이다······사람들은 특정 활동으로부터 발생하는 소득을 사회로 이전시키고자 한다. 그러나 자세히 살펴보면 이러한 표현은 사람들을 오도한다는 것을 알게 된다. 실제로 발생하는 일은 개별 시민들 사이에 소득재분배가 이루어진다는 것일 뿐이다······ 단일한 주체로 파악되는 사회는 소득도 지출도 갖지 않는다. 사회성원들로부터 자립적인 "사회" 또는 국가라는 관념은 아마도 국가가 위로부터 조직되어 국민들로부터 구별되는 주체로서 등장했던 [역사발전] 단계로부터 연원할 것이다(Karleby 1926b: 71-72).

이 문장에서 칼레비가 의미하는 바는 분명하다. 종래에 사민주의자들은 소득이나 재산을 사회로 이전시킴으로써 자본주의 경제에서 확인되는

---

19 Nils Karleby, "Fetischism"(물신숭배), *Tiden*(『시대』), 1926, no. 2, pp. 71-80. "Fetischism"은 *Socialism inför verkligheten*의 pp. 69-86에 실린 글 "Sak och sken"(사실과 가상[假象])과 대동소이하다. 둘 중의 하나를 먼저 쓰고 나서 이에 약간 가필하여 다른 것을 쓴 것인데, "Fetischism"과 *Socialism inför verkligheten* 모두 1926년에 나온 관계로 어떤 것이 먼저 쓰였는지는 불분명하다. 다만 "Fetischism"에만 나오는 구절들 중 칼레비의 사고를 아주 잘 드러내주는 것이 많아, 이 책에서는 "Fetischism"을 이용하기로 했다.

문제들을 해결할 수 있다고 생각해왔다. 그러나 사회가 개인들로 이루어져 있다는 점을 고려하면, 이는 문제의 최종적 해결이 아니라 시작일 뿐이다. 구체적으로 어떤 개인들의 소득이나 재산을 어떤 다른 개인들에게 어느 정도로 이전시켜야 하는지가 해결되어야 하는 것이다.

그리고 이렇게 사회를 단일 주체로 파악하는 사고 경향은 마르크스에게서도 발견된다는 것이다. 마르크스는 사회주의 사회에서 현재의 노동성과물 중 얼마만큼이 미래를 위해 저축되어야 하는지에 관해 별로 의미 있는 이야기를 하지 않았는데, 이는 사회를 단일 주체로 파악하는 그의 사고 경향과 관련이 있다는 것이다.

> 마르크스는 [이 문제에 대해] 실제로 구체적인 상(像)을 갖고 있지 않았다……
> 그가 이 문제를 다룰 때에는 아주 일반적인 차원에서 다루고 있을 뿐이며, 마치
> 가정이나 원시 마을에서처럼 거대 사회에서도 직접적인 개인적 권위를 가지고
> 쉽게 문제를 해결할 수 있는 것처럼 믿고 있는 것같이 보인다. 이 문제와 관련하
> 여 마르크스의 사회 개념의 근본적 의미는 하나의 단일 주체, 또는 좀더 정확히
> 표현하자면 주체-객체 의미인 것이다. 우리가 그저 "사회" 개념을 갖고 작업하
> 는 한 어려운 균형설정문제는 생기지 않는다……사회 개념을 해체시키는 순간
> 에야 인간들이 보이기 시작한다(Karleby 1926a: 66).

여기에서 주목할 만한 대목은 마르크스의 사회 개념이 주체-객체 의미라고 언급한 부분이다. 즉 마르크스가 사회를 하나의 단일 주체로 파악하게 된 것은 그가 독일 고전철학으로부터 유산으로 물려받은 주객 변증법과 밀접한 연관이 있다는 것이다. 칼레비는 이 문제를 더 이상 다루지는 않고 있다. 그러나 그의 이러한 지적은 마르크스에게서 발견되는 헤겔주의적 유산을 부정적 유제로 간주한 독일 사민주의자 베른슈타인(Eduard Bernstein)의 사고와 일맥상통하는 것으로 보인다.

(2) 분할 가능한 권리들의 집합인 소유권

통상 사민주의자들은 소유권을 분할 불가능한 하나의 총체로 보고, 생산수단에 대한 사적 소유권 전체를 사회의 수중으로 이전시켜야 한다고 생각해 왔다. 그러나 칼레비가 보기에, 소유권이란 법률에 의해 규정되는, 소유물에 대한 다양한 처분권들의 집합에 다름 아니다. 따라서 소유권 전체를 단번에 사회화하는 대신 소유권을 구성하는 권리요소들을 조금씩 부분적으로 사회화해가는 것이 가능하다. 우선 칼레비는 소유권을 법률적 관점에서 규정한다.

> 합리적으로 파악할 때 소유권이란 국가가 입법을 통해 설정해놓은, 대상에 대한 처분 형식일 뿐이다. 소유권이란 개인에게 연원하되 그에 대해 국가가 개입할 수 있는 어떤 것이 아니다. 오히려 소유권은 (국가를 통해) 오직 사회에 의해서만 만들어질 수 있는 것이며 국가는 소유권에 "개입"하는 것이 아니라 단지 소유권을 다시 만들어낼 뿐이다……소유권이란 그저 개인들의 공통적 이익을 고려하여 개인이 그에게 맡겨진 [사회] 공동의 자원에 대해 의사결정할 수 있도록 해주는 근거를 제공하는, 개인에게 설정된 조치일 뿐이다(Karleby 1926b: 72).

이렇게 소유권을 법률에 의해 규정된, 대상에 대한 개인의 의사결정권으로 파악한다면, 의사결정의 범위나 방향에 제한을 가하는 모든 입법조치는 바로 그만큼 소유권의 이전을 의미하게 된다.

> 소유권의 변동은 아주 다양한 방식으로 일어날 수 있다. 소유권의 변동이란 사회성원들 상호 간 권리의 이전과 다르지 않다. 소유권의 변동에서 본질적인 부분은 형식이 아니라 실제 내용이다…… 형식은 본질적인 문제가 아니다. 만일 1에이커당 1,000크로나의 가치를 가진 토지를 소유하고 있는 농민들이 이 땅을 몰수당한다면, 이 토지에 대해 1에이커당 매년 50크로나의 세금을 부과하여, 이

토지의 가치를 무화(無化)시켜버리는 사회정책적 조세입법조치가 시행될 경우보다 과연 더 유감스럽게 생각할 것인가?(Ibid., 73).

형식적으로는 전자의 경우엔 농민들이 토지의 소유권을 상실하게 되고 후자의 경우엔 여전히 토지의 소유권을 보유하게 되지만 실제 경제적 의미에서는 양자는 마찬가지라는 것이다. 이러한 관점에서 본다면 생산수단과 노동력의 사용에 대한 자본가의 의사결정권을 제한하는 입법조치들도 그만큼 소유권의 실질적 이전을 의미하게 된다.

8시간노동법, 노동자안전보호법, 산업재해보험법 등이 소유권의 변동, 즉 생산수단의 사용에 대한 의사결정권을 "소유주"로부터 다른 사람들에게 이전시키는 조치가 아니고 다른 무엇이란 말인가?(Karleby 1926b: 73-74).

국유화문제도 이러한 실질적 측면에서 바라보아야 한다.

노동계급의 영향력이 강한 민주주의 국가에서는 오직 소유권의 형식적 이전 그 자체가 결정적으로 중요하다는 잘못된 가상(假象)이 쉽게 등장한다. 국영기업의 노동자는 민간기업의 노동자에 비해 일반적으로 상대적으로 양호한 처지에 있고, 국영기업은 소비자의 요구를 생산활동의 지침으로 삼는다는 식의……그러나 이는 국가 내의 권력관계와 행정조치의 성격에 의존하는 것이지, "사회적" 소유의 신비스런 성격 그 자체가 사적 소유에 비해 덜 배제적이라는 데 의존하는 것은 아니다(Ibid., 74).

그러나 그렇다고 해서 칼레비가 소유권의 형식적 귀속 문제를 완전히 경시하고 있는 것은 아니다. 많은 경우 형식적으로도 공적으로 소유된 재산이 공중(公衆)의 이익을 더 잘 지켜준다. 다만 누가 형식적으로 소유권을 보유하고 있느냐가 문제의 핵심인 양 생각해서는 안 된다는 것이다.

> 국가공무원은 공중에 의해 소유된 대상을 특정 규칙에 따라, 개인 소유주가 자
> 기 소유물을 처분하는 것과 마찬가지의 방식으로 처분하는 것이다…… 이러한
> 관점에서 보면 "개인적" 소유와 "공중에 의한" 소유 사이에는 아무런 원리적 차
> 이도 존재하지 않는다. 그러나 후자의 경우에 공중이 자신들의 관점을 관철시
> 키기가 좀더 용이하다는 점에서 실제적 차이가 존재한다. 여타 제반 조건이 구
> 비되어 있을 경우엔, 형식적 측면에서도 개인적 소유를 사회적 소유로 이전시
> 키는 것이 나은 이유가 여기에 있다……소유문제와 관련하여 말이 사고에 대해
> 권력을 행사하지 못하도록 하고, 잘못된 정식(定式)에 의해 현실이 가려워지지
> 않도록 하는 것이 각별히 중요하다(Karleby 1926a: 100-101).

　그리고 칼레비는 사회주의운동이 지향하는 것은 소유 일반의 폐지나
사적 소유의 폐지가 아니라 오직 부르주아적 소유의 폐지라고 주장한다. 그
리고 칼레비는 부르주아적 소유 개념을 아주 엄격하게 정의한다.

> 사회주의를 특징짓는 것은 소유 일반의 폐지나 사적 소유의 폐지가 아니라 부
> 르주아적 소유의 폐지에 대한 요구다. 마르크스주의적 관점에서 볼 때 **부르주**
> **아적** 소유란 영원한 자연권의 신성하고 불가침적인 소유이자, 그 관리와 사용에
> 있어 개인의 자의(恣意)에 배타적으로 의존해 있으며, 인간의 자연권이라 선언
> 되며 자유주의 학설들에서 그러한 식으로 받아들여지는 소유다. 즉 사회적으로
> 직절한 것인지 여부에 대한 판단 영역의 외부에 있으며, 그 형태에 대한 규제와
> 관련하여 원리적으로 사회의 능력 위에 서 있으며, 전적인 사회부정(否定)으로
> 나아갈 정도로 "사적"이며, 사회로부터의 모든 참여를 배제하는 소유다(Ibid.,
> 98-99. 강조는 칼레비).

이렇게 부르주아적 소유 개념을 엄격하게 정의한다면, 공익의 관점에서 사적 소유의 행사에 제한을 가하는 모든 조치는 바로 그만큼 부르주아적 소유의 폐지라고 볼 수 있게 된다.

사회적으로 적절한 요구에 대한 노동계급의 해석에 좀더 잘 부합되는 방향으로 "소유권"에 새로운 내용을 부여하는 입법조치는 개인적 소유를 공중의 소유로 법률적으로 이전시키는 것 못지 않게 "부르주아적 소유"와 프롤레타리아의 무소유 상태의 폐지다. 그렇다. 그것은 오히려 더 높은 정도로 부르주아적 소유의 폐지인 것이다(Ibid., 100-101).

이러한 관점에서 보면 엄격한 의미에서의 부르주아적 소유는 다양한 사회정책적 입법조치들을 통해 이미 부분적으로 폐지되었다고 할 수 있게 된다.

그 본래적 의미에서의 부르주아적 소유, 부르주아 사회, 프롤레타리아의 무소유 상태는 실제로 과거의 이야기가 되었다. 사회화된 사회, 사회적 소유, 노동계급의 공동참여가 성장한 것이다(Ibid., 103).

따라서 이러한 관점에서 본다면 종래에 사민주의자들이 생각해온 것처럼 무슨 획기적인 대규모 사회화조치를 통해서만 부르주아적 소유가 폐지되고 사회적 소유가 창출되는 것은 아니다. 그간의 개혁정책들을 통해 이미 사회적 소유가 창출되어온 것이다. 사회화는 사민당이 아직 시도해보지 않은 미래의 과제인 것이 아니라, 실제로 지금까지 끊임없이 점진적으로 달성해온 과제인 것이다.

(3) 자본주의 틀 내에서의 개혁과 자본주의를 넘어서는 실천

그간의 개혁조치들을 통해 본래적 의미에서의 부르주아적 소유가 이미 폐지되고 사회적 소유가 창출되어왔다고 보는 칼레비에게 있어 자본주의 틀 내에서의 개혁과 그것을 넘어서는 실천을 구분하는 것은 의미 없는 일이었다. 양자를 확연히 구분해줄 아무런 경계선도 존재하지 않는 것이다.

> "이 문제는 자본주의 질서의 틀 내에서는 해결될 수 없다." 사회주의자들의 토론에서 이보다 더 익숙하게 들어온 말이 또 있을까? 그러나 이 말을 더 자세히 검토해보면 그 내용이 전혀 단단하지 못하다는 것을 알게 된다. 자본주의 질서의 틀이라는 말의 본래의, 그리고 정확한 의미는 소유주들이 그들의 기호에 따라 그들의 소유물을 마음대로 처분할 수 있고, 기업들 간 및 노동자들 간의 자유경쟁이 국가나 여타 조직들이 설정한 모든 장애로부터 방해받지 않은 채 지배하는 체제를 말한다. 이것이 마르크스가 자본주의의 특징을 규정한 방식이었다……국가나 여타 조직들의 각종 조치들을 통한 모든 개입은 말하자면 전형적인 자본주의 질서를 구성하는 절대적 소유주권과 자유경쟁체제의 지양이다 (Karleby 1926b: 76-77).

칼레비는 부르주아적 소유 개념을 매우 좁게 규정한 것과 마찬가지로 자본주의 개념도 매우 좁게 규정하고 있음을 알 수 있다. 자본주의 개념을 이렇게 좁게 규정할 경우, 소유주들의 소유권 행사를 제한하고 기업들 및 노동자들 간의 자유경쟁을 규제하는 조치들이 시행되면 그만큼 본래적 의미의 자본주의는 지양된 것이라고 볼 수 있게 된다.

> 사회정책은 그것이 전형적 의미에서의 자본주의를 지양하는 방향으로 나아가고 사회 및 생산에서 노동자들의 지위를 실제로 변화시키는 한, 자본주의 질서의 틀을 넘어서게 됨을 의미한다(Ibid., 79).

따라서 진정으로 사회주의적인 성격을 띠는 실천과 자본주의 틀 내에서의 개혁 작업을 구분할 아무런 이유도 존재하지 않는다.

한때 사회주의 정치를 추종했던 사람들은 그 누구라도 실제적 개혁 작업에 대한 [사민]당의 참여가 일종의 변명을 필요로 하는 것처럼 보인다는 사실에 놀라지 않을 수 없었을 것이다. 즉 실제로 사회주의적인 작업은 미래로 연기되고 현재에는 유감스럽게도 "자본주의 질서의 틀" 내의 개혁에 만족해야 한다는 식으로 이야기되는 것들 말이다. 만일 이러한 식의 이야기가 노동계급의 경제적, 정치적 권력이 강해질수록 노동계급의 관점이 더욱 강력하게 주장되어야 한다는 것 이외의 다른 것을 의미한다면 이는 물신숭배적 이론으로부터 나온 나쁜 열매일 뿐이다. 노동계급의 요구라는 압력과 근대적 생산의 발전이 야기하는 문제들에 의해 강제되어 소유에 대한 사회적 결정권을 강화시키고 사적 결정권을 축소시키는 성격을 띤 모든 사회개혁은 미래에서 생각될 수 있는 바로 그 의미에서의 사회주의적 사회개조다(Ibid., 80).

(4) 사회주의관

그렇다면 이렇게 사회정책적 개혁조치들도 그 자체로서 바로 사회주의적 성격을 띠고 있다고 보는 칼레비에게 있어 과연 사회주의란 무엇을 의미하는가. 우선 칼레비는 사회주의운동의 궁극적 목적을 사회의 재부(財富)에 대한 만인의 공동의 참여로 본다.

"생산수단에 대한 사회적 소유권"에 대한 요구는 논란의 여지 없이 사회민주주의가 가진 무기 중에서도 근본적인 부분이다. 그러나 이것은 운동의 목적은 아니다. 이것은 일정 조건과 상황하에서 적절한 것으로 받아들여지는 수단일 따름이다……사회적 소유 및 생산에 대한 구체적 제안은, 그것이 목적을 달성하는 데 어떠한 작용을 할 것인가에 대한 고려에 기초하여 판단되어야 한다. 이상적 목적은 사회가 보유하는 재부에 대한 만인의 공동의 참여다(Karleby 1926a: 53).

그러나 사회주의 사회의 구체적 조직형태는 사전적으로 확정될 수 없으며, 구체적 상황에 따라 실사구시적으로 결정되어야 하는 문제다. 칼레비에게 있어 사회주의 사회의 조직형태는 기본적으로 개방된 문제였다.

아주 일반적으로 말해서, 사회민주주의의 노력의 목적은 노동계급이 사회에 완전히 공동 참여하게 되는 것이다. 그리고 이것이 의미하는 바는 사회생활의 방법과 형식, 내용을 결정하는 데 있어 노동계급이 동등한 권리를 갖고 참여하며, 이러한 문제의 어떠한 영역도 예외 없이 사회적 적합성의 관점에서 관찰되고 질서지워진다는 것이다. 그러나 이렇게 참여의 내용을 일반적으로 제시하는 것은 아주 쉽지만, 그것을 구체적으로 정식화하는 것은 불가능하다(Ibid., 87).

만인의 참여는 하나의 일반적 지도 지침이다. 그러나 그것의 형태와 내용에 대한 객관적 기준은 없다. "사회적 인간"의 판단이야말로 우리가 가진 유일한 기준인 것이다(Ibid., 98).

이렇게 사회주의 사회의 조직형태 문제를 기본적으로 개방된 문제로 보는 그의 시각은 '사회적 필요를 위한 생산'이라는 개념을 해석하는 대목에서도 잘 나타난다. 통상 '사회적 필요를 위한 생산'은 자본주의에서의 '이윤을 위한 생산'에 대한 대립개념으로 이해되어왔으며, '사회적 필요를 위한 생산'이 이루어지는 경제제도적 형태는 계획경제라고 간주되어왔다. 그러나 칼레비는 이와 관련해서도 다른 해석을 제시한다.

'사회적 필요를 위한 생산'은 자유로운 가격형성의 적용이나 사회경제적 이유, 즉 사회적 필요에 의해 조건지워진, 생산에 투자된 자본에 대한 이자 지급을 배제하지 않는다. 이 용어가 의미하는 바는 특정 계급의 이익이 아니라 사회 전체의 이익이 생산의 방향과 형태를 결정하는 기준이 되어야 한다는 것이다. 이 용어는 조직론적 원칙이 아니라 사회학적 원칙을 표현한다(Ibid., 91).

　즉 '사회적 필요를 위한 생산'이라는 용어는 예컨대 계획경제와 같은 구체적인 경제조직형태를 의미하는 것이 아니라, 생산의 방향과 형태가 사회성원 대다수의 의사에 부합되는 방향으로 결정되는 사회관계를 의미한다는 것이다. 그리고 물론 이러한 사회관계의 형성을 촉진하는 구체적 방법은 매우 다양할 수 있을 것이다. 칼레비는 또한 사회주의 사회에서는 생산수단과 노동력이 직접생산자의 수중에서 결합된다는 마르크스주의의 핵심적 명제에 대해서도 독특한 해석을 제시한다. 우선 전(前)자본주의 사회에서의 소생산자와 그의 생산수단 사이의 직접적 결합 상태에 대한 유비(analogi / analogy)하에서, 사회주의에서 생산수단과 노동력의 결합 문제를 사고해서는 안 된다는 것이다. 또 개개의 구체적 경우에서 노동력과 생산수단이 직접적으로 결합되어 있으면 착취가 소멸한 것이고, 양자가 서로 분리되어 있으면 착취가 여전히 존속하고 있다는 식으로 판단하는 것도 곤란하다는 것이다. 예를 들면 경제 전체에 압도적인 영향력을 미치는 중요한 생산수단이 소수의 수중에 독점적으로 소유되어 있을 경우, 자신의 소규모 생산수단을 보유하고 있는 소생산자들도 독점적 소유자에 의해 착취당할 수 있다는 것이다. 또 예컨대 자신의 소규모 생산도구를 가지고 슬리퍼를 만드는 가난한 소생산자는 착취당하지 않으나, 생산수단을 소유하지는 못했지만 높은 임금을 받고 교양 있는 생활을 누리는 학자는 생산수단이 없기 때문에 착취당한다고 이야기할 수도 없다는 것이다. 여기에서 칼레비는 '착취' 개념을 엄격한 경제학적 개념으로 사용하고 있는 것이 아니라, 가치 있는 사회활동으로부터의 배제, 권력관계에서의 불리한 위치 등을 포괄하는 폭넓은 의미로 사용하고 있다는 것을 알 수 있다. 즉 칼레비에 따르면 착취의 존속 여부를 개개의 경우에서의 생산수단과 노동력의 결합 여부에 의해서만 판단할 수는 없고, 사회관계 전반을 종합적으로 고려하는 바탕 위에서만 제대로 판단할 수 있다는 것이다.

그리고 노동분업에 기초하여 대규모로 생산이 이루어지는 근대적 생산방식하에서는, 노동력과 생산수단의 결합은 간접적 방식으로만 이루어질 수 있다. 그런데 이렇게 간접적 방식으로 노동력과 생산수단이 결합된다는 것도 사회생활에 대한 만인의 참여를 가능케 해주는 다양한 형태 중의 하나일 뿐 홀로 압도적으로 중요한 의미를 가지는 것은 아니다.

> 좀더 정확하게 표현된 정식, 즉 근대적 생산방식하에서는 만인의 소유권을 통해 간접적 방식으로 노동과 생산수단이 결합되어야 한다는 정식(定式)도, 만일 이것이 단지 일정한 사회적 내용에 대한 표현이 아니라 구체적인 해결책으로서 파악된다면, 누구라도 알 수 있다시피 불충분하다. 이것은 참여의 한 형태일 뿐이지 유일한 형태는 아니다. 사회학적으로 볼 때, 사회의 본성에 대한 사회민주주의의 견해가 사회에 침투하여 [사회나 생산의] 실제적 형태결정의 기초를 형성하게 된다면 노동과 생산수단은 실제로 동일인의 수중, 즉 사회의 수중에서 결합된 셈이다(Ibid., 97).

즉 직접생산자의 수중에서 생산수단과 노동력의 결합이라는 문제도 구체적인 생산조직형태의 문제라기보다는 생산의 내용과 방식에 대해 노동자들이 영향력을 행사할 수 있는 사회관계의 형성이라는 폭넓은 맥락에서의 문제로 이해해야 한다는 것이다.

그러나 이렇듯 칼레비가 사회주의 사회의 구체적 조직형태를 개방된 문제로 바라보았다고 해서 그가 이 문제에 대해 아무런 구상도 갖고 있지 않았던 것은 아니다. 적어도 그는 중앙집권적 계획경제에 대해서는 뚜렷한 거부감을 갖고 있었다. 그는 엄격한 중앙집권적 계획경제에 대한 구상은 중상주의로부터 유래한 것이며 마르크스와는 관계없다고 주장한다. 무엇보다도 엄격한 중앙집권적 계획경제는 경제주체들의 선택의 자유를 말살한다는 것이다.

자유주의의 자유방임주의(låt-gå-system / laissez-faire)에 대한 반작용으로 근대 노동운동이 "사회적 필요를 위한 생산"에 대한 요구를 순전히 조직론적으로 해석하여, 이를 "제력(諸力)의 자유로운 활동"이 일절 허용되지 않고 모든 것이 "의식적으로 지도되고 규제되는", 중상주의적 성격의 중앙집권적으로 운영되는 "계획적" 생산에 대한 요구로 이해하게 된 사정은 심리학적으로 충분히 설명 가능하다. 18세기 저자들의 계획 정당화 논변과, 계획에 의해 지도되고 규제되는 사회의 우월성에 대한 사회주의 저자들의 서술 사이에는 놀랄 만한 일치가 발견된다……[스웨덴의 중상주의자 베르히(Anders Berch)는] 자유로운 직업선택권과 거주이전권이 [엄격한] 계획경제와 양립할 수 없다는 점을 통찰하고 있었다는 점에서 오늘날의 대다수 사회주의적 계획경제론자들보다 논리적으로 우월하다. 사회주의적 계획경제론자들은 이 점을 통찰하는 데 더 큰 어려움을 겪어왔다……분명한 사실은 세상에 그 아무리 훌륭한 계획이 있다 하더라도 노동자들이 이를 위해 직업선택의 자유와 거주이전의 자유를 포기하려 하지는 않을 것이라는 점이다……중상주의적 유형의 계획적인 사회적 생산에 대한 사고는 사회민주주의의 사회학적 근본관점이나 사회에 대한 노동자들의 참여 요구와 전혀 관계가 없다……마르크스는 그 어느 곳에서도 중앙 당국에 의해 관리된다는 의미에서 "중앙집권적", "계획적" 경제에 대해 이야기한 적이 없다. 자신의 실제적 요구와 가능성에 따라, [구체적인 경제조직형태를] 결정해야 하는 것은 항상 살아서 실천하는 인간들일 뿐이다. 이러한 사고방식을 따른다면 "중앙집권적" 규제는 여타 경제적 조정양식들과 마찬가지로 구체적 조건에 따라 적용될 수 있는 하나의 수단으로서만 고려될 수 있을 뿐이다(Ibid., 91~94).

이렇게 중앙집권적 계획경제가 원리적으로 거부된다면 사회주의 사회에서도 시장이 존속해야 한다는 것은 동어반복일 뿐이다. 칼레비는 시장경제의 장점을 높이 평가하는 편이었다. 우선 경제주체들이 선택의 자유를 보유하려면 시장을 존속시키는 것 외에 다른 길이 없다.

> 만일 자유로운 직업선택과 소비선택에 기초하여 [사회를] 건설하려 한다면 노동계급의 이익이 사회적 수요를 결정하는 기준이 되도록 할 수 있는 유일한 방법은 다음과 같다. 생산물뿐 아니라 생산요소에 대해서도 자유로운 가격을 형성한다. 그러나 공적이고 조직적 차원의 개입을 통해 구매력의 분배가 시정되어야 한다(Ibid., 278).

즉 적절한 공적 개입을 통해 소득의 재분배가 이루어진 시장경제가 바람직하다는 것이다. 또 시장경제는 민주주의와 큰 친화력을 갖는다.

> (중세에 지배적이었고, 오늘날에는 반(反)민주주의적 반동 세력에 의해 대표되는) 권위주의적 사고와 근대적 '무계획적' 민주주의 사이의 대립은, 경제 영역에서의 권위주의적 계획 및 규제와, 자유시장 및 가격형성 사이에 존재하는 대립에 대한 정치 영역에서의 상응물이다. 투표용지와 구매력은 영향력을 행사하는 상이한 방식이다. 근본적으로 양자는 동질적이다(Ibid., 276).

또 시장경제는 경쟁을 통해 경제활동의 효율을 높인다.

> 경쟁의 심저(深底)에 있는 핵심과 과제: 삶의 최고의 능력을 발휘케 하는 것 (Ibid., 276).

그렇다면 시장경제는 아무런 문제도 갖고 있지 않은가? 그렇지는 않다. 구매력이 불균등하게 분배되어 있고, 경기변동 및 이에 따른 실업문제도 있다. 그러나 그렇다고 해서 이러한 문제들의 해결을 위해 중앙집권적 계획경제가 요구되는 것은 아니다. 구매력의 불균등 분배문제는 소득재분배정책을 통해, 경기변동은 할인율정책(diskonto politik / discount policy)[20]을 통해, 실업문제는 실업자들에 대한 소득보상 조치를 통해 한결 누그러질 수 있는 것이다(Karleby 1926b: 78). 결국 칼레비가 생각하는 바람직한 경제체제는 국가나 각종 조직들의 적절한 개입을 통해 그 문제점이 완화된 시장경제체제다. 그리고 그런 점에서 보면 사민당의 기존 정책은 옳은 궤도를 걸어온 것이다.

(5) 마르크스주의 경제학과 신고전파 경제학

앞에서 살펴보았듯이 1920년대 전반에 사민당의 경제정책은 자유주의적 성격을 띠고 있었다. 예컨대 사민당은 1920년대 초의 경제공황 및 이에 따른 실업문제를 긴축정책을 통해 극복하고자 했다. 그리고 이러한 자유주의적 경제정책은 이론적으로는 신고전파 경제학에 의존한 것이었다. 마르크스주의적 강령을 가진 정당이 신고전파 경제학에 기초한 경제정책을 시행한 것이다. 그리고 앞에서 살펴본 것 같이, 이러한 이념적 딜레마에 대해서는 1932년 사민당 전당대회에서 비그포르스도 지적한 바 있다. 칼레비는 이 문제에 대해서도 돌파구를 마련할 것을 시도했다. 즉 마르크스주의 경제학과 신고전파 경제학 간의 관계를 해명하고자 한 것이다. 이 문제에 대한 칼레비의 사고의 요점은, 마르크스주의 경제학과 신고전파 경제학은 표면적으로는 상호 배제적인 것처럼 보이지만 사실은 상호 보완적이라는 것이다. 즉 가격형성 메커니즘에 대한 설명체계로서는 신고전파 경제학이 옳으나, 경제주체들 간의 애초의 불균등한 재산분배상태를 설명하는 데는 마르

20　여기에서 할인율정책(diskonto politik)이란, 중앙은행의 재할인율정책을 의미한다.

크스주의 경제학이 유용하다는 것이다. 따라서 마르크스주의 경제학에 의해 경제주체들의 원초적 재산분배상태가 설명되고 나면 이러한 조건 위에서 각 경제주체들의 선택행위를 통해 이루어지는 가격형성 및 자원배분은 신고전파 경제학의 이론에 의해 설명될 수 있다는 것이다. 그런 점에서 칼레비의 문제해결 방식은 적어도 경제이론으로서는 마르크스주의 경제학을 주변화시키는 것이었다. 칼레비는 마르크스주의 경제학은 본래적 의미에서의 경제이론이라기보다는 일종의 사회학적 이론으로 간주되어야 한다고 주장한다.[21]

칼레비는 신고전파 경제학의 주관주의적 가치론, 즉 한계효용이론의 보편타당성을 받아들였다. 특히 칼레비가 크게 의존한 신고전파 경제학자는 뵘-바베르크(Eugen von Böhm-Bawerk)였다. 특히 칼레비는 뵘-바베르크의 자본이론 및 자본이자이론을 높이 평가했다. 뵘-바베르크에 따르면 자본이 이자라는 형태로 수익을 얻게 되는 물질적 기초는, 우회생산 방식에 내재한 높은 생산성이다. 칼레비는 이는 자본주의뿐 아니라 모든 경제체제를 관통하는 초역사적 현상이라고 이해한다. 그런데 문제는 우회생산을 통해 창출된 수익이 왜 자본가에 의해 독점되어야 하느냐는 문제다. 뵘-바베르크는 이를 현재재(現在財)와 미래재(未來財)에 대한 경제주체들의 평가가 다르다는 점에 의해 설명한다. 사람들은 일반적으로 현재재를 미래재보다 높게 평가한다는 것이다. 그런데 노동자의 경우엔 우회생산 과정에서 임금을 받아 현재재를 구입하고 소비할 수 있는 데 비해, 자본가는 자신이 가진 자본으로 현재재를 구입하는 대신 이를 투자하여 우회생산을 통해 최종생산물이 나오기까지 기다려야 한다. 즉 현재재의 소비를 억제해야 한다. 따라서 자본가는 미래재를 획득하기 위하여 그보다 가치가 큰 현재재의 소

---

21 마르크스주의 경제학과 신고전파 경제학의 관계에 대한 칼레비의 설명은 Nils Karleby, *Socialismen inför verkligheten*, pp. 177-216, "마르크스의 경제학설과 근대 사회경제학" (Den Maxska ekonomiläran och den moderna socialekonomin)에 나와 있다.

비를 억제한 데 대한 보상을 받아야 하는데, 그 보상이 바로 이자의 수취라는 것이다. 칼레비는 이러한 뵘-바베르크의 이자론을 타당한 것으로 받아들인다. 그런데 문제는 왜 자본가는 노동자와 달리 미래재를 상대적으로 높이 평가하여 이를 획득하기 위해 현재의 소비를 억제하느냐는 것이다. 칼레비에 따르면 이는 노동자는 재산이 없기 때문에 당장 임금을 받아 현재재를 구입해야 하지만, 자본가는 우회생산에 투입한 자본 외에도 재산이 있기때문에 그것에 기초하여 미래재가 나올 때까지 현재재를 구입할 수 있다는 사실에 기인한다는 것이다. 결국 애초의 재산분배 상태의 차이 때문에 현재재와 미래재에 대한 양자의 상대적 평가가 달라진다는 것이다. 그리고 이렇게 양자 간에 애초부터 재산분배상태가 차이나게 된 사정은, 생산관계에 대한 마르크스의 이론에 의해 잘 설명될 수 있다는 것이다. 즉 마르크스의 경제이론은 경제주체들이 서로 상이한 출발점 위에서 경제활동에 참여하게 되는 애초의 재산분배상태를 설명해주는 데 유용하고, 이후의 경제과정에 대한 설명은 주관주의적 가치론에 입각한 신고전파 경제학이 제공해준다는 것이다.

마르크스의 사회학적 출발점으로부터, 인간의 주관적 가치결정이 그 위에서 형성되는 물질적 기초를 해명할 수 있는 길을 발견하게 된다(Karleby 1926a: 215).

[마르크스경제학과 신고전파 경제학 간의] 결합은 [마르크스의 객관주의적 가치론과 신고전파 경제학의 주관주의적 가치론을 결합시키는 방식이 아니라] 오히려 마르크스의 경제이론의 사회학적 출발점으로 하여금 [경제]과학의 기초와 틀을 형성하도록 하고, 주관주의적 사회경제학(즉, 신고전파 경제학-필자)으로 하여금 [경제]과학의 내용을 분석하도록 하는 방향에서 추구되어야 할 것이다. 주관주의적 경제학설의 출발점은 칸트나 포이어바흐에서와 같이 추상적

개인이다. 이러한 출발점은 불충분하고 비현실적이며 그 본질에 있어 정태적이
다. 그러나 그럼에도 그것은 그 자체로서 완결적이고 지탱가능한 이론을 형성
한다. 이에 반해 마르크스의 경제학설은 그것이 가격형성 메커니즘이라는 근
본적인 지점을 파악하려면, 가격형성 메커니즘에 대한 주관주의 학파의 분석에
의해 채워질 것을 전제로 한다(Ibid., 182).

사회경제학에 대한 마르크스의 실제적 의의는, 경제학자로서의 그를 무대로부
터 퇴장시키고 그 대신 사회학자로서의 그를 무대에 등장시킬 때에야 비로소
완전히 분명해진다(Ibid., 216).

(6) 바람직한 사회개혁의 방향

『현실에 직면한 사회주의』의 마지막 글 "사회화: 요약"(Socialisering: En
sammanfattning)에서 칼레비는 앞으로 사민당이 추구해야 할 개혁정책의 기
본 방향을 제시해주고 있다. 우선 사민주의자들이 취해야 할 정신적 태도로
서 그는 반(反)유토피아주의를 강조한다.

획일적 사회는 안 된다. 절대적 완전성 [추구는] 안 된다. 중세의 이념에 따른 후
견주의적 질서는 안 된다. 그 대신 변화하는 요구에 따른 변화하는 삶, 그리고
자유로운 이니셔티브와 투쟁이 들어서야 한다. 우리는 우리가 창조하는 것으로
부터 최종적으로 어떠한 결과가 나올지 알지 못한다. 우리는 우리의 노력의 결
과로 나올 사회가 어떤 성격을 갖게 될 것인지 정확히 알지 못한다. 발전은 우리
로 끝나는 것이 아니다. 우리는 그저 현재에 있어 발전을 담지하는 자들일 뿐인
것이다(Ibid., 281).

그리고 구체적인 개혁정책의 방향으로서, 재산분배의 균등화를 지향
하는 조세정책, 공적 자본형성, 소유 집중을 억제하는 입법조치, 노동계급

의 처지를 개선시키는 사회정책 등을 예시한다. 결국 칼레비는 사민당이 기존 개혁주의 노선의 기조 위에서 이를 계승·발전시켜갈 것을 권유한 것이다.

칼레비의 『현실에 직면한 사회주의』는 그의 요절(夭折) 직후에 발간되었다. 이 책은 당시 스웨덴 사민주의자들, 특히 청년 사민주의자들에게 큰 영향을 미쳤다. 예컨대 1946-69년에 사민당 당수이자 정부 수상으로서 '스웨덴 모델'의 제도적 완성 작업을 총괄 지휘했던 터게 에얼란데르(Tage Erlander)는 자서전에서 이렇게 술회하고 있다.

우리 세대의 다수에게 있어 닐스 칼레비의 『현실에 직면한 사회주의』는 사회민주주의의 개혁주의적 정책에 대한 이데올로기적 전망을 명료히 해준 책이었다 (Erlander 1979: 57).

닐스 칼레비의 노력은 사회의 단계적 개혁이 자본주의 사회에 대한 마르크스주의적 비판과 대립되기는커녕 실제로는 오히려 오직 유일하게 참된 마르크스주의라는 것을 증명하는 데 기울어져 있었다. 즉 개혁주의는 마르크스의 정신 속에서 작업해왔다는 것이다. 즉 현실이 계기적으로 창출해주는 개혁의 기회들을 주의 깊게 관찰하면서 작업해왔으며 이것은 우리에게 유용했다는 것이다. 우리는 일상적 개혁 작업에 대해 더 이상 변명할 필요가 없다는 것이다. 칼레비는 1920년대의 대부분의 기간에 [사민]당을 특징지었던 의구심과 동요, 이데올로기적 불명료성을 우리가 극복할 수 있도록 도와주었다(Erlander 1972: 128-29).

에얼란데르의 회고에서 주목할 만한 부분은 칼레비가 단계적 개혁 노선을 마르크스주의와 대립시키는 대신 오히려 마르크스주의의 참된 계승으로 생각했다는 점이다. 그리고 이는 당시 이데올로기적 혼란 상태에 있던 스웨덴 사민주의자들에게 큰 도움을 주었다는 점이다. 즉 사민주의자들로 하여금 사민당의 기존 개혁주의 노선을 주저 없이 계승하는 것이 마르크스의 정신에도 부합된다는 식으로 사고할 수 있는 이론적 근거를 칼레비가 제공해주었다는 것이다.

그런 점에서 칼레비는 그보다 먼저 개혁주의 노선을 이론적으로 정초하려 했던 독일 사민주의자 베른슈타인과 다른 점이 있다. 사실 칼레비와 베른슈타인 간에는 아주 뚜렷한 유사점을 발견할 수 있다. 양자 모두 원칙주의적 개혁주의자라는 기본적인 공통점 외에도 세부적으로 많은 공통점이 확인된다. 우선 마르크스에게서 발견되는 헤겔주의적 유산을 부정적 유제로 보는 시각도 그러하고 반유토피아주의적 태도도 그러하며 사민주의운동의 목적을 무엇보다도 사회생활에 대한 노동계급의 참여 증대로 보는 시각도 그러하다. 또 자유주의와 사회주의 간의 이념적 동근성(同根性)을 강조하는 점도 그렇다. 또 경제이론의 영역에서는 양자 모두 자본주의의 생명력을 높이 평가하는 편이었으며, 또 서로 방법은 달랐지만 어쨌든 양자 모두 마르크스경제학과 신고전파 경제학을 결합시켜보려 시도했다.[22]

그러나 마르크스주의에 대한 수정 방식이라는 점에서 양자 간에는 중요한 차이가 발견된다. 베른슈타인은 마르크스의 역사유물론적 사고와 결정적으로 단절하고, 그 대신 신(新)칸트주의적 윤리주의를 사민주의운동의 철학적 기초로 채택했다. 그런 점에서 베른슈타인의 마르크스주의 수정은 근본적인 것이며, 마르크스주의와의 재결합이 불가능한 성격의 수정이었다. 반면에 칼레비는 마르크스주의로부터 근본적으로 단절하려 시도하지 않았다. 그는 마르크스의 주요 이론과 개념들을 대체로 받아들였다. 그러나 이것들을 개혁주의적 방향으로 재해석해내어 마르크스의 본래 생각과는

---

22 이렇듯 칼레비와 베른슈타인 간에는 많은 유사점들이 확인되지만, 칼레비가 그의 글들에서 베른슈타인을 언급한 적은 없다. 따라서 칼레비가 베른슈타인으로부터 영향을 받았는지 여부는 불분명하다.

상당히 다른 방향으로 사고를 발전시켰다. 칼레비는 자신이 마르크스주의로부터 근본적으로 결별했다는 자의식을 갖고 있지 않았다. 그는 마르크스의 이론들 중 많은 부분을 비판하거나 상대화시키면서도, 전체적으로는 자신이 마르크스 사상의 합리적 핵심을 계승하고 있다고 생각한 것이다. 칼레비의 이러한 면모는 당시 이념적 혼란 상태에 있던 많은 스웨덴 사민주의자들에게 크게 도움이 되었을 것이다. 베른슈타인 방식의 마르크스주의 수정이 어쩔 수 없이 강제하는 엄혹한 결단의 부담으로부터 면제될 수 있었던 것이다. 따라서 스웨덴 사민주의자들은 기존의 개혁주의 노선을 계승하면서도 이것이 마르크스주의의 포기를 의미하는 것은 아니라고 생각할 수 있는 이론적 근거를 갖게 된 것이다.

그러나 스웨덴 사민주의자들 중에도 칼레비의 사고방식에 비판적인 논자도 있었다. 1920년대에 칼레비와 더불어 가장 활발한 집필 활동을 벌였던 사민당 이론가 비그포르스는 『현실에 직면한 사회주의』에 대한 서평에서(Wigforss 1926), 칼레비의 우상 파괴자적 역할을 높이 평가하면서도 몇 가지 대목에서 칼레비를 비판하고 있다.

첫째, 칼레비는 진정으로 사회주의적인 성격을 띠는 실천과, 자본주의 틀 내에서의 개혁작업을 구분할 필요가 없다는 점을 강조하고 거의 모든 사회개혁조치에 사회주의적 의의를 부여하였지만, 부분적이고 고립적으로 이루어지는 개혁조치에까지 사회주의적 의의를 부여하는 것은 합당하지 않다는 것이다. 비그포르스가 보기에 고립적 개혁조치들은 대체로 기존 사회에 미치는 변화 효과가 작기 때문에 흔히 부르주아 진영에서도 기꺼이 수용할 태세가 되어 있다는 것이다. 따라서 종합적인 구상에 기초하여 여타 영역에서의 개혁조치들과 함께 추진된, 사회구조에 상당한 변화를 야기하는 개혁조치에 한정하여 자본주의 틀을 벗어나는 성격을 띤 개혁이라고 부르는 것이 합당하다는 것이다(Ibid., 142).

둘째, 칼레비는 소유권의 실질적 행사라는 측면에 초점을 맞추어, 소유권의 형식적 귀속 문제는 별로 중요하게 생각하지 않았다. 하지만 비그포르스가 보기에 소유권의 형식적 귀속 문제 역시 매우 중요하다는 것이다. 예컨대 사적 소유주의 입장에서 볼 때, 그의 재산을 형식적으로도 국가가 몰수해버리는 조치보다는 형식적 소유권은 그대로 두되 재산의 실질적 가치를 무화시키는 조치를 받아들이기가 훨씬 쉽다는 것이다. 적어도 형식적 소유권을 보유하고 있는 한 향후 상황 변화에 따라 자신의 재산의 실질적 가치가 복원될 기회를 기다릴 수 있다는 것이다.

셋째, 칼레비는 사회주의를 무엇보다도 분배의 측면에서 관찰하고 있어서 생산의 측면에는 소홀하다는 것이다.

> 칼레비에게 있어 사회주의라는 것이 무엇보다도 이미 존재하는 사회개혁적 경향의 지속적 발전을 의미하는 것 같다는 인상은……이 책(즉 『현실에 직면한 사회주의』 – 필자)이 본질적으로 분배문제, "참여문제"에 전념하고 있다는 데 부분적으로 기인한다. "생산의 측면", 즉 경제생활의 조직문제는 분배문제만큼 깊이 있게 다루어지지 않고 있다(Wigforss 1926: 146).

그리고 칼레비가 이렇게 생산의 측면을 소홀히 하고 있기 때문에 사회개혁이 중단 없이 계속될 수 있으리라고 믿을 수 있었다는 것이다. 그러나 사회개혁은 자본주의적 생산에 큰 부담으로 작용할 수 있으며, 이로 인해 노자 간의 대립이 격화될 수도 있다는 것이다. 그리하여 노자 간의 이해 대립에 의해 규정된 노동조합의 정책이 자본주의적 생산에 파괴적인 영향을 미쳐, 전체 노동조직 방식을 근본적으로 변화시키지 않고서는 문제를 해결할 수 없게 되는 상황에 이를 수도 있다는 것이다(Ibid., 143). 칼레비가 대체로 개혁정책의 연속적이고 순조로운 발전을 전망한 데 비해, 비그포르스는 자본주의적 생산과 개혁정책 사이에 존재하는 대립의 측면에 더욱 주목한 것이다.

어쨌든 이후 사민당의 개혁주의적 이념 및 정책의 정착, 발전 과정에서 칼레비가 중요한 역할을 수행했다는 점에 대해서는 많은 연구자들이 의견을 같이하고 있다. 오랜 기간 사민당 내에서 경제전문가로 활동해온 베리스트룀(Villy Bergström)은 사민당 내에서 칼레비와 비그포르스가 수행한 역할을 다음과 같이 비교 평가하고 있다.

> 비그포르스는 적극적 경기안정화정책을 통해 커다란 돌파구를 마련해주었다. 사회주의와 자본주의 같은 보다 근본적인 문제들에서 당에 영향을 미친 사람은 칼레비였다—강령 차원에서도 항상 그랬던 것은 아니지만 실제적 실천에서는 아주 많이……따라서 비그포르스는 지속적으로 [사민당에 이념적, 지적] 자극을 주었지만 [실제 사민당의] 발전은 칼레비와 묄러의 노선 위에서 이루어져 왔다(Bergström 1984: 482-83).[23]

또 임노동자기금을 입안한 마이드너(Rudolf Meidner)는 필자와의 인터뷰에서 지금까지 사민당은 대체로 칼레비의 노선을 계승해왔다고 평가했다.

2. 스웨덴 모델과 기능사회주의론

'사회화논쟁'에서 우리는 스웨덴 사민주의 운동 내에 개혁주의 노선이 지배적인 이념 노선으로 뿌리내리는 과정을 살펴보았다. 1930년대부터 시작된 사민당의 장기집권에 기초하여 스웨덴 사민주의자들은 개혁주의 노선을 다양한 정책과 제도로 구현해갔다. 소위 '스웨덴 모델'(den svenska modellen /

---

23 여기에서 묄러(Gustav Möller)가 언급되고 있는 것은, 그가 오랜 기간 사회부 장관으로 일하면서 강력하게 추진한 사회복지정책 때문이다.

the Swedish model)을 형성하고 발전시켜간 것이다.

국제적으로 널리 인구에 회자되어온 '스웨덴 모델'이라는 용어는 다양한 의미로 사용되어왔다. 우선 스웨덴 특유의 노사관계를 지칭하는 용어로 많이 쓰였다. 이 경우 무엇보다도 고도로 중앙집권적으로 조직된 노동조합과 사용자단체 간의 중앙단체교섭과 협의를 통해, 격렬한 노동쟁의를 피하고 노사 간의 분쟁사항을 평화적으로 해결해온 관행이 각별히 주목되었다.

또 스웨덴의 복지국가 모델을 지칭하는 용어로도 많이 사용되어왔다. 국민들의 높은 조세부담에 기초하여, 모든 국민을 사회정책의 수혜 대상으로 포괄하며 높은 수준의 사회복지서비스를 국가가 거의 독점적으로 공급하는 스웨덴 특유의 복지국가체계는, 스웨덴 사회의 여러 특성 중에서도 국제적으로 가장 잘 알려진 부분이다. 또 1930년대 이후 스웨덴 사민주의 운동의 이념적 프로필(profile)이 가장 뚜렷하게 확인되는 영역이기도 하다. 경제정책 영역에서의 자유주의적 노선과 뚜렷히 대비되는 평등주의적·국가중심적 사회정책 노선은 스웨덴 사민당이 부르주아 정당들과 구별되는 이념적 자기정체성을 뚜렷이 확보할 수 있었던 대표적 영역이었다.

한편 스웨덴 정치의 두드러진 특징의 하나인 조합주의적 의사결정구조도 스웨덴 모델의 핵심적 구성요소로 인식되어왔다. 잘 발달된 각종 이익단체들이 다양한 경로를 통해 정부의 정책에 영향을 미치는 조합주의적 의사결정구조는 적어도 1960년대 말까지는 스웨덴 사회의 안정적 발전을 떠받쳐주는 핵심적인 제도적 요소로 작용했다. 또 스웨덴 모델이라는 용어는 스웨덴 사회에 편만한 지적·정신적 태도로서 실용주의나 타협주의를 지칭하는 용어로도 사용되어왔다.

그리고 이러한 스웨덴 모델의 구성요소들은 상호 유기적으로 긴밀하게 결합되어 있어, 스웨덴 모델은 하나의 종합적인 경제-사회 운영 모델로 평가될 만했다.

기금논쟁을 분석 대상으로 삼는 이 책에서 스웨덴 모델이 문제시되는 것은, 무엇보다도 LO가 제출한 기금안이 스웨덴 모델에 내재한 문제점에 대한 해결책으로서 제출되었다는 사정에 기인한다. 무엇보다도 LO가 SAF와의 중앙단체교섭을 통해 강력하게 추진해온 연대임금정책이 낳은 부작용이 임노동자기금안이 나오게 된 가장 직접적인 배경으로 작용했고, 사민당과 LO가 추진해온 거대 기업 편향적인 경제정책의 부작용도 임노동자기금안이 해결하고자 한 핵심적 문제였다.

여기서는 임노동자기금논쟁의 쟁점을 좀더 분명하게 이해하기 위한 예비적 작업으로서, 1930년대로부터 1960년대 말까지 사민당과 LO가 발전시켜간 경제-사회 운영 모델인 스웨덴 모델의 구조와 작동방식을 살펴보기로 하겠다.

1) 스웨덴 식 노사관계

1938년의 살트쉐바덴 협약(Saltsjöbadsavtalet / the Saltsjödad agreement)을 통해 제도적으로 정착되어 1960년대 말까지 유지된 스웨덴 특유의 협조주의적 노사관계는 스웨덴 모델의 여러 구성요소들 중에서도 가장 기본적인 요소라 할 수 있다. 무엇보다도 협조주의적 노사관계는 전후(戰後) 고도성장과 사민당의 장기집권을 가능케 했다. 사민당은 안정적 노사관계에 기초하여 달성된 고도성장의 열매를 적극적인 사회정책을 통해 국민들에게 재분배함으로써, 자신의 이념적 프로필을 유지하면서도 안정적인 정치적 지지 기반을 확보할 수 있었다. 또 스웨덴의 조합주의적 의사결정구조의 핵심적 참여주체도 LO와 SAF로 대표되는 노동조합과 사용자단체였다. 그런 점에서 스웨덴의 협조주의적 노사관계는 스웨덴 모델 전체를 떠받치는 기둥 역할을 했다 해도 과언이 아니다.

(1) 살트쉐바덴 협약과 협조주의적 노사관계의 정착

스웨덴 식 노사관계의 핵심적 특징은, 고도로 중앙집권적으로 조직된 노동조합과 사용자단체가 자율적 협상을 통해 노사관계에 대한 국가의 개입을 가능한 한 배제하며 노사 간 분쟁사항을 해결함으로써 장기간에 걸친 산업평화를 달성해왔다는 점이다. 그리고 이러한 스웨덴 식 노사관계의 정착 과정에서 분수령 역할을 한 것이 1938년에 LO와 SAF가 체결한 살트쉐바덴 협약이다. 살트쉐바덴 협약의 핵심 내용은 노사 간 분쟁사항에 대한 LO와 SAF의 조정권한을 대폭 강화시킴으로써, 분쟁사항이 국가의 직권중재나 노동법원(arbetsdomstolen)을 통한 사법적 판정에 의해 해결되기 전에 노사 중앙조직들에 의해 걸러지게 함으로써 가능한 한 노사 간 자율적 협상을 통해 문제가 해결될 수 있게 하는 한편, 파업이나 직장폐쇄와 같은 극한적 노동쟁의가 발생하는 것을 가능한 한 피하도록 한다는 것이었다.

살트쉐바덴 협약이 체결되기 전에는 스웨덴의 노사관계는 그리 원만한 편이 아니었으며 파업과 직장폐쇄와 같은 격렬한 노동쟁의가 빈발했었다. 표 1-1의 노동쟁의 통계는 이러한 사정을 잘 보여주고 있다.

표 1-1에서 알 수 있듯이, 살트쉐바덴 협약이 체결된 1938년 이전에는

〈표 1-1〉 1900-76년에 주요 유럽 자본주의국들에서 노동쟁의로 인한 노동손실일 수와 노동쟁의 참여자 수

나라	노동자 1,000명당 노동손실일 수 (단위: 일)			노동자 10,000명당 노동쟁의 참여자 수 (단위: 명)		
	1900-13	1919-38	1946-76	1900-13	1919-38	1946-76
스웨덴	1,286	1,440	43	397	295	36
노르웨이	491	1,853	90	165	384	64
덴마크	272	681	173	94	203	184
핀란드	834	399	630	233	120	835
영국	460	1,066	213	237	396	432
프랑스	309	404	566	184	388	1,367
이태리	293	126	631	270	394	2,313
독일	489	875	31(서독)	151	775	92

(자료: Korpi 1983: 173, 표 6. 1)

스웨덴은 노동쟁의로 인한 노동손실일 수에서 국제적으로 매우 높은 수치를 기록하고 있으며, 노동쟁의 참여자 수에서도 1900-13년에는 아주 높은 수치를 기록하다가, 1919-38년에 다소 낮은 수치를 보여주고 있다. 스웨덴식 노사관계가 정착된 2차대전 이후에는 노동쟁의로 인한 노동손실일 수나 노동쟁의 참여자 수 모두에서 스웨덴은 국제적으로 아주 낮은 수치를 보이고 있다.

스웨덴의 노사관계의 주역은 LO와 SAF였다. 전국적 차원의 생산직 노동자 노동조합 중앙조직인 LO는 1898년에 사민주의자들의 주도로 발족되어 조직을 급속히 확장시켜갔다. LO는 처음부터 사민주의자들의 주도로 발족된 관계로, 이후 사민당과 밀접한 협력 관계를 유지했다. 예컨대 사민주의자들이 추진한 보통선거권 쟁취 운동에서 LO는 핵심적 전투부대 역할을 수행했으며, LO의 적극적 조합원들은 대개 동시에 적극적 사민당원이기도 했다.[24]

전국적 차원의 중앙 사용자단체인 SAF는 노동조합운동의 발전과 사민당의 성장에 대항하기 위해 1902년에 발족되어 급속한 조직 확장을 이루어냈다. SAF는 발족할 때부터 매우 중앙집권적으로 조직되어 소속 회원 기업들에 대해 강한 구속력을 행사했으며, 이에 기초하여 노동조합운동에 대해 전투적 자세를 견지했다. 예컨대 1908년에 부두노동자들을 중심으로 전개된 국지적 파업에 맞서 SAF는 회원 기업들 전체 차원에서 직장폐쇄를 단행하겠다고 위협하여 LO로부터 총파업을 유도해냈고, 타협의 여지를 두지 않는 완강한 대결 노선을 통해 총파업을 분쇄해냈다. SAF 내에서 가장 비중이 크고, SAF의 정책을 주도한 산하 연맹은 스웨덴의 경제성장과 수출을 주도하던 금속 및 기계공업 부문의 사용자연맹(VF: Verkstadsförening /

---

24 19세기 말에서 20세기 초까지 LO와 사민당 간의 관계 형성 과정에 대해서는 Jae-Hung Ahn(1993), Ch. 4 참조.

Engineering employers' association)이었다(Sörderpalm 1980: 16).[25]

　이에 반해 LO는 적어도 초기에는 소속 노조들을 SAF만큼 확고하게 장악해내지 못했다. 소속 노조들 간에 경제적 처지와 이해관계가 상당히 달랐던 것이다. LO 산하 노동자 집단들 중에서 전투주의적 노선을 견지한 집단은 주로 내수 부문에 종사하는 노동자들이었으며, 특히 건설 부문 노동자들이 가장 전투적이었다. 스웨덴 식 노사관계의 형성을, LO 산하 노동자 집단 간의 이해관계 갈등과 계급교차연합(cross-class coalition)의 형성에 초점을 맞추어 분석한 스웬손(Peter Swenson)은 건설 부문 노동자들이 전투적일 수 있었던 근본적 원인을 스웨덴의 기후 조건에서 찾고 있다. 겨울이 아주 길고 추우며 일조 시간이 아주 짧은 기후 조건으로 인해, 스웨덴의 경우 연중 건설공사가 이루어질 수 있는 기간이 매우 짧은 편이다. 따라서 건설 부문 노동자들은 건설공사가 거의 이루어지지 않는 겨울 동안의 임금 상실을 보상받기 위해 건설공사가 이루어지는 기간에 매우 높은 임금을 요구하지 않으면 안 되었다. 또 건설 부문 사용자들은 건설공사가 이루어질 수 있는 짧은 기간 중에 파업 등으로 인해 공사 중단이 발생하지 않도록 하기 위해 노동자들의 요구를 가능한 한 들어주어야 했다는 것이다. 게다가 미장이·석공·목수 등 건설 부문 노동자들의 상당 부분은 숙련노동자적 성격이 강했다. 이러한 사정으로 인해 건설 부문 노동자들은 강한 교섭력을 행사할 수 있었고, 이에 기초하여 건설 부문 노동자들은 필요에 따라서는 파업 등 강력한 노동쟁의 수단을 동원하여 자신들의 요구를 대체로 관철시켜낼 수 있었다는 것이다(Swenson 1991a: 513-44). 그리하여 건설 부문 노동자들은 생산직 노동자들 중 가장 높은 임금을 얻을 수 있었다. 예컨대 1931년 현재 건설노동자의 평균 시간당 임금은 전체 산업노동자의 평균 시간당 임금의 1.7

25　VF는 비교적 뒤늦은 시점인 1917년에 SAF에 가입하였다. 그러나 VF가 SAF에 가입하기 전에도 VF의 단체교섭 체결 방식은 SAF에 속한 사용자연맹들에게 배워야 할 모범으로 받아들여졌다.

배를 기록하고 있다(Ullenhag 1971: 173, 표 7).

반면에 계급협조주의적인 입장을 취했던 노동자 집단은 주로 수출의 존도가 높은 제조업 부문의 노동자들이었다. 이들은 치열한 국제경쟁에 노출되어 있는 소속 산업의 객관적 조건으로 인해 임금인상 억제의 필요성을 인정하고 있었다. 특히 중화학공업 위주의 급속한 산업화에 따라 LO 내에서 가장 규모가 크고 정치적 영향력이 강한 산업별 노조로 자리를 굳혀가고 있던 금속노조(Svenska Metallindustriarbetareförbundet 스웨덴 금속산업 노동조합, 흔히 'Metall'로 약칭됨)는 계급협조주의 노선을 대표하는 세력이었다. 특히 금속노조는 하부 단위 노동조합들에 대한 강한 장악력에 기초하여 자신의 교섭 상대자인 VF와의 단체교섭에서 임금인상 요구를 자제하는 입장을 취해왔다.

SAF는 금속노조와 VF 사이에 이루어져온 단체교섭을 가장 모범적인 것으로 보고, 이러한 방식의 단체교섭을 모든 산업 영역으로 확산시킬 것을 희구했다. 문제는 건설 부문 노동자들을 중심으로 하는 내수산업 노동자들의 전투주의였다.

건설 부문 노동자들의 전투주의적 태도는 SAF뿐 아니라 금속노조 지도부에게도 문제를 야기시켰다. 우선 파업을 불사하는 전투적 교섭 방식에 기초하여 높은 임금을 획득해온 건설 부문 노동자들의 존재는 임금인상 요구를 자제하는 입장을 취해온 금속노조 지도부의 노선을 정당화하는 것을 어렵게 만들었다. 또 건설 부문의 높은 임금은 주거비용의 상승을 낳아 노동자들의 실질임금을 하락시키는 효과도 갖고 있었다. 1926년 LO 총회에서 금속노조 스톡홀름 지부는 LO 전체 차원에서 '연대의 원칙에 기초한 임금정책'을 시행할 것을 LO 지도부에 건의하였는데, 그 실제 의도는 건설 부문의 높은 임금상승을 차단하는 데 있었다(Swenson 1989: 45-46).

건설 부문 노동자들의 전투주의는 LO 지도부의 입장도 불편하게 만들었다. 우선 건설 부문의 높은 임금은 여타 부문의 노동자들의 불만을 낳아, LO 산하 노조들 간의 갈등을 내연(內燃)시키고 있었다. 또 1920년대 후반부터 LO 지도부도 점차 계급협조주의적인 방향으로 입장을 선회해 가고 있었다. 특히 1900년대 후반부터 자본 측이 강력하게 추진해온 합리화(rationalisering / rationalization)운동에 대해 종래의 부정적 입장을 버리고 긍정적 입장으로 선회해가고 있었다.[26] 이렇게 자본과의 협력을 통해 문제를 해결하고자 한 LO 지도부에게 있어 건설 부문 노동자들의 전투주의는 큰 걸림돌이었다.

이렇게 건설노동자들의 전투주의에 대한 불만이 LO 내에서도 확산되어가는 가운데, 건설노동자들은 1933년에 대규모 파업을 감행했다. 10개월 반에 걸친 장기간의 파업은 당시 사민당 정부에게도 정치적 어려움을 야기했다. 1932년에 집권한 사민당은 당시 경제공황의 극복을 최우선적 과제로 삼고 있었다. 사민당은 공황 극복책의 일환으로 병원 등 공공시설 건설에 많은 자금을 투자하여 고용을 창출할 계획을 갖고 있었다. 그런데 건설 부문에서 파업이 발생한 것이다. 이로 인해 사민당의 계획은 작잖은 차질을 겪어야 했다. 또 파업으로 인한 병원 건립의 지체로 인해, 파업이 중립적 제3자에게 주는 피해 문제가 정치적 쟁점으로 떠오르게 되었다. 1933년의 건설노동자 파업은 정부의 개입 없이 LO 지도부의 중재를 통해 수습되었다. 그러나 1933년 파업은 이후 큰 정치적 파장을 낳게 되었다. 부르주아 정당들은 건설노동자들의 파업을 격렬하게 비판하며, 파업 규제를 위한 정부의 대책 마련을 요구하였다. 이러한 상황에서 사민당 정부는 노동쟁의문제를 근본적으로 해결해야 할 필요를 느껴 입법조치를 통해 노동쟁의를 해결하는 방안을 고려하게 되었고, 또 이러한 의사를 LO와 SAF에 전달했다.[27]

---

26 테일러주의(Taylorism)의 도입으로 대표되는 합리화운동에 대한 스웨덴 노동조합운동 측의 입장의 변화 과정에 관한 상세한 설명으로는 Johansson(1989: 33-60) 참조.

27 1933년의 건설노동자들의 파업이 낳은 정치적 파장에 대한 종합적 설명으로는 Johansson(1989: 129-144) 참조.

노동쟁의에 대한 입법조치를 통해 국가가 노동시장에 직접 개입하는 것에 대해서는 LO와 SAF 모두 부정적 입장을 취했다. SAF의 입장에서는, LO와 정치적 동반 관계를 맺고 있는 사민당 정부가 마련하는 입법조치는 SAF에게 불리하게 작용하리라 판단할 수밖에 없었다. 또 경직성을 갖기 마련인 입법조치를 통해 노동시장의 문제들이 해결되다보면, 수시로 변화하는 시장 조건에 유연하게 대응하기가 어려워진다는 점도 문제였다. LO의 입장에서도 노동시장에 대한 국가의 개입은 달갑지 않았다. 무엇보다도 국가의 개입은 LO의 조직적 위상을 크게 약화시킬 수 있었다. 노사 간의 분쟁 사항에 국가가 입법조치를 통해 개입하게 되면, 노동자들을 대표하여 SAF 와 협상에 임하는 교섭주체로서의 LO의 지위가 현저히 훼손되고, LO가 국가의 부속기구로 전락할 위험이 있었다.

이렇게 국가의 개입을 기피한 LO와 SAF는 쌍방 간의 자율적 협의를 통해 문제를 해결한다는 데 합의하여, 1936년 여름에서 1938년 겨울에 걸친 오랜 협상 끝에 1938년 12월에 스톡홀름 근교의 휴양지 살트쉐바덴(Saltsjöbaden)에서, 노사 간 분쟁사항의 해결방식에 관한 주(主)협약(huvudavtalet / the main agreement)을 체결하는 데 성공한다.[28] 흔히 '살트쉐

---

28 스웬손(Peter Swenson)은 살트쉐바덴 협약에 이르기까지 스웨덴의 노사관계의 발전과정을 건설 부문 노동자들의 전투주의를 분쇄하기 위한 계급교차연합(cross-class coalition)의 형성 과정이라는 시각에서 일관되게 분석한다. 국제경쟁으로부터 보호되는 데다 스웨덴 특유의 기후 조건에 기초하여 강한 교섭력을 행사한 건설노동자들의 전투주의를 분쇄하는 데, 수출 부문 노동자·수출 부문 자본가·사민당 정부가 이해관계를 같이 했다는 것이다. 스웬손은 살트쉐바덴 협약을 끌어내기 위한 논의에 참여한 SAF 측 위원 중 수출 부문의 사용자단체 대표들이 압도적 다수를 이루었고, LO 측 위원 중 건설 부문 노동자를 대표하는 위원이 하나도 없었다는 사실도 이러한 시각에 입각하여 그 의미를 해석하고 있다. Swenson(1989: 42-50), Swenson(1991a: 513-44). 또 스웬손만큼 건설 부문 노동자들의 고임금문제의 중요성을 강조하지는 않더라도, 건설 부문으로 대표되는 내수 부문 노동자들과 수출 부문 노동자들 간의 큰 임금 격차가 LO 내에 갈등을 낳았다는 점은 많은 연구들이 확인해주고 있다. 예컨대 Sörderpalm(1980: 17-18), Rehn(1980: 26-36).

바덴 협약'으로 불리게 된 주협약의 골자는 다음과 같다.[29]

첫째, SAF와 LO로부터 각기 3인씩 파견되는 대표들로 노동시장위원회(Arbetsmarknadsnämnden / the labour market committee)를 구성하여, 기업 단위나 산업 단위에서 노사 간 교섭을 통해 해결되지 않는 분쟁 사항이 발생할 경우 이 문제를 노동시장위원회에서 다루도록 했다. 이를 통해 노사 간 분쟁 사항이 국가의 개입을 부르게 되기 전에, 일단 노사 중앙 조직들에 의해 걸러지게 됨으로써, 노사 간의 자율적 협상을 통해 분쟁이 해결될 가능성이 커졌다. 또 이를 통해 하부 조직들에 대한 SAF와 LO의 장악력이 한층 강화되었다.

둘째, 노동쟁의 절차를 제도화하는 동시에, 파업이나 직장폐쇄와 같은 극단적 형태의 노동쟁의가 발생하는 것을 어렵게 만들었다. 우선 노동쟁의 시 상대방에 대한 사전 고지를 의무화했다. 또 노사 간 분쟁사항의 대표적 문제의 하나인 해고문제와 관련된 규칙을 상세하게 제정하였다. 뿐만 아니라 중립적 제3자에게 피해를 주기 쉬운 노동쟁의를 규제하기로 했으며, 사회적으로 중요한 기능을 손상하기 쉬운 노동쟁의의 경우 SAF와 LO가 앞장서 해결에 나서 가능한 한 평화적으로 문제를 해결하도록 했다.

살트쉐바덴 협약은 큰 효과를 발휘했다. 살트쉐바덴 협약이 체결된 이후 파업이나 직장폐쇄로 인한 노동손실일이 급감하였다.

표 1-2는 1938년 말에 살트쉐바덴 협약이 체결된 이후 1939년부터 노동손실일 수가 급감했음을 보여준다. 단 1944년과 1945년에는 다시 노동손실일 수가 일시적으로 급증했는데, 이는 2차대전 중에 정부가 실시한 임금 통제정책에 대한 노동자들의 불만이 전쟁의 종결과 더불어 일시적으로 급격히 표출된 데 있다. 그러나 이 문제가 해결된 1946년에는 노동손실일 수가 다시 제자리를 찾아갔다.

---

29 주협약의 조항들의 의미를 하나씩 설명해주고 있는 문헌으로는 Sölvén(1939) 참조.

〈표 1-2〉 1912-46년에 파업과 직장폐쇄로 인한 노동손실일 수 (단위: 일)

연도	노동손실일 수		연도	노동손실일 수	
	총 손실일 수	LO 조합원 1인당 손실일 수		총 손실일 수	LO 조합원 1인당 손실일 수
1912	271,611	3.28	1929	646,766	1.32
1913	176,435	1.93	1930	960,676	1.81
1914	352,000	3.53	1931	748,853	1.31
1915	57,275	0.54	1932	3,229,478	5.26
1916	173,150	1.38	1933	5,999,379	9.43
1917	523,150	3.20	1934	1,213,862	1.80
1918	780,753	3.82	1935	667,481	0.99
1919	887,744	3.69	1936	234,304	0.32
1920	3,800,102	14.10	1937	886,604	1.11
1921	1,553,981	5.84	1938	1,068,054	1.23
1922	1,842,292	6.76	1939	123,936	0.13
1923	3,949,329	13.04	1940	65,610	0.07
1924	751,922	2.23	1941	96,215	0.1
1925	1,453,782	3.90	1942	32,649	0.03
1926	1,411,821	3.53	1943	26,724	0.03
1927	633,988	1.48	1944	227,751	0.22
1928	3,846,993	8.48	1945	11,311,112	10.40
			1946	24,145	0.02

(자료: Carsparsson 1948: 709, 부록 7)

살트쉐바덴 협약은 그 구체적 내용도 중요하지만 그것이 가진 상징적 의미도 컸다. 노사 간의 분쟁 사항을 국가의 개입 없이 양측의 자율적 협의를 통해 해결하는 관행이 정착된 것이다. 흔히 '살트쉐바덴 정신'(Saltsjöbadsanda)이라 불리는 태도가 노사 쌍방에 뿌리내린 것이다. 이러한 살트쉐바덴 정신에 기초하여 SAF와 LO는 이후 많은 후속 협약들을 통해 노사 간 쟁점사항들에 대한 합의를 도출해냈다.

또 1941년 LO 총회에서는 LO의 정관(定款) 수정이 이루어졌는데, LO

서기국의 사전 승인 없이는 LO 산하 노조가 LO 소속 조합원의 3% 이상이 관계되는 파업을 감행할 수 없다는 조항이 신설되었다. 이로써 LO 산하 노조들이 대규모 파업을 감행하기는 매우 어려워졌으며, 산하 노조들에 대한 LO 지도부의 장악력은 한층 강화되었다.

(2) 중앙단체교섭과 연대임금정책

임금협상 등 통상적인 단체교섭 사항들에 대해 LO와 SAF 간에 중앙단체교섭이 시행되기 시작한 것은 1952년부터다. 그 전에는 산업별 단체교섭이 지배적인 단체교섭 형태였다. 이후 잠시의 휴지기를 거쳐 1956년부터 중앙단체교섭이 연례화되어 1983년까지 지속되었다. SAF는 1952년 이전부터 중앙단체교섭을 희망하여 LO에게 중앙단체교섭에 응할 것을 요청해왔다 (De Geer 1992: 109). 산업별 노조들 간에 임금상승 경쟁을 유도하기 쉬운 산업별 단체교섭보다는 중앙단체교섭이 임금인상을 억제하는 데 유리하리라 판단한 것이다. 그러나 LO는 이에 응하지 않았다. 앞에서 살펴본 바와 같이 LO 산하 노조들 간에 경제적 조건과 이해관계의 차이가 컸기 때문에 이들의 상이한 요구들을 잘 조율해낼 자신이 없었던 것이다.

이렇게 중앙단체교섭에 소극적이던 LO가 1952년에 중앙단체교섭에 응하게 된 데는 무엇보다도 당시의 극심한 인플레이션이 주된 배경으로 작용했다. 2차대전 이후 스웨덴 경제는 인플레이션을 동반하는 장기호황 국면으로 접어들었다. 호황은 노동에 대한 수요 증가를 가져왔고, 이로 인해 임금상승 → 물가상승 → 임금상승의 악순환이 이루어졌다. 이러한 상황에서 인플레이션 억제를 최우선적 경제정책목표로 삼고 있었던 사민당 정부는 LO에게 임금동결을 요청해왔고, 이에 따라 LO는 1949년과 1950년 2년간 산하 노조들에게 단체교섭을 갱신하지 말 것을 요청해 이를 관철해냈다. 그러나 호황 국면에서 단체교섭기간의 연장을 통해 임금을 동결시키는 조치는 산하 노조들의 큰 불만을 낳게 되었다. LO는 1951년에는 산하 노조들이 자유롭게 자신의 상대 측 사용자연맹들과 단체교섭을 체결하도록 허용했다. 1951년의 산업별 단체교섭은 폭발적 임금상승을 가져왔다. 지난 2년간 임금동결로 인한 손실을 보상받기 위해 LO 산하 노조들은 높은 임금상승을 요구하여 이를 관철했다. 그 결과 명목임금이 무려 23.3%나 상승했다.

사민당 정부는 이를 심각하게 받아들여 LO에게 다음해 단체교섭에서는 과도한 임금상승이 억제되도록 LO가 앞장서 단체교섭들을 조율해낼 것을 요청하였다. LO는 사민당 정부의 요청이 타당하다고 판단하여 SAF에게 생계비지수 방식에 따른 임금협상(indexavtal)을 제안하였다. 즉 물가상승에 따른 생계비 상승분만큼만 임금을 인상시키도록 하자는 것이었다. SAF는 이를 받아들이는 전제 조건으로서, 차기 단체교섭을 종래와 같이 산업별로 시행하는 대신 LO와 SAF 간에 중앙단체교섭형태로 시행할 것을 요구하였다. LO가 이를 받아들임으로써 이후 스웨덴 노사관계의 핵심적 요소로 정착되는 중앙단체교섭이 개시되었다.

이렇게 LO가 1952년부터 중앙단체교섭에 응하게 된 데는 상황에 떠밀려간 측면이 컸지만, LO 자체의 동기라는 측면에서도 중앙단체교섭을 필요로 하는 요인이 없었던 것은 아니다. 이미 1920년대부터 LO 내의 저임금 노동자 집단을 중심으로, 노동자들 간 임금균등화를 지향하는 임금정책을 LO가 주도적으로 시행해야 한다는 요구가 꾸준히 제기되어온 터였다. LO와 SAF 간에 이루어지는 중앙단체교섭은 다양한 노동자 집단들 간에 임금균등화를 달성하기 위한 가장 확실한 방법이었다.

1952년에 시작되어 1956년부터 연례화된 중앙단체교섭의 절차는 다음과 같다.[30]

---

30 SAF와 LO 간의 중앙단체교섭의 절차에 대한 자세한 설명으로는 Victorian(1973: 73-95) 참조.

① 준비작업: LO와 SAF는 중앙단체교섭에 임하기 전에, 각기 산하 조직들의 요구사항을 접수하여 산하 조직들 간의 상이한 요구와 이해관계를 조정해낸다. 이 작업은 흔히 중앙단체교섭 자체보다 더 어렵고 복잡한 일이었다.

② 중앙단체교섭: 이러한 과정을 통해 내부 조정이 완료되면 LO와 SAF는 중앙단체교섭을 통해 전체적 임금인상률의 범위를 결정하고, 그밖에 특별히 고려해야 할 문제들에 대해 합의한다. 특히 LO는 저임금 노동자 층의 처우 개선문제를 중앙단체교섭에서 자주 제기하였다.

③ 산업별 단체교섭: LO와 SAF 간 합의사항은 산하 조직들에게 권고 사항으로 제시된다. 이에 기초하여 산업별 단체교섭이 행해진다. LO와 SAF 간 합의사항이 일종의 법률적 구속력을 갖는 것은 아니다. 예컨대 산업별 노조들이 강력한 교섭력을 발휘하여 높은 임금인상을 달성한 결과, 산업별 단체교섭에서 결정된 임금인상률이 LO와 SAF 간에 합의된 수준을 크게 상회하게 된다 해도 산업별 단체교섭의 결과가 무효화되는 것은 아니다. LO와 SAF 간의 합의사항은 적어도 형식적으로는 단지 권고 사항일 뿐인 것이다. 그러나 실제로는 산업별 단체교섭이 중앙단체교섭에서의 합의 사항의 틀에서 크게 벗어나 이루어지기는 어려웠다. 이를 제약하는 다양한 장치가 마련되어 있었던 것이다. 우선 LO와 SAF의 산하 조직들 모두 중앙단체교섭을 인정한 이상 이에 협조해야 할 도의적 의무를 갖는다. 그렇지 않을 경우 조직이기주의라 비판받기 쉽다. 이러한 도의적 의무 외에, 중앙단체교섭의 합의사항이 준수될 수 있도록 해주는 제도적 장치들도 있었다. 예컨대 산업별 단체교섭에서 노사 간에 합의가 이루어지지 않을 경우 LO와 SAF로부터 파견된 교섭위원이 산업별 단체교섭에 참여하게 된다. 경우에 따라서는 산업별 단체교섭에서의 미합의 사항이 아예 LO와 SAF 간 교섭 테이블로 이관되어 해결되는 경우도 있었다.

④ 기업별 단체교섭: 산업별 단체교섭의 합의사항에 기초하여 기업 단위로, 대기업의 경우에는 흔히 작업장 단위로 단체교섭이 이루어짐으로써 단체교섭 절차가 종결된다.

중앙단체교섭이 단체교섭의 형식이라면, 연대임금정책(den solidariska lönepolitiken / the solidaristic wage policy)은 중앙단체교섭을 통해 LO가 추진한 임금정책의 내용이었다. 연대임금정책의 궁극적 목표는 산업이나 기업의 수익성 수준에 관계 없이 동일 노동에 대해서 동일 임금이 지급되도록 한다는 것이었다. 즉 오직 노동의 난이도나 위험성 등 노동의 특성에 근거해서만 임금 수준이 결정되도록 한다는 것이다. LO 내에서는 초창기부터 연대임금정책의 필요성에 대한 논의가 이루어졌다. 예컨대 이미 1903년의 LO 총회에서, LO가 광범위한 노동자 집단들 간의 임금균등화를 적극적으로 추진해야 한다는 요구가 제기된 바 있다(Rehn 1980: 25). 연대임금정책에 대한 초기의 논의는 무엇보다도 노동계급 내부의 평등과 연대를 달성한다는 평등주의적 관념에 기초해 있었다.

또 앞에서 살펴본 바와 같이 1926년의 LO 총회에서 금속노조 스톡홀름 지부가 '연대의 원칙에 기초한 임금정책'을 시행할 것을 LO 지도부에 요구한 바 있는데, 이는 건설 부문을 대표로 하는 고임금 내수 부문과 수출 부문 간의 큰 임금 격차 문제를 배경으로 한 것이었다. 또 동일한 배경에 기초하여 1936년 LO 총회에서도 금속노조는 '연대의 원칙이 강조된 임금정책'을 추진해야 한다고 주장한 바 있다(Meidner 1973: 9). 금속노조는 2차대전 이전에 LO 내에서 연대임금정책을 가장 강력하게 요구한 세력이었고, 저임금 부문의 노조들이 금속노조와 입장을 같이했다.

LO 지도부는 연대임금정책의 원칙에는 대체로 공감하였다. 하지만 하부 노조들에 대한 장악력도 그리 크지 않은 데다 구체적으로 어떠한 방식으로 연대임금정책을 추진할 것인지에 대해서도 분명한 구상이 없었던 관계로, 연대임금정책의 추진에 소극적인 편이었다. 다만 제한된 영향력을 통해서나마 매우 낮은 임금을 받는 노동자 집단의 처우 개선에는 노력을 기울인 편이었다.

1952년부터 시작된 중앙단체교섭으로 인해 LO는 연대임금정책을 본격적으로 추진할 수 있는 제도적 조건을 확보하게 되었다. 그런데 연대임금 정책을 '동일 노동 동일 임금'의 원리에 충실하게 추진하려면 체계적인 직무조사가 반드시 요청된다. 우선 '동일 노동'이 무엇인지를 규정할 수 있어야 하며, 이종(異種) 노동들 간에 노동의 난이도, 위험성 정도의 차이를 과학적으로 측정하여, 이에 기초하여 이종 노동들 간의 적정 임금격차를 결정할 수 있어야 한다. 그러나 이는 사실상 실현이 불가능한 난제였다. 이러한 난점으로 인해 실제로는 체계적인 직무조사에 기초하여 연대임금정책이 추진된 적은 한 번도 없었다.

실제로 LO가 연대임금정책을 추진한 방식은 임금격차를 낳는 원인이 무엇이든 관계 없이 가능한 한 전반적인 임금균등화를 추진하는 방식이었다. 즉 임금격차의 원인이 노동의 난이도나 위험성 정도의 차이든 산업이나 기업들간의 수익성 차이든 관계 없이, 가능한 한 최대한 임금균등화를 추진하는 방식이었다. 구체적으로는 LO와 SAF 간의 중앙단체교섭에서 저임금 노동자층의 임금상승률을 고임금 노동자층의 임금상승률보다 높게 책정하는 방식으로 연대임금정책을 추진했다. 즉 저임금 노동자층의 임금상승은 최대한 지원하고 고임금 노동자층의 임금상승은 다소 억제하는 방식으로 전반적 임금균등화를 달성하고자 했다. 특히 아주 낮은 임금을 받는 노동자층의 임금 조건이 빠른 속도로 개선되도록 하는 데 큰 노력을 경주했다. 특히 LO는 여성 노동자들의 임금상승을 지원하는 데 각별한 노력을 기울였다. 당시 여성 노동자들은 대표적인 저임금 노동자층이었던 것이다. 여성 노동자들에 대한 LO의 지원은 뚜렷한 효과를 보았다.

표 1-3에서, 1950년과 1970년 사이에 남성 산업노동자의 시간당 임금에 대한 여성 산업노동자의 시간당 임금의 비율이 71%에서 80%로 상승했음을 알 수 있다. 단 1950~60년 기간에는 71%에서 69%로 오히려 다소 하락했다. 이렇게 된 원인으로는 우선 1950년대에는 중앙단체교섭이 이루어지지 않은 해가 많았다는 점을 들 수 있다. 중앙단체교섭은 1952년에 시작되

었다가 4년간의 휴지 기간을 거쳐 1956년부터 연례화되었다. 따라서 1950
년대의 절반에 해당하는 기간에는 중앙단체교섭이 이루어지지 않았다. 또
1950년대에는 산하 노조들의 요구에 대한 LO의 조정 능력이 미흡하여 연
대임금정책이 그리 강력하게 추진되지도 못했다. 여성 산업노동자들뿐 아
니라 LO 산하 전체 노동자들 차원에서도 1950년대에는 임금격차가 경미하
게 증가했다. 그러다 1960년대에 들어서면부터 임금균등화 경향이 뚜렷이
확인된다.

한편 산업 부문뿐 아니라 여성 노동자들이 많이 고용되어 있으며 시간
당 임금 대신 월급 형태로 임금이 지급되는 상업 부문에서도 남녀 간 임금
균등화 경향이 확인된다.

이렇듯 LO는 연대임금정책을 통해 임금균등화에 노력을 기울였지만,
LO의 의도만큼 연대임금정책이 충실하게 실현되지는 않았다. 무엇보다도
임금부상(浮上)(löneglidning / wage drift)문제가 있었다. 임금부상이란 기업
수준에서 최종적으로 확정된 임금상승률이 중앙단체교섭이나 산업별 단
체교섭을 통해 합의된 임금상승률을 상회하는 현상을 지칭한다. 예컨대 중
앙단체교섭의 지침에 따라 이루어진 산업별 단체교섭에서 합의된 임금상
승률이 5%인데 노동자들이 실제로 받은 임금이 지난 해보다 9% 상승했다
면, 4%의 임금부상이 발생한 셈이다. 임금부상은 여러가지 이유로 인해 발
생한다. 대표적인 경우는 임금지불 능력이 큰 기업의 사용자가 양질의 노동
인력을 안정적으로 확보하고 기업에 대한 노동자들의 귀속감이나 충성심
을 높이기 위해 중앙단체교섭이나 산업별 단체교섭에서 합의된 임금 수준
보다 일부러 높은 임금을 지불하는 경우다. 또 성과급 임금제도가 적용되는
기업의 경우 노동자들이 예상보다 높은 생산성을 올린 결과 임금부상이 발
생하기도 한다.

스웨덴의 경우 상당히 큰 폭의 임금부상이 발생했다. 무엇보다도 완전
고용 상황에서 임금지불 능력이 큰 고수익 기업들이, 우수한 노동인력을 안

〈표 1-3〉 1950-70년에 남성 산업노동자의 시간당 임금에 대한 여성 산업노동자의 시간당 임금 비율의 변화 추이 (단위: %)

	1950	1960	1965	1970
광업	48	48	64	83
금속 및 기계공업	71	71	81	84
토석(土石)산업	68	66	71	80
목재산업	76	78	83	87
제지산업	76	70	76	80
인쇄산업	62	77	69	72
생필품산업	72	77	79	82
주류 및 담배산업	77	82	85	89
의류직물산업	76	78	80	84
피혁, 모피, 고무산업	71	72	75	82
화학산업	68	72	76	82
전(全)산업	71	69	75	80

(자료: Meidner 1973: 53, 표 5)

〈표 1-4〉 1950-70년에 개인 상업 및 협동조합 상업 부문에서 남성 노동자의 월급에 대한 여성 노동자의 월급 비율의 변화 추이 (단위: %)

		1950	1960	1965	1970
개인 상업	상점 점원	69	68	79	88
	창고 노동자	74	79	78	88
협동조합 상업	상점 점원	83	86	90	88
	창고 노동자	87	80	80	88

(자료: Ibid., 표 6)

정적으로 확보하기 위해 산업별 단체교섭에서 합의된 임금 수준을 크게 상회하는 액수의 임금을 지불한 것이다. 이러한 사실은 다음의 표에서 잘 확인된다. 표 1-5는 중앙단체교섭이 이루어진 1952년과 1956-72년 기간에 성인 산업노동자들에 대해 이루어진 명목임금 상승률 중, 산업별 단체교섭에서 결정된 임금상승률과 임금부상으로 인해 발생한 임금상승률을 비교하고, 또 이를 같은 기간에 이루어진 산업 부문의 실질생산성 증가율과 비

〈표 1-5〉 1952년 및 1956-72년에 성인 산업노동자의 명목임금 상승률 중 산업별 단체교섭을 통해 결정된 임금상승분과 임금부상분, 또 산업 부문의 실질생산성 증가율 (단위: %)

연도	산업별 단체교섭을 통해 결정된 명목임금 상승률	임금부상으로 인해 발생한 명목임금 상승률	실질생산성 증가율
1952	10.6	3.7	0.5
1956	4.3	3.6	5.8
1957	2.6	2.8	4.9
1958	2.6	2.0	3.5
1959	2.0	2.5	4.9
1960	3.9	4.3	4.9
1961	3.6	4.1	4.8
1962	4.6	3.5	7.1
1963	2.9	4.1	5.9
1964	2.1	4.9	12.8
1965	4.6	5.6	8.5
1966	4.3	4.2	5.0
1967	3.5	3.1	8.5
1968	2.9	3.5	12.0
1969	5.8	5.2	6.8
1970	3.4	7.0	5.3
1971	6.5	3.9	2.9
1972	7.4	3.1	7.4
평균	4.3	3.95	6.2

(자료: Ibid., 48 표 3)

교한 것이다.

표 1-5에서 임금부상으로 인한 임금상승률이 산업별 단체교섭을 통해 결정된 임금상승률에 거의 근접해갔음을 알 수 있다. 실제로 이루어진 총 임금상승액 중 거의 절반 가량이 임금부상으로 인한 것이었다. 이를 통해서 우리는 다음과 같은 점들을 확인할 수 있다. 첫째, SAF와 LO 간의 중앙단체 교섭을 통해 LO가 추진한 연대임금정책은 임금인상 억제정책적 성격을 띠

고 있었다는 점이다. 큰 폭의 임금부상이 발생했다는 사실은 역으로 중앙단체교섭 및 산업별 단체교섭에서 합의된 임금 수준이 기업들의 임금지불능력에 크게 못 미치는 수준에서 결정되었다는 점을 보여준다. 중앙단체교섭체계를 통해 시행된 연대임금정책은 노동자들 내부의 임금 격차를 줄이는 효과를 보인 한편 노동과 자본 간의 기능적 소득분배의 측면에서는 노동 측의 임금소득 증가를 억제하는 성격을 띠고 있었던 것이다. 또 이는 산업별 단체교섭에서 결정된 명목임금 상승률이 실질생산성 증가율에 크게 못 미쳤다는 점을 통해서도 확인된다. 둘째, 중앙단체교섭체계를 통한 연대임금정책의 실제 효과는 제한적이었다는 것이다. 총 임금상승분 중 절반을 약간 상회하는 부분만이 중앙단체교섭의 합의사항에 기초한 산업별 단체교섭을 통해 얻어진 것이었다.

여기에서 임금부상의 성격을 어떻게 해석할 것인가 하는 것이 중요한 문제다. 만일 임금부상이라는 것을 중앙단체교섭이나 연대임금정책이라는 인위적인 절차와 임금정책으로 인해 결정된 임금 수준을 교정하여, 시장원리가 제약 없이 작용했을 경우에 결정되었을 임금 수준으로 완전히 복귀시켜준 것으로 해석한다면, 결과적으로 중앙단체교섭이나 연대임금정책은 아무런 효과도 낳지 못한 셈이 된다. 처음부터 개별 기업들 수준에서 임금이 결정되도록 해도 마찬가지의 결과를 낳을 것을 공연히 절차만 복잡하게 만든 셈이 되는 것이다.

1945-66년 기간에 LO 연구국의 연구책임자로 일하면서 연대임금정책에 깊이 관여했던 마이드너는 임금부상에도 불구하고 연대임금정책은 상당한 효과를 보았다고 평가하였다. 임금부상에도 불구하고 보존되는 임금균등화 효과가 있었다는 것이다. 그 실례로 그는 중앙단체교섭이 늦게 이루어져 단체교섭의 결과가 임금통계에 잡히지 않은 관계로 개별 기업들 수준에서 이루어진 임금부상 부분만이 통계에 포착된 1969년과 1971년의 경우, 전반적인 임금균등화 추세와는 달리 임금 격차가 확대된 것으로 나타났다는 점

을 들고 있다(Meidner 1973: 51-57). 표 1-6은 이러한 사실을 잘 보여준다.

　표 1-6은 임금분산지수가 낮을수록 임금이 균등하게 분포되어 있다는 것을 의미한다. 모든 노동자들이 동일한 액수의 임금을 받을 경우엔 임금분산지수는 0이 된다. LO의 연대임금정책의 효과가 뚜렷이 나타나기 시작하는 1960년대에 들어서는 임금분산지수가 하락 추세를 보이는 가운데, 유독 1969년과 1971년에만 임금분산지수가 전해에 비해 상승하고 있다. 그런데 이 두 해에는 중앙단체교섭 및 산업별 단체교섭이 늦게 이루어져 단체교섭의 결과가 통계에 반영되지 않았다. 즉 이 두 해의 통계에는 중앙단체교섭 체계의 작용과 무관하게, 오직 노동시장의 수요공급원리에 의해서 개별 기업들 수준에서 이루어진 임금변화분만이 포착되어 있다. 이는 시장의 수요공급원리에 의해서만 임금이 결정될 경우에는 임금격차가 확대되는 경향이 있다는 것을 함축한다. 따라서 1960년대 이후 진행된 전반적 임금균등화의 큰 부분은 연대임금정책의 효과로 해석할 수 있다는 것이다. 이러한 마이드너의 해석은 설득력이 크다고 판단된다.

　또 그림 1-1도 임금부상에도 불구하고 전체적으로는 임금균등화 추세가 유지되었음을 잘 보여준다. 그림 1-1에서 가운데 수평선은 LO-SAF 간 중앙단체교섭이 적용되는 노동시장 영역에서의 전체 평균임금 수준을 나타낸다. 수평선 위의 선은 평균임금 이상의 임금을 얻은 고임금 집단의 평균임금과 전체 평균임금 간의 차이를 나타내며, 수평선 아래의 선은 평균임금 이하의 임금을 얻은 저임금 집단의 평균임금과 전체 평균임금 간의 차이를 나타낸다. 그런데 이때 전체 평균임금 수준과 고임금 및 저임금 집단의 평균임금 수준은 개별 노동자들의 임금을 모두 합계하여 산정해낸 것이 아니라, 산업별 단체교섭이 이루어지는 단위별로 합계하여 산정한 것이다. 따라서 각 단위 내부의 노동자들 간의 임금 격차는 다음의 그래프 작성에 반영되지 않았다. 그런 점에서 다음의 그래프는 한계를 가지긴 하지만 전체적인 임금균등화 추세는 그런대로 잘 보여주고 있다고 판단된다.

〈표 1-6〉 1951-72년에 LO-SAF 간 중앙단체교섭이 적용되는 노동시장 영역에서의 임금분산(lönespridning / wage spread) (1951년의 임금분산지수를 100으로 했음)

연도	임금분산지수	연도	임금분산지수	연도	임금분산지수
1951	100	1959	106	1966	74
1952	111	1960	101	1967	71
1954	117	1961	101	1968	70
1955	101	1962	98	1969	75
1956	89	1963	92	1970	64
1957	102	1964	83	1971	68
1958	102	1965	82	1972	49

(자료: Ibid., 57, 표 8)

〈그림 1-1〉 1959-72년에 LO-SAF 간 중앙단체교섭이 적용되는 노동시장 영역에서의 상대적 임금 수준

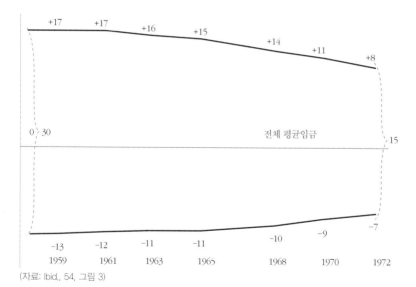

(자료: Ibid., 54, 그림 3)

(3) 렌-마이드너 모델

① 모델의 내용

연대임금정책은 렌-마이드너 모델(den Rehn-Meidnerska modellen / the Rehn-Meidner model)을 통해 그 의미가 한층 더 격상되었다. 앞에서 살펴본 바와 같이, 연대임금정책은 애초에는 노동자들 내부의 임금균등화를 달성한다는 전통적인 평등주의적 노동조합 이데올로기에 기반하고 있었고, 구체적으로는 고임금 내수 부문 노동자들과 수출 부문 노동자들 간의 큰 임금격차 문제를 현실적 배경으로 하고 있었다. 그러다 렌-마이드너 모델을 통해 연대임금정책은 노동자들 내부의 임금균등화를 도모한다는 차원을 넘어 경기안정화정책적 차원과 산업합리화정책적 차원의 의미까지 부여받게 된다.

렌-마이드너 모델은 LO의 경제학자인 렌(Gösta Rehn)과 마이드너 (Rudolf Meidner)가 1940년대 말에서 1950년대 초에 걸쳐 발전시킨 종합적인 경제발전전략으로,[31] 1950년대 후반부터 사민당 정부에 의해 수용되어 부분적으로는 정책으로 구현되었다. 렌-마이드너 모델이 처음으로 모습을 드러낸 것은 1948년 사민당의 이론지 『시대』(Tiden)에 실린 렌의 논문[32]을 통해서였다.

---

31 마이드너는 필자와의 인터뷰에서, 렌-마이드너 모델의 발전과정에서 렌과 마이드너 가 각기 수행한 역할에 관해서 이렇게 설명했다. 렌-마이드너 모델의 전체적 틀을 처음으로 구상한 것은 렌이고, 마이드너는 연대임금정책 부분만을 집중적으로 발전시켰다는 것이다. 〈부록 1〉 참조. 마이드너는 통상 '렌-마이드너 모델'이라 불려 온 경제발전전략을 구상하는 데 있어 렌의 기여도가 압도적이었다는 점을 나타내기 위해, 통상적으로 사용되는 '렌-마이드너 모델'이라는 용어 대신에 늘 '렌 모델'(den Rehnska modellen)이라는 용어를 사용해왔다.

32 Gösta Rehn, "Ekonomisk politik vid full sysselsättning."(「완전고용 상황하에서의 경제정책」), Tiden 1948, vol. 40, no. 3, pp. 135-142. 이 글은 Gösta Rehn, Full sysselsättning utan inflation: Skrifter i urval(『인플레없는 완전고용: 렌 선집』), (Stockholm: Tidens Förlag, 1987), pp. 53-63에 재수록.

이 논문은 당시 사민당의 거시경제정책을 비판하는 논쟁적 성격을 띠고 있다. 당시 높은 수준의 인플레이션을 동반하는 호황 국면에서, 사민당 정부는 인플레이션 억제를 최우선적 경제정책목표로 삼고 LO에게 임금인상 억제를 요청하고 있었다. 그러면서도 사민당 정부 자신은 다소 팽창적인 거시경제정책을 쓰고 있었는데, 렌은 이 점을 비판하고 있다. 렌은 당시 인플레이션을 야기하는 핵심 원인을 고임금보다도 고이윤에서 찾고 있다. 완전고용 상황에서 기업들의 고이윤은 노동인력을 확보하기 위한 기업들 간의 치열한 경쟁을 낳고, 이로 인해 임금도 상승하게 된다는 것이다. 따라서 정부는 노동조합에게 임금인상 억제를 요구하기에 앞서, 긴축재정정책을 실시함으로써 전반적 유효수요를 감소시키고, 이를 통해 기업들의 이윤 수준을 낮추어야 한다는 것이다. 긴축정책수단으로서 렌은 간접세의 도입을 권유하고 있다. 경제주체들의 경제행위를 크게 왜곡시키는 성격을 가진 직접세를 증액하는 것보다는, 2차대전 중에 일시적으로 도입되었다가 전쟁이 끝나면서 폐지된 간접세를 다시 도입하는 것이 낫다는 것이다. 간접세는 직접세에 비해 경제적으로 중립적이어서 경제에 미치는 부정적 영향이 작다는 것이다. 문제는 간접세가 가진 역진적 성격인데, 이 문제는 간접세 도입을 통해 확보한 재정수입의 일부를 가장 빈곤한 계층을 지원하는 데 사용함으로써 완화될 수 있다는 것이다. 또 렌은 정부가 강력한 긴축정책을 실시하여 흑자예산을 유지할 것을 권유하고 있다.

한편 노동조합은 연대임금정책을 일관되게 추진함으로써 노동자들 간의 불합리한 임금격차를 시정해야 한다는 것이다. 노동자들 간의 불합리한 임금격차는 노동자들 간에 임금인상을 요구하는 경쟁을 낳게 마련이고, 이것이 결국 인플레이션을 야기하는 요인이 된다는 것이다. 즉 연대임금정책을 통해 달성되는 임금균등화는 그 자체로서도 의미가 있지만, 과도한 임금인상을 억제하는 데도 유리하다는 것이다.

그런데 정부의 긴축정책으로 인해 기업들의 이윤이 하락하게 되면 특정 부문에서 투자 부족에 따른 실업문제가 발생할 수도 있다. 이 문제는 정부가 흑자예산분을 해당 부문에 집중적으로 투입함으로써 해결하면 된다고 보고 있다.

이러한 렌의 구상은 그가 마이드너와 함께 주도적으로 작성한, 1951년 LO 총회 보고서 『노동조합운동과 완전고용』(*Fackföreningsrörelsen och den fulla sysselsättningen*)에서 더욱 정교해진다. 1948년 렌의 논문을 지배하고 있는 중심적 문제의식이 인플레이션 억제라면, 1951년 LO 보고서를 관류하는 중심적 문제의식은 산업합리화와 경제효율화다. 앞에서 살펴본 바와 같이 1920년대 후반에 들어서면서부터 LO 지도부는 합리화문제에 대해 긍정적인 태도를 취하게 되었는데, 1951년 보고서에서는 합리화문제가 아예 중심 화두(話頭) 역할을 하고 있다. 그 사이에 LO는 자본 측 못지않게 합리화를 적극적으로 지지하는 세력으로 변모해온 것이다.

1951년 LO 보고서에 그 윤곽이 선명하게 드러났고, 이후 룬드베리(Erik Lundberg) 등 부르주아 진영의 경제학자들과 렌 사이의 논쟁을 통해 좀더 세부적으로 다듬어진 렌-마이드너 모델의 골자는 다음과 같다.

i) 긴축재정정책: 정부는 긴축재정정책을 실시하여 전반적 유효수요의 증가를 억제함으로써, 인플레이션 압력을 차단한다. 긴축재정정책수단으로서는 간접세의 도입이 바람직하다.

ii) 연대임금정책: 노동조합은 연대임금정책을 실시하여 노동자들 간의 불합리한 임금격차를 줄임으로써, 노동자들 간의 임금인상 요구경쟁을 억제시킨다. 그런데 연대임금정책은 수익성이 높아 임금지불능력이 큰 기업에게는 유리하게 작용하고 저수익 기업에게는 불리하게 작용한다. 산업이나 기업의 수익성 수준에 관계 없이 동일 노동에 대해서는 동일 임금이 지급되도록 하는 것을 목표로 삼는 연대임금정책은, 기업의 임금지불능력

〈그림 1-2〉 연대임금정책의 효과

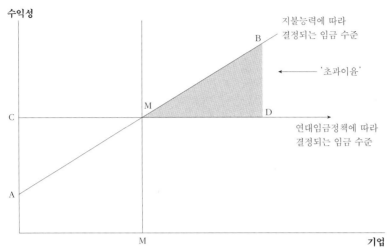

(자료: Meidner 1973: 65, 그림 6)

에 따른 임금격차 발생을 억제시키는 효과를 가지기 때문이다. 고수익 기업은 연대임금정책으로 인해 임금비용을 절감하여 좀더 용이하게 자본축적을 달성할 수 있는 반면에 저수익 기업은 임금비용의 증가로 인해 경영에 어려움을 겪게 된다. 그림 1-2는 연대임금정책의 효과를 알기 쉽게 나타내 준다.

그림 1-2는 연대임금정책이 아주 엄격하게 적용된 결과, 모든 기업들이 수익성 정도에 관계 없이 동일 노동에 대해서는 완전히 동일한 임금을 지불하게 되는 극단적 상황을 가정하고 있다. 그림에 나타난 기업들은 모두 서로 동일한 질의 노동인력을 필요로 하는 기업들이다. 오른쪽에 위치한 기업일수록 수익성이 높은 기업이다. 직선 AB는 기업들이 통상적인 방식대로 임금지불능력에 따라 임금을 지불할 경우에 결정되는 임금 수준을 나타낸다. 모든 기업들에서 동일한 노동이 수행되고 있지만 수익성이 높은 기업일수록 높은 임금을 지불하게 된다. 수평선 CD는 연대임금정책을 아주 엄

격하게 적용할 경우에 결정되는 임금 수준을 나타낸다. 이 경우 모든 기업들에서 동일한 수준의 임금이 지불된다. 이때 연대임금정책에서 적용되는 임금수준은, 수직선 MM으로 표시된, 평균적 수준의 수익을 올리는 기업이 임금지불능력에 따라 임금을 지급할 경우에 결정되는 임금 수준을 기준으로 삼은 것이다.

삼각형 CAM은 평균 이하의 수익을 올리는 기업들에 연대임금정책이 적용된 결과 발생한 임금비용 증가분을 나타내준다. 삼각형 MBD는 평균 이상의 수익을 올리는 기업들에 연대임금정책이 적용된 결과 발생한 임금비용 절감분, 즉 연대임금정책으로 발생한 '초과이윤'의 크기를 나타내준다.

렌과 마이드너는 연대임금정책은 고수익 기업에만 유리한 것이 아니라 노동자들에게도 유리하며, 더 나아가 국민경제 전체 차원에서도 바람직한 효과를 낳는다고 주장한다. 우선 연대임금정책은 저수익 부문에 잔존하는 '임금 덤핑'을 막음으로써 이러한 부문에 종사하는 노동자들의 임금 조건을 개선시켜준다.

또 연대임금정책은 산업합리화를 강력히 촉진하는 효과를 낳아, 장기적으로 국민경제 전체의 발전을 촉진하고, 이에 따라 노동자들의 경제적 조건도 장기적으로 개선시켜준다는 것이다. 그림에서 수직선 MM의 좌측에 있는 저수익 기업들이 임금비용 상승의 부담에 대해 대응할 수 있는 방법으로는 다음과 같은 것들을 생각해볼 수 있다. 첫째, 임금비용의 상승만큼 제품의 가격을 인상시키는 길이다. 이 경우 연대임금정책은 얼마간 물가를 인상시키는 부작용을 낳게 된다. 그런데 만일 해당 산업의 시장 조건이 완전경쟁시장에 가깝다면 제품가격을 인상하기는 그리 용이하지 않다. 둘째, 기술혁신과 경영효율화를 통해 생산성을 향상시킴으로써 수익성을 제고하는 길이다. 이 경우 결과적으로 경제 전체 차원에서 합리화·효율화가 달성된다. 셋째, 이도 저도 안 될 경우엔 사업 규모를 축소하거나 아예 사업을 포기하는 수밖에 없다. 비효율적 기업들이 시장에서 퇴장하게 되면 경제 전체 차원의 효율성은 높아진다.

문제는 다수의 저수익 기업들이 연대임금정책에 따른 임금비용 부담으로 인해 사업 규모를 축소하거나 아니면 아예 시장으로부터 축출당할 경우에 발생하는 실업문제를 어떻게 해소할 것이냐는 것이다. 렌과 마이드너는 이 문제에 대해서도 답변을 마련해두고 있다. 저수익 기업들로부터 발생하는 실업자들은 고수익 기업들이 흡수하면 된다는 것이다. 고수익 기업들은 연대임금정책으로 인해 임금비용을 절감하여 더욱 더 높은 수익을 올리게 될 것이므로 사업 규모를 확장하려 할 것이고, 따라서 더욱 많은 노동인력을 필요로 하게 되리라는 것이다. 또 노동자들은 저수익 기업들로부터 고수익 기업들로 이동함으로써 나은 조건의 일자리를 얻을 수 있게 된다는 것이다.

여기에서 중요한 문제는 저수익 부문에서 발생하는 실업자들을 가능한 한 신속하고 효과적으로 고수익 부문으로 이동시켜줄 수 있어야 한다는 것이다. 이 문제는 적극적 노동시장정책을 통해 해결할 수 있다.

iii) 적극적 노동시장정책: 적극적 노동시장정책(den aktiva arbetsmarknad politik / the active labour market policy)이란 노동인력의 원활한 이동을 지원하는 정책을 말한다. 경제성장은 일반적으로 산업 간, 직종 간, 지역 간에 불균등한 발전을 동반하게 마련이다. 성장하는 부문과 지역은 좀더 많은 노동인력을 필요로 하고, 쇠퇴하는 부문과 지역은 노동인력을 방출해내게 된다. 이때 쇠퇴하는 부문과 지역으로부터 방출되는 노동인력을 성장 부문과 지역으로 효율적으로 이동시킬 수 있어야 실업의 발생을 막을 수 있다. 특히 연대임금정책을 강력하게 시행하게 되면 저수익 기업들로부터 대량의 노동인력이 방출되기 쉬운데, 이들이 고수익 기업들에 의해 고용될 수 있도록 지원해야만 한다. 이러한 역할은 기본적으로 국가의 몫이다. 국가는 노동자들에 대한 직업 알선, 재교육, 새로운 지역으로의 이주에 필요한 지원 등을 담당해야 한다.

이상 렌-마이드너 모델에서 발견되는 사고방식상의 두드러진 특징으로는 다음과 같은 것을 들 수 있다. 우선 강한 성장주의가 확인된다. 산업합리화·경제효율화는 지상 과제로 받아들이고 있으며, 경제성장에 따른 부작용 문제는 심각하게 고려하지 않고 있다. 더 구체적으로는 대기업 위주의 경제성장을 선호하는 사고방식이 발견된다. 예컨대 렌은 1948년의 『시대』(Tiden)에 게재한 논문에서, 지난 2년간 종업원 10인 이하의 중소기업들에서는 고용이 크게 증가한 반면에 수출과 복지의 근간이 되며 합리화가 잘 이루어진 대기업에서의 고용이 감소했다는 점을 지적하며, 이를 심히 왜곡된 현상으로 평가하고 있다(Rehn 1948: 59). 렌-마이드너 모델에서는 중소기업이나 낙후 지역의 발전을 지원하여 경제구조 전체의 균형을 이룬다는 식의 사고는 전혀 찾아볼 수 없다.

다음으로 완전고용과 물가안정, 경제성장이라는 거시경제정책 목표를 달성하는 방식과 관련하여, 수요보다는 공급 측 요인을 강조하는 사고방식이 발견된다. 수요관리정책은 물가안정을 유지하는 데 목표를 국한시키며, 완전고용과 경제성장은 공급 측에서의 접근을 통해 달성하고자 하고 있다. 국지적으로 존재하는 실업문제를 일반적인 유효수요 증대를 통해 해결하려 하다 보면 지나친 인플레이션을 야기할 수 있다는 것이다. 수요관리정책은 경제성장이 안정적으로 이루어질 수 있는 전제 조건인 물가안정을 유지하는 역할만을 담당하고, 더 나은 조건의 일자리를 창출해내고 역동적 경제성장을 이루어내는 능동적인 역할은 연대임금정책이나 적극적 노동시장정책과 같은 공급 측 정책들이 담당하도록 하고 있다.

② 모델의 시행

렌-마이드너 모델이 실제로 정책으로 구현되기까지는 몇 년의 시간이 걸렸으며, 또 모델의 본래 구상이 그대로 정책으로 옮겨진 것도 아니다. 우선 LO 내에서도 렌-마이드너 모델의 모든 요소가 확고한 지지를 받은 것은 아니었다. 특히 간접세를 도입해야 한다는 부분은 LO 내에서 공감을 얻지 못하였다. 또 사민당 정부가 모델을 수용하는 데도 시간이 걸렸다. 1950년대 후반에 들어서야 렌-마이드너 모델이 사민당의 경제정책 지침으로 수용되었다. 아래에서는 렌-마이드너 모델의 구성 요소들이 실제로 어떻게 정책으로 구현되었는지를 간략히 살펴보자.

i) 긴축재정정책: 긴축재정정책은 제대로 시행되지 않았다. 사민당 정부는 불황기에는 강력한 팽창재정정책을 쓴 반면에, 호황기에는 긴축재정정책을 그만큼 강력하게 시행하지 않았다. 이는 무엇보다도 의회민주주의 제도 아래에서 국민들에게 인기가 없는 긴축정책을 쓰는 것이 정치적으로 쉽지 않다는 점에 기인하였다(Magnusson 1996: 453-55). 다만 1960년부터 간접세인 판매세가 도입되었고, 이것이 1969년에 부가가치세로 전환되었다. 그리고 세율도 꾸준히 인상되었다. 그러나 간접세가 도입된 것은 렌-마이드너 모델에서처럼 긴축재정정책을 시행하기 위한 것이 아니라 팽창해가는 복지국가의 재정수요를 감당하기에는 직접세만으로는 부족하다는 판단 때문이었다.

ii) 연대임금정책: 정부의 소관 사항이 아니라 LO의 소관 사항인 연대임금정책은 적극적으로 추진되어 1960년대 이후 뚜렷한 효과를 나타냈다. 다만 앞 절에서 살펴본 바와 같이 임금부상으로 인해 연대임금정책의 효과는 반감되었다.

iii) 적극적 노동시장정책: 적극적 노동시장정책은 매우 일관되게 정력적으로 추진되었다. 적극적 노동시장정책을 통합적으로 입안하고 시행하는 역할을 담당한 기관은 노동시장이사회(AMS / Arbetsmarknadsstyrelsen)였다. 1948년에 설립된 AMS는 광범위한 업무를 담당하였다. 구직자들에게 취업정보를 제공하고 기업들에게는 구직자 정보를 제공하는 취업알선 업무뿐 아니라, 전직(轉職) 희망자에 대한 재교육, 취업으로 인해 새로운 지역으로 이주하게 되는 사람들에 대한 이주 및 정착 지원, 공공부문에서의 일자리 창출 등 다양한 업무를 담당했다. AMS의 역할은 시간이 경과할수록 커져, AMS가 제공하는 서비스의 지원을 받은 사람들의 수와 AMS의 예산액이 모두 꾸준히 늘어났다.

표 1-8을 통해 우리는 1949년 물가 수준을 불변가격으로 둘 때에도, 1949년에서 1972년까지 AMS의 예산지출액이 57,370,985크로나에서 1,349,943,400크로나로 무려 24배나 증가했음을 알 수 있다.

적극적 노동시장정책은 불황기에는 공공 부문에서 새로운 일자리를 창출해내고, 호황기에는 산업 간, 지역 간 노동인력 수급의 불균형을 조정하여 스웨덴 경제가 장기간 완전고용을 달성할 수 있도록 하는 데 크게 기여했다.

이상 스웨덴 노사관계의 정착 과정을 살펴볼 때 하나의 일관된 흐름을 발견할 수 있다. 노동조합운동의 이념이 계급협조주의적이고 합리화에 우호적인 방향으로 발전해감과 동시에, 노동과 자본 간의 교섭 및 협의 방식은 더욱 더 중앙집권화되어갔다는 점이다. 중앙집권적으로 조직된 LO와 SAF 간 중앙단체교섭과 협의체계는 계급협조주의를 관철해내는 제도적 틀로서 작용했다. 이러한 성격의 노사관계를 형성하는 데 있어 주도적이었던 것은 자본 측이었다. 초기부터 LO보다 한층 더 중앙집권적으로 조직된 SAF는 노사관계의 중앙집권화가 임금인상과 노동쟁의 발생을 억제하는 데 유리하리라 판단하여, 노사중앙조직인 LO와 SAF 차원의 협의를 통해 쟁점사항들을 일괄 타결하는 방식으로 노사관계를 발전시키려 노력했다. 1952년부터 시작된 중앙단체교섭도 SAF가 주도한 것이었다. 그리고 SAF의 노선을 좌우한 지배적 자본 분파는, VF로 대표되는, 수출의존도가 높은 제조업 부문의 거대 자본 분파였다.

〈표 1-7〉 1960-72년에 AMS의 프로그램에 참여한 평균 인원 수 (단위: 명)

1960	1963	1965	1968	1970	1972
16,000	28,900	34,100	64,700	70,800	102,600

(자료: Persson-Tanimura 1982: 197, 표 6)

〈표 1-8〉 1949-72년에 AMS의 예산지출액 (단위: 크로나krona)

연도	경상가격 예산지출액	1949년 물가 수준 기준 예산지출액
1949	57,370,985	57,370,985
1955	107,375,396	80,733,380
1960	553,151,089	347,893,766
1965	933,030,570	491,068,721
1971/72	3,523,352,290	1,349,943,400

(자료: Ber Öhman 1973: 149, 부록 3)

*주의: 위 표에서 1971/72년의 예산지출액은 1971년과 72년 2년간의 예산지출액이 아니라, 1971년 후반에서 1972년 전반까지의 1년간 예산지출액이다.

〈표 1-9〉 OECD 주요국의 실업률 (단위: %)

나라	1964-73	1974-79
미국	4.4	6.6
일본	1.2	1.9
서독	0.8	3.2
프랑스	2.2	4.5
영국	3.1	5.1
스웨덴	2.0	1.9
OECD 평균	3.0	4.9

(자료: Persson-Tanimura 1982: 207, 표 7)

　　노동조합 측에서도 금속노조로 대표되는, 수출의존도가 높은 제조업 부문의 노동조합이, 계급협조주의 노선과 중앙집권화된 단체교섭체계를 강력히 추진한 세력이었다. 치열한 국제경쟁에 노출되어 있는 해당 산업의 조건에 기초하여, SAF를 주도한 지배적 자본 분파와 LO 내에서 그 비중이 커간 노동조합 분파 간에 이해관계 공속감(共屬感)이 형성된 것이다. 반면에 건설노동자들로 대표되는 내수 부문의 고임금 노동자 집단은 그들의 강한 교섭력에 기초하여 전투주의 노선을 견지하려 했으며 분권화된 단체교섭체계를 선호했다.

LO의 연대임금정책은 노동계급 내부의 평등과 연대라는, 노동조합운동이 거부하기 힘든 평등주의적 이데올로기를 동원하여 전투주의적 노동조합 분파의 힘을 약화시키는 한편, 계급협조주의 노선을 노동조합 이데올로기와 접목시켜주는 기능을 수행했다. 또 연대임금정책은 LO의 도덕적 권위와 하부 노조들에 대한 장악력을 크게 강화시켜주었다.

사민당 정부는 노사 간 대립이 격화될 때마다, 입법조치 등을 통해 국가가 노사관계에 직접 개입하겠다고 위협하여 노동조합운동 내에 성장해가고 있던 계급협조주의적 세력에게 힘을 실어주었고, 노사관계의 중앙집권화를 촉진하는 역할을 해냈다.

그리고 이렇게 계급협조주의적이며 산업합리화에 우호적인 세력이 점차 노동조합운동의 주도권을 장악해갈 수 있게 된 데는, 장기간에 걸친 스웨덴 경제의 고도성장으로 인한 자본주의적 경제성장에 대한 낙관적 태도가 노동계급 내에 확산된 것이 근본적 배경으로 작용했다고 판단된다.

2) 사민당의 경제정책 및 사회정책

(1) 경제정책

'사회화논쟁'에서 살펴본 대로, 1930년대는 사민당에 있어 여러모로 혁신과 돌파의 시기였다. 급진적 사회화 노선을 사실상 포기하였으나 이를 대신할 만한 별다른 사회주의적 정책대안이 없었던 1920년대에는 사민당은 '이념이 없는 정당' 신세를 면치 못했다(Magnusson 1996: 455). 그러던 중에 1930년대에 들어 찾아온 경제공황이 사민당에 새로운 활로를 열어준 것이다. 케인스주의적 수요관리정책을 골간으로 한 1930년대의 공황정책은 사민당에 있어 공황을 극복하는 데 일조했다는 직접적 정책효과 이상의 큰

〈표 1-10〉 스웨덴 및 16개 선진 자본주의국의 1인당 GNP 성장률 (단위: %)

기간	스웨덴	16개 선진 자본주의국 평균
1890-1913	1.7	1.4
1913-29	1.4	1.3
1929-38	2.3	0.6
1930-50	3.0	1.8

*여기에서 16개 선진 자본주의국은 호주, 벨기에, 덴마크, 핀란드, 프랑스, 이탈리아, 일본, 캐나다, 네덜란드, 노르웨이, 스위스, 영국, 스웨덴, 미국, 독일(서독), 오스트리아를 말함.
(자료: Korpi 1992: 26)

의미를 가졌다.

우선 정치적으로는 공황으로 인해 크게 타격받은 농민들에 대한 지원정책을 매개로 하여 1930년대 초부터 농민당과의 정책협력이 이루어졌고, 1936년부터는 아예 사민당-농민당 연립정부가 구성됨으로써 이후 사민당의 장기집권이 가능해졌다. 장기집권에 기초하여 사민당은 이후 의욕적으로 사회정책에 착수할 수 있게 되었다. 또 케인스주의적 수요관리정책을 통해 사민당은 부르주아 정당들과 구별되는 최초의 독자적인 경제정책을 가질 수 있게 되었다. 이를 통해 사민당은 이념이 없는 정당, 정책이 없는 정당 신세에서 벗어나 부르주아 정당들과 구별되는 사민당 고유의 이념적 프로필을 확보하면서도 효과적인 경제운영을 통해 집권능력을 과시할 수 있게 되었다. 또한 1930년대의 공황정책의 성공은 사민당의 이념 노선이 개혁주의적이고 계급협조주의적이며, 국민주의적인 방향으로 뿌리내리는 데 크게 기여했다.

경제이념 차원에서 케인스주의적 수요관리정책은, 사민당 내에 계획주의적 관념을 강화시키는 데 크게 기여했다. 앞에서 살펴본 바와 같이, 1932년 사민당 전당대회에서 비그포르스는 '사회화 노선'에 대한 평행 노선으로서 '계획경제 노선'을 추구할 것을 당원들에게 권고한 바 있다. 즉 생산수단의 사회화 없이도 자본주의 경제의 틀 내에서 부분적인 경제계획을 시행하는 것이 가능하며, 이를 통해 당면한 경제공황을 극복할 수 있다는 것이었다. 1933년부터 시행된 케인스주의적 수요관리정책의 성공은 이러한 '계획경제 노선'이 사민당 내에 뿌리내리는 데 크게 공헌했다.[33]

주지하다시피 케인스주의적 수요관리정책은 그 자체가 특별히 사회주의적인 내용을 담고 있는 것은 아니다. 구체적인 경제정책이라는 측면에서 케인스주의적 수요관리정책은 자본주의 경제의 최대의 약점의 하나인 경기변동문제, 특히 공황 및 실업 문제를 자본주의 경제체제의 틀 내에서 부분적으로 해소해주는 정책방안 그 이상도 이하도 아닌 것이다. 그러나 스웨덴 사민주의자들에 의해 사회주의적 담론체계 속에서 해석되고 채색된 케인스주의는 경기안정화정책 이상의 의미를 가질 수 있었다. 첫째, 케인스주의적 수요관리정책의 성공은 사민주의자들에게 경제에 대한 국가의 계획적 개입이 시장의 자유로운 작동보다 거시경제적 효율성의 측면에서 우월하다는 확신을 심어주었다. 이후 자본주의에 대한 사민주의자들의 비판 논리의 무게중심은 '착취'로부터 '거시경제적 비효율성', '생산잠재력의 과소(過小)이용'으로 옮겨가게 된다(Lewin 1967: 105-107). 비록 그 이론적 윤곽이 뚜렷하게 제시되지는 않았지만, 일종의 '조직자본주의론'(the theory of organized capitalism)적 관념이 사민주의자들 내에 뿌리내리게 된 것이다. 둘째, 케인스주의는 사민주의자들이 공유하는 평등주의적 관념과 친화력을 갖고 있었다. 우선 '한계소비성향 체감의 법칙'은 균등한 소득분배가 경제성장에도 유리하다는 함축을 갖는다. 또한 케인스주의적 시각에서 볼 때, 사회정책은 빈곤층을 지원한다는 본래의 의미를 넘어, 유효수요를 창출함으로써 경제전체의 활력을 강화시켜준다는 거시경제정책적 의미까지 가질 수 있는 것이다.

---

33 케인스주의적 수요관리정책에 기초한 공황정책이 사민당 내에 계획주의적 관념을 강화시키는 데 미친 영향에 대한 자세한 설명으로는 Lewin(1967: 89-111) 참조.

이렇듯 케인스주의는 사회주의 이념의 핵심적 요소들인 계획주의적 관념·평등주의적 관념과 결합됨으로써, 경기안정화정책이라는 본래의 의미를 넘어 스웨덴 사민주의자들 내에 개혁주의적 사회주의 노선이 뿌리내리는 데 기여할 수 있었다. 케인스주의적 수요관리정책의 성공에 크게 힘입어 사민주의자들 내에 뿌리내린 계획주의적 관념은 2차대전 시기에 시행된 전시통제경제 경험을 통해 더욱 강화되었다. 2차대전이라는 위기를 맞아 사민당을 중심으로 구성된 거국내각은 전쟁 중에 임금과 가격에 대한 직접적 통제라는 소득정책을 시행하였으며, 일부 소비재에 대한 배급제를 도입하는 한편 LO와 SAF 등 주요 이익단체들과 정부가 경제운영방침에 대해 협의하는 조합주의적 경제운영방식을 발전시켜갔다. 전시통제경제는 성공적 결과를 가져와 완전고용과 물가안정이 달성되었다. 이를 통해 사민주의자들은 국가의 경제개입의 효율성에 대해 확신을 더하게 되었다.

　종전을 앞둔 1944년에 사민당과 LO가 공동으로 작성한 전후(戰後) 경제운영 프로그램인 〈노동운동의 전후강령〉(Arbetarrörelsens efterkrigsprogram, 이하 '전후강령'으로 약칭)은, 이렇게 1930년대 이후 꾸준히 강화되어온 계획주의적 관념이 그 절정에서 표출된 사례다. 당시 재무부 장관이었던 비그포르스와 사민당 최고의 경제이론가 뮈르달(Gunnar Myrdal)이 주도적으로 작성한 전후강령은 전쟁이 끝나면 세계경제가 장기불황을 맞게 되리라는 예상에 기초해 있었다(이러한 예상은 1차대전 이후의 극심한 불황에 대한 경험에 근거했다). 전후강령은 예상되는 장기불황에 직면하여 사민당과 LO가 추진해야 할 경제정책의 내용을 27개의 조항으로 세분하여 제시해주고 있다. 전후강령에는 전시통제경제 경험을 통해 강화된, 개입주의적 경제운영에 대한 낙관이 잘 표출되어 있다.

　평화경제로 복귀함에 있어 공황과 대량실업을 막는 것이 우리의 경제정책의 최우선적 과제다.

전시경제는 사회의 지도하에서 사회가 결정하는 목적을 위해 노동력과 물질적 자원이 이용될 경우, 집약적인 생산을 이룰 수 있다는 큰 가능성을 보여주었다. 전시경제는 평화에 대해서도 교훈을 주었다. 전쟁을 통해 우리가 소유하고 있는 것으로 밝혀진 생산력을 평화시의 작업을 위해 전시에서와 마찬가지로 완전히 이용한다면 우리는 실업에 직면할 필요가 없으며 경제적 곤궁을 해소할 수 있다.

주된 과제는 노동력과 물질적 자원이 효율적 생산을 위해 안정적으로 활용되도록 경제활동을 조정해(samordna / coordinate) 계획적으로 경제를 운영하는 일이다. 이러한 조정은 사회의 지도하에 이루어져야 하며, 공동으로 추구되는 목적 아래 개별적 이익이 복속되는 방향으로 이루어져야 한다(LO & SAP 1944: 3-4).

이러한 문제의식에 기초하여 전후강령이 제시하고 있는 경제정책 프로그램의 주요 내용은 다음과 같다. 첫째, 선별적 국유화 조치를 제안하고 있다. 우선 신용시장에 대한 공적 통제를 증대하기 위해 기존의 보험회사들을 국유화하는 한편 국영 상업은행을 신설할 것을 제안하고 있다. 또 산업 부문에서도, 시장구조가 독점시장적 성격을 띠고 있거나 시장경쟁이 비효율적으로 이루어지는 경우에는 기존 민간기업을 국유화할 것을 제안하고 있다. 둘째, 국가 주도로 산업합리화를 강력하게 추진할 것을 제안하고 있다. 셋째, 고용 증대·분배 균등화·사회정책 확충 등 전통적인 사민주의적 정책목표를 사민당과 LO가 협력하여 계속 추진해나갈 것을 제안하고 있다.

여기에서 주목을 끄는 대목은 사회화논쟁 이후 거론되지 않던 국유화 문제가 다시금 등장했다는 점이다. 그러나 이를 1920년대 이전의 사민당의 '사회화 노선'으로 복귀한 것으로 해석해서는 안된다. 전후강령에 등장하는 국유화 조치는 선별적 성격을 띠고 있다. 우선 산업 영역에서는 시장구조의 성격이 효율적 생산을 어렵게 만드는 경우에 한정하여 선별적으로 국유화 조치를 시행할 것을 제안하고 있다. 또 보험회사의 국유화와 국영 상업은행의 신설도 경제 전반에 대한 전면적 국유화로 나아가기 위한 중간과정으로서 제안된 것이 아니라, 자본주의 경제에서 투자재원 배분의 기제로 작용하는 신용시장에 대한 공적 통제를 강화함으로써 더 효율적인 자원배분을 달성한다는 것을 목적으로 삼고 있었던 것이다.

어쨌든 전후강령의 내용이 기존의 케인스주의적 경제정책에 비해 매우 급진적인 성격을 띠었던 것은 분명하다. 비그포르스의 주도하에 사민당은 전후강령에 따라 선별적 국유화와 국가 주도의 산업합리화 구상을 실천에 옮기려 하였으나 결국 이를 이루지 못하였다. 전후강령이 실행될 수 없었던 가장 중요한 이유는 부르주아 진영의 격렬한 저항에서 찾을 수 있다. 부르주아 정당들과 재계는 경제에 대한 국가의 개입을 현저히 증대시키자는 내용의 전후강령을 결코 수용할 수 없었다. 그리하여 부르주아 정당들은 의회에서의 반대를 통해, 재계는 'PHM'(Planhushållningsmotståndet 계획경제반대)이라 불린 대규모 대중 캠페인을 통해 전후강령의 실행을 저지시켰다.[34] 둘째, 전후강령의 예측과는 달리 전후 세계경제는 장기불황에 봉착하지 않았고 조속한 전쟁피해 복구와 더불어 장기호황 국면으로 들어섰다. 스웨덴 경제 역시 인플레이션을 동반하는 장기호황 국면을 맞게 되었다. 따라서 장기불황을 전제로 해 작성된 전후강령의 설득력이 약화되었다.[35]

---

34 전후강령을 둘러싼 사민당과 부르주아 진영 간의 논쟁에 대한 자세한 설명과 분석으로는 Lewin(1967: 263-347) 참조.

35 욘터(Thomas Jonter)의 연구(Jonter 1995)에 따르면, 이상의 국내 요인 외에도 미국의 압력이라는 외적 요인이 있었다고 한다. 전후강령의 정산에 따라 사민당 정부가 시도한 산업 국유화정책 중에서도 가장 핵심적인 것이 석유 유통업의 국유화였는데, 이것이 미국의 이익에 크게 위배되었다는 것이다. 전후 자유무역주의에 기초한 세계경제질서의 수립을 도모했던 미국의 입장에서 볼 때, 스웨덴의 석유 유통업 국유화 계획은 미국의 구상을 크게 훼손하는 것이었다는 것이다. 또 스웨덴에서 석유 유통업이 국유화될 경우 스웨덴이 장기적으로는 소련의 석유 공급에 의존하게 될 가능성이 크다고 판단했다는 것이다. 당시 소련과의 냉전구도 속에 처해 있던 미국은 이를 용인할 수 없었다는 것이다. 그리하여 미국은 다양

전후강령이 무산된 이후 포괄적인 경제계획에 대한 요구는 사민당으로부터 다시는 제기되지 않았으며, '경제계획'은 점차 장기 경기 예측 정도로 그 의미가 약화되어갔다. 호황 국면이 장기적으로 유지되자 사민당 정부는 전시통제경제 시에 도입된 각종 규제 조치들을 점차 해제해갔다. 경제정책 노선의 자유주의화가 진행되어간 것이다.[36]

스웨덴 모델의 전성기라 할 수 있는 1950년대와 60년대의 사민당의 경제정책은 케인스주의적 경기안정화정책과 자유주의적 산업정책, 좀더 정확하게 표현하자면 거대 기업 편향적인 자유주의적 산업정책으로 요약될 수 있다.

먼저 경기안정화정책 측면에서는 스웨덴 사민당에 특유한 요소들은 그리 많이 발견되지 않는다. 여타 선진 자본주의국들에서와 마찬가지로 스웨덴 사민당은 물가안정과 완전고용이라는 거시경제정책 목표들을 달성하는 데 주안점을 두고, 케인스주의적 수요관리정책을 경기안정화정책의 핵심 정책수단으로 삼았다. 다만 스웨덴 사민당의 경우 물가안정보다는 완전고용에 더 역점을 둔 편이었다. 사민당이 시행한 경기안정화정책은 다소 비

한 압력과 회유를 통해 사민당 정부의 석유 유통업 국유화 계획을 무산시켰다는 것이다. 그런데 사민당의 국유화 계획에서 석유 유통업이 가장 핵심적 위치를 차지하고 있었던 관계로, 석유 유통업 국유화 계획의 무산은 여타 분야에서의 국유화 계획을 무의미하게 만들어, 이후 사민당은 국유화 계획 전체를 포기하게 되었다는 것이다.

36 사민당의 경제정책의 자유주의화는 사민당 내각의 경제팀의 교체와도 부분적으로 관련이 있는 것으로 판단된다. 전후강령의 작성을 주도했고, 사민당 내에서 계획주의적 노선을 대표했던 뮈르달과 비그포르스가 모두 1940년대 후반에 정치 일선에서 은퇴했다. 뮈르달은 1947년에 통상부 장관직을 사임함을 통해 정치 일선에서 완전히 퇴장했다. 사민당 내좌파를 대표했던 비그포르스도 1949년에 재무부 장관직을 사임함으로써 정치에서 손을 뗐다. 비그포르스에 뒤이어 재무부 장관직을 맡았던 휠드(Per Edvin Sköld, 1949-55 재임)나 스트랭(Gunnar Sträng, 1955-76 재임)은 비그포르스와는 사뭇 다른 성격의 인물들이었다. 비그포르스가 사민당 좌파를 대표하는 인물이었던 데 비해 이들은 우파에 속하는 편이었으며, 비그포르스가 이데올로기적 지향이 강한 이념정치인이었던 데 비해 이들은 전형적인 실무형 정치인들이었다.

〈표 1-11〉 1960-70년에 주요 선진 자본주의국들의 실업률 및 인플레이션율 (단위: %)

나라	1960-65		1965-70	
	실업률	인플레이션율	실업률	인플레이션율
스웨덴	1.3	3.6	1.4	4.6
핀란드	1.4	4.7	2.4	4.6
노르웨이	1.7	3.8	1.	4.8
덴마크	1.4	4.9	1.4	6.3
미국	5.5	1.6	4.0	3.4
서독	0.3	3.0	0.7	2.6
영국	1.6	3.4	2.0	4.6
일본	1.3	6.2	1.2	5.3
캐나다	5.7	1.6	4.3	3.7
이태리	4.9	4.6	5.6	3.1
프랑스	1.4	3.8	2.1	4.3
평균	2.44	3.74	2.42	4.3

(자료: Jakobsson 1982: 123, 표 1)

대칭적인 성격을 띠어, 사민당은 불황기에는 강력한 팽창정책을 시행하였으나 호황기에는 그만큼 강력하게 긴축정책을 시행하지 않았다. 그 결과 스웨덴은 여타 선진 자본주의국들과 비교할 때 매우 낮은 수준의 실업률을 유지할 수 있었으나 물가안정 측면에서는 별로 나은 성과를 얻지 못하였다.

사민당의 경기안정화정책에서 특기할 만한 사항의 하나는 투자기금 (investeringsfonder / investment funds)제도다. 경기안정화를 위한 재정정책 수단의 하나로 1938년에 도입된 투자기금제도는 1955년에 제도 개혁이 이루어지면서부터 광범하게 활용되어 스웨덴 특유의 재정정책수단으로서 국제적으로 널리 알려지게 되었다. 투자기금제도의 골자는 다음과 같다.[37] 기

---

37 투자기금제도에 대해 자세한 설명을 제공해주고 있는 연구로는 Pontusson(1992: 69-78), Lindbeck(1974: 97-102) 참조.

업들은 자발적 의사에 따라 법인세 부과 전 이윤의 40%를 투자기금으로 적립한다. 투자기금으로 적립된 자금에 대해서는 법인세가 면제된다. 이 적립금의 46%는[38] 중앙은행에 예치되며 이 예치금에 대해서는 이자가 지불되지 않는다. 나머지 54%의 자금은 기업이 자유롭게 사용할 수 있다. 중앙은행에 예치해둔 46%의 자금을 기업이 인출하고자 할 경우엔, 이 자금을 어떤 용도에 쓸 것인지를 설명하는 투자계획서를 정부에 제출하여 인출 승인을 받는다.

사민당 정부는 주로 불황기에 인출을 승인함으로써 불황기의 경기침체를 완화시켰다. 결국 투자기금제도는 대체로 호황기에 기업의 고이윤의 일부를 중앙은행으로 흡수함으로써 경기과열을 막는 한편, 불황기에 예치자금을 방출함을 통해 경기침체를 저지하는 효과를 얻을 수 있었다. 기업들이 투자기금으로 이윤의 일부를 적립하도록 한 유인의 핵심은 물론 법인세 면제 조치였다.

산업정책 영역에선 사민당 정부는 전후강령의 포기 이후, 기업의 투자활동에 대해 적극적으로 개입한다는 종래의 야심을 버리고 시장순응적인 방향으로 정책 노선을 전환해갔다. 좀더 구체적으로 이야기하자면, 시장경쟁의 결과를 존중할 뿐 아니라 시장경쟁의 결과를 더욱 강화시키는 방향으로 산업정책의 틀을 짰다. 1950년대 후반부터 사민당은 렌-마이드너 모델을 산업정책의 근간으로 수용했다. 앞에서 언급한 바와 같이 렌-마이드너 모델은 강한 성장주의적 지향을 갖는 경제발전 모델이었다. 연대임금정책을 통해 고수익 기업의 임금비용을 절감시킴으로써 고수익 기업의 성장을 한층 촉진하는 한편, 적극적 노동시장정책을 통해 고수익 기업으로 노동인력이 원활하게 이동할 수 있도록 돕는다는 것이 렌-마이드너 모델의 골자

---

38 1955-60년까지는 40%이다가, 1960년에 46%로 상향 조정되었다.

〈표 1-12〉 스웨덴의 조세 구조 (단위: %)

	1950	1955	1960	1965	1970	1975
GNP에서 조세가 차지하는 비중	21	26	29	35	41	46
총조세액 중 법인세가 차지하는 비중	12	11	7	5	3	3

(자료: Bergström 1979: 256, 표 1)

〈표 1-13〉 부가가치 중 조(粗)이윤, 조(粗)저축, 법인세가 차지하는 비중 (단위: %)

	1953-57	1957-61	1961-65	1965-69	1969-73	1973-75
조이윤	33.6	32.0	29.0	26.0	23.5	28.1
조저축	18.4	21.9	20.3	18.1	18.1	23.0
법인세	10.4	7.4	5.8	4.5	2.9	2.4

(자료: Ibid., 257, 표 2)

였다. 사민당은 렌-마이드너 모델의 구성 요소들 중 국가의 몫인 적극적 노동시장정책을 정력적으로 시행했다.

렌-마이드너 모델과 더불어, 사민당의 산업정책에서 발견되는 시장순응형 성장주의적 성격을 대표적으로 보여주는 사례가 사민당의 법인세정책이다. 우선 사민당 집권 기간에 총 조세액 중 법인세가 차지하는 비중이 꾸준히 감소해갔다. 또 기업들이 창출해내는 부가가치 중 법인세가 차지하는 비중도 빠른 속도로 감소해갔다(표 1-12).

표 1-13에서 조이윤이란 법인세 납부, 배당지불, 채권-채무관계의 정산, 감가상각이 이루어지기 전의 이윤총액을 말하며, 조저축이란 조이윤에서 법인세 납부액, 배당지불액, 순 채무액을 뺀 금액을 말한다. 기업 내에 직립되는 금액인 조저축은 조이윤보다 기업의 성장 능력을 더 잘 나타내주는 지표다. 1953-57년과 1973-75년을 비교해보면, 조이윤은 33.6%에서 28.1%로 5.5%p 감소한 반면에, 조저축은 18.4%에서 23.0%로 오히려 4.6%p 증가했다. 부가가치에서 조이윤이 차지하는 비중이 감소했음에도 불구하고, 기업 내에 적립되는 자금인 조저축의 비중은 증가한 것이다. 이렇게 될

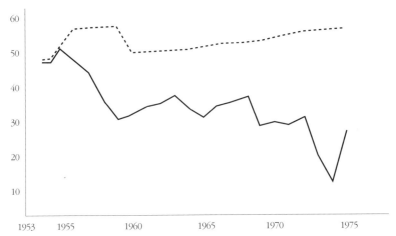

*위에서 점선은 명목법인세율을, 실선은 실효법인세율을 나타낸다. 또 '실제 이윤'이란 조이윤에서
순 채무액과 법률적 감가상각액을 뺀 금액을 의미한다.

(자료: Norman, Göran., och Jan Södersten 1978: 156, 그림 5. 1)

수 있었던 데는 같은 기간에 법인세의 비중이 크게 감소했다는 사정이 배
경으로 자리잡고 있다. 같은 기간에 법인세가 부가가치에서 차지하는 비중
이 10.4%에서 2.4%로 8%p나 감소한 것이다.

이렇게 총 조세액이나 총 부가가치액 중 법인세가 차지하는 비중이 꾸
준히 감소해온 것은 사민당의 성장주의적 산업정책에 기인한다. 사민당의
법인세정책은 재분배정책적 고려보다 기업들의 빠른 성장을 촉진하는 데
주안점이 맞추어져 있었다. 재분배정책적 목표는 주로 누진율이 높은 개인
소득세를 통해 달성되었다. 기업들의 법인세 부담을 줄여 기업들의 성장을
촉진하는 한편 성장의 과실(果實)은 누진율이 높은 개인소득세를 통해 재
분배한다는 것이다. 기업의 생산활동 내에서 순환하는 자금에 대해서는 조
세 부담을 줄이고, 개인소득으로 분배되어 생산활동을 떠난 소득에 대해서
는 중(重)과세한다는 것이 사민당의 조세정책의 핵심이었다.

그런데 표 1-12와 1-13에 나타나 있는 법인세는 명목법인세다. 기업들의 실제 법인세 부담을 나타내는 실효법인세는 명목법인세보다 매우 낮은 수준을 유지했으며, 명목법인세와 실효법인세 간의 격차도 점점 더 벌어져갔다.

이렇게 명목법인세율과 실효법인세율 간에 큰 차이가 발생하게 된 것은, 각종 조세우대조치가 마련된 데 기인한다. 대표적인 사례로 가속(加速)감가상각제도와 투자기금제도를 들 수 있다. 감가상각 기간 초기에 큰 폭의 감가상각을 허용하는 가속감가상각제도는 특히 자본집약적 산업과 기업에 유리하게 작용했다. 또 가속감가상각제도는 투자활동이 활발한 기업에 유리하게 작용했다. 투자활동이 활발한 기업일수록 새로 구입한 기계나 장비를 많이 보유하게 마련이다. 그러므로 연령이 낮은 기계나 장비일수록 큰 폭의 감가상각을 인정받게 되는 가속감가상각제도 아래에서 투자활동이 활발한 기업, 즉 성장률이 높은 기업은 더 큰 법인세 감면 혜택을 누릴수 있었다.

앞에서 이미 살펴본 투자기금제도도 법인세 감면 효과를 크게 가졌다. 투자기금으로 적립된 자금 전액에 대해 법인세를 면제해주는 것 외에도, 정부가 경기안정화정책 차원에서 바람직하다고 판단하는 시점에 기업이 중앙은행에 예치된 기금분을 인출할 경우에는 추가적 법인세 인하 혜택을 제공하였다. 그런데 투자기금제도는 오직 주식회사형 기업들에만 적용되었다. 따라서 투자기금제도는 비주식회사형 기업 형태를 취하는 경우가 많은 중소기업들보다는 대기업들에게 상대적으로 유리한 제도였다고 할 수 있나. 기업규모별 투자기금 이용 정도를 나타내주고 있는 표 1-14는 종업원 수 1,000인 이상의 거대 기업들이 투자기금제도를 가장 많이 이용했다는 사실을 보여준다.

가속감가상각제도나 투자기금제도 외에도 여러가지 법인세 감면제도가 운영되었으며, 그 수는 꾸준히 증가해갔다. 표 1-15는 산업 부문에서 기

〈표 1-14〉1955-75년 기간 중 산업 부문에서, 기업규모별 평균 투자기금 이용 정도
〔=조이윤 중 투자기금에 적립한 자금이 차지하는 비율 (단위: %)〕

기업의 규모	조이윤 중 투자기금에 적립한 자금이 차지하는 비율
피용자 수 1,000인 초과	11
피용자 수 500-1,000인	8
피용자 수 200-500인	8.4
피용자 수 50-200인	8.5

(자료: Ibid., 159)

〈표 1-15〉산업 부문에서 가속감가상각액과 투자기금 적립자금이 기업의 실제 이윤에 대해 차지하는 비중(단위: %)과 법인세 감면제도의 수(평균)

기간	가속감가상각액	투자기금 적립자금	법인세 감면제도의 수
1953-57	9.2	3.3	14.2
1957-61	15.6	15.1	35.5
1961-65	17.4	14.3	41.1
1965-69	15.5	17.6	42.6
1969-73	8.3	18.1	45.3
1973-75	3.8	23.4	66.3

(자료: Ibid., 156, 표 5.5)

〈표 1-16〉1963-68년에 금속 및 기계공업 부문에서 기업의 수익률과 성장률에 따른 평균 실효법인세율 (단위: %)

수익률	성장률			
	5% 미만	5-10%	10% 초과	전체
0-5%	73	57	56	64
5-10%	33	36	24	31
10% 초과	34	33	18	26
전 체	57	40	30	42

(자료: Ibid., 184 표 8.1)

간별 법인세 감면제도의 수와, 가속감가상각액과 투자기금으로의 적립자금이 기업의 실제 이윤에 대해 차지하는 비중을 나타내주고 있다.

이상 살펴본 바와 같이 가속 상각제도나 투자기금제도를 중심으로 하는 각종 법인세 감면제도는, 자본집약적이고 고수익을 올리며 활발한 투자 활동을 통해 빠르게 성장하는 기업들에게 유리한 제도였다. 이러한 사실은 표 1-16의 통계를 통해서 잘 확인된다.

표 1-16을 가로로 읽으면, 일정 수준의 수익률을 올리는 기업들 내에서 성장률의 차이에 따라 실효법인세율이 어떻게 달라졌는가를 알 수 있다. 거의 예외 없이 성장률이 높을수록 실효법인세율이 낮아지고 있음을 알 수 있다. 또 위 표를 세로로 읽으면, 일정한 성장률을 보이고 있는 기업들 내에서 수익률의 차이에 따라 실효법인세율이 어떻게 달라졌는가를 알 수 있다. 역시 거의 예외 없이 수익률이 높을수록 실효법인세율이 낮아지고 있음을 알 수 있다.

그런데 스웨덴의 경우 기업의 수익률 및 성장률과 기업의 규모 간에 밀접한 상관관계가 발견된다. 스웨덴에서는 대체로 규모가 큰 기업들일수록 높은 수익률을 올리며 빠른 속도로 성장했다.

표 1-17의 수치들을 세로로 읽으면 각 기간 중에 서로 다른 규모의 기업군들이 획득한 조이윤이 각 기업군의 부가가치에서 차지하는 비중을 서로 비교할 수 있는데, 거의 예외 없이 기업 규모가 클수록 높은 이윤을 올린 것으로 나타나 있다. 또 조이윤보다도, 기업의 성장 능력을 더 잘 나타내주는 지표인 조저축의 경우에도 같은 추세가 발견된다.

표 1-17과 1-18을 통해 대기업일수록 높은 이윤을 올려 이를 재투자하고 있음이 확인되었다. 따라서 성장률이 높은 대기업들이 더 큰 폭의 법인세 감면 혜택을 누렸으리라 짐작할 수 있는데, 이는 표 1-19를 통해 분명히 확인된다. 표 1-19에서 기업의 규모가 클수록 큰 폭으로 법인세 부담이 경감되어갔음이 확인된다.

이상 살펴본 바와 같이 사민당의 법인세정책은 선별주의적 성격을 띠고 있었다. 사민당은 명목법인세율 자체를 낮추는 것보다는 각종 조세감면 조치를 통해 사민당의 정책 기준에 부합되는 기업들의 실효법인세율을 인

〈표 1-17〉 산업 부문에서 기업규모별 부가가치에서 조이윤이 차지하는 비율 (단위: %)

피용자 수	1953-57	1957-61	1961-65	1965-69	1969-73	1973-75
전체	33.6	32.0	29.0	26.0	24.4	28.1
1,000인 초과	39.5	36.3	32.5	28.4	25.5	29.3
500-1,000인	31.8	30.6	26.2	23.2	23.6	26.6
200-500인	26.6	26.5	23.8	22.5	24.7	29.1
50-200인	19.7	21.1	21.1	19.8	20.4	23.6

(자료: Ibid., 151 표 5.1)

〈표 1-18〉 산업 부문에서 기업규모별 부가가치에서 조저축이 차지하는 비율 (단위: %)

종업원 수	1953-57	1957-61	1961-65	1965-69	1969-73	1973-75
전체	18.4	21.9	20.3	18.8	18.1	23.0
1,000인 초과	20.7	24.1	22.2	21.1	19.3	24.6
500-1,000인	18.1	20.7	19.7	16.9	17.2	21.3
200-500인	15.3	17.8	16.5	15.6	17.3	21.8
50-200인	11.6	14.2	14.7	14.3	15.0	18.7

(자료: Ibid., 152 표 5.2)

〈표 1-19〉 산업 부문에서 1953-57~1969-73년 기간에 기업규모별 부가가치 중 법인세가 차지하는 비중의 감소 폭 (단위: %p)

피용자 수	(법인세/부가가치)의 감소폭
전체	7.5
1,000인 초과	10.5
500-1,000인	5.5
200-500인	4.6
50-200인	2.4

(자료: Ibid., 153 표 5.3)

하시키는 방식에 크게 의존했다. 이때 적용된 선별 기준은 높은 성장률과 이윤율이었다. 렌-마이드너 모델과 마찬가지로 사민당의 법인세정책도 성장능력이 큰 기업을 선별적으로 지원함으로써 경제 전체의 효율을 높이고 성장을 촉진한다는 발상에 기초해 있었다. 사민당의 법인세정책은 적극적 노동시장정책, 또 LO가 추진한 연대임금정책과 더불어 스웨덴 사민주의 세력의 성장주의적 산업정책 패키지(package)의 핵심적 요소를 이루었다. 그리고 스웨덴의 경제발전을 주도해간 거대 기업들은 이러한 성장주의적 산업정책의 혜택을 집중적으로 누릴 수 있었다. 그런 점에서 스웨덴 사민주의 세력의 산업정책은 시장경쟁의 결과를 추인·강화해주는 성격을 띠고 있었다. 또 그런 점에서 사민당 및 LO가 추진한 산업정책을 거대 기업의 이익이 과잉대표된(overrepresented) 자유주의적 산업정책이라 규정할 수 있다고 판단된다.

(2) 사회정책

이상 살펴본 바와 같이, 스웨덴 모델의 전성기였던 1950년대와 60년대 사민당의 경제정책에서 별달리 사회주의적인 성격을 찾아보긴 힘들다. 스웨덴 사민주의자들에게 남아 있는 사회주의적·평등주의적 이념은 주로 사회정책을 통해 구현되었다. 물론 연대임금정책의 경우에도 평등주의적 지향을 갖고 있었던 것은 사실이나, 이는 어디까지나 노동계급 내부의 임금균등화를 달성하는 데 국한되어 있었고 노동과 자본 간의 기능적 소득분배라는 측면에선 오히려 임금소득의 증가를 억제하는 성격을 띠고 있었다. 계급이나 계층 간에 경제적 평등을 달성하는 과제는 주로 사회정책에 부과되었다.

사민당은 매우 적극적으로 사회정책을 추진하여, 세계에서 가장 잘 정비된 것으로 알려진 복지국가(välfärdsstaten / welfare state)를 건설할 수 있었다. 또 사회정책 분야는 스웨덴 사민주의자들 내에 남아 있던 계획주의적 관념이 가장 충실하게 구현된 분야로서, '사회공학'(social engineering)적 실험이 적극적으로 펼쳐진 주 무대이기도 했다.

스웨덴의 사회정책의 주요 특징은 다음과 같다. 우선, 빈곤층뿐 아니라 모든 국민을 사회정책의 수혜 대상으로 포괄한다는 점에서 보편주의적(universalistic)이다. 또 사회정책이 예외적 상황에 대처하기 위한 부수적 요소인 것이 아니라 사회제도의 핵심적 구성요소로서 정착·제도화되어 있다는 점에서 잔여적(residual)이 아니라 제도적(institutional)이다.[39] 이에 더하여 국가 이외의 부문의 역할이 극소화된 국가중심적 성격을 띠고 있으며, 재원조달문제와 관련해서는 사회정책 수혜자의 기여금 부담을 극소화하고, 일반 조세수입으로 재원의 대부분을 조달하는 성격을 띠고 있다.[40]

이러한 성격의 사회정책을 발전시키는 데 있어 가장 중요한 역할을 한 인물은 묄러(Gustav Möller)였다. 그는 보편주의적·제도적 사회정책 모델을 강력히 지지한 핵심 이데올로그였을 뿐 아니라, 1932-47년에 사회부 장관으로 일하면서 스웨덴 복지국가의 골격을 세운 장본인이었다. 그는 잔여적 사회정책 모델에 대해서는 큰 거부감을 갖고 있었는데, 이는 무엇보다도 이러한 모델이 유발하기 쉬운, 빈곤층에 대한 '사회적 낙인'(social stigma) 문제에 대한 염려 때문이었다.[41] 뮈르달 부부(Gunnar & Alva Myrdal)도 묄러와 더불어 스웨덴 복지국가 건설에 크게 공헌한, 대표적인 사회정책 이데올로그였다.[42] 그들은 특히 가족정책 영역에서 사민당의 정책에 큰 영향을 미쳤는데, 그들의 사회정책 노선은 묄러에 비해서는 선별주의적인 편이었다(Magnusson 1996: 457). 즉 그들은 복지서비스를 가장 많이 필요로 하는 집단에게 집중적으로 복지서비스를 제공하는 방식을 선호했다. 실제의 스웨덴 복지국가 체계는 묄러의 보편주의적 모델을 골간으로 삼되, 선별주의적 요소들을 부분적으로 포함하는 형태로 발전해갔다.

---

39 사회복지제도의 유형을 '잔여적' 사회복지제도와 '제도적' 사회복지제도로 분류한 학자는 윌렌스키(Harold L. Wilensky)와 르보(Charles N. Lebeaux)로, Wilensky, Harold and Lebeaux, Charles N(1958: 130-40)에 두 개념이 설명되어 있다.

40 스웨덴의 사회정책의 발전 과정과 성격에 관한 교과서적 연구로는 Olsson, Sven(1990) 참조. 스웨덴 복지국가 모델의 특징을 압축적으로 정리한 연구로는 Esping-Andersen(1988) 참조.

41 묄러의 사회정책관에 대한 간략한 설명으로는 Tilton(1990: 112-24) 참조.

42 뮈르달 부부의 사회정책관에 대한 간략한 설명으로는 Tilton(1990: 157-65) 참조.

1930년대에 이루어진 노동과 자본 간의 계급타협과 사민당-농민당 연립정부의 성립은, 사민당이 적극적으로 사회정책을 추진할 수 있는 유리한 정치적 환경을 제공하였다. 이러한 조건에 기초하여 사민당은 1930년대부터 현대적 복지국가의 기틀을 마련해갔으며, 2차대전 이후에는 고도경제성장과 정치적 안정에 힘입어 사회정책을 만개시킬 수 있었다. 사회정책과 관련하여 사민당은 많은 경우 다른 정당들의 협력을 얻을 수 있었다. 사민당의 연립정부 파트너였던 농민당은 물론이고 자유당도 1940년대에 들어 종래의 정통 자유주의 노선으로부터 사회자유주의(socialliberalism / social liberalism) 노선으로 전환해가면서 사회정책에 대해 적극적 입장을 보였다. 공산당도 사민당의 사회정책을 지지했다. 보수당이 사민당의 사회정책에 대해 가장 부정적인 태도를 보였으나, 시간이 경과함에 따라 보수당의 부정적 태도도 점차 누그러져갔다.

그러나 사민당의 사회정책이 항상 여타 정당들과의 협력 속에 추진된 것은 아니다. 사회정책을 둘러싸고 정당들 간에 치열한 정치적 격돌이 이루어진 대표적 사례로는 1950년대 전반에 걸쳐 뜨겁게 전개되었던 일반보충연금(ATP; allmänna[43] tilläggspension)논쟁을 들 수 있다. 당시 스웨덴은 공적 연금제도로서, 1913년 자유당 정부하에 도입된 일반국민연금(allmmänna folkpension, 이하 '국민연금'으로 약칭)제도를 운영하고 있었다. 국민연금은 연금수령자들의 기여금 부담 없이 국가의 조세수입에 기초하여 일정한 연령에 도달한 모든 국민들에게 동일한 금액의 연금을 지급하는 제도였다.[44]

---

43 스웨덴어 'almän'은 대체로 특수한 것에 대비되는 일반적인 것을 뜻하지만, 사적(privat)인 것에 대비되는 공적인 것을 의미하는 경우도 있다.

44 더 정확하게 말하자면, 국민연금제도는 두 개의 상호 이질적인 제도로 구성되어 있었다. 그 하나는 앞에서 언급한 바와 같이 소득수준에 관계없이 일정 연령에 도달한 모든 사람들에게 동일한 금액의 연금을 지급하는 제도다. 다른 하나는 퇴직자의 퇴직 전 소득수준에 비례하여 연금 기여금을 받아 퇴직 시 과거에 납부한 연금 기여금에 비례하여 연금을 지급하는 제도이다. 그런데 1935년과 1946년에 이루어진 제도 개혁을 통해 전자는 크게 강화된

문제는 연금지급액의 수준이 매우 낮아 이것에만 의존해서는 노후 생활을 영위하기가 어렵다는 점이었다. 대기업에 종사하는 사무직 노동자들은 기업 차원에서 운영되는 추가적 연금제도의 혜택을 누리는 경우가 많았으나 생산직 노동자들의 경우엔 국민연금 외에는 다른 연금제도의 혜택을 누리지 못했다. 이 문제를 해결하기 위해 사민당과 LO가 공동으로 제안한 ATP 제도는 국민연금에 더하여 추가적으로 설립되는 공적 연금제도로서, 모든 임노동자들의 퇴직 전 소득수준과 근무 기간에 비례하여 그들에게 지급되는 연금수령액이 결정되고, 연금의 재원은 사용자가 납부하는 사회보장 기여금(social avgift / social security tax)으로 조달하도록 하는 제도였다. 공산당은 ATP 안(案)을 지지했고, 농민당을 포함하여 모든 부르주아 정당들과 재계는 이에 반대하였다. 부르주아 정당들과 재계가 ATP 안에 반대한 것은, ATP가 연금 기여금 부담을 연금수령자가 아니라 사용자에게 부과한다는 점과 연금수령자나 그 사용자에게 아무런 선택의 여지를 두지 않는 의무적 제도라는 점 때문이었다. 오랜 기간 지속된 ATP 논쟁은 1959년 의회에서의 표결을 통해, 사민당과 LO의 안이 의회를 통과하는 것으로 종결되었다. 이후 ATP는 스웨덴의 공적 연금제도의 핵심적 요소로 자리잡아갔다. ATP 논쟁의 경과와 귀결은 이후 사민당의 사회정책·경제정책·정치전략에 큰 영향을 미쳤다.

사회정책의 측면에서, 사민당은 ATP 논쟁에서의 승리를 발판으로 삼아 종래의 보편주의적 사회정책 노선을 더욱 강력하게 추진해나갈 수 있게 되었다. ATP 논쟁의 귀결은 흔히 사민당의 보편주의적 사회정책 노선의 최종적 승리를 상징하는 사건으로 해석되어왔다.

정치전략의 측면에서, 사민당은 ATP 논쟁을 통해 사무직 노동자들의

반면에 후자는 거의 의미가 없을 정도로 약화되었다. 스웨덴의 연금제도에 대한 교과서적 설명으로는 Ståhlberg(1993) 참조.

다수를 사민당 지지 세력으로 끌어들일 수 있었다. 사무직 노동자들의 입장에서 볼 때, ATP 제도는 연금 기여금 부담을 사용자에게 부과하기 때문에 적어도 직접적으로는 노동자들에게 아무런 경제적 부담도 주지 않는 데다,[45] 퇴직 전 소득에 비례하여 연금수령액이 결정되도록 하기 때문에 생산직 노동자들에 비해 상대적으로 높은 임금을 얻는 사무직 노동자들이 연금수령액에 있어서도 생산직 노동자들보다 우월한 위치를 유지할 수 있게 해주는 매우 유리한 제도였던 것이다. 중하위 사무직 노동자들의 중앙 노동조합조직인 TCO가 사민당과 LO의 ATP 안을 적극적으로 지지한 것도 이러한 이유 때문이었다. 이를 통해 사민당은 생산직 노동자들뿐 아니라 사무직 노동자들의 다수를 주요 정치적 지지 기반으로 삼을 수 있게 되었다.[46] 반면에 ATP 논쟁은 사민당–농민당 연립정부의 해체를 가져와 사민당은 농민층의 지지를 기대할 수 없게 되었다.[47]

ATP 제도의 도입은 경제정책적 의미도 있었다. ATP 제도는 기본적으로 부과방식(fördelningssystem / pay-as-you-go system)의 연금제도였다. 즉 퇴

---

45 그러나 간접적으로는 노동자들에게도 얼마간 경제적 부담을 줄 수 있다. 사용자가 납부하는 사회보장 기여금은 통상 기업의 임금 총액에 비례하여 결정된다. 따라서 사용자의 입장에서 보면 사회보장 기여금은 통상적 임금 외에 추가적으로 지불해야 하는 임금이나 다름없다. 또 사용자가 부담하는 사회보장 기여금에 기초하여 시행되는 각종 사회정책의 혜택은 주로 노동자들이 보게 된다. 노사 간의 중앙단체교섭을 통해 노사 간 교섭사항들을 단일 교섭 패키지(package)로 일괄 타결하는 스웨덴의 단체교섭체계에서, 사용자가 부담하는 사회보장 기여금의 규모는 임금인상율을 협상하는 데 중요한 고려 변수가 되게 마련이다. 즉 사회보장 기여금이 인상되면 임금인상의 여지는 줄어든다고 볼 수 있다.

46 이후 사민당과 LO의 문헌들에서 '노동자'(arbetare / labourer)라는 용어 대신 '임노동자'(löntagare / wage earner)라는 용어가 주로 등장하게 된 것도 이러한 사정을 배경으로 한 것이 아닌가 짐작된다.

47 이것이 에스핑–안델센(Gøsta Esping-Andersen)이나 스테픈스(John D. Stephens)와 같은 권력자원론자들이, 사민주의적 개혁정책을 지속적으로 추진하려면 사회구조와 계급구성의 변화에 따라 사민당이 계급동맹의 파트너를 바꾸어야 한다는 점을 크게 강조하게 된 배경이었다.

직세대는 그들이 납부한 과거의 연금 기여금에 기초하여 퇴직 후 연금을 수령하는 것[=적립방식(fondsystem 또는 premiereservsystem / funded system)]이 아니라 현재의 경제활동세대가 납부하는 연금 기여금에 기초하여 연금을 수령하도록 되어 있었다. 그러나 전적으로 부과방식에 의존할 경우 향후 연금지급 재원의 부족 문제에 직면할 수 있으리라는 고려에서, 부분적으로 적립방식의 요소를 도입하였다. 즉 연금 기여금 납부액이 연금지급액보다 큰 초기에, 연금 기여금 잉여자금으로 기금을 조성하고 이 기금을 효율적으로 운영하여 기금자금을 증식함으로써, 향후 연금지급액의 규모가 커지는 경우에도 연금 지급이 무리 없이 이루어질 수 있도록 하였다. 이렇게 연금 기여금 잉여자금을 관리하기 위해 설립된 것이 일반연금기금(allmänna pension fonder, 통상 'AP fonder'로 약칭됨, 이하 'AP 기금'으로 호칭)이었다.

경제정책의 측면에서는 AP 기금의 설립으로 인해 정부가 신용시장에 대한 공적 통제를 강화할 수 있는 가능성이 크게 열렸다. 규모가 매우 큰 AP 기금을 적극적으로 활용할 경우 신용시장에 큰 영향을 미칠 수 있었던 것이다. 부르주아 정당들과 재계는 ATP 기여금 잉여자금의 기금화에 대해서도 격렬히 반대했다. 사민당 정부가 AP 기금의 적극적 활용을 통해 신용시장에 대한 공적 통제를 강화함으로써, 전후강령의 무산과 더불어 좌절되었던 계획주의적 경제운영을 다시금 시도할 가능성이 있다고 본 것이다. 부르주아 정당들과 재계가 AP 기금의 설립을 '구렁이 담 넘어가는 식의 사회화'(smygsocialisering / creeping socialization) 전략이라고 비판한 것도 이러한 우려를 배경으로 한 것이었다. 그러나 사민당은 AP 기금을 신용시장에 대한 공적 통제를 강화하기 위한 수단으로 활용하지는 않았다. AP 기금의 자금 중 민간부문에 투자되는 부분에 대해서는, 일반적인 기관투자가들의 투자패턴과 마찬가지로 수익성과 안정성을 투자 원칙으로 삼았다. 이를 통해 기금재원의 안정적 증식을 달성함으로써, 연금재정의 충실화라는 AP 기금 설립의 본래의 목적에 충실하고자 했다. 다만 AP 기금의 자금 중 공공부문

(단위: %)

연도	중앙정부	지방정부	주택사업	민간경제 부문
1960-65	10.3	15.0	42.4	31.5
1966-71	8.4	8.4	50.7	32.4

(자료: Pontusson 1992: 85, 표 4)

이 차입한 자금 부분의 대종은, 재분배정책적 지향이 뚜렷했던 주택사업에 사용했다.[48]

　사민당이 적극적으로 추진한 주택정책은 사회정책적 측면과 경제정책적 측면을 함께 갖고 있었다. 우선 사회정책적 측면에서는, 소득이 높지 않은 계층에게 주택을 시장가격 이하로 공급하고 세입자의 권리를 보장하는 데 역점이 두어졌다. 스웨덴의 경우 주택 공급의 매우 큰 부분을 공공부문이 담당했다. 말단 지방자치 행정단위인 콤뮨(kommun) 단위에서 운영되는 주택 건설 공기업, 또 협동조합 등이 전체 주택 건설량의 2/3 이상을 담당했다. 정부는 이들에 대한 보조금 지급을 통해 공공부문에서 공급되는 주택 가격을 인하시켰다. 또 주택 임대료 통제나 세입자의 주거권 보장 등, 주택 임대주보다는 세입자의 이익을 우선시하는 정책을 일관되게 추진하였다.

　경제정책적 측면에서 사민당의 주택정책은 주택 수요를 충족시킨다는 일반적 동기 외에도 경기안정화정책과 산업합리화정책 차원의 동기에 의해서도 추진되었다. 공기업과 협동조합 등 정부가 통제할 수 있는 주택 공급 부문에 대해서는 주로 불황기에 주택을 건설하도록 함으로써 경기침체를 완화시키는 효과를 보았다. 또 사민당의 주택정책은 산업합리화를 지원

48　AP 기금의 운영 방식과 자금운영 결과에 대한 간략한 설명으로는 Pontusson(1992: 81-94) 참조.

하는 측면도 있었다. 산업합리화과정에서 발생하는 지역 간 불균등발전으로 인해 야기되는 노동인력의 지역 간 이동을 지원하기 위해, 사민당은 고성장 지역에 집중적으로 주택을 건설하여 이를 염가에 공급했다. 1960년대 중반에서 70년대 중반에 걸쳐 주로 대도시 지역에서 추진된 주택 100만호 건설 사업이 그 대표적 사례다.

한편 다른 나라들에서와 마찬가지로 스웨덴의 복지국가 발전도 여성의 노동시장 참여 증대와 밀접한 관련하에 이루어졌다. 우선 여성의 노동시장 참여로 인해 복지서비스 수요가 증대하여 복지국가가 확충되는 면이 있었다. 공공탁아제도의 발전이 그 대표적 사례다. 또 공급 측면에서는 끊임없이 확충되어가는 복지국가 운영에 필요한 노동인력의 대종을 여성으로부터 공급받았다.

복지국가의 확충은 당연히 사회정책과 관련된 정부지출의 증대를 수반했다. 사회정책 관련 정부지출의 꾸준한 증대를 핵심 요인으로 하여, 공공부문 총지출이 GDP에서 차지하는 비중도 일관되게 증대해갔다(표 1-21, 1-22). 스웨덴의 공공부문 지출의 규모가 컸다는 것은 OECD 평균과의 비교를 통해 잘 확인된다(표 1-23). 공공부문의 팽창은 당연히 조세수입의 증대를 요구하게 마련이다. 스웨덴의 조세 부담이 높다는 것 역시 OECD회원국과의 비교를 통해 잘 확인된다. 표 1-24에서 스웨덴은 OECD 회원국 중 가장 조세 부담이 높은 것으로 나타나 있다. 이 표에서 '전형적 노동자'에 대한 조세의 한계효과란, 평범한 노동자가 현재소득에서 추가적으로 소득을 한 단위 올렸을 경우에, 그 중 조세로 납부해야 하는 금액의 비율을 나타낸다. 여기에서도 스웨덴은 가장 높은 수치를 보이고 있다. 스웨덴의 경우 고소득층뿐 아니라 평균적 수준의 소득을 올리는 경제주체들도, 고율의 개인소득세와 부가가치세로 인해 매우 높은 조세 부담을 져온 것이다.

이렇게 조세 부담을 높인다는 점에서 스웨덴 식의 적극적 사회정책은 자본주의 경제에 부담을 주는 측면이 있다. 우선 조세의 증가는 바로 그만

〈표 1-21〉 1950–80년에 사회정책 관련 정부지출이 국내총생산(GDP)과 공공부문 총지출에서 차지하는 비중 (단위: %)

연도	사회정책 관련 정부지출이 GDP에서 차지하는 비중	사회정책 관련 정부지출이 공공부문 총지출에서 차지하는 비중
1950	11.3	46.9
1956	13.6	49.6
1960	15.2	50.7
1966	19.9	52.3
1970	25.9	58.5
1976	33.5	62.6
1980	37.9	61.0

(자료: Flora ed., 1987: 42, 표 3)

〈표 1-22〉 공공부문 총지출이 GDP에서 차지하는 비중 (단위: %)

연도	공공부문 총지출이 GDP에서 차지하는 비중
1950	24.1
1956	27.2
1960	30.0
1966	37.1
1970	44.6
1976	53.5
1980	61.9

(자료: Ibid., p. 40, 표 1)

〈표 1-23〉 스웨덴과 OECD 회원국에서 공공부문 지출 및 수입이 GNP에서 차지하는 비중 (단위: %)

공공부문		총지출	공공소비	공공수입
스웨덴	1960	31.1	15.8	32.1
	1971	45.8	22.5	49.9
	1983	66.2	–	60.4
OECD 평균	1960	26.9	11.9	28.0
	1971	34.4	14.7	35.0
	1983	47.5	17.9	43.0

(자료: Henrekson 1992: 109, 표 2.2)

큼 민간부문으로부터 공공부문으로 자원을 직접적으로 이전시키므로, 민간 부문의 가용 자원을 감소시켜 민간부문의 경제활동을 위축시킨다. 그뿐 아니라 조세의 증가는 경제주체들로 하여금 가능한 한 조세 부담을 줄이는 방향으로 경제행위를 조정하도록 유도함으로써, 자원의 효율적 배분을 왜곡시키는 측면도 있다. 조세의 '초과부담'(excess burden)이라고 불리는 문제가 발생하는 것이다.

그러나 다른 한편으로 사회정책은 자본주의 경제의 발전을 지원해주는 측면이 있다. 우선 스웨덴의 사회정책의 큰 부분이 경제주체들로 하여금 노동시장에 참여하도록 직접적으로 지원하는 성격을 띠고 있다. 적극적 노동시장정책이 그 대표적 사례다.[49] 또 잘 정비된 공공탁아제도는 여성의 노동시장 참여를 촉진하였고, 주택정책은 노동인력의 지역 간 이동을 촉진했다. 둘째, 사회정책의 많은 부분은 노동력의 질을 유지·개선시켜 줌으로써, 노동공급을 원활히 하고 노동생산성을 높이는 효과를 낳는다. 건강과 교육에 관련된 사회정책들이 그 대표적 사례이다. 셋째, 잘 정비된 사회복지제도는 노동자들로 하여금 산업합리화에 대해 긍정적 태도를 갖게 하여 산업합리화의 촉진을 돕는다. 예컨대 적극적 노동시장정책이나 실업보험제도는 산업합리화에 따른 실업 위험에 대한 임노동자들의 두려움을 줄여주는 효과를 낳는다. LO가 산업합리화에 대해 매우 적극적인 입장을 견지한 것도, 한편으로는 경제성장이 낳는 장기적 고용증대효과를 신뢰했기 때문이기도 하지만, 다른 한편으로는 산업합리화과정에서 국지적·일시적으로 발생하는 실업문제에 대처할 수 있도록 해주는, 잘 정비된 사회복지제도라는

---

49 적극적 노동시장정책은 일단 경제정책의 일부인 노동시장정책이지만, 조세 수입을 재원으로 하여 실업자나 전직(轉職)자의 노동시장 참여를 지원해준다는 점에서 사회정책적 성격도 띠고 있다. 스웨덴의 사회정책 전문가인 코르피(Walter Korpi)와 올손(Sven E Olsson), 스텐베리(Sten-Åke Stenberg)는 스웨덴의 사회정책 분야를 이전지출 및 지원금제도, 공공소비, 주택정책, 노동시장정책 등 네 분야로 대별하고 있다. Korpi, Walter., Sven E Olsson, Sten-Åke Srenberg(1982: 268).

〈그림 1-4〉 GNP에서 총 조세액 및 각종 조세 항목이 차지하는 비중 (단위: %)

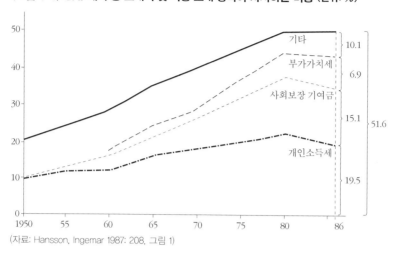

(자료: Hansson, Ingemar 1987: 208, 그림 1)

〈표 1-24〉 OECD 회원국에서 총 조세액이 GNP에서 차지하는 비중과 조세의 한계효과 (단위: %)

나라	GNP에서 총 조세액이 차지하는 비율 (1982년)	'전형적 노동자'에 대한 조세의 한계효과(1978년)
스웨덴	50.3	76.4
OECD 평균	37.5	52.7
벨기에	46.7	65.5
덴마크	44.0	69.1
영국	39.5	52.9
핀란드	36.6	64.0
프랑스	43.7	54.9
이태리	39.9	52.3
일본	27.2	29.5
캐나다	34.9	45.2
네덜란드	45.5	63.1
스위스	30.9	41.8
미국	30.5	44.5
서독	37.3	56.4
오스트리아	41.1	56.2

(자료: Meyerson 1991: 128, 표 4.2)

사회적 안전망(social safety net)이 마련되어 있었던 데도 기인한다. 넷째, 적극적 사회정책은 높은 조세 부담과 결합되어 계급·계층 간 소득 및 소비의 재분배효과를 낳아, 계급·계층 간의 갈등을 완화시켜준다. 이를 통해 자본주의 경제체제의 정당성(legitimacy)을 강화시켜줌으로써 체제 유지에 크게 조력한다.

3) 조합주의적 의사결정구조

스웨덴 모델의 주요 특징의 하나는, 잘 발달된 이익단체들이 국가의 입법과 행정활동에 깊숙히 관여하는 조합주의적(組合主義的) 의사결정구조가 두드러지게 발달했다는 점이다. 스웨덴의 경우 이미 20세기 초부터 다양한 이익단체들이 국가의 입법 및 행정 활동에 참여하기 시작했다.[50]

    이익단체들로 하여금 국가의 입법활동에 참여할 수 있게 해주는 제도는 의회제도 내에 운영되는 연구위원회(utredning 또는 kommitté라 불리움) 및 청문(聽聞, remiss) 제도다. 연구위원회 및 청문 제도는 다음과 같은 방식으로 운영된다. 의회에서 입법 발안(motion)이 제출될 경우 정부는 이 문제를 깊이 있게 연구·검토하기 위해 연구위원회를 구성할 수 있다. 이 연구위원회에는 정당들의 대표, 또 해당 사안에 직접적으로 이해관계를 갖고 있는 이익단체들의 대표, 또 해당 사안에 대한 전문가들이 위원으로 참여한다. 이렇게 정치적 입장과 이해관계가 다른 집단들의 대표가 연구위원회에 참여하기 때문에, 연구위원회의 활동은 단순히 해당 사안에 대한 객관적 연구를 넘어 상이한 집단들 간에 상치되는 입장과 이해관계를 조율해내는 성격을 띠게 마련이다. 연구위원회의 활동이 종결되면 연구위원회는 그간의 연구와 논의 결과를 정책보고서(betänkande / consideration)로 작성하여 제출

---

50 스웨덴의 주요 이익단체들의 발전과정과 그들이 정치적 영향력을 행사하는 방식에 대한 대표적 연구로는 Elvander(1966) 참조.

한다.[51] 정부는 연구위원회의 정책보고서를 광범위한 이익 집단들 및 전문 가들에게 회람시켜 그들의 의견을 청취하는 청문 절차를 거친다. 청문 절차 가 종결된 후 정부는 연구위원회가 제출한 정책보고서와 청문 결과에 기초 하여 정부입법안(proposition)을 작성하고 이를 의회의 해당 상임위원회에 제출한다. 정부입법안은 상임위원회에서의 논의를 거쳐 의회 본회의에서 통과 여부가 결정된다. 따라서 이익단체들은 연구위원회 및 청문 제도를 통 해 의회의 입법절차의 초기 국면에 참여함으로써 국가의 입법활동에 큰 영 향을 미칠 수 있다.

이익단체들이 국가의 행정활동에 참여하는 대표적인 방식은 각종 공 적 기관의 이사회(styrelsen)에 이익단체들의 대표가 위원으로 참여하는 방 식이다. 예컨대 앞에서 소개한 바 있는 노동시장이사회(AMS)의 경우 정부 대표 외에도 SAF·LO·TCO 등 노동시장의 주요 이익단체 대표들이 이사 회 위원으로 참여한다. 이들은 그저 정부에 대한 자문 역할만을 담당하는 것이 아니라 AMS의 운영에 대한 의결권을 갖는다. 노동인력의 수요자인 사 용자단체와 노동인력의 공급자인 노동조합을 AMS의 운영에 참여시킴으로 써, 적극적 노동시장정책은 그만큼 효과적으로 시행될 수 있었다.

그밖에도 정부와 이익단체들은 각종 공식적, 비공식적 회동을 통해 해 당 현안에 관한 정보와 의견을 교환하곤 했다.

다양한 이익단체들 중에서도 국가의 입법 및 행정 활동에 가장 깊숙하 고 광범위하게 관여한 이익단체는 SAF와 LO였다. SAF와 LO는 노동시장문 제라는 그들의 고유 영역뿐 아니라 대학 행정에서부터 공영 TV 운영에 이 르기까지 수많은 공적 기관의 운영에 관여함으로써, 사회 구석구석에 영향 력을 행사할 수 있었다(Magnusson 1996: 470). 이러한 조합주의적 의사결정

---

51 이 정책보고서는 '국가의 공적 연구'(Statens Offentliga Utredning: SOU)라는 제목의 시리즈물로 발간된다.

구조는 사민당 집권기간에 좀더 확고하게 뿌리내렸다. 특히 사민당 정부하에서, SAF와 LO로 대표되는 재계 및 노동조합 대표들과 정부 관료가 공식적·비공식적 회동을 통해 경제정책에 관해 의견을 교환하는 관행이 정착되었다.[52]

이렇게 SAF와 LO의 입장이 과잉대표되는 조합주의적 의사결정구조는, 협조주의적 노사관계에 기초하여 거대 기업 위주의 경제성장을 추진한다는 사민당의 경제정책 노선에 잘 부합되는 측면이 있었다.

4) 스웨덴 모델의 작동방식

결국 스웨덴 모델의 핵심은 성장 능력이 큰 거대 기업의 이익이 과잉 대표된 자유주의적 경제정책과, 평등주의적인 성격이 두드러지며 국가의 역할이 극대화된 사회정책의 결합이라 할 수 있다. 성장주의적 드라이브가 강한 자유주의적 경제정책을 통해 달성된 경제성장의 과실(果實)은 높은 조세부담을 통해 국가로 흡수되어 적극적인 사회정책을 재정적으로 뒷받침했다. 반면에 적극적인 사회정책은 한편으로는 산업합리화와 경제성장을 지원해주고 다른 한편으로는 자본주의적 경제발전에 수반되어 나타나는 사회적 문제들을 완화시켜주는 역할을 담당했다. SAF와 LO 간의 중앙단체교섭체계를 매개로 한 협조주의적 노사관계는 순조로운 경제성장을 뒷받침해주는 기능을 수행하였고, SAF와 LO 등 주요 이익단체들과 사민당 정부 간에 형성된 조합주의적 의사결정구조는 이러한 경제-사회 운영 모델을 공고화해주었다. 이러한 스웨덴 모델의 작동방식을 그림 1-5를 통해 다소 단순화함으로써 좀더 쉽게 이해할 수 있다.

---

52 1949-55년 기간에 격주로 화요일마다 정부 관료와 재계 및 노동조합 대표가 모여 경제문제를 협의하는 모임이었던 '화요일 클럽'(torsdagsklubben)과, 1955년부터 합순드(Harpsund)에 있는 수상 관저에서 매년 한두 차례 재계 및 노동조합 대표 등이 수상과 경제문제를 협의하는 모임이었던 합순드회의(Harpsundskonferens)가 그 대표적 사례다.

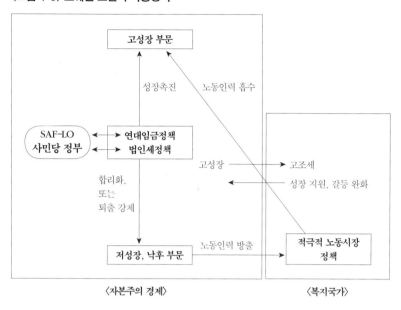

〈그림 1-5〉 스웨덴 모델의 작동방식

그림 1-5는 스웨덴 사회를 자본주의 경제 영역과 복지국가 영역으로 대별하여 스웨덴 모델의 작동방식을 보여주고 있다. 먼저 자본주의 경제 영역에서 보면, LO가 SAF와의 중앙단체교섭을 통해 추진한 연대임금정책과 사민당 정부가 추진한 법인세 정책은 고성장 부문의 성장을 더욱 촉진하는 한편, 저성장·낙후 부문에 대해서는 합리화를 강제하거나 시장으로부터의 퇴출을 강제하는 효과를 낳는다. 이로 인해 저성장·낙후 부문의 일부는 시장으로부터 퇴출되고, 이에 따라 이 부문에 종사하던 노동인력이 시장으로부터 방출된다. 정부는 적극적 노동시장정책을 통해 저성장 부문으로부터 방출된 노동인력을 고성장 부문으로 이동시킨다. 그런데 스웨덴의 경우 고성장 부문은 대체로 거대 기업들의 활동 무대였다. 이것이 렌-마이드너 모델의 골자다. 적극적 노동시장정책이 그 일부로 편입되어 있는 복지국가는, 자본주의 경제의 성장을 지원하는 한편 자본주의적 경제성장에 따르는

사회적 갈등을 완화시킴으로써 자본주의 경제의 작동에 기여한다. 성장주의적 경제정책에 힘입은 자본주의 경제의 성장의 과실은 조세를 통해 국가로 흡수되어 복지국가의 재정 수요를 충당해준다. 이러한 스웨덴 모델을 발전·유지시킨 핵심적 행위 주체는 사민당 정부와 LO, SAF였으며, 이들 간에는 조합주의적 의사결정구조가 발전해갔다.

이러한 스웨덴 모델은 1960년대 말까지는 순조롭게 작동하여 원만한 경제성장과 완전고용, 상대적으로 균등한 분배라는 좋은 결과를 가져왔다. 이것이 전형적인 자본주의와도, 전형적인 사회주의와도 다른 '중간의 길'(the middle way)이라고 불렸던, 스웨덴 모델의 작동방식이었다.

이러한 스웨덴 모델을 발전시킨 스웨덴 사민주의자들이 견지한 경제 이념의 골자는 성장주의와 평등주의의 결합이라 할 수 있다. 그런데 1930년대의 케인스주의 정책이나 1944년 전후강령에서는 강한 계획주의적 관념 속에 서로 혼융되어 있던 양자가 1950년대 이후의 스웨덴 모델에선 영역별로 분화·정립(鼎立)되었다고 볼 수 있다. 즉 성장주의 이념은 자유주의적 경제정책을 통해, 평등주의 이념은 적극적 사회정책을 통해 각기 구현되었다고 할 수 있다. 이를 경제활동의 순환과정상의 고리들인 생산-유통-분배-소비라는 측면에서 파악하자면, 생산-유통 영역에선 성장주의적·자유주의적 정책이, 분배-소비 영역에선 평등주의적·계획주의적 정책이 시행되었다고 볼 수 있다.

5) 기능사회주의론

지금까지 우리는 스웨덴 모델을 구성하는 핵심적 요소들의 내용과 전체 모델의 작동방식에 대해 살펴보았다. 그런데 스웨덴 사민주의자들이 스웨덴 모델을 발전시켜감에 있어 수미일관된 이념이나 이론체계에 의존했던 것은 아니다. 그들의 사고방식과 실천 방식은 기본적으로 실용주의적이고 경험주의적이었다. 다만 그들은 자유주의자들과 비교해볼 때, 평등주의적이고 집단주의적인 성격이 두드러진 정서적·윤리적 에토스를 공유하고 있었고, 경제와 사회에 대한 국가의 적극적 개입에 대해 한층 더 긍정적인 시각을 갖고 있는 정도였다. 그들은 이념적, 이론적 자의식이 그리 분명하지 않은 상태에서 실천해간 것이다.

스웨덴 모델이 성공적으로 작동하고 있던 1960년대 후반에 사민주의 계열의 경제학자 아들러-칼손(Gunnar Adler-Karlsson)은 그간의 스웨덴 사민주의자들의 실천 방식을 '기능사회주의'(funktionssocialism / functional socialism)라는 용어로 통합적으로 개념화하려 시도했다(Adler-Karlsson: 1967). 이후 이 용어는 사민주의 진영 안팎에서 널리 사용되어 스웨덴 사민주의 주류의 이념과 실천 방식을 지칭하는 표준적인 용어로 정착되어갔다. 스웨덴 사민주의자들로 하여금 그들의 실천 방식을 설명하고 정당화할 수 있게 해주는, 맞춤한 개념이 제공된 것이다.

아들러-칼손은 기능사회주의라는 용어를 통해 그간의 스웨덴 사민주의자들의 실천을 정당화하고자 했다. 우선 그는 스웨덴 사민주의자들의 실천이 그저 자본주의 틀 내에서의 개량이 아니라, 일종의 사회주의적 성격을 띠고 있다는 점을 부각시키고자 했다. 또 스웨덴 사민주의자들이 추구해온 기능사회주의 노선이 소련-동구형 국가사회주의 노선보다 훨씬 우월하다는 점을 강조하고자 했다.

'기능'사회주의라는 용어는 소유권에 대한 아들러-칼손의 해석에 유래한다. 아들러-칼손은 스웨덴의 법학자 운덴(Östen Undén)의 소유권 개념에 의거하여, 소유권이란 분할 불가능한 단일 총체가 아니라 분할 가능한 '기능'들의 집합으로 이해되어야 한다는 점을 강조한다. 그런데 여기에서 '기능' 개념에 대한 분명한 정의는 내리지 않고 있다. 다만 문맥으로 볼 때, 소유대상에 대해 소유주가 행사할 수 있는 작용, 소유대상을 이용함으로써 소유주가 얻을 수 있는 이득, 거꾸로 말하면 소유대상이 소유주에게 제공해주는 기능을 의미하는 것으로 보인다. 예컨대 생산수단을 소유한 자본가는 이 생산수단을 매각할 수도 있고, 다른 사람에게 임대해주어 이자수입을 취득할 수도 있으며, 노동자를 고용하여 자신이 직접 생산을 지휘하여 제품을 만들어내고 판매함으로써 이윤을 취득할 수도 있다. 이렇게 생산수단에 대해 자본가가 행사할 수 있는 개개의 권리들이, 아들러-칼손이 말하는, 생산수단에 대한 소유권의 '기능'들이다.

아들러-칼손의 주장의 핵심은 이러한 기능들이 서로 분할 가능하다는 것이다. 이렇게 소유권을 구성하는 기능들이 서로 분할 가능하다면 하나의 소유대상에 대한 소유권을 구성하는 여러 기능들은 상이한 소유주체에게 얼마든지 분산적으로 귀속될 수 있다. 예컨대 생산수단을 소유한 자본가가 사업의 결과로 얻는 이윤의 일부가 조세를 통해 국가로 흡수될 경우 생산수단에 대한 소유권을 구성하는 여러 기능들 중 생산수단을 이용하여 수익을 취득하는 기능은 부분적으로는 국가에 귀속된 셈이 되는 것이다. 따라서 생산수단에 대한 자본가의 소유권 행사를 제약하는 모든 입법조치나 노동조합과의 단체교섭 합의 사항은, 생산수단에 대한 소유권을 구성하는 기능들의 일부가 국가나 노동조합에 의해 소유되었다는 것을 의미하게 된다. 따라서 소유권 전체를 한꺼번에 사회화하는 대신 소유권을 구성하는 기능들을 하나씩 단계적으로 사회화해가는 것이 가능하다는 것이다.

결국 아들러-칼손의 소유권 개념은 앞에서 살펴본 바 있는 칼레비의 소유권 해석과 정확하게 일치한다는 점을 알 수 있다. 다만 아들러-칼손은 소유권을 '기능'들의 집합이라고 좀더 분명하게 정의해줌으로써 칼레비 식의 소유권 해석에 '기능사회주의'라는 이름을 붙여주고 있을 뿐이다.[53]

53 그런데 아들러-칼손은 이상하게도 칼레비에 대해서는 전혀 언급하지 않고 있다. 순수하게 법학적 관점에서 소유권 개념을 나름대로 규정한 운덴보다는, 사민주의운동이 지향해야 할 목표와 실천 방식이라는 맥락에서 소유권 문제를 논의한 칼레비가 실제로는 기능사회주의론의 대표적 선구자라 할 수 있다. 또 아들러-칼손이 지적 부채를 지고 있다고 언급하고 있는, 운덴의 저술 『스웨덴 물권법』(*Svensk Sakrätt*)에서 운덴이 소유권을 분할 가능한 기능들의 집합이라고 명료하게 언급하고 있지는 않다. 다만 그러한 해석을 가능하게 하

아들러-칼손에 따르면 스웨덴 사민주의자들은 소유권을 구성하는 여러 기능들 중 일부를 단계적으로 사회화해가는 '기능사회주의' 노선을 취해왔다. 그리고 어떠한 기능을 사회화할 것인가 하는 선택은 사회주의적 이상이라는 가치 기준에 따라 이루어져왔다. 예컨대 생산수단에 대한 소유권을 구성하는 기능들 중 생산수단을 이용하여 무엇을 어떠한 방식으로 생산할 것인가를 결정하는 기능은 대체로 자본가에게 귀속시킴으로써 개인의 창의와 혁신 노력을 촉진하여 효율적인 생산을 이룰 수 있게 했고, 노동자들의 노동조건이나 생산의 결과물에 대한 처분과 관련된 기능은 부분적으로 사회화함으로써 공정한 분배라는 이상을 달성할 수 있었다는 것이다.

아들러-칼손은 스웨덴 사민주의자들이 취해온 기능사회주의 노선이 소련-동구식의 총체적 사회화 노선보다 여러모로 우월하다는 점을 강조한다. 우선 스웨덴과 같은 민주주의 사회에서 생산수단을 국유화하는 방식으로 사회화를 추진하려 할 경우엔 배상의 문제에 봉착하게 된다는 것이다. 우선 스웨덴과 같은 사회에서 기존의 사적 소유주의 생산수단을 무상으로 몰수하는 것은 정치적으로 불가능하다. 따라서 기존 기업의 국유화는 반드시 배상을 동반해야 하는데, 이는 엄청난 규모의 재정지출을 요구하기 때문에 사실상 불가능하다는 것이다. 또 생산수단을 단번에 사회화하는 조치는 이행기에 큰 경제적 혼란을 가져오기 쉬운 데 비해 기능사회주의 방식의 사회화는 별다른 혼란을 가져오지 않는다는 것이다. 또 총체적 사회화를 통해 건설된 소련-동구 사회주의 사회들의 경우 예외 없이 정치적 민주주의가 억압되고 있는 데 비해 기능사회주의화가 진행되어온 스웨덴 사회의 경

는 구절은 발견된다. 예컨대 "소유권 개념은 권리작용들의 총체에 대한 압축적 표현"이라는 구절이 발견된다. 또 운덴은 소유권을 신성불가침하며, 선험적으로 인정되는 자연권적 개념으로 보는 시각을 비과학적이라고 비판하며, 과학으로서의 법학은 소유권을 상대적이며 실정법적인 개념으로 사용해야 한다는 점을 강조하고 있다. 운덴의 소유권 개념에 관해서는 Undén(1927: 83-97) 참조. 또 법학의 개념들에 대한 운덴의 과학철학적 입장에 관해서는 Undén(1928: 167-77) 참조.

우 정치적 민주주의가 아무런 손상 없이 잘 발전해왔다는 것이다.

또 이렇게 기능사회주의 노선이 우월하다는 점은 동-서의 경제체제 수렴 현상에서도 잘 확인된다는 것이다. 아들러-칼손은 당시 소련-동구에서 진행되던 의사결정구조의 부분적 분권화 및 시장요소의 도입과, 서방 자본주의국들에서 진행되던 복지국가의 팽창이나 정부의 경제개입의 증대 등이 궁극적으로는 두 경제체제 간의 수렴으로 귀결될 것으로 전망하고 있다. 그런데 이러한 경제체제 수렴 현상은 생산수단의 대부분이 국유화되어 있는 소련형 사회주의나 생산수단의 대부분이 사유화되어 있는 미국형 자본주의 모두 결코 바람직한 경제체제가 아니라는 점을 확인시켜주고 있다는 것이다. 따라서 생산수단을 구성하는 기능들이 자본가와 국가, 노동조합 등에 적절히 분산 소유된 스웨덴형 경제체제가 가장 이상적인 경제체제라는 점이 증명된 셈이라는 것이다.

또 아들러-칼손은 스웨덴 사회가 앞으로도 꾸준히 기능사회주의 방식의 사회화를 겪게 될 경우, 자본가의 위치는 입헌민주주의하에서의 국왕의 위치와 비슷한 것이 되리라 전망하고 있다. 입헌민주주의하에서 국왕은 형식적으로는 국가의 수반이지만 실질적인 권한은 거의 갖고 있지 않듯이, 기능사회주의화가 충분히 진척된 사회에서도 자본가는 형식적으로는 여전히 생산수단의 소유주로 남겠지만 실제로는 자기 뜻대로 할 수 있는 것이 거의 없는 무력한 위치로 전락하리라는 것이다.

스웨덴 모델의 절정기에 나온 기능사회주의론은 그간의 자신들의 실천 결과에 대해 만족하고 미래에 대해 낙관하던 당시 스웨덴 사민주의 주류의 분위기를 대표적으로 잘 보여주는 이론이다. 기능사회주의 노선으로부터의 이탈이라고 볼 수 있는 기금안이 나오고 난 후, 기능사회주의 노선에 대한 평가문제는 사민주의 진영의 논객들 사이에서 논쟁점의 하나로 부각되었다.

3. 노동자 경영참여제도

기금안이 LO 총회에서 승인된 1976년은 동시에 공동결정법(lag om medbestämmande i arbetslivet, 노동생활에서 공동결정에 관한 법, 통상 'MBL'로 약칭)이 제정된 해이기도 했다. 기금안과 공동결정법은 동일한 시대정신의 산물이다. 양자는 1960년대 후반 이후 진행된 스웨덴 노동운동의 급진화 과정의 정점에 위치한 사건들로서, 그동안 스웨덴 모델이라는 형태로 구축되었던 계급타협의 틀을 넘어 임노동자들로 하여금 기업의 의사결정에 적극적으로 참여할 수 있도록 해주는 내용을 담고 있었다. 기업의 의사결정에 대한 임노동자들의 참여를 보장해준다는 점에서 양자는 모두 노동자 경영참여제도의 특수한 형태들이라 할 수 있다.

그러나 노동자 경영참여의 방식이라는 측면에선 양자의 접근방식은 사뭇 달랐다. 기금안은 기업의 주식 소유에 임노동자 집단을 참여시켜 임노동자의 경영참여도 가능케 한다는 구상이었다. 이에 반해 공동결정법은 임노동자의 소유참여 여부에 관계 없이, 그저 임노동자라는 자격 그 자체를 경영참여의 근거로 삼는 제도였다. 임노동자들로 하여금 기업의 경영에 참여하도록 해주는 권리론적 근거라는 측면에서 보면 기금안은 소유를, 공동결정법은 노동을 그 근거로 삼은 셈이다.

기금안과 공동결정법 간의 관계설정 문제는 기금논쟁의 쟁점의 하나였다. 즉 이미 공동결정법이 발효된 상황에서 기금이라는 추가적 제도의 도입이 과연 필요한가 하는 문제와, 소유를 권리론적 근거로 삼는 노동자 경영참여제도인 기금제도와 노동을 권리론적 근거로 삼는 공동결정법이 원리적으로 양립 가능한가 하는 문제가 논란거리가 되었다.

적어도 공동결정법이 제정되기 전에는 노동자 경영참여문제와 관련해서 스웨덴은 여타 선진 자본주의국들보다 앞선 편이 아니었다.[54] 1960년대 말까지 스웨덴 식 노사관계의 구성적 요소의 하나는, 임금문제 등 통상적인 단체교섭사항을 제외한 기업 내의 의사결정문제와 관련해선 사용자의 배타적 권리를 인정한다는 점이었다. 이 문제는 스웨덴에서 통상 '32조(條) 문제'라 불렸다. '32조 문제'라는 명칭은 SAF의 정관 내용에서 기원한다. 1905년에 SAF 정관에 새로이 삽입된 23조(이후 35조로, 또 다시 32조로 바뀜)의 내용은, SAF에 소속된 모든 사용자연맹은 그들의 상대인 노조와 단체교섭을 체결할 때마다, 노동자의 채용 및 해고, 또 노동의 지도 및 할당 문제와 관련하여 사용자가 배타적 권리를 갖는다는 점을 단체교섭 합의문에 명시해야 한다는 것이었다. 사용자의 경영대권을 명시한 23조는 1906년 12월에 SAF와 LO 사이에 체결된 '대타협'(decemberkompromissen, 12월 타협)에서 LO에 의해 수용되었다. 23조를 수용한 대가로 LO가 얻은 것은 처음으로 SAF로부터 노조결성권을 공식적으로 인정받게 된 것이었다. LO 산하 산별노조 중에서는 금속노조가 23조 수용에 긍정적 입장을 취했고, 운수노조(Transportarbetareföreningen)는 부정적 입장을 취한 대표적 조직이었다.

스웨덴에서 노동자 경영참여에 대한 요구가 처음으로 본격적으로 제기된 시점은 1차대전 직후였다. 이 요구를 제기한 주체는 노동조합이 아니라 사민당이었다. 앞에서 언급한 바와 같이 1차대전 중에 발발한 러시아혁명과 독일·오스트리아 등에서의 혁명에 고무받아 스웨덴 사민주의 운동 내에도 급진적 조류의 목소리가 커지게 되었다. 또 보통선거권 쟁취 운동의 성공적 전개와 사민당의 의석 증가에 따라, 사민당은 이제 진정으로 사회주의적인 과제들에 대해서도 당의 공식적 입장을 제시해야 한다는 압력을 받게 되었다. 이러한 상황 아래서 사민당은 1920년에 최초로 집권에 성공하자마자 사회화위원회와 더불어 '산업민주주의문제를 다룰 국가연구위원

---

54 노동자 경영참여문제와 관련하여 스웨덴에서 전개되고 시행된 논의와 제도의 역사를 통사적으로 서술한 대표적 연구로는 Schiller(1973), Simonson(1988) 참조. 또 노동자 경영참여문제의 역사를 금속노조의 입장에 초점을 맞추어 분석한 좋은 연구로는 Kjellberg(1981) 참조.

회'(이하 '산업민주주의위원회'로 약칭)를 발족시켰다.[55] 사회화위원회의 연구 과제가 기업 소유의 사회화 방안이었던 데 비해, 산업민주주의위원회의 연구 과제는 기업 내부의 의사결정구조의 민주화 방안이었다. 전임 LO 의장이었던 린드크비스트(Herman Lindqvist)에 이어 비그포르스(Ernst Wigforss)가 위원장직을 맡았던 이 위원회는 사민당 및 노동조합 대표와 재계 대표들로 구성되었다. 위원회 활동 초기에 비그포르스를 비롯한 사민주의자들은 상당히 급진적인 정책안을 마련할 야심을 갖고 있었으나, 재계 및 부르주아 정당들의 완강한 반대에 부딪쳐 매우 온건한 정책안을 제출하는 데 만족해야 했다. 1923년에 제출된 산업민주주의위원회의 최종 보고서는[56] 입법조치를 통해 기업마다 '경영위원회'(drifsnämnder)를 구성하도록 할 것을 제안하였다. 피용자 수 25인 이상의 기업마다 노동자 및 사용자 대표들로 이루어진 경영위원회를 구성하여, 이 경영위원회로 하여금 기업의 경영상태 및 향후 경영방침에 대해 정보를 제공받고, 이러한 문제들에 대해 자문·협의하도록 한다는 것이다. 결국 경영위원회 구상의 핵심은 의사결정권을 갖지 않은 기업 내 자문기구에 노동자 대표를 참여시킨다는 것인데, 이러한 온건한 정책안도 실현될 수 없었다. 우선 재계 및 부르주아 정당들, 특히 우익당[57]은 경영위원회 구상조차도 사용자의 경영대권이라는 불가침의 권리를 침해하는 측면이 있다고 보고 이에 완강히 반대했다. 한편 노동조합도 미온적 태도를 보였다. 노동조합이 경영위원회 구상을 탐탁지 않게 여긴 것은 크게 두 가지 이유 때문이었다. 첫째, 경영위원회는 의사결정권을 갖지 않은 자문기구에 불과하기 때문에 여기에 노동자 대표를 참여시킨다 해도 노동자들의 권익 증진에 큰 보탬이 안 된다고 판단하였다. 또 이렇

---

55 산업민주주의위원회의 발족 배경과 활동에 관한 본격적인 연구로는 Lundh(1987) 참조.
56 SOU 1923:29, *Den industriella demokratiens problem*(산업민주주의문제).
57 우익당(högern)은 보수당(Moderata samlingspartiet, '온건주의자 집결당')의 전신으로, 1969년에 당명을 Moderata samlingspartiet로 개명했다.

게 노동자들의 권익 증진에는 별 도움이 안 되면서도, 어쨌든 경영위원회가 조직되어 여기에 노동자 대표가 참여하게 되면, 기업의 경영 결과에 대해 노동자들도 사용자와 더불어 책임을 분담하게 되기 쉬우리라는 우려도 있었다. 미약한 권한을 얻는 대가로 큰 책임을 지게 되기 쉽다는 것이다. 둘째, 경영위원회라는 새로운 노사협의기구가 설립되면 노동조합의 기능이 침해받기 쉽다는 우려가 있었다. 노동조합 기능의 위축 가능성 문제는 이후에도 노동자 경영참여문제가 제기될 때마다 노동조합 측으로 하여금 이에 주저하는 태도를 갖게 한 핵심적 요인으로 작용하였다.

산업민주주의위원회가 제출한 경영위원회 구상이 수포로 돌아간 후, 노동자 경영참여문제는 오랜 기간 스웨덴 노사관계의 일정에서 배제되었다. 스웨덴 노사관계의 기본틀을 형성한 1938년의 살트쉐바덴 협약도 대체로 사용자의 경영대권을 인정하는 것에 기초해 있었다. 다만 노동자 해고 시 사용자가 노동조합에 이를 의무적으로 사전고지하도록 하는 등, 미세한 부분들에서 사용자의 경영권 행사 방식에 다소 제한을 가했을 뿐이다.

그러다 2차대전이 종결된 직후 노동자 경영참여문제가 다시 대두된다. 2차대전 직후 서구 여러 나라들에서 큰 흐름으로 자리 잡은 노동자 경영참여 제도의 파고 속에서 스웨덴에서도 1946년에 '기업위원회'(företagsnämnder)라는 새로운 제도가 도입된다. 기업위원회의 내용은 1923년에 산업민주주의위원회가 제출했던 경영위원회 구상과 대동소이하다. 다만 경영위원회 구상에서는 입법조치에 의해 경영위원회를 구성하기로 했던 데 비해, 기업위원회는 SAF와 LO 간의 협약을 통해 발족되었다. 그런 점에서 기업위원회제도의 발족은 노사 간의 쟁점 사항을 국가의 개입 없이 노사 간의 자율적 협약을 통해 해결한다는 살트쉐바덴 정신의 연장선상에 있었다고 볼 수 있다. 또 이런 점에서 기업위원회를 발족하기로 한 협약(företagsnämndsavtalet, 기업위원회 협약)은 통상 살트쉐바덴 협약의 후속협약들 중의 하나로 간주되어왔다.

이후 가동된 기업위원회의 활동은 미미하였다. 그러나 경제성장이 순조롭게 이루어지고 LO나 사민당 모두 산업합리화를 무엇보다 우선시하던 1950년대와 60년대 초에는 노동자 경영참여문제는 LO나 사민당의 관심 바깥에 있었다. 당시 잘 작동하던 스웨덴 모델의 성과에 대해 LO나 사민당 모두 만족하고 있었던 데다, 개별 기업의 임노동자들에게 기업의 의사결정에 대해 큰 권한을 부여하게 되면 산업구조조정이 지체될 수 있으리라는 우려도 있었다. 개별 기업 차원에서 임노동자들에게 큰 의사결정권이 부여될 경우, 산업구조의 고도화를 위해서는 불가피하게 그 규모가 축소되거나 시장에서 퇴출되어야 하는 기업에 종사하는 임노동자들이, 그들이 보유한 의사결정권을 행사함으로써 산업구조조정에 완강하게 저항할 수도 있을 것이라 우려한 것이다.

그러다 1960년대 중반부터 급속한 산업합리화가 산출하는 부정적 효과들에 대한 사회적 관심이 크게 증대하였다. 급속한 산업합리화가 낳은 대량 해고 및 지역 간 노동인력 이동으로 인해 당사자인 임노동자들이 겪는 고통이 주목받게 된 것이다. 물론 해고된 임노동자들은 적극적 노동시장정책을 통해 장기적으로는 다른 산업이나 지역에서 새로운 일자리를 찾게 되지만, 적어도 단기적으로는 해고에 따른 큰 심리적 충격과 새로운 일자리에 적응하는 데 따르는 큰 고통을 치러야 한다는 것이다. LO 내에서는 금속노조가 이 문제를 선두에 나서 지적하며 이에 대한 해결책을 요구하였다. 금속노조가 속한 금속 및 기계공업 부문은 급속한 산업합리화에 따른 지역 간 노동인력 이동이 두드러지게 빈번히 진행된 산업 부문의 하나였던 것이다.

이렇듯 급속한 산업합리화에 수반하는 부자용에 대한 사회적 관심이 크게 증대한 가운데 1969년 12월에 LKAB[58] 국영 광산에서 발생한 살쾡이 파업(wildcat strike)은 스웨덴 사회 전체에 큰 충격을 가져다주었다. LKAB

---

58 LKAB(Luossavaara-Kirunavaara AB)는 스웨덴 최북단에 위치한 대규모 국영 광산회사이다. LKAB의 광부들은 LO에 가입해 있었다.

광부들이 벌인 파업은 파업의 배경으로 작용한 문제들과 파업의 형태 모두에서 스웨덴 모델에 대한 근본적인 문제 제기이자 도전으로 받아들여졌다.[59] 우선 파업을 벌인 광부들이 제기한 문제들 중 중요한 것들은 다음과 같았다. 첫째, 광업 부문에서 급속히 전개된 합리화운동에 따라 광부들의 노동조건이 크게 악화되었다. 노동강도가 크게 강화된 데다 산업안전도 크게 위협받게 되었다. 둘째, 여타 산업노동자들에 대한 광부들의 상대임금이 크게 하락했다. 산업노동자 전체의 평균임금수준을 100으로 할 때 LKAB 광부들의 임금 수준은 1960년에는 143이던 것이 1969년에는 119로 하락했다(Kristensson, Kaj., Hans Nyström, Örjan Nyström 1985: 518). 이렇게 된 데는 광업노동의 특수성을 제대로 고려하지 않고 전반적 임금균등화만을 추구해온 연대임금정책과 이것이 관철되는 제도적 틀인 중앙단체교섭에도 큰 책임이 있다는 것이다.[60] 또 이렇게 여타 산업노동자들과 광부들 간의 임금격차는 축소되어온 반면에, 광부들과 광산의 사무관리직 노동자들—이들은 LO에 소속되어 있지 않았다—간의 임금 격차 및 여타 노동조건 격차는 확대되어왔다는 것이다. 셋째, 국영기업인 LKAB사의 간부들이나, LKAB 광부들이 소속되어 있는 LO의 간부들은, 그들의 특권적 위치와 관료주의적 태도로 인해 광부들의 노동조건에 관심을 기울여오지 않았다는 것이다. 스톡홀름에 본사를 둔 LKAB사의 간부들은 거의 광산에 들르지도 않았고, LO 간부들도 광부들의 노동조건에 무관심해왔다는 것이다.

결국 LKAB 광부들은 스웨덴 모델의 핵심적 구성 요소들인 중앙단체교섭과 연대임금정책, 또 산업합리화를 무엇보다도 중시하는 산업정책 모두에 대해 정면으로 문제를 제기한 것이다. 또 파업 형태의 측면에서도 LKAB

---

59 LKAB 파업의 발생 배경과 진행 과정을 기사체(記事體)로 상세히 설명·묘사해주고 있는 연구로는 Kristensson, Kaj., Hans Nyström, Örjan Nyström(1985: 493-536) 참조.
60 스웬손(Peter Swenson)은 LKAB 파업의 원인을 무엇보다도 연대임금정책의 부작용에 초점을 맞추어 설명한다. Swenson(1989: 148-50).

파업은 스웨덴 식 노사관계에 대한 정면 도전이었다. 살트쉐바덴 협약 이래 극히 이례적으로만 발생해온 살쾡이 파업이라는 형태를 취했을 뿐 아니라, 파업의 진행 과정에서도 노동조합은 아무런 역할도 담당하지 못하고, 그 대신 공산주의자 광부들이 주도적으로 조직한 파업위원회가 파업의 전개를 시종 주도한 것이다.

또 LKAB 파업이 발발한 1969년은 스웨덴 사회에 급진주의의 열풍이 거세게 불어닥친 시기이기도 했다. 베트남전과 1968년에 서유럽 전역을 휩쓴 급진주의의 열풍에 자극 받아, 스웨덴 사회에서도 노동운동과 학생운동을 중심으로 급진주의적 조류가 빠르게 확산되어가고 있었다. 이러한 정치적 상황에서 발발한 LKAB 파업은 큰 폭발력을 발휘하였다. LKAB 파업 이후 살쾡이 파업이 급증한 것이다.

이러한 상황에 직면하여 LO와 사민당은 궤도 수정을 모색하지 않을 수 없게 되었다. 무엇보다도 LKAB 파업에서 여실히 표출된, 스웨덴 식 노사관계에 대한 풀뿌리(grassroots) 노동자들의 불만을 적절히 수용해내야만 했다. 이 문제에 대한 LO와 사민당의 대응은 무엇보다도 기업 내의 의사결정 과정 및 노동조건에 대한 각종 입법활동이라는 형태로 나타났다. 1970년대에 제정된 노동법들 중 중요한 것으로는 다음과 같은 것들을 들 수 있다.

- 1973년: 피용자대표 기업 이사회 참가법(lag om styrelserepresentation för de anställda)
- 1974년: 고용보호법(anställningsskyddslagen),
　　　　　노동조합 간부 처우법(förtroendemannalagen)
- 1975년: 교육휴가권법(lag om rätt till ledighet för utbildning)
- 1976년: 공동결정법(lag om medbestämmande i arbetslivet)
- 1978년: 노동환경법(arbetsmiljölagen)

이상의 노동법들은 모두 개별 기업 수준에서의 임노동자들의 노동조건 개선과, 기업의 의사결정에 대한 임노동자들의 참여 증진을 주된 목적으로 한 것이었다. 그동안 중앙단체교섭의 틀 속에서 상대적으로 등한시되어온, 개별 기업 수준의 노동환경 및 노사관계문제들을 입법조치를 통해 해결하겠다는 것이었다. 그런데 사민당과 LO의 협력하에 추진된 이러한 노동입법 작업은, 가능한 한 국가의 개입 없이 노사 간의 자율적 협약을 통해 노사관계상의 제반 문제를 해결한다는 스웨덴 식 노사관계의 근본 틀에 위배되는 것이었다. 그런 점에서 1970년대에 진행된 각종 노동입법 작업은 이후 가속적으로 전개되는 스웨덴 모델의 해체 과정의 신호탄이었다고 볼 수 있다.

LO가 SAF와의 협약이라는 전통적인 문제해결방식 대신에 노동입법이라는 방식을 선택하게 된 데는 무엇보다도 협약을 통한 문제 해결이 용이하지 않으리라는 판단이 깔려 있었다. 전통적으로 사용자의 경영권 수호 문제에 대해서는 완강한 입장을 견지해온 SAF와 협약을 통해 문제를 해결하려 할 경우 큰 성과를 얻어내기가 어려울 것이라고 판단한 것이다. 풀뿌리 노동자들로부터 제기되는 강력한 요구를 수용해야 한다는 큰 압력에 직면한 LO는 시간은 오래 걸리고 성과는 불확실한 협약 대신에 노동입법이라는 좀더 확실한 문제해결방식을 선택한 것이다.

한편 사민당 정부도 노동입법 작업에 매우 적극적이었다. 이는 노사관계에 대해서는 국가의 직접적 개입을 피한다는 사민당의 오랜 전통으로부터의 단절을 의미했다. 이렇게 사민당이 노동입법을 통해 노사관계에 개입하는 쪽으로 궤도를 수정하게 된 주요한 배경으로는 다음과 같은 점들을 들 수 있다. 첫째, 1960년대 후반부터 진행된 노동운동 및 학생운동의 급진화, 또 사민당 지지 유권자층의 정치적 성향의 좌경화를 수용해내야 할 필요가 있었다. 둘째, 1969년에 사민당 당수의 교체가 이루어졌는데, 신임 사민당 당수이자 정부 수상으로 선출된 팔메(Olof Palme)는 전임자인 에얼란데르(Tage Erlander)와는 달리 부르주아 정당들 및 재계와의 관계에 있어서 타협과 거중조정보다는 정면 대결을 선호하는 인물이었다. 셋째, 부르주아 정당들 중에서도 보수당을 제외한 자유당과 중앙당(농민당의 후신)은 개별 기업 수준에서의 임노동자들의 영향력 증대나 노동조건 개선에 대해서는 매우 긍정적인 입장을 갖고 있어서, 노동입법을 통한 노사관계 개혁을 수월하게 추진할 수 있는 정치구도가 형성되어 있었다.

이상 1970년대에 제정된 많은 노동법들 중에서도 가장 중요한 것은 1976년에 제정된 공동결정법이었다. 공동결정법은 그 명칭이 주는 인상과는 달리, 노사 간 공동결정이 이루어져야 할 문제의 내용과 공동결정의 형식을 구체적으로 명시한 법이 아니라 공동결정을 가능케 해주는 제도적 틀로서 단체교섭 규칙을 개혁한 법이었다. 이러한 단체교섭 규칙에 따라 공동결정제도의 구체적 내용을 채우는 일은 향후 노사 간 협약에 의해 이루어지도록 했다. 공동결정법의 주요 내용은 다음과 같다.

첫째, 사용자는 노동조건 및 고용조건과 관련하여 중요한 변화를 초래하는 의사결정을 내리기 전에 이 문제에 대해 노동조합과 단체교섭해야 할 의무를 지도록 했다. 이를 통해 노동조합은 노동자들의 이익에 구체적으로 영향을 미치는 사안들에 대해 의사결정이 이루어지기 전에 개입하여 영향력을 행사할 수 있게 되었다.

둘째, 노동조합이 요구할 경우 고용조건과 노동의 지도 및 할당과 관련된 문제들에 대해 노사가 공동으로 결정하는 문제에 대해서도 단체교섭이 이루어지도록 했다.

셋째, 사용자는 노동조합에게 기업의 경영실태 및 인사정책에 대해 지속적으로 정보를 제공하며, 노동조합이 기업의 각종 장부 및 서류들을 검토할 수 있도록 허용해야 할 의무를 지도록 했다.

결국 공동결정법의 골자는 공동결정문제를 포함하여, 종래에 단체교섭의 대상이 아니라 사용자의 배타적 권리 영역으로 간주되어왔던 문제들을 단체교섭의 대상으로 끌어들임으로써 노동조합의 영향력 행사 영역을 확장시키는 동시에, 노동조합으로 하여금 기업의 경영실태 및 정책에 대한 정보에 더 쉽게 접근할 수 있게 함으로써 노동조합이 좀더 유리한 위치에서 단체교섭에 임할 수 있도록 해준다는 것이었다.

이러한 내용의 공동결정법에 따라, 이후 공동결정의 구체적 내용과 형식을 규정하기 위한 노사 간 협약이 공공부문과 민간부문에서 각기 체결되었다. 민간부문에선 1982년에 SAF와 LO, 또 민간부문 사무직 노동자들의 단체교섭 카르텔인 PTK[61] 사이에 '효율 및 참여에 관한 발전협약' (Utvecklingsavtalet, 이하 '발전협약'으로 약칭)이 체결되었다. SAF와 LO 및 PTK 간에 오랜 줄다리기 끝에 체결된 발전협약의 주요 특징은 다음과 같다.

첫째, 발전협약의 궁극적 목적을 기업의 효율성 및 경쟁력 제고에 두었다. 기업의 의사결정에 대한 노동자들의 참여는 그 자체로서 독자적인 가치를 갖는 것으로 인정되지 않았으며, 기업의 효율성 및 경쟁력 강화에 기여할 수 있다는 점에서 그 필요성이 인정되었다.

둘째, 공동결정이 이루어지는 단위라는 측면에선 개별 기업 수준 또는 기업의 라인 수준 등 미시적 단위에 무게중심이 크게 놓였다.

셋째, 작업방식의 조직과 기술개발과 관련해선 노동조합이 상당히 큰 영향력을 행사할 수 있도록 했으며 기업의 경영실태에 대한 정보 취득이라는 점에서도 노동조합의 지위를 괄목할 정도로 개선시켰다.

넷째, 노동조합 측이 오래전부터 크게 관심을 가져온 문제였던 노동자의 채용 및 해고 등 인사정책과 관련된 문제는 발전협약에서 누락되었다.

---

61 PTK(Privattjänstemannakartellen 민간 사무직원 카르텔)는 중하위 사무직 노동자 중앙 노동조합조직인 TCO와, 상층 사무직 노동자 및 전문자유직 종사자들의 중앙 노동조합조직인 SACO에 소속된 임노동자들 중 민간부문에 종사하는 임노동자들을 대표하여 SAF와 중앙단체교섭을 담당하는 조직으로, 1973년에 결성되었다.

이는 SAF가 적어도 인사정책만은 사용자의 고유권한 영역이라는 종래의 입장을 완강히 고수한 데 기인한 것이었다.

전체적으로 볼 때 발전협약의 내용은, 노동입법이 한창 추진되던 1970년대에 LO가 가졌던 야심적 기획의 수준에는 크게 못 미치는 것이었으나, 발전협약 체결 이전의 실제 상황과 비교해볼 때, 기업의 의사결정에 대한 노동조합의 영향력 행사 여지를 대폭 확장시켜주었다고 평가할 수 있다.

4. 임노동자기금안에 앞서 등장한 유사한 구상들

이제 기금안이 나오기에 앞서 스웨덴 사민주의 진영으로부터 제안된 바 있는, 기업 소유의 사회화 방안에 대한 구상이나 이윤분배제도 구상, 노사가 공동으로 관리하는 산업별 기금에 대한 구상의 내용을 살펴보고, 또 이러한 구상들과 기금안의 내용을 비교해보자. 이를 통해 스웨덴 사민주의 운동의 이념적 뿌리를 이해하는 한편, 기금안을 역사적 맥락에서 조명해 그 문제의식을 더 잘 이해할 수 있기 때문이다.

1) 비그포르스의 '소유주 없는 사회적 기업'

에른스트 비그포르스(Ernst Wigforss 1881-1977)는 스웨덴 사민주의 운동의 전 역사를 통틀어 최고의 이데올로그로 평가되는 인물이다. 스웨덴 사민당의 지도적 인물 가운데 저술의 양과 범위, 지식의 폭과 깊이에 있어 비그포르스에 필적할 만한 인물은 거의 없었다.

또 비그포르스는 단지 출중한 이데올로그였을 뿐 아니라 당의 중심부에 자리하여 당의 정책 입안과 집행에 큰 영향력을 행사한 인물이기도 했다. 그가 재무부 장관으로 일하던 1930년대에 세계 최초의 케인스주의적 수요관리정책으로 평가되는 공황극복정책을 입안·집행한 것이 그 대표적

외스텐 운덴(Östen Unden 1886-1974)과
군나르 뮈르달(Gunnar Myrdal 1898-1987)

비그포르스와 더불어 사민당 내에서 중책을 맡으며 활동한 대표적 지식인으로는 외스텐 운덴과 군나르 뮈르달이 있다. 법학교수 출신인 운덴은 오랜 기간 사민당 정부에서 법무부 장관과 외무부 장관직을 맡으며 사민당의 법률정책과 외교정책을 총괄했다. 민법학 분야의 대가인 그의 법학관과 소유권 개념은 아들러-칼손(Gunnar Adler-Karlsson)의 '기능사회주의론'의 모태가 되었다. 그러나 그의 정치활동 및 연구 분야는 법률과 외교라는 전문 분야에 한정되어 있었으며, 사민주의 이념의 정립이나 경제, 사회정책의 입안이라는 핵심적 영역에는 관여한 바 없었다. 1974년에 노벨 경제학상을 수상한 군나르 뮈르달은 사민당 내에서 활동하기 전부터 경제학자로서 큰 명성을 누리고 있었다. 그는 저술의 양에서 비그포르스를 능가했으며, 경제이론 분야에서도 본래 언어학을 전공했던 비그포르스보다 크게 앞섰다. 또 그는 1930-40년대에 사민당 정부가 조직한 각종 연구위원회에서 활동하며 사민당의 경제정책 및 사회정책에 큰 영향을 미쳤다. 특히 그가 그의 아내 안나 뮈르달(Anna Myrdal)과 함께 1934년에 발간한 『인구문제에 있어서의 위기』(Kris i befolkningsfrågan)는 이후 사민당의 가족정책에 지대한 영향을 미쳤다. 경제정책 영역에서는 뮈르달은 대체로 비그포르스와 같은 입장을 취했다. 그는 1933년에 비그포르스의 주도로 시행된 공황극복정책을 이론적으로 뒷받침해주는 역할을 맡았으며, 1944년에 비그포르스의 주도하에 LO와 사민당이 공동으로 작성한 『노동운동의 전후강령』(Arbetarrörelsens efterkrigsprogram)의 입안 작업에도 전문가 자격으로 참여했다. 당시 뮈르달은 비그포르스와 더불어 사민당 내에서 경제정책과 관련하여 계획주의적 관념을 강하게 가진 대표적 인물이었다. 또 그는 1945-47년 기간에는 통상부 장관직을 맡기도 했다. 그러나 뮈르달도 사민당에 대한 이념적, 정치적 영향력이라는 측면에선 비그포르스와 비교될 만한 위치에 있지 못했다. 그는 당 내에서 주로 경제정책 및 사회정책 전문가로 인정받았을 뿐, 비그포르스처럼 당의 중심부에 확고하게 위치하여 사민당의 이념과 정책 노선에 크게 영향을 미칠 수는 없었다. 또 그는 1947년에 통상부 장관직에서 사임한 이후에는 스웨덴 국내 정치에서 손을 떼고 주로 저개발국문제나 전문 경제학 분야에 전념했다. 뮈르달의 국제적 명성도 주로 이러한 분야에서 형성된 것이다. 또 사민주의운동의 이념적 기초를 정초하는 일은 비그포르스에게는 중심 활동 영역의 하나였으나 뮈르달에게는 생소한 영역이었다.

군나르 스트랭(Gunnar Sträng 1906–1992)

19\55-76년 재무부 장관직. 1946-69년 기간에 사민당 당수이자 정부 수상직을 맡았던 터게 에얼란데르(Tage Erlander)와 더불어 스웨덴식 복지국가 모델을 인격적으로 대표한 인물이다. 그는 사민당의 경제정책에 지대한 영향력을 행사하여, 사민당 내에서 수상인 에얼란데르보다 실질적으로 더 큰 권력을 행사한 것으로 평가되곤 한다. 대표적인 우파 사민주의자였던 그는 거대 기업 위주의 성장주의적·자유주의적 경제정책을 일관되게 추진하였다. 렌-마이드너 모델을 사민당의 경제정책 노선으로 채택한 것도 스트랭이었다. 또 그는 간접세인 판매세와 부가가치세를 도입하여 LO로부터 큰 반발을 사기도 했다. "재계에 좋은 것이 스웨덴에도 좋은 것"이라는 그의 유명한 말은, 거대 기업들과 매우 우호적인 관계를 맺었던 그의 경제정책관을 압축해주는 말로 널리 인구에 회자되었다.

사례다. 그는 1920-52년에 당 서기국 위원, 1928-52년에 당 집행위원회 위원직을 맡았고, 또 1919-53년에 국회의원, 1925-26년 및 1932-49년에 재무부 장관을 역임했다. 그런 점에서 비그포르스는 사회주의 이념과 경제정책 실무 모두에 해박하면서 양자를 결합할 수 있는 능력과 기회를 가졌던 보기 드문 정치인이었다. 그를 자주 따라다니는 '이념정치인'(idépolitiker)이라는 수식어는 그의 이러한 면모에 잘 부합된다.

비그포르스의 폭넓은 사상과 다양한 정책 구상 중에서도 우리가 여기서 주목할 부분은 그가 1959년에 제출한 '소유주 없는 사회적 기업' (samhällsföretag utan ägare) 구상이다. 이 구상은 마이드너 그룹이 제출한 기금안과 상당히 유사한 내용을 담고 있었다. 또 기금안의 입안자인 마이드너나 헤드보리(Anna Hedborg)는 그들의 구상이 비그포르스의 이념 노선을 계승하고 있다는 분명한 자의식을 갖고 있었다.[62]

다소 단순화시켜 이야기하자면 비그포르스는 칼레비와 더불어 스웨덴 사민주의 운동의 개혁주의적 사회주의 이념의 발전 과정에서 양대 지주 역할을 했다고 할 수 있다. 비그포르스와 칼레비의 사상 사이에는 공통점뿐 아니라 차이점도 많았다. 기금안의 입안자인 마이드너는 1975년에 기금안 시안을 발표한 직후에 가진 신문 인터뷰에서, 기금안 구상은 칼레비를 사상적 대부로 하여 사민당 주류에 의해 계승되어온 기능사회주의론과는 달리, 마르크스와 비그포르스의 전통을 복원시킨 것이라는 점을 분명히 했다. 에얼란데르(Tage Erlander)나 스트랭(Gunnar Sträng), 팔메(Olof Palme)와 같은 지도적 사민주의자들은 늘 가장 중요한 문제는 기업의 소유가 아니라 기업의 운영이라고 주장해왔는데, 기금안은 이러한 사민주의 전통에 배치되는 것이 아니냐는 기자의 질문에 대해 마이드너는 이렇게 답하고 있다.

우리는 구래의 자본 소유주들로부터 그들이 소유에 기초하여 행사해오던 권력을 탈취할 필요가 있다. 모든 경험은 [사적 소유에 대한] 영향력 행사와 통제만으로는 불충분하다는 점을 보여준다. 소유는 결정적인 역할을 한다. 나는 마르크스와 비그포르스를 상기시키고자 한다. 소유를 변화시키지 않고는 사회를 근

---

62 마이드너와 헤드보리는 1975년에 기금안 시안을 발표한 직후 만년의 비그포르스를 방문하여 기금안 시안의 내용을 설명하였는데, 비그포르스는 기금안 시안의 내용에 대해서는 매우 긍정적인 반응을 보이면서도, 과연 LO가 그러한 급진적 구상을 끝까지 밀고나갈 만한 태세가 되어 있는지에 대해서는 의구심을 나타냈다고 한다. LO 기관지 『노동조합운동』 (Fackföreningsrörelsenn) 1975년 19호 p. 17에는 마이드너와 헤드보리가 비그포르스를 방문하여 나눈 대화 내용이 간략히 소개되어 있다.

저로부터 변화시킬 수 없다. 내 확고한 의견으로는 기능사회주의만으로는 철저한 사회변화를 가져오기 어렵다(*Fackföreningsrörelsen*, 1975, no. 19, 17).

이렇듯 마이드너가 자신의 사상적 대부로 생각했던 비그포르스의 사상체계를 전반적으로 개관하고 나서 그의 '소유주 없는 사회적 기업' 구상을 살펴보도록 하겠다.

미국의 정치학자 틸톤(Tim Tilton)은 비그포르스가 스웨덴 사민주의 운동에 제공한 이념적 기여를 크게 세 가지 영역으로 구분했다. 첫째, 마르크스주의에 대한 결정론적 해석을 거부하고 점진주의적 방식의 사회주의 이행 노선을 정당화했다는 것이다. 둘째, 사민당의 경제정책 및 사회정책을 개발하는 데 공헌했다는 것이다. 셋째, 스웨덴 사민주의자들에게 복지국가의 건설에 자족하지 말고 더욱 수준 높은 평등과 민주주의를 달성하는 데 진력해야 한다는 점을 역설했다는 것이다(Tilton 1990: 41-42).[63] 틸톤의 이러한 설명은 매우 적절한 것으로 판단된다.

먼저 첫 번째 영역의 문제들은 결국 개혁주의적 사회주의운동의 이념적 기초를 정초하는 문제로 압축된다. 그리고 이러한 원대한 과제에 도전하고자 하는 사람들이 피할 수 없는 문제 가운데 하나는 마르크스주의를 어떻게 평가할 것이냐는 문제다. 비그포르스는 스웨덴 사민주의 운동의 2세대에 속하는 인물이다. 한손(Per Albin Hansson), 묄러(Gustav Möller), 비그포르스, 횔드(Per Edvin Sköld), 칼레비 등으로 대표되는 2세대 사민주의자들은 스웨덴 사민주의 운동의 방향을 개혁주의 노선에 안착시키고, 스웨덴 모델의 기초를 놓은 세대로 평가된다. 그들은 대개 청년기에 카우츠키주의적 마르크스주의에 의해 크게 영향받았다가 점차 실용주의적 복지국가주의로

---

63 비그포르스의 사상에 관한 종합적 연구로는 Lindblom(1977), Tilton(1990: 39-69) 참조. 청년기의 비그포르스의 사상 발전 과정에 관한 연구로는 Hansson, Gunnar(1997) 참조.

귀착해간 세대라 할 수 있다.

비그포르스는 2세대 사민주의자들 중에서 마르크스주의로부터 비교적 강하게 그리고 오랫동안 영향을 받은 편이었다. 그는 사민당이 평등주의적 조세정책과 사회정책을 통해 괄목할 만큼 소득과 소비의 균등화를 달성해낸 후에도, 재산 특히 생산수단 소유 영역에서도 평등을 이루어내기 위한 추가적 노력이 절실히 필요하다는 점을 끊임없이 역설한 몇 안 되는 인물 중의 하나였다. 또한 그는 1920년대 이후 스웨덴 사민주의자들 내에 편만해진 국민주의적 분위기와 거리를 두었고, 1928년 당시 사민당 당수 한손의 의회 연설에서 처음으로 사용된 이후, 사민당의 노선을 압축해주는 은유로 널리 사용되었던 '인민의 가정'(folkhemmet)[64]이라는 용어에 담긴 가부장주의적 함축을 못마땅하게 생각하여, 이 용어를 전혀 사용하지 않은 인물이기도 했다(Helldén 1991: 496). 또 사민당의 강령 개정을 둘러싼 여러 차례의 논쟁에서, 그는 마르크스주의적 사고와 용어들이 강령 내에 존속되어야 한다는 입장에 선 편이었다. 요컨대 그는 스웨덴 사민주의 운동이 개혁주의적이고 국민주의적인 노선에 안착한 이후에도 초기 사민주의운동의 급진주의적 에토스를 오랫동안 간직한 인물이었다.

그러나 그를 마르크스주의자로 보기는 어렵다. 우선 그는 자본주의의 붕괴에 따른 사회주의로의 이행을 역사적 필연으로 보지 않았다. 이는 있을

---

64 '인민의 가정'(folkhemmet / the peoples' home)이라는 용어는 1928년에 당시 사민당 당수이던 한손(Per Albin Hansson)이 의회 연설에서 처음으로 사용한 용어다. '인민의 가정'이라는 용어는 바람직한 사회의 모습을 비유적으로 표현한 것이다. 바람직한 가정에서는 가족 간에 사랑과 배려, 평등과 협력이 가득하듯이, 사회는 그 사회 구성원들 간에 평등과 협력, 연대가 넘치는, 전체 국민의 좋은 가정 역할을 담당해야 한다는 것이다. 그리고 스웨덴 사회가 이렇게 인민의 가정이 될 수 있으려면, 계급차별이 소멸되고 사회복지 서비스가 발전하고 정치적 민주주의가 사회적 민주주의·경제적 민주주의로까지 확장·발전해가야 한다는 것이다. '인민의 가정'이라는 용어는 이후 사민당의 사회정책·경제정책 노선을 상징적으로 표현해주는 용어로 널리 통용되었다. 특히 1930년대 이후 사민당의 적극적 사회정책, 또 국민주의적·계급협조주의적 노선을 압축적으로 함축하는 용어로 많이 사용되었다.

수 있는 여러 시나리오 중의 하나일 뿐이라는 것이다. 자본주의의 붕괴와 사회주의로의 이행이 필연으로 간주될 수 없는 것은, 인간이 어떻게 의식적으로 행위하느냐에 따라 역사의 궤도가 달라질 수 있기 때문이기도 하지만, 사회구조를 결정하는 데 결정적 역할을 하는 경제가 점점 더 크게 의존해온 과학과 기술의 발전 방향을 예측하기가 아주 어렵다는 점 때문이기도 하다. 과학과 기술은 인간세계에서 가장 예측하기 어려운, 지성의 창조물의 세계의 문제라는 것이다.[65] 또 그는 변증법에 관심이 없었으며, 그의 과학관은 매우 실증주의적인 것이었다.

또한 그는 마르크스의 사상체계 중 좁은 의미에서의 경제이론에 대해서는 큰 관심을 보이지 않았다. 그는 사민당 내 최고의 경제이론가의 하나이면서도, 예컨대 가치론과 같은 마르크스 경제이론의 중심적 부분들에 관심을 보이지 않았다. 오히려 그는 순수경제이론 영역에서는 스웨덴의 대표적 신고전파 경제학자인 빅셀(Knut Wiksell)로부터 적지 않은 영향을 받았다. 또한 그는 마르크스주의 외에도 다양한 사회주의 조류들에 해박했다. 특히 영국의 콜(G. D. H. Cole)이나 홉슨(S. G. Hobson) 등이 주창한 길드사회주의(guild socialism / gillessocialism)로부터 큰 영향을 받았다. 특히 자본주의에 대한 대안적 경제체제의 구상과 관련해선 마르크스주의보다는 길드사회주의의 구상에 크게 기울었다.

이렇게 마르크스의 역사유물론이나 경제이론과 같은 특정한 역사관이나 이론에 전적으로 의존하지 않은 비그포르스는 사회주의를 도그마가 아니라 작업가설로 간주해야 한다고 역설했다. 사회주의 이론을 의심의 여지없이 확고한 교의의 체계인 도그마가 아니라 경험에 의해 끊임없이 수정되어야 하는 작업가설로 간주해야 하는 근본적 이유는 사회주의 이론을 포함

---

65 Ernst Wigforss, "Om provisoriska utopier."(「잠정적 유토피아에 관하여」), In Wigforss (1980), *Skrifter i urval*(『비그포르스 선집』), Vol. I, pp. 274-313 중 p. 300. 이 글은 본래 1958년에 처음으로 발표되었다.

하여 모든 지식이 갖는 궁극적으로 잠정적인 성격 때문이다.

도그마는 예로부터 기존 사회를 유지하려는 사람들에게는 아주 자연스런 견해였다. 그러나 동시에 혁명주의자들에게도 그러했다. 모든 관점은 잠정적일 수밖에 없으며 모든 미래상은 가설일 수밖에 없고, 모든 관점과 미래상의 생명력에 대해서는 오직 경험만이 평가할 수 있다는 통찰이 스며드는 데는 많은 시간이 걸렸다. 그러나 지금의 사회와 다르고, 또 그보다 나은 사회형태에 대한 우리의 관념이 아무리 잠정적이고 가설적이라 해도, 이러한 관념 없이 일할 수는 없다.[66]

미래에 대한 구상은……끝없는 노력을 통해 우리가 그것을 향해 그저 조금씩 접근해갈 수 있는 종착점에 대한, 한번 만들어지고 나면 바뀔 필요 없는 구상이어서는 안 된다. 그 대신 미래에 대한 구상은 길을 인도해주는 별과 같은 것, 당면한 어려움으로부터 빠져나갈 수 있는 최선의 출구를 발견하는 데 도움을 주는 것이 되어야 한다.[67]

이러한 작업가설론을 사민주의운동이라는 실천적 영역에 적용시킨 것이 '잠정적 유토피아'(proviska utopier / provisional utopias)론[68]이다. 비그포르스는 유토피아주의에 대한 포퍼(Karl Popper)의 유명한 비판에 대한 응답으로서 '잠정적 유토피아'론을 제시했다. 주지하다시피 포퍼는 "역사주의

---

66 Ernst Wigforss, "Socialism—Dogm eller arbetshypotes?"(「사회주의—도그마냐 작업가설이냐?」), In Wigforss(1980), *Skrifter i urval*, Vol. I, pp. 178-202 중 p. 182. 본래 이 논문은 1925년에 *Tiden*(『시대』)지에 게재.

67 Ibid., p. 202.

68 '잠정적 유토피아' 문제를 다룬 비그포르스의 글은 Ernst Wigforss, "Om provisoriska utopier." In Wigforss(1980), *Skrifter i urval*, Vol. I, pp. 274-313. 이 글은 본래 1958년에 처음으로 발표되었다. 비그포르스의 잠정적 유토피아론을 본격적으로 다룬 연구로는 Tilton(1984: 36-54) 참조.

의 빈곤"("The Poverty of Historicism", 1944-45)과 『열린 사회와 그 적들』(*The Open Society and Its Enemies*, 1945)에서 마르크스·헤겔·플라톤의 사상을 '유토피아적 사회공학'(utopian social engineering)의 대표적 사례로 거론하며 이들을 철저하게 비판하였다. 그의 비판의 요지는, 이상적인 사회상태의 모습을 미리 확정하고 현실 사회를 이러한 이상사회로 바꾸려 기도(企圖)하는 모든 유토피아적 사회공학은, 인간의 지식이 갖는 불완전성과 잠정성으로 인해 반드시 실패할 수밖에 없다는 것이다. 따라서 현실적으로 가능하고 또 바람직한 것은 당면한 시급한 문제들을 가능한 한 단기간 내에 해결해가는 '점진적 사회공학'(peacemeal social engineering)이라는 것이다. 또 정치의 과제는 추상적 선을 추구하는 일이 아니라 구체적 악을 제거하는 일이 되어야 한다는 것이다.

비그포르스는 유토피아적 사회공학에 대한 포퍼의 비판에 수긍했다. 그러나 당면한 문제들에 대한 단기적 처방에만 주력할 것을 주장하는 점진적 사회공학론에 대해서는 비판적 입장을 취했다. 우선 비그포르스는 유토피아가 갖는 정치적 유용성에 주목했다. 현재의 사회상태보다 훨씬 나은 사회상태에 대한 청사진인 유토피아는 사람들에게 현재의 사회상태를 바꾸어보려는 열정을 불러일으키는 측면이 있다는 것이다. 또 추구해야 할 목표로서의 유토피아가 있을 때에야, 사람들은 그렇다면 과연 어떠한 방식으로 유토피아적 상태에 접근해갈 수 있는가를 고민하게 되는 면도 있다. 또 포퍼가 제안하는 점진적 사회공학적 접근이 갖는 난점도 있다. 사회문제들은 서로 밀접한 관련 속에 있기 때문에, 시급한 해결을 요망하는 어떠한 구체적 사회문제라 하더라도 그것만을 고립적으로 떼내어 해결하기는 어렵다. 어떤 한 문제를 특정한 방식으로 처리하는 것은 필연적으로 다른 문제들에 영향을 미치게 마련이기 때문이다. 따라서 시급한 해결을 요구하는 어떤 한 문제를 해결하기 위해서라도, 여러 사회문제들에 어떠한 가중치를 줄 것이며, 여러 문제 영역들 간의 바람직한 균형상태는 어떠한 것인지에 대한 종합적인 구상과 중장기적 계획이 필요하다는 것이다. 그런 점에서 바람직한 사회상태에 대한 종합적인 청사진으로서의 유토피아는 필요하다는 것이다.

그러나 이 유토피아가 더 이상 수정을 필요로 하지 않는 최종적인 것으로 받아들여질 때에는 문제가 생긴다. 포퍼가 말하는 '유토피아적 사회공학'의 문제를 안게 된다는 것이다. 따라서 유토피아는 잠정적인 성격을 띠어야 한다. 경험을 통해 수정해가야 한다는 것이다. 그런 점에서 '잠정적 유토피아'란 사회문제의 해결을 위한 작업가설이라 할 수 있다. 그런데 이러한 잠정적 유토피아가 유용한 작업가설의 역할을 다할 수 있으려면 주어진 제한된 지식의 범위 내에서 가능한 한 구체적으로 내용이 짜여져야 한다. 그럴 때에야 경험과의 대비를 통한 수정이 가능해질 수 있다는 것이다. 비그포르스는 이러한 자신의 잠정적 유토피아론은, 유토피아적 사회공학에 대한 포퍼의 비판의 근저에 자리잡은 과학철학적 입장에 위배되지 않으면서도, 점진적 사회공학론이 가진 난점도 비껴갈 수 있는 해결책이라 생각했다. 우리가 보기에 잠정적 유토피아론은, 일단 시급히 해결을 요구하는 당면 문제들의 해결에 주력하면서도, 장기적으로는 사회구조의 큰 변화를 가져올 수 있는 길을 모색하는 개혁주의적 사회주의자로서의 비그포르스의 접근방식을 가장 잘 표현해주는 개념이라 판단된다.

비그포르스는 사민당의 경제정책을 입안하고 당의 강령을 작성하는 데서도 주도적인 역할을 담당했다. 그 중에서 가장 널리 알려진 것이 1930년대에 그가 주도적으로 입안·집행한 케인스주의적 수요관리정책이다. 그는 웹 부부(Sidney & Beatrice Webb)나 콜(G. D. H. Cole) 등 영국 사회주의자들의 저술과 『일반이론』 이전의 케인스의 저작들로부터 받은 지적 자극과, 당시 태동 중에 있던 스톡홀름학파와의 지적 협력 속에서, 케인스주의적 수요관리정책을 입안·집행하고, 또 이를 이론적으로 정당화했다. 외국의 사회주의 조류와 경제학의 동향에 밝았던 그는 사민당 내에서 외국의 지적 조류들을 흡수·소개해주는 지적 창구 역할을 맡았을 뿐 아니라, 이러한 지적 조류들을 구체적인 사민주의 정치에 접목시키는 역할도 담당했다. 앞에서 살펴보았듯이, 그의 주도하에 성공적으로 추진된 케인스주의적 수요관리정책에 부분적으로 힘입어 사민당 정부는 효과적으로 공황을 극복할 수 있었다. 또 케인스주의적 수요관리정책의 성공은 공황을 계기로 하여 사민당 급진파들이 제기하였던 사회화 노선을 최종적으로 잠재우는 정치적 효과를 낳기도 했다. 그런 점에서 그는 사민당이 자본주의의 위기를 본격적 사회화에 착수하기 위한 조건으로 활용하는 대신 단기적인 처방을 통해 위기를 비껴가는 선택을 하게 되는 데 중요한 역할을 담당했다고 할 수 있다. 또 그런 점에서 그가 주도적으로 입안·집행한 케인스주의적 수요관리정책은 당시 사민당이 직면했던 정치정세의 맥락에서 볼 때 보수적 성격을 띠었다고 볼 수도 있다.

그러나 비그포르스를 '보수적 개혁주의자'로 보기는 어렵다. 그가 사민당의 중앙정치무대에서 활동하던 1920-40년대에 사민당이 제출한 급진적 경제정책 구상의 배후에는 늘 그가 자리잡고 있었다. 1928년에 사민당이 의회에서 발안하여 부르주아 정당들과 큰 정치적 대립을 초래한 상속세 강화안이나, 1944년의 『노동운동의 전후강령』, 또 고소득층의 조세 부담을 대폭 증가시키는 방향으로 입안되어 좌우격돌을 가져왔던 1946년 조세개혁안 등이 그 대표적 사례다. 비그포르스는 부르주아 정당들이나 재계로부터, 사민당 지도부 내에 자리잡은 골수 사회주의자로 간주되어 집중적인 공격의 표적이 되곤 했다. 케인스주의적 수요관리정책이라는 것도 비그포르스에게는 그것이 단기적으로 자본주의의 위기를 극복하는 데 도움을 준다는 측면뿐 아니라 장기적으로는 경제에 대한 국가의 개입과 통제를 증대시킴으로써 점진적 방식으로 사회주의로 나아가는 데 도움을 준다는 점에서 의미를 갖고 있었다.

그러나 그가 입안한 경제정책들의 귀결이라는 점에선 사민당에 대한 그의 기여는 비대칭적이었다. 케인스주의적 수요관리정책과 같이 자본주의 위기관리정책적 성격이 큰 정책구상은 실제로 정책으로 구현되었으나, 상속세강화안이나 『노동운동의 전후강령』과 같이 당시의 정세 속에서 급진적 성격을 띤 정책안들은 부르주아 진영의 격렬한 반대와 그에 뒤이은 선거에서 사민당 득표율의 하락으로 인해 적어도 단기적으로는 정책으로 구현되지 못했다. 그러나 사민당 지도부 내에 자리 잡은 대표적 좌파 사민주의자였던 그는, 적어도 동료 사민주의자들에게 현 상태에 만족하지 말고 더욱 급진적인 개혁에 착수해야 한다는 점을 끊임없이 상기시킴으로써, 사민당 내에 개혁주의적 열정이 꺼지지 않고 이어지도록 하는 데 큰 역할을 담당했다고 할 수 있다. 또 그가 구상한 급진적 정책구상들의 일부는 이후 보다 유리해진 정치상황 속에서 정책으로 구현되기도 했다.

비그포르스는 사민당의 강령을 입안하는 데도 주도적으로 관여했다. 당에 의해 채택되지는 않았지만, 향후 사민당이 수십 년에 걸쳐 실제로 추진하게 될 정책들이 거의 망라되어 있던 『요테보리 강령 』(*Göteborg program*, 1919)은 그가 거의 단독으로 작성한 것이었고, 계획주의적 관념이 강하게 투영된 1944년의 사민당 강령이나 동년의 『노동운동의 전후강령 』은 그의 주도로 작성된 것이었다.

비그포르스는 1949년에 재무부 장관직을 사임함을 통해 중앙정치무대로부터 퇴장했다. 그러나 그는 은퇴 후에도 집필 활동을 통해 후배 사민주의자들에게 이념적·정책적 조언을 제공하였다. 무엇보다도 그는 사민주의자들이 복지국가의 건설에 자족하지 말아야 한다는 점을 강조했다. 그가 보기에 복지국가란 사회주의 자체가 아니라 사회주의로 나아가는 먼 도정 위에 있는 중간 정거장일 뿐이었다.

사민주의는 복지국가를, 한층 더 사회주의적 성격을 띤 사회로 가는 길 위에 놓여 있는 정거장으로 이해해야 할 것인가? 아니면 그 탄력성 있는 경계 내에서 전통적 사회주의 이념으로부터 유용하게 계승할 만한 것은 모두 실현시킬 수 있는 사회 유형으로 이해해야 할 것인가?[69]

복지국가의 틀 내에서 평등주의적 사회정책은 분명히 계속 발전해갈 수 있다. 물론 어느 정도가 바람직한가를 둘러싼 갈등은 없을 수 없겠지만. 그러나 복지국가의 틀이 유지되려면, 무제한적일 정도로 거대한 개인적 자본형성을 배제시킬 정도로까지, 또 이러한 것을 배제시키는 형태로 평등화가 추진되어서는 안 된다. 계급 없는 사회라는 것이 경제적 문제들에 있어 아주 큰 차이나 상속에 기초한 차이의 부재를 의미하는 것이라면 계급 없는 사회가 복지국가 속에 자리잡을 여지는 없다.[70]

평등주의적 사고가 없었더라면 복지국가가 출현하지 않았을 것이다. 그런데 이 평등주의적 사고를 계속 갖고 있으면서, 복지국가 내에도 아직 남아 있는 계급사회의 형태에 머물러 있는 것은 불가능한 것으로 보인다.[71]

그렇다면 비그포르스가 보기에, 발전된 복지국가의 틀 내에서도 실현되지 않은 미완의 사회주의적 과제들이란 무엇인가? 비그포르스는 매우 많은 것들을 거론하였지만, 그가 역점을 두어 강조한 과제들인 동시에 기금논쟁을 다루는 우리의 주목을 가장 끄는 것은 작업장 민주주의의 진전과 그가 '소유주 없는 사회적 기업'이라 표현한 새로운 기업소유형태의 창출이다. 적극적 재분배정책을 통해 소득과 소비 수준의 균등화를 도모하는 제도적 틀이 복지국가라면, 그 틀을 넘어 새로이 도전해야 할 과제들에 무엇보

---

69 Ernst Wigforss, "Välfärdsstaten—anhalt till socialism"(「복지국가—사회주의로 가는 정거장」), In Wigforss(1980), *Skrifter i urval*, Vol. V, pp. 143-153 중 p. 145. 이 글은 1955년 사민주의 청년동맹(SSU) 14차 총회에서 비그포르스가 연설한 내용이다.

70 Ibid., p. 147.

71 Ibid., p. 148.

다도 생산 영역의 문제들, 비그포르스를 포함하여 많은 스웨덴 사민주의자들이 통상 '산업민주주의'나 '경제민주주의'라는 용어로 포괄해온 문제들이 포함되었다는 것은 매우 자연스럽다.

그런데 작업장 민주주의의 진전과 새로운 기업소유 형태에 대한 비그포르스의 구상을 잘 이해하기 위해서는 이러한 문제와 관련하여 그에게 큰 영향을 미쳤던 영국 길드사회주의에 대해 간략히 살펴볼 필요가 있다.[72] 영국의 콜과 흡슨을 이념적 주창자로 하는 길드사회주의는 1910년을 전후하여 영국에서 태동하였다. 길드사회주의 이념의 핵심은, 무정부주의적이고 노동자 자치주의적 지향이 강한 생디칼리즘(syndicalism)과 이와 대척점에 있는 국가사회주의 사이의 중간 노선을 취하겠다는 것이다. 국가사회주의가 낳을 수 있는 과도한 관료주의와 노동대중의 실질적 소외에 대한 생디칼리즘의 경고를 적극적으로 수용하되, 무정부주의적인데다 소비자의 희생하에 생산자의 이익만을 배타적으로 대변하기 쉬운 생디칼리즘의 문제점도 피해가겠다는 것이다. 대안적 사회경제체제 모델과 관련하여 길드사회주의자들의 구상의 핵심은, 일반적인 정치적 문제들과 거시경제정책 영역에선 민주화된 국가가 주권을 행사하고, 생산방식을 포함하여 산업 내부의 문제들에 대해선 노동자들의 자치적 결사체인 길드(guild)가 주권을 행사하는 이중권력체계의 사회를 건설한다는 것이다. 즉 국가는 소비자로서의 일반 시민의 이익을 옹호하는 역할을 담당하고 길드는 생산자로서의 노동자의 이익을 대변하는 역할을 담당함으로써 소비자와 생산자의 이익이 균형을 이룰 수 있게 한다. 동시에 국가에게 국민경제 차원에서의 거시적 조정기능을 맡김으로써 거시경제적 혼란도 피한다는 것이다. 이렇듯 길드사회주의는 생디칼리즘과 국가사회주의 사이의 중간 노선이라고 할 수 있

---

72 길드사회주의의 내용과, 영국 및 스웨덴의 건설 부문에서 실제로 시도된 길드운동에 대한 연구로는 Lundh(1980) 참조. 길드사회주의의 대표적 사상가인 콜(G. D. H. Cole)의 길드사회주의 구상이 자세히 정리된 글로는 Cole(1919) 참조.

지만, 당시 사회주의자들의 지배적 사회주의관이 국가사회주의였던 점을 고려하면 생디칼리즘으로 크게 경사된 이념이었다고 볼 수 있다. '길드'사회주의라는 용어도 중세에 길드가 국가권력에 대해 가졌던 자치적·대항적 성격에 착안하여 고안된 것이다.

길드사회주의는 자본주의적 소유관계의 전면적 철폐를 지향하는 이념이었다. 대표적 길드사회주의자였던 콜이나 홉슨은 국가가 생산수단을 형식적으로 소유하되 생산수단의 사용 방식에 대한 의사결정권은 길드에게 귀속되는 형태의 소유관계를 바람직한 모델로 생각했다. 자본주의로부터 길드사회주의 사회로의 이행전략과 관련해선 무엇보다도 노동조합운동의 투쟁에 무게중심이 두어졌다. 총파업을 포함하여 노동조합운동의 다양한 투쟁을 통해 자본의 경영대권을 점진적으로 탈취해가고, 궁극적으로는 자본주의적 소유관계 자체를 철폐한다는 것이다. 의회민주주의제도를 통한 정치적 영역에서의 투쟁에는 별다른 비중을 두지 않았다. 그런 점에서도 길드사회주의는 생디칼리즘적 성격이 두드러진 이념이라 볼 수 있다. 길드사회주의는 단지 논의로만 끝난 것이 아니라 1920년대에 영국 및 독일 등의 건설노조들에 의해 실험되기도 하였다. 그런데 건설노조들이 실험한 길드운동은 콜이나 홉슨의 구상과는 사뭇 달리, 자본주의 틀 내에서의 생산자협동조합운동의 형태로 전개되었다.[73]

---

73 예컨대 영국의 경우 건설 부문의 단위 노조들이 공동으로 출자하여 길드를 조직하였으며, 길드 운영위원회는 단위 노조들의 대표들로 구성하였다. 콜이나 홉슨 등은 노동조합운동의 비타협적 투쟁을 통해 자본주의를 철폐하고 난 후에 길드사회주의 사회를 소식할 것을 구상하였으나, 건설노조들에 의해 실제로 시도된 방식은 자본주의의 틀 내에서 회원들의 자발적 출자에 의해 일종의 생산자협동조합을 만드는 형태였다. 길드는 주식회사원리가 아니라 협동조합원리에 의해 조직되어, 출자 자본의 규모에 관계 없이 길드에 참여한 노조들은 동등한 표결권을 행사했다. 길드는 건설 부문 노조원 중에서 노동자를 공모하여 사업에 뛰어들었다. 건설 부문에서 길드사회주의적 실험이 시도될 수 있었던 핵심적 이유로는, 당시 제조업에 비해 건설업은 필요자본 규모가 작아 노동조합의 출자에 의한 사업 참여가 가능했다는 점과 당시 건설 부문의 실업률이 매우 높아 이 문제를 해결해야 할 필요성을 건설 부문

비그포르스는 1차대전 중에 처음으로 접한 길드사회주의 이념에 크게 공감했다. 그는 길드사회주의에서, 시민들의 경제적 수준을 균등화하는 데 유리한 국가사회주의와, 생산자들의 자유를 고양시키는 데 역점을 두는 생디칼리즘의 장점을 결합시킬 수 있는 길을 발견했다(Lundh 1987: 151). 이후 그는 사민당 내에서 길드사회주의 노선을 대표하는 인물이 되었다. 스웨덴에서 사회화논쟁이 본격적으로 개시되던 시점인 1920년에 열린 사민당 전당대회에서 비그포르스는 길드사회주의 노선을 지지하는 발언을 했으며, 1921년에는 스웨덴 사민주의 운동의 대표 사절 자격으로 영국의 건설 부문 길드들을 방문하고 나서 방문기를 발표하기도 했다.[74] 또 스웨덴에서도 1922년부터 건설 부문 노조들에 의해 길드가 조직되기 시작했는데,[75] 비

노조들이 절박하게 느끼고 있었다는 점을 들 수 있다. 영국의 건설 부문 길드들은 주로 지방정부로부터 건설 주문를 받아 민간 건설기업들과 경쟁하며 사업을 수행해 갔다. 건설 부문 길드들은 초기에는 좋은 성과를 보였으나, 비수기에도 노동자의 해고를 꺼리는 운영방식과 조직방식의 허술함으로 인해 몇 년 지나지 않아 해체되었다. Lundh(1980: 6-11).

74 Ernst Wigforss, "En besök hos engelska byggnadsgillen"(「영국의 건설 부문 길드 방문기」), In Wigforss(1980), *Skrifter i urval*, Vol. II, pp. 28-57. 이 글은 1922년에 사민당 기관지 *Tiden*에 처음으로 발표되었다.

75 스웨덴의 건설 부문 길드운동은 영국에서와는 전혀 다른 경로를 걸었다. 처음에 길드를 조직할 당시에는 영국의 길드운동을 본땄다. 하지만 영국의 길드운동이 실패로 끝난 후 스웨덴의 길드운동은 이를 타산지석으로 삼아 매우 현실주의적인 노선을 취해갔다. 영국의 길드운동은 길드사회주의 이념의 핵심인 노동자 자치주의의 이상에 충실하기 위해 조직과 운영에 있어 단위 노조들이 중심적 역할을 맡았으나, 스웨덴의 경우엔 건설노조가 중심적 역할을 맡았다. 또 영국의 경우엔 협동조합원리에 끝까지 충실했으나, 스웨덴에서는 길드의 경쟁력 유지에 무엇보다 초점을 맞추어, 용이한 재원 조달을 위해 점차 주식회사원리를 도입했고, 1967년에 BPA(Byggproduktion AB, 건설생산 주식회사)라는 단일 거대 주식회사를 설립하는 것으로 귀결되었다. BPA는 건설노조를 최대 주주로 삼았다는 점에서 노동자 소유기업으로서의 성격은 유지하였으나, 초기 길드운동을 지배하던 노동자 자치주의적, 반자본주의적 이념과는 거리가 먼 형태로 조직·운영되었다. 영국의 길드운동이 완강한 이상주의로 인해 조기에 파산했다면, 스웨덴의 길드운동은 철저한 현실주의로 인해 본래의 이념으로부터 멀어져갔다고 할 수 있다. 스웨덴의 길드운동의 형성 및 발전 과정에 대해서는 Lundh(1980: 9-23) 참조.

그포르스는 길드의 조직과 운영방식에 대한 조언자 역할을 맡았다. 또 그는 길드사회주의운동 외에도 유럽과 미국에서 시도된 다양한 산업민주주의적 실험들에 대해서도 큰 관심을 기울였다.

비그포르스는 산업민주주의문제에 관한 해박한 지식으로 인해, 1920년에 사회화위원회와 함께 발족된 산업민주주의위원회의 위원으로 선임되었으며 1921년부터는 이 위원회의 위원장직을 맡았다. 위원회 활동 기간 초기에 비그포르스는 노동자들로 하여금 기업의 의사결정에 큰 영향력을 행사할 수 있도록 하는 정책안을 마련하고자 하였으나, 부르주아 진영의 강력한 반발과 이후 사민당에게 불리하게 전개된 정치 정세로 인해 초기의 야심적 구상을 포기하고, 의사결정권을 갖지 않은 자문기구인 경영위원회를 구성하자는 최종 정책안을 제출하는 데 만족해야 했다. 그러나 앞에서 살펴본 바와 같이 경영위원회 안도 무산되고 말았다. 이후 산업민주주의문제는 오랫동안 스웨덴 사민주의 운동의 정치 일정에서 사라지게 된다. 비그포르스도 이후 재무부 장관직을 맡으며 거시경제정책의 입안과 집행에 전념하게 된 관계로 산업민주주의문제에 대해 전과 같은 관심을 쏟지 못했다. 비그포르스가 산업민주주의문제에 다시 관심을 기울이게 된 것은 정치 일선에서 물러난 1950년대부터였다.

1950년대 이후 비그포르스의 집필 활동은, 스웨덴 사민주의 운동이 그동안 일구어낸 대표적 성과인 복지국가의 건설을 넘어 새로이 추구해야 할 사회주의적 과제들을 제시하는 데 초점이 맞추어졌다. 만년의 그의 사상이 가장 종합적으로 정리되어 있는 저술『정체 상태를 타개할 수 있는가? 일상 정치와 유토피아』(*Kan dödläget brytas? Dagspolitik och utopi*, 1959)[76]에서 비

---

76 Ernst Wigforss, "Kan dödläget brytas? Dagspolitik och utopi"(「정체상태를 타파할 수 있는가? 일상정치와 유토피아」), In Wigforss(1980), *Skrifter i urval*, Vol. V, pp. 225-320. 이 글은 본래 1959년에 Socialist Bokklubb(사회주의 서적클럽)이라는 출판사에서 단행본으로 출간되었다.

그포르스는 사민주의운동이 앞으로 추구해야 할 사회주의적 과제의 핵심적 요소로서 자본주의적 소유관계의 극복을 제시하고 있다.

그동안 다양한 개혁정책을 통해 스웨덴 사회의 민주화와 평등화가 꾸준히 진행되어 왔지만, 자본가와 노동자 사이에 존재하는 경제적·사회적 지위상의 큰 격차는 별다른 변화를 겪지 않았다는 것이다. 여타 영역에서는 상당히 진전되어온 경제적 평등화는 민간 거대 기업의 문턱 앞에서 전진을 멈추어야 했다는 것이다. 막대한 이윤을 올리는 거대 기업의 소유주와 경영진은 세습적 특권을 갖는 신흥 귀족으로 발전해왔다. 기업의 의사결정에 대한 이들의 배타적 권력은 사민주의 운동의 진전에도 불구하고 별로 손상을 입지 않았는데, 이들의 권력의 궁극적 근거는 결국 생산수단에 대한 사적 소유라는 것이다. 그런데 기업 규모가 거대화된 현 경제 상황에서, 생산수단의 사적 소유를 극복하는 길은 집단적 소유형태를 창출하는 것 외에는 없다. 그런 점에서 초기 사회주의자들이 자본주의적 소유관계에 대한 대안으로 생각했던 국유화는 적어도 논리적으로는 자연스러운 것이었다는 것이다.

비그포르스는 국유화 노선에 내재한 문제점을 잘 알고 있었지만 국유화 노선을 무조건적으로 배격하지는 않았다. 거대 기업의 소유권은 국가의 수중에 두면서도 기업의 경영 방식에 있어 일정 정도 분권적 요소를 도입하거나 직접생산자인 노동자들이 기업의 의사결정에 상당한 영향력을 행사할 수 있는 길을 마련하는 것도 불가능하지 않다는 것이다. 또 국가사회주의에서는 개별 노동자와 기업 지도부 사이의 거리가 너무 멀기 때문에 진정한 노동자 민주주의가 실현될 수 없다는 낯익은 비판에 대해서도 비그포르스는 전적인 공감을 보이지 않았다. 이러한 문제는 국가사회주의뿐 아니라 예컨대 정치 영역에서의 대의민주주의제도에서도 확인되는 문제라는 것이다. 구성원들 간의 대면 접촉이 불가능한 모든 거대 조직에서는 조직 지도부와 일반 성원들 사이에 간극이 존재할 수밖에 없다는 것이다. 문제 해결의 관건은 조직의 일반 성원들이 직접 결정해야 할 문제와 지도부에게 의사결정을 위탁해야 하는 문제를 어떻게 적절히 나눌 것이냐에 달려 있다는 것이다.

이렇듯 비그포르스는 국유화 노선에도 아직 충분히 시험되지 않은 발전 잠재력이 남아 있다는 점을 인정하였지만, 그가 자본주의적 소유관계에 대한 주된 대안으로 상정한 것은 국유화가 아니었다. 그가 바람직한 대안으로 구상한 것은 '소유주 없는 사회적 기업'을 조직하는 것이었다. 이 구상의 골자는 다음과 같다.

기존의 민간 거대 주식회사들을 일종의 소유주 없는 재단과 유사한 형태로 전환시킨다. 이러한 새로운 유형의 기업도 주식 발행이나 차입을 통해 자금을 조달할 수 있으나, 가능한 한 이러한 외부 금융을 축소시키고 주로 사내유보이윤에 기초하여 투자자본을 조달하도록 한다. 또 주식 발행을 통해 자본을 조달하게 될 경우에도 주주들에 대한 배당 지급을 가능한 한 최소 수준으로 축소시킨다. 기업 이사회에는 임노동자 대표, 주주 대표, 또 소비자로서의 일반 시민의 이익을 대변하는 국가의 대표가 참여하도록 한다. 이를 통해 상이한 이해관계를 가진 집단들의 이익이 균형 있게 반영될 수 있도록 한다. 임금 수준은 기업이사회와 노동조합 간의 단체교섭을 통해 결정되도록 한다. 즉 노동조합의 전통적 기능은 손상되지 않고 존속된다. 국가는 종래와 마찬가지로 기업에 법인세를 부과하나, 기업의 이윤의 압도적 부분이 기업 내에 유보되어 기업의 발전을 위해 사용되는 새로운 상황에서는 법인세율이 종전보다 낮아지는 것이 바람직하다.

이러한 '소유주 없는 사회적 기업'에선 임노동자들이 과도한 임금인상을 스스로 자제하여 인플레이션 압력이 크게 경감되리라 기대할 수 있다. 기업 이윤의 압도적 부분이 주주에게 배당으로 지급되는 것이 아니라 사내에 유보되어 기업의 성장을 위해 사용되므로, 과도한 임금인상을 자제하는 것이 장기적으로는 임노동자들의 이익에도 도움이 된다는 점을 임노동자들 스스로 인정하게 될 것이기 때문이다. 또 혹자는 과도한 국가권력을 견제하는 측면이 있다는 점에서 민간 거대 기업의 존재를 정당화하기도 하는 데, '소유주 없는 사회적 기업'은 기존의 민간 거대 기업보다도 더 효과적으로 국가권력의 과도한 비대화를 견제할 수 있는 측면이 있다. 거대 사적 자본가가 지배하는 기업체제에서는 노동조합이 자신의 입지를 강화시키기 위해 국가권력으로부터의 지원에 의존하려는 경향을 보이기 쉽다. 그러나 사적 자본가의 역할이 현저히 약화되고 임노동자들이 기업의 의사결정의 중심 주체로 등장하게 되는 '소유주 없는 사회적 기업' 체제에서는 노동조합이 국가권력의 힘을 빌어 자신의 입지를 강화시키려는 동기가 크게 약화될 것이기 때문이다. 오히려 문제는 기업의 운영방식과 관련하여 일반 시민들의 이익을 대변하는 국가와 임노동자 집단대표 간에 이해 대립이 발생할수 있다는 점인데, 이러한 이해 대립도 종래의 사적 자본가와 임노동자들 간의 이해 대립에 비해서는 해결이 한층 용이할 것이다.

'소유주 없는 사회적 기업' 구상은 그 내용이 매우 소략해서, 명료하게 해결되지 않은 문제를 많이 안고 있다. 먼저 문제의 핵심인 기업의 소유형 태에 대한 구상이 별로 구체적이지 않다. 먼저 떠오르는 의문은 기업의 자본 중 주식 발행을 통해 조달한 부분에 대해서는 주주들이 소유권을 행사할 것이지만, 나머지 부분에 대한 소유권은 누구에게 귀속되느냐는 것이다. 비그포르스가 "소유주 없는 재단과 유사한 것이 될 것"(Wigforss 1980: 308) 이라는 표현을 쓴 것을 보면, 기업을 구성하는 재산에 대한 소유권을 개인이나 집단들에게 귀속시키는 것이 아니라, 오늘날의 재단법인과 유사하게 재산 자체에 법적 인격을 부여하고 재산의 운영권을 맡은 이사회가 실질적인 소유주 기능을 담당하도록 하는 형태를 상정한 것이 아닌가 짐작되지만 그리 분명하지는 않다. 만일 비그포르스의 구상이 이런 것이었다면, '소유주 없는 사회적 기업'의 실질적 소유주는 이사회를 구성하는 임노동자 집단 대표와 주주 대표, 국가 대표가 된다. 그런데 이 경우에도 이사회에 대표를 파견하는 임노동자 집단의 포괄 범위에 대한 분명한 언급이 없다. 해당 기업에 종사하는 임노동자 집단만을 염두에 둔 것인지 아니면 해당 기업이 속한 산업별 노조나 LO와 같은 전국적 중앙조직에서 파견된 대표도 기업 이사회에 참여하는 방식을 염두에 둔 것인지를 분명히 알 수 없다.[77] 또 과연 어떠한 경로를 통해 현재의 민간 거대 기업을 '소유주 없는 사회적 기업'으로 전환시킬 것인가에 대해서는 전혀 언급이 없다.

이렇듯 '소유주 없는 사회적 기업' 구상은 그 내용이 극히 소략하지만, 그럼에도 기업 소유의 사회화 문제에 대한 비그포르스의 사고방식의 주된 특징은 충분히 보여주고 있다. 무엇보다도 그가 1910년대에 처음으로 접했던 길드사회주의의 영향이 40여 년이 지난 후에도 여전히 강하게 남아 있다는 점이 분명히 확인된다. 국유화에 대한 대안으로서 제시된 '소유주 없는 사회적 기업' 구상은, 임노동자 대표가 기업 이사회에 참여하도록 함으로써 생디칼리즘의 핵심인 노동자 자치주의의 이상을 살리는 동시에, 소비자로서의 일반 시민의 이익을 대변하는 국가의 대표도 기업 이사회에 참여하게 함으로써, 생디칼리즘의 문제점을 보완하려 하고 있는 것이다.

그런데 매우 흥미롭게도, 비그포르스의 '소유주 없는 사회적 기업' 구상이 나온 지 얼마 안 있어, 마이드너가 이 구상에 대해 논평한 적이 있다. '소유주 없는 사회적 기업' 구상이 실린 비그포르스의 저술『정체 상태를 타개할 수 있는가? 일상 정치와 유토피아』에 대한 서평[78]에서 마이드너는 '소유주 없는 사회적 기업' 구상에 큰 관심을 보이고 있다. 마이드너가 보기에

---

77 다만 비그포르스가 '상이한 임노동자 집단'이 함께 기업의 의사결정에 본질적인 영향력을 행사해야 한다고 언급하고 있다는 점과, 스웨덴 노동조합운동의 중앙집권적 성격을 고려할 때, 비그포르스가 상정한 것은 개별 기업을 넘어서는 상위 수준의 임노동자 대표도 이사회에 참여하는 방식이었으리라고 판단하는 것이 보다 자연스러울 것 같다. 그러나 '상이한 임노동자 집단'이 의미하는 바가, 개별 기업 내의 상이한 임노동자 집단들—예컨대 생산직 노동자 집단과 사무직 노동자 집단—이라고 해석하는 것도 불가능한 것은 아니다.

78 Rudolf Meidner, "Wigforss' programskrift"(비그포르스의 강령저술), In Meidner (1984), *I arbetets tjänst*(노동에 대한 봉사 - 마이드너 선집), pp. 382-387. 이 글은 본래 LO 기관지 *Fackföreningsrörelsen*(노동조합운동) 1960년 16/17 합본호에 게재되었다.

'소유주 없는 사회적 기업' 구상은 그 소략한 내용에도 불구하고 이 저술의 핵심이라는 것이다. 또 이 구상은 아직 그저 암시적인 수준에 머물러 있지만, 바로 그렇기 때문에 오히려 다른 사람들로 하여금 이 문제에 대해 더 사고하도록 자극하는 측면이 있다는 것이다.

마이드너는 '소유주 없는 사회적 기업' 구상이 답해야 할 주요 문제들로 다음과 같은 것을 들고 있다. 첫째, 주주들에 대한 배당을 최소한으로 축소시키면서도 필요자본을 충분히 공급받을 수 있겠는가? 둘째, 기업 이사회가 임노동자·주주·국가라는, 상이한 이해관계를 가진 집단 및 조직의 대표들로 구성될 경우에도 이사회가 제대로 기능할 수 있겠는가? 셋째, 임노동자 대표가 주요 주체로 참여하는 이사회가 노동조합과의 단체교섭에 임할 경우 단체교섭의 결과는 어떻게 될 것인가?

마이드너는 이렇게 '소유주 없는 사회적 기업' 구상이 해결해야 할 문제들은 많지만, 그럼에도 이 구상이 근본적으로 비합리적이라고 볼 수는 없다고 주장한다. 따지고 보면 스웨덴에서 실제로 운영되고 있는 연금기금[79]도 일종의 '소유주 없는 재단'으로 볼 수 있다는 것이다. 비그포르스의 '소유주 없는 사회적 기업' 구상과 유사하게, 이 기금자금의 소유주가 과연 누구냐는 것이 분명히 결정되지 않고도, 임노동자 대표·기업가 대표·공익 대표로 구성된 연금기금 이사회에 의해 기금자금이 관리되고 있다는 것이다.

마이드너는 '소유주 없는 사회적 기업'과 같은 새로운 유형의 기업소유형태에 대한 모색이 필요한 이유를 무엇보다도 거시경제 안정화정책적 측면에서 찾고 있다. 노동조합이 과도한 임금인상을 추구하는 것은 인플레이션을 유발한다는 점에서 문제가 있으나, 기업 이윤의 아주 큰 부분이 소수의 사적 주주들에게 배당금으로 귀속되는 상황에서 노동조합에게 임금

---

79 여기에서 마이드너가 염두에 두고 있는 것은 1959년에 도입된 공적연금제도인 일반보충연금(ATP)제도의 구성요소인 일반연금기금(AP fonder)이다.

인상을 스스로 자제하기를 요청할 수는 없다는 것이다. 또 복지국가가 정비됨에 따라 개인들의 저축 동기가 감소하기 때문에 경제성장에 필요한 자본형성이 위축된다는 문제도 있다. 그런데 이 문제를 기업저축의 증대를 통해 해결하려 하면 거대 사적 주주들의 재산을 한층 더 증대시켜주는 결과를 낳아 사회정의의 관점에서 문제를 야기한다는 것이다. 따라서 이 문제를 근본적으로 해결하는 길은 기업에서 자본을 형성하는 과정에 임노동자들이 소유참여할 수 있도록 하는 것 외엔 달리 없다는 것이다.

이렇듯 마이드너는 '소유주 없는 사회적 기업' 구상을 대체로 긍정적으로 평가하고 있다. 흥미로운 것은 10여 년 후에 마이드너가 주도적으로 입안한 기금안이 몇 가지 중요한 측면에서 '소유주 없는 사회적 기업' 구상과 닮았다는 점이다. 첫째, 기업의 소유형태라는 측면에서 유사성이 크다. 형식적인 기업형태라는 면에서는 '소유주 없는 사회적 기업' 구상은 명시적 소유주가 없는 재단형태를 상정하고 있는 데 비해 기금안에서는 정확하게 주식 지분율에 따라 소유권이 행사되는 주식회사형태를 상정하고 있다. 그렇지만 실질적 소유주체라는 면에선 양자 간의 유사성이 크다. '소유주 없는 사회적 기업'의 실질적 소유주체는 임노동자 집단과 주주, 그리고 국가다. 기금안에서는 기금제도가 적용되는 기업의 소유주는 임노동자 집단과 기존 주주다. 또 기금안은 기금을 관리하는 이사회 위원 중 한두 명은 사회 전체의 이익을 대변하는 공익위원으로 채우도록 하고 있는데, 이러한 발상은 '소유주 없는 사회적 기업'의 이사회에 소비자의 이익을 대변하는 국가의 대표를 포함시킨다는 비그포르스의 발상과 비슷한 면이 있다.

둘째, 기업의 자금조달방식이라는 면에서도 양자 간에는 유사점이 있다. '소유주 없는 사회적 기업' 구상의 중요한 대목의 하나는, 외부 금융에 대한 의존을 가능한 한 줄이고 가급적 사내유보이윤에 기초하여 필요자본을 조달한다는 것이었다. 또 주식발행을 해야 할 경우에도 주주에 대한 배당 지급은 가능한 한 최소한으로 줄이도록 되어 있다. 이는 무엇보다도 주주나 자본 대부자 등 기업 활동에 직접 참여하지 않는 경제주체들이 기업에 대해 행사하는 영향력을 가급적 줄이고 임노동자들의 영향력 행사를 극대화시킴으로써, 노동자 자치주의의 이상에 충실하기 위해서다. 한편 기금안의 핵심적 내용의 하나는, 개별 임노동자에 대한 배당 지급을 허용하지 않고 기금이 소유한 주식을 기업 내에 동결시킴으로써, 기업의 전체 주식 중 기금이 소유하는 비중을 빠른 속도로 증가시키겠다는 것이었다. 이는 물론 임노동자 집단의 소유지배력을 극대화하기 위한 것이다. 또 기금제도가 도입되면 기존 주주들의 배당수익이 과거에 비해 감소하는 효과가 생긴다는 점에서도 기금안과 '소유주 없는 사회적 기업' 구상 사이에는 비슷한 점이 있다.

지금까지 살펴본 비그포르스의 사상을 칼레비의 사상과 비교해보면 스웨덴 사민주의 운동의 궤적을 좀더 쉽게 이해할 수 있다. 스웨덴 사민주의 운동이 배출한 대표적 이데올로그인 두 사람은 모두 혁명주의적 사회주의에 대비되는 개혁주의적 사회주의 노선에 선 인물들이었다. 하지만 우리가 주목하고자 하는 것은 양자 간의 차이점이다. 후배 사민주의자들에게 큰 영향을 미쳐온 이들의 사상 간에 가로놓인 잠재적 갈등이 기금안을 둘러싼 사민주의 진영 내부의 논쟁에서 표출되었기 때문이다.

먼저 소유권문제를 바라보는 시각에서 양자 간에는 적지 않은 차이가 있다. 칼레비는 소유권문제를 법률적 관점에서 바라본다. 그리하여 소유권을 분할 가능한 권리요소들의 집합으로 파악한다. 그런데 이렇게 소유권을 구성하는 권리요소들 중 어떤 것이 핵심적인 것이고 어떤 것이 부차적인 것인지에 대해서는 언급하지 않고 있다. 또 실제 경제관계의 맥락에서, 소유권을 구성하는 권리요소들 간에 현실적으로 존재하는 규정-피규정관계에 대해서도 언급이 없다. 이렇게 칼레비처럼 소유권을 분할 가능하고 상호 병렬적인 권리요소들의 집합으로 파악할 경우, 이들 권리요소들 중 일부에 영향을 미치는 모든 변화를 바로 그만큼의 소유권의 이전으로 보게 되는 것은 논리적으로 당연한 귀결이다. 따라서 8시간노동법이나 노동자안전보호법과 같은 개혁조치도 생산수단이나 노동력의 사용방식과 관련하여 소유주가 독점적으로 행사해오던 권리에 제한을 가한다는 점에서, 생산수단에 대한 사적 소유권을 부분적으로 사회에게로 이전시키는 조치, 즉 생산수단 소유의 사회화로 파악된다. 따라서 기업 안팎에서 노동자들의 생활조건과 권리를 향상시키는 모든 사회정책적·경제정책적 조치는 그 자체가 바로 부르주아적 소유관계의 지양으로 해석되고, 종래에 사민주의자들이 '진정으로 사회주의적인 과제'로 생각했던, 생산수단에 대한 사적 소유권의 지양이라는 문제는 그 독자적 차원을 상실하게 된다. 소유권문제는 일반적인 사회정책이나 경제정책 차원의 개혁조치들로 분산·해소되는 것이다.

칼레비와는 달리 비그포르스는 소유권문제에 대해 자신의 입장을 명료하게 정식화한 적이 없다. 그러나 소유권문제에 대한 비그포르스의 시각이 칼레비의 시각과는 상당히 달랐다는 점을 파악하기는 그리 어렵지 않다. 예컨대 앞에서 언급한 바 있는 만년의 저술 『정체 상태를 타개할 수 있는가? 일상 정치와 유토피아』에서, 비그포르스는 복지국가의 발전에도 불구하고 자본가와 임노동자 사이의 경제적·사회적 격차는 별다른 변화를 겪지 않았는데, 이는 궁극적으로 생산수단에 대한 자본가의 사적 소유에 기인한다고 주장한 바 있다. 그리고 이렇게 생산수단의 사적 소유로 인해 발생하는 근본적인 불평등의 해소 방안으로 비그포르스가 제출하는 대안은 사회정책이나 일반적인 경제정책 차원의 개혁조치가 아니라 '소유주 없는 사회적 기업'이라는 형태로 기업소유형태를 근본적으로 바꾸는 것이다. 그리고 이렇게 민간 거대 기업을 '소유주 없는 사회적 기업'으로 전환시키는 일은 칼레비 식으로 소유권을 구성하는 권리요소들을 부분적·점진적으로 사회화시키는 것을 통해 달성 가능하지 않을 것이다. 적어도 소유권을 구성하는 핵심적 요소들은 한꺼번에 통째로 사회화되어야 하는 것이다. 그런 점에서 소유권문제에 관한 한 비그포르스는 고전적 사회주의의 시각을 계승하고 있다고 할 수 있다. 또 앞에서 살펴본 바와 같이 칼레비는 소유권의 실질적 행사라는 측면에 초점을 맞추어, 소유권의 형식적 귀속 문제는 별로 중요하게 생각하지 않았지만, 비그포르스는 소유권의 형식적 귀속 문제에도 비중을 두었다.

둘째, 사민주의적 개혁정책의 의의와 발전 전망에 대한 평가에서도 칼레비와 비그포르스 간에는 상당한 시각차가 존재한다. 물론 개혁주의적 사회주의자인 양자는 혁명주의적 사회주의자들과는 달리 거대한 단절적 혁명을 통해 기존 사회구조를 단기간 내에 근본적으로 바꾸려는 기도(企圖)를 신뢰하지 않았다. 양자 모두에게 있어 기존 사회를 사회주의적인 방향으로 변화시켜가는 작업은 기본적으로 연속적 개혁의 프로젝트였다. 그러나 비그포르스에 비해 칼레비는 부분적인 개혁조치에 함유된 사회주의적 의의를 좀더 높이 평가하는 편이었고 사회개혁의 발전 과정에 대해 더 연속적이고 점진적인 상(像)을 갖고 있었다. 앞에서 살펴본 바와 같이, 칼레비는 진정으로 사회주의적인 성격을 띠는 실천과 자본주의 틀 내에서의 개혁 작업을 구분할 필요가 없다는 점을 강조했다. 반면에 비그포르스는 종합적인 구상에 기초하여 여타 개혁조치들과 결합되어 추진되지 않는 부분적·고립적 개혁조치가 갖는 한계를 강조했다.

또 칼레비가 개혁정책의 순탄하고 연속적인 발전을 낙관했던 데 비해, 비그포르스는 개혁정책이 자본주의 경제와 마찰을 일으켜 더 큰 사회 갈등을 낳을 수도 있다는 점에 주목했다. 비그포르스는 개혁정책이 자본주의적 생산에 큰 부담으로 작용하여, 이로 인해 노자 간의 갈등이 격화되고 결국 전체 노동조직방식을 근본적으로 변화시키지 않고서는 문제를 해결할 수 없게 되는 상황에 이를 수도 있다고 보았다.[80] 요컨대 비그포르스는 사회주의적 방향으로의 사회개조라는 것을 기본적으로 연속적인 개혁의 프로

---

80 Ibid., p. 143.

젝트로 보긴 했지만, 사회개혁이 일정 수준에 도달하면 더 근본적인 총체적 사회개조를 통해 문제를 해결하거나 개혁정책의 진전을 포기해야 하는 양 자택일적 상황에 직면하게 될 가능성도 있다는 점을 염두에 둔 것이다.

또 칼레비와 비교할 때 사민주의적 개혁정책의 발전 과정에 대해 비그포르스가 갖고 있던 생각은 좀더 단계론적이다. 칼레비가 거의 모든 개혁조치에 무차별적으로 사회주의적 의의를 부여한 것과는 달리, 비그포르스는 각종 개혁조치들이 기존 사회구조에 미치는 변화의 폭과 개혁조치들에 대한 부르주아 진영의 저항의 강도, 즉 개혁조치 실행의 정치적 난이도에 따라 이들을 몇 개의 군(群)으로 분류해내었다. 앞에서 살펴본 그의 저술『정체 상태를 타개할 수 있는가? 일상 정치와 유토피아』에서 비그포르스는 사민주의적 개혁프로젝트를 크게 세 개의 군으로 나누어 제시하고 있다. 생산결과의 분배와 관련된 개혁, 생산의 발전을 위한 개혁, 경제민주화를 위한 개혁이 그것이다.[81] 이러한 개혁군들의 배열 순서는 그가 상정했던 사민주의적 개혁 프로젝트의 발전 단계와 대체로 일치한다.

생산결과의 분배와 관련된 개혁을 달성하기 위한 대표적 정책 수단으로는 사회정책과 재분배적 동기의 조세정책을 들 수 있는데, 이 문제에 관한 한 스웨덴 사민주의 운동은 비교적 순탄하게 괄목할 만한 성과를 얻어왔으며, 부르주아 진영도 이제는 이러한 성격의 개혁조치들에 대해서는 크게 반대하지 않는다는 것이다.

생산의 발전을 위한 개혁이란 자본주의 경제의 거시적, 미시적 비효율성을 극복하기 위한 개혁으로, 완전고용을 위한 각종 노동시장정책, 경기변동을 완화하기 위한 거시경제정책, 경제성장에 필요한 자본 공급을 촉진하고 경제에 대한 공적 통제를 강화하기 위한 집단적 자본형성, 일정 영역에

---

81 Ernst Wigforss, "Kan dödläget brytas? Dagspolitik och utopi." In Wigforss(1980), *Skrifter i urval* Vol. V, pp. 254-310.

서의 경제계획, 생산의 효율화를 이루기 위한 일정 영역에서의 사회화조치 등이 그 구체적 정책수단이다. 그런데 이러한 문제와 관련하여 개혁정책의 목표의 타당성과 정책수단의 적절성 여부를 둘러싸고 부르주아 진영과 사민주의 진영 사이에 아직도 정쟁이 계속되고 있다는 것이다.

경제민주화를 위한 개혁은 개별 기업 수준 및 산업 수준, 또 국민경제 수준에서 임노동자들의 의사결정권을 강화하고, 자본 소유주에 대한 임노동자들의 자립성을 강화하기 위한 개혁이다. 요컨대 민주주의 원리를 경제 영역에도 관철시키기 위한 개혁이다. 이 문제 영역에서는 사민주의 진영의 개혁 시도에 대한 부르주아 진영의 저항이 워낙 완강하여 당시까지 별다른 개혁 성과를 이루지 못하였기에, 앞으로 사민주의운동은 이 부분에 역점을 두어 노력할 필요가 있다는 것이다. 그리고 이 문제 영역에서 자본이 행사하고 있는 배타적 권리의 궁극적 근거는 생산수단에 대한 사적 소유이기 때문에, 궁극적으로는 기존의 민간 거대 기업을 '소유주 없는 사회적 기업'으로 전환시킴으로써 문제를 해결할 수 있다는 것이다.

이렇듯 칼레비와 비교할 때 사민주의적 개혁프로젝트에 대한 비그포르스의 구상은 단계론적 성격을 뚜렷이 띠고 있다. 1970년대에 들어 공동결정법을 위시하여 각종 노동입법이 이루어지고 기금논쟁이 전개되자 많은 스웨덴 사민주의자들은 스웨덴 사민주의 운동의 역사를 '민주주의 3단계 발전론'으로 회고적으로 정리했다. 즉 스웨덴 사민주의 운동은 지금까지 정치적 민주주의를 먼저 쟁취하고 난 후 복지국가의 건설로 대표되는 사회적 민주주의를 실현해왔으며, 이제 경제민주주의라는 좀더 원대한 과제에 도전하게 되었다는 것이다. 이러한 3단계 민주주의론은 비그포르스의 사고 방식에 아주 가깝다고 볼 수 있다.[82]

---

82 칼레비와 비교할 때, 사민주의운동의 개혁프로젝트에 대한 비그포르스의 구상이 단계론적 성격을 뚜렷이 띠게 된 배경으로는 다음과 같은 것을 들 수 있다고 판단된다. 첫째, 칼레비에게는 사회주의 사회의 조직형태문제는 기본적으로 개방된 문제였다. 칼레비는 광범

셋째, 사민주의적 개혁 프로젝트에 대한 칼레비의 구상은 거의 전적으로 분배문제에 국한되어 있었다. 반면에 비그포르스는 분배문제뿐 아니라 생산의 문제, 그의 표현을 빌자면 '경제생활의 조직문제'에도 관심을 기울였다. 길드사회주의로부터 크게 영향받은 비그포르스는 노동자 자치주의의 이상에 크게 경도되어 기업 내부의 의사결정문제에 큰 관심을 기울였다. 칼레비에서는 이러한 면모가 발견되지 않는다. 분배문제에 관심을 집중할 경우 사민주의적 개혁프로젝트의 핵심적 담지자 및 구현 방식은 무엇보다도 국가의 재분배정책이 된다. 또 노동조합운동의 통상적인 임금인상투쟁도 중요한 요소가 된다. 반면에 길드사회주의적 구상에 기초하여 생산조직형태의 개조 문제를 사고할 경우 국가보다는 노동조합운동의 역할이 좀더 강조되며, 노동조합운동은 임금인상이라는 통상적 과제와는 격이 다른 고차원의 과제도 부여받게 된다. 비그포르스에서 발견되는 이러한 노동자 자치주의적 지향은 칼레비뿐 아니라 여타 지도적 사민주의자들과도 거리가

위한 국유화에 기초한 중앙집권적 계획경제를 거부한다는 것 외에는 사회주의 사회의 조직형태에 대한 별다른 구상이 없었다. 이는 생산수단의 소유문제를 그리 중시하지 않는 그의 사고방식과도 관련이 있다. 이에 비해 비그포르스에 있어 사회주의 사회란 우선적으로 생산수단의 소유권이 노동대중에게 귀속된 사회였다. 또 그는 비록 그리 구체적인 형태는 아니었지만, 길드사회주의의 영향하에서 사회주의적 경제조직형태에 대한 개략적인 구상을 일찍부터 갖고 있었다. 궁극적으로 지향해야 할 경제조직형태에 대해 상대적으로 구체적인 구상을 갖고 있었던 비그포르스가 사민주의적 개혁프로젝트에 대해 좀더 단계론적인 사고방식을 갖고 있었다는 점은 매우 자연스럽다. 둘째, 칼레비는 사민주의적 개혁정책이 충분히 성숙하지 않았던 시기에 활동했다. 그가 집필 활동을 한 1910년대 후반에서 1920년대 초의 기간은 보통선거권 쟁취를 통해 정치적 민주주의 프로젝트가 실현되고 매우 제한된 범위의 사회정책이 시도되었던 시기다. 따라서 그에게 있어 본격적인 사민주의적 개혁프로젝트는 미래의 과제였다. 반면에 비그포르스는 그의 오랜 생애와 정치 활동을 통해 스웨덴 모델의 형성 및 발전 과정을 충분히 지켜보고 또 그 과정에 적극적으로 관여할 수 있었다. 따라서 그는 많은 개혁프로젝트의 실현과 좌절을 목격할 수 있었으며 각 개혁정책이 사회구조에 미치는 변화 효과나 각 개혁정책에 대한 노동대중의 지지 정도 및 부르주아 진영의 저항 정도를 실제로 체험할 수 있었다. 비그포르스의 단계론적 개혁관은 기본적으로 스웨덴 사민주의 운동의 실제 역사에 기초해 있었던 것이다.

멀었다.[83]

　양자의 사상의 실천적 계승이라는 면에 시선을 돌려보면, 1960년대 말까지 스웨덴 모델이라는 형태로 제도화되었던 스웨덴 사민주의 운동의 노선은 비그포르스보다는 칼레비의 노선에 더 가까왔다고 볼 수 있다. 우선 자유주의적 경제정책과 평등주의적 사회정책의 결합을 골간으로 한 사민당의 정책 노선은 생산수단의 소유문제를 상대적으로 경시하고 주로 분배문제에 관심을 집중한 칼레비의 사고와 큰 친화력을 갖고 있었다. 특히 소득 및 소비의 균등화라는 사민주의적 프로젝트를 가장 효과적으로 실현시킬 수 있는 길은 국가에 의한 강력한 재분배정책이라는 점에서, 칼레비의 노선은 국가권력을 장악한 사민당에 의해 비교적 용이하게 수용될 수 있었다.

　또 노동자 자치주의적 지향이 약한 칼레비의 사고는 집권을 위해서는 노동계급뿐 아니라 광범위한 중간계층으로부터도 지지를 끌어내야 하는 사민당의 이해관심에도 잘 부합되었다. 또 거의 모든 사회개혁조치에 사회주의적 의의를 부여하는 칼레비의 사고는 자신의 실천을 사회주의적 담론

83　이렇듯 칼레비와 비그포르스 간에 관심 영역상의 차이가 발생하게 된 것은 무엇보다도 양자가 의존했던 이념적 자원에 차이가 있었던 데 기인한다고 판단된다. 칼레비는 카우츠키적 마르크스주의로부터 결별한 이후 별달리 새로이 의존할 만한 사회주의적 이념자원을 갖지 못했다. 따라서 그는 무엇보다도 스웨덴 사민주의 운동이 경험주의적 방식의 실천을 통해 그동안 실제로 성취해낸 분배 영역에서의 성과에 주목하게 되었고, 이러한 유의미한 성과를 낳은 실천 방식을 계승하는 것이 바로 사민주의적 개혁프로젝트의 골간이 되어야 한다고 생각했다. 또 광범위한 국유화에 기초한 전면적 계획경제체제의 수립이라는, 사회주의적 생산관계에 대한 전통적 마르크스주의의 구상에 대해 신뢰를 상실한 이후, 칼레비에게는 자본주의에 대한 대안적 생산조직형태에 대한 구상은 백지로 남을 수밖에 없었다. 반면에 비그포르스는 카우츠키적 마르크스주의 외에도 길드사회주의라는 또 하나의 사회주의적 이념전통으로부터 크게 영향받은 데다, 특히 사회주의 사회의 조직형태와 관련해선 초기부터 마르크스주의보다는 길드사회주의의 구상에 크게 경도되어 있었다. 따라서 비그포르스는 주로 분배문제에 역량을 집중해간 스웨덴 사민주의 주류의 실천에 동참하면서도, 생산조직의 개조라는 또 하나의 사회주의적 프로젝트에 대해서도 줄곧 관심을 기울일 수 있었다.

으로 정당화해야 할 필요가 있었던 사민당에게 도움이 되는 면도 있었다. LO의 경우에도 1960년대 말까지는 협조주의적 노사관계의 틀 내에서, 주로 경제성장과 분배구조의 개선에 관심을 집중하고 산업민주주의문제에 관심이 적었다는 점에서 비그포르스보다는 칼레비의 노선에 가까운 실천을 해왔다고 볼 수 있다.

반면에 1970년대에 들어 LO의 주도로 추진된 각종 노동입법 작업과, LO가 제출한 기금안은 비그포르스 노선의 복원으로 해석할 수 있다. 1960년대 후반 이후 풀뿌리 노동자들을 중심으로 표출된, 스웨덴 모델에 대한 불만으로 인해, LO는 좀더 급진주의적인 방향으로 자신의 노선을 궤도 수정해야 했고, 이에 따라 비그포르스 노선이 스웨덴 사민주의 운동의 정치 일정에 오르게 된 것이다.

2) 횔드의 '피용자 기업저축안'

1957년에 전임 재무부 장관 횔드(Per Edvin Sköld)는 '피용자 기업저축'(anställdas företagssparande / employees' company saving)안[84]을 제안했다. 그 골자는 다음과 같다. 단체교섭에서 노동조합은 차기 임금인상분의 일부를 기업저축의 형태로 수취한다. 예컨대 이번 단체교섭을 통해 달성할 수 있는 임금인상율이 5%인데 거시경제상황에 비추어볼 때 바람직한 소비증가율이 3%라면, 노동조합과 사용자단체는 3%의 임금인상에 합의하고 2%의 금액은 피용자들이 소유권을 갖는 기업저축으로 적립해둔다. 이 기업저축에 대해서는 개별 피용자들이 개인 지분을 가지며 일정 예치 기간 후에 현금으로 인출하거나 아니면 이 지분을 타인에게 판매할 수 있다. 이 개인 지분

---

84 이 구상을 담은 횔드의 글은 본래 사민당 기관지인 *Arbetet*(노동)에 1956년 12월부터 1957년 1월에 걸쳐 연재되었다가, 1957년에 단행본으로 발간되었다. 단행본은 Per Edvin Sköld. *Sparande och medinflytande*(『저축과 공동영향력』), (Stockholm: Arbetets debattforum, 1957).

에 대해서는 이자가 지급된다. 연대임금정책을 유지하고 임노동자들 간의 분열을 막기 위해 이 기업저축자금은 개별 기업 수준에서가 아니라 LO나 TCO 같은 전국적 차원의 중앙 노동조합들에 의해 관리되는 것이 바람직하다. 이 자금은 기업들의 주식이나 채권을 구입하는 데 사용될 수 있다. 이러한 '피용자 기업저축' 제도를 도입함을 통해 얻을 수 있는 효과는 다음과 같다. 첫째, 과도한 임금인상에 따른 인플레이션 유발을 막을 수 있다. 둘째, 빠른 경제성장에 필수 불가결한 저축 증대를 촉진할 수 있다. 셋째, 기업활동에 대한 임노동자들의 영향력을 증대시킬 수 있다.

이상 피용자 기업저축안은 몇 가지 측면에서 10여 년 후에 마이드너 등이 입안한 기금안과 유사하다. 첫째, 양자 모두 임노동자 집단저축 제도의 일종이다. 둘째, 양자 모두 개별 기업을 넘어서는 상위 수준의 노동조합조직에 의해 저축자금이 관리되도록 했다. 그러나 양자 간에는 근본적인 차이가 있다. 첫째, 피용자 기업저축안에서는 기업저축의 재원이 임금이지만 임노동자기금의 재원은 이윤이다. 둘째, 피용자 기업저축안은 개인 지분의 원리에 기초하고 있지만 기금안은 철저하게 집단적 소유원리에 기초하고 있다. 셋째, 휠드는 노사 간의 단체교섭을 통해 피용자 기업저축 제도를 도입할 것을 구상하였으나, 마이드너 그룹은 입법조치를 통해 임노동자기금을 도입할 것을 구상하였다.

또 제도 도입의 취지라는 면에서도 양자 간에는 큰 차이가 존재한다. 휠드의 문제의식은 무엇보다도 과도한 임금인상을 억제시킴으로써 인플레이션을 막는다는 데 초점이 맞추어져 있었다. 완전고용경제에서는 노동조합 측의 임금인상 요구를 효과적으로 억제시키기가 아주 어려워 이로 인해 인플레이션이 발생하기 쉽다는 문제가 있는데, 피용자 기업저축제도는 임금인상에 따른 인플레이션 효과를 미래로 이연시키거나 완화시킬 수 있다는 점에서 도입해볼 만한 제도라는 것이다. 기업저축에 대한 지분에 기초한, 기업에 대한 임노동자들의 영향력 증대는 매우 부차적인 효과로서만 고려되고 있을 뿐이다. 그런 점에서 피용자 기업저축안은 마이드너 그룹의 기금안이나 비그포르스의 '소유주 없는 사회적 기업' 구상에서 발견되는 강한 사회주의적 지향과는 아주 거리가 멀고, 거의 전적으로 경기안정화정책적 문제의식에서 구상된 실무적 정책안이다. 구상의 취지라는 면에서 휠드의 구상은 오히려 1983년에 의회를 통과한 기금법안과 유사하다. 1983년 입법안에서도 기금제도의 도입이 필요한 이유로, 임금인상을 억제할 수 있다는 점과 경제성장에 필요한 자본형성을 촉진할 수 있다는 점이 제시되었다.

휠드의 구상은 결실을 맺지 못했다. 임금억제정책의 일종인 피용자 기업저축안에 대해 LO는 냉담한 반응을 보였고, 당시 LO의 연구책임자였던 마이드너도 회의적인 태도를 보였다. 그러나 인플레이션 억제에 부심하던 사민당 지도부 일각에서는 휠드의 구상에 관심을 보였다고 한다.[85]

3) LO 연구 집단의 '부문합리화기금안'과 '부문기금안'
마이드너를 책임자로 하는 LO 연구 집단은 1961년 LO 총회에 『조정된 산

---

85 휠드의 피용자 기업저축안이 나오게 된 배경과 이 안에 대한 사민주의 진영 내부의 반응, 또 이 안과 1976년의 기금안 간의 공통점과 차이점을 설명하고 있는 연구로는 Sydow (1977) 참조.

업정책』(Samordnad näringspolitik)이라는 정책보고서를 제출하였다. 이 보고서에 담긴 많은 정책 제안 중에서 우리의 관심을 끄는 것은 부문합리화기금(branschrationaliseringsfonder, 여기에서 '부문'은 산업 부문을 의미한다)안이다. 이 안은 임노동자기금안의 맹아 형태라 볼 수 있다. LO 연구 집단이 부문합리화기금안을 제출하게 된 동기는 다음과 같다. 경제성장에 필수불가결한 산업합리화를 촉진하기 위해서는 자본형성이 촉진되어야 한다. 그런데 이것이 기업의 자기금융(self-financing)[86] 방식으로 이루어질 경우엔 소수 사적 거대 주주들에게 재산이 더욱 집중된다는 문제가 발생한다. 그러므로 집단적 자본형성 방식의 한 형태로, 임노동자들이 소유 및 관리에 참여할 수 있는 기금을 조성하여 이 기금자금으로 산업합리화에 필요한 자본을 조달할 필요가 있다는 것이다.

부문합리화기금안의 골자는 다음과 같다. 산업별로 노사 간 단체교섭을 통해 부문합리화기금의 조성 여부를 결정하도록 하고, 합의가 이루어질 경우엔 기금을 조성하여 해당 산업의 합리화를 위해 기금자금을 사용하도록 한다. 기금자금의 관리를 맡는 이사회에는 노사대표가 과반수를 이루도록 하되 자금 관리에 있어 산업이기주의의 발호를 차단하고 사회 전체 차원의 이익을 보장하기 위해, 국가가 선임하는 공익위원과 소비자단체가 선임하는 위원도 이사회에 참여하도록 한다. 조성된 기금의 규모가 크지 않은 초기에는 산업합리화를 위한 연구·시장조사·임노동자들에 대한 직업교육 등에 자금을 사용하도록 하고, 기금 규모가 충분히 커지면 성장잠재력이 큰 기업에 대한 자금지원 등 기업들에 대한 선별적 지원에 자금을 사용한다. 이를 통해 경제성장에 필요한 자본형성을 촉진하되, 이것이 기업의 자기금융에 의해 이루어질 경우에 발생하는, 소수 사적 거대 주주들로의 재산

---

86 자기금융이란 기업이 필요로 하는 자본을 차입이나 주식 발행 등을 통해 기업 외부로부터 조달하지 않고 기업 내에 유보된 이윤으로부터 조달하는 방식을 말한다.

의 집중을 회피할 수 있을 것이다.

그런데 여기에서 기금의 재원을 조달하는 방식에 대해서는 구체적인 언급이 없다. 아마도 산업별 단체교섭에 의해 구체적인 재원조달 방식을 결정하면 된다고 판단했기 때문일 것이다. 그러나 이러한 부문합리화기금이 고수익 기업 임노동자들이 연대임금정책에 대해 느끼는 불만을 해소하는 데 일조할 것이라고 이야기하는 것을 보면, 보고서 작성자들은 기본적으로 기업의 이윤으로부터 기여금을 받아 기금의 재원을 조달하는 방식을 염두에 둔 것이 아닌가 싶다.

이상의 부문합리화기금안은 15년 뒤에 나온 임노동자기금안과 유사한 면이 있다. 양자 모두 임노동자 집단이 소유 및 관리에 참여하는 집단적 자본형성 방안의 일종으로서, 산업 수준에서 기금을 조성한다는 동일한 기본적 구상에 기초해 있다. 그러나 양자 간의 차이도 크다. 첫째, 부문합리화기금안은 무엇보다도 성장주의적 문제의식에 기초해 있다. 경제성장에 필요한 자본형성을 촉진한다는 것이 가장 주된 문제의식이다. 이는 1950년대에서 1960년대 초에 이르는 기간에 LO를 지배했던 강한 성장주의적 지향을 반영한다. 다만 자본형성을 촉진하되, 이것이 재산분배구조를 악화시키지 않는 방향으로 이루어지도록 하기 위해서는 노사가 산업 수준에서 공동으로 소유·관리하는 기금을 조성할 필요가 있다는 것이다. 이와 달리 애초의 임노동자기금안은 자본형성을 촉진한다는 것을 기금 조성의 동기로 삼지 않았다. 임노동자기금안 구상에서 경제성장을 촉진하기 위해 집단적 자본형성을 촉진한다는 동기는 1978년에 LO와 사민당이 공동으로 작성한 수정 기금안에서부터야 등장하기 시작한다. 둘째, 부문합리화기금안은 노사합의를 통해 기금 도입 여부 및 기금제도의 구체적 내용을 결정할 것을 제안한 데 비해 기금안은 입법조치를 통해 기금제도를 도입한다는 구상이었다. 셋째, 부문합리화기금은 노사에 의해 공동으로 소유·관리되지만 임노동자기금은 오직 임노동자 집단에 의해 소유·관리된다. 넷째, 부문합리화기금안에서는 연대임금정책에 따른, 고수익 기업에서의 분배구조의 악화 문제를 해소한다는 것은 부차적 동기로 고려되었을 뿐이지만, 임노동자기금안은 이 문제의 해결을 핵심적 동기로 삼고 있었다.

1966년 LO 총회에 제출된 정책 보고서『노동조합운동과 기술 발전』(*Fackföreningsrörelsen och den tekniska utvecklingen*)도 마이드너를 책임자로 하는 LO 연구 집단이 작성한 것이다. 이 보고서에는 1961년 보고서의 부문합리화기금안과 유사한 부문기금(branschfonder)안이 제안되어 있다. 기금의 조성 방식과 관련해선 부문기금안도 부문합리화기금안과 마찬가지로 산업별 단체교섭에 따라 산업 수준에서 노사가 공동으로 소유·관리하는 기금을 조성할 것을 제안하고 있다. 그러나 기금자금의 용도와 관련해선 양자 간에 얼마간 차이가 존재한다.

부문합리화기금안과 비교해볼 때, 부문기금안에는 무엇보다도 산업합리화에 대해 좀더 유보적인 태도가 엿보인다. 부문합리화기금안은 이름 자체에서 잘 드러나듯이, 산업의 합리화를 적극적으로 추진하는 데 초점이 맞추어져 있었다. 그리하여 성장잠재력이 큰 기업들에 대한 선별적 자금 지원이 기금자금의 주된 용도로 언급되었다. 반면에 1966년의 부문기금안에서는 여전히 산업합리화에 대해 적극적 자세를 보이면서도 그 과정에서 나타나는 부작용에도 주의를 기울이고 있다. LO와 사민당이 그동안 적극적으로 추진해온 성장주의적 산업정책의 부작용에 대한 반성이 1960년대 중반부터 LO 내에 자리 잡기 시작한 것이다. 그리하여 기금자금의 용도로서 부문합리화기금안에서와 같이 시장조사나 직업교육 등이 거론되고 있지만, 성장잠재력이 큰 기업에 대한 자금 지원은 언급되지 않고 있고, 퇴직자에 대한 소득보상, 산업합리화과정을 쫓아가지 못해 조기퇴직하게 되는 사람들에 대한 조기연금 지원 등이 기금의 용도로 새로이 언급되고 있다. 요컨대 부문기금의 자금은 한편으로는 부문합리화기금안의 구상처럼 산업합리화를 위해 사용되기도 하지만, 다른 한편으로는 합리화에 따른 부작용을 완화시키는 데도 사용되도록 한다는 것이다.[87] 부문합리화기금안과 부문기금안은 모두 LO 총회에서 호응을 얻지 못하여 무산되었다.

부문합리화기금안과 부문기금안에서 우리가 주목할 만한 대목은 두 기금안에 깔려 있는 문제의식이 임노동자기금안의 문제의식과 상당히 강한 연속성을 보이고 있다는 점이다.[88] 물론 두 기금안은 임노동자기금안에 비해 성장주의적 문제의식이 두드러지고, 그 구체적 내용도 임노동자기금안에 비해 훨씬 온건하다. 임노동자 기금안은 기업 소유의 점진적·자동적 사회화를 도모하는 사회주의적 구상이다. 그런데 부문합리화기금안이나 부문기금안은 전통적인 노사협력주의의 틀 내에서, 주로 산업합리화를 위해 노사가 공동으로 관리하는 기금을 조성한다는 구상들이다. 요컨대 임노동자기금안은 자본주의적 소유관계의 틀을 넘어서는 구상이나, 부문합리화기금안이나 부문기금안은 자본주의적 소유관계의 틀 내에서의, 임노동자의 부분적 소유참여 구상이다.

그러나 우리가 보기에 이 세 가지 기금안은 모두 LO가 직면한 동일한 딜레마를 반영하는 측면이 있다. 즉 계급협조주의적이고, 산업합리화에 우호적인 정책 노선을 견지해왔으며, 조직적 역량이 강한 노동조합이 거의 필연적으로 직면하게 되는, 투자의 통제라는 의제(agenda)를 건드리고 있는 구상들이다. 앞에서 자세히 설명한 바와 같이, LO는 그동안 계급협조주의적이며 산업합리화에 협조적인 정책 노선을 일관되게 추진해왔다. 연대임금정책을 중심적 정책요소로 삼는 렌-마이드너 모델이 그것이다. 그리고 LO가 이러한 정책 노선을 취해온 것은 무엇보다도 빠른 경제성장과 산업합

---

87 이상 '부문합리화기금'안과 '부문기금'안에 대한 간단한 소개로는 Tilton(1990: 211-13) 참조. 상세한 분석으로는 Åsard(1978: 78-90) 참조. 두 기금안이 나와 있는 보고서 원문은 LO(1961: 188-95), LO(1966: 192-203).
88 임노동자기금논쟁에 관한 기존 연구 중, 부문합리화기금안과 부문기금안, 임노동자기금안 사이의 문제의식의 연속성을 부각시킨 연구로는 Åsard(1978), Ch. 3 참조.

리화를 통해 경제 전체적으로 물질적 풍요를 달성해야만 노동계급의 경제적·사회적 처지도 장기적으로 개선될 수 있다는 인식에 기초한 것이었다.

그런데 자본주의 경제에서 빠른 경제성장은 민간기업들의 이윤 증대를 수반하며, 또 이를 필요로 한다. 따라서 민간기업 소유주의 재산과 경제적 권력의 증대를 수반한다. 그런데 이러한 사태의 전개는 장기적으로는 노동조합의 권력을 상대적으로 약화시킬 수 있으며, 노동조합운동의 평등주의적 이념과 갈등을 빚어 노동조합운동 내에 긴장을 야기할 수 있다.[89] 따라서 빠른 경제성장을 도모하고 민간기업들의 높은 이윤 취득을 용인하면서도 이것이 노동조합운동의 평등주의적 이념과 갈등을 빚지 않게 하려면, 노동조합이 민간 기업들에서 진행되는 자본증식에 소유참여하고, 이에 기초하여 기업들의 투자에 영향을 미칠 수 있어야 한다. 즉 성장주의적 목표와 평등주의적 목표 사이의 갈등을 해소하고 양자를 순기능적으로 결합시켜주는 핵심적 매개고리의 하나는 자본형성과정에 대한 노동조합의 소유참여다.

세 가지 기금안에는 모두 이러한 문제의식이 깔려 있었던 것이다. 다만 1960년대 이후 연대임금정책의 임금균등화효과가 뚜렷이 확인되고, 1960년대 중반 이후 스웨덴 모델에 대한 풀뿌리(grassroots) 노동자들의 불만과 저항이 증대되어갔다는 사정을 배경으로 하여 1970년대 중반에 나온 임노동자기금안은, 1960년대에 나온 부문합리화기금안이나 부문기금안보다 훨씬 더 급진적인 내용을 담고 있다는 차이가 있을 뿐이다. 요컨대 임노동자기금안은 그 내용의 급진성에 있어서는 기존의 LO의 계급협조주의적 노선으로부터의 결별로 이해할 수 있지만, 임노동자기금안에 깔려 있는 문제의식은 1960년대에 나온 부문합리화기금안이나 부문기금안의 연장선상에 있는 것으로 볼 수 있다는 것이다.

---

89 오사드(Åsard)는 이를 LO의 성장주의적 목표와 분배적-권력정치적 목표 사이의 긴장으로 개념화한다.

Ⅱ

임노동자기금논쟁

LO의 임노동자기금안은 합법적이고 점진적인 방식으로 사회화하겠다는 사회주의적 구상이었다. 혁명이 아닌 법을 통해서 제도적으로 새로운 형태의 사회주의체제로 이행하는 것에 대한 기획은, 다른 말로 하면 치열한 담론 투쟁을 통해 새로운 사회로 가겠다는 것과 같은 말이다. 스웨덴에서 맨 왼쪽부터 가장 오른쪽까지 거의 모든 단체가 임노동자기금논쟁이라는 격랑에 빠져든다.

이렇게 임노동자기금 문제에 대해 스웨덴의 주요 이익단체들과 정당들의 취했던 입장과 전략을 살펴본다. 제도적 정치투쟁과정으로서의 기금논쟁인 것이다.

1. 임노동자기금논쟁

1) 발단

임노동자기금논쟁(이하 '기금논쟁')을 직접적으로 촉발시킨 계기로 작용한 것은 1971년에 열린 LO 총회였다. 1971년 LO 총회에 제출된, LO 산하 노조들의 많은 발안들(motions) 중에서, 기금논쟁의 발단이 된 발안은 금속노조 및 금속노조 산하 지역 지부들 쪽에서 제출되었다. 금속노조는 노조원 수에서나 포괄하고 있는 산업들의 비중에서나 LO의 산하 노조조직들을 대표하는 가장 강력한 조직이었고, 사실상 LO를 이끌어온 중심 세력이었다. 금속노조에 속한 세 개의 지역 지부 노조들은 LO 서기국(書記局)[1]에게, 연대임금정책으로 인해 고수익 기업들이 '초과이윤'을 취득하게 되는 문제를 해결할 수 있는 방안을 모색할 것을 요구했다. 연대임금정책으로 인해 야기되는 고수익 기업의 초과이윤 취득을 문제 삼은 노조들이 모두 금속노조 산하 노조들이었다는 점은 시사하는 바가 크다. 금속노조가 포괄하는 산업들

---

[1] LO 서기국(landssekretariatet)은 LO의 최고 집행기관이다. 서기국의 위원에는 당연직으로 LO 의장, 부의장, 단체교섭담당서기(avtalssekretare), 서기가 포함되며, 이에 더하여 전당대회에서 선출되는 몇 명의 위원이 포함된다.

은 스웨덴 경제의 발전을 주도해온 선도 산업들로, 매우 높은 수준의 수익을 올리는 대표적 거대 기업들을 집중적으로 포괄하고 있었던 것이다.

한편 LO 총회에서 자본의 집중을 문제 삼은 발안을 제출한 조직은 금속노조였다. 금속노조는 경제성장을 위해서는 충분한 투자자본의 확보가 필수적으로 요청되지만, 이러한 투자자본이 기업의 자기금융(self-financing)에 의해서 조달될 경우 소수 거대 주주들의 재산과 경제적 권력을 더욱 증식, 강화시키게 된다는 문제가 있다는 점을 지적했다. 따라서 충분한 투자자본을 확보하되 기업의 자기금융 방식이 아닌 다른 방식, 예를 들면 1960년대에 구상되었던 부문기금과 같이 임노동자들로 하여금 경제 발전과정에 좀더 큰 영향력을 행사할 수 있도록 해주는 성격의 집단적 자본을 조성하는 방식으로 투자자본을 확보할 수 있는 방안을 연구해볼 것을 LO 서기국에 요청했다.

LO 서기국은 이러한 발안들이 정당한 근거를 가진다는 점을 인정하고, 이러한 문제들의 해결을 위한 정책 대안을 연구할 연구 그룹을 조직하여 늦어도 1976년 다음 총회까지는 해결책을 마련하여 보고하겠다고 약속했다.

LO 총회가 끝난 후 LO 의장 예이에르(Arne Geijer)는 당시 스톡홀름대학 노동시장문제연구소의 연구책임자로 있던 마이드너(Rudolf Meidner) 박사에게 LO로 복귀하여 LO 연구국에서 다시 일해줄 것을 요청했다. 1973년에는 마이드너에게 1971년 LO 총회에서 제기된 문제들의 해결 방안을 연구할 연구 그룹의 책임자로 일해줄 것을 공식적으로 요청했다.

마이드너는 1945년부터 1966년까지 LO 연구국의 연구책임자로 일하면서 LO의 임금정책을 포함하여 노동시장정책 전반을 다루어온 LO의 핵심 이론가였다. 또 앞에서 언급한 바와 같이, 그는 렌(Gösta Rehn)과 함께, 스웨덴 모델의 중추적 요소라 할 수 있는 '렌-마이드너 모델'(den Rehn-Meidnerska modellen / the Rehn-Meidner model)을 입안한 인물이기도 했다. 연대임금정책의 핵심 이론가이기도 했던 그는 이미 1950년대부터 연대임금정책에 내재한 딜레마를 인식하고 있었다. 즉 연대임금정책이 야기하는 고수익 기업의 초과이윤 취득 문제와,[2] 재산과 경제적 권력의 집중 문제를 심각하게 인지하고 있었다. 이 문제에 대한 해결 방안으로서 그는 1960년 대에 제출한 LO 총회 보고서들에서, 산업별로 노사가 공동으로 관리하는 기금을 조성하여 산업합리화에 필요한 자본을 조달할 것을 LO 총회에 건의한 바 있다. 즉 경제성장에 필요한 투자자본을 원활히 조달하되, 이것이 사적 자본가의 재산과 경제적 권력이 아닌 임노동자 집단의 영향력을 강화시키는 방향으로 이루어지도록 할 수 있는 방안을 구상하고, 이의 시행을 건의한 것이다. 그러나 당시에는 연대임금정책의 임금균등화 효과가 아직 뚜렷하게 나타나지도 않은 데다, 당시의 양호한 경제상황과 기존의 개혁 성과에 만족하는 분위기가 LO 구성원들 내에 편만해 있었기에 마이드너의 제안은 별다른 관심을 끌지 못했다. 그러다 1971년 총회에서 연대임금정책의 부작용 문제가 노조들의 발안을 통해 거론된 것이다. 마이드너는 이를 자신의 평소의 구상을 제대로 피력할 수 있는 좋은 기회로 간주하고, 연구 그룹의 책임자 역할을 떠맡을 것을 수락했다. 마이드너와 함께 연구 작업을 수행할 공동연구자로는 LO 연구국에서 일하던 헤드보리(Anna Hedborg)와 폰드(Gunnar Fond)가 선임되었고,[3] 이상 3인의 연구 그룹을 도울 광범위한 자문 그룹이 형성되었다.

---

2   마이드너는 필자와의 인터뷰에서, 그가 LO의 연구책임자로 일하는 동안 수많은 회합과 단위 노조들에 대한 방문을 통해, 연대임금정책에 대해 고수익 기업 노동자들이 갖고 있는 불만을 충분히 파악할 수 있었다고 이야기했다. 예를 들면 스웨덴의 대표적 거대 기업인 볼보(Volvo)사의 노동자들은 "우리가 임금인상 요구를 억제함으로써 이득을 보는 사람은 누구냐?"고 불만을 토로했고, 연대임금정책으로 인해 발생하는 기업의 초과이윤을 노동자들의 이익을 위해 사용할 수 있는 방법은 없겠냐고 마이드너에게 물어왔다는 것이다. 〈부록 1〉참조.

3   마이드너의 회고에 따르면 마이드너 그룹 3인 중 폰드는 임노동자기금안 구상에 깊이 관여하지 않았다고 한다. 그가 한 일은 LO 산하 노조원들에 대한 설문조사 결과 분석 등 주로 기술적인 작업에 국한되었다고 한다. 임노동자기금안의 골격은 마이드너와 헤드보리 두

마이드너를 책임자로 하는 연구 그룹(이하 '마이드너 그룹')이 우선 해결해야 할 문제는 LO 총회에서 제출된 발안들과 이에 대한 LO 서기국의 발언에서 다소 모호하게 표현된 요구들을, 추구해야 할 목적이라는 형태로 분명하게 정식화해내는 일이었다. 마이드너 그룹은 이를 다음 세 가지 목적으로 정식화했다. 첫째, 연대임금정책이 낳는 초과이윤문제를 해결함으로써 연대임금정책을 보완한다. 둘째, 재산과 경제적 권력의 집중을 억제한다. 셋째, 경제생활에 대한 임노동자들의 영향력을 강화한다는 것이다. 이제 이러한 세 가지 목표를 동시에 해결해줄 수 있는 방안을 구상해내는 것이 마이드너 그룹의 과제였다.

이를 위해 마이드너 그룹은 우선 다른 나라들에서 논의되거나 시행되어온 각종 이윤분배제도와, 임노동자가 소유하는 자본을 형성하는 방안들에 대해 연구하였다. 이렇게 외국 사례들에 대한 학습에 기초하고, 또 스웨덴 특유의 사정을 고려하여 적합한 해결방안을 찾기를 모색해오던 마이드너 그룹은, 1975년 8월에 구체적인 정책제안을 담은 보고서 『임노동자기금』(*Löntagarfonder*)[4]를 발표하였다. 이것은 1976년 LO 총회에 정식으로 제출될 보고서가 아니라, 이를 준비하기 위한 시안이었다. 즉 이 시안을 LO 산하 노조들에게 회람(回覽)시키고, 이에 대한 일반 노조원들의 의견을 청취하고 나서 최종 보고서를 작성하겠다는 것이었다.

1975년 시안의 골자는 다음과 같다. 매년 대기업들의 이윤으로부터 기여금을 받아 임노동자기금을 조성한다. 이윤수준이 높은 기업일수록 기여금을 많이 납부하게 함으로써, 연대임금정책이 낳는 '초과이윤'문제를 해소한다. 기업들로부터의 기여금은 현금이 아니라 신규발행주식의 형태로 징수한다. 이 주식들은 주식시장에서 거래되지 않고 해당 기업 내에 임노동

사람의 작품이었다고 한다.〈부록 1〉참조.

4   Meidner, Rudolf., Anna Hedborg, Gunnar Fond(1975).

자기금의 소유 지분으로서 동결된다. 임노동자 개인들에 의한 지분 소유와 이들에 대한 배당 지급은 허용되지 않고, 기금은 임노동자 집단에 의해 집단적으로 소유·관리된다. 또 기금은 개별 기업 수준이 아니라, 이를 넘어서는 상위 수준에서 조직된다. 이 상위 기금조직은 산업별로 구성될 수도 있고 지역별로 구성될 수도 있으나, 산업별로 구성할 것을 제안한다. 매년 신규발행주식의 형태로 적립되는 기금은 임노동자 개인들에게 배당 등의 형태로 분배되지 않고, 그 전체가 해당 기업 내에 동결된다. 그러므로 머지 않아 기금은 해당 기업에서 주요 주주로 등장하게 될 것이고, 이에 따라 임노동자 집단이 기업의 의사결정과정에서 큰 영향력을 행사하게 될 것이다. 또 이러한 제도를 도입하게 되면 경제성장을 위한 투자자본이 끊임없이 기업으로 조달되되 이것이 사적 주주들의 배를 불리는 것이 아니라, 임노동자 소유 자본의 증대로 귀결되는 효과를 얻게 된다.

이러한 내용의 임노동자기금안(이하 '기금안') 시안은 당시 스웨덴 노동운동의 급진화경향을 고려하더라도 매우 급진적인 성격을 띠고 있었다. 결국 시안대로 기금이 조성된다면 기금제도가 적용되는 기업들에서는 얼마 안 가 기금이 지배주주로 등장하게 될 것이었다. 따라서 대기업들에서 임노동자 집단이 소유·관리하는 기금이 지배주주로 등장하는 새로운 유형의 경제체제를 실험하게 될 것이었다.

기금안 시안은 스웨덴 사회에 큰 관심을 불러일으켰다. 우선 LO 쪽에서는 기금안 시안을 산하 노조들에 배포하여 이들로 하여금 기금문제에 대해 학습하고 의견을 제시하도록 했다. 이에 따라 많은 학습 및 토론 그룹이 적극적 노조원들을 중심으로 산하 노조들에 조직되었으며, 여기에 참여한 노조원들에 대한 설문조사도 행해졌다.[5] 학습 그룹에 참여한 대다수의 노

---

5   기금안에 대한 학습 및 토론 그룹에 참여한 노조원의 수는 17,342명이었으며, 이들은 대부분 노조 활동에 적극적인 노조원들이었다고 한다. 이들에 대한 설문조사 결과 응답자의 94%가 임노동자기금의 도입에 찬성하는 것으로 나타났다고 한다. Åsard(1978: 156-57).

조원들과 노조 활동가들은 기금안 시안의 내용에 열광적 지지로 화답하였다. 그리하여 시안의 주요 내용이 거의 모두 적극적으로 수용되었다. 한편 기금안 시안은 경제학계에도 큰 관심을 불러일으켜, 1975년 11월에 스웨덴 경제학자들의 대규모 학회인 '경제학회'(Nationalekonomiska Förening)에서 기금문제에 대한 토론회를 개최하였고,[6] 경제학회가 발간하는 학술지『경제토론』(Ekonomisk Debatt)는 1976년 1호에서 기금문제를 특집으로 다루었다(Ekonomisk Debatt 1976, no. 1, 1-94).

한편 마이드너 그룹은 LO 산하 노조들로부터의 건의와 설문조사 자료에 기초하여, 최종 보고서『임노동자기금을 통한 집단적 자본형성』(Kollektiv kapitalbildning genom löntagarfonder)[7]을 작성하고, 이를 1976년 6월에 개최된 LO 총회에 제출하였다. 1976년 최종 보고서의 내용은 1975년 시안의 기본 골격을 그대로 유지하였다. 다만 시안에서 유보되었던 내용들이 확정되었고, 몇 가지 기술적 문제들이 좀더 구체적으로 다루어졌을 뿐이다. 우선 매년 기업의 이윤으로부터 기금으로 납부되는 기여금의 비율을 세전(稅前) 이윤의 20%로 확정했다. 이러한 기금제도의 적용을 받게 될 기업들의 범위는 영리 민간기업 중에서, 종업원 수가 50인 또는 100인 이상인 기업으로 정하기로 했다. 또 기금은 산업별로 조직하기로 했다. 1976년 6월의 LO 총회는 만장일치로 최종 보고서의 내용을 수락했다. LO 총회는 서기국에게 임노동자기금의 설립을 위해 노력해야 한다는 과제를 부과했다. 마이드너의 회고에 따르면 기금안에 대해 "단 하나의 반대 발언도 없었다"라고 한다.[8] 다만 기금제도가 적용되는 기업의 범위와 관련하여 다소 논란이 있었

6　이 토론회의 내용은 경제학회가 발간하는 학술지 Ekonomisk Debatt(『경제토론』) 1976, no 1. pp. 62-94에 게재됨.

7　이 보고서는 이후 영어로도 번역되었다. 영어본은 Employee Investment Funds: An approach to Collective Capital Formation. (London: George Allen & Unwin, 1978). 그런데 이 영어본에는 본래 보고서에 수록된 9개의 부록은 빠져 있다.

8　〈부록 1〉 참조.

다. LO 서기국은 종업원 50인 이상 기업에 대해서만 기금제도를 적용하자
고 제안하였으나, 이 문제는 이번 총회에서 결정짓지 말고 앞으로 더 논의
해볼 문제로 남겨두자는 의견이 나왔다. 즉 중소기업에 종사하는 임노동자
들도 기금제도의 혜택을 보기를 열망하고 있는 데다, 기업의 규모와 이윤
수준이 비례하는 것도 아니므로, 이 문제는 앞으로 더욱 논의해보도록 하되
가능한 한 많은 임노동자들이 기금제도의 혜택을 볼 수 있도록, 기업 규모
의 하한선을 최대한 낮추는 방향으로 생각하도록 하자는 것이다[LO 1976b:
716-17; 쇠달(Torten Sjödal)의 발언]. 이 의견은 총회 결의에서 수용되었다.
이에 따라 규모가 아주 작은 기업들에도 기금제도가 적용될 수 있는 여지가
생겼다.[9] 그만큼 임노동자기금에 대한 LO 대의원들의 기대가 컸던 것이다.[10]

2) 전개

1976년 LO 총회의 결과는 사민당에게는 경악스러운 일로 받아들여졌다.

---

9   마이드너는 필자와의 인터뷰에서, 이 부분은 LO 총회가 범한 결정적인 정치적 패착이
었다고 평가했다. 마이드너 그룹의 본래의 생각은 중소기업에는 임노동자기금을 도입할 필
요가 없다는 것이었다고 한다. 스웨덴 경제에서 중추적 역할을 담당하는 대기업들에만 기
금이 도입되어도 국민경제에 임노동자들이 충분한 영향력을 행사할 수 있다는 것이다. 그
러나 1976년 LO 총회에서 임노동자기금의 적용을 받게 될 기업의 규모의 하한선을 확정짓
지 않은 데다, 가능한 한 하한선을 낮게 잡자는 분위기가 조성된 바람에, 중소기업주들이 기
금안을 아주 위협적으로 느끼게 되었다는 것이다. 이러한 점은 부르주아 정당들 및 SAF 등
사용자 단체들에 의해 쉽게 포착되어, 이들이 기금안에 대한 대대적인 반대 캠페인을 전개
하는 데 아주 효과적으로 이용될 수 있었다는 것이다. 〈부록 1〉참조.
10   마이드너는 필자와의 인터뷰에서, 자신과 공동연구자들은 그들이 마련한 기금안이
1976년 총회에서 공식적으로 수락될 것을 바랐던 것은 아니라고 이야기했다. 마이드너 그
룹은 무엇보다도 기금안 발표를 통해 기금문제에 대한 토론을 촉발시키는 데 역점을 두었
다는 것이다. 임노동자기금의 도입은 아직까지 경험해본 적이 없는 새로운 사안인 데다, 여
러 가지 복잡한 기술적 문제들이 많았다. 그렇기 때문에 시간 여유를 두고 충분한 토론을 거
치고 나서, 예컨대 1981년 LO 총회에서 기금문제에 대한 LO의 공식적 입장이 결정되는 것
이 바람직하다고 생각했다는 것이다. 〈부록 1〉참조. 그러나 기금안에 대한 LO 대의원들의
열광적 지지로 인해 1976년 보고서가 LO 총회에서 만장일치로 통과된 것이다.

사민당 지도부는 마이드너 그룹이 제출한 1975년 시안의 내용을 잘 알고 있었지만, 그러한 급진적 구상이 LO 총회에서 받아들여지리라고는 전혀 예상하지 않았기 때문에 별로 신경쓰지 않고 있었다고 한다.[11] 그러나 뜻밖에도 LO 총회에서 기금안이 공식적으로 수락된 것이다. 이렇게 LO가 기금의 도입을 추진하기로 공식적으로 결의함에 따라 사민당은 매우 곤란한 처지에 빠지게 되었다. 사민당 지도부는 처음부터 LO 내에서의 기금안 논의에 관심이 없었고, 더구나 LO 총회에서 공식적으로 수락된 급진적인 성격의 기금안에 대해서는 전혀 공감할 수 없었다. 그러나 오랜 세월에 걸쳐 사민당과 정치적 동반 관계를 맺어온 LO가 이미 공식적으로 결의한 사항을 완전히 무시하기는 어려웠다.

특히 사민당을 곤란스럽게 만든 점은, 1976년 9월에 있을 총선을 불과 3개월 앞둔 시점에서 기금문제가 갑자기 불거져 나왔다는 점이었다. 사민당은 기금문제가 선거에서 불리하게 작용할 것이라 판단하여, 가능한 한 기금문제가 선거의 쟁점으로 부각되는 것을 막는 데 주력했다. 그러나 LO 총회의 결의는 대중매체들을 통해 이미 유권자들에게 널리 알려졌고, 부르주아 정당들은 기금문제가 선거에서 호재로 작용할 것이라 판단하여 이를 집요하게 공격했다. 기금문제에 대한 사민당의 공식적 입장은, LO의 기금안은 이윤분배제도 및 임노동자 소유 자본형성 방안을 연구하기 위해 1975년에 발족된 국가연구위원회[12]가 다루고 있는 문제와 중복되는 사안이므로, 국가연구위원회의 연구결과가 나오고 나서 이 문제를 논의해도 늦지 않다

11 1982년 10월부터 1990년 2월까지 사민당 정부의 재무부 장관을 역임하고, 이 기간 내내 사민당의 경제정책을 주도했던 펠트(Kjell-Olof Feldt)에 따르면, 1975년 당시 사민당 당수였던 팔메(Olof Palme)는 마이드너 그룹의 시안을 심각하게 받아들이지 않았는데, 이는 이러한 시안이 1976년 LO 총회에서 승인되리라고는 전혀 예상하지 않았기 때문이라 한다. Feldt(1991: 26).

12 이 위원회의 공식명칭은 '임노동자와 자본성장에 관한 연구위원회'(Utredningen om löntagarna och kapitaltillväxten)이나, 통상 '기금위원회'(fondkommittén)로 약칭되었다.

는 것이었다.

이 국가연구위원회는 사민당과 자유당 간의 합의에 따라 1975년 1월에 발족되었다. 자유당은 이미 1950년대부터 이윤분배제도를 도입할 것을 강력히 주장해왔다. 1950년대에 자유당이 구상한 이윤분배제도는 노사합의에 의해 개별 기업 수준에서 시행되며 임노동자 개인들에게 직접적으로 이윤분배가 이루어지는 성격의 제도였다. 이 제도의 확산을 위해 정부는 이윤분배제도를 시행하는 기업에 대해 조세경감 등의 혜택을 제공해야 한다는 것이 자유당 측 주장의 골자였다.

자유당이 이윤분배제도의 도입을 강력히 주장한 데는 여러 가지 동기가 있었다. 첫째, 이윤분배제도는 경제성장에 도움이 된다는 것이다. 이윤분배제도를 도입하면 노조 쪽의 과도한 임금인상 요구를 억제하는 효과가 발생할 것이므로, 경제안정과 경제성장에 도움이 되리라는 것이다. 둘째, 이윤분배제도는 노사협력을 강화시킴으로써 산업평화를 유지하는 데 도움이 된다는 것이다. 셋째, 자유당은 이윤분배제도의 도입을 주장함으로써 노동계급 내에 자유당 지지 세력을 증가시킬 수 있으리라 계산했다(Åsard 1978: 22-26).

그러나 LO는 자유당의 이윤분배제도 제안에 일관되게 반대했다. 자유당이 이윤분배제도의 도입을 주장하는 핵심 동기의 하나가 임금인상의 억제인 데다, 개별 기업 수준에서 이윤분배제도가 도입되면 기업의 이윤수준에 따라 임노동자들에게 지급되는 이윤분배몫이 달라지게 된다. 이렇게 되면 연대임금정책이 근본적으로 훼손되고, 이에 따라 노동계급 내의 연대가 훼손된다는 것이다. 또 LO뿐 아니라 사민당을 위시한 여타 정당들 및 재계도 각자의 이유에 따라 이윤분배제도의 도입에 반대하였기 때문에 자유당의 주장은 결실을 맺지 못하였다.

그러다 1960년대 말부터 자유당은 다시 이윤분배제도의 도입을 주장하였고, 1974년엔 종래의 구상과는 매우 다른 성격의 이윤분배제도의 도입을 요구했다. 이번에는 이윤분배제도의 도입 여부를 노사 합의에 맡길 것이 아니라 입법화하자는 것이었다. 또 개별 기업 수준에서 이윤분배제도를 시행할 것이 아니라, 개별 기업을 넘어서는 수준에서 기금을 설립함으로써 이윤분배제도를 시행하자는 것이었다. 그리고 이윤분배제도 도입의 주된 동기도 과거와 달라졌다. 이번에는 경제안정이나 경제성장이 아니라 소득균등화가 핵심적 동기로 전면에 부각되었다. 이는 1960년대 말에서 1970년대 초에 걸쳐 자유당의 이념이 좀더 급진화된 사정을 반영한다.[13]

이러한 주장에 기초하여 자유당은 1974년에 집권 사민당에게 이윤분배제도의 도입과 임노동자의 자본소유 참여 방안을 연구할 국가연구위원회를 발족하자고 제안했고, 사민당은 이를 수용했다. 그러나 사민당이 이를 수용한 것은 이윤분배제도에 대해 사민당이 새로이 크게 관심을 갖게 되었기 때문은 아니었다. 당시 사민당과 자유당 간에 상호 타협과 양보를 통해 합의된 많은 정책협력 사안들 중의 하나로, 자유당이 요구하는 국가연구위원회의 구성이 포함되었을 뿐이었다. 사민당과 자유당의 합의하에 1975년 1월에 발족된 국가연구위원회는 초기에는 별다른 관심을 끌지 못하였으나, 1976년 6월의 LO 총회 이후 세인의 주목을 받게 되었다. 국가연구위원회의 존재는 사민당의 입장에서는 기금문제의 쟁점화를 지연시키는 데 활용할 수 있는 좋은 구실이 될 수 있었다.

이렇게 사민당이 기금문제가 선거의 쟁점으로 부각되는 것을 회피했음에도 불구하고, 1976년 총선은 사민당의 패배로 끝났다. 이로써 44년간

---

13 오사드(Erik Åsard)에 따르면, 1972년에 개정된 자유당 강령은 자본주의의 부정적 측면을 종전에 비해 더 강조하고 있다고 한다. 즉 자본주의의 발전은 사적 자본가들에게로 경제적 권력을 집중시키고 경제적 불평등을 강화하는 측면이 있으므로, 이러한 문제들의 시정을 위해 국가가 적극적으로 개입해야 한다는 입장이 나타나 있다는 것이다(Åsard 1978: 37). 자유당의 이념과 정책의 발전 과정을 영역별로 종합적으로 소개한 연구로는 자유당에서 직접 출간한 Vallinder(1984) 참조.

원자력발전소 폐기 문제

원자력발전소 문제는 1970년대 이래 현재까지 스웨덴 정치의 핵심 논쟁거리의 하나다. 스웨덴의 주요 정당들 중 원자력 이용에 대해 가장 부정적인 입장을 취해온 정당은 중앙당과 좌익당이며, 1981년에 창당된 환경당(Miljöpartiet de gröna 녹색주의자 환경당)도 이에 가세했다. 이들은 원자력발전소의 추가 건설에 반대하는 것은 물론이고, 이미 작동 중인 원자력발전소도 가능한 한 빨리 해체시킬 것을 주장해왔다. 원자력 이용에 대해 가장 긍정적인 입장을 취해온 정당은 보수당이다. 대체로 재계의 이익을 대변해온 보수당은, 원자력발전소를 폐기하면 스웨덴 경제의 국제경쟁력이 현저히 약화될 것이라 경고해왔다. 사민당도 보수당보다는 정도가 약하지만, 1990년대 중반까지는 원자력 이용에 대해 긍정적 입장을 취해왔다. 사민당은 적당한 대체에너지가 염가에 공급되기까지는 원자력의 이용이 불가피하다는 입장을 취해왔다. 자유당도 사민당과 유사한 입장을 취해왔다.

1976년 9월 총선을 목전에 둔 8월 말에 중앙당 당수 팰딘(Thorbjörn Fälldin)은 자신이 집권하게 된다면 늦어도 1985년까지는 모든 원자력발전소를 해체시키겠다고 공약했다. 팰딘의 공약은 원자력의 위험성에 대해 스웨덴 국민들이 갖고 있던 공포심을 자극하여, 원자력발전소 문제를 즉시 선거의 최대 쟁점으로 대두시켰다. 이로 인해 선거의 구도가 원자력발전소의 계속적 이용을 주장하는 사민당과, 이의 조속한 해체를 주장하는 중앙당 간의 대립 구도의 양상을 띠게 되었다. 1976년 선거에서 중앙당은 부르주아 정당들 중 가장 높은 득표율을 기록했고, 이에 힘입어 팰딘은 부르주아 정당 연립정부의 수상직을 맡게 되었다. 그러나 집권 후 팰딘은 연립정부 파트너인 보수당 및 자유당과의 협력의 필요성 때문에 자신의 공약을 이행하지 않았다.

1997년에 사민당 정부는 중앙당 및 좌익당, 환경당과의 협력하에 원자력발전소의 단계적 폐쇄 작업에 들어갔고, 보수당과 자유당은 이를 격렬히 비판했다. 재계는 원자력발전소 폐쇄에 대한 반대 캠페인을 전개했고, LO와 금속노조도 실업 증대를 이유로 반대했다.

지속된 사민당의 장기집권이 막을 내리게 된 것이다.[14] 1976년 선거에 대한 이후의 연구들에 따르면 사민당의 패인 중 가장 중요한 것은 원자력발전소 문제였다고 한다. 선거 직전에 중앙당에서 제기한 원자력발전소 폐기 문제는 선거의 최대 쟁점으로 부각되었고, 이것이 사민당에게 불리하게 작용했다는 것이다.

그리하여 중앙당이 주도하는 부르주아 정당 연립정부가 들어서게 되었다. 그러나 기금문제 역시 사민당에게 불리하게 작용하였고, 이로 인해 사민당은 LO를 원망하게 되었다. LO의 입장에서도 선거 직전에 기금문제를 제기하여 사민당에게 짐을 얹어준 점에 대해 부담을 느끼지 않을 수 없었다. 또 기금안을 관철시키려면 어차피 사민당의 협력이 필수불가결하다는 판단 때문에, LO 지도부는 종래의 공세적 요구를 자제하고 가능한 한 사민당과 공동 보조를 취하기로 했다. 그리하여 LO 지도부는 기금문제를 연구할 연구 그룹을 LO와 사민당이 공동으로 구성할 것을 사민당에 제안했고, 이 제안은 수락되었다. 그리하여 1977년 봄에 임노동자기금과 관련하여 새로운 정책 대안을 마련할 사명을 띤 공동 연구 그룹이 발족되었고,[15] 이들

---

14 1936년 6월부터 9월까지 3개월간 지속된 농민당 단독 소수내각을 제외하고는, 1932년부터 1976년까지 사민당은 때로는 단독으로, 때로는 농민당과의 연립정부 형태로 줄곧 집권해왔다.

15 이 공동 연구 그룹에는 LO 대표로 몰린(Rune Molin, 연구그룹 좌장), 마이드너(Rudolf Meidner), 헤드보리(Anna Hedborg) 3인이 참여했고, 금속노조 대표로 에딘(Per-Olof Edin)이 참여했으며, 사민당쪽에서 펠트(Kjell-Olof Feldt)와 리드붐(Carl Lidbom) 2인이 참여했다. 마이드너는 이 연구 그룹에 그저 형식적으로 이름을 올리게 되었을 뿐이라고 한다. 그는 이 공동 연구 그룹의 활동 기간에 미국의 대학에 객원연구원으로 초빙되어 간 관계로, 연구 그룹의 많은 회합들 중에서 첫 모임과 마지막 모임에만 참석했다고 한다. 마이드너를 이 연구 그룹에 형식적으로나마 참여시킨 것은 기금안의 입안자에 대한 예우 차원의 고려에서였던 것 같다. 〈부록 1〉 참조. 몰린은 LO 서기국 위원으로 이윤분배제도 및 임노동자 소유 자본형성 방안을 다룬 국가연구위원회에도 LO 대표로 참여했다. 에딘은 당시 금속노조의 연구책임자 직책을 갖고 있었으며, 기금논쟁의 전체 과정에 깊숙이 관여한, 노동조합 쪽의 대표적 논객의 하나였다. 펠트는 기금논쟁 기간 내내 사민당을 대표하여 기금문제를 다

은 1978년 2월에 연구보고서 『임노동자기금과 자본형성』(*Löntagarfonder och kapitalbildning*)을 제출했다. 1978년 보고서는 마이드너 그룹이 작성한 1975년 시안이나, 1976년 LO 총회에 제출된 보고서와는 판이한 내용을 담고 있었다.

우선 기금 설립의 목적으로서, 1978년 보고서는 1975년 시안이나 1976년 보고서에서 제시되었던 세 가지 목적과 더불어, 투자자본의 조달을 위해 집단적 저축형성을 촉진한다는 새로운 목적을 제시하였다. 즉 스웨덴 경제의 침체를 극복하기 위해서는 충분한 투자자본의 조달이 필수적이나, 낮은 저축률로 인해 이것이 원활히 이루어지지 않고 있다는 것이다. 따라서 임노동자기금을 설립하여 집단적 형태의 저축을 조성해야 한다는 것이다. 78년 보고서에서 집단적 자본형성이 기금 설립 목적의 하나로 추가된 것은, 무엇보다도 1970년대 중반 이후 뚜렷이 나타난 스웨덴 경제의 침체를 반영한다. 또 기금안의 구체적 내용에도 큰 폭의 변화가 이루어졌다. 기금제도의 적용 대상 기업의 범위가 크게 축소되었고, 기금을 산업별이 아니라 지역별로 조직하기로 했다. 또 임노동자기금과 더불어, 기업들에 투자자본을 조달해주기 위해 주로 임금으로부터 재원을 조달하는 발전기금(utvecklingsfonder)을 조직하기로 했다.

그러나 신규발행주식이라는 형태로 이윤으로부터의 기여금에 기초하여 임노동자기금을 조성하고 이 기금을 집단적으로 소유·관리한다는 애초의 기금안의 골격은 유지되었다. 재계와 부르주아 정당들은 1978년 보고서에서의 기금안 구상도 시장경제의 원리를 침해한다고 보아 받아들이지 않았다.

루었던 인물이다. 그는 1981년에 제출된 LO와 사민당의 2차 공동 기금안의 작성책임자였으며, 이윤분배제도 및 임노동자 소유 자본형성 방안을 다룬 국가연구위원회에도 사민당 대표로 참여했다. 또 그는 1982년 말에 출범한 사민당 정부의 재무부 장관으로 재임하던 중에 임노동자기금에 관한 정부 입법안의 작성을 주도했다.

1979년 선거에서도 부르주아 정당들은 기금문제를 선거의 쟁점으로 활용했고 사민당은 또다시 패배했다. 한편 그동안 별다른 진척을 보이지 않던 국가연구위원회는 1979년 선거 후에 위원회 의장이 교체되면서부터 다소 활기를 보이기 시작했다. 새로 의장으로 선임된 라쏜(Allan Larsson)[16]은 위원회에 참여한 각 정당들 및 이익단체 대표들 사이에 타협을 성사시키기 위해 백방으로 노력하였으나 결국 실패하고 1981년 3월에 스스로 사임하게 된다.

국가연구위원회가 아직 활동을 하고 있던 1981년 1월에 LO와 사민당은 다시 공동으로 수정안 『노동운동과 임노동자기금』(*Arbetarrörelsen och löntagarfonderna*)을 발표했다. 1981년 안은 1978년 안보다도 한결 온건한 내용을 담고 있었다. 기금의 재원 조달에 있어 1978년 안까지는 기업의 이윤을 기준으로 삼아 기여금을 납부받도록 되어 있었으나, 1981년 안에서는 기업의 전체 이윤이 아니라 평균 수준을 넘어서는 초과이윤분에 대해서만 기여금을 징수하도록 했다. 또 기여금을 신규발행주식이 아니라 현금 형태로 납부하게 했다. 이는 기업의 이윤의 일부를 신규발행주식의 형태로 기금으로 납부하게 하면 장기적으로는 기금이 대다수 기업들에서 자동적으로 지배주주가 될 것이라는 부르주아 진영의 우려와 불만을 진정시키기 위한 것이었다. LO와 사민당이 이렇게 기금안의 내용을 다시금 좀더 온건하게 수정한 것은 여타 정당들 및 이익단체들과 타협에 도달하기 위한 것이었다. 하지만 여타 정당들 및 이익단체들은 이 기금안도 수용하지 않았다. 이로써 국가연구위원회를 통해 기금문제가 해결될 가능성은 아주 희박해졌다.

---

16 라쏜은 사민당원으로 당과 정부에서 다양한 중책을 맡은 바 있다. 또 국가연구위원회의 의장으로 선임되기 직전에는 스웨덴 소비자 협동조합연맹의 기관지 *Vi*(『우리』)의 편집장으로 일하면서, 기금논쟁에서 협동조합 식으로 조직, 운영되는 기금제도를 도입하자는 의견을 제시한 바 있다.

한편 LO와 사민당의 1981년 기금안이 나온 후, 기금논쟁을 시발시킨 장본인인 마이드너는 그간의 기금논쟁의 주요 쟁점들에 대해 본인의 입장을 피력한 소책자 『임노동자기금에 관하여』(Om lönatgarfonder, Meidner 1981)를 출간했다.

　1981년 3월에 라쏜이 국가연구위원회의 의장직을 스스로 사임한 이후, 당시 국가연구위원회를 관할하고 있던 경제부의 장관이었던 부만(Gösta Bohman)[17]은 국가연구위원회의 활동을 지속시키는 것이 무의미하다고 판단하였다. 그리하여 그는 라쏜의 뒤를 이어 국가연구위원회의 의장으로 선임된 외만(Berndt Öhman)[18]에게 그간의 연구 및 토론 성과를 정리하는 최종 보고서를 제출하고 국가연구위원회를 해산시킬 것을 명했다. 그리하여 1981년 7월에 국가연구위원회의 최종 보고서(SOU 1981:44)가 출간되었고, 이와 함께 국가연구위원회가 해산되었다. 국가연구위원회의 최종 보고서는 스웨덴에서 이윤분배제도 및 임노동자 소유 자본형성 문제가 논의되어 온 역사와 다른 나라들의 이윤분배제도의 사례 및 이윤분배제도가 일반적으로 가질 수 있는 경제적 의미 등을 상세하게 설명하고 있지만, 구체적인 정책제안은 전혀 제시하지 않고 있다. 6년 여에 걸쳐 연구와 논의를 거듭해온 국가연구위원회의 최종 보고서라고 하기에는 초라하기 짝이 없는 내용이었다. 국가연구위원회의 해체 직후 『경제토론』(Ekononisk Debatt)지는 다시 기금문제 특집을 마련하여, 기금문제와 관련하여 주요 이익단체들과 정당들의 입장을 대변하는 논객들의 논문들을 게재했다(Ekonomisk Debatt 1981, no. 5, pp. 313-87).

17　부만은 당시 부르주아 연립정부의 경제부 장관이자 보수당의 당수로서, 기금논쟁에서 보수당의 기금안 강경 반대 노선을 주도했다.

18　외만(Berndt Öhman)은 국가연구위원회의 발족 시부터 줄곧 위원회 서기 역할을 담당하다가 라쏜이 사임한 후에 국가연구위원회의 마지막 의장으로 선임되었다. 그는 국가연구위원회에서의 활동기간 및 그 후에 기금문제에 관해 많은 글을 썼다.

이어 찾아온 1982년 총선에서 사민당은 재집권에 성공한다. 사민당 정부는 그동안 스웨덴 사회를 떠들썩하게 했던 임노동자기금논쟁에 종지부를 찍는 것이 정치적으로 유리하다고 판단하여, 이미 불가능한 것으로 판명된 이해당사자들 간의 합의가 아니라 의회에서의 표결을 통해 기금안을 통과시키로 결정한다. 그리하여 의회에 제출될 입법안을 작성하는 작업이 당시 재무부 장관이던 펠트(Kjell-Olof Feldt)의 주도하에, 재무부 관리들과 전문가들을 중심으로 추진된다. 그리하여 1983년 10월에 재무부가 제출한 임노동자기금 입법안[19]이 국무회의를 통과하고, 1983년 12월 21일에는 의회에서 표결에 붙여진다. 의회에서의 표결은 철저하게 각 정당의 입장에 따라 이루어져 사민당 의원 전원이 입법안에 찬성하고, 부르주아 정당들 의원 전원이 반대하고, 좌익당은 기권하여[20] 결국 입법안이 수정 없이 통과된다. 한편 임노동자기금 입법안의 의회 통과를 목전에 두고 재계는 기금 도입에 반대하는 대규모 대중 시위를 조직한다. 1983년 10월 4일에 스톡홀름에서 개최된 기금반대 시위에는 7만 5천 명의 시민들이 참여하여, 대중시위가 드문 스웨덴 정치사에 이변을 낳았다.

의회를 통과하여 입법화된 기금안의 내용은 마이드너 그룹이 애초에 작성한 기금안의 내용과는 사실상 아무런 관계가 없다고 해도 과언이 아니다. 기금 도입의 가장 중요한 동기로 제시되고 있는 것은 임금인상 억제의 필요성이다. 사민당은 1982년 말에 재집권에 성공하자마자 '제3의 길' 정책을 통해 스웨덴 경제의 침체를 타개하려 했다.

재무부 장관 펠트가 주도한 '제3의 길' 정책의 골자는, 스웨덴 통화의 대폭적 평가절하를 통해 스웨덴 산업의 가격경쟁력을 제고시킴으로써 경

---

19 Regeringens proposition 1983/84: 50 Om löntagarfonder(1983/84년 의회 회기 정부 입법안 50호: 임노동자기금에 관한 안).
20 좌익당은 의회에 제출된 임노동자기금 입법안에 반대하는 입장이었으나, 반대하게 될 경우 부르주아 정당들을 지원하는 효과를 낳게 될 것이라 판단하여 표결에서 기권했다.

제침체를 극복한다는 것이었다. 그리하여 1982년 10월에 단행된 대폭의 평가절하로 인해 스웨덴 산업의 국제경쟁력이 크게 신장되었다. 사민당 정부는 이러한 효과가 지속되기 위해서는 비용 상승, 특히 임금 상승의 억제가 관건이라고 판단했다. 그런데 문제는 스웨덴 산업의 국제경쟁력이 향상됨에 따라 많은 기업들이 종래에 비해 매우 높은 수준의 이윤을 올리게 되었다는 점이었다. 기업들의 이윤 상승은 그 자체로는 장기적 경제성장을 위해 불가결한 것으로서 환영할 만하나, 분배 상황의 악화를 낳는다는 문제가 있었다. 이로 인해 노동조합 쪽에서 임금인상을 강력하게 요구할 우려가 있다는 것이다. 만일 노동조합의 임금인상 요구가 관철되면, 통화의 평가절하를 통해 어렵게 확보된 스웨덴 산업의 국제경쟁력이 다시 약화되어 '제3의 길' 정책의 성과가 무위로 돌아가게 된다는 것이다. 따라서 기업의 이윤에 기초하여 재원을 조달하는 임노동자기금을 도입함으로써 노조 쪽의 임금인상 요구를 효과적으로 억제시킬 필요가 있다는 것이다. 즉 임노동자기금의 도입을 임금인상에 대한 대체물로 삼을 수 있다는 것이다. 또 기금자금을 국제경쟁에 노출되어 있는 기업들에 공급해줌으로써 스웨덴 경제의 국제경쟁력을 강화시키는 데도 조력할 수 있다는 것이다.

1983년 입법안의 골자는, 기업의 이윤에 대해 이윤분배세를 부과하여 5개의 상호 독립적인 임노동자기금을 조성하되 기금 적립 기간을 1984년 초부터 1990년 말까지 7년으로 한정하고, 적립된 기금자금은 수익성 기준에 따라 투자되도록 하며, 기금이 기업들의 지배주주가 되는 것을 막는다는 것이었다.

이로써 여러 해에 걸쳐 스웨덴 사회를 뜨겁게 했던 기금논쟁이 종결되었다. 이 기간 내내 개별 논자들 수준에서의 논쟁은 끊임없이 지속적으로 전개되었다.

신 자유주의적 긴축정책이나 케인스주의적 경기부양정책과 구별되는 새
로운 대안이라는 의미로 사용된 개념. 1970년대 이래 자본주의의 장
기불황을 탈피하는 방안으로서 제시된 대표적인 두 대안, 즉 레이거노믹스
(Reaganomics)나 대처주의(Thatcherism)류의 신자유주의적 긴축정책과 1980
년대 초 프랑스 사회당의 케인스주의적 팽창정책 양자 모두를 거부하고, 스
웨덴 사민주의 특유의 완전고용정책과 사회복지정책을 유지하면서도 공급
능력의 확대를 통해 불황을 탈피하겠다는 것이다. 그러나 실제로는 '제3의
길' 정책은 신자유주의 노선에 매우 근접해 있었고, 주된 경제정책 수단은 스
웨덴 통화의 대폭적 평가절하였다. '제3의 길' 정책이 소개되어 있는 저술로
는, '제3의 길' 정책의 최고 입안자이자 추진자인 펠트(Kjell-Olof Feldt)의 책
(Feldt, 1985) 참조.

3) 결과

의회를 통과한 임노동자기금 입법안에 따라 1984년 초부터 1990년 말까지
7년간 기금이 적립되었고, 또 이렇게 적립된 기금자금이 운영되었다. 기금
자금의 운영은 무엇보다도 수익성 기준에 따라 이루어져, 기금자금의 운영
기간 전반에 걸쳐 입법안에서 명시된 실질이자율 3% 납부의 의무[21]가 무난
히 이행될 수 있었다. 기금논쟁 과정에서 많은 반대 논자들은 임노동자기금
은 구체적인 소유주가 없는 자금이기 때문에 수익성을 중시하지 않고 투자
될 위험이 크다고 주장하였으나, 실제로 이 문제는 발생하지 않았다. 이렇
게 기금자금의 운용이 수익성이라는 측면에서 별다른 문제 없이 이루어질
수 있었던 데는 무엇보다도 실질이자율 3% 납부라는 의무 조항이 부과하는

---

21 1983년 임노동자기금 입법안은 기금자금이 효율적으로 투자되는 것을 보장하기 위해
기금자금의 투자수익의 일부를 매년 AP 기금에 납부하도록 했다. AP 기금에 납부해야 하는
금액은 기금자본의 3%로 정했다.

부담이 크게 작용했을 것이다. 또 입법안에서 수익성 기준 외에는 별다른 투자의 기준이 제시되지 않았던 데 기인했을 것이라 생각한다.[22] 이는 기금 자금의 산업별 투자분포에서도 잘 확인된다. 기금자금의 산업별 투자분포 는 주식시장 전체의 산업별 투자분포와 아주 유사했다. 따라서 기금자금이 별다른 산업정책적 고려 없이 수익성 기준에 따라 투자되었음을 알 수 있다 (Pontusson 1991: 208-209).

한편 기금논쟁 과정에서 기금안 반대자들이 우려했던 또 하나의 사항 은, 기금자금이 의도적으로 몇몇 기업에 집중적으로 투자되어 해당 기업의 의사결정권을 기금이 장악하게 되는 사태가 발생하기 쉽다는 것이었다. 그 러나 실제로는 이러한 사태도 발생하지 않았다. 입법안에서는 이러한 사태 를 방지하기 위해, 한 기업의 주식 중 하나의 임노동자기금이 보유할 수 있 는 주식의 최고 한도를 그 기업의 주주총회 표결권[23]의 8%로 설정해놓았다. 따라서 만일 다섯 개의 상호 독립적인 임노동자기금들이 모두 동일한 기업 의 주식을 최고 한도까지 보유한다 해도 기금들이 해당 기업의 주주총회에 서 행사할 수 있는 표결권은 전체의 40%로 한정된다. 그리하여 적어도 여 타 주주들의 동의 없이 기금들 간의 합의만으로 기업의 경영을 좌우할 수 는 없도록 해놓았다. 그러나 실제로는 기금들은 투자 대상의 분산을 선호하 여, 1989년 말 현재 세 개의 임노동자기금에서 각기 2% 이상의 표결권을 행

---

22 1983년 입법안은 임노동자기금은 자금 관리에 있어 좋은 수익성, 장기적 시야, 위험 분산을 목표로 삼아야 한다고 언급하고 있다. 그런데 수익성문제와 관련해선 매년 기금자 본에 대해 실질이자율 3%의 수익금을 AP 기금 이사회에 납부해야 한다고 명시하고 있으 나, 장기적 시야나 위험 분산과 관련해선 아무런 구속력 있는 규정을 두지 않고 있다. 따라 서 수익성 기준이 사실상 유일한 투자의 원칙으로 제시된 셈이다. Regeringens proposition 1983/84: 50 Om löntagarfonder(1983/84년 의회 회기 정부 입법안 50호: 임노동자기금에 관한 안), p. 51.

23 주주총회에서의 표결권의 크기와 주식 보유액이 반드시 일치하는 것은 아니다. 주식에 따라 종종 상이한 수준의 표결권이 부여되기도 한다.

사하는 기업은 하나도 없는 것으로 나타났다(Pontusson 1992: 210-11). 기금들은 특정 기업의 의사결정권 장악에는 관심을 갖지 않고 수익성 기준에만 충실하게 자금을 투자한 것이다.

이렇듯 다섯 개의 임노동자기금들은 별다른 산업정책적 고려나 특정 기업들에 대한 의사결정권 장악이라는 야심 없이, 일반 사적 주주들과 마찬가지로 오직 수익성 기준에 따라 기금자금을 투자하여 스웨덴 경제에 별다른 영향을 미치지 못했다. 그러나 그럼에도 1991년에 새로이 출범한 부르주아 정당 연립정부는 기금제도 자체를 해체시켜버렸다. 1983년의 사민당 정부 입법안에서는 이미 적립된 기금자금의 운영에 대해서는 시한을 두지 않았으나, 기금의 적립은 1990년 말에 끝나는 것으로 되어 있었다. 그러나 1983년에 기금안이 의회를 통과하고 나서도 부르주아 정당들은 자신들이 집권하게 되면 기금제도 자체를 해체시키겠다고 공언해왔다. 그리하여 1991년 10월에 새로이 들어선 부르주아 정당 연립정부는 기금제도를 해체시킨다는 정부 입법안을[24] 의회에 제출했다.

입법안의 취지 설명 부분에서 당시 재무부 장관이었던 룬드그렌(Bo Lundgren)은 임노동자기금이 스웨덴 경제에 아무런 긍정적 효과도 가져다주지 못했다고 주장하고 있다. 우선 1983년 입법안에서는 기금이 도입되면 무엇보다도 임금인상이 억제되는 효과가 발생할 것이라고 했으나 실제로는 그렇지 못했다는 것이다. 또 기금은 경제에 신규 자본을 공급해주는 역할도 담당하지 못했다고도 했다. 기금자금 중 신규발행주식의 구입에 투자된 부분은 전체의 10%에 불과하고, 90%는 이미 주식시장에서 거래되던 주식을 구입하는 데 투자되었다는 것이다. 따라서 기존의 주주가 소유하던 주식이 기금의 소유로 전환되었을 뿐, 스웨덴 경제가 필요로 하는 신규 자본의 공급

---

24 Regeringens proposition 1991/92: 36 Om avveckling av löntagarfonderna(1991/92년 의회 회기 정부 입법안 36호, 임노동자기금의 해체에 관한 안).

과 관련해선 기금의 역할이 극히 미미했다는 것이다. 더욱이 기금 적립 총액의 90%가 기업의 이윤에 대해 이윤분배세를 부과하여 조달되었기 때문에, 기금제도가 없었더라도 기업 자체의 판단에 따라 투자되었을 자본이 기금으로 이전되었을 뿐이라는 것이다. 따라서 기금논쟁 과정에서 기금안 지지자들이 의도했던 기금 도입의 기대효과들 중에서 실제로 달성된 것은 기금의 규모만큼 경제에 대한 영향력이 민간기업들로부터 국가와 노조의 수중으로 이전된 것밖에 없다는 것이다.[25] 반면에 기금이 설립됨에 따라 민간기업들은 기업활동의 장래에 대해 불안감을 갖게 되었고, 또 이로 인해 기업활동에 부정적 영향이 미쳤다는 것이다.

따라서 오로지 부정적 효과만을 낳은 기금제도 자체를 완전히 해체시키자는 것이다. 이미 적립되고 증식된 기금자금은 기금에 이윤분배세를 납부한 기업들에게 환급해주는 것이 원리적으로 타당하나, 이는 기술적으로 어려우므로 그 대신 스웨덴 경제의 국제경쟁력을 증진시키는 사업들에 사용하자는 것이다. 기금자금의 일부는 스웨덴 경제의 국제경쟁력 증진에 크게 도움이 되는 연구들을 지원하는 데 사용하고 일부는 개인저축을 촉진하는 데 사용하자고 제안하고 있다.

이러한 내용의 정부 입법안은 의회에서 통과되었다. 그리하여 임노동자기금 해체위원회의 관리하에 기금제도가 해체되었다. 한편 기금자금의 용도와 관련하여 정부는 이후 좀더 구체적인 제안을 제출하여, 연구 활동 지원과 개인저축 촉진을 위한 사업 외에도 중소기업의 발전을 지원하는 데도 기금자금을 사용할 것을 제안하였다. 이에 대해 사민당은 기금자금은 1983년 입법안의 취지대로 ATP 제도를 강화시키는 데만 사용되어야 한다고 주장하였으나,[26] 1992년 봄에 정부안이 통과된 이후 현재까지 위의 용도

---

25 임노동자기금을 관리하는 이사회의 위원들은 국가에 의해 선임되었고, 위원들의 과반수는 노동조합과 관련 있는 인사들로 채워졌다.

26 그동안 적립된 기금자금의 처분 용도와 관련하여 각 정당들 간에 의회 내에서 전개된

들에 기금자금이 사용되어 왔다.[27]

2. 기금안들

앞에서 설명한 바와 같이 LO와 사민당은 기금논쟁 기간 전체에 걸쳐 때로는 각기, 때로는 공동으로 총 다섯 가지의 기금안을 제출했다.

1) 1975년 시안 『임노동자기금』(Löntagarfonder)[28]

1975년 8월에 발간된 임노동자기금안(이하 '75년 시안'으로 호칭)는 1976년 LO 총회에 정식으로 보고된 기금안의 시안으로서, 마이드너 그룹의 구상이 별다른 정치적 여과 과정을 거치지 않은 채 제시되어 있다. 따라서 75년 시안에는 마이드너 그룹의 이념적 성향과 사고방식이 잘 드러나 있다.

마이드너 그룹, 즉 75년 시안의 저자들은 자신들이 기금안을 제출하게 된 배경으로서, 연대임금정책이 낳은 부작용인 고수익 기업들의 초과이윤 취득 문제와 스웨덴 경제의 구조적 문제점의 하나인 재산과 경제적 권력의 집중 문제를 거론한다.

우선 연대임금정책의 경우 1950년대 초부터 강력하게 시행된 결과 1960년대 중반 이후 뚜렷한 효과를 나타내기 시작했다고 주장한다. 즉 서방세계에서 이례적일 정도로 뚜렷하게 임금균등화가 이루어졌다는 것이다. 그런데 연대임금정책은 고수익 기업에 초과이윤을 제공한다는 원리적

토론은 Finansutskottets betänkande 1991/92: FiU 21, Utskiftning av löntagarfondernas tillgångar m.m.(1991/92년 의회 회기 재무위원회 보고서 21호, 임노동자기금 자금의 처분 등에 관하여) 참조.

27 이와 관련하여 마이드너는 임노동자기금의 자금이 임노동자의 이익과 직접적으로 관계없는 일에 사용되어왔다는 점에도 문제가 있다고 말했다. 〈부록 1〉 참조.

28 Rudolf Meidner, Anna Hedborg, Gunnar Fond(1975).

문제점을 안고 있다. 연대임금정책은 기업의 임금 지불 능력에 관계없이 동일 노동에 대해 동일 임금이 지급되도록 하는 것을 원칙으로 삼고 있다. 그렇기 때문에 경쟁력이 높아 고수익을 올리는 기업은 연대임금정책으로 인해 임금비용을 절감하게 되고, 이 부분이 기업의 초과이윤으로 남게 된다. 고수익 기업에 종사하는 임노동자들의 입장에서 보면 연대임금정책은 그들의 임금인상 여지를 축소시키는 효과를 낳게 된다. 이에 대한 고수익 기업 임노동자들의 불만이 1971년 총회에서 초과이윤문제의 해소를 위한 방안을 마련할 것을 요구하는 발안들로 표출되었다는 것이다.

재산과 경제적 권력의 집중 문제와 관련해서 저자들은 스웨덴의 경우 소득분배 영역에서와는 판이하게 재산분배 영역에서는 2차대전 이후 별다른 균등화경향이 확인되지 않는다는 점을 지적한다. 특히 저자들이 초점을 맞추고 있는 것은 주식소유의 분배 상황이다. 주식은 경제적 권력을 동반하는 재산이기 때문에 주식소유의 분배 상황은 단지 일반적 의미에서의 재산분배를 넘어 경제적 권력의 분배 상황을 나타내주기 때문이다. 그런데 스웨덴의 경우 주식은 극도로 불균등하게 분배되어 있어 1966년 현재 총 납세자의 $\frac{1}{10}$만이 주식을 소유하고 있었다. 또 경제력 집중 문제를 다룬 국가연구위원회의 조사결과에 따르면, 조사대상인 282개의 주식회사 중 1963년 현재 주주총회에서 과반수 투표권을 점하기 위해 3인 이상의 최대 주주를 필요로 하는 기업은 $\frac{1}{6}$에 지나지 않더라는 것이다.

이러한 상황 진단에 기초하여 저자들은 기금안을 통해 달성하고자 하는 목적을 다음 세 가지로 정리한다. 첫째, 재산분배를 보다 균등화한다. 둘째, 임노동자들로 하여금 자본소유에 참여하도록 함으로써 경제생활에 대한 임노동자들의 영향력을 증대시킨다. 셋째, 연대임금정책으로 인해 야기되는 초과이윤문제를 해소함으로써 연대임금정책을 보완한다는 것이다. 이러한 목적들을 동시에 달성시켜줄 수 있는 방안으로서 저자들은 임노동자기금의 설립을 제안하고 있다. 그런데 임노동자기금에 대한 구체적 구상을 밝히기에 앞서, 저자들은 상정 가능한 다른 정책대안들의 적절성 여부를 하나씩 검토해간다.

우선 노동조합이 공세적 임금정책을 통해 최대한 임금인상을 달성함으로써 노동과 자본 사이의 기능적 소득분배를 노동 측에 유리하게 변화시켜가는 방안을 생각해볼 수 있다. 그러나 생산성 성장률을 넘어서는 명목임금의 상승은 대체로 물가상승을 낳아 실질임금 수준을 제자리로 되돌려놓기 십상이며, 명목임금의 상승이 투자의 희생하에 소비 증대를 낳을 수도 있다. 한편 임금을 최대한 올리되 이것이 임노동자의 소비를 증가시키는 것이 아니라 저축을 증가시키는 방향으로 귀결되도록 임금정책을 고안할 수도 있다. 임금정책을 의무저축정책과 결합시키는 것이다. 즉 최대한 임금인상을 달성하되 임금인상분의 일부가 의무저축되도록 하는 것이다. 그런데 이렇게 강제성을 동반하는 정책을 노조가 자신의 조합원들에게 권유하기란 쉽지 않다. 노조 대신 국가가 의무저축조치를 시행할 수도 있다. 그러나 이럴 경우 노사 간의 자율적 협상에 의해 결정되어오던 임금정책에 국가가 개입하게 되는 결과를 낳게 되는데, 이는 노조의 입장에서도 바람직하지 않다. 따라서 임금정책적 수단을 통해 임노동자들로 하여금 생활 수준도 향상시키는 한편 자본증식에도 참여할 수 있게 할 여지는 거의 없다는 것이다.

초과이윤문제의 해소를 위한 방안으로 노조 쪽에서 과거에 거론된 적이 있었던 것의 하나가 청산기금(clearingfonder / clearing funds)안이다. 즉 고수익 기업의 이윤 일부를 청산기금에 의무적으로 납부하게 하고, 이렇게 청산기금에 적립된 자금으로 저수익 기업을 지원해준다는 것이다. 저자들은 청산기금안은 기술적으로는 아주 간단한 방안이지만 나름의 문제점을 안고 있다는 점을 지적한다. 우선 청산기금안은 연대임금정책의 기본 원칙에 위배된다. 기업들 간의 이윤재분배정책이라 할 수 있는 청산기금제도는 연대임금정책을 사후적으로 무산시키는 결과를 낳는다. 청산기금제도는 기금에 이윤의 일부를 납부하는 고수익 기업에 대해서는 연대임금정책에 의해 결정된 임금 수준보다 높은 수준의 임금을 지불하도록 강제하는 것과 다름없는 효과를 낳는다. 반면에 청산기금의 지원을 받는 저수익 기업에 대해서는 연대임금정책으로 인해 부담해야 했던 높은 임금비용을 사후적으로 절감시켜주는 효과를 낳는 것이다. 또 청산기금제도는 고수익 기업의 이윤을 기업 외부로 유출시킴으로써 고수익 기업의 성장을 둔화시키게 되고, 이에 따라 경제 전체 차원에서의 산업합리화를 늦추는 결과를 초래하게 된다는 것이다.

LO의 연구 집단이 1960년대에 제출한 부문기금(branschfonder)안의 골자는 다음과 같다. 산업별 단체교섭을 통해 각 산업 부문 내의 고수익 기업으로부터 기여금을 받아 이를 산업 부문별로 설립되는 기금에 적립한다. 그리고 이 기금자금을 해당 산업 내의 저수익 기업을 지원하는 데 사용하는 것이 아니라 교육·시장조사·연구 등 해당 산업 전체의 발전에 밑거름이 되는 활동에 사용하도록 한다는 구상이다. 저자들은 이것도 기술적으로는 별다른 난점이 없는 간단한 방안이지만 단체교섭에서 임노동자들에게 불리한 영향을 미칠 수도 있다는 점을 지적한다. 즉 고수익 기업이 부문기금에 납부하는 기여금이, 임금상승이나 임노동자들의 사회적 지위를 향상시키는 조치들에 대한 대체물로 해석되기 쉽다는 것이다. 스웨덴의 단체교섭방식은 노사 간의 교섭사항들 전체를 단일 교섭패키지(package)로 다루는 방향으로 발전해 왔기 때문에 부문기금제도를 도입하게 되면 고수익 기업이 기금에 납부하는 기여금도 교섭패키지의 항목으로 간주될 것이다. 그리고 이렇게 되면 고수익 기업의 사용자들은 예컨대 임금인상률을 낮추는 방식 등으로, 부문기금 기여금 납부에 대한 보상을 노조 쪽에 요구하게 되리라는 것이다.

또 청산기금이나 부문기금은 고수익 기업의 이윤 일부를 기금에 납부케 함으로써 이들 기업에서 발생한 초과이윤을 흡수해주는 효과는 있지만 임노동자 집단으로 하여금 재산증식에 참여하도록 해주는 효과는 없다는 것이다.

초과이윤문제의 해소와 관련하여 또 하나 쉽게 생각해볼 수 있는 방안은 고수익 기업의 법인세 부담을 높여 초과이윤을 국가가 흡수하는 방안이다. 실제로 스웨덴에서 실효법인세율은 지속적으로 하락해왔다. 예컨대 1953-57년 기간에 평균 실효법인세율이 49%이던 것이 1969-73년 기간에는 28%로 크게 하락했다. 게다가 현행 법인세제는 고수익 기업에 유리한 역진적 성격마저 띠고 있다. 따라서 수익을 많이 보는 기업일수록 법인세 부담을 많이 지도록 하는 방향으로 법인세제를 개혁함으로써 초과이윤문제와 재산집중문제를 해결할 수 있다고 생각할 수 있다. 그런데 이렇게 법인세의 누진율을 높이는 방향으로 문제를 해결하려 할 경우 성장 기업의 투자와 자본형성을 저해하여 경제 전체의 성장을 둔화시키기 쉽다. 또 경제생활에 대한 임노동자들의 영향력을 증대시켜 경제적 권력구조를 민주화한다는 또 하나의 목적을 달성하는 데는 별로 도움이 되지 않는다는 것이다.

개별 기업 차원에서 시행되는 개인적 이윤분배제도는 스웨덴에서는 자유당이 줄기차게 도입을 주장해온 제도다. 기업의 이윤 일부를 임노동자 개인들에게 지급하도록 하자는 것인데, LO는 이에 대해 일관되게 반대해왔다. 이 제도를 도입하게 되면 연대임금정책의 원리가 훼손되는 데다, 고수익 기업의 임노동자들과 저수익 기업의 임노동자들 사이에 경제적 격차를 심화시키는 한편 기업이기주의의 확산을 낳아 임노동자 집단 내부의 단결을 훼손시키기 쉽다는 것이다. 또 이러한 제도는 임노동자들에게 기업에 대한 영향력이나 권력을 제공해줄 수도 없다는 것이 그간의 LO의 반대 논리였다. 저자들은 이러한 LO의 반대 논리에다 개인적 이윤분배제도에 대한 반대 논리를 하나 더 추가하고 있다. 이윤분배분에 대한 개별 임노동자의 자유처분권이 보장되는 성격의 이윤분배제도가 도입된다면 투자의 희생하에서 개인 소비가 증가하기 십상이며, 만일 개인 소비의 규모가 불변으로 유지된다면 개인적 이윤분배제도는 그저 전통적 임금정책에 대한 대체물 역할만을 담당하게 될 뿐이라는 것이다.[29] 따라서 임노동자들로 하여금

자본성장에 참여하도록 하는 데 있어 전통적 임금정책이 무력한 것과 마찬가지로 개인적 이윤분배제도도 역시 무력하다는 것이다.

저자들은 또 임노동자들이 개인적으로 소비를 줄이고 저축을 증대시킴으로써 재산을 형성할 수 있도록 돕는 방안들 역시 별다른 효과가 없기는 마찬가지라고 본다. 사회복지제도가 잘 정비되어 미래에 대한 시민들의 불안이 작은 스웨덴 사회에서 임노동자들의 저축성향을 높이기는 쉽지 않다는 것이다. 또 몇몇 부르주아 이데올로그들은 임노동자들이 개인적으로 주식 소유를 늘릴 수 있도록 돕는 정책을 시행함으로써 임노동자들의 재산뿐 아니라 경제에 대한 그들의 영향력도 증대시킬 수 있다고 주장한다. 하지만 이러한 방식으로는 문제를 해결할 수 없다는 것이 외국에서의 경험을 통해 이미 입증되었다는 것이다. 예컨대 서독의 경우 국민주(國民株) 방식으로 주식을 시민들에게 널리 보급시키고자 했으나, 몇 년 지나지 않아 국민주를 소유했던 사람들 대부분이 주식을 팔아버리더라는 것이다.

이상 상정 가능한 여러 가지 정책대안들에 대한 평가에 기초하여, 저

---

29 저자들은 그 이유를 설명해주지 않고 있다. 그러나 그 이유를 이해하기는 어렵지 않을 것 같다. 임노동자들의 소비성향이 불변이라면 임금이 증가하면 소비가 증가하게 마련이다. 따라서 만일 개인적 이윤분배제도의 도입을 통해 임노동자들의 임금 총액이 증가한다면 소비 규모도 증가한다. 이러한 소비 증가는 임금상승분만큼의 이윤 감소에 의해 이루어진 것이므로, 이윤이 임노동자에게 분배되지 않고 재투자될 경우에 비해 투자 규모는 감소하게 된다. 그런데 이윤분배제가 도입되어도 소비 규모가 증가하지 않았다면, 이는 이윤분배제도의 도입이 임금의 크기를 변화시키지 않았다는 것을 의미한다. 이윤분배제도란 통상적인 임금에다 이윤의 일부를 임노동자들에게 추가적으로 분배해주는 제도다. 따라서 이윤분배제도가 도입되어도 임금 총액이 불변으로 유지되려면, 이윤이 분배되기 전에 임노동자들에게 기본적으로 지급되는 임금이 종래의 통상적 임금제도하에서보다 이윤분배분만큼 감소된 수준에서 결정되어야 한다. 이럴 경우 이윤분배제도는 개별 노동자들에게 지급되는 임금 총액은 변화시키지 않으면서 임금 지급 방식만 변화시킨 셈이 된다. 이럴 경우 개인적 이윤분배제도는 임금정책과 구별되는 다른 영역의 제도가 아니라 전통적 임금정책의 모양만 바꾼 임금정책이 된다. 그런 점에서 개인적 이윤분배제도는 전통적 임금정책의 '대체물' 역할을 하게 된다.

자들은 문제를 해결할 수 있는 방안은 고수익 기업의 초과이윤이 임노동자 집단에게 분배되도록 하는 집단적 이윤분배제도밖에 없다고 주장한다. 그리고 이 집단적 이윤분배제도의 구체적 형태가 바로 임노동자기금이다. 저자들은 자신들이 임노동자기금의 구체적 내용을 구상하는 데 있어 기금제도에 의해 훼손되어서는 안 되는 제약조건을 설정해두었다는 점을 밝힌다. 즉 임노동자기금은 가능한 한 경제적으로 중립적인 성격을 가져야 한다는 것을 대전제로 삼았다는 것이다. 임노동자기금은 경제에 부정적인 영향을 미치지 말아야 할 뿐더러, 초과이윤문제를 해소하고 재산과 경제적 권력의 집중을 억제한다는 본래의 과제 이외의 일반적인 경제정책적 과제들로 짐 지워져서도 안 된다는 것이다. 구체적으로 임노동자기금은 임금과 물가에 영향을 미쳐서도 안 되며, 임노동자들 간의 소득격차를 증대시키는 효과를 낳아서도 안 되고, 자본형성의 증대를 위한 정책 수단으로 이용되어서도 안 된다는 것이다.

이러한 제약조건에 기초하여 저자들이 구상한 임노동자기금안의 내용은 다음과 같다. 임노동자기금의 재원은 기업들의 이윤으로부터 기여금을 받아 조달된다. 기여금 산정의 기준이 되는 이윤액은 조(粗)이윤으로부터 감가상각비를 공제한 실제 이윤액이다. 이 기여금은 현금이 아니라 신규발행주식의 형태로 납부된다. 임노동자기금제도의 적용을 받게 되는 기업들은 매년 이윤의 일정 비율에 해당되는 금액의 주식을 신규발행하고 이를 임노동자기금에 납부한다. 따라서 기금은 오직 주식이라는 형태의 재산만을 보유하게 된다. 또 기금으로 적립된 주식은 차후에 주식시장에서 거래될 수 없으며 기금 내에 동결된다. 기존 주주들이 보유한 주식은 건드리지 않으나, 매년 이윤의 일정 비율에 해당되는 금액의 신규발행주식이 기금으로 납부되기 때문에 기업의 전체 주식 중에서 기금이 소유하는 지분 비율은 매년 증가하게 된다.

임노동자기금은 임노동자들에 의해 개인지분의 형태로 분산 소유되는 것이 아니라 임노동자 집단 전체 차원에서 집단적으로 소유된다. 기금의 수익이 임노동자 개인들에게 배당으로 지급되지도 않는다. 임노동자들이 개인적으로 기금에 대한 지분을 소유하거나 기금으로부터의 수익금을 분배받게 되면, 한편으로는 임노동자들의 개인소비가 증가하여 자본형성과 투자, 경제성장에 악영향을 미칠 우려가 있고, 다른 한편으로는 경제적 권력관계를 임노동자들에게 유리하게 재편하는 효과를 전혀 거두지 못하게 될 것이기 때문이다. 임노동자들이 "세탁기, 자기 집, 별장을 갖게 된다고 해서 사회의 경제적 권력구조에 변화가 발생하지는 않는다"라는 것이다 (Meidner, Rudolf., Anna Hedborg, Gunnar Fond 1975: 84-85). 저자들이 임노동자기금을 통해 달성하고자 하는 과제가 개인소득이나 재산의 재분배가 아니라 무엇보다도 경제적 권력의 재분배임을 선명히 드러내주는 대목이다.

이렇게 개인 배당을 허용하지 않고 기금자금이 보존되기 때문에 기금제도의 적용을 받는 기업들의 전체 주식 중 기금이 소유하는 지분율은 빠른 속도로 증가하게 된다. 저자들은 기금제도의 적용을 받게 되는 기업의 이윤율 수준과, 이윤 중에서 기금으로 납부되는 기여금 비율에 따라 기금이 기업의 전체 주식 중에서 보유하게 되는 지분율의 증가 속도를 계산하여 표 2-1로 제시해주고 있다.

표 2-1에서 밑줄이 그어진 수치들은 기금이 해당 기업의 주식 총액 중 과반수 주식을 소유하여, 기업의 의사결정권을 사실상 독점할 수 있게 되는 시점을 나타내준다. 예컨대 이윤으로터의 기여금 비율이 20%이고 기업의 연간 이윤율이 15%로 유지된다면 임노동자기금은 기금이 도입된 지 25년 후에 기업의 주식 총액의 50%를 보유하게 된다는 것이다.

한편 기금제도의 적용 대상이 되는 기업들로는 우선적으로 민간 주식회사가 해당되고, 비(非)주식회사형 대기업의 경우 주식회사형태로 기업형태를 전환시키도록 요구하여 기금제도를 적용시킬 것을 권하고 있다. 비주식회사형 중소기업은 기금제도를 적용하지 않는 것이 바람직하며, 민간 주

〈표 2-1〉 이윤으로부터의 기여금 비율이 20%라 가정할 때, 기업의 이윤율 수준에 따라 해당 기업의 전체 주식 총액 중 임노동자기금이 소유하게 되는 지분 비율 (단위: %)

연도＼이윤율	5%	10%	15%	20%
1	0.01	0.02	0.03	0.04
5	0.05	0.09	0.13	0.17
10	0.09	0.17	0.24	0.30
15	0.14	0.25	0.34	0.42
20	0.18	0.32	0.43	0.52
25	0.21	0.38	0.50	0.60
35	0.29	0.49	0.62	0.72
50	0.38	0.62	0.75	0.84
75	0.52	0.76	0.88	0.93
100	0.74	0.85	0.94	0.97

〈표 2-2〉 기업의 이윤율이 10%라 가정할 때, 이윤으로부터의 기여금 비율에 따라 해당 기업 전체 주식 총액 중 임노동자기금이 소유하게 되는 지분 비율 (단위: %)

연도	기여금 비율		
	10%	20%	30%
1	0.01	0.02	0.03
5	0.05	0.09	0.13
10	0.09	0.17	0.25
15	0.13	0.25	0.35
20	0.17	0.32	0.44
25	0.21	0.38	0.51
35	0.28	0.49	0.63
50	0.38	0.62	0.76
75	0.51	0.76	0.88
100	0.61	0.85	0.94

식회사의 경우에도 피용자가 아주 적은 소규모 기업의 경우 기금제도를 적용시킬 필요가 없다고 저자들은 판단한다. 공공부문, 국영기업, 가족기업, 농업 부문, 상업과 자유업, 소규모 제조업 등도 기금제도에서 제외된다. 기금제도의 도입에 대한 기업들의 반응과 관련하여 상정해볼 수 있는 상황의 하나는, 대기업들이 기금제도의 적용으로부터 벗어나기 위해 본래의 대기업을 형식적으로 다수의 소규모 기업들로 쪼개는 경우다. 이러한 상황 전개를 예방하기 위해서는 모(母)회사와 다수의 자(子)회사로 구성된 콘체른의 경우 콘체른 전체를 하나의 기업단위로 간주해야 하며 기금은 항상 콘체른 모기업의 주식을 보유하도록 해야 한다.

기금을 개별 기업 수준에서 조직·운영할 것인가, 아니면 여러 개의 기업들을 포괄하는 상위 수준에서 조직·운영할 것인가 하는 문제에 대해서는 개별 기업 수준을 넘어서는 상위 기금조직이 바람직하다고 판단하고 있다. 개별 기업 수준에서 기금이 조직·운영되면 기업들의 수익성 수준에 따라 서로 다른 기업들에 종사하는 임노동자들 간에 경제적 처지가 크게 달라질 수 있으며 기업이기주의가 확산될 가능성도 있다는 것이다. 그리고 이렇게 개별 기업 수준을 넘어서는 상위 수준에서 기금을 조직·운영하기로 한다면 상정 가능한 기금조직형태로는 지역별로 조직되는 기금과 산업 부문별로 조직되는 기금을 들 수 있다. 이 중 저자들은 산업 부문별로 조직되는 기금, 즉 부문기금(bransch fonder / branch funds)을 선호하고 있다. 그리고 이 부문기금은 산업별 노조에 의해 선출되는 산업위원회(branschråd / branch committee)가 관리하는 방식을 선호했다. 그러나 이렇게 부문기금이 더 바람직한 것으로 판단된다 하더라도 지역 수준에서의 협력을 배제할 필요는 없다. 부문기금 외에도 지역별로 지역위원회를 구성하여 일정 지역 내 기업들에 종사하는 임노동자들 간에 필요한 협력과 조정 업무를 담당하게 할 수도 있다는 것이다.

또 기금을 산업이나 지역별로만 조직하면 수익성이 낮은 산업이나 빈곤한 지역에서 조직되는 기금은 다른 기금들에 비해 빈약한 재원만을 조달받게 된다. 특히 공공부문 종사자들의 경우엔 기금제도의 혜택을 전혀 받지 못하게 된다는 문제도 있다. 그러므로 부문기금이나 지역기금의 상위에 전국적 차원의 중앙기금으로서 균등화기금(utjämningsfond / clearing fund)을 설립할 필요가 있다는 것이다. 산업이나 지역별로 조직되는 기금들의 수익은 모두 균등화기금에 납부되어 임노동자 집단 전체를 위한 사업에 사용되도록 한다. 균등화기금을 관리할 이사회 위원은 산업위원회에서 선출한다. 이렇게 균등화기금을 조직함으로써 전국의 모든 임노동자들이 고르게 기금제도의 혜택을 볼 수 있도록 할 수 있다. 더불어 임노동자 집단 전체 차원에서 관리·조정되어야 할 사안들, 예컨대 임노동자들을 위한 교육기관을 설립하고 운영하는 사업 등을 원활히 수행할 수 있다는 것이다.

임노동자기금이 적립되어가는 과정에서 해결되어야 할 문제의 하나는, 기금제도의 적용을 받는 기업의 이사회에 기금을 대표하여 참석하게 될 이사를 누가 선출하느냐는 문제다. 기금이 해당 기업들에서 차지하는 비중이 커감에 따라 기금은 해당 기업들의 주주총회에서 큰 투표권을 행사할 수 있다. 또 이에 기초하여 기업의 이사회에 기금을 대표하는 이사를 파견할 수 있게 된다.

이와 관련하여 가능한 방안의 하나는 개별 기업의 임노동자들로 하여금 그들이 종사하는 기업의 이사회에 파견될 기금이사를 선출하게 하는 방안이다. 예컨대 덴마크의 '경제민주주의'안에서는, 중앙기금에는 단지 확보된 재원을 수합, 정리하는 행정적인 역할만 부여하고 기금 운영과 관련된 의사결정권은 전적으로 개별 기업의 임노동자들에게 부여하고 있다. 이렇게 되면 기금을 대표하여 기업 이사회에 참여하는 이사는 무엇보다도 해당 기업의 임노동자들의 이익을 우선시하는 의사결정을 하게 될 것이다.[30]

---

30 덴마크의 '경제민주주의'안에 대해서는 '들어가며' 각주 13 참조.

이와 반대되는 대안은 부문기금이나 중앙기금과 같은 상위 기금 조직들에게 이사 선임권을 전적으로 부여하는 방안이다. 이러한 방안은 서독에서 임노동자들의 재산 형성 방안을 둘러싸고 논의가 전개되는 가운데 노동운동 진영의 일각에서 제안된 바 있다.

저자들은 양자 모두 약점이 있으므로 양자 사이의 중간적 형태가 바람직하다고 보고 있다. 덴마크의 경제민주주의안에서처럼 기금 운영의 의사결정권을 개별 기업의 임노동자들에게 전적으로 부여하게 되면 일종의 분권화된 노동자 자주관리기업 체제로 가게 되는 셈이다. 그런데 지나치게 분권화된 노동자 자주관리기업 체제는 복지사회의 평등 요구에 부응하지 못할 위험이 있으며, 또 경제계획의 필요에 잘 부응할 수 있는지 여부도 불분명하다는 것이다. 반면에 중앙기금이나 부문기금에 이사선임권을 전적으로 부여하고 개별 기업들의 임노동자들에게는 아무런 권한도 부여하지 않는 것은 의사결정권의 과도한 중앙집권화를 낳는다는 점에서 바람직하지 않다는 것이다. 결국 저자들이 바람직하다고 생각하는 방안은 개별 기업의 임노동자들과 부문기금 간에 적절한 권력 배분이 이루어지는 형태이다. 이를 달성해주는 제도적 방안으로, 저자들은 이사의 추천권은 개별 기업의 노조 지부에게 부여하고 추천된 이사 후보들 중에서 이사를 선임하는 권한은 부문기금에게 부여하는 방안을 제안한다. 이를 통해 개별 기업 차원의 임노동자들과 부문기금 양자 모두에게 일종의 거부권을 부여할 수 있다는 것이다. 즉 개별 기업의 임노동자들은 이사 추천권을 행사함으로써 적어도 그들이 기피하는 인물이 그들의 기업의 이사로 선임되는 것을 원천적으로 방지할 수 있으며, 부문기금은 이사선임권을 행사함으로써 개별 기업의 임노동자들의 이익만을 배타적으로 대변할 것으로 예상되는 인물이 기금 이사로 선임되는 것을 막을 수 있다는 것이다.

그러면 이렇게 적립되는 기금자금은 어떠한 일에 사용되어야 할 것인가? 기금자금은 별다른 일에 사용되지 않고 그저 계속 적립되기만 해도 임노동자 집단에게 큰 이익을 가져다준다. 즉 기금 적립이 진행되어감에 따라 기금이 기업의 주요 주주로 등장하게 됨으로써 임노동자들이 기업의 의사결정을 주도할 수 있게 된다. 그래도 기금자금의 일부를 임노동자들의 이익을 위해 사용하는 것은 바람직하다. 우선적으로 기금자금의 사용이 필요한 영역은 교육 영역이다. 기금 소유에 기초하여 임노동들자에게 부여되는 기업의 의사결정권을 제대로 활용하려면, 임노동자들이 기업경영의 기법과 국민경제의 운영, 생산기술 등에 대한 지식을 습득해야만 한다는 것이다. 임노동자들은 기업을 효율적으로 운영하는 데 필요한 통상적인 경영 지식을 습득해야 할 뿐 아니라, 더 나아가 기술 발전에 사회적 내용을 부여할 수 있는 능력도 확보할 수 있어야 한다는 것이다. 또 각종 연구사업, 노동생활을 임노동자들의 조건과 필요에 맞게 개조하는 일, 노동환경이나 산업안전과 관련된 사업들에 기금자금을 사용할 것을 제안하고 있다.

기금제도가 도입되어 순탄하게 운영된다면 머지 않아 대부분의 민간 대기업들에서 임노동자기금이 지배주주로 등장하게 된다. 이렇게 기금이 기업들의 지배주주가 될 경우 발생하게 될 중요한 문제의 하나는 노사관계의 파트너가 바뀐다는 점이다. 즉 노동조합은 종래의 사용자 대신 임노동자 집단이 소유·관리하는 기금을 단체교섭의 상대자로 삼게 된다. 이제 노동운동 진영은 임노동자들의 이익을 대변한다는 전통적 역할을 넘어 종래에 사적 자본이 수행하던 역할까지 떠맡게 되는 것이다. 따라서 이러한 상황 전개가 낳을 수 있는 문제들에 대해서는 앞으로 토론이 진행되어야 한다는 것이다.

한편 기금이 기업들의 지배주주로 등장하게 되면 산업구조 전환도 임노동자들이 책임지고 주도해야 한다. 산업구조 전환이 임노동자들의 연대와 협력의 원칙에 부합되는 방향으로 진행될 수 있도록 해주는 '연대산업구조전환정책'이 요구된다는 것이다.

이상이 75년 시안에서 제시된 기금안의 골격이다. 위 기금안의 내용 중에서도 가장 핵심적인 요소는, 기금의 재원을 이윤으로부터의 기여금으로 조달하고, 이 기여금은 현금으로 납부되는 것이 아니라 신규발행주식의 형태로 납부되도록 하며, 기금에 대한 임노동자 개인들의 지분 소유는 허용하지 않고 기금이 임노동자 집단에 의해 집단적으로 소유·관리되도록 한다는 것이다. 이후 전개된 기금논쟁에서 가장 논란이 많았던 부분도 이 대목이었다. 기업의 이윤을 주식의 형태로 임노동자기금으로 자동적으로 이전시킨다는 것은 결국 기업의 소유주체를 기존의 주주들로부터 임노동자 집단으로 교체하는 것으로 귀결될 수밖에 없기 때문이다. 그런 점에서 75년 시안은 애초에 마이드너 그룹에게 연구과제가 부과되도록 한 핵심 동기로 작용했던, 연대임금정책으로 인해 야기되는 초과이윤 문제의 해소라는 다소 기술적인 문제에 대한 해결책으로서의 성격을 훨씬 넘어 뚜렷한 사회주의적 지향을 드러내고 있다.

저자들은 이러한 내용의 기금안에 대해 제기될 것으로 예상되는 비판들에 대해서도 미리 답변을 제시하고 있다. 우선 기존 주주나 경영자 등 재계 쪽에서는 임노동자기금을 도입하면 기업의 투자 의욕을 저하시켜 경제성장을 둔화시키고, 따라서 고용에도 악영향을 미칠 것이라고 비판하리라 예상된다는 것이다. 이에 대해 저자들은 기금안이 기존의 경제체제를 침해하는 측면이 있다는 점을 분명히 인정하고 있다. 그러나 기금안에 의해 침해될 기존의 경제체제는 다수의 사람들이 부당하다고 판단하고 있는 경제체제라는 것이다. 또 기존 주주들이 기금제도에 저항하기 위해 투자 스트라이크나 자본 도피를 감행할 것이라는 우려도 있으나, 투자에 영향을 미치는 요인은 매우 다양하기 때문에 과연 투자 스트라이크 등이 실제로 일어날지 여부를 미리 단정적으로 이야기하기도 어렵다. 또 설령 그러한 사태가 발생한다 하더라도 사회가 강력한 조치를 통해 문제를 해결할 수 있으리라는 것이다. 또 기금을 도입하게 되면 노동조합으로의 권력 집중과 조합주의를 낳게 될 것이라는 비판도 예상되는데, 이 문제는 개인주의에 기초한 부르주아적 가치관과 연대에 기초한 노동운동 진영의 가치관 간의 차이를 선명하게 보여줄 따름이라는 것이다.

한편 좌익 쪽에서는 임노동자기금이 자본주의를 오히려 강화시킬 것이라고 비판할 것으로 예상했다. 특히 기금이 미래의 자본증식분만을 재분배하고 기존의 자본은 건드리지 않는다는 데 비판의 초점이 맞추어질 것으로 예상된다는 것이다. 그러나 기존 자본 소유주들이 이미 소유하고 있는 자본을 압수하는 조치는 대다수의 시민들에게 현행 스웨덴 법질서에 위배된다고 간주되리라는 것이다. 무엇보다도 좌익은 모든 권력을 국가에 집중시키고 자유로운 노동운동의 여지를 거의 남겨두려 하지 않는 반면에, 기금안이 기반하고 있는 사고방식은 민주주의 사회의 틀 내에서 점진적으로 임노동자들의 처지를 개선시켜가고 또 국가로부터 독립적인 이익단체들과 민중운동의 여지를 남겨두어야 한다는 것이다. 그렇기 때문에 양자 간에는 근본적인 이념적 경계선이 가로놓여져 있다는 것이다.

한편 노동조합운동 내부로부터도 우려와 비판이 나올 수 있을 텐데, 그중에서도 가장 심각하게 고려해야 할 문제로, 저자들은 임노동자기금의 도입으로 인해 전통적인 기능사회주의 노선의 기조가 흔들리지 않겠느냐는 문제를 거론한다. 즉 노동운동의 전통적 사고방식에 따르면 임노동자들이 경제에 영향력을 행사할 수 있는 권리의 근거는 생산수단에 대한 소유가 아니라 노동이다. 그렇기 때문에 임노동자들이 경제에 영향력을 행사할 수 있는 권리가 자본의 소유를 통해 추가적으로 정당화되어야 할 필요는 없다. 그런데 이러한 사고방식이 임노동자기금의 도입으로 인해 훼손되지 않겠느냐는 것이다. 이에 대해 저자들은 자본소유에 기초한 임노동자들의 영향력 행사와 노동에 기초한 영향력 행사는 상호 배제적인 것이 아니라 오히려 상호 보완적이라는 입장을 피력한다. 임노동자기금의 도입을 통해 임노동자들이 자본소유에 기초하여 기업에 대해 영향력을 행사하게 된다고 해서, 예컨대 노동입법과 같은 전통적 수단에 기초하여 임노동자들이 영향력을 행사할 여지가 줄어들지는 않으며 오히려 더 늘어날 수 있다는 것이다.

우리는 오늘날 스웨덴에서 [노동과 자본 간의] 공동영향력과 공동결정을 통해 기업 내의 권력관계를 피용자들에게 유리하게 재편하려는, 노동조합 쪽으로부터의 강력한 요구의 물결을 경험하고 있다……우리는 소유구조는 건드리지 않고 그대로 두되, 사회에 의한 통제를 통해, 또 임노동자들에 의한 통제와 영향력 행사, 공동결정을 강화함을 통해 소유주의 권력을 제한해가는 "기능사회주의" 노선 위에 있는 것으로 보인다. 노동조합 쪽에서조차도 소유구조 및 권력구조를 변경시키는 조치를 시행하게 되면, 이러한 종래의 노선 위에서 계속 발전해가기가 어려워지지 않겠는가 하는 의문을 제기하곤 한다. 이 문제는 심각하게 논의될 만하다. 만일 노동운동이 노동입법의 변화를 통한 노동생활의 민주화와 임노동자기금의 설립을 통한 노동생활의 민주화 가운데 양자택일해야만 한다면, 아마 첫 번째 대안이 선택되어야 할 것이다. 노동이 공동영향력 행사권의 근거라고 보는 사고는, 소유를 통해 임노동자들의 권력을 확보한다는 사고보다 노동운동의 전통에 더 강하게 뿌리내려 있다. 게다가 임노동자들의 영향력 행사는 경제생활의 모든 영역에서 관철되어야 하지만, 공동소유는 이익을 보는 기업에서만 실현된다는 문제도 있다. 그러나 기업민주주의의 신장을 위한 이 두 가지 길이 왜 상호 배제적인 양자택일적 대안들로 간주되어야 하는지 이해하기 어렵다. 양자는 서로를 지지하고 보완해준다고 보는 것이 더 타당할 것 같다. 임노동자들에 의해 소유·관리되는 기금들은 그 자체가 목적인 것이 아니라 노동생활과 우리의 경제생활을 민주화하기 위한 수단인 것이다. 소유구조의 연속적인 변화는 이러한 민주화 과정을 어렵게 하는 것이 아니라 용이하게 할 것이라고 보는 것이 합리적이다(Meidner, Rudolf., Anna Hedborg, Gunnar Fond 1975: 119-20).

2) 1976년 LO 총회 보고서 『임노동자기금을 통한 집단적 자본형성』(Kollektiv kapitalbildning genom löntagarfonder)

마이드너 그룹이 1976년 LO 총회에 정식으로 제출한 보고서(이하 '76년 보고서')는 대체로 75년 시안의 골격을 그대로 유지하고 있다. 다만 75년 시안에서 결정이 유보되었던 몇 가지 사항들에 대해 구체적인 제안이 제시되어 임노동자기금의 제도적 골격이 좀더 선명해졌으며, 몇 가지 기술적 차원의 문제들에서 얼마간 수정이 가해졌을 뿐이다.

우선 저자들은 임노동자기금안의 목적를 다음과 같이 정식화하고 있다. "연대임금정책을 보완하고, 산업의 자기금융으로 인해 초래되는 재산의 집중을 억제하며, 경제과정에 대한 임노동자들의 영향력을 증대시킨다."(LO 1976a: 16) 75년 시안에서 제시된 목적들과 비교해볼 때 기본 내용 자체는 동일하다고 할 수 있겠지만 몇 가지 미세한 차이를 발견할 수 있다. 먼저 기금 설립의 세 가지 목적 중에서 연대임금정책을 보완한다는 것이 가장 먼저 언급되고 있다. 75년 시안에서는 연대임금정책문제는 가장 나중에 언급되었다. 재산의 집중을 억제한다는 목적과 관련해서는 75년 시안에서 언급되지 않았던 산업의 자기금융문제가 언급되고 있다. 또 75년 시안에서는 '재산분배구조를 균등화한다'는 좀더 적극적인 표현이 사용되었는데, 76년 보고서에서는 '재산의 집중을 억제한다'는 다소 소극적인 표현이 사용되었다. 기금논쟁의 초기 국면을 LO의 정치전략에 초점을 맞추어 분석한 오사드(Erik Åsard)에 따르면, 기금안의 목적 설정과 관련하여 76년 보고서에서 이루어진 약간의 수정은 정치전략적 고려로 인한 것이라고 한다. 즉 75년 시안에서는 재산과 경제적 권력을 재분배한다는 문제가 전면에 부각되었는데, 이에 대해 재계는 물론이고 사민당 지도부도 달갑지 않은 반응을 보였다는 것이다. 마이드너 그룹은 이러한 사정을 고려하여 76년 보고서에서는 연대임금정책이 낳는 초과이윤문제를 좀더 부각시키고 재산과 경제적 권력의 재분배 문제에 대한 강조의 톤은 다소 낮추는 전략을 선택했다는 것이다(Åsard 1978: 168-69).

한편 재산집중문제와 관련하여 자기금융문제가 언급된 것은, 1971년 LO 총회에서 금속노조가 제출한 발안에서 자기금융방식으로 기업의 자본조달이 이루어짐에 따라 재산의 과도한 집중이 야기된다는 문제가 거론되었던 것을 고려한 것으로 판단된다. 즉 마이드너 그룹은 기금안이 1971년 총회에서 제출된 발안들에 최대한 충실하게 기초해 있음을 부각시키고자 한 것 같다.

그러나 기금안의 실제 내용에는 별다른 수정이 가해지지 않았다. 우선 기금의 재원은 75년 시안에서와 마찬가지로 기업들의 이윤으로부터의 기여금으로 조달하도록 했다. 75년 시안에서는 이윤에 대한 기여금의 비율에 대해서는 언급이 없었는데 76년 보고서는 20%를 제안하고 있다. 또 기여금은 신규발행주식의 형태로 납부되며, 기금은 집단적으로 소유·관리되고, 기금으로 적립된 주식은 차후에 주식시장에서 거래되지 않는다는 75년 시안의 핵심 골격도 그대로 유지되고 있다. 기금제도가 적용되는 기업의 범위는 영리 민간 주식회사들 중에서 종업원 수가 일정 규모 이상인 기업들을 포괄하기로 했다. 종업원 수의 하한은 50인에서 100인 사이에서 결정할 것을 제안하고 있다.

기금의 조직 방식도 75년 시안의 내용을 그대로 따르고 있다. 기금을 개별 기업 수준에서 조직하는 것이 아니라 다수의 기업을 포괄하는 상위 수준에서 조직하되 산업별로 조직하는 것이 바람직하다는 것이다. 75년 시안에 기초하여 LO 소속 노조원들에 대해 시행한 설문조사의 결과에 따르면, 노조원들은 지역별 기금을 산업별 기금보다 선호하는 것으로 나타났다. 그러나 마이드너 그룹은 시장에 대한 정보나 생산의 발전, 노동환경 등 중요한 문제들이 산업과 결부되어 있기 때문에 산업별로 기금을 조직하는 것이 더 바람직하다고 주장하고 있다. 또 이렇게 산업 부문별로 조직되는 기금, 즉 부문기금을 관리하는 위원들 중 한두 명은 사회 전체의 이익을 대변하는 공익위원으로 채우고, 나머지 위원들 중 절반은 해당 산업 부문의 노조가 선출하며, 나머지 절반은 여타 산업별 노조들이 선출하도록 한다는 것이다. 이를 통해 각 부문기금이 해당 산업 부문의 임노동자들의 이익뿐 아니라 공공부문의 임노동자들과 같이 직접적으로 기금제도의 적용을 받지

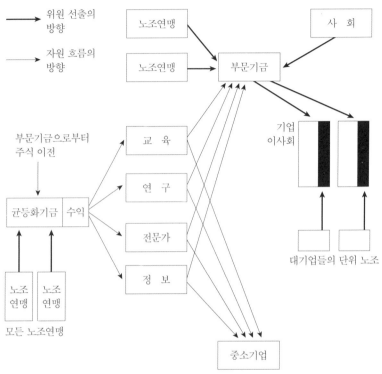

〈그림 2-1〉 임노동자기금제도의 조직 체계

(자료: LO 1976: 114-15, 그림 2)

않는 임노동자들, 나아가 사회 전체의 이익까지 균형 있게 고려하는 방향으로 운영되도록 할 수 있다는 것이다. 또 부문기금들의 상위에 전국적 차원의 중앙기금인 균등화기금을 설립하여 임노동자 집단 전체를 대상으로 하는 사업들을 담당하도록 한다는 것도 75년 시안의 내용과 같다.

기금제도가 적용되는 기업들의 이사회에 기금을 대표하여 파견될 이사들에 대한 선임권을 누구에게 부여할 것인가 하는 문제와 관련해서는 75년 시안에 비해 더 구체화된 방안이 제시되었다. 기금 적립의 초기 단계, 구체적으로는 기금제도의 적용을 받는 기업의 전체 주식 총액 중 기금의 지분 비율이 20%에 달할 때까지는 해당 기업의 노조에게 이사 선임권을 부여하여 개별 기업 수준의 임노동자들의 이익이 우선적으로 대변될 수 있도록 하고, 20%를 넘어서면서부터는 부문기금이 추가적으로 파견될 이사들을 선임하도록 한다는 것이다. 단 이 경우에도 단위 노조들이 자기 기업의 이사회에 파견될 이사 후보를 추천하고, 추천된 후보들 중에서 부문기금이 이사를 선임하도록 한다는 것이다. 또 단위 노조는 부문기금이 선임한 이사가 마음에 들지 않을 경우에는 거부권을 행사할 수 있도록 한다는 것이다. 이를 통해 개별 기업의 노조와 부문기금이 상호 거부권을 행사할 수 있게 한다는 것이다.

저자들은 그들이 구상하는 기금제도의 조직 체계를 〈그림 2-1〉을 통해 보여주고 있다.

3) 1978년 LO-사민당 공동 임노동자기금안 『임노동자기금과 자본형성』
(Löntagarfonder och kapitalbildning)

76년 LO 총회 보고서가 75년 시안의 골격을 그대로 유지하고 있는 것과는 달리 1978년에 LO와 사민당의 공동연구그룹이 제출한 기금안(이하 '78년 공동안'으로 약칭)은 75년 시안이나 76년 보고서와는 내용이 크게 다르다. 75년 시안이나 76년 보고서가 뚜렷히 드러내고 있는 사회주의적 지향은 78년 공동안에서는 크게 퇴조하고, 기금제도의 도입을 통해 달성되는 집단적 자본형성을 통해 투자를 증대시킴으로써 침체된 스웨덴 경제를 회복시킨다는 성장주의적 문제의식이 전면에 부각되어 있다. 75년 시안에서 기금은 자본형성과 같은 일반적인 경제정책적 과제들로 부담 지워져서는 안 된다고 한 것과 선명하게 대조되는 대목이다. 이렇게 78년 공동안이 이전의 기금안들과 크게 다른 성격을 띠게 된 배경으로는 다음과 같은 것을 들 수 있다.

첫째, 75년 시안이나 76년 보고서는 마이드너 그룹이 단독으로 작성했으나 78년 공동안은 LO와 사민당에서 파견된 연구위원들이 공동으로 작성했다. 78년 공동안을 제출한 연구그룹은 1977년 봄에 발족되었는데, 이는 LO 지도부가 사민당에게 제안하여 이루어진 것이다. LO 지도부는 기금문제가 1976년 선거에서 사민당에게 불리하게 작용한 것에 대해 부담감을 가졌고, 사민당과의 정치적 타협을 통해 임노동자기금을 도입하려 한 것이다. 따라서 LO 지도부 쪽에서도 애초의 기금안이 가졌던 급진적 성격을 상당 정도로 누그러뜨릴 준비가 되어 있었다고 볼 수 있을 것이다. 또 사민당 지도부는 처음부터 기금안에 호의적이지 않았을 뿐 아니라, 사민당을 대표하여 연구그룹에 참여한 두 명의 위원 중 펠트(Kjell Olof Feldt)는 사민당 내 우파를 대표하는 인물이었다. 78년 연구그룹에 '형식적으로' 참여했던 마이드너는 필자와의 인터뷰에서 78년 공동안에서 이루어진 대폭의 기금안 수정을 주도했던 쪽은 사민당 위원들이었다고 말했다.

둘째, 1976년부터 스웨덴 경제의 침체가 현저하게 진행되었다. 1973년의 1차 오일쇼크, 1974-76년에 진행된 폭발적 임금상승,[31] 조선업 등 스웨덴의 중추 산업들의 국제경쟁력 상실 등 다양한 요인들로 인해 스웨덴 경제는 1976년 이후 급격한 하강 국면으로 들어서게 되었다. 이러한 상황에 직면하여 사민주의자들은 기금안이 일반 국민대중에게 설득력을 가지려면 당면 경제문제의 해결에 임노동자기금이 도움이 된다는 논리가 제시되어야 한다고 판단했고, 이로 인해 기금안은 큰 폭의 수정을 겪어야 했다.

임노동자기금 설립의 목적으로서 78년 공동안은 종래의 세 가지 목적에다 생산적 투자를 위한 집단적 저축과 자본형성에 기여한다는 새로운 목적을 덧붙이고 있다. 그런데 이것은 그저 기존의 목적들에 덧붙여진 또 하나의 목적이라기보다는 78년 공동안 전체를 지배하는 핵심 목적이라고 할 수 있다. 한편 기존의 세 가지 목적 중에서 연대임금정책으로 인한 초과이윤문

---

31 주로 원자재 수출 증대에 힘입은 1974년의 일시적 호경기는 이후 폭발적 임금상승을 낳아, 1974-76년 기간에 사회보장 기여금을 포함한 실질임금비용이 40% 상승했다.

제는 거의 다루어지지 않고 있다. 아마도 74-76년의 폭발적 임금상승을 겪은 지 얼마 안 되는 시점에서 연대임금정책으로 인한 고수익 기업의 '초과이윤' 취득 문제를 거론한다는 것은 설득력이 없다고 판단했을 것이다.

구체적인 제안의 측면에서 78년 공동안이 기존의 기금안들과 대표적으로 달라진 대목은, 임노동자기금과 더불어 발전기금(utvecklingsfonder)을 설립한다는 새로운 구상이 제시된 대목이다. 당면한 경제 침체를 극복하기 위해 집단적 저축과 자본형성을 증대시킨다는 과제는 주로 발전기금에 부여되어 있다.

75년 시안과 76년 보고서에서 구상되었던 기금안의 내용 중 가장 핵심적인 부분은 78년 공동안에서도 유지되고 있다. 기업의 이윤으로부터 기여금을 납부받아 기금을 조성하되 이 기여금은 신규발행주식의 형태로 납부되며, 기금은 임노동자 개인들에 의해 개인지분의 형태로 소유되는 것이 아니라 임노동자 집단에 의해 집단적으로 소유·관리된다는 것이다. 또 기금으로 적립된 주식은 차후에 주식시장에서 거래될 수 없도록 한 것도 기존 기금안과 마찬가지다.

한편 이윤에 대한 기여금의 비율은 매 10년마다 의회에서 결정하도록 하되, 기금 도입 이후 첫 10년간은 20%가 바람직하다고 제안하고 있다. 매 10년마다 기여금 비율을 의회에서 결정하도록 한다는 내용이 새로이 추가된 것은 기여금 비율과 관련하여 재계 쪽의 불만을 누그러뜨리기 위한 것으로 판단된다. 즉 기여금 비율이 너무 높은 것으로 판단될 경우에는 차후에 의회에서 인하 조정할 수도 있으므로 미리 지나치게 우려할 필요는 없다는 메시지를 전하고자 한 것으로 판난된다.

기금제도의 적용을 받는 기업의 범위와 관련해서는 상당히 큰 폭의 수정이 가해졌다. 76년 보고서는 영리 민간 주식회사 중 피용자 수가 50-100인 이상의 기업들을 포괄하도록 제안했는데, 78년 공동안은 영리 민간 주식회사 중 모든 상장기업과 피용자 수 500인 이상의 비상장기업들을 포괄하도록 제안하고 있다. 기금제도가 적용될 기업의 범위가 크게 줄어든 것이다.

　기금의 조직 방식은 근본적인 수정을 겪었다. 75년 시안과 76년 보고서는 산업 부문별로 부문기금을 설립할 것을 제안하였으나 78년 공동안은 지역별로 기금을 설립할 것을 제안하고 있다. 좀더 구체적으로는 스웨덴의 광역 지방행정 단위인 랜(län)[32]마다 하나씩 지역기금을 설립할 것을 제안하고 있다. 이렇게 부문기금 대신 지역기금을 설립하는 것이 가진 장점으로는 다음과 같은 것들을 제시하고 있다. 우선 지역단위로 형성되는 이해관계가 있다는 것이다. 또 산업별로 기금을 설립하려 할 경우에는 산업들 간의 경계선을 획정해야 한다는 쉽지 않은 문제에 봉착하게 되는 데 반해, 지역기금은 현행 행정단위인 랜마다 하나씩 두면 되므로 이러한 기술적 곤란을 겪지 않아도 된다는 것이다. 또 공공부문 종사자들까지 포함하여 랜에 속한 모든 임노동자들에게 지역 대의원을 선출할 권한을 준다. 그리하여 이 지역 대의원들로 하여금 자기 랜에 소재한 기업들의 이사회에 파견될 기금 이사들을 선출하게 함으로써 기금제도의 적용을 받지 않는 부문이나 기업에 종사하는 임노동자들도 기금의 운영에 간접적으로 영향력을 행사할 수 있게 한다는 것이다. 한편 75년 시안이나 76년 보고서는 부문기금들의 수익금을 수합하여 임노동자 집단 전체 차원에서 필요한 사업들을 담당할 전국적 차원의 중앙기금조직인 균등화기금을 설립하도록 제안하였다. 그러나 78년 공동안은 순수히 행정적인 차원에서의 업무 조정과 감독만을 위한 중앙 차원의 위원회(nämnd / committee)를 설립하도록 제안하고 있다. 중앙조직의 위상이 훨씬 약화된 셈이다.

　기금제도의 적용을 받는 기업들 내에서의 의사결정에서 해당 기업의 임노동자들과 기금이 각기 행사하는 영향력을 배분하는 문제와 관련해서

32　랜(län)은 우리나라의 도(道)와 유사한, 스웨덴의 광역 지방행정 단위다. 또 랜은 국회의원 선거구 단위이기도 하다. 하나의 랜은 기초 지방행정 단위인 콤뮨(kommun)들로 구성된다. 랜 단위의 지방자치조직은 란드스팅(landsting)이다.

도 약간의 수정이 가해졌다. 76년 보고서에서는 기금이 기업의 주식 총액의 20%를 차지할 때까지는 해당 기업의 노조에게 이사선임권을 부여하고, 20%를 넘어서면서부터는 부문기금에게 이사선임권을 부여하기로 했다. 그런데 78년 공동안에서는 기금이 기업의 주식 총액의 40%를 차지하기까지는 이사선임 문제를 포함하여 기업 내의 의사결정 전반과 관련하여 기금이 부여해주는 표결권을 해당 기업의 임노동자들과 지역기금에게 동일한 비율로 분배하고, 40%를 넘어서면서부터는 추가적 표결권을 모두 지역기금에게 부여하기로 했다. 이에 따라 기금 적립 초기 국면에서도 개별 기업의 임노동자들뿐 아니라 지역기금도 표결권을 부여받게 됨으로써, 개별 기업의 임노동자들에 의한 영향력 행사 여지는 그만큼 축소되었다.

78년 공동안에서 처음으로 등장한 발전기금안의 골격은 다음과 같다. 모든 종류의 취득수입(förvärvsinkomster), 즉 임금과 기업가수입(företagarinkomster)으로부터 기여금을 받아 전국적 차원의 발전기금을 최소한 두 개 설립한다. 발전기금은 국제경쟁에 노출된 산업들에 자본을 조달하되, 우선적으로는 제조업에 자본을 공급하는 것을 주된 과제로 삼는다. 발전기금이 통상적인 금융기관과 다른 점은 기업들에게 담보 없이 자본을 공급해줄 수 있다는 점이다. 기업들에 대한 자본공급방식은 주로 직접 대부(direkta lån / direct loan) 형태를 취하겠으나, 채권 구입, 주식 구입 등도 가능하다. 발전기금을 운영할 이사회 구성은—2개의 발전기금을 구성할 경우엔—임노동자들의 대표가 이사회의 과반수를 차지하는 발전기금과 일반 시민들의 대표가 이사회의 과반수를 차지하는 발전기금을 각기 하나씩 두는 방식을 취한다. 이를 통해 임노동자들과 일반 시민들의 영향력 행사가 서로 균형을 이룰 수 있으리라는 것이다. 또 전국적 차원의 발전기금 외에 랜(län) 단위로 자본 규모가 그리 크지 않은 지역발전기금들을 두어 지역경제의 발전에 일조하도록 한다는 것이다.

이상 78년 공동안의 내용은 LO와 사민당의 입장이 절충된 결과물이라

할 수 있다. 우선 임노동자기금의 재원이 이윤으로부터의 기여금으로 조달되고, 이 기여금은 신규발행주식의 형태로 기금에 적립되며, 기금이 임노동자 집단에 의해 집단적으로 소유·운영된다는 76년 보고서의 핵심적 요소들은 그대로 유지되고 있다. 이는 1976년 LO 총회에서 76년 보고서를 이미 공식적으로 승인한 LO의 입장을 사민당이 존중한 결과라 할 수 있다. 그러나 기금제도의 적용을 받는 기업의 범위가 크게 축소되고, 매 10년마다 의회에서 이윤으로부터의 기여금 비율을 재결정하도록 한 것은 기금안을 정치적으로 덜 부담스러운 것으로 만들려는 사민당의 정치적 고려가 반영된 것으로 해석할 수 있겠다.

기금을 산업별이 아니라 지역별로 조직하기로 한 것도 사민당의 입장이 관철된 부분으로 해석할 수 있다. 76년 보고서에서처럼 기금을 산업별로 조직하면 기금의 운영은 노동조합이 좌우하게 된다. 이미 산업별로 조직되어 있는 노동조합의 조직 방식을 따라 기금이 조직되면, 기금은 산업별 노조들에 의해 쉽게 통제될 수 있다. 게다가 76년 보고서는 아예 부문기금을 관리할 위원들을 산업별노조들이 선출하도록 해 놓고 있었다. 또 스웨덴의 경우 생산직 노동자들의 중앙 노동조합조직인 LO가 산하 산업별 노조들에 대해 강한 통제력을 갖고 있었기 때문에, 부문기금의 설립은 결국 LO의 영향력을 현저히 강화시키는 것으로 귀결될 수밖에 없었다. 안 그래도 막강한 조직인 LO의 영향력이 더욱 강화된다는 것은 재계나 부르주아 정당들은 물론이고 사민당에게도 그리 달가운 일이 아니었을 수 있다. 그러나 지역별로 기금을 조직하면 기금에 대한 LO의 영향력은 약화되는 반면에 사민당의 영향력은 크게 강화될 수 있다. 정당 조직인 사민당의 조직 체계는 지역별 조직을 골간으로 삼고 있기 때문에 지역별로 조직되는 기금들에 대해 사민당이 영향력을 행사하기는 어렵지 않을 것이다. 또 스웨덴의 광역 지방행정 단위인 동시에 선거구 단위이기도 한 랜(län)마다 지역기금을 두게 되면 일상적인 지방행정 및 정치활동의 단위와 기금 조직 단위가 일치하게 된다.

그러므로 유권자들에게 기금이 덜 낯설게 느껴질 수 있을 것이며 정치적 민주주의 원리에도 더 잘 부합되는 것으로 간주되리라는 정치적 고려도 작용했을 것으로 판단된다. 기금수익의 사용에 대한 의사결정권을 가진 중앙기금조직인 균등화기금 대신에 순수히 행정기술적인 업무만을 관장하는 중앙 차원의 위원회를 두기로 한 것도 같은 맥락에서 이해할 수 있을 것이다.

한편 78년 공동안에서 처음으로 등장한 구상인 발전기금안은 정치전략적 계산과 실제적 필요가 함께 결합되어 나온 구상이라 판단된다. 이윤으로부터의 기여금에 기초하여 구성되는 임노동자기금은 세부적으로 그것이 아무리 완화된 형태로 수정된다 하더라도 재계의 입장에서는 달가울 것이 하나도 없는 제도라 할 수 있다. 임노동자기금을 통해 재계가 얻을 것은 전무한 것이다. 반면에 발전기금은 산업부문의 기업들이 필요로하는 자본을 매우 유리한 조건으로 제공해줄 수 있기 때문에 재계의 입장에서도 환영할 것이라고 계산되었을 것이다. 따라서 기금안과 발전기금안을 단일 정책패키지로 묶어냄으로써 기금안이 정치적으로 더 용이하게 수용될 수 있도록 할 수 있으리라 계산되었을 것이다. 또 경제적 필요도 있었을 것이다. 당시 스웨덴은 심각한 저축 부족, 투자 부족 문제를 겪고 있었다. 따라서 일종의 의무저축제도라 할 수 있는 발전기금제도는[33] 산업에 필요자본을 공급하는

---

33 발전기금제도는 국민경제적 관점에서 보면 일종의 의무저축제도라 할 수 있으며, 납세자의 입장에서 보면 개인소득세의 증액과 유사한 효과를 갖는다. 발전기금은 모든 임금과 기업가수입으로부터의 기여금으로부터 납부되어, 납세자들의 가처분 소득을 줄이는 방식으로 조달된다. 그리고 이 발전기금의 자금은 공적 소비지출에 사용되는 것이 아니라 오직 기업들이 필요로 하는 투자자금으로 사용된다. 그런 점에서 발전기금제도는 의무저축제도의 일종이라 할 수 있다. 그런데 이렇게 발전기금에 기여금을 납부한 납세자들은 그들이 납부한 기여금을 차후에 개인적으로 인출하지 못한다. 기여금은 납부자의 개인 구좌에 적립되는 것이 아니라 발전기금에 통합적으로 적립되고 또 통합적으로 사용된다. 78년 공동안은 발전기금의 수익을 임노동자 교육이나 유급휴가일 증대 등의 형태로 임노동자들에게 되돌려주는 한편, 자영업자들에게는 차후의 기여금 부담을 줄여주는 방식으로 부분적 보상을 제공하겠다고 하고 있다. 하지만 이러한 보상은 어디까지나 간접적인 성격을 띨 뿐이다. 따

데 적잖이 기여할 수 있으리라 판단되었을 것이다.

이렇듯 78년 공동안은 75년 시안이나 76년 보고서와는 크게 다른 내용을 담고 있는데, 마이드너는 필자와의 인터뷰에서 78년 공동안의 내용은 본래의 자신의 구상과는 별로 관계가 없다고 생각한다고 말했다.

4) 1981년 LO-사민당 공동 임노동자기금안 『노동운동과 임노동자기금』 (*Arbetarrörelsen och löntagarfonderna*)

78년 공동안은 같은 해에 개최된 사민당 전당대회에 보고되었다. 사민당 전당대회는 78년 공동안을 사민당의 공식 입장으로 채택하지 않았다. 78년 공동안에서 충분히 고려되지 못한 문제들이 많이 있기 때문에 연구를 더 진행시켜 더 개선된 기금안을 마련하는 것이 바람직하다는 쪽으로 의견이 모아졌다. 단 1981년에 개최될 차기 전당대회에서는 사민당이 구체적인 기금안을 채택해야 한다고 시한을 못박았다. 또 이를 위해 다시금 사민당과 LO가 공동으로 연구그룹을 조직하여 새로운 기금안을 작성하도록 할 것을 당 서기국에 요청하였다. 이에 따라 사민당 서기국은 펠트(Kjell Olof Feldt)를 좌장으로 하는 LO-사민당 공동연구그룹을 새로이 구성하였고, 이들로 하여금 1981년 사민당 전당대회에 보고할 새로운 기금안을 작성하도록 했다. 또 1981년은 LO 총회도 열리는 해여서 새로이 작성될 기금안은 사민당 전당대회뿐 아니라 LO 총회에도 보고되어야 했다. 이에 따라 공동연구그룹은 새로운 기금안을 준비하는 작업에 착수하여 1981년 1월에 2차 LO-사민당 공동 임노동자기금안(이하 '81년 공동안'으로 약칭)을 발표하였다.

81년 공동안은 78년 공동안과 내용이 크게 다르다. 전체적으로 보면 78년 공동안보다도 내용이 한층 더 온건해졌다. 81년 공동안은 기금문제를

라서 발전기금으로의 기여금은 납세자의 입장에서 보면 납부금에 대한 개별적·직접적 보상이 보장되지 않는다는 점에서 개인소득세의 증액과 유사한 성격을 띤다.

다룬 국가연구위원회 내에서 진행된 논의에 적지 않은 영향을 받았다. 81년 공동안을 작성한 공동연구그룹 멤버들 중 지도적 위치를 차지했던 인물들은 기금문제를 다룬 국가연구위원회에도 LO 및 사민당 대표로 참여하고 있었다. 이들은 국가연구위원회에서의 활동을 통해 여타 이익단체 및 정당들이 기금안에 대해 가진 불만이 무엇인지를 잘 알 수 있었고, 이러한 불만 요인들이 가능한 한 해소될 수 있는 방안으로 81년 공동안을 마련하려 했다. 그 결과 81년 공동안은 78년 공동안보다도 한층 더 온건한 성격을 띠게 되었다.

우선 임노동자기금의 재원은 기업의 초과이윤의 일부로부터의 기여금과 ATP 기여금의 인상을 통해 조달하기로 했다. 이때 '초과이윤'이란 기업의 정상적 운영에 필요한 최소이윤 수준을 넘어서는 이윤분을 말하는데, 당시 인플레이션 진행 속도나 이자율 수준을 고려할 때 15-20%의 명목이윤율을 정상이윤율로 볼 수 있으며 이를 넘어서는 수준의 이윤분이 초과이윤이라는 것이다. 이 초과이윤의 20%를 기금에 기여금으로 납부하도록 했다. 이에 따라 기업들의 기여금 부담은 크게 줄어들게 되었다. 우선 기업 규모에 관계 없이 수많은 기업들이 기금으로의 기여 부담에서 면제될 수 있게 되었으며, 높은 이윤율을 올려 기금에 기여금을 내야 하는 기업들의 경우에도 적어도 '정상이윤'은 온전히 확보할 수 있게 된 것이다. 이렇게 기여금 산정의 기준을 이윤으로부터 초과이윤으로 바꾼 것은, 기업의 기여금 부담을 줄여줌으로써 경제성장에 불리한 효과를 최소화하기 위한 것이라고 설명하고 있다. 초과이윤의 일부를 기여금으로 납부해야 하는 기업의 범위로는 모든 주식회사를 포괄하기로 했다. 즉 상장 여부나 기업 규모, 산업 부문에 관계 없이 모든 주식회사는 초과이윤의 20%를 기금에 납부해야 한다는 것이다.

그런데 이렇게 오직 기업의 초과이윤의 20%만이 기금으로 납부된다면 기금의 재원이 빈약해질 수밖에 없다는 문제가 생긴다. 이를 보완하기 위한 조치로 ATP 기여금을 종래의 12%로부터 13%로 1%p 인상하도록 제안하고 있다. 스웨덴의 대표적인 공적 연금제도인 ATP의 재원 조성을 위한 기여금은 사용자가 자기 기업에 종사하는 임노동자들을 위해 납부하도록 되어 있다. 한 사용자가 부담해야 하는 ATP 기여금 총액은 그가 운영하는 기업의 임금 총액에 비례해서 결정된다. 따라서 81년 공동안은 사용자들이 종래에 그들의 기업에서 지출되는 임금총액의 12%만큼을 ATP 기여금으로 부담하던 것을 13%로 인상하자고 제안하고 있는 것이다. 따라서 ATP 기여금의 인상은 일단 사용자의 비용 부담을 증가시킨 것이라 할 수 있겠으나 이 비용 부담의 일부는 임노동자나 소비자에게 전가될 수 있다. 스웨덴의 경우 통상적인 임금 외에도 ATP 등 각종 사회복지제도의 유지를 위해 사용자가 부담해야 하는 사회보장 기여금(sociala avgifter / social security taxes)의 비중이 상당히 큰 편이어서, 1986년 현재 총 조세액 중 사회보장 기여금이 차지하는 비중이 15.1%로 개인소득세(19.5%)에 이어 두 번째 위치를 점하였다(Hansson, Ingemar. 1987: 208). 또 각종의 사회보장 기여금의 대부분은 기업의 임금 총액에 비례해서 결정된다. 따라서 사회보장 기여금은 사용자의 입장에서 보면 통상적 임금에 더하여 추가적으로 지불해야 하는 임금이나 다름없다. 또 사용자가 부담하는 사회보장 기여금의 혜택은 주로 임노동자들이 보게 된다. 따라서 중앙단체교섭을 통해 노사 간의 교섭 사항들을 단일 교섭패키지로 일괄 타결하는 스웨덴의 단체교섭 관행에서, 사용자가 부담하는 사회보장 기여금의 규모는 임금인상률을 협상하는 데 중요한 고려변수가 되게 마련이다. 즉 사회보장 기여금이 인상되면 대체로 임금인상의 여지는 줄어든다고 볼 수 있는 것이다.[34] 또 시장상황에 따라 상품가격의 인상을 통해 사회보장 기여금 부담의 일부를 소비자에게 전가시킬 수도 있

---

34 스웨덴의 경제학자 베리스트룀(Villy Bergström)은 이러한 사정을 고려하여 사회보장 기여금을 아예 개인소득세의 일종으로 분류하고 있다. Bergström(1979: 256).

다. 따라서 ATP 기여금 인상의 부담은 대체로 사용자, 임노동자, 소비자에 의해 분담된다고 볼 수 있을 것이다.

한편 초과이윤으로부터 기금으로 납부되는 기여금은 신규발행주식이 아니라 현금으로 지불되도록 했다. 이 대목은 81년 안에서 이루어진 여러 가지 수정 중에서도 가장 근본적인 것이다. 78년 공동안까지 유지된 '원칙들' 중에서도 가장 중요한 것은 기금으로의 기여금이 신규발행주식의 형태로 납부되어야 한다는 대목이었고, 재계나 부르주아 정당들이 가장 격렬하게 반대한 것도 바로 이 대목이었다. 기업의 소유권을 자동적으로 기존 주주들로부터 임노동자 집단으로 이전시키는 결과를 낳기 때문이다. 81년 공동안은 이러한 반대를 고려하여 기여금을 현금으로 납부하도록 한 것이다.

이렇게 현금 형태로 기금으로 적립되는 자금은 오직 주식을 구매하는 데만 사용하기로 했다. 78년 공동안에서는 임노동자기금은 주식 형태로 기금에 적립되되, 발전기금의 자금은 직접 대부, 채권 구입, 주식 구입 등 다양한 방식으로 투자될 수 있도록 했다. 그러나 81년 공동안에서는 기금의 투자 대상을 주식 구입으로만 한정한 것이다. 이렇게 한 이유로는 주식이라는 형태의 위험부담자본이 갖는 중요성이 강조되고 있다. 1970년대 중반 이후 계속된 경제 침체로 인해 기업들은 미래를 극도로 불확실하게 전망하고 있고, 이로 인해 기업들의 투자가 부진하다는 것이다. 그런데 이렇게 기업들이 투자 전망을 매우 불확실하게 보고 있는 상황에서는 기업들에 공급되는 자본량을 늘리는 것만으로는 투자를 촉진할 수 없다는 것이다. 자본의 양뿐 아니라 자본의 성격이 중요한 문제라는 것이다. 현재 스웨덴 기업들의 자기자본 비율은 상당히 낮은 상태에 있는데, 이것이 기업들로 하여금 위험성이 큰 투자를 기피하게 하는 중요한 요인으로 작용하고 있다는 것이다. 따라서 위험을 부담하는 성격의 자본인 주식을 구입하여 기업들의 자기자본 비율을 높여줌으로써, 기업들이 좀더 과감한 투자 결정을 할 수 있도록 도와주어야 한다는 것이다. 그리고 이렇게 기금이 구입할 수 있는 주식의 범위에는 아무런 제한을 두지 않기로 했다. 즉 기금은 오직 주식 구입이라는 형태로만 투자하되 어떠한 기업의 주식도 구입할 수 있도록 한다는 것이다.

기금의 조직 방식은 78년 공동안을 그대로 따르고 있다. 랜(län) 단위로 조직되는 지역기금들을 둔다는 것이다. 또 주식 구입을 통해 확보되는, 기업의 주주총회에서의 표결권을 해당 기업의 노조와 지역기금 사이에 배분하는 방식과 관련해서도 78년 공동안의 내용을 그대로 따르고 있다.

81년 공동안에서 새로이 등장한 구상의 하나는 기금자금의 투자를 통해 발생하는 수익의 일부를 ATP 체계에 납부하도록 한다는 것이다. 구체적으로는 각 지역기금은 기금자금의 규모에 비례하여 결정되는 금액을 매년 ATP 체계에 납부하도록 한다는 것이다. 이를 통해 우선 연금재원의 고갈 문제에 봉착해 있는 ATP 체계를 재정적으로 보강할 수 있고, 다음으로는 지역기금들로 하여금 효율적으로 투자하도록 강제하는 효과를 얻을 수 있다는 것이다. 만일 기금이 효율적 투자에 실패하여 손실을 볼 경우에는 기금의 본원적 자금 자체를 덜어내어 이를 ATP 체계에 납부해야 한다. 이러한 사태를 피하려면 기금은 가능한 한 높은 수익을 올리는 방향으로 투자해야 하므로, 기금을 ATP 체계와 연계시킴을 통해 기금 운영의 효율성을 높일 수 있다는 것이다.[35]

한편 1978년 공동안에 등장했던 발전기금 구상은 1981년 기금안에서는 누락되었다.

---

35 마이드너는 필자와의 인터뷰에서 81년 공동안에서 기금을 ATP 체계와 연계시킨 것은 무엇보다도 정치전략적인 고려 때문이었으리라고 설명했다. 즉 기금안이 별로 위험성이 없다는 점을 보여주기 위한 구상일 것이라는 말이다. 스웨덴 국민들에게 아주 친숙한 ATP 체계와 기금제도를 연계시킴으로써, 임노동자기금이 별로 새롭거나 위험한 것이 아니라는 점을 부각시키고 싶어했으리라는 것이다. 그러나 만일 실제로 81년 공동안대로 기금이 조성되었더라면, 기금의 규모가 작아서 ATP 체계를 재정적으로 보강하기에도 역부족이었을 것이라고 했다. 마이드너는 81년 공동안 작성에는 참여하지 않았다.

5) 1983년 사민당 정부의 임노동자기금 입법안[36]

1983년에 사민당 정부가 의회에 제출한 입법안(이하 '83년 입법안')은 81년 공동안과도 내용이 크게 달라졌다. 우선 기금 도입의 목적이 종전의 안들과 전혀 다르다. 83년 입법안에서 기금 도입을 통해 달성하고자 하는 목적으로 제시되고 있는 것은 두 가지다. 임금인상을 억제하여 경제안정화에 기여한 다는 것과 경제민주주의를 진전시킨다는 것이다. 그런데 후자는 기존의 기금안들과 어느 정도 연속성을 유지하기 위해 형식적으로 거론되는 '빈말' (lip service)에 지나지 않고, 무게중심은 오직 임금인상 억제의 필요성에 두고 있다. 사민당 정부가 재집권하자마자 단행한 대폭의 크로나화(krona) 평가절하 조치로 인해 스웨덴 산업들의 국제경쟁력이 크게 신장되었는데, 이를 계속 유지하기 위해서는 임금 등 각종 비용 요소들의 가격이 상승되어서는 안 된다는 것이다. 그런데 평가절하 조치는 기업들에게는 국제경쟁력 제고를 통해 고수익을 가져다주었으나 임노동자들에게는 수입품의 가격 상승을 통해 실질임금을 저하시키는 효과를 낳았다. 따라서 노동조합 쪽에서 임금인상 요구를 강력하게 제기할 가능성이 큰데, 임노동자기금을 도입함으로써 이를 억제시키는 효과를 볼 수 있으리라는 것이다. 즉 기금제도는 임노동자들에게 임금상승에 대한 대체물로 받아들여질 수 있으리라는 것이다.

기금제도의 골격은 다음과 같다. 기금의 재원은 ATP 기여금을 0.2%p 인상하고 기업들에게 이윤분배세를 부과하여 조달한다. 이윤분배세의 세율은 각종 공제가 이루어지고 난 후에 산정된 이윤의 20%로 한다. 이윤분배세를 납부해야 하는 기업의 범위에는 모든 주식회사, 협동조합기업, 저축은행, 상호손해보험기관이 포괄된다. 일정 규모 이하의 소액의 이윤에 대해서는 이윤분배세를 면제해준다. 그리고 이러한 기금 재원의 적립은 1984년

---

36 Regeringens proposition 1983/84: 50. Om löntagarfonder.

초부터 1990년 말까지 7년으로 한정한다. 기금재원이 그 최대치에 도달할 경우 스웨덴 상장기업들의 주식 총액의 5-10% 규모가 될 것으로 예상된다. 이렇게 해서 조달되는 기금재원은 다섯 개의 상호 독립적인 임노동자기금 이사회에 의해 관리된다. 이사회 위원들은 정부가 선임한다. 기금은 자금을 우선적으로 주식을 구입하는 데 투자해야 하며 투자수익의 일부를 ATP 체계에 납입해야 한다. 납입액은 기금자본의 3%로 정한다. 하나의 기금이 한 기업에 대해 소유할 수 있는 주식의 최고 한도는 주주총회 표결권의 8%로 한정한다. 따라서 다섯 개의 기금들이 모두 특정 기업의 주식을 최대 한도까지 구입한다 하더라도 기금들이 그 기업에 대해 보유하는 표결권은 40%로 한정된다. 이를 통해 기금들이 특정 기업들을 지배하게 되는 사태를 방지할 수 있다는 것이다.

이상의 내용을 가진 83년 입법안을 75년 시안이나 76년 보고서와 비교해보면 그 성격이 천양지차라는 것을 쉽게 알 수 있다. 애초에 마이드너 그룹이 제출한 기금안에 내장되었던 기업 소유의 사회화라는 사회주의적 기획은 완전히 사라졌고, 임금인상 억제를 통한 경제안정화가 기금 도입의 목적 전부가 된 것이다. 또 기금이사회 위원들도 정부가 선임하기로 함으로써, 애초의 75년 시안이나 76년 보고서에서 발견되는 노동자 자치주의적, 참여민주주의적 요소도 완전히 배제되었다. '임노동자기금'이라는 명칭은 유지되고 있으나 기금의 실제 기능은 기존의 기관투자가들의 기능과 별로 다를 것이 없게 되었다.

이렇듯 LO와 사민당이 제출한 기금안은 시간이 경과함에 따라 매우 큰 폭의 수정을 겪었다. 하지만 기금안을 원칙적으로 반대하는 집단이나 논자들에게는 별로 의미 있는 수정으로 받아들여지지 않았다. 기금논쟁 과정에서 재계와 부르주아 정당들, 또 주류 경제학자 등 부르주아 진영은 75년 시안부터 81년 공동안에 이르기까지 LO와 사민당이 제출한 모든 기금안은

〈표 2-3〉 LO와 사민당이 제출한 각종 임노동자기금안의 내용 비교

	기금 도입의 목적	핵심 목적	재원 조달 방식
75년 시안	1) 연대임금정책의 보완 2) 재산분배의 균등화 3) 경제생활에 대한 임노동자들의 영향력 증대	왼쪽과 동일	이윤의 일부를 신규발행주식의 형태로 기금에 적립
76년 보고서	위와 동일	왼쪽과 동일	이윤의 20%를 신규 발행주식의 형태로 기금에 적립
78년 공동안	1), 2), 3) 위와 동일 4) 집단적 저축 및 자본형성	집단적 저축 및 자본형성	1) 임노동자기금:이윤의 20%를 신규발행주식의 형태로 기금에 적립 2) 발전기금: 모든 임금과 기업가수입의 일부를 현금으로 갹출
81년 공동안	1), 2), 3), 4) 위와 동일 5) ATP 체계의 강화	집단적 저축 및 자본형성, 특히 위험부담 자본의 공급	1) 기업의 초과이윤의 20%를 현금으로 갹출 2) ATP 기여금 1%p 인상
83년 입법안	1) 임금인상 억제 2) 경제민주주의	임금인상 억제	1) 이윤의 20%를 이윤분배세로 징수 2) ATP 기여금 0.2%p 인상

	적용 대상	기금체계의 조직	기금자금의 투자
75년 시안	주식회사형 민간 대기업	–산업별 부문기금 –전국적 차원의 중앙기금으로서 균등화기금	기금자금은 투자되지 않고, 해당 기업 내에 기금소유 자본으로 적립됨
76년 보고서	민간 주식회사 중 피용자 수 50~100인 이상 기업	위와 동일	위와 동일
78년 공동안	–모든 상장기업 –피용자 수 500인 이상 비(非)상장기업	–랜(län)마다 지역기금 –전국적 차원에서 행정 업무을 맡는 위원회	1) 임노동자기금의 자금은 위와 동일 2) 발전기금의 자금은 산업부문에 대부되거나 주식투자됨
81년 공동안	모든 주식회사	–랜(län)마다 지역기금	모든 종류의 기업의 주식 구입
83년 입법안	–주식회사 –협동조합 –저축은행 –상호손해보험기관	–5개의 기금이사회 설립	주식 구입에 우선적으로 투자

시장경제의 원리에 근본적으로 위배된다고 보아, 이들 모든 기금안에 대해 원칙적으로 반대하는 입장을 고수했다. 81년 공동안에 이르기까지 모든 기금안은 기금재원을 적어도 일부는 이윤으로부터의 강제적 기여금에 의존하기 때문에 사적 소유권을 원리적으로 침해한다는 것이다. 그리고 이렇게 조달된 기금을 개별 임노동자들이 아니라 임노동자 집단이 집단적으로 소유·운영하도록 하고 있기 때문에 일종의 소유와 투자의 사회화조치로 볼 수 있다는 것이다. 기금안에 대한 이들의 이러한 반대 논리는 기금논쟁 전 (全) 기간에 걸쳐 일관되게 유지되었다.

3. 이익단체들의 입장

1) TCO

TCO(Tjänstemännens centralorganisation 사무직원 중앙조직)는 스웨덴 최대의 사무직 노동조합 중앙조직이다. TCO는 LO와 여러모로 유사한 점이 많다. 조직방식이 산업별 조직을 골간으로 삼고 있다는 점이나 산하 노조들에 대한 중앙조직의 장악력이 크다는 점이 비슷하다. 또 기금논쟁이 전개되기 전까지 TCO는 많은 정책 영역에서 LO와 보조를 같이해왔다. LO만큼 강력하게 추진한 것은 아니지만 TCO도 나름대로 연대임금정책을 추진해왔으며, ATP 논쟁에서는 LO 및 사민당과 더불어 ATP 제도가 도입되도록 하는 데 견인차 역할을 담당했다. 기금논쟁의 초기 국면에서 코르피(Walter Korpi) 등 권력자원론자들이 기금논쟁은 노동운동 진영의 승리로 귀결되리라 낙관했던 것도, ATP 논쟁에서와 마찬가지로 기금논쟁에서도 TCO가 끝까지 LO와 보조를 같이하리라는 예상에 크게 의존한 것이었다. 그러나 기금논쟁에서 TCO는 LO와 입장을 달리했다. TCO는 기금논쟁 초기 국면에서는 LO의 입장에 상당히 근접해가는 듯했으나 논쟁이 격화되자 기금문제에 대

	좌익당	사민당	중앙당	자유당	보수당	기민당	기타
산업노동자	5	71	12	5	5	2	-
여타 생산직노동자	5	62	15	8	8	1	1
하위 사무직노동자	4	42	11	16	24	2	-
중위 사무직노동자	8	36	15	14	25	2	-
상위 사무 · 관리직 종사자	3	20	11	20	45	1	-

(자료: Bäck, Mats & Tommy Möller 1995: 110, 표 2)

한 공식적 입장 표명을 끝내 유보했다. 이는 무엇보다도 LO에 비해 TCO 소속 노조원들의 정치적 입장이 더욱 다양하다는 데 기인한 것으로 볼 수 있다. 스웨덴의 직업 집단별 투표 성향을 분석한 통계에 따르면, 기금논쟁이 한창 진행중이었던 1979년 당시 LO의 중추 세력인 산업노동자 및 여타 생산직 노동자 중 과반수를 훌쩍 넘는 사람들이 사민당을 지지했지만, TCO의 중추 세력인 중하위 사무직 노동자들의 경우 사민당 지지 세력의 비율은 40% 선에 머무는 것으로 나타났다.

표 2-4에서 특히 주목할 만한 부분은 중하위 사무직 노동자들 중에 보수당 지지비율이 25% 선에 달했다는 점이다. 보수당은 모든 정당들 중에서 임노동자기금 도입에 가장 완강하게 반대한 세력이었다. 이렇듯 TCO 소속원들의 정당지지 성향이 다양했다는 점을 고려할 때, TCO가 기금문제에 대해 공식적 입장을 표명할 수 없었던 사정은 충분히 이해할 수 있다.

기금논쟁 기간에 TCO는 세 차례 총회를 열었는데, 그때마다 기금문제에 대한 TCO 연구 집단의 보고서가 제출되었고 이에 대한 토론이 이루어졌다. 또 기금문제를 다룬 국가연구위원회의 활동기간 내내 TCO 대표도 위원회에 참여하였다.

여기에서는 1976, 79, 82년에 열린 TCO 총회에 제출된 연구보고서들과, 기금문제를 다룬 국가연구위원회의 최종 보고서에 게재된, TCO 대표

위원의 최종 입장을 간략히 소개하도록 하겠다.

(1) 1976년 TCO 총회 보고서 『임노동자자본』(Löntagarkapital)

1976년 TCO 총회에 보고된 TCO 연구 집단의 보고서 『임노동자자본』(이하 '76년 보고서')은 임노동자기금 도입의 목적으로서, LO의 76년 보고서에서 제시된 세 가지 목적 외에 집단적 자본형성을 통해 경제에 충분한 자본을 공급해준다는 것을 들고 있다. 이 문제는 LO 쪽에서는 1978년 LO-사민당 공동안에서야 등장하는 데 비해 TCO 쪽에서는 한 발 앞서 76년 보고서에서부터 거론하고 있는 것이다.

이렇게 기금 도입의 목적이라는 점에서 TCO의 76년 보고서는 LO 쪽과 입장을 같이 하고 있지만, 구체적으로 어떠한 형태의 기금제도를 가져야 할 것인가에 대해서는 분명한 입장을 제시하지 않고 있다. 다만 얼마간의 원칙적 입장 내지 큰 윤곽은 드러나 있다.

우선 기금의 재원 조달과 관련해서는 기업의 이윤으로부터 기여금을 납부받는 방식과, 기업의 임금 총액에 기초해서 산정된 기여금을 사용자로부터 납부받는 방식이[37] 모두 고려 가능하다는 입장을 보이고 있다. 이윤으로부터 기여금을 받는 방식은 재산분배의 불균등을 시정하고 연대임금정책으로 인해 야기되는 초과이윤문제를 해소한다는 점에서 바람직하고, 임금 총액에 기초하여 산정된 기여금을 받는 것은 신속하게 자본을 형성하는 데 유리하다는 것이다.[38]

---

37 기업의 임금 총액에 비례해서 산정되는 기여금을 사용자로부터 납부받는 방식은 주로 ATP 기여금 등 각종 사회보장 기여금(sociala avgifter / social security taxes) 부과 시에 적용되는 방식이다. 앞에서 1981년 LO-SAP 공동안의 내용을 분석할 때 언급한 것처럼, 임금 총액에 기초하여 산정되는 사회보장 기여금은 대체로 임노동자나 소비자에게 부분적으로 부담 전가가 가능하다. 따라서 만일 이윤으로부터의 기여금과 임금 총액에 기초하여 산정되는 기여금의 규모가 동일하다면 사용자로서는 임금 총액에 기초하여 산정되는 기여금을 납부하는 것이 유리하다.

기금의 조직 방식과 관련해서는 개별 기업 수준에서 기금을 조직하는 방식을 분명히 반대하고 있다. 그러나 과연 어떠한 방식으로 기금을 조직할 것인가에 대해서는 구체적인 제안을 내놓지 않고 있다. 다만 다수의 기금들로 구성된 분권화된 기금체계가 바람직하며, 기금과 노동조합이 지나치게 밀착되는 방식으로 기금이 조직·운영되는 것은 바람직하지 않다는 입장을 제시했을 뿐이다. 노동조합과 기금이 지나치게 밀착하게 되면 단체교섭에서 임노동자의 이익을 대변한다는 노동조합의 전통적 기능이 훼손되기 쉽다는 것이다. 즉 마이드너 그룹이 75년 시안에서 언급한 것처럼 노동조합이 사용자의 역할까지 담당하게 된다는 문제가 생기는데, 사태가 이렇게 전개되어가는 것은 바람직하지 않다는 것이다. 또 임노동자 개인에 의한 지분소유에 대해서는 부정적인 태도를 보이고 있다.

1976년 TCO 총회는 이 보고서를 TCO의 공식적 입장으로 받아들이지 않고 더 연구·논의해야 할 문제로 남겨두었다.

(2) 1979년 TCO 총회 보고서 『기금을 통한 임노동자자본―원칙적 제안』

(*Löntagarkapital genom fonder―ett principförslag*)

1979년 TCO 총회에 제출된 보고서(이하 '79년 보고서')[39]는 76년 보고서에

---

38 76년 보고서는 그 이유를 설명해주지 않고 있다. 그러나 이를 이해하기는 어렵지 않다. 대부분의 기업에서 임금 총액은 이윤액보다 규모가 크다. 따라서 같은 기여금 비율을 적용한다면 임금 총액에 비례하여 산정되는 기여금의 규모가 이윤액에 비례하여 산정되는 기여금의 규모보다 크게 마련이다. 또 이윤의 경우엔 그 중 아주 큰 몫이 재투자되기 때문에, 이윤으로부터 기여금을 납부받을 경우엔 자본의 소유주를 교체하는 효과는 아주 뚜렷하지만 경제에 공급되는 자본총량을 증가시키는 효과는 그리 크지 않다. 반면에 임금 총액에 기초하여 산정된 기여금을 납부받으면 그 부담이 임금인상 억제와 상품가격 상승을 통해 임노동자들과 소비자들에게 부분적으로 전가되기 때문에 개인소득세와 간접세를 증액하는 것과 유사한 효과를 낳는다. 즉 임노동자들 및 일반 소비자들의 실질소득을 감소시킴으로써 집단적 저축을 증대시키는 효과를 낳는다.

39 이 보고서는 1978년에 발간되어 1979년에 TCO 총회에 제출되었다.

비해서는 어느 정도 구체화된 제안을 담고 있다. 기금 도입의 목적으로는 76년 보고서에서와 마찬가지로 네 가지가 제시되고 있는데, 다만 집단적 자본형성의 필요성이 더 강조되고 있다. 이는 당시의 악화된 경제상황을 반영한다고 볼 수 있다.

기금의 재원 조달과 관련해선, 76년 보고서와 마찬가지로 이윤으로부터 기여금을 납부받는 방식과 임금 총액에 기초하여 산정된 기여금을 납부받는 방식이 모두 가능하다고 보고 있다. 단 이윤으로부터 기여금을 납부받는 방식을 택할 경우 이윤총액이 아니라 일정 수준 이상의 이윤에 대해서만 기여금을 부과할 것을 제안하고 있다. 1981년 LO-사민당 공동안에서처럼 '초과이윤'에 대해서만 기여금을 부과하자는 것이다. 그러나 기여금의 지불 형태에 대해서는 입장을 제시하지 않고 있다. 또 개별 임노동자들의 지분 소유는 허용하지 않는 것이 바람직하다고 보고 있다.

기금의 조직 방식에 대해서는 상당히 구체적인 제안을 내놓고 있다. 우선 전국적 신용시장에서 상호 경쟁하는 다수의 기금을 조직해야 한다는 점을 강조하고 있다. 전국적 차원에서 동일한 신용시장을 대상으로 다수의 기금들이 상호 경쟁할 때에만 기금이 효율적으로 운영될 수 있다는 것이다. 그러나 경제적 의사결정을 분권화한다는 취지에서 지역별로도 기금을 설립하는 것이 바람직하다. 단, 이러한 지역기금들의 자본 규모는 그리 크지 않아야 한다는 것이다. 또 특정한 활동 영역에 자본을 공급하는 것을 목적으로 삼는 특수 목적의 기금들도 설립할 수 있다는 것이다. 그리고 이렇게 중층적, 다원적 성격을 갖는 기금체계 전체 차원에서의 협력과 업무 조정을 위해 기금총회(fondstämma / fund assembly)를 조직하여 모든 유형의 기금 조직의 대표들이 여기에 참여하여 토론하고 의사결정하도록 할 것을 제안하고 있다.

79년 보고서가 특별히 강조하고 있는 사항의 하나는 기금제도의 적용을 받게 될 기업들 중 대다수에서 기금들이 지배주주가 되는 것은 바람직하지 않다는 점이다. 기금들이 압도적인 지배력을 행사하는 것보다는 다양한 소유주 집단들 간에 힘과 이해관계의 균형이 이루어지는 상태가 바람직하다는 것이다.

79년 총회는 이 보고서에 대해 상당히 긍정적인 반응을 보였지만 76년 총회에서와 마찬가지로 공식적인 입장은 결정하지 않았다.

(3) 1982년 TCO 총회 보고서 『자본형성에 대한 노동조합의 요구』(Fackliga krav på kapitalbildningen)

1982년 TCO 총회에 제출된 보고서(이하 '82년 보고서')는 79년 보고서에 비해 내용이 훨씬 빈약하다. 구체적인 제안이 거의 제시되지 않고 있다. 이렇게 된 것은 당시 기금논쟁의 전개 양상을 반영한다고 볼 수 있다. 이 보고서는 1982년 총회에 앞서 1981년에 발간되었는데, 이때는 기금논쟁의 막바지 국면으로서 기금문제를 둘러싸고 주요 이익단체들 및 정당들 간에 합의를 도출하는 것이 이미 불가능해진 시점이었다. 이렇게 기금문제를 둘러싼 대립이 극심한 상황에서 구체적인 제안을 제시하면 정치적 입장이 다양한 TCO 소속원들 간에 큰 정치적 분열을 야기할 가능성이 농후했다. 82년 보고서는 이러한 사정을 솔직히 인정하고 있다.

> 기금제도의 구성에 대한 구체적인 제안은 [TCO 산하] 노조들 내의 광범위한 토론에 기반하여 형성된, [TCO] 소속원들의 명료한 의견에 기초해야만 한다. 그러나 연구 집단의 의견으로는 소속원들 간에 그러한 명료한 의견이 형성되어 있지 않다. 따라서 [이 보고서에는] 기금제도에 대한 구체적인 제안이 제시되어 있지 않으며……(TCO 1981: 7).

이러한 사정을 반영하여 82년 보고서는 몇 가지 원칙적인 입장만을 매우 조심스럽게 제시하고 있을 뿐이다. 기금제도를 구성하는 데 있어 주의해야 할 점으로, 기금제도로 인해 노동조합의 전통적 기능이 훼손되거나 정치적으로 선출된 기관들의 권위가 약화되어서는 안 된다는 점을 강조하고 있다. 또 기금이 주요 기업들의 지배주주로 등장하여 경제에 압도적인 영향력을 행사하게 되어서는 안 된다는 점도 강조하고 있다.

(4) 기금문제를 다룬 국가연구위원회에서 TCO 대표의 최종 의견

기금문제를 다룬 국가연구위원회는 이해 당사자들 간의 합의 도출에 실패하고 1981년에 해산되었다. 일반적으로 국가연구위원회가 합의 도출에 성공할 경우 위원회의 최종보고서는 합의된 정책 제안을 담게 되지만, 실패할 경우엔 각 위원들의 개별적 최종 의견들을 각기 수록하게 된다. 따라서 기금문제를 다룬 국가연구위원회의 최종 보고서(SOU 1981:44)는 각 이익집단 및 정당들에서 파견된 대표들의 최종 의견들을 '특별발언'(särskilda yttranden / special remark)이라는 표제하에 각기 별도로 수록하고 있다. 이 위원회의 활동 기간 내내 TCO를 대표하여 위원회에 참여한 닐손(Karl-Erik Nilsson)[40]이 제시한 최종 의견은 79년 보고서의 내용을 미세하게 수정한 것이다. 즉 전국적 수준의 신용시장에서 상호 경쟁하는 다수의 기금과 더불어 랜(län) 단위로 소규모의 지역기금들을 설립하고, 재원은 임금 총액에 기초한 기여금과 초과이윤으로부터의 기여금으로 조달하며, 기금자금은 주식 구입에만 투자하도록 한다는 것이다. 한편 79년 보고서에서는 개별 임노동자들에 의한 지분 소유는 바람직하지 않다고 했으나, 국가연구위원회의 최종 의견에서는 일정한 제한하에서 개인 지분을 허용하는 것이 바람직하다는 쪽으로 입장이 바뀌었다. 기금자금의 주식 투자에 있어서는 수익성 기준이 중심적 역할을 담당해야 하지만, 고용이나 임노동자들의 노동조건 등에 미치는 효과도 투자정책의 중요 고려 사항이 되어야 한다고 주장하고 있다.

---

40 그는 TCO 총회에 제출된 위 세 보고서를 작성한 연구 집단의 좌장이기도 했다.

닐손의 최종 의견은 형식적으로는 TCO의 입장을 대표한 것으로 볼 수 있으나, 이것에 별다른 의미를 둘 수는 없다. 기금문제에 관해 TCO 내에서 아무런 합의가 이루어지지 않은 상태에서 최종 의견을 제시할 것을 요구받게 되자, 그동안 TCO 내에서 제출된 보고서 중 비교적 구체적인 제안을 담고 있는 79년 보고서의 내용을 다소 수정해서 '최종 의견'이라는 형태로 제출한 것에 불과하다고 보아야 할 것이다.

기금논쟁 기간 내내 TCO는 조직의 공식적 입장을 마련하는 데 실패했다. 그러나 위에서 소개한 보고서들과 닐손이 제출한 최종 입장을 살펴볼 때, TCO는 기금문제와 관련하여 LO와는 상당히 다른 견해를 갖고 있었다는 점이 드러난다. 무엇보다도 분명하게 드러나는 사실은 TCO는 LO에 비해 덜 노동자주의적이고 덜 집단주의적인 사고방식을 갖고 있었다는 점이다. 노조가 기업에서 지배주주로 등장하여 경제에 압도적인 영향력을 행사하는 것을 바람직하지 않게 생각하였으며, 노조가 기금제도를 통해 피용자와 사용자 모두를 대표하게 되는 방향으로 사태가 전개되는 것에 대해 부정적인 평가를 내렸고, 대의민주주의를 통해 정치적으로 선출된 기관들의 권위와 역할이 기금제도로 인해 위축되는 것을 우려하는 등, 경제와 정치에 크나큰 영향력을 행사할 수 있는 강력한 기금제도에 대해서 일관되게 기피하는 태도를 보인 것이다.

2) SACO/SR

SACO/SR(Sveriges akademikers centralorganisation 스웨덴 고학력자 중앙조직 / Statstjänstemännens riksförbund 국가공무원 전국연합)은 상위 사무·관리직 종사자, 엔지니어, 고급 공무원 등 고학력 전문직 종사자들의 노동조합 중앙조직이다. SACO/SR은 본래 별개의 조직들이었던 SACO와 SR이 1973년에 통합되면서 탄생되었다.[41] SACO는 주로 민간부문에 종사하는 상위 사무

·관리직 노동자들 및 엔지니어, 또 의사, 변호사 등 전문직 종사자들을 포괄하고 있었고, SR은 주로 고급 공무원들의 조직이었다. SACO/SR은 LO나 TCO와는 여러모로 성격이 크게 달랐다. LO나 TCO가 산업별 조직체계를 가진 것과는 달리 SACO/SR은 직업별 조직체계를 가졌으며, LO나 TCO가 임노동자들만의 조직인데 비해 SACO/SR은 개업한 의사나 변호사 등 전문 자유직 종사자들도 포괄하였다.

또 고소득 상층 임노동자들 및 전문 자유직 종사자들을 조직 성원으로 삼고 있는 관계로 SACO/SR은 LO나 TCO와는 사뭇 다른 정치적 입장을 취해왔다. ATP 논쟁에서도 SACO/SR은 LO나 TCO와 다른 입장을 취했고, 기금논쟁에서는 LO나 TCO보다는 오히려 재계의 입장에 근접해 있었다. 앞에서 TCO의 입장을 소개할 때 제시한 표 2-4에 따르면, 기금논쟁이 진행 중이었던 1979년 총선에서, SACO/SR의 중추 세력이라 할 수 있는 상위 사무·관리직 종사자들의 경우, 보수당 지지자가 사민당 지지자보다 두 배 이상 많은 것으로 나타났다.

기금문제에 대한 SACO/SR의 입장을 잘 나타내주는 자료로 임노동자 기금문제를 연구한 SACO/SR 연구 집단이 1979년 SACO/SR 총회에 제출한 보고서 『임노동자기금?』(*Löntagarfonder?*)과 동 연구 집단이 79년 총회 보고서의 내용을 보완하여 1981년에 발표한 『변화를 위한 기금: SACO/SR의 시민기금안』(*Fonder för förändring: SACO/SR:s förslag till medborgarfonder*)을 들 수 있다.

(1) 1979년 SACO/SR 총회 보고서 『임노동자기금?』(*Löntagarfonder?*)
기금논쟁의 초기 국면인 1977년 가을에 SACO/SR 서기국은 기금문제에 대한 SACO/SR의 공식 입장을 마련하기 위한 사전 작업으로, 기금문제를 연

---

41 SACO/SR은 1989년에 조직명을 SACO로 개명하였다.

구할 연구 집단을 조직하여 1979년 차기 SACO/SR 총회에 제출할 보고서를 작성하도록 했다. 『임노동자기금?』은 이 연구 집단이 1978년 말에 발간하여 1979년 총회에 제출한 보고서(이하 '79년 보고서')다.

기금문제를 바라보는 SACO/SR의 시각이 LO나 TCO와 크게 달랐다는 것은 79년 보고서가 기금 도입의 목적을 설정하는 대목에서부터 잘 나타난다. 79년 보고서가 무엇보다도 강조하는 것은 스웨덴 경제를 회복시키기 위한 자본형성의 필요성이다. 그 밖에도 주식 소유를 좀더 광범위한 시민들에게 확산시킴으로써 소수 거대 주주들에 의한 경제적 권력의 집중을 억제한다는 것도 기금 도입의 부차적 목적으로 제시되고 있다. 그러나 연대임금정책의 보완이라든가 기업 내 임노동자들의 영향력 증대 문제는 기금 도입을 필요로 하는 문제가 아니라고 보고 있다. 먼저 연대임금정책으로 인해 야기되는 초과이윤문제는 별로 문제될 것이 없다는 입장을 취하고 있다. 시장경제에서 기업들 간에 발생하는 수익성 격차는 기업들의 혁신 노력을 자극하므로 경제발전을 위한 좋은 유인이 될 수 있다는 것이다. 한편 기업 내 임노동자들의 영향력 증대는 노동입법이나 단체교섭과 같은 전통적 방식을 통해 달성하는 것이 더 바람직하다고 보고 있다.

79년 보고서의 요지는 다음과 같다. 경제에 필요한 자본형성을 촉진하기 위해, 개인적 저축을 촉진하는 정책 조치들과 더불어 집단적 저축을 형성하는 방안을 모색해야 한다. 집단적 저축은 일종의 의무저축형태를 취하게 되는데, 그 재원은 임금총액에 기초한 기여금이나 특별부가가치세 부과를 통해 마련될 수 있다. 기여금 지불 형태는 현금 지불이 되어야 한다. 이렇게 해서 조달된 재원은 '사회기금'(samhällsfoner / society funds)에 적립된다.

사회기금은 전국적 수준에서 조직되며 제한된 규모의 재원을 갖는 상호 독립적인 다수의 기금들로 구성된다. 기금을 관리할 이사진은 정부가 선임한다. 이렇게 기금에 적립된 자금은 주식이나 전환사채를 구입하는 데 우선적으로 투자되며, 투자의 우선적 원칙은 투자된 자금에 대해 높은 수익률을 올리는 것이 되어야 한다. 기금은 사회경제적 차원에서의 효율성을 추구해야 하지만, 그렇다고 해서 이를 달성하기 위한 투자정책이 수익 극대화 원리에 기초한 투자정책과 크게 달라져야 하는 것은 아니다. 사회경제적 차원에서의 효율성과 개별 기업 수준에서의 경영학적 효율성은 대체로 일치한다. 다만 기금자금의 투자는 위험부담을 많이 지며 장기적 안목에 기초하는 방향으로 이루어지는 것이 바람직하다.

79년 보고서는 총회에서 긍정적으로 평가되었다. 그리하여 기금문제와 관련하여 SACO/SR이 입장을 취해야 할 때마다 79년 보고서를 기초로 삼기로 했다. 그러나 79년 총회는 기금문제에 대한 최종적 입장을 확정하지는 않았다.

(2) 1981년 『변화를 위한 기금: SACO/SR의 시민기금안』(Fonder för förändring: SACO/SR:s förslag till medborgarfonder)

SACO/SR의 연구 집단이 1981년에 발표한 제안 『변화를 위한 기금: SACO/SR의 시민기금안』(이하 '81년 안')은 1979년 SACO/SR 총회에서 토론된 내용들을 참조하여 79년 보고서를 수정·보완한 것으로서, 사실상 SACO/SR의 최종 입장이 정리된 제안이라 볼 수 있다. 기금문제를 다룬 국가연구위원회에 SACO/SR을 대표하여 참여했던 브룀스(Jan Bröms)의 최종 의견 내용도 81년 안의 내용과 동일했다.

81년 안의 골자는 다음과 같다. 모든 납세자는 정부부채를 관리하는 기관인 국채 관리청(Riksgäldskontor)에 개인구좌를 의무적으로 개설하여 매년 일정액을 납입한다. 연간 납입액은 소득 수준에 관계 없이 모든 납세자에게 동일하게 책정된다. 이 납입액에 대해서는 국가의 공채이자율 수준의 수익을 제공한다. 납입 자금과 이자 모두 일정 기간이 지난 후에 인출할 수 있으며 인출 시에는 과세 대상이 된다. 또 주식기금(aktiefonder)의 모델을 따라 시민기금(medborgarfonder / citizens' funds)을 다수 설립한다. 시민들은 본인의 의사에 따라, 국채 관리청에 개설된 자신의 구좌에 적립된 자금을 시민기금들로 이전시킬 수 있다. 이 시민기금들은 주식과 채권을 구매하는 것을 주된 기능으로 삼으며, 이를 통해 기업들에게 자본이 공급된다.

결국 81년 안의 골자는 개인지분원리에 기초한 의무저축제도를 통해 납세자들의 소비를 억제시키고 저축을 증가시켜 기업들에게 자본을 공급해준다는 것이다. 시민기금의 설립을 통해 달성하고자 하는 목적은 오직 기업들에게 자본을 원활히 공급해주는 것 외엔 아무것도 없는 것이다.

기금문제와 관련하여 SACO/SR이 LO나 TCO와 다른 입장을 가졌다는 점은 구체적인 제안 내용뿐 아니라 당시 스웨덴이 처한 경제적 위기의 원인을 분석하는 대목에서도 잘 드러난다. 81년 안은 근년에 스웨덴 경제가 겪고 있는 곤란의 근본적 원인을 공공부문의 과도한 팽창에서 찾고 있다. 공공부문의 과도한 팽창은 노동인력에 대한 수요 증대와 실업 위험의 감소를 낳아 과도한 임금인상의 배경으로 작용했다는 것이다. 또 공공부문의 팽창과 경제에 대한 국가의 간섭 증대로 인해, 공공부문과 민간부문 모두에서 경제적 의사결정이 점점 더 불명료한 형태로 이루어져 경제의 효율성이 훼손되어왔다는 것이다. SACO/SR이 제안하고 있는 의무저축안이 개인지분원리에 기초하고 있는 것도 이렇게 스웨덴 경제에서 갈수록 편만해져가는 의사결정과정의 불명료화를 피하기 위한 것이라는 것이다. 즉 시민기금에 자금을 투자한 개인들이 자신의 투자몫에 대한 명료한 소유주가 되게 함으로써 소유주체·의사결정주체·책임주체가 분명해질 수 있고, 또 이를 통해 기금자금이 효율적으로 운영될 수 있도록 한다는 것이다. 1970년대 이후 진행되어온 공공부문의 가속적 팽창, 정부의 적극적 산업정책, 공동결정제도의 도입 등 LO나 TCO, 사민당에 의해 '경제민주주의의 진전'으로 해석되었던 일련의 현상들을 SACO/SR은 의사결정주체 및 책임주체의 불명료화로 해석하고 있는 것이다.

3) 재계(財界)

기금논쟁에서 가장 적극적으로 활동을 전개한 집단은 재계였다.[42] 재계는 기금논쟁 초기 국면부터 LO의 기금안에 대해 반대 입장을 분명히 하고 기금 반대 여론을 조성하는 데 총력을 기울였다. 기금문제와 관련하여 발간한 출판물의 수, 홍보활동의 종류, 여론에 영향을 미치기 위해 투입한 자금 및 인력의 규모 등에 있어 재계의 활동의 폭과 규모는 여타 이익단체나 정당들과는 비교가 되지 않을 정도로 압도적이었다. 이렇게 기금문제와 관련하여 재계가 전개한 활동에서 몇 가지 뚜렷한 특징이 발견된다.

첫째, 재계는 기금논쟁의 최초 국면에서 다소 유화적인 태도를 보인 것을 제외하고는 논쟁 기간 내내 LO나 사민당 쪽의 기금안에 대해 조금도 타협의 여지를 두지 않고 정면 대결 노선으로 일관했다. 기금논쟁의 경과에 따라 애초의 기금안의 급진성은 점차 크게 희석되어갔다. 1978년 LO-사민당 공동안이나 1981년 LO-사민당 공동안은 1976년 LO 총회에서 승인된 애초의 기금안과는 내용이 크게 달랐다. 그러나 재계는 이렇게 온건한 내

---

42 기금논쟁에서 재계가 전개한 정치적 활동을 세밀하게 소개, 분석해주고 있는 연구로는 Hansson, Sven Ove(1984) 참조.

용으로 수정된 기금안들도 전혀 받아들이지 않았다. 어떠한 형태의 의무적, 집단적 성격의 기금제도도 받아들일 수 없다는 입장으로 일관했다.

둘째, 이러한 대결 노선의 자연스런 귀결로, 재계는 LO나 사민당 지도부와의 정치적 협상을 통한 문제 해결에는 전혀 기대를 두지 않고 일반 대중을 상대로 한 기금 반대 여론 형성에 주력했다. 이를 위해 재계는 다양한 방식으로 홍보 활동을 전개했다. LO와 사민당의 기금안을 비판하는 책자 및 소식지 발간, 신문광고, 가두 홍보전시물 설치, 기금 반대 서명운동 조직, 재계의 각종 단체들의 회원들에 대한 교육, 토론회 개최, 기금 반대 대중시위 조직 등 동원할 수 있는 모든 방법을 통해 기금 반대 여론을 확산시키는데 주력하였다.

셋째, 재계는 기금논쟁의 핵심이 기금제도의 구체적 구성방식을 둘러싼 기술적 차원의 문제가 아니라, 어떠한 경제체제를 선택할 것인가 하는 근본적인 이념적 차원의 문제라는 점을 강조하는 데 주력했다. 시장경제체제를 유지할 것이냐 아니면 소련-동구형 경제체제로 갈 것이냐가 기금논쟁의 핵심이라는 것이다.

넷째, 재계는 기금논쟁을 그간의 사민당 및 LO의 경제정책을 전반적으로 비판하는 계기로 활용했다. 기금논쟁에서 재계는 오직 기금안만을 비판한 것이 아니라 공공부문의 과도한 팽창, 기업 활동에 대한 정부 개입의 증대, 노동시장의 경직성 등을 함께 공격했다.

다섯째, 재계의 기금 반대 활동은 주로 선거를 앞두고 집중적으로 이루어졌다.

재계의 기금 반대 활동이 이상의 특징들을 띠게 된 배경을 이해하는 것은 그리 어렵지 않다. 우선 기금안은 재계의 입장에서는 얻을 것이 하나도 없는 사안이었다. 기업의 소유관계를 전면적으로 변화시킬 것을 목적으로 삼은 애초의 기금안은 말할 것도 없고, 78년 LO-사민당 공동안이나 81년 LO-사민당 공동안의 경우에도 기업의 투자 활동에 대한 임노동자 집단의 영향력을 크게 증대시켜준다는 점에서, 재계의 입장에서는 타협의 여지가 별로 없었다.

또 1970년대에 들어 스웨덴의 노사관계의 성격이 과거와는 근본적으로 달라졌다는 점도 재계의 강경 대결 노선의 배경으로 작용했다.[43] 앞에서 살펴본 바와 같이, 1960년대까지 스웨덴의 노사관계를 특징지운 핵심 요소는 노사관계에 대한 국가의 간섭을 배제하고 노사 간의 협상을 통해 문제를 해결한다는 것이었다. 그런데 1960년대 말부터 노동운동 내에 전투적이고 급진적인 조류가 대두된 것을 배경으로, LO는 노사 간 합의를 통해 해결하기 어려운 사안들은 사민당 정부의 힘을 빌어 입법조치를 통해 해결하려는 경향을 보이게 되었다. 공동결정법(MBL) 문제가 그 대표적 사례라 할 수 있다. 사민당이 정치적 헤게모니를 장악하고 있는 스웨덴의 정당정치 구도하에서 노사관계상의 문제들이 입법조치를 통해 해결된다는 것은 사민당과 정치적 동반관계에 있는 LO의 입장이 관철되기 쉽다는 것을 의미했다. 따라서 앞으로 사태가 재계에게 점점 더 불리해지는 방향으로 전개될 것으로 예상되는 상황에서, 재계는 LO와 사민당을 최대한 강력하게 공격하는 것이 최선의 전략이라고 판단하게 되었다. 특히 정치적 파장이 큰 사안인 기금논쟁에서 일반 유권자들을 상대로 기금 반대 활동을 강력하게 전개함으로써, 일반 유권자들의 여론동향에 민감할 수밖에 없는 사민당을 LO로부터 격리시키는 효과를 얻고자 했다.

이렇게 '공격적 방어' 전략을 선택한 재계는 기금논쟁을 가능한 한 이념논쟁으로 이끌어가려 노력했다. LO와 사민당이 제출한 기금안의 세부적 내용에 비판의 초점을 맞추면 기금 도입의 취지 자체는 정당한 것으로 인정해주는 듯한 인상을 대중에게 심어주게 되리라고 판단한 것이다. 또 기금

---

43 1970년대의 스웨덴 노사관계의 발전 과정을 상세하게 분석해주고 있는 연구로는 De Geer(1989) 참조.

논쟁을 통해 LO 및 사민당과 정면으로 격돌하게 된 것을 계기로 논쟁의 대상 영역을 그간의 사민당 및 LO의 경제정책 전반으로 확장시킴으로써, 일반적인 경제문제들에서도 장기적으로 대중의 여론을 재계에 유리한 쪽으로 돌려놓을 것을 도모한 것이다. 또 기금안을 무산시킬 수 있는 가장 확실한 길은 부르주아 정당들이 집권하는 것이므로, 선거철마다 기금안을 맹공함으로써 선거에서 부르주아 정당들이 승리하도록 간접적으로 지원할 수 있다고 계산한 것이다.

기금논쟁에 적극적으로 참여함으로써 재계는 가외 소득도 얻을 수 있었다. 재계의 각종 단체들에 속한 회원들 사이의 결속이 한층 더 단단해진 것이다. 기금논쟁 기간 내내 SAF의 사무총장으로 일하면서 재계의 기금 반대 활동을 조정·지휘하는 역할을 담당했던 륭그렌(Olof Ljunggren)은 기금논쟁이 '사용자운동'(arbetsgivarrörelse / employers' movement)을 일으키고 있다고 말했다.

> 우리나라에서도 이제 일종의 사용자운동이 일어나게 되었다. 그리고 이는 부분적으로는 기금논쟁으로 인해 여론이 양극화된 데 기인한다(Hanssom, Sven Ove 1984: 53).

기금논쟁에서 재계의 입장을 대변하여 적극적으로 활동한 대표적인 단체로는 SAF, 스웨덴 산업연합(Sverges Industriförbund, 이하 '산업연합')과 SHIO[44]를 들 수 있다.

SAF는 중앙단체교섭에서 사용자들을 대표하여 단체교섭을 담당하는 것을 기본 업무로 삼는 교섭 조직이다. 그러나 SAF는 수많은 기업들을 회

---

44 SHIO(Sverges Hantverks-och Industriorganisation 스웨덴 수공업 및 산업조직)는 주로 중소기업들을 회원 조직으로 삼아 이들의 이익을 대변하는 역할을 담당해온 조직이다.

스웨덴 산업연합(Sveriges Industriförbund, 이하 '산업연합')

$19^{10년}$에 결성되었으며, SAF 다음으로 중요한 재계 조직이다. 산업연합은 산업 부문의 대기업들을 핵심 회원기업으로 두고 있는데, 이들 기업들은 대부분 SAF에도 소속되어 있다. SAF의 주된 역할이 중앙단체교섭을 담당하는 것인데 반해, 산업연합은 산업 부문 사용자들의 이익을 대변하여 정부의 경제정책과 사회정책에 영향을 미치는 것을 주된 역할로 삼아왔다. 이를 위해 산업연합은 연구, 조사, 여론 형성 등의 활동에 주력해왔다. 또 산업연합은 SAF와 공동으로, 재계의 입장에서 산업문제를 연구하는 기관인 산업연구소(Industrins utredningsinstitut, IUI)를 설립하기도 했다. 산업연합은 발족 시부터 스웨덴 최대의 금융가문인 발렌베리(Wallenberg) 가문의 압도적인 영향력 아래 있어왔다.

원 조직들로 삼고 있는 재계 최대의 조직인 관계로 노사 간 단체교섭 사안 이외의 영역들에서도 재계를 대변하여 발언해왔다. 기금논쟁에서도 SAF는 재계의 활동을 총괄적으로 조정·지휘하는 역할을 담당했다. 한편 주로 산업 부문 대기업들을 회원 기업으로 삼고 있는 산업연합은 그동안 사민당의 경제정책이 대기업들에게 유리하게 작용해왔던 사정을 반영하여 사민당에 대해 상당히 협조적인 관계를 맺어왔다. 그러나 기금논쟁에서는 산업연합은 SAF와 대체로 보조를 같이하여 LO와 사민당을 강력히 공격하는 데 동참했다. 중소기업들을 회원 단체로 삼고 있는 SHIO는 재계의 모든 단체들 중에서도 기금안에 대해 가장 강력하게 반대하였고 각종 시위 등을 조직함으로써 기금반대운동의 전위 활동 조직 역할을 담당했다. 이렇게 SHIO가 기금안을 가장 강력하게 공격한 데는 그동안 사민당과 LO의 경제정책이 중소기업들에게 불리하게 작용했던 것에 대한 뿌리 깊은 불만이 배경으로 작용하였다. SAF와 산업연합, SHIO는 모두 기금문제를 다룬 국가연구위원회에 대표를 파견하였다.

기금문제와 관련하여 재계의 입장을 밝히기 위해 발간된 자료는 매우 많으나 의무적·집단적 성격의 기금제도에 반대하는 재계의 기본 입장은 논쟁기간 전체를 통해 일관되었다. 아래에서는 기금문제와 관련하여 재계 쪽에서 발간한 대표적인 자료인『기업이윤, 자본조달, 임노동자기금』(*Företagsvinster, Kapitalförsörjning, Löntagarfonder*)과 국가연구위원회의 최종 보고서에 게재된 재계 대표들의 최종 의견을 살펴보도록 하겠다.

(1) 1976년 산업연합/SAF 공동 발간 자료『기업이윤, 자본조달, 임노동자기금』
(*Företagsvinster, Kapitalförsörjning, Löntagarfonder*)[45]

기금논쟁이 아직 본격적으로 전개되기 전인 1976년 5월에 SAF와 산업연합은 공동으로『기업이윤, 자본조달, 임노동자기금』이라는 제목의 연구보고서를 발간했다. 이 연구보고서는 기금논쟁의 전(全) 과정에서 재계 쪽에서 발간한 많은 자료들 중에서도 가장 대표적인 것으로서, 이후 재계 쪽에서 발간한 많은 홍보자료와 팸플릿들이 의존한 표준적인 텍스트이기도 했다. 또 이후에 재계에서 발간한 문건들이 대부분 LO나 사민당에 대한 대결의식에 속박되어 차분한 분석보다는 적나라한 정치선동에 치중한 데 반해, 아직 기금논쟁이 본격화하기 전에 나온 이 연구보고서는 객관적 자료에 기초하여 상당히 분석적으로 문제에 접근해가고 있다.

1971년 LO 총회에서 고수익 기업들의 초과이윤을 문제삼는 발안들이 제출되고 또 이후 마이드너 그룹이 발족되는 것을 지켜본 후, 재계는 이윤분배제도의 도입과 기업의 자본형성에 임노동자들로 하여금 수유·참여하도록 하는 문제가 향후 핵심적인 정치 현안으로 대두되리라 예상하게 되었다. 따라서 이 문제를 둘러싸고 앞으로 치열하게 전개될 것으로 예상되는 논쟁에서 재계가 주도권을 잡기 위해서는 가능한 한 일찌감치 이 문제에 대해

---

45 Sveriges Industriförbund och Svenska Arbetsgivareförening(1976).

재계의 입장을 밝히는 것이 좋겠다고 판단하였다. 그리하여 1974년 가을에 재계의 대표적 단체인 SAF와 산업연합이 공동으로 연구그룹을 발족하여 이들로 하여금 연구보고서를 제출하도록 하였다. 대기업 경영인들과 경제학자들로 구성된 연구그룹은 1년여의 작업 끝에 1976년 5월에 연구보고서를 제출했는데, 이 연구보고서는 연구그룹의 좌장의 이름을 따 흔히 '발덴스트뢤 보고서'(Waldenström rapport)라 불렸다. 발덴스트뢤 보고서는 마이드너 그룹의 1975년 임노동자기금안 시안이 발표된 이후에 발간되었기 때문에 기금안에 대한 반박 논리를 얼마간 포함하고 있으나, 그 주된 내용은 이윤분배나 자본분배제도[46]의 도입과 관련하여 고려해야 할 일반적 문제들을 검토하는 데 할애되어 있다.

먼저 발덴스트뢤 보고서는 이윤분배나 자본분배제도와 관련하여 스웨덴 안팎에서 지금까지 이루어져온 논의들에서, 이러한 제도의 도입을 통해 달성되리라고 기대되어온 목적들의 타당성을 검토하는 것으로부터 논의를 시작하고 있다.

첫째, 가장 많이 거론되어온 목적은 재산분배를 균등화한다는 것인데, 스웨덴의 상황에서는 재산분배의 균등화라는 목적은 자본분배제도를 도입하는 동기로서는 미약하다고 평가하고 있다. 스웨덴의 경우 1970년 현재 가계부문의 재산 총액 중 주식이 차지하는 비중은 7%에 불과하기 때문에, 기업의 피용자들로 하여금 기업들의 주식을 좀더 많이 보유할 수 있도록 한다 해도 재산의 재분배효과는 그리 크지 않다는 것이다.

---

46 발덴스트뢤 보고서는 이윤분배와 자본분배를 다음과 같이 구별하고 있다. 이윤분배는 말 그대로 오직 기업의 이윤의 일부를 피용자들에게 나누어 주는 제도를 말하며, 자본분배는 피용자들의 자본소유를 가능케 하는 재원이 무엇으로부터 조달되었는가에 관계 없이 피용자들로 하여금 기업의 자본소유에 참여하도록 해주는 모든 제도를 말한다. 예컨대 임노동자들의 임금소득의 일부로부터 기여금을 받아 이 자금을 기업의 주식을 구매하는 데 사용하는 제도도 임노동자들로 하여금 기업의 자본에 대한 소유에 참여할 수 있게 해준다는 점에서 자본분배의 한 유형이라는 것이다.

둘째, 피용자들로 하여금 기업 내에서 좀더 큰 영향력을 행사할 수 있도록 한다는 목적을 들고 있다. 이것도 재산분배의 균등화 못지 않게 많이 거론되어온 것인데, 이러한 목적을 달성해주는 이윤분배나 자본분배제도의 구체적 형태는 매우 다양할 수 있다고 본다. 예컨대 개별 기업 수준에서 노사합의에 따라 해당 기업의 피용자들로 하여금 기업의 소유에 참여하도록 해주는 제도도 이러한 목적을 충족시켜줄 수 있다는 것이다. 이러한 제도는 기업의 소유주나 경영자들도 긍정적으로 평가할 수 있을 것인데, 그 이유는 피용자들이 그들의 기업을 일정 정도 소유하기 시작하면 기업경영에 대해 큰 책임감을 가지게 될 것이기 때문이다. 반면에 임노동자 집단 전체 차원에서 기업들에 대해 큰 영향력을 행사하는 것을 목적으로 삼는다면 개별 기업을 넘어서는 수준에서 의무적 기금제도를 도입하는 것이 적절하리라는 것이다.

셋째, 기업의 생산결과물에 대한 분배에서 피용자들의 분배몫을 증대시킨다는 목적과 관련해서는 아주 제한된 범위 내에서 시행되는 이윤분배만이 고려 가능하다고 평가하고 있다. 별다른 보상조치가 따르지 않는 한 모든 이윤분배는 기존 소유주의 자본을 감소시킨다. 그러므로 이윤분배를 시행하는 기업은 주식투자가들로부터 외면당하기 쉽다. 따라서 이윤의 큰 부분을 피용자들에게 분배시켜주는 제도는 기존 소유주들에 대한 별다른 보상적 조치가 없는 한 장기적으로 유지되기 어렵다는 것이다.

넷째, 연대임금정책으로 인해 야기되는 초과이윤문제를 해소한다는 것은 이윤분배의 동기로서는 취약하다고 평가하고 있다. 우선 기업의 이윤 중 과연 얼마만큼이 연대임금정책으로 인해 발생한 것인지 확인하기가 어렵다는 것이다. 그러나 어쨌든 이 문제가 이윤분배의 도입을 필요로 하는 주된 동기라면, 이윤으로부터의 기여금은 현금으로 납부하도록 하고 이 자금을 저임금 임노동자층에게 직접 이전시키는 것이 가장 자연스러운 해결책이라고 주장하고 있다.

다섯째, 이윤에 대한 사회의 관용 수준을 높인다는 목적과 관련해서는 이윤분배나 자본분배제도가 상당히 긍정적인 역할을 하리라 기대하고 있다. 시장경제에서 경제성장이 원활히 이루어지려면 기업들이 충분한 이윤을 얻어야 한다. 그렇지만 스웨덴의 경우 주식 소유가 소수에게 편중되어 있는 관계로, 기업의 이윤율 상승은 소수 주주들의 소득 증가를 가져와 분배구조를 악화시키는 측면이 있었다는 것이다. 이로 인해 기업의 이윤에 대한 사회의 관용 수준이 높지 않았다는 것이다. 따라서 이윤분배나 자본분배제도뿐 아니라 주식 소유의 분산을 촉진하는 어떠한 정책조치라도 이윤에 대한 사회의 관용 수준을 높이는 데 기여할 수 있으리라는 것이다.

여섯째, 이윤분배제도와 관련하여 외국에서 전개된 논의에서 이윤분배제도를 도입함으로써 임금상승을 억제하고 또 이에 따라 인플레이션 압력을 억제할 수 있다는 것도 이윤분배제도의 도입 동기로서 많이 거론되어 왔다. 하지만 이는 설득력이 약한 논리에 기초해 있다고 평가하고 있다. 이러한 발상에 깔린 논리는 임노동자들에게 이윤의 일부를 지급함으로써 이를 임금상승에 대한 대체물로 삼을 수 있다는 것인데, 과연 이윤분배제도가 도입된다고 해서 임금상승이 억제될지 여부는 불확실하다는 것이다. 예컨대 이윤분배제도 등을 통해 주식 소유를 임노동자들에게 크게 분산시킨다고 해서 노동조합이 임금인상 요구를 스스로 억제하리라고는 믿어지지 않는다는 것이다.

일곱째, 이윤분배나 자본분배를 통해 피용자들의 노동 동기와 기업에 대한 귀속감을 증진시킨다는 목적은 설득력이 크다고 평가하고 있다. 개별 기업 수준에서 노사합의에 따라 이윤분배를 이미 시행해온 스웨덴 기업들의 경험에 비추어볼 때, 이러한 제도가 기업과 피용자들 사이에 원만한 관계를 형성시키는 데 긍정적으로 작용해왔다는 점이 확인된다는 것이다.

여덟째, 이윤분배나 자본분배제도가 기존 경제체제를 변혁하기 위한 수단으로 활용될 수도 있다는 것이다. 예컨대 마이드너 그룹이 작성한 기금안 시안은 기존 경제체제의 변혁으로 귀결된다는 것이다. 이러한 목적을 가진 가진 논자들의 이윤관에서는 이윤을 잉여가치의 한 형태로 보는 마르스크주의적 시각이 발견되는데, 마이드너 그룹의 기금안 시안에서 발견되는 이윤관도 잉여가치론의 다소 온건한 변종이나 다름없다는 것이다. 마이드너 그룹의 관점에 따르면 기업 이윤은 모든 유형의 자본소득과 마찬가지로 그것이 사회에 필요한 저축을 형성하는 데 기여하는 한에서만 용인되기 때문에, 만일 임노동자 집단이 그러한 저축을 창출할 수 있다면 통상적인 의미에서의 기업 이윤의 필요성도 소멸한다는 것이다. 즉 투자된 자본액에 대한 보상으로서의 기업 이윤의 기능이 불필요해진다는 것이다. 그런데 피용자 이외의 사람들이 투입한 자본에 대해 이윤의 형태로 보상해주기를 거부하는 어떠한 이윤분배제도도 위험자본시장의 기능을 마비시키게 된다. 즉 자신의 투자자본에 대해 이윤이라는 형태로 보상받는 것이 보장되지 않는 상황에서 위험자본을 기업에 투자할 사람은 없다는 것이다. 따라서 이러한 이윤분배제도가 적용되는 기업에 신규 자기자본이 계속 원활히 공급되려면 기존 주식시장을 통한 방법이 아닌 새로운 자본조달방식에 의존해야 한다. 원리적으로 상정 가능한 길로는 노동조합이 산업정책 일체를 떠맡아 한꺼번에 경제문제들을 해결해버리는 길과, 노동조합이 산업을 지배하되 기업에게 위험부담자본을 외부 조달해주는 기능은 국가가 담당하도록 하는 '혼합사회주의'의 길이 있을 수 있다는 것이다.

그런데 이윤분배제도의 궁극적 목적이 경제체제를 변혁하는 데 있는 것이라면 이러한 목적을 충족시켜주는 수단으로서 이윤분배제도는 그리 적질하시 않다는 것이다. 차라리 기업의 이윤 수준에 관계 없이 기업들의 주식자본 자체를 접수하는 것이 더 효과적이라는 것이다. 또 마이드너 그룹의 구상에 따르면 임노동자 집단이 기업의 소유권을 장악하게 되기까지 상당히 오랜 시간이 걸리도록 되어 있는데, 이렇게 경제체제의 이행 기간이 길어지면 경제체제를 변혁시킨다는 목적을 달성하는 데 별로 유리하지 않으리라는 것이다. 경제체제의 이행은 복잡한 문제들을 야기하게 마련이므로, 정말 경제체제를 변혁하길 원한다면 기업의 소유권을 가능한 한 신속하게 탈취함으로써 이행 과정의 복잡한 문제들을 피하는 것이 나으리라는 것이다.

결국 이윤분배나 자본분배제도의 도입 목적으로서 발덴스트룀 보고서가 타당성을 인정하고 있는 것은 기존 경제체제 내에서 피용자들이 그들의 기업 내에서 행사하는 영향력을 다소 증대시켜주는 것과, 이윤에 대한 사회의 관용 수준을 높이는 것, 또 피용자들로 하여금 노동 동기와 기업에 대한 귀속감을 높일 수 있게 하는 것뿐이다.

이어 발덴스트룀 보고서는 스웨덴 기업들의 이윤율 수준, 이윤분배제도가 주가에 미치는 영향, 스웨덴 경제가 당면한 문제 등을 상세히 검토하고 있다. 먼저 기업들의 이윤율과 관련해서는 1965-74년 기간에 스웨덴의 40대 콘체른의 실질평균이윤율이 2%에 지나지 않았다는 점을 지적하고 있다. 따라서 이윤분배문제를 진지하게 논의할 필요가 있을 만큼 기업들이 충분한 이윤을 올리고 있는 것도 아니라는 것이다.

발덴스트룀 보고서가 특별히 강조하고 있는 사항의 하나는 모든 이윤분배제도는 주가를 하락시키는 효과를 낳는다는 점이다. 이윤분배제도가 도입된다는 것은 기존 주주들의 입장에서 보면 그들의 배당소득이 감소한다는 것을 의미하므로, 주식 소유에 따르는 예상 수익률이 하락하게 되고, 따라서 주가도 하락한다. 발덴스트룀 보고서의 저자들은 그들이 만든 주가 결정 모델에 따라 이윤분배제도의 도입이 주가 하락에 미치는 효과를 추정하고 있다. 현재의 경제상황을 전제로 할 때 이윤의 10%를 피용자들에게 분배해줄 경우 주가가 22% 하락하고, 이윤의 20%를 분배해줄 경우 주가가 36% 하락할 것으로 추정된다는 것이다. 마이드너 그룹은 기금제도가 도입되어도 기존 주주들이 이미 소유하고 있는 주식자본은 그대로 보존되고 단지 기업의 미래이윤에 대한 기존 주주들의 분배몫만이 감소되는 것 같은 인상을 주려 하지만, 이윤분배제도의 일종인 기금제도가 도입되면 기존 주주들의 미래 재산증식분만 감소하는 것이 아니라 현재 주식재산의 가치도 큰 폭으로 감소한다는 것이다. 따라서 기금제도는 기존 주주들의 현재 재산의 일부를 직접 몰수하는 효과를 낳는다는 것이다.

마지막으로 발덴스트룀 보고서는 임노동자기금안에 대한 대안적 기금안으로서 임금소득에 기초한 기금안을 제시하고 있다. 그 골자는 다음과 같다. 노사합의에 따라 피용자들의 임금소득으로부터 기여금을 납부받아 개별 기업이나 산업 수준에서 기금을 조성한다. 피용자들은 그들이 납입한 자금에 대해 개인지분을 소유하며, 일정 기간이 지난 후에 납입 자금과 그에 대한 수익금을 인출할 수 있다. 대기업에 종사하는 피용자들의 경우엔 개별 기업 단위로 기금을 조성하여 기금자금의 일부를 자기 기업의 주식을 구입하는 데 투자하도록 하며, 중소기업이나 공공부문에 종사하는 피용자들의 경우엔 산업별로 기금을 조성하여 그 자금을 기업들에 공급하되 우선적으로는 기업들의 주식을 구입하는 데 투자하도록 한다. 국가는 기금으로 납입되는 임금소득분을 개인소득세 세원으로부터 공제하는 등의 조세감면조치를 통해 이러한 기금제도의 확산을 도와야 한다. 이러한 기금제도의 장점의 하나는, 스웨덴 경제의 당면 문제의 하나인 저축부족문제를 해소하는 데 아주 적합하다는 점이다. 또 임금소득의 경우 국민소득에서 차지하는 비중이 아주 크기 때문에, 임금소득의 아주 작은 부분만이 기금에 적립되어도 경제에 필요한 자본을 넉넉하게 공급해줄 수 있다는 것이다.

발덴스트룀 보고서는 이렇듯 기금안에 대해 반대 입장을 분명히 하면서도 주식 소유의 과도한 집중 문제를 시정해야 할 문제로 인정하고 있으며, 무언가 대안적 기금안을 제안하고 있다는 점에서 상당히 유화적인 느낌을 주는 면이 있었다. 이러한 이유로 인해 SAF 내에는 발덴스트룀 보고서에 대해 부정적인 견해가 많았다. 특히 중소기업 사용자들로부터 반발이 컸다. 그리하여 SAF는 이미 완성된 발덴스트룀 보고서를 출간하기는 하되 발덴스트룀 보고서를 SAF의 공식적 입장으로 채택하지는 않았다(De Geer 1989: 318).

(2) 임노동자기금문제를 다룬 국가연구위원회에서 재계 대표의 최종 의견

기금문제를 다룬 국가연구위원회에 재계에서는 SAF·산업연합·SHIO 및 가족기업(SHIO-Familjeföretagen) 등 3개 단체의 대표가 참여했다. 재계 대표들은 공동으로 최종 의견을 작성·제출하였다. 먼저 지금까지 논의되어 온 기금 도입의 목적들 중에서 현재 스웨덴의 경제상황을 고려할 때 큰 의미를 가질 수 있는 것으로서, 재계 대표들은 산업, 특히 해외경쟁에 노출된 산업 부문의 성장 촉진과 주식 소유의 분산 촉진을 들고 있다. 그런데 LO나 사민당이 제안해온 기금안들은 이러한 목적을 달성하는 데 전혀 도움이 안 될 뿐 아니라, 오히려 문제를 악화시키는 효과만을 낳는다는 것이다. 이러한 목적을 달성하기 위해 의무적이고 집단적인 성격의 기금제도를 도입해야 할 필요는 없으며, 개인들의 자발적 주식저축을 촉진하는 것만으로도 큰 효과를 볼 수 있다는 것이다. 그리하여 재계 대표들은 개인들의 주식저축을

주식저축기금(aktiesparfonder)

주식기금(aktiefonder)의 일종. 투자가에게 조세우대조치를 제공하는 특성을 갖고 있다. 주식저축기금은 일반 소액 투자가들의 주식저축을 장려한다는 취지로, 1978년에 당시 부르주아 정당 연립정부에 의해 신설되어 1984년까지 운영되었다. 일반 투자가들이 주식저축기금에 저축할 경우, 저축액의 30%가 소득세 세원에서 공제되며, 자금 인출이 금지되는 첫 5년 중에 이루어진 주식의 가치증식분에 대한 조세가 전액 면제되는 등 조세우대 혜택을 누릴 수 있었다. 주식저축기금은 상당한 성공을 거두어 소액 투자가들의 주식저축을 크게 증가시켰다고 한다.

촉진하기 위한 방안으로서, 주식 소유와 관련하여 부과되는 조세를 감면함으로써 주식저축을 촉진할 것과 부르주아 정당 연립정부하에서 도입되어 성공적으로 기능해온 '주식저축기금'(aktiesparfonder)제도를 확충할 것을 제안하였다.

4. 정당들의 입장

1) 자유당

자유당(Folkpartiet liberalerna 자유주의자 국민당)은 1976년 LO 총회를 통해 기금논쟁이 발단되기 전부터 임노동자들의 자본형성참여 문제에 적극적으로 관심을 기울였던 유일한 정치 세력이었다. 자유당은 이미 1950년대부터 개별 기업 수준에서 시행되는 이윤분배제도의 확산을 위해 정부가 적극적인 지원책을 마련할 것을 주장하였고, 1974년에는 의회에서의 발안(motion)을 통해, 기업 내에서 진행되는 자본형성에 임노동자들이 참여할 수 있는 방안을 입법화할 것을 주장하였다. 그러나 이 발안은 의회에서 기각되었다. 그러나 자유당은 1975년 1월에 당시 집권 사민당과 타결한 하가협약(Hagaöverenskommelsen / Haga agreemaent)[47]을 통해, 사민당 정부로 하여금 임노동자들의 자본형성참여 방안을 연구할 국가연구위원회를 발족시키도록 했다.

이렇게 자유당이 임노동자들의 자본형성참여 문제에 큰 관심을 기울였던 이유는 무엇보다도 자유당의 사회자유주의(socialliberalism / social liberalism) 이념에서 찾을 수 있다. 애초에 정통자유주의 노선을 표방하는

---

47 '하가(Haga)협약'이라는 말은 하가(Haga) 성(城)에서 사민당과 자유당 간에 정치적 협약이 이루어졌다는 데서 유래한다. 하가 성은 정당 지도자들 간의 정치적 논의의 장소로 자주 이용되곤 했다.

정당으로 출범했던 자유당은 1940년대에 들어서면서부터 사회자유주의 노선으로 선회해갔다. 시장경제 원리를 무엇보다 존중하되, 사회정책 영역에서는 국가의 적극적 역할을 긍정적으로 평가하는 쪽으로 자유당의 이념 노선이 정착되어갔다. 또 저개발국에 대한 지원이나 남녀평등문제 등에서 자유당은 사민당 못지않게 진보적인 입장을 취해왔다. 특히 1960년대 말에서 1970년대 중반까지의 시기는 자유당의 노선이 가장 급진화되었던 시기로, 자유주의 좌파가 자유당 지도부를 구성하고 있었다. 당시 자유당 당수 헬렌(Gunnar Helén)이나 당 서기 탐(Carl Tham) 등 자유당 지도부는 여타 부르주아 정당들과의 협력보다 사민당과의 협력에 치중했고, 가능하다면 사민당-자유당 연립정부를 수립하는 것을 가장 이상적인 모델로 삼고 있었다. 또 그들은 1960년대 말부터 학생층과 노동계급을 중심으로 확산되어가고 있던 급진주의적 조류를 어느 정도 수용하는 것이 당의 지지 기반을 넓히는 데 도움이 되리라고 판단하고 있었다.

이러한 배경에서 자유당은 임노동자의 자본형성참여 문제를 선도적으로 제기하였으나, LO가 1976년에 제출한 기금안에 대해서는 분명히 부정적인 태도를 취하였다. 사회주의적 지향이 뚜렷한 LO의 기금안은 자유당의 수용 가능 한계를 크게 넘어서 있었던 것이다. 그러나 이후 LO와 사민당이 점차 기금안의 내용을 온건화해가면서, LO 및 사민당과 자유당 사이에 기금문제를 둘러싸고 합의에 이를 가능성이 높아졌다. 그러나 1980년에 들어서면서부터 자유당의 노선이 크게 수정된다. 사민당과의 협력 대신에 여타 부르주아 정당들과의 협력에 치중하는 쪽으로 궤도 수정이 이루어진 것이다.[48] 사민당과의 타협보다 여타 부르주아 정당들과의 협력을 중시하는 우

---

48 오사드(Erik Åsard)에 따르면, 자유당의 궤도수정이 이루어지게 된 중요한 이유는 원자력 발전소 폐기 문제에서 찾을 수 있다고 한다. 1976년 총선 이후 줄곧 스웨덴 정치의 핵심 현안이 되었던 원자력 발전소 폐기 문제를 둘러싸고 자유당이 사민당과 보조를 같이 한 것이 자유당 지지층에게 부정적으로 평가되었다는 것이다. 사민당과의 긴밀한 협력은 자유당

파가 자유당의 주도권을 장악하게 되면서 자유당은 기금문제에 대해 소극적인 태도로 일관했고, 이로 인해 정당 간 합의를 통해 기금제도가 도입될 가능성이 사실상 소멸했다. 아래에서는 1974년 의회에서의 자유당의 발안과, 기금문제와 관련하여 1978년에 자유당 내에서의 내부 토론을 위해 작성된 비망록, 그리고 국가연구위원회에서의 자유당 대표의 최종 발언을 통해 기금문제에 대해 자유당이 취했던 입장의 변화 추이를 살펴보도록 하겠다.

(1) 1974년 의회 발안[49]

임노동자의 자본형성참여 문제와 관련하여, 자유당이 1974년 의회에서 제출한 발안(이하 '74년 발안')의 골자는 기업 내에서 진행되는 자본형성에 임노동자들이 참여할 수 있는 권리를 입법조치를 통해 보장하되, 구체적인 방안을 마련하기 위해 이 문제를 연구할 국가연구위원회를 발족하자는 것이다.

자본형성에 임노동자들이 참여하는 것이 바람직한 이유로는, 이를 통해 소수 사적 주주들에게 집중되어 있는 주식 소유와 경제적 권력을 분산시키고, 기업들의 자본수요를 충족시키며, 기업 내에서 임노동자들의 영향력을 증대시킬 수 있다는 점을 들고 있다. 연대임금정책으로 인한 초과이윤 문제는 거론되지 않고 있다.

또 74년 발안은 자유당이 생각하고 있던 제도적 방안을 매우 개략적으로나마 제시해주고 있다. 다수의 기금을 설립하여 대기업들의 이윤의 일부를 신규발행주식의 형태로 이 기금들에 납부하도록 한다는 것이다. 이렇게 신규발행주식의 형태로 기여금을 납부하게 하지 않고 통상적인 사용자 기

의 이념적 프로필을 불분명하게 만들어, 전통적 자유당 지지층으로 하여금 자유당에 등을 돌리게 만들었다는 것이다(Åsard, 1985: 67-102).

49 Motion nr 1495 år 1974, om lagstadgad rätt för löntagarna till andel i företagens kapitaltillväxt.

여금과 마찬가지로 현금으로 기여금을 납부하게 하면, 그저 임금의 일부를 의무저축하도록 하는 것과 마찬가지의 결과를 가져오게 될 뿐이라는 것이다. 또 신규발행주식의 형태로 기여금을 납부하게 해야만 자본이 기업 외부로 유출되지 않을 수 있다는 것이다. 기여금 납부 형태와 관련하여 74년 발안의 구상은 마이드너 그룹이 제출한 75년 시안이나 76년 LO 보고서의 제안과 동일하다. 그러나 74년 발안은 개인지분 원리에 기초한 기금제도를 제안하고 있으며, 개별 임노동자들로 하여금 여러 가지 기금들 중에서 자신의 지분을 적립할 기금을 자유롭게 선택할 수 있게 해야 한다고 제안하고 있다는 점에서, 집단주의적 성격이 강한 LO의 기금안과 차이를 보이고 있다.

(2) 1978년 자유당 내부 토론용 비망록(promemoria / memorandom) 『임노동자기금』(Löntagarfonder)[50]

1977년에 개최된 자유당 전당대회(landsmöte / national meeting)는 기금문제를 연구할 연구 집단을 조직하여 이들로 하여금 1978년 차기 전당대회에 보고될 내부토론용 자료를 제출하도록 할 것을 결의하였다. 이에 따라 1978년에 자유당 내부토론용 비망록(이하 '78년 비망록')이 제출되었다.

78년 비망록은 기금제도의 도입을 통해 달성해야 할 목적으로, 스웨덴 경제가 필요로 하는 충분한 자본형성에 기여하고 재산의 집중을 억제하며 연대임금정책을 지지하고 경제생활의 민주화에 공헌한다는 것을 들고 있다. 기금 도입의 목적이라는 측면에선 78년 비망록은 78년 LO-사민당 공동안과 동일한 내용을 담고 있는 것이다.

구체적인 내용은 다음과 같다. 기금의 재원은 주로 임금 총액에 기초하여 산정되는 사용자 기여금이나 부가가치세 증세를 통해 조달하되, 기업

---

50 Folkpartiet informerar 1978: 3. *Löntagarfonder.*

들의 초과이윤으로부터의 기여금에도 부분적으로 의존할 수 있다. 기여금 지불 형태와 관련해선 현금형태를 주축으로 삼되 일부는 신규발행주식으로 납부받을 수 있다. 현금 지불 방식의 장점은 기금으로 하여금 자유롭게 자금을 투자할 수 있도록 해준다는 점이다. 또 기금제도는 개인지분 원리에 기초해야 한다. 기금제도의 조직 방식과 관련해선, 전국적 차원에서 상호 경쟁하는 다수의 기금들을 조직하되, 가능하면 기금별로 기금의 관리주체 등을 달리하여 기금제도가 다원성을 유지할 수 있도록 한다. 기금제도에는 임노동자뿐 아니라 다양한 시민 집단이 고루 참여할 수 있도록 한다. 즉 앞으로 설립되어야 할 기금은 임노동자기금이 아니라 일종의 시민기금(medborgarfonder / citizens' funds)이 되어야 한다. 기금자금은 수익극대화 원리에 따라 투자되어야 한다. 또 기금수익의 일부를 AP 기금들에 납부하도록 하여 AP 기금을 충실화하는 방안도 고려할 수 있다.

이상 78년 비망록의 제안은 74년 발안에서 개략적으로 제시된 제안과는 상당한 차이를 보이고 있다. 무엇보다도 기금의 재원 조달 방식이 근본적으로 달라졌다. 74년 발안에서는 이윤으로부터 기여금을 받도록 하였으나, 78년 비망록에서는 주로 임금 총액에 기초한 기여금이나 부가가치세 증세를 통해 재원을 조달하고 보조적으로 초과이윤으로부터 기여금을 납부받을 수 있다고 하고 있다. 74년 발안에서 부정적으로 평가한 통상적인 사용자 기여금의 전형적 형태인, 임금 총액에 기초한 기여금 납부 방식이 긍정적으로 평가되고 있는 것이다. 또 기여금 지불 형태도 74년 발안에서는 오직 신규발행주식으로만 지불하도록 하던 것이, 78년 비망록에서는 현금 지불이 대종을 이루도록 하되, 일부는 신규발행주식 형태로 지불하도록 하는 것도 상정 가능하다고 내용이 크게 수정되었다. 기금제도의 내용이 크게 온건화한 것이다.

(3) 임노동자기금문제를 다룬 국가연구위원회에서 자유당 대표의 최종 의견

국가연구위원회의 최종 보고서에 게재된 최종 의견에서, 자유당 대표 위원 레빈(Bert Levin)은 '일반적 시민저축'(allmämt medborgarsparande)이라는 일종의 의무저축제도를 제안하고 있다(SOU 1981: 44, 197-210). 일반적 시민 저축안의 내용은 SACO/SR의 81년 안과 대동소이하다. 그 골자는 다음과 같다. 모든 납세자들은 과세 후 수입의 일부를 의무적으로 저축한다. 이 저축자금을 관리할 새로운 기금조직이 구성될 수도 있고 기존의 금융기관 및 각종 단체들이 저축자금을 관리할 수도 있다. 어떠한 기관에 자신의 저축자금을 적립할 것인가는 각 납세자가 자발적으로 결정한다. 저축자금을 적립한 납세자들은 자신의 저축에 대한 개인구좌를 가지며, 일정 기간이 지난 후에 저축자금 및 수익금을 인출할 수 있다. 이렇게 해서 조성된 저축자금은 오직 수익 극대화 원리에 의해 투자된다. 이를 통해 무엇보다도 기업들에게 충분한 자본을 공급해줄 수 있고 부분적으로는 소득 재분배 효과도 볼 수 있다.

이러한 '일반적 시민저축안'은 78년 비망록의 제안과도 크게 다르다. 의무저축을 통해 달성되는 목적은 사실상 오직 경제회생에 필요한 자본을 조성하고, 이를 기업들에 공급해준다는 것 하나밖에 없는 것이다. 또 저축자금이 납세자들의 수입으로부터 조성되기 때문에 '일반적 시민저축안'은 아무런 재분배효과도 갖지 않는다. 74년 의회 발안에 비하면 천양지차의 내용이라 할 수 있다. 또 레빈의 최종 의견은, 집단적으로 소유되는 기금제도는 결국 사회화로 귀결될 수밖에 없으므로 원리적으로 수용할 수 없다는 점을 크게 강조하고 있다.

이렇게 시간의 경과에 따라 자유당이 점차 기금 설립에 대해 소극적 입장으로 선회하게 된 것은 무엇보다도 기금논쟁이 가진 큰 정치적 파장 때문이었다. 기금문제를 둘러싼 정쟁이 격화되어가는 과정에서, 기금논쟁은 점차 스웨덴 정치의 좌우 대립 구도를 상징하는 논쟁으로서의 성격을 띠게

되었다. 이러한 상황에서 좌우 양편 사이의 중도적 입장을 유지하기는 쉽지 않았다. 기금논쟁을 둘러싸고 임노동자기금의 도입을 주장하는 LO 및 사민당과, 이에 반대하는 부르주아 블록 간의 대립 구도가 정착되어가고, 또 그 과정에서 기금안 반대 세력이 정치적 이득을 얻게 됨에 따라 자유당은 부르주아 블록에 가담한다는 안전한 선택을 하게 된 것이다.

2) 중앙당

중앙당(Centerpartiet)은 기금논쟁에서 매우 소극적인 자세로 일관했다. 전통적으로 노사관계문제에 대해서는 별다른 뚜렷한 입장을 갖지 않았던 중앙당에게 기금문제는 매우 생소한 주제였던 것이다.

중앙당은 농민당의 후신이다. 당명이 잘 말해주듯 농민당은 농민의 이익을 대변하는 정당으로 출범했다. 농민당 이외의 정당들도 뚜렷한 계급적 지지 기반을 가진 계급정당들이라는 점에서는 농민당과 마찬가지이지만, 여타 정당들은 나름대로 종합적인 사회관과 정책 노선을 갖춘 현대적 이념 정당인 데 반해, 농민당은 농민의 이익을 대변한다는 것 외에는 별다른 종합적인 정책 노선을 갖추지 못했다. 그런 점에서 농민당은 정당 형태를 띠기는 했으나, 특정 집단의 이익을 배타적으로 대변하는 이익단체적인 성격이 강했다. 농민당은 1936년부터 사민당과 연립정부를 구성하여 사민당의 장기집권에 결정적으로 기여했다. 사민당-농민당 연립정부에서도 농민당은 주로 농민의 이익을 지키는 데 주력했고, 일반적인 경제정책이나 사회정책 영역에서는 대체로 사민당의 입장을 따르는 편이었다. 그러나 농민당이 항상 사민당과 보조를 같이 했던 것은 아니다. 예컨대 ATP 논쟁에서는 사민당이 의무적·공적 성격의 연금제도를 도입하려 한 데 반해, 농민당은 기존 국민연금의 지급액 인상을 핵심으로 하는 독자적인 연금안을 제시하였다.

농민당은 1959년에 당명을 중앙당으로 개명하고 당의 강령도 수정하였다. '중앙당'이라는 이름은, 사민당과 여타 부르주아 정당들 사이의 중도적 입장을 취한다는 의미를 담고 있었다. 이렇게 당명과 강령을 개정한 데는, 농민 인구가 격감해가는 추세 속에서 오직 농업문제에만 골몰하는 단일 이슈 정당으로서는 장기적으로 생존할 수 없다는 상황 판단이 깔려 있었다. 이후 중앙당은 농업문제를 넘어 산업사회가 낳는 부작용들을 비판하고, 이에 대한 종합적 대안을 제시하는 방향으로 관심 영역을 확장해갔다. 지역 간 균형발전, 지역사회에 뿌리를 둔 중소기업 지원, 자연스럽게 형성되어온 소규모 공동체들의 활동 촉진, 전통문화와 윤리의 존중, 국가 등 거대 조직들에로의 권력 집중에 대한 비판 등이 중앙당의 이념적 프로필을 구성하는 주요 내용들이었다. 이를 통해 중앙당은 농민 외에도 도시 자영업자·중소기업가 등 스웨덴 모델의 주변 집단들에까지 지지 기반을 확충해갈 수 있었다. 또 1976년 총선에서는 원자력발전소의 조속한 폐기를 주장함으로써 스웨덴 정치사에서 최초로 생태주의 문제를 본격적으로 제기하였다. 이후 생태주의는 중앙당의 이념을 특징짓는 핵심 요소로 정착된다. 또 1970년대에 들어 중앙당은 사민당보다는 보수당·자유당과의 협력에 더 무게를 실었고, 1976년 총선에서 중앙당은 부르주아 정당들 중 최다득표를 기록하여, 이후 구성된 부르주아 정당 연립정부를 이끌어갔다.

중앙당은 기금문제를 다룬 국가연구위원회에 처음부터 대표를 파견하였으나, 위원회에서 중앙당 위원은 적극적으로 의견을 제시하지 않았다. 기금문제와 관련하여 중앙당의 독자적 입장이 대외적으로 처음으로 제시된 것은 1979년 1월에 의회에 제출된 발안[51]을 통해서였다. 이 발안에서 중앙당은 '임노동자협동조합'(löntagarkoooperation / wage earners' cooperation) 안을 제안하였다. 그 골자는 다음과 같다.

개별 기업의 임노동자들이 자유의사에 따라 그들의 기업 내에 협동조합을 조직한다. 임노동자들은 그들의 소득의 일부를 임노동자협동조합에

---

51 Motion 1978/79: 1115, Om delägande genom löntagarkooperation.

납부하고, 협동조합은 이렇게 조성된 자금을 자신의 기업의 주식이나 전환사채 등을 구입하는 데 투자한다. 협동조합의 자금의 투자 방식이나 투자된 자금에 대한 수익률 등 구체적 사안들은 개별 기업 차원에서의 노사 간 단체교섭을 통해 결정하도록 한다. 협동조합은 자신의 기업의 주식을 구입함으로써 주주총회에서 표결권을 행사하며 기업의 이사회에 대표를 파견한다. 임노동자협동조합에 자금을 적립한 모든 임노동자들은 협동조합원리에 따라 동등한 의사결정권을 부여받는다. 정부는 협동조합에 적립되는 임노동자들의 소득분과, 협동조합이 소유한 주식으로부터 나오는 배당수익에 대해 조세감면조치를 시행함으로써 임노동자협동조합의 확산을 촉진한다. 이러한 협동조합의 설립을 통해 임노동자들은 자신이 속한 기업의 소유 및 경영에 참여할 수 있다. 또 이를 통해 스웨덴 경제에서 과도하게 집중되어 있는 재산과 경제적 권력을 다수의 임노동자들에게 분산시키는 효과도 볼 수 있다. 한편 기업들은 필요한 자본을 원활히 조달받을 수 있다. 특히 주식시장을 통해 위험부담자본을 공급받기 어려운 상황에 있는 중소기업들은 임노동자협동조합을 통해 크게 도움받을 수 있을 것이다.

이러한 내용의 협동조합안은 중앙당의 이념적 프로필에 잘 부합되는 구상이었다. 중앙당은 거대 사용자단체나 거대 노동조합, 국가 등 거대 조직들에로의 권력집중에 반대하고, 소규모 공동체의 활동을 촉진하는 것을 자신의 정책 노선의 핵심 요소로 삼아왔다. 개별 기업 수준에서 조직되며, 주로 중소기업들에게 큰 도움을 줄 것으로 기대되는 임노동자협동조합안은 이러한 중앙당의 정책 노선에 잘 부합되는 구상이었다.

그러나 중앙당은 임노동자협동조합안을 끝까지 고수하지는 않았다. 기금문제를 다룬 국가연구위원회의 최종 보고서에 실린 최종 의견에서, 중앙당 위원은 자유당 위원과 더불어 일반적 시민저축안을 제안했다.

3) 보수당

보수당(Moderata samlingspartiet 온건주의자 집결당)은 기금논쟁에 참여한 모든 집단들 중에서 가장 일관된 입장을 유지했다. 어떠한 형태의 의무적, 집단적 기금제도도 수용할 수 없다는 입장으로 시종일관한 것이다. 또 보수당은 기금논쟁의 핵심은 구체적으로 기금제도를 어떻게 구성하는 것이 바람직하느냐는 기술적 차원의 문제가 아니라, 중앙집권적 계획경제체제로 나아갈 것이냐 아니면 시장경제체제를 유지할 것이냐 하는 이념적·원리적 차원의 문제라는 점을 강조했다. 그런 점에서 중앙당의 입장은 재계의 입장과 같았다.[52] 보수당의 이러한 완강한 기금 반대론은 보수적 유권자층에게 큰 호응을 얻어, 기금논쟁이 전개되었던 1970년대 중반에서 1980년대 초에 이르는 기간에 보수당 지지율이 급상승하는 데 일조할 수 있었다.[53]

기금안에 대해 보수당이 강경 반대 입장으로 시종일관했던 배경은 무엇보다도 보수당의 이념적 성향으로부터 잘 이해될 수 있다. 애초에 보수당은 전통적 지배계급의 이익을 대변하는 정치 세력으로 출범하였다. 그리하여 19세기 말에서 20세기 초에 걸쳐 사민주의자들과 자유주의자들을 중심으로 전개된 보통선거권 쟁취 운동에 대해 반대 입장을 취했고 이후 사민당이 추진한 각종 사회개혁조치들에 대해서도 반대 입장으로 일관했다. 그러나 사회의 민주화가 거스를 수 없는 대세로 관철되어가고 사민당 장기집권하에서 각종 사회복지제도가 정착·확충되어가자 보수당도 시대의 흐름에 부분적으로 적응해갔다. 2차대전 이후의 보수당 이념의 골간은 경제정책 영역에서의 자유주의와 사회문화정책 영역에서의 보수주의로 압축된다. 경제정책 영역에서는 사적 소유권에 기초한 시장경제 원리가 존중되어

---

52 한손(Sven Ove Hansson)은 기금논쟁에서 재계와 보수당이 긴밀히 협력했음을 보여준다. Hansson, Sven Ove(1984: 182-83).

53 기금논쟁 과정에서 실시된 세 차례의 총선에서, 보수당이 얻은 득표율은 다음과 같다. 1976년 15.6%, 1979년 20.3%, 1982년 23.6%.

야 한다는 점을 강조하여 사민당의 개입주의적 경제정책에 반대하고, 사회문화정책 영역에서는 가족 등 전통적 공동체의 역할과 전통윤리의 가치를 강조하고 문화적 차원에서의 지나친 개인주의화 및 세속화에 대해 비판적 태도를 취하고 사회질서의 유지를 강조하는 입장을 취해왔다.

특히 1950년대 이후 경제정책 영역에서 보수당의 이념을 압축적으로 표현해주는 것은 '재산소유 민주주의'(egendomsägande democrati / property-owning democracy)[54]론이다. 재산소유 민주주의론의 골자는 가능한 한 많은 시민들이 개인적으로 재산을 형성할 수 있도록 함으로써, 시민들의 경제적 처지를 개선시키는 한편 시민들 간의 경제적 불평등을 완화시킴으로써 사회안정에도 기여한다는 것이다. 이를 위해 정부는 시민들이 개인저축을 늘릴 수 있도록 조세감면 등 각종 저축유인정책을 실시해야 한다는 것이다. 전국민의 유산층화를 지향하는 재산소유 민주주의론은 복지국가의 확충을 통해 시민들 간의 경제적 불평등을 완화시킨다는 사민당 노선의 대척점에 위치했다.

기금논쟁에서 보수당이 취한 입장도 재산소유 민주주의론의 연장선상에 있었다. 1975년 초에 기금문제와 관련하여 국가연구위원회가 발족되었을 때 보수당은 위원회에 대표를 보내지 않았다. 위원회의 발족 취지 자체를 수용할 수 없다는 뜻이었다. 그러다 1976년 말 총선을 통해 부르주아 정당 연립정부가 구성되면서부터야 비로소 위원회에 대표를 파견하였다. 국가연구위원회에서도 보수당 대표는 구체적인 대안적 기금안을 마련하기보다는 LO와 사민당이 제출한 기금안들을 비판하는 데 주력했다. 국가연구위원회의 활동을 미시적으로 분석한 오사느(Åsard 1985)에 따르면, 국가연구위원회에서 가장 첨예하게 대립한 주체는 LO와 보수당이었다. 기금문제와

---

54 1960년대 말부터는 'egendomsägande demokrati'라는 용어 대신 'ägardemokrati' (owner democracy)라는 용어를 사용했지만, 그 내용은 전과 동일하다.

관련하여 양자는 원리적으로 상반된 입장을 견지하고 있었기 때문이다. LO는 기금의 재원이 기본적으로 기업의 이윤으로부터 조달되어야 하며, 또 기금이 집단적으로 소유·관리되어야 한다는 점은 양보할 수 없다고 못을 박았다. 반면에 보수당은 의무적·집단적 성격의 기금을 도입하는 것은 결코 수용할 수 없다고 못을 박았다.

국가연구위원회의 최종 보고서에서 보수당 대표 토비손(Lars Tobisson)은 위원회 서기국이 작성한 보고서의 내용에 대한 '유보발언'(reservation)[55]을 통해 기금문제에 대한 보수당의 최종 입장을 피력하였다. 그동안 기금 도입의 목적으로 거론된 여러 가지 사항들 중에서 보수당이 수용하고 있는 것은 주식 소유의 분산을 통해 재산분배를 균등화한다는 것과 경제에 추가적 자본을 공급해준다는 것뿐이다. 그런데 재산분배의 균등화 문제와 관련해서는 스웨덴의 경우 다른 나라들에 비해 재산이 상대적으로 균등하게 분배된 편이어서 이 문제가 그리 심각한 것은 아니라는 점을 강조하고 있다. 다만 주식 소유의 경우엔 소수 주주들에게 크게 편중된 분배구조를 갖고 있는 것이 사실이어서 이 문제는 시정을 필요로 한다는 점을 인정하고 있다. 그러나 이 문제를 해결하기 위한 최선의 방안은 특별한 기금제도를 도입하는 것이 아니라 시민들이 개인적으로 주식 소유를 늘릴 수 있도록 도와주는 정책을 시행하는 것이라는 것이다. 특히 부르주아 정당 연립정부 출범 이후 도입된 주식저축기금(aktiesparfonder)제도가 성공적으로 운영되고 있으므로, 이 제도를 보완·확충하는 것만으로도 큰 효과를 볼 수 있다는 것

---

55 국가연구위원회의 보고서에 게재되는 유보발언(reservation)은 보고서의 내용에 동의하지 않는 위원들이 있을 경우 그들의 입장을 전달하기 위한 공간으로 활용된다. 임노동자기금문제를 다룬 국가연구위원회의 최종 보고서는 기금문제와 관련하여 구체적인 정책 제안은 전혀 싣지 않고 있다. 그저 위원회가 발족된 경위, 위원회에서 다루어진 주요 문제들에 대한 요약 정리, 기금문제와 관련하여 정책결정을 내릴 때에 고려해야 할 참고 사항 등을 정리해주고 있을 뿐인데, 보수당 위원은 최종 보고서의 이러한 정리 방식에 대해서도 동의하지 않은 것이다.

이다. 또 법인세나 주식배당액에 대한 소득세를 인하시킴으로써 주식 소유의 유인을 강화시킬 것을 제안하고 있다.

　경제에 추가적 자본을 공급해준다는 문제에는 그리 큰 의미를 두지 않고 있다. 현재 스웨덴 기업들의 투자량이 부족한 핵심적 원인은 자본공급량의 부족이 아니라 기업의 수익성이 낮다는 점에서 찾아야 한다는 것이다. 따라서 기업의 수익성 제고를 위해 법인세나 각종 사회보장 기여금 등 기업의 조세부담을 경감시켜주고, 정부지출 억제를 통해 물가를 안정시킴으로써 이자율을 하락시켜, 기업들의 이자부담을 줄여줘야 한다는 것이다. 그러나 어쨌든 경제에 추가적 자본을 공급해주는 것 자체는 바람직하며, 시민들의 주식 소유를 촉진하는 정책은 기업들에 위험부담자본을 원활히 공급해주는 데도 일조할 수 있다는 것이다(SOU 1981: 44, pp. 155-67).

4) 좌익당

좌익당(Vänsterpartiet kommunisterna 공산주의자 좌익당)은 스웨덴 좌익을 대표하는 정당이다. 정통마르크스주의에 입각하여, 사민당을 또 하나의 부르주아 정당으로 간주해온 스웨덴 좌익은 다양한 조류의 정치 세력들로 이루어져 있었다. 그러나 의회에 의석을 가지고 스웨덴 정치에 얼마간 영향력을 행사할 수 있는 집단은 오직 좌익당뿐이었다.

　1917년에 사민당 내의 일부 좌파 그룹이 사민당을 탈당하여 '사회민주주의 좌익당'(Det socialdemokratiska vänsterpartiet)을 결성한 것이, 사민당과 구별되는 독자적인 정치 세력으로서 '좌익'의 역사적 기원이다. 사회민주주의 좌익당은 코민테른에 가입하였으며, 1921년에는 당명을 '스웨덴 공산당'(Sveriges kommunist partiet, 이하 '공산당'으로 약칭)으로 바꿨다. 공산당은 이후 많은 내부 진통을 겪어야 했다. 애초에 사회민주주의 좌익당의 결성을 주도했던 대부분의 지도적 인물들이 점차 공산당을 떠나 사민당에 재입당했다. 반면에 공산당 잔류파는 점점 더 코민테른의 노선을 충실하게 추종하여,

공산당은 스웨덴 유권자들에게 '모스크바 정당'으로 인식되었고, 스웨덴 정치에 별다른 영향력을 행사할 수 없는 군소정당으로 명맥을 유지해갔다.

그러다 1960년대에 들어 선진 자본주의국들에서 유행했던 신좌익(New Left)운동의 영향을 받은 '현대주의자들'(modernister / modernists)이 점차 공산당의 주도권을 장악하게 되었다. 1964년에 공산당 당수로 선출된 헤르만손(Carl-Henrik Hermansson)은 대표적인 현대주의자였다. 헤르만손의 지도하에 공산당은 점차 소련 공산당의 영향력으로부터 벗어나 유럽 공산주의(Eurocommunism) 정당으로 변신해갔고, 1967년에는 당명을 '공산주의자 좌익당'(이하 '좌익당'으로 약칭)으로 바꿨다. 이후 좌익당의 정치 노선은 다소 굴곡을 겪긴 했으나, 시간의 경과에 따라 의회민주주의를 한층 더 원리적으로 수용하고, 그 틀 내에서의 정치게임을 점점 더 중시하는 방향으로 정착되어갔다. 그러나 좌익당이 궁극적으로 지향하는 사회주의체제 모델은 주요 산업의 국유화에 기초한 전면적 계획경제체제라는 전통적 모델이었다.

기금논쟁에서 좌익당은 별로 중요한 역할을 담당하지 못했다. 기금논쟁은 시종일관 LO와 사민당을 한 축으로 하고, 재계와 부르주아 정당 등 부르주아 진영을 다른 한 축으로 하는 구도로 전개되었다. 또 좌익당은 기금 문제를 다룬 국가연구위원회에도 참여하지 않았다.

이렇듯 좌익당은 기금논쟁에서 적극적인 역할을 수행하지 못하였으나 내부적으로는 기금논쟁으로 인해 적지 않은 진통을 겪어야 했다. 좌익당(및 그 전신인 공산당)은 그동안 사민당과 LO를 독점자본의 이익을 객관적으로 대변하는 세력이라 비판해왔다.[56] 그런데 LO 쪽에서 예상 외로 급진적인 제안을 제출한 것이다.

---

56 이러한 시각에서 스웨덴 사민주의 운동의 역사와 스웨덴 모델의 성격을 분석한 연구로는 Dahlkvist(1975), Hermansson(1980) 참조.

뜻밖의 사태에 직면한 좌익당은 1975년에 마이드너 그룹이 시안을 제
출한 이후 1년간은 사태의 추이를 관망하며 내부 입장을 정리하는 데 시간
을 보냈다. 그러다 1976년 8월에 좌익당은 독자적인 기금안을 제출하고, 이
후 LO가 제출한 기금안을 전면적으로 비판하는 방향으로 입장을 정리한다.
이 시기의 좌익당의 입장을 잘 나타내주는 대표적인 문건은 1977년에 당수
헤르만손이 집필한 소책자『사회주의냐 임노동자기금이냐?』(*Socialism eller
löntagarfonder?*)다. 이 책의 요지는 LO가 제출한 기금안은 사회주의로의
이행을 위한 것이 아니라 자본주의의 유지를 위한 것이므로 반대해야 한다
는 것이다.

그러나 기금논쟁이 본격화되어감에 따라 좌익당은 매우 곤란한 상황
에 처하게 된다. 기금논쟁이 스웨덴 정치의 좌우 대립 구도를 규정하는 핵
심 쟁점으로 대두됨에 따라, 기금안에 반대한다는 것이 결과적으로는 부르
주아 진영에 가담하는 효과를 낳게 된다는 문제가 생긴 것이다. 또 LO 내의
전투적 노조활동가들이 기금안을 열성적으로 지지하고 있다는 점도 좌익
당의 곤란한 처지를 가중시켰다. 이들은 좌익당이 장기적으로 포섭해내기

를 원했던 핵심 집단이었던 것이다. 이러한 문제에 직면하여 좌익당 일각에서는 기금안을 비판적으로 지지해야 한다는 주장이 나오기 시작한다(예컨대 Gustafsson, Bo 1977, Vikström 1981). 기금안은 결코 사회주의로의 이행을 담보해주는 기획이 아니지만, 일단 기금안을 지지함으로써 LO 및 사민당 내의 급진파들과 정치적으로 연대하는 한편, 이들에게 기금안의 한계를 폭로하고 사회주의로의 이행을 가능케 해주는 올바른 전략을 선전함으로써, 장기적으로 좌익당의 정치적 입지를 강화시킬 수 있다는 것이다.

그러나 좌익당은 한번도 공식적으로 기금안을 지지하지 않았다. 기금 문제와 관련하여 당내 의견이 분열되어 있었다는 문제도 있었을 뿐 아니라, 1978년 LO-사민당 공동안 이후 기금안의 내용이 크게 온건화해감에 따라 좌익당의 입장에서 기금안을 지지하기가 점점 더 어렵게 된 것이다. 이후 좌익당은 LO 및 사민당과 부르주아 진영 사이에 전개되는 논쟁에 개입하지 않고 방관하는 자세를 취하다가, 1982년에 기금문제에 관한 좌익당의 최종적인 입장을 정리한 문건『노동운동과 기금: 좌익당의 기금안』(*Arbetarrörelsen och fonderna: VPK: s fondförslag*)을 발간했다.

1983년에 사민당 정부가 의회에 제출한 임노동자기금 입법안에 대한 표결에서 좌익당은 기권을 선택하여 결과적으로 입법안이 통과될 수 있도록 해주었다. 흥미로운 사실은 좌익당을 지지하는 유권자의 과반수는 기금 논쟁 기간 내내 기금안을 지지했다는 점이다. 그런 점에서 좌익당이 기금논쟁의 초기 국면부터 기금안을 공식적으로 지지했더라면 기금안 지지 진영은 한층 더 강화될 수 있었을 것이다. 그러나 좌익당 지도부는 이념적 순수성을 지킨다는 문제의식에 속박되어, 좌익당 지지 유권자들의 의견과는 달리 기금안에 대해 냉소적인 태도로 일관했다.

아래에서는 1977년에 발간된『사회주의냐 임노동자기금이냐?』와 1982년에 발표된 좌익당의 최종 기금안의 내용을 살펴보도록 하겠다.

(1) 『사회주의냐 임노동자기금이냐?』(Socialism eller löntagarfonder?)

1977년에 발간된 이 소책자에서 저자 헤르만손은 1976년 LO 총회에서 승인된 기금안을 대상으로 논변을 전개하고 있다. 헤르만손은 일단 기금안이 갖는 긍정적 측면을 인정하고 있다. 기금안은 그동안 사민주의 세력이 도외시했던 생산수단의 소유와 경제적 권력의 문제를 정치적 논쟁의 중심으로 떠오르게 했다는 점에서 환영할 만하다는 것이다. 그동안 사민당 지도부는 생산수단을 누가 소유하느냐는 문제는 그리 중요하지 않고 그것이 어떻게 사용되느냐가 문제의 핵심이라며 생산수단의 소유문제를 경시해왔으나, 마이드너 그룹이 작성한 기금안은 생산수단의 소유문제를 정면으로 다루고 있다는 점에서 그동안의 사민당 노선을 사실상 근본적으로 비판하고 있는 셈이라는 것이다. 또 그런 점에서 생산수단의 소유문제를 늘 강조해온 공산주의자들의 입장이 옳았고 사민주의자들이 틀렸다는 점을 사실상 인정한 셈이라는 것이다. 또 기금안은 소수 거대 주주들에게 극도로 집중되어 있는 기업의 소유관계를 문제삼음으로써, 이러한 사태에 책임이 있는 사민당의 그간의 경제정책을 사실상 혹독하게 비판하고 있을 뿐 아니라 연대임금정책을 통해 이러한 결과를 낳는 데 일조한 LO 지도부도 비판하고 있는 셈이라는 것이다.

헤르만손은 이렇게 마이드너 그룹이 정당한 상황 판단에 기초하여 문제를 제기하고 있다는 점은 높이 평가하고 있으나, 그들이 문제의 해결책으로 제시한 기금안의 내용에 대해서는 분명히 반대하고 있다. 우선 기금안이 목적으로 삼는 것은 사회주의로의 이행이 아니라는 것이다. 기금제도가 도입된다 하더라도 시장경제는 그대로 남을 것이며, 무엇을 얼마나 생산할 것인가를 결정하는 것은 여전히 이윤 기준일 수밖에 없다는 것이다. 기금안이 본래의 의도대로 실현될 경우 그 결과로 형성될 경제체제는 사회주의라기보다는 일부 기업들이 부분적으로 임노동자들에 의해 소유되어 있는 새로운 유형의 자본주의라는 것이다.

    또 헤르만손은 기금안이 궁극적으로 추구하는 경제체제가 다소 개량된 자본주의일 뿐이라는 근본적인 한계 외에도 세부적으로도 기금안은 많은 문제점을 안고 있다는 점을 지적하고 있다. 첫째, 기금안은 현 국면에서 노동계급이 절실히 요구하고 있는 사항인 완전고용과 생활수준 향상에 도움이 되지 않는다는 것이다. 둘째, 임노동자기금이 도입될 경우 이것이 임노동자들의 임금인상 요구를 억제시키기 위한 당근으로 이용될 위험성이 크다는 것이다. 셋째, 임노동자기금이 도입되면 노동조합의 역할이 이중화된다는 것이다. 노동조합은 한편으로는 임노동자의 이익을 대변하는 전통적 역할을 담당하면서도 다른 한편으로는 기금의 소유주로서 자본가의 역할까지 담당해야 하는데, 이는 노동조합 내에 갈등을 가져오고 궁극적으로는 노동조합을 불구화시키기 쉽다는 것이다. 넷째, 임노동자기금의 재원이 기업의 이윤으로부터 조달될 경우, 고수익 기업에 종사하는 임노동자들과 저수익 기업에 종사하는 임노동자들 사이에 대립이 발생할 위험이 있다는 것이다. 마이드너 그룹은 개별 기업 수준에서 조직되는 기금제도에 대한 반대논리로서, 이러한 기금제도가 임노동자들 간의 연대를 훼손한다는 점을 들었다. 즉 기업들의 수익성 수준에 따라 임노동자들에게 차등적인 혜택을 주게 되어 임노동자 집단 전체 차원의 연대를 훼손한다는 점을 들었는데, 동일한 비판 논리가 마이드너 그룹의 기금안에 대해서도 적용될 수 있다는 것이다. 고수익 기업의 경우 저수익 기업에 비해 더 빠른 속도로 기금으로 기여금을 납부하게 되므로, 고수익 기업에 종사하는 임노동자들은 더 빠른 속도로 자신의 기업에 대한 영향력을 확보할 수 있게 된다. 반면에 저수익 기업 임노동자들은 매우 느린 속도로 영향력을 확보하게 되고, 손실을 보는 기업에 종사하는 임노동자들은 기업에 대한 영향력 행사로부터 완전히 배제된다. 따라서 수익성 수준이 상이한 기업들에 종사하는 임노동자들 사이에 연대가 훼손되기 쉽다는 것이다. 또 고수익 기업 임노동자들은 저수익 기업 임노동자들보다는 자신들이 속한 기업의 종래의 주주들과 이해관계 공속감(共屬感)을 갖게 되기 쉽다는 것이다.

기금안에 대한 이상의 비판에 기초하여 헤르만손은 좌익당의 대안적 기금안을 제시한다. 그 골자는 다음과 같다. 대규모 주식회사의 이윤이 아니라 주식자본 총액의 일부를 매년 해당 기업의 임노동자 집단이 관리하는 '사회소유기금'(samhällsägda fonder / society-owned funds)으로 이전시킨다. 이를 통해 해당 기업들의 임노동자 집단은 그들의 기업의 소유권을 점진적으로 장악해가게 되지만, 기금 소유에 기초해서 주주총회에 참여하거나 기업 이사회에 대표를 보내지는 않는다. 주주총회나 이사회에 참여하게 되면 기업 운영에 대해 기존 주주들과 함께 책임을 분담해야 하고, 그러한 과정에서 기존 주주들과 이해관계 공속감을 갖게 되어 계급협조주의가 성장하기 쉽다는 것이다. 기금은 기업 운영에 대한 공동참여권의 기반으로 활용되는 대신 기업 내에서 계급투쟁을 위한 물질적 수단으로 활용된다. 기업 내에서 임노동자들의 민주적 권리를 확보하고, 임금형태·인사정책·투자 등에 대해 임노동자들이 권력을 확보하기 위한 수단으로서 활용되어야 한다는 것이다. 임노동자들은 기금을 통해 기업 내에 일종의 '이중권력' (dubbelmakt / double power) 상태를 조성할 수 있을 것이며, 더 나아가 기업의 소유권을 완전히 장악하도록 노력해야 할 것이다. 그리고 이러한 기업 내에서의 권력투쟁은 국가권력을 장악하기 위한 투쟁과 결합되어야 한다는 것이다. 또 이러한 좌익당의 기금안은 LO 쪽의 기금안과는 달리 소유와 경제적 권력의 문제를 임금문제와 연계시키지 않는다는 장점이 있다는 것이다. 연대임금정책으로 인한 초과이윤문제는 법인세 강화를 통해 해결할 수 있다는 것이다.

좌익당의 '사회소유기금'안은 노골적인 몰수 전략이라 할 수 있다. 주식회사의 이윤이 아니라 주식자본 총액의 일부가 기금으로 이전되기 때문에, 손실을 보는 기업들조차도 장기적으로는 해당 기업의 임노동자들이 소유하게 된다. 이러한 급진적 기금안이 당시 스웨덴 정치 상황에서 실현될 가능성은 전무했다. 좌익당은 기금논쟁에서 현실적으로 어느 정도 실현 가능한 기금안을 제시하여 LO나 사민당과 연대하는 것보다는, 좌익당의 이념적 프로필을 선명하게 유지하고 일부 전투적 노동자층을 좌익당으로 끌어들이는 데 도움이 되는 성격의 기금안을 제시함으로써, 기금논쟁을 좌익당의 이념을 선전하는 기회로 활용한다는 전략을 선택한 것이다.

(2) 1982년 최종 기금안 『노동운동과 기금: 좌익당의 기금안』(Arbetarrörelsen och fonderna: VPK: s fondförslag)

1982년에 좌익당이 제출한 기금안은 76년의 '사회소유기금'안에 비해 훨씬 구체화된 제안을 담고 있다. 그 골자는 다음과 같다. 기업들의 자본과 이윤 모두에 대해 조세를 부과하여 기금의 재원을 조달한다. 자본에 대한 조세는 기업의 부가가치 총액에 대해 부과하고 이윤에 대한 조세는 누진법인세의 형태로 부과한다. 이 재원에 기초하여 전국적 수준에서 조직되는 '전국기금'(riksfond / national fund)을 하나 조직하는 동시에, 랜(län)마다 '랜기금'(länsfonder)을 조직한다.

　전국기금의 자금은 전국적 차원에서 수행되어야 하는 신규 프로젝트에 착수하거나 '사회소유기업'(samhällsägda företag / society-owned company)을 설립하는 데 사용된다. 랜기금의 자금은 랜별로 필요한 지역 차원의 사업에 착수하는 데 투자된다. 두 기금 모두에서 무엇보다도 고용을 창출하는 데 역점을 두는 투자정책이 시행되어야 한다. 부가가치가 높은 첨단 산업 분야에 사회소유기업을 설립하여 신규 고용을 창출하는 동시에, 경쟁력을 상실한 산업들에 대한 지원을 통해 해당 산업의 임노동자들의 일자리를 지켜주어야 한다. 랜기금의 자금의 일부는 해당 랜 내에 있는 개별 기업들의 단위 노조들에게 이전될 수 있다. 단위 노조들의 요청에 따라 이들에게 지급되는 자금을 '단위 노조 투자기금'(lokala fackliga investeringsfonderna / local unions' investment funds)이라 한다. 단위 노조 투자기금의 사용권은 단위 노조에게 부여되나 소유권은 랜기금에게 귀속된다. 단위 노조 투자기금은 개별 기업 수준에서의 노동환경의 개선 등에 사용되며, 개별 기업 수준에서의 노자 간 권력투쟁에서 노조의 힘을 강화시켜주는 물질적 수단으로도 활용된다. 전국기금과 랜기금, 또 단위 노조 투자기금이 공존하는 중층적 기금제도를 통해 전국적 차원의 종합적 경제계획의 필요를 충족시키면서도, 지역 단위 및 개별 기업 단위의 조직들에게 권력을 적절히 분산시킬 수 있을 것이다. 이러한 기금제도는 궁극적으로 생산수단에 대한 사회적 소유에 기초한 계획경제체제로 나아가기 위한 투쟁의 일환으로서의 의미를 갖는다. 따라서 기금제도의 도입과 별도로 기존의 대규모 금융기관 및 산업 부문의 대기업들을 국유화하기 위한 투쟁이 동시에 전개되어야 한다.

이상 82년 안에서 주목되는 대목은 기금 도입의 의의를 고용 창출과 긴밀히 연결시키고 있는 부분이다. 이는 당시 스웨덴 경제의 침체 상황을 반영하는 것으로 이해할 수 있다. 또 76년 시안에서는 기금 도입의 의의가 개별 기업 수준에서 임노동자들의 권력 기반을 강화해줌으로써 노자 간 계급투쟁조건을 노동계급에게 유리하게 조성해준다는 데 국한되었으나, 82년 시안에서는 신규 기업 창설, 새로운 프로젝트 착수 등 경제정책적 차원의 의의가 크게 강조되고 있다.

5. 임노동자기금논쟁에 나타난 스웨덴 정치 지형

기금문제와 관련하여 취한 입장들에 나타난 주요 이익단체들과 정당들의 이념적 성향을 서로 비교하기 위해 이들이 보고서, 의회 발안, 국가연구위원회에서의 최종 입장 등의 형태로 제출한 의견들을 좌우 이념 스펙트럼의 선상(線上)에 배치해보자.

〈표 2-5〉 스웨덴의 정당들과 주요 이익단체들이 임노동자기금논쟁에서 취한 입장 비교

I 국가사회주의		좌익당 76년 안 좌익당 82년 안
II 시장사회주의		마이드너 그룹 75년 시안 LO 76년 보고서, LO-사민당 78년 공동안
III 자본 주의	A. 의무적 기금안	LO-사민당 81년 공동안 → 사민당 83년 입법안 TCO 76년 보고서 → TCO 79년 보고서 및 최종 입장 자유당 74년 의회 발안 → 자유당 78년 비망록
	B. 의무저축안	SACO/SR 79년 보고서 SACO/SR 81년 보고서 자유당 최종 입장 중앙당 최종 입장
	C. 임노동자협동조합안	중앙당 79년 의회발안
	D. 자발적 저축 촉진안	재계 및 보수당

표 2-5에서 위쪽에 위치한 것일수록 급진적인 내용을 담고 있고, 아래
쪽에 위치한 것일수록 보수적인 내용을 담고 있다. 즉 좌익당의 입장이 가
장 급진적이고 재계와 보수당의 입장이 가장 보수적이다. 또 도표에서 오른
쪽의 각 입장이 그대로 관철될 경우 도래되는 경제체제 모델을 왼쪽에 표
시하였다. 즉 좌익당의 기금안은 국가사회주의로 귀결되고, LO의 75년 시
안 및 76년 보고서와 LO-사민당 78년 공동안은 일종의 시장사회주의로 귀
결되며, 그 밖의 제안들은 자본주의 내에서의 부분적 변화나 현상 유지로
귀결된다는 것이다.

좌익당의 기금안이 국가사회주의로 귀결된다는 것은 분명하다. 좌익
당의 기금안은 주요 산업의 국유화에 기초한 전면적 계획경제체제의 수립
을 지향한다. 다만 76년 안에 비해 82년 안의 경우 한결 구체화된 구상을 담
고 있을 뿐이다.

마이드너 그룹이 작성한 75년 시안이나 이를 세부적으로 수정한 LO 76
년 보고서에 제시된 기금안은 일종의 시장사회주의로 귀결된다. 시장은 자
원분배의 기제로서 존속하나 민간 대기업들의 대부분은 임노동자 집단이

소유하게 된다. LO-사민당 78년 공동안도 시장사회주의로 귀결되기는 마찬가지라 판단된다. 78년 공동안에서는 LO 76년 보고서에 비해 기금제도의 적용을 받게 되는 기업의 범위가 크게 줄어들었다. 그러나 이들 기업들은 스웨덴 경제에서 중추적 위치를 차지하는 민간 거대 기업들이다. 이러한 민간 거대 기업들이 임노동자 집단에 의해 소유되어 있는 경제체제는, 자본주의의 연장선상에 있다기보다는 시장사회주의의 한 형태라고 보는 것이 타당하다. 그러나 사민당의 경우 정치경제 상황의 변화에 따라 기금안을 온건한 방향으로 수정해갈 의도를 줄곧 갖고 있었기 때문에, LO-사민당 78년 공동안은 그 내용의 진지성을 의심할 만하다.

Ⅲ으로 표시된 그 밖의 제안들은 자본주의 경제의 유지를 전제로 하는 제안들이다. 그 중에서는 Ⅲ-A에 속하는 제안들이 상대적으로 큰 폭의 변화를 동반하는 내용을 담고 있다. 여기에 속하는 제안들은 모두 의무적 기금안들이다. 임금이나 이윤, 또는 초과이윤 등으로부터 의무적 기여금을 받아 개별 기업을 넘어서는 수준의 포괄적 기금제도를 구성한다는 것이다. 이런 점에서 Ⅲ-A 그룹의 기금안들은 LO의 76년 안이나 LO-사민당 78년 공동안과 유사한 면이 있으나, 세부적으로 내용을 살펴보면 근본적으로 다른 내용을 담고 있다. Ⅲ-A 그룹의 기금안들은 개인지분 원리에 입각해 있거나(자유당 74년 발안, 자유당 78년 비망록), 기금조직과 노동조합 간의 밀착에 반대하거나(TCO 76년, 79년 안), 이윤으로부터의 기여금 비중이 아주 작은 데다 그 지불 형태도 현금 지불을 주축으로 삼고 있거나(LO-사민당 81년 안, TCO 79년 안, 자유당 78년 비망록), 기금 적립 기간이 한정되어 있어(사민당 83년 입법안) 기업의 소유권의 큰 부분을 임노동자 집단에게 자동적으로 이전시키는 결과를 낳지는 않는다. 또 이 그룹에 속하는 기금안을 제출한 집단들은 기금논쟁의 경과에 따라 기금안의 내용을 온건하게 수정했다. 기금 적립 기간을 한정하지 않았던 LO-사민당 81년 안은 기금 적립 기간을 7년으로 한정하는 사민당 83년 입법안으로 수정되었고, 이윤이나 임금 총액에

기여금을 부과하기로 했던 TCO 76년 안은 초과이윤이나 임금 총액에 기여금을 부과하는 내용의 TCO 79년 안 및, 국가연구위원회에서의 TCO대표의 최종 의견으로 수정되었다. 또 이윤으로부터 신규발행주식의 형태로 기여금을 납부받도록 했던 자유당 74년 발안은 임금총액이나 부가가치, 또 부분적으로 초과이윤으로부터 기여금을 납부받고 기여금 지불 형태는 현금 지불로 한다는 자유당 78년 비망록으로 수정되었다.

III-B에 속하는 제안들은 모두 의무저축안들이다. 시민들의 소득의 일부가 의무저축되도록 하고, 이 저축분에 대해 시민들이 각기 개인적으로 소유권을 갖도록 한다는 것이다. 이러한 의무저축안들은 소득이나 재산의 재분배효과를 낳지 않는다. 또 소액의 저축자금을 가진 시민들이 그들의 개인적 저축자금에 기초하여 경제에 영향력을 행사하는 것도 불가능하다. 따라서 이러한 의무저축제도는 경제구조에 거의 영향을 미치지 않는다. 그러나 어쨌든 일종의 강제성을 동반하는 새로운 조치를 도입하는 것이라는 점에서, 재계나 보수당이 제안한 자발적 저축 촉진안에 비해서는 기존의 경제 운영 방식에 미약하게나마 수정을 가하는 제안이라고 볼 수 있을 것이다.

중앙당의 임노동자협동조합안은 종업원지주(持株)제도의 일종으로, 우리 나라의 '우리사주(社株)조합'과 유사한 구상이다. 개별 기업 수준에서 노사합의에 따라 임노동자들의 임금소득으로부터 조합기금을 조성하여 이를 해당 기업의 주식을 구입하는 데 사용한다는 임노동자협동조합안이 경제구조에 별다른 영향을 못 미치리라는 것은 자명하다.

재계와 보수당은 개인적 차원의 자발적 저축, 특히 주식저축을 촉진하는 것으로 족하다는 입장을 취했다. 보수당의 경우엔 기금논쟁 전 국면에서 이러한 입장을 시종일관 고수했다. 재계의 경우 기금논쟁의 초기 국면에 나온 발덴스트룀 보고서에서는 노사합의에 따라 임금소득으로부터 기여금을 받아 재원을 조달하여 개별 기업 수준이나 산업 수준에서 기금을 조성하는 방안을 제안하였다. 그러나 기금논쟁의 경과에 따라 어떠한 형태의 새로운 기금제도를 도입하는 데 대해서도 관심을 보이지 않게 되었고, 국가연구위원회의 최종 보고서에 게재된 최종 입장에서는 보수당과 마찬가지로 개인적 차원의 자발적 저축을 촉진하는 것으로 족하다는 입장을 취했다.

표 2-5를 통해 다음과 같은 것들을 알 수 있다. 첫째, 기금논쟁에서 주요 이익단체들과 정당들이 취한 입장은 그들의 종래의 이념적 성향과 대체로 일치한다는 것이다. 종래와 다름없이 좌익당이 가장 급진적인 입장을 취했고 재계와 보수당이 가장 보수적 입장을 취했다. 노동조합 조직 중에서는 종래와 다름없이 LO보다는 TCO가, TCO보다는 SACO/SR이 더 보수적 입장을 취했다. 특히 SACO/SR의 경우엔 LO보다는 재계나 보수당에 한층 근접한 입장을 취했다.

중앙당의 경우엔 일반적인 경제정책이나 사회정책 영역에서 그들이 종래에 취해온 중도적 입장에 비해, 기금논쟁에서는 더욱 보수적인 입장을 취했다. 농민이나 도시 자영업자, 중소기업가 등 소(小)소유주층을 핵심 지지 계층으로 삼는 중앙당은 소유문제와 관련해선 보수적인 입장을 견지할 수밖에 없었을 것이다. 자유당의 경우엔 기금논쟁의 진행 과정에서 상당히 큰 폭의 입장 변화를 보였는데, 이는 자유당의 사회자유주의 이념이 갖는 불안정성, 상대적으로 큰 좌우 진폭을 보여주는 사례라 평가된다.

사민당의 경우엔 통상 재계 및 부르주아 정당들과 LO 사이에 위치하여, LO 쪽에서 제기되는 요구들을 정치적으로 수용가능하도록 온건한 형태로 수정하여 구체적인 정책으로 구현해내는 역할을 수행해왔는데, 기금논쟁에서도 역시 그러한 역할을 수행했다. 그러나 기금안에 대해서 사민당 지도부는 처음부터 공감하지 않았기 때문에, LO-사민당 78년 공동안이나 81년 공동안, 또 83년 사민당 정부 입법안들이 사민당의 실제 입장을 표현해준다고 보기는 어렵다. 오히려 이러한 안들은 사민당의 정치적 수완을 잘 보여주는 사례라 평가된다. 사민당 지도부는 처음부터 기금안에 대해 호의적이지 않았다. 사민당 지도부는 기존의 기능사회주의 노선으로부터 벗어날 의향이 전혀 없었다. 그러나 LO가 총회에서 공식적으로 의결한 사항을 무시할 수도 없는 곤란한 상황에서, 사민당은 한편으로는 기금문제가 정치적 쟁점으로 부각되는 것을 가능한 한 피하고, 다른 한편으로는 LO와의 협상을 통해 기금안의 성격을 온건한 방향으로 수정해가고자 했다. 재계와 부르주아 정당들이 기금안에 대해 표출한 격렬한 반대는 사민당에게는 기금안을 온건한 방향으로 수정하는 데 대한 명분을 제공하였다.

이렇게 사민당은 기금안에 대해 처음부터 공감하지 않았지만, 기금논쟁이 격화되어감에 따라 기금안이 완전히 백지화되는 것이 사민당에게 유리하지도 않은 묘한 상황에 처하게 되었다. 본래의 의향이 어떻든, 사민당은 공식적으로는 임노동자기금의 도입을 지지한다는 입장을 표명했기 때문에, 기금안의 전면 백지화는 부르주아 진영의 정치적 승리로 해석될 수 있었던 것이다. 사민당의 입장에서 볼 때 최선의 해결책은 어쨌든 '임노동자기금'이라는 이름을 가진 제도를 도입함으로써 LO의 체면을 살려주는 한편, 부르주아 진영과의 대결에서 사민당이 '승리'한 것으로 해석될 수 있게 하는 동시에 기금안의 실제 내용을 아주 온건하게 수정함으로써 기금 도입이 경제에 별다른 영향을 미치지 않도록 하는 것이었다. 그런 점에서 83년 입법안의 의회 통과는 사민당의 입장에서는 최선의 결과였다고 볼 수 있다.[57] 그런 점에서 기금논쟁의 전개 과정 및 그 귀결은 사민당의 노련한

---

57 1983년 12월 21일 의회에서 임노동자기금 입법안이 통과되는 것을 목전에 두고, 당시 사민당 정부의 재무부 장관으로서 임노동자기금 입법안의 작성을 주도했던 펠트(Kjell-Olof Feldt)는 의회의 그의 좌석에서 임노동자기금에 대한 그의 단상을 시(詩) 형태로 낙서했다. 이 낙서는 의회 출입기자의 카메라에 잡혀 다음 날 조간신문에 게재되었는데, 나중에 '임노동자기금시'라는 이름으로 불리게 되었다. 이 시는 임노동자기금안에 대한 사민당 지도부의 냉소적 입장을 보여주는 대표적 사례로 인구에 널리 회자되었다.

임노동자기금은 개똥이다
그러나 우리는 이것을 겉으로는 추켜세우면서
어르고 달래서 여기까지 데려왔지

정치적 수완을 잘 보여주는 대표적 사례의 하나로 볼 수 있을 것이다.

이렇게 기금문제를 둘러싸고 LO와 사민당이 초기부터 근본적으로 상이한 입장을 가졌다는 점은 애초의 기금안이 좌초하게 된 핵심적 원인의 하나였다. 그리고 이는 계급정치(class politics)와 국민정치(mass politics) 간의 갈등이라는, 사민주의운동의 고전적 딜레마의 표현이라고 볼 수 있다.

애초에 노동계급, 그중에서도 특히 산업노동자층을 중심적 지지 기반으로 삼았던 서구 사민주의운동은 의회민주주의 질서에 순응해가며 정치적 지지 기반을 확장해가는 과정에서, 노동계급뿐 아니라 국민대중 전체의 일반적 이익을 대변하는 국민정당으로 자신의 위상을 재설정해야 했다.[58] 그러나 그럼에도 노동계급은 여전히 사민주의 정당의 핵심적 지지 기반이었고, 이에 더하여 도시 중간계층이 비중이 큰 지지 기반으로 들어서게 되었다. 보편주의적 복지국가의 정비와 확충은 사민주의 정당이 노동계급과 중간계층을 자신의 지지 기반으로 결속시켜내는 핵심적 정책수단이었으며, 동시에 국민정치의 형식을 통해 실현해낸 계급정치적 내용의 성과물이기도 했다.

스웨덴 사민당의 경우에도 이러한 경로를 걸어왔다. 특히 1960년대까

나중에 임노동자기금은 노동조합 우두머리들로 득실거리게 되리라
이 친구들은 우리의 투쟁에서 우리를 그토록 강력하게 지원해주었지
이제 우리는 여러 번 싸우러 나갈 필요가 없다
스웨덴이 온통 기금들로 가득차기 전에

Löntagarfonder är ett jävla skit
Men nu har vi baxat dem ända hit
Sen ska de fyllas med varenda pamp
som stött oss så starkt i våran kamp
Nu behöver vi inte gå flera ronder
förrän hela Sverige är fullt av fonder

58 사민주의 정당이 선거에서 유권자 다수의 지지를 얻기 위해 노력하는 과정에서 직면하게 되는 딜레마를 부각시킨 연구로는 Przeworski(1985), Ch. 1 참조.

계급정치와 국민정치

여기에서 '계급정치'란 어떤 정치 세력—대표적으로는 정당—이 자신을 특정 계급의 이해관계의 정치적 대변자로 규정하고, 주로 계급적 이해관계와 직결되는 문제들을 정치적 이슈로 삼아 정치활동을 전개하는 정치활동 노선이나 형태를 지칭한다. '국민정치'란 이와 반대로 어떤 정치 세력이 자신을 국민 대중의 일반적 이익의 대변자로 규정하고, 자신의 정치 노선을 무엇보다도 국민 대중의 일반적 이익의 옹호라는 측면에서 정당화하는 정치활동 노선이나 형태를 지칭한다. 서구의 사민주의 정당들은 계급정치에 전념하는 계급정당으로부터 국민정치에 의존하는 국민정당으로 변신해온 대표적 사례라 할 수 있다. 반면에 서구의 공산주의 정당들은 대체로 계급정치 노선을 견지해온 대표적 사례라 할 수 있다. 그런데 현실에서는 양자가 늘 분명하게 구별되는 것은 아니다. 예컨대 오늘날의 서구 자본주의 사회들에서 정당들 간의 대립 구도를 규정하는 가장 중요한 문제들은 여전히 계급정치적 이슈들이지만, 동시에 대다수 정당들은 자신을 특정 계급의 이익이 아니라 국민 대중의 일반적 이익을 대변하는 정당으로 규정하고, 또 선전한다. 실제로 대다수 정당들이 추구하는 것은 국민정치의 형식과 담론을 빌어 계급정치적 내용의 성과물을 얻는 것이다. 예컨대 서구 사민주의 정당들의 경우, 계급정치 노선과 대중정치 노선 간의 갈등이라는 것은 서로 완전히 구별되는 두 가지 판이한 노선 간의 대립이라기보다는 강조점이 상대적으로 차이나는 경향들 간의 대립이라는 형태로 나타난다. '국민정치'라는 용어는 영어의 'mass politics'의 번역어이지만 이 책에서 직역에 해당하는 '대중정치'라는 용어 대신 '국민정치'라는 용어를 사용하는 이유는 다음과 같다. 첫째, 'mass politics'를 '대중정치'라 번역할 경우, 예컨대 '간부정당'(cadre party)에 대비되는 의미에서의 '대중정당'(mass party), 엘리트주의적 정치 노선에 대비되는 의미에서의 '대중 노선' 등의 용어에 나오는 '대중' 개념의 반(反)엘리트주의적 함축으로 인해, '대중정치'라는 용어가 '엘리트정치'의 상대개념으로 오해되기 쉽다. 둘째, 국민국가 단위로 정치의 공간적·제도적 외연이 분절된 현대 세계에서, 국민국가의 사회성원들은 일단 '국민'과 외연이 일치하며, 또 무엇보다도 '국민'으로 호명(呼名)된다. 또 국민국가들 간의 관계에서 형성되는 국민적 이해관계(national interests)가 존재하며 대다수 정당들은 자국의 국민적 이해관계를 대변하고자 한다. 서구 사민주의 정당들의 경우에도 대체로 프롤레타리아 국제주의(internationalism)에 대비되는 의미에서의 국민주의(nationalism)를 수용하고, 국민주의에 호소하는 형태로 정치 활동을 전개해왔다. 그런 점에서 국민국가 단위로 분절된 정치단위의 틀 속에서, 자국의 다수 국민 대중의 이익에 호소하는 형태로 전개되는 정치 활동 노선의 성격은 '국민정치'라는 용어에 의해 더 잘 표현될 수 있다고 판단된다. 기존 연구들 중에서 'mass politics'를 '국민정치'로 번역한 사례로는 김수행(1988: 318)이 있다.

지 LO가 취해온 계급협조주의 노선은 사민당의 국민정치 노선의 순항을 강력하게 떠받쳐왔다. 그러다 1960년대 후반 이후 스웨덴 모델에 대한 풀뿌리 노동자들의 저항이 대두됨에 따라 사민당과 LO는 점차 계급정치 노선으로 선회하게 되었다. 그러나 노동계급 이외의 계급·계층으로부터도 지지를 끌어내야 하는 사민당의 입장에서는 오랜 기간 지속되어온 노자 간 계급타협의 틀을 근본적으로 깨는 구상인 애초의 기금안을 수용하기는 어려웠다. 이에 따라 그동안 복지국가주의 노선, 또는 기능사회주의 노선 속에서 봉합되어왔던 계급정치와 국민정치 간의 원리적 갈등이 전면에 등장하게 된 것이다. 이로 인해 야기될 수 있는 사민주의 진영의 분열을 막기 위해, 사민당은 공식적으로는 기금안을 지지하면서도 내부적으로는 기금안의 내용을 계속 온건화해가고자 했고, LO는 사민당의 냉담한 태도와 총선에서의 사민당의 패배라는 상황에 직면하여 애초의 기금안의 내용을 점차 온건한 내용으로 수정해가는 데 동의하게 된 것이다.

둘째, 기금논쟁의 경과에 따라 많은 이익단체 및 정당들의 입장이 더 보수적인 방향으로 이동해갔다. 좌익당·재계·보수당 등 이념적 스펙트럼의 좌우 극단에 위치한 집단들은 일관된 입장을 유지했으나, 좌우 양 극단의 중간적 위치에 있던 LO 및 사민당·자유당·TCO는 기금논쟁의 경과에 따라 점차 더 온건한 제안을 제시했다. 이는 기금논쟁에서 재계와 보수당을 핵심 세력으로 하는 기금 반대 진영이 논쟁의 주도권을 잡아가는 상황을 반영한다. 이렇게 기금 반대 진영이 점차 논쟁의 주도권을 잡을 수 있게 된 원인으로는 다음과 같은 것을 들 수 있다.

첫째, 1970년대 중반 이후 스웨덴 경제가 급격히 침체되어갔다. 이로 인해 침체된 경제를 어떻게 조속히 회복시키느냐는 문제가 최우선적인 정치적 관심사로 대두되었고, 이에 따라 기금논쟁의 쟁점도 크게 이동할 수밖에 없었다. 매우 급진적 성격을 띠었던 애초의 기금안은 경제침체의 장기화 속에서 점차 비현실적인 제안으로 평가되어갔고, 경제회생을 위한 집단적 자본형성의 필요성 여부가 기금논쟁의 핵심 쟁점으로 부각되었다. 일반적으로 경제위기가 극도로 심화될 경우 경제상황에 대한 대중의 불만이 고조되어, 경제체제의 틀을 크게 바꾸려는 급진적 시도가 정치적으로 큰 지지를 받기 쉽다. 반면에 그런대로 견뎌낼 만한 수준까지만 경제침체가 진행될 경우 기존 경제질서의 틀 내에서 단기적으로 경제침체를 극복하는 문제에 대중의 관심이 집중되기 쉽다. 기금논쟁이 전개되던 1970년대 후반에서 1980년대 초까지의 시기에 스웨덴 경제가 처한 상황이 이런 것이었다.

둘째, 기금문제가 선거의 주요 쟁점의 하나였던 1976년과 79년 총선에서 모두 부르주아 정당들이 승리했다. 이에 따라 정당들과 이익단체들은 기금논쟁에서 더 보수적인 입장을 취하는 것이 정치적으로 유리하다고 판단하게 되었다.

셋째, 기금논쟁 기간 내내 기금안을 지지하는 유권자층은 전체 유권자의 20% 선에 머물렀다(Gilljam 1988: 152). 이는 2차대전 이후 기금논쟁 당시까지 사민당의 평균득표율 45%의 절반에도 못 미치는 수치다. 또 기금안을 지지하는 유권자층의 상당수는 좌익당을 지지하는 유권자들이었고, 사민당을 지지하는 유권자 중 1/4만이 기금안을 확고하게 지지했다. 사민당을 지지하는 유권자들 대다수는 스웨덴 모델 식의 온건한 개혁정책은 지지하지만 생산수단의 소유관계를 바꾸려는 급진적 개혁 구상에 대해서는 부정적 입장을 가졌던 것이다. 또 기금안의 추진 주체인 LO의 경우에도 LO 노조원의 1/3만이 기금안을 지지했다. 1971년 LO 총회에 참석한 대의원들은 만장일치로 기금안을 열렬히 지지하였으나, 적극적 노조활동가인 대의원들과 일반 노조원들 간에는 상당한 의견차가 있었던 것이다. 그런 점에서 당시 LO 지도부는 사태를 크게 오판한 셈이다. 이러한 상황이 부르주아 진영, 특히 기금안에 대해 강경 반대 입장을 고수했던 재계와 보수당에게 유리하게 작용했던 것은 당연하다고 할 수 있다.

이러한 사정들로 인해 애초에 LO의 공세적 요구에 의해 촉발된 기금논쟁은 시간이 지날수록 부르주아 진영에게 유리하게 작용하여, 부르주아 진영은 기금문제를 정치적 호재로 활용하게 되었다. 결국 LO는 여러모로 애초의 기금안을 관철시킬 만한 정치적 여건이 조성되지 않은 상태에서 기금논쟁을 촉발시킴으로써, 결과적으로 사민주의 진영을 분열·약화시키고, 반면에 부르주아 진영을 결속·강화시키는 역설적 결과를 초래한 것이다.

한편 기금논쟁에서 LO가 취한 정치전략도 기금안의 관철을 어렵게 만든 측면이 있다. 기금안은 종래의 계급타협 노선으로부터 근본적으로 이탈하여 경제적 권력관계를 근본적으로 변혁한다는 구상이었다. 따라서 부르주아 진영이 기금안에 강력하게 저항하리라는 것은 쉽게 예견 가능한 일이었다. 이러한 저항을 이겨내려면 먼저 기금안 지지 세력이 강력하게 결속되어 정치적 정면 대결에 기꺼이 임할 수 있어야 했다. 그러기 위해선 기금안에 대한 대중적 교육과 선전을 통해 기금안 지지층을 양적으로 극대화하고 적극적인 대중동원 전략을 구사할 필요가 있었다.

그러나 폰투손이 잘 지적하였듯이, LO는 종래의 조합주의적 의사결정 구조에 익숙해진 나머지, 정치 엘리트 수준에서의 정치적 협상과 타협을 통해 문제를 해결하는데 주력했다(Pontusson 1987: 31; 1992: 232). 이러한 협상과 타협은 불가피한 측면이 있겠으나, 그렇더라도 강력한 대중동원을 통해 상대방을 압박함으로써 협상조건을 유리하게 만들 필요가 있었다. 그러나 LO는 기금안에 대한 사민당 지도부의 미온적 태도와, 1976년 선거에서 사민당의 패배, 또 부르주아 진영의 강도 높은 반대에 직면하여, 초기의 공세적 태도를 수그러뜨리고 종래의 조합주의적 의사결정구조를 통해 문제를 해결하는 데 모든 것을 거는 모습을 보였다.

기금문제가 공식적으로 논의된 제도적 장(場)이었던 국가연구위원회는 조합주의적 의사결정구조의 대표적 틀이었다. 국가연구위원회는 근본적으로 상이한 정치·경제적 이해관계를 가진 집단들을 포괄하는 조직이었기 때문에 국가연구위원회를 통해 기금안과 같은 급진적 기획을 관철시키기란 처음부터 거의 불가능했다. 기금논쟁과 관련하여 국가연구위원회가 발휘한 실질적 효과는, 기금논쟁을 장기화하고 지리멸렬하게 만드는 동시에, 기금논쟁을 정치 엘리트들 및 전문가들 사이의 폐쇄적 논의로 축소시킴으로써 대중의 참여를 차단하는 것이었다. 결국 국가연구위원회는 아무런 합의를 이끌어내지 못한 채 그저 시간만 끄는 결과를 낳았다. 그리고 이는 사민당 지도부가 국가연구위원회의 활동으로부터 기대한 바이기도 했다. 반면에 재계는 국가연구위원회에서 기금안에 강력하게 반대하는 것과 병행하여, 강력하고 다양한 여론형성활동과 대중동원을 통해 유권자들의 여론을 기금반대의 입장으로 돌려놓는 데 주력했다. LO와 재계라는 기금논쟁의 핵심 이해당사자가 취한 정치전략의 현저한 비대칭성은 시간이 경과할수록 기금논쟁이 LO에게 불리하게 작용하는 데 크게 일조했다.

임노동자기금논쟁의 경과와, 기금논쟁에서 정당들과 주요 이익단체들의 취한 입장의 변화추이를 살펴보고, 이를 통해 기금논쟁에서 LO가 패배하게 된 정치적 요인들을 확인해보았다. 그렇다면 이상과 같은 통상적인 정치투쟁으로서의 기금논쟁이 아니라 담론투쟁으로서의 기금논쟁에선 LO가 승리하였는가? 즉 기금안의 내용과 기금안을 정당화하는 논변은 충분히 설득력을 갖고 있었는가? 다음 장에서 자세히 살펴보기로 하자.

Ⅲ

스웨덴 모델과
임노동자기금안

대기업들의 초과이윤, 거대 사적 주주들에게로 재산과 경제적 권력이 모이는 현상, 경기 침체… 우리에게도 낯설지 않은 이 문제들은 임노동자기금안이 제출된 시기에 스웨덴 모델이 직면한 고민거리들이었다. 결국 임노동자기금논쟁은 스웨덴 모델, 더 정확하게 말해 스웨덴 모델이 안고 있던 문제들에 대한 논쟁이다. 그리고 이는 성공한 사회민주주의 운동의 딜레마에 대한 논쟁이기도 했다.

1. 연대임금정책의 부작용과 임노동자기금안

1) 배경

II장에서 살펴본 바와 같이, 마이드너 그룹에게 부과된 최우선적 과제는 연대임금정책으로 인해 고수익 기업들이 초과이윤을 누린다는 문제를 해결하는 것이었다. 그리고 바로 이 점이 스웨덴의 임노동자기금안(이하 '기금안')을 다른 나라들에서 논의되거나 시행된 각종 이윤분배제도로부터 구별 지워주는 핵심적 특징의 하나였다. 다른 나라들에서 진행된 이윤분배제도 논의는 주로 재산분배의 균등화를 통한 사회갈등 완화나 임금인상 억제를 통한 거시경제 안정화에 초점을 맞추었던 데 비해, 스웨덴의 기금안, 특히 1976년 LO 총회에 제출된 애초의 기금안은 연대임금정책이라는 스웨덴의 독특한 임금정책이 낳는 부작용의 해소를 핵심적인 과제의 하나로 삼고 있었던 것이다.

앞에서 살펴본 바와 같이 연대임금정책은 다양한 정책 목표를 겨냥한 임금정책이었다. 첫째, 연대임금정책은 노동계급 내부의 임금 수준을 균등화한다는 평등주의적 분배정책적 목표를 갖고 있었다. 둘째, 연대임금정책은 노동자 집단들 간의 임금인상 요구 경쟁을 억제시킴으로써, 과도한 임금상승을 막아 물가안정을 이룬다는 안정화정책적 성격도 띠고 있었다. 셋째 고수익·고성장 부문에 유리하게 작용하고 저수익·낙후 부문에 불리하게 작용하는 연대임금정책은, 적극적 노동시장정책과 결합되어 산업합리화를 강력하게 촉진한다는 합리화정책적 성격도 띠고 있었다.

그리고 이러한 연대임금정책은 그 추진 주체인 LO의 조직적·도덕적 기반을 강화시키는 효과도 발휘했다. 우선 연대임금정책은 중앙단체교섭을 통해서만 효과적으로 추진될 수 있기 때문에, 중앙단체교섭의 정당성을 지지해준 핵심적 기반으로 작용했다. 중앙단체교섭의 주체인 LO는 산하 노조들을 확고하게 장악할 수 있었다. 또 LO에 의해 강력하게 추진된 연대임금정책으로 인해 이득을 얻은 저수익 부문 노조들은 중앙집권적으로 조직된 강력한 중앙노조조직인 LO를 확고하게 지지하였다. 또 고수익 부문 노조들의 경우에도, 노동계급 내부의 임금균등화를 달성한다는 연대임금정책의 명분으로 인해 연대임금정책의 추진 주체인 LO의 권위에 쉽게 도전할 수 없었다.

이렇듯 연대임금정책은 노동계급 내부 차원에서 LO의 권력을 강화시켜주었을 뿐 아니라 노동계급 외부의 사회 집단들에게도 LO의 위신을 높여주는 효과를 낳았다. 연대임금정책에 함유된 안정화정책적, 합리화정책적 성격으로 인해, LO는 국민경제를 안정적으로 성장시키는 데 공헌하는 핵심 주체로 평가될 수 있었다. 즉 연대임금정책의 여러 효과 중 노동계급 내부의 임금균등화를 달성한다는 것이 LO 정책의 '대내적' 정당성을 확보해준 요소라면, 물가안정과 빠른 경제성장을 가능케 해준다는 점은 LO 정책의 '대외적' 정당성을 확보해준 요소였다. 또 연대임금정책에 크게 의존하여 LO의 권력 기반이 강화되고 사회적 위신이 높아짐에 따라, LO 조합원들 이외의 노동계급이나 중간계층들도 큰 이득을 얻을 수 있었다. ATP 논쟁에서 잘 드러났듯이, LO는 자신의 강력한 권력에 기초하여 복지국가의 확충·발전을 강력하게 주도할 수 있었던 것이다.

그러나 연대임금정책은 원리적으로 중요한 문제점을 안고 있었다. 연대임금정책은 고수익 부문 노동자들의 희생에 의해 지탱되는 정책인 관계로, 고수익 부문 노동자들의 불만이 잘 억제되지 않는 한 장기적으로 유지되기 어려웠다. 연대임금정책의 임금균등화효과가 뚜렷이 확인되기 시작한 1960년대 후반부터, 고수익 부문 노동자들은 연대임금정책에 대한 불만을 다양한 형태로 표출하기 시작했다. 1969년에 발생한 LKAB 광부들의 살쾡이 파업과, 1971년 LO 총회에서 금속노조의 산하 지부들이 연대임금정책으로 인해 고수익 기업들이 누리는 초과이윤을 문제삼은 것이 그 대표적 사례다. 이제 적어도 고수익 부문 노동자들은 연대임금정책의 정당성을 의문시하게 된 것이다. 게다가 1960년대 후반에 들어, 그동안 스웨덴에서 경제력 집중이 강화되고 거대 기업들의 주식을 집중적으로 보유한 거대 사적 주주들의 주식 재산이 꾸준히 증대되어왔다는 점을 보여주는 연구보고서들이 나옴에 따라 연대임금정책의 정당성에 대한 의문이 가중되었다. 연대임금정책이 적어도 부분적으로는 이러한 사태의 진전에 일조했으리라는 생각이 고수익 부문 노동자들을 중심으로 확산된 것이다. 이에 따라 LO는 산하 노조들로부터 자신의 정책 노선의 정당성을 계속 인정받고 LO 내의 다양한 노동자 집단 간의 연대와 결속을 계속 유지해야 한다는 문제에 직면하게 되었다. 요컨대 연대임금정책과 관련하여 LO가 직면한 문제는 대내적 정당성 위기였다.

이러한 문제에 직면하여 LO가 선택할 수 있는 해결방안으로는 크게 두 가지가 있었다. 하나는 연대임금정책을 포기하는 길이다. 다른 하나는 연대임금정책을 유지하되, 보완적 정책조치를 통해 연대임금정책으로 인해 발생하는 고수익 기업들의 초과이윤 취득 문제를 해소하는 길이다. 그런데 LO의 입장에서 첫 번째 방안은 처음부터 고려할 수 없는 것이었다. 연대임금정책은 그동안 LO의 조직적·도덕적 권력의 핵심 기반이었고 LO를 지탱해온 핵심 이데올로기였던 것이다. 마이드너 그룹이 제출한 임노동자기금

〈그림 3-1〉 연대임금정책의 부작용이 기금안의 제출로 귀결하게 된 배경

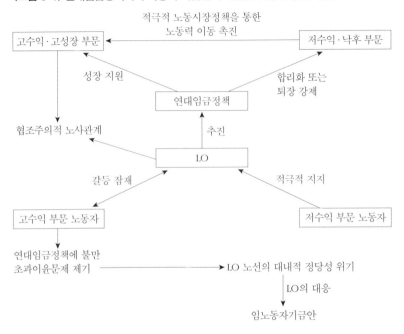

안은, 연대임금정책을 유지하되 그로 인해 발생하는 고수익 기업들의 초과이윤을 노동조합이 관리하는 집단적 기금으로 이전시킴으로서 초과이윤문제를 해소한다는 방안이었다.

이상 연대임금정책이 낳는 초과이윤문제에 대한 해결 방안으로서 기금안이 제출되게 된 배경을 그림 3-1과 같이 그려볼 수 있다.

2) 논쟁구도

기금안의 입안자인 마이드너 그룹이 기금 도입의 동기로서 연대임금정책이 낳는 초과이윤문제를 전면에 내세움에 따라, 기금안 반대자들은 무엇보다도 연대임금정책으로 인해 과연 초과이윤이라고 할 만한 것이 발생했는지를 객관적으로 확인하기가 어렵다는 점을 지적했다.[1] 이 지적은 사실 충분한 근거를 가진 것이었다. 연대임금정책으로 인해 고수익 기업들이 초과이윤을 누려왔다는 점을 증명하려면, 연대임금정책이 시행된 경우와 그렇지 않은 경우의 임금 통계와 이윤율 통계가 비교되어야 한다. 그런데 1956년부터 연례화된 중앙단체교섭체계하에서 연대임금정책이 일관되게 추진되어온 관계로, 연대임금정책이 시행되지 않았을 경우엔 연대임금정책이 시행되었을 때에 비해 고수익 기업들의 이윤율이 얼마나 저하했을지를 보여줄 방법이 없었던 것이다. 요컨대 연대임금정책으로 인해 고수익 기업들이 초과이윤을 누려왔다는 주장은 '심증'은 있으나 '물증'이 없는 주장이었던 것이다.

이 문제와 관련하여 대표적 주류 경제학자의 하나인 스톨(Ingemar Ståhl)은 연대임금정책으로 인해 초과이윤이 발생했을 것이라고 전제하는 마이드너의 논리는 무언가 명료한 임금결정이론에 근거한 것이 아니기 때문에 진지한 토론을 어렵게 한다고 주장한다. 그러나 경제학의 대표적인 임금결정이론인 한계생산성설에 따르면, 임금 수준은 대체로 노동의 한계생산성에 의해 결정된다는 것이다. 또 설령 연대임금정책으로 인해 한계생산성원리의 작동이 부분적으로 훼손되었다 하더라도 임금부상(löneglidning / wage drift)으로 인해 한계생산성원리가 상당 부분 복원되었으리라고 볼 수 있기 때문에, 고수익 기업들이 연대임금정책으로 인해 초과이윤을 누려왔다고 보기는 어렵다는 것이다(Ståhl 1976: 69). 스톨의 지적대로 마이드너 그룹이 주장한 '초과이윤론'은 뚜렷한 임금결정이론에 기초한 것이 아니라, LO와 SAF 사이의 그간의 중앙단체교섭의 경험에 기초한 추론 이상의 것이 아니므로, 초과이윤의 존재를 이론적으로 입증할 수 없었던 것이 사실이다.

스톨은 또 만일 연대임금정책으로 인해 고수익 기업들이 초과이윤을

---

1 예컨대 기금논쟁에서 재계 쪽에서 발간한 대표적인 문헌인 Sveriges Industriförbund och Svenska Arbetsgivarefrening(1976).

누린 것이 사실이라면, 저수익 기업들은 거꾸로 연대임금정책으로 인해 시장원리에 따라 결정되는 이윤 수준보다 낮은 과소(過少)이윤만을 얻었을 것이므로, 전국적 차원에서의 노동과 자본 사이의 기능적 소득분배는 연대임금정책에 의해 영향받지 않았다고 볼 수 있다는 점을 강조한다(Ibid.). 즉 스톨은 마이드너 그룹이 연대임금정책으로 인해 저수익 기업들이 겪은 손실은 문제삼지 않으면서 고수익 기업들이 누린 이득만을 문제삼는 것은 불공정하다는 점을 지적한 것이다.

사실 이 문제와 관련하여 마이드너 그룹의 '초과이윤론'은 비대칭적이다. 필자가 보기에 이렇게 비대칭적인 논리를 분명히 정당화해줄 수 있는 경제이론은 착취론 외에는 없다고 판단된다. 착취론을 받아들인다면, 연대임금정책으로 인해 얼마간 손실을 부담한 저수익 기업들의 과소이윤이라는 것도 결국 노동자들에 대한 착취로부터 획득된 것이므로, 저수익 기업들에 대한 보상의 문제는 생기지 않는다. 그런 점에서 발텐스트룀 보고서는 기금안을 '잉여가치론의 온건한 변종'으로 평가한다(Sveriges Industriförbund och Svenska Arbetsgivarefrening 1976: 22). 그러나 마이드너 그룹은 초과이윤문제를 결코 착취론에 기초하여 제기하지 않았다. 마이드너 그룹이 개인적으로 착취론을 받아들였는지 여부에 관계 없이,[2] 착취론에 기초하여 기금안을 정당화하려 할 경우엔 다음과 같은 근본적인 문제에 봉착하게 된다.

첫째, 만일 착취론이 옳다면 고수익 기업의 초과이윤뿐 아니라 모든 기업의 모든 이윤이 궁극적으로 노동자들로부터 착취한 것인 셈이므로, 왜 모든 이윤 및 이윤의 축적물로서의 자본 전체를 사회화하지 않고 일정 규모 이상의 기업들의 이윤의 일부만을 기금으로 이전시켜야 하는지를 설명하기가 어려워진다. 오직 노자 간의 세력관계나 경제상황을 고려할 때, 대기업의 이

---

2 마이드너는 필자와의 인터뷰에서 자신은 노동가치론이 원리적으로 맞다고 생각하며, 연대임금정책뿐 아니라 통상적인 임금정책 하에서도 잉여가치는 발생한다고 생각한다고 말했다. 〈부록 1〉 참조.

윤의 일부만을 기금으로 이전시키는 것이 현실적이라는 상황논리적·정치
전략적 정당화만이 가능할 뿐이다. 둘째, 기금안을 착취론에 기초하여 정당
화시킨다면 그동안 스웨덴 사민주의 운동이 추진해온 계급타협 노선의 정
당성이 근본적으로 의문시된다는 문제가 생긴다. 이러한 사정 때문인지 마
이드너 그룹뿐 아니라 기금논쟁에서 기금안을 지지하는 논변을 펼친 대다
수의 사민주의자들은 착취론을 이론적 근거로 삼지 않았다.[3]

　스톨은 또 설령 연대임금정책으로 인해 고수익 기업들이 초과이윤을
누려온 것이 사실이라 하더라도, 이윤액의 일정 비율만큼을 기금으로 이전
시키는 방식은 초과이윤문제의 해결이라는 취지에 부합되지 않는다고 주
장한다. 그보다는 차라리 기업의 임금 총액의 일정 비율에 해당하는 금액을
기금으로 이전시키는 것이 합당하다는 것이다(Ståhl 1976: 69). 스톨은 그 이
유에 대해서는 설명하지 않고 있다. 그러나 스톨의 주장에 깔린 논리를 이
해하기는 그리 어렵지 않을 것 같다. 기금안에서처럼 일정 규모 이상의 기
업들의 이윤의 일정 비율에 해당하는 기여금을 기금으로 이전시킬 경우 기
업의 이윤율이 높을수록 더 많은 금액을 기여금으로 납부하게 된다. 그런
데 어떤 기업의 이윤율이 높다고 해서 그 기업이 연대임금정책으로 인해
그만큼 큰 이득을 보았다고 하기는 어렵다. 예컨대 연대임금정책이 없었더
라면 더 낮은 임금만을 지불해도 되었을 기업이 연대임금정책으로 인해 높
은 임금비용의 부담을 져야 했지만, 기술혁신이나 경영합리화를 통해 연대
임금정책에 따른 손해에도 불구하고 높은 이윤율을 올렸을 수도 있는 것이
다. 이럴 경우 이 기업은 연대임금정책으로 인해 손해를 보았음에도 불구하
고 많은 금액을 기여금으로 납부해야 한다. 요컨대 연대임금정책에 따른 초
과이윤의 유무 및 고저와 이윤율의 고저 간에 일관된 상관관계가 성립하는

3　착취론에 명시적으로 입각해서 기금안을 정당화한 예외적인 저술로는 Abrahamsson,
Bengt & Anders Broström(1979), Himmelstrand, Ulf et al(1981)이 있다.

것은 아니다. 이에 비해 만일 연대임금정책에 따른 임금인상 억제로 인해 초과이윤이 발생한 것이 사실이라면, 다른 조건이 동일하다면 고용된 노동자 수가 많아서 임금총액이 큰 기업일수록 연대임금정책으로 인해 큰 이득을 보았을 가능성이 크다고 볼 수 있다는 것이다.

그러나 임금 총액을 기금 기여금의 산정 기준으로 삼는 것에도 문제가 있다. 마이드너 그룹은 1975년 기금안 시안에서 이미 이 문제를 다룬 바 있다. 이윤 수준에 관계없이 임금 총액을 산정 기준으로 삼을 경우엔, 적자를 본 기업의 경우에도 애초의 자본을 축내어 기금 기여금을 납부해야 하므로, 기금은 가장 수익성이 낮은 기업의 자본을 가장 빨리 소유하게 되고 수익성이 높은 기업의 자본은 더디게 소유하게 된다는 문제가 생긴다. 또 기금제도가 자본집약적 기업들에 비해 노동집약적 기업들에게 더 불리하게 작용하게 된다는 문제도 있다는 것이다(Meidner, Rudolf., Anna Hedborg, Gunnar Fond 1975: 74).

결국 기금 기여금의 산정 기준을 무엇으로 삼느냐는 문제가 명료하게 해결될 수 있으려면, 연대임금정책으로 인해 기업들이 얻은 이득이나 손실을 개별 기업들 수준에서까지 구체적으로 확인할 수 있어야만 한다. 그러나 물론 이는 전혀 불가능하다. 따라서 연대임금정책으로 인해 고수익 기업들이 누려온 초과이윤을 흡수하기 위해 일정 규모 이상의 기업들의 이윤의 일정 비율에 해당하는 금액을 기금으로 이전시킨다는 것은 아무런 경제이론적·통계적 근거도 갖지 못한 방안임에 틀림없다. 그저 어떤 이유로든 고수익을 올린 기업은 기금 기여금을 납부할 경제적 능력이 있다는 점에서, 이윤을 기금 기여금의 산정 기준으로 삼는 것이 행정기술적으로 집행이 용이하다는 점과, 대기업들에서 주식 소유 구조 및 경제적 권력관계를 임노동자들에게 유리한 방향으로 재편한다는, 기금안의 또 다른 동기에 의해서만 정당화될 수 있을 따름이다. 따라서 기금제도의 설립 동기로서 연대임금정책으로 인한 초과이윤문제를 내세운 것은 이론적 근거가 아주 박약한 주장이었다고 볼 수밖에 없다고 판단된다.

연대임금정책으로 인한 초과이윤문제와 관련하여, 기금안에 반대한 많은 논자들이 강조한 또 하나의 사항은, 설령 연대임금정책으로 인해 고수익 기업들이 초과이윤을 누려온 것이 사실이라 하더라도, 이 문제의 해결을 위해 임노동자기금과 같이 거창하고 복잡한 제도를 도입해야 할 필요는 없다는 것이다. 단지 초과이윤문제를 해결하기 위해서라면, 더 간단하고 기존 경제체제에 별다른 영향을 미치는 않는 제도를 도입하는 것만으로도 족하다는 것이다.

사민주의 계열의 경제학자 린드벡(Assar Lindbeck)은 연대임금정책으로 인해 고수익 기업들이 초과이윤을 누려왔다는 주장은 별로 설득력이 없지만, 어쨌든 이 문제가 기금 도입을 필요로 하는 핵심적 사안이라면, 일정 수준을 상회하는 이윤율을 올리는 기업들에 대해 정부가 초과이윤세를 부과하는 것이 이 문제를 해결할 수 있는 가장 효율적인 방법이라고 주장한다(Lindbeck 1979b: 26). 또 사민주의 계열의 정치학자 엘반데르(Nils Elvander)는 기업들이 아주 높은 수익을 올리는 특별한 호경기상황에 한정하여, 일정 수준 이상의 이윤율을 올리는 기업들에 국한하여 기금 기여금을 납부케 하여 초과이윤기금을 조성하는 것으로 족하다고 주장한다(Elvander 1979a: 62). 좌익당 당수 헤르만손(Carl-Henrik Hermansson)은 이들과는 다른 각도에서, 기금안이 연대임금정책과 결부되어 있다는 점을 비판한다. 그에 따르면 소유와 권력의 문제를 정면으로 다룬 기금안을 연대임금정책이라는 임금정책 차원의 문제와 연계시키는 것은 부적절한데, 기금 도입을 연대임금정책과 관련하여 정당화시킬 경우 기금 도입이 임금상승 억제를 위한 당근으로 이용될 수 있다는 것이다(Hermansson 1977: 12).

기금 도입의 정당화 논변으로서 연대임금정책으로 인한 초과이윤문제를 제기하는 것에 대한 가장 근본적인 반론은 물론 그렇다면 연대임금정책을 폐지하면 되지 않느냐는 주장일 것이다. 린드벡은 연대임금정책을 정면

어싸 린드벡(Assar Lindbeck)

스웨덴을 대표하는 케인스주의 경제학자. 거시경제학·국제경제학 등 다양한 분야에 걸쳐 권위를 갖고 있는 그는 스웨덴 경제학계에 큰 영향력을 행사해왔다. 오랜 기간 노벨경제학상 수상위원회 위원장으로 활동해왔으며, 사민당에 대한 경제자문 역을 맡아왔다. 팔메(Olof Palme)가 수상으로 재직하던 1970년대에 린드벡은 팔메의 경제자문 역을 맡았다. 우파 사민주의자인 그는 기금안에 대해 극도의 반감을 가졌으며, 기금논쟁 기간 내내 기금안에 대한 대표적인 반대 논객으로 활동했다. 그는 사민당이 기금문제에 대해 모호한 자세를 취하는 데 반발하여 사민당을 탈당하기까지 했다. 사민당 탈당 이후 린드벡은 더 자유주의적인 입장으로 경도되어, 스웨덴 식 복지국가의 문제점에 대해서도 신랄하게 비판해왔다. 현재 린드벡은 대표적인 자유주의 경제학자로 활동하고 있다

으로 비판한다. 그에 따르면 동일 노동에 대한 자의적 임금차별을 없앤다는 측면에서의 연대임금정책은 유지되어야 하나, 이종 노동 간의 적정한 임금 격차를 무리하게 줄이는 방향으로 연대임금정책이 운영되어온 점은 시정되어야 한다는 것이다. 연대임금정책은 마이드너 그룹의 주장대로 고수익 기업들에게 초과이윤을 제공했다는 데 문제가 있다기보다는 노동시장의 경직성을 유발했다는 점에서 비판받아야 한다는 것이다. 연대임금정책은 저수익 기업들의 임금비용을 증가시킴으로써 저수익 부문들에서 실업을 증가시켜왔다는 것이다. 또 고임금 직종 노동자들의 임금 수준을 인위적으로 낮춤으로써, 이들의 불만을 사 LKAB 광산 살캥이 파업과 같은 '반란'을 유발했고, 고숙련·고지식·힘든 노동이 필요한 직종에서 노동인력 공급 부족 문제를 야기했다는 것이다(Lindbeck 1979: 41, 1982: 34). 그런데 "오늘날 노동인력을 구하기 어려운 직종에서 임금상승을 수용하는 것이 과연 '비(非)연대적'인 것인지는 자명하지 않다"라는 것이다(Lindbeck 1982: 34). 연

대임금정책으로 인한 초과이윤문제는 기금 도입의 동기로서 부적절하다는 이상의 주장들에 대해 기금안 지지자들은 설득력 있는 반론을 펴지 못했다.

1976년의 기금안이 연대임금정책으로 인한 고수익 기업의 초과이윤문제를 기금 도입의 최우선적 동기로 내세웠던 데 반해, 1981년의 LO-사민당 공동안에서는 거꾸로 연대임금정책이 전반적 임금상승을 유발하여 인플레이션과 국제경쟁력 약화를 초래하는 측면이 있기 때문에, 전반적 임금상승을 억제하기 위한 효과적 방안의 하나로 임노동자기금을 도입할 필요가 있다는 점을 강조했다(LO & SAP 1981: 54-57). 연대임금정책이 낳는 문제의 성격이 크게 변한 것이다. 본래 임금인상 억제정책적 성격이 컸던 연대임금정책이 1970년대 후반에 들어선 오히려 전반적 임금상승을 촉진하는 요인으로 변모하게 되었다. 이렇게 된 핵심적 원인은 임금부상문제에서 찾을 수 있다.

앞에서 살펴본 바와 같이 연대임금정책은 본래의 의도에 완전히 충실하게 시행되지는 않았다. 1950년대에서 1960년대 말까지 달성된 임금 총 상승분 중 절반에 약간 못 미치는 부분이 임금부상에 의해 달성되었다. 그런데 임금부상은 그저 연대임금정책의 효과를 부분적으로 약화시키는 문제만 낳은 것이 아니었다. 만일 임금부상이라는 것이 고수익 기업 노동자들에게, 중앙단체교섭체계에 의해 합의된 임금 수준보다 다소 높은 임금을 지급하는 효과만 낳는다면, 임금부상은 그리 심각한 문제라 할 수 없을 것이다. 오히려 고수익 기업 노동자들이 연대임금정책으로 인해 잃게 된 임금상승분의 일부를 사후적으로 보상해줌으로써 연대임금정책에 대한 그들의 불만을 누그러뜨려 연대임금정책의 장기적 존속을 지원하는 역할을 할 수도 있다.

임금부상문제가 실제로 심각한 문제로 대두된 것은, '임금부상의 연대화(連帶化)'때문이었다. 저수익 기업 노동자들은 고수익 기업들에서 발생하는 상당히 큰 폭의 임금부상에 대해 불만을 갖게 되었다. 그들의 눈에 일부 기업들에서 발생하는 임금부상은 연대임금정책의 정신을 근본적으로 훼손하는 것으로 비쳤다. 이에 따라 저수익 기업 노동자들은 고수익 기업들에서 큰 폭의 임금부상이 발생할 경우, 그들도 이에 상응하는 임금부상의 혜택을 누릴 수 있어야 한다는 요구를 제기하게 되었다. 이에 따라 LO는 1966년부터 SAF와의 중앙단체교섭에서, 임금부상의 혜택을 상대적으로 적게 본 노동자들을 사후적으로 지원해줄 수 있는 방안을 마련했다. '수입발전보장'(收入發展保障, FUG; förtjänstutvecklingsgarantier, 이하 'FUG'로 약칭)이라 불린 이 방안의 골자는, 개별 기업 수준에서의 단체교섭까지 종결되어 각 기업의 노동자들의 최종 임금이 확정되고 난 후에, 임금부상이 발생하지 않았거나 일정 기준 이하의 임금부상만이 발생한 기업의 노동자들에게는 다음 해 중앙단체교섭에서 이에 대한 보상으로 추가적으로 약간의 임금을 더 지급하도록 한다는 것이었다.

임금부상문제와 관련하여 1975년은 큰 분수령을 이룬 해였다. 1975년에 LO와 SAF 간의 단체교섭에서 '관제소조항'(管制所條項, kontrollstation-sparagraf)이라는 새로운 내용이 도입되었다. 관제소조항의 골자는 예컨대 민간부문 사무직 노동자들의 단체교섭 카르텔인 PTK와 같은 임노동자조직이 SAF와의 단체교섭을 통해 합의한 임금상승률이 LO와 SAF 간에 합의된 임금상승률보다 현저히 높을 경우엔 LO 조합원들도 이에 상응하는 임금상승의 혜택을 볼 수 있도록 하기 위해, LO는 이미 합의된 단체교섭의 내용을 수정할 것을 SAF에게 요청할 수 있다는 것이었다.

PTK도 1975년에 SAF와의 단체교섭을 통해 이와 유사한 규약을 마련했다. '임금발전보장'(LUG / löneutvecklingsgaranti, 이하 'LUG'로 약칭)이라 불리운 이 규약의 골자는, LO 소속 노동자들에 대해 이루어진, 임금부상으로 인한 임금상승률이 PTK 소속 노동자들에 대해 이루어진, 임금부상으로 인한 임금상승률보다 일정 수준 이상 높을 경우 차기 단체교섭에서 PTK 소속 노동자들에게 이에 대한 보상이 이루어져야 한다는 것이었다. 한편 TCO 소속 노동자들 중 중앙정부를 사용자로 상대하는 노동자들의 단체교섭 카르텔인 TCO-S(TCO-statstjänstemannasektionen TCO-국가공무원 분파)와 지방자치단체인 콤뮨을 사용자로 상대하는 TCO-K[4]도 1970년대에 들어, LO나 PTK 소속 노동자들의 임금상승률이 자신들의 조직에 소속된 노동자들의 임금상승률보다 일정 수준 이상 높을 경우엔, 공공부문 사무직 노동자들에게도 이에 대한 보상이 이루어져야 한다는 내용의 규약을 만드는 데 성공했다.

이에 따라 일부 고수익 부문에서 큰 폭의 임금부상이 발생할 경우 임금부상이 다른 부문으로까지 확산되게 되었다. '임금부상의 연대화'가 제도화된 것이다.[5] 예컨대 LO 산하 노조인 금속노조에 속한 노동자들이 높은 수준의 임금부상의 혜택을 보게 되면, LO가 SAF와 합의한 FUG에 따라 LO 내의 여타 노조도 차기 단체교섭에서 동반 임금인상의 혜택을 누리게 된다. 또 이러한 방식으로 LO 소속 노동자들의 임금이 전반적으로 상승하여 PTK 소속 노동자들의 임금상승률을 크게 상회하게 되면, PTK는 LUG에 따라 SAF와의 차기 단체교섭에서 이에 대한 보상을 요구하게 된다. 또 이로 인해 PTK 노동자들의 임금이 크게 상승하게 되면, TCO-S나 TCO-K는 그들의 사용자인 중앙정부나 콤뮨과의 단체교섭에서 PTK 소속 노동자들이 얻은 임금상승률에 상응하는 수준의 임금인상을 요구하게 된다. 이러한 방식으로 임금부상이 확산되는 과정을 정리하면 그림 3-2와 같다.

그림 3-2는 임금부상의 확산이 LO로부터 시발되는 경우를 가정하여 작성된 것이다. 그러나 PTK나 TCO-S, TCO-K 등으로부터 임금부상의 확산이 시발되는 것도 물론 가능하다. 실제로는 주로 LO 소속 노동자들로부터 임금부상의 확산이 시발되었다. 시간급이나 성과급 형태로 임금을 받는 경우가 많은 데다, 연대임금정책을 가장 강력하게 추진한 노동조합조직인

---

4   TCO-K의 정식명칭은 KTK(Kommunaltjänstemannakartellen 콤뮨 사무직원 카르텔)이나, TCO-S와 대비시키기 위해 흔히 TCO-K로 불렸다.
5   '임금부상의 연대화'가 제도화되기까지의 경위에 대한 구체적 설명으로는 TCO(1987: 29-38), Olsson(1989: 67-88) 참조.

<그림 3-2> 임금부상 확산 메커니즘

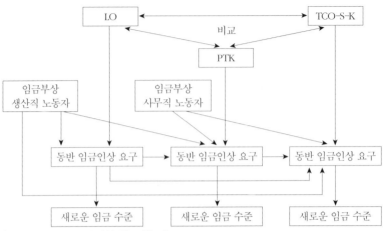

(자료: Olsson, Anders S 1989: 68, 그림 4.1)

LO에 소속된 생산직 노동자들은, 고정성이 강한 월급이라는 형태로 임금을 받는 사무직 노동자들에 비해 임금부상의 혜택을 보기가 쉬웠다. 임금부상이 확산되는 전형적인 형태는 LO 소속 노동자들 중 고수익 부문에 종사하는 노동자들에 대해 먼저 임금부상이 발생하고, 이후 임금부상이 다른 부문으로 확산되는 형태였다.

그런데 이렇게 '임금부상의 연대화'가 제도화됨에 따라, 특정 산업부문이 예외적으로 고수익을 누리는 반면 여타 부문은 침체 상황에 있는 경우에도, 고수익 부문에서 발생한 임금부상이 다른 부문으로도 자동적으로 확산되어 전반적인 임금상승을 유발하게 된다는 문제가 야기되었다. 이로 인해 점차 사용자단체들의 일각에선 연대임금정책에 대해 부정적인 태도가 확산되어갔다. 특히 1970년대 후반에 스웨덴 경제가 심각한 침체 국면으로 접어들게 됨에 따라, 연대임금정책은 스웨덴 경제의 국제경쟁력을 약화시키는 핵심 요인의 하나로 지목받게 되었다. 1960년대 말에서 1970년대 초에 이르는 기간에는 연대임금정책이 고수익 부문 노동자들에 대해 갖는 임금인상 억제정책적 측면이 LO에게 대내적 정당성 위기를 초래했다면, 1970년 대 후반부터는 임금부상 확산의 제도화에 따라 연대임금정책이 스웨덴 모델의 기능부전(機能不全)을 낳는다는 측면이 더 두드러지게 부각된 것이다.

상급 노조조직들 간에 임금부상의 확산 메커니즘이 정착된 1970년대 중반 이후 연대임금정책이 낳은 또 하나의 중요한 문제는 임금문제의 과도한 정치화(政治化)를 야기했다는 점이다. 연대임금정책은 기본적으로 임금의 결정을 노동시장에서의 수요공급원리에 맡겨두지 않고 일정한 가치기준과 정책목표에 따라 부분적으로는 시장원리를 거스르며 임금을 결정하는 방식이다. 따라서 연대임금정책은 처음부터 정치적인 성격을 띠고 있다. 그런데 상이한 조건에 있는 다양한 임노동자 집단들의 이해관계와 요구를 중앙노동조합조직이 잘 조율해내기란 쉽지 않았다. 따라서 일부 임노동자 집단의 불만을 항상 낳게 마련이었다. 또 이에 더하여 상급 노조조직들 간의 경쟁과 상호견제문제가 가세하는 데다, 국가를 사용자로 상대하는 공공부문 임노동자들의 비중이 커짐에 따라, 임금문제는 점점 더 정치적 성격을 띠게 되었다. 그런데 스웨덴의 경우 임금문제의 정치화는 노자 간의 갈등 못지않게 임노동자 집단들 간의 갈등을 크게 증폭시키는 결과를 낳았다. '임금부상의 연대화'를 매개로 하여 큰 폭의 임금상승이 이루어져 인플레이션을 유발하면 이에 대한 사회적 비판이 고조되게 마련이었고, 국가는 소득정책적 조치를 통해 노동시장에 개입하려는 유혹을 받곤 했다. 이에 따라 어떤 노조조직이 전반적 임금상승을 야기한 데 책임이 큰가를 둘러싸고 노조조직들 간에 공방이 오고가게 되었다. '임금부상의 연대화'를 매개로 하여 노조조직들 간의 경쟁과 상호견제, 갈등이 제도화된 것이다.

1981년의 LO-사민당 공동안(이하 '1981년 공동안'으로 약칭)이 임노동자기금 도입이 필요한 이유의 하나로 연대임금정책으로 인한 전반적 임금 상승 문제를 거론한 것은 이러한 상황을 배경으로 한 것이었다. 1981년 공동안에서는 전체 이윤이 아니라 일정 수준의 이윤율을 넘어서는 '초과이윤'분만을 기여금 산정의 기준으로 삼았다. 이렇게 할 경우 매우 높은 이윤율을 올려 임금부상을 주도하는 고수익 기업들의 이윤의 일부를 기금으로 이전시켜 이들 기업들의 이윤율을 사후적으로 하락시킴으로써, 고수익 기업들의 임금지불능력을 줄여 임금부상의 여지를 축소시킬 수 있다는 것이다. 또 고수익 기업들에 종사하는 임노동자들은 임노동자기금을 더 높은 수준의 임금상승에 대한 대체물로 받아들이게 되어 임금인상 요구를 자제하게 되리라는 것이다.

1976년 기금안에서는 연대임금정책이 노동과 자본 간의 기능적 소득분배에서 노동소득에게 불리하게 작용한 데 대한 보상을 요구하는 분배정책적 동기가 전면에 제시되었던 데 비해, 1981년 공동안에서는 연대임금정책이 거시경제 안정화를 훼손해온 문제를 시정해야 한다는 안정화정책적 동기가 부각된 것이다. 트라우트바인(Hans-Michael Trautwein)의 표현을 빌면, 연대임금정책과 관련하여 임노동자기금 도입을 주장하는 주된 동기가 "안정화정책적 제약조건하에서 분배정책적 목표를 추구하던 데서, 분배정책적 제약조건하에서 안정화정책적 목표를 추구하는 것으로 바뀌었다"(Trautwein 1988: 21-32). 또 그만큼 연대임금정책과 관련하여 기금 도입의 필요성을 주장하는 논변은 초기의 공세적 성격을 잃고 수세적 성격을 띠게 되었다.

기금논쟁 당시 LO 연구원이었던 에딘(Per-Olof Edin)이 연대임금정책을 방어하기 위해 전개한 논변에는 이러한 측면이 잘 드러나 있다. 에딘은 임금부상의 확산을 매개로 하여 연대임금정책이 1970년대에 들어 전반적 임금상승의 요인으로 작용해왔다는 문제에 대한 해결책으로서 연대임금정책을 폐지하면 된다는 논리를 비판하고 있다. 이러한 논리는 협의의 경제학적 관점에서는 상정 가능한 대안일지 모르나, LO와 TCO의 임금정책의 근본을 포기하라는 이러한 요구는 정치적 · 제도적 관점에서 볼 때에는 비현실적이라는 것이다(Edin 1981: 371). 결국 그는 연대임금정책을 유지해야 하는 이유를 연대임금정책이 낳는 좋은 경제적 효과에서 찾는 것이 아니라 노동조합 내부의 정치적 사정을 고려할 때 연대임금정책을 폐지하기가 쉽지 않다는 점에서 찾고 있는 것이다.

임노동자기금안에 대한 대표적인 적극적 지지자의 하나였던 구스탑손 (Bo Gustafsson)도 임노동자기금이 도입되어 임노동자들이 기업의 소유주가 되면, 임금인상 요구를 스스로 억제하여 경기안정화와 빠른 경제성장을 달성할 수 있을 것이라고 주장한다. 그는 랑카스터(Kevin Lancaster)의 '자본주의의 동태적 비효율론'[6]에 기대어 논변을 편다. 랑카스터에 따르면 장기적인 관점에서 볼 때, 임노동자들이 단기적 임금상승 요구를 자제하여 기업의 투자를 증진시키고 이를 통해 기업의 성장을 촉진시키는 것이 임금상승에 유리하다. 그러나 임노동자들은 임금억제를 통해 증대된 이윤이 실제로 기업의 성장을 위해 투자될지 여부를 확신할 수 없기 때문에 단기적 임금상승을 추구하는 전략을 선택하게 된다는 것이다. 이는 근본적으로 자본에 대한 사적 소유권에 연원하는 문제다. 임노동자들이 임금억제를 통해 이윤율을 높여도 이윤의 처분 방식은 전적으로 자본 소유주가 결정하기 때문이다. 구스탑손은 이 문제는 결국 소유와 비용에 대한 책임, 또 단기계획과 장기계획 간의 균형 문제가 동일한 주체에 의해 통합됨으로써만 해결 가능하다고 주장한다. 만일 임노동자들이 그러한 주체가 된다면 그들은 투자 증진을 위해 단기적 임금상승을 억제할 것이 확실하다는 것이다(Gustafsson, Bo 1981: 165-66). 그러나 기금안 반대자들은 기금 도입이 과도한 임금인상을 억제하는 효과를 발휘할 것이라는 논변을 받아들이지 않았다. 임노동자기금과 같은 이윤분배제도가 도입된다고 해서 노동조합이 자발적으로 임금인상 요구를 자제하리라고 믿을 근거가 없다는 것이다(예컨대 Öhman 1982a: 37-38).

---

6   Lancaster(1973), "The Dynamic Inefficiency of Capitalism." *Journal of Political Economy*, Vol. 81, no. 5, pp. 1092-1109.

부 구스탑손(Bo Gustafsson)

스웨덴을 대표하는 마르크스주의 이론가이자 경제사학자(經濟史學者). 기금논쟁 후반기인 1981-82년에 기금논쟁에 적극적으로 참여하여 기금안을 적극적으로 지지하였다. 그는 1960년대 중반까지는 좌익당에서 활동하다가, 좌익당의 우경화를 비판하고 1967년에 마오(Mao)주의적 색채가 강한 마르크스-레닌주의 공산주의자동맹(KFML / Kommunistiska förbundet marxistiskt-leninisterna)의 창당을 주도하였다. 그러나 그는 1970년대 초반에 중국에서 2년간 체류하는 동안 문화혁명의 결과에 대해 크게 실망하여, 중앙집권적 계획경제와 폭력혁명을 통한 사회주의 이행전략에 근본적으로 회의하게 된다. 귀국 이후 구스탑손은 점차 개혁주의적 노선에 경도되고, 이로 인해 KFML로부터 출당된다. 그는 기금논쟁 초기 국면엔 기금안이 자본주의의 존속을 도모하는 것이라고 보아 기금안에 대해 비판적인 입장을 취했으나, 1970년대 후반에 좌파 사민주의자로 전향한 이후에는 기금안에 대한 대표적인 지지 논객의 하나로 활동했다. 그는 1980년대 중반에 사민당에 입당했다.

이상 기금 도입의 동기로서 연대임금정책의 부작용문제를 둘러싸고 전개된 논쟁을 살펴본 결과, 연대임금정책이 낳는 초과이윤문제를 임노동자기금안이라는 급진적인 정책안이 필요한 이유로 제시한 것은 논리적 설득력이 약했다고 판단된다.

첫째, 많은 기금안 반대자들이 지적한 바와 같이 초과이윤의 존재 여부를 이론적으로나 경험적으로나 증명할 수 없다는 문제가 있다.

둘째, 설령 증명이 가능하다 하더라도 그동안 LO와 SAF 간에 자발적으로 체결된 임금계약의 결과에 대해 계약의 주체인 LO가 사후적으로 보상을 요구할 수 있는 권리의 근거가 과연 무엇인가 하는 문제도 있다. 사실 연대임금정책은 LO가 적극적으로 추진해온 것이지, SAF는 지나친 임금균등화에 대해서는 초기부터 반대하는 입장을 취해왔었다. 물론 SAF를 주도해 온 거대 기업들은 연대임금정책으로 인해 큰 이득을 보았을 개연성이 높다. 하지만 이들조차도 연대임금정책에 따른 지나친 임금균등화로 인해 고숙 련 노동자들을 유입하는 데 애로가 있는 데다, 임금정책을 노동자들의 노동 동기를 강화시키는 유인으로 활용할 수 없다는 점에 대해서는 불만을 느껴 왔었다. 이러한 문제로 인해 결국 큰 폭의 임금부상이 발생하게 된 것이다.

셋째, 해결 과제로서의 연대임금정책의 부작용과 해결책으로서의 기 금안 사이에 큰 부조응이 확인된다. 연대임금정책이 낳는 초과이윤문제가 떠오른 것은 기본적으로 연대임금정책을 둘러싸고 LO 내부의 노동자 집단 들 간에 이해관계가 대립된 데 기인한다. 그런데 이 문제에 대한 해결책으 로서 제시된 기금안은 생산수단 소유관계의 변혁으로 귀결된다. 즉 LO 내 부의 이익정치(interest politics) 차원의 문제가 소유관계 변혁의 문제로 전이 된 것이다. 경제체제 차원에서 심대한 변화를 가져오는 사회화 기획이 노동 조합 내부의 이익정치 차원의 문제에 대한 해결책으로서 설정된 것은 아무 래도 자연스럽지 않다.

넷째, 게다가 1981년 공동안에서는 연대임금정책의 부작용을 초과이 윤문제가 아니라 전반적 임금상승문제에서 찾는 쪽으로 기금 도입의 정당 화 논변의 초점을 근본적으로 전환시킨 관계로 기금 도입의 필요성을 연대 임금정책과 결부시키는 논리의 신뢰성이 크게 약화되었다. 이러한 점은 기 금안 반대자들에 의해 신랄하게 비판되었다. 예컨대 SAF의 경제학자인 뢰 토릅(Anders Röttorp)은 이 문제에 대해 이렇게 냉소하고 있다.

> 임노동자기금은 [정책] 수단이다. 그러나 논쟁에서 임노동자기금은 그 자체가
> 목적인 것과 같은 위치를 차지했다. 아마도 임노동자기금이란, 잘 수용될 수 있
> 고, 또 전략적으로 적절한 것으로 판단되는 목적을 발견해내려 절망적으로 애
> 쓰는 수단이라고 말할 수 있을 것이다(Röttorp 1981: 379).

한편 논변의 정치전략적 합리성이라는 측면에서도, 연대임금정책으로 인한 초과이윤문제를 기금 도입의 필요성을 정당화하는 근거로 제시한 것은 큰 약점이 있었다. 무엇보다도 이 문제의 해결에 큰 이해관계를 걸고 있는 사회 집단이 양적으로 미소하다는 문제가 있다. 연대임금정책으로 인한 초과이윤문제의 해결에 큰 이해관계를 걸고 있는 집단은 금속노조를 중심으로 하여 민간 고수익 부문에 종사하는 노동자 집단에 국한된다. 그러나 경제체제 차원에서 큰 변화를 야기하는 기금안이 관철되려면 광범위한 사회 집단들로부터 강력한 지지를 받아야 하는 것이다.

　　일반적으로 생산수단 소유관계의 변혁을 도모하는 본격적인 사회화 기획이 큰 설득력을 가지려면 다음과 같은 조건들을 충족시켜야 한다고 판단된다. 첫째, 대다수 사회성원들의 이해관계가 걸려 있는 문제를 근거로 삼아 이러한 기획의 필요성을 설득할 수 있어야 한다. 둘째, 해결을 필요로 하는 문제가 근본적으로 자본주의적 소유관계에 기인하여 발생한 문제라는 점을 보여줄 수 있어야 한다. 셋째, 해결책으로서의 사회화 기획이 해결 과제에 부합한다는 점을 보여줄 수 있어야 한다.

　　그런데 연대임금정책으로 인한 초과이윤문제는 이러한 조건을 하나도 충족시키지 못한다. 첫째, 연대임금정책으로 인한 초과이윤문제 해결에 큰 이해관계를 걸고 있는 사회 집단은 민간 고수익 부문 노동자들에 국한된다. 둘째, 연대임금정책으로 인한 초과이윤문제는 적어도 직접적으로는 자본주의적 소유관계에 기인하는 문제가 아니라 연대임금정책이라는 스웨덴의 특수한 임금정책에 기인하는 문제다. 셋째, 이 문제에 대한 해결책으로 제시된 임노동자기금안이 연대임금정책으로 인한 초과이윤문제를 정확하게 해소할 수 있는 것도 아니다. 기금안의 골자는 일정 규모 이상의 민간 대기업들의 이윤에 대해 일률적 비율로 기여금을 부과하여 이 자금으로 노동조합이 소유·관리하는 기금을 조성한다는 것이다. 그러나 대기업과 고수익 기업이 정확하게 등치될 수도 없고, 고수익 기업의 이윤 중 얼마만큼이 연대임금정

〈표 3-1〉 1979년, 1982년, 1985년에 일반 시민들을 상대로 시행된 여론조사에서, 조사에 응한 시민들이 기금안에 대한 그들의 지지나 반대의 근거로 제시한 논변의 각 유형이, 수합된 논변 전체에서 차지하는 비중 (단위: %)

논변 유형	1979	1982	1985
경제문제 차원의 논변[7]	23	33	34
권력문제 차원의 논변[8]	66	50	52
임금정책 차원의 논변[9]	1	1	1
기타 논변	10	16	13
총계	100	100	100
전체 답변 수	2076	2863	2108

(자료: Gilljam 1988: 40, 표 3.2)

책으로 인한 초과이윤인지를 확인할 수도 없다. 따라서 임노동자기금이 도입된다고 해서, 연대임금정책으로 인해 고수익 기업들이 누려온 초과이윤을 임노동자 집단으로 하여금 회수하게 해준다고 보기도 어렵다. 다만 연대임금정책에 대해 고수익 부문 노동자들이 가져온 불만을 어느 정도 해소해 준다는 심리적 효과를 낳을 수 있다는 정도의 의미가 있을 뿐이다.

이러한 논리적, 정치전략적 난점을 반영해서인지, 기금안을 연대임금정책의 부작용과 결부시켜 정당화하는 논리는 일반 시민들로부터 공감을 얻지 못했다. 이는 표 3-1에서 잘 드러난다.

표 3-1에서, 기금안 입안의 직접적 배경이 되었던 연대임금정책의 부작용 문제는 대중들로부터 큰 관심을 사지 못했다는 점을 알 수 있다. 조사

---

7   여기에 속하는 논변들은 임노동자기금이 스웨덴 경제에 좋은 영향을 끼칠 것이라거나 그 반대라거나 하는 논변들을 말한다.

8   여기에 속하는 논변들은 임노동자기금이 정의(正義)의 관점에서 바람직하다거나 아니면 그 반대라거나, 또는 임노동자기금이 경제민주주의나 사회주의로 인도해줄 것이라거나 그렇지 않다거나 하는 등의 논변들을 말한다.

9   여기에 속하는 논변들은 임노동자기금이 연대임금정책의 시행을 용이하게 한다거나 아니면 그 반대라거나, 또는 연대임금정책이 좋은 정책이라거나 그렇지 않다거나 하는 등의 논변들을 말한다.

대상 시민들이 기금 도입에 대한 찬성이나 반대의 근거로 제시한 전체 논변에서 임금정책 차원의 논변이 차지한 비중은, 세 차례 여론 조사 모두에서 1%라는 극도로 낮은 수치를 기록한 것이다. 위 통계표를 분석한 일리얌 (Gilljam)은 그 원인을, 기금논쟁에서 기금안 지지자들이나 반대자들이 연대임금정책에 따른 초과이윤문제와 관련하여 기금안을 옹호하거나 반대한 논변들이, 대중들이 이해하기에는 너무 복잡했으리라는 데서 찾고 있다 (Gilljam 1988: 40-41). 그럴 수도 있지만, 이에 못지 않게 중요한 원인은 연대임금정책의 부작용 문제 해결에 큰 이해관계를 걸고 있는 사회 집단이 사회 전체적으로는 양적으로 아주 적다는 데서 찾을 수 있다고 생각된다.

이렇듯 연대임금정책이 낳는 초과이윤문제를 기금 도입의 필요성에 대한 논변으로 제시하는 것이 부적절한 측면이 많음에도 불구하고 기금안 입안자들이 이 문제를 전면에 부각시켜야 했던 배경으로는 다음과 같은 점들을 들 수 있다고 판단된다.

첫째, 기금안은 공식적으로는 1971년 LO 총회에 제출된 발안들에서 제기된 문제들에 대한 응답으로서의 성격을 띠고 있었던 관계로 발안들에서 제기된 문제들을 비중 있게 다루어야 했다. 앞에서 살펴본 대로 1971년 LO 총회에 제출된 발안들이 핵심적으로 문제삼았던 것은 연대임금정책으로 인한 고수익 기업들의 초과이윤 취득 문제였다.

둘째, 기금안의 입안자인 마이드너 자신이 이미 1950년대부터 연대임금정책이 고수익 기업들에게 초과이윤을 제공하게 된다는 문제를 연대임금정책의 원리적 딜레마로 심각하게 생각하여 이에 대한 해결책을 모색해왔다. 마이드너는 기금안을 통해 이 문제를 근본적으로 해결할 것을 도모한 것이다.

셋째, 기금안이라는 급진적인 정책안을 실제로 관철시키려면, 기금안을 적어도 노동계급의 일부 집단의 절실한 현실적 요구와 결부시킬 필요가 있다고 판단했을 것이다. 1971년 LO 총회에서 초과이윤문제를 제기한 주체는 금속노조 산하 지부들이었는데, 금속노조는 LO 내에서 가장 강력한 조직으로 그동안 LO의 정책 노선을 주도해왔었다. 이렇게 조직적·정치적으로 강력한 조직인 금속노조에게 절실하게 느껴지는 문제에 기금안 정당화 논리를 결부시킨 것은 정치전략적으로 어느 정도 합리적인 측면이 있었다. 즉 기금안의 관철을 위해 적극적으로 노력할 핵심 주체의 형성이라는 관점에서는 합리적인 측면이 있었다. 그러나 앞에서도 언급했듯이, 기금안과 같은 급진적 기획이 관철되려면 일부 노동자 집단뿐 아니라 광범위한 사회 성원들로부터 강력한 지지를 받을 수 있어야 하는데, 주로 금속노조의 이해관계에 호소하는 기금안 정당화 논리는 이러한 조건을 충족시키기 어려웠다.

넷째, 마이드너 그룹이 실제로 가장 중요시했던 문제는 노자 간 경제적 권력의 재분배 문제였으나, 이 문제를 기금안의 최우선적 동기로 내세울 경우에는 정치적으로 어려운 문제들에 봉착하기 쉽다고 판단했을 것이다. 매우 급진적인 성격을 띤 기금안이 사민주의 진영 안팎에서 직면하게 될 거센 저항을 고려할 때, 기금안 입안자들은 기금 도입의 동기로 경제적 권력의 재분배 문제보다는, 연대임금정책이라는 익숙한 문제를 전면에 내세우는 것이 유리하다고 판단했을 것이다(Åsard 1978: 168-69). 요컨대 기금안을 종래의 스웨덴 사민주의 운동의 개혁주의 노선의 연장선상에 있는 것으로 제시하는 것이 정치전략적으로 합리적이라고 판단했을 것이다.

다섯째, 사적 소유권 원리를 근본적으로 침해하는 기금안을 정당화하려면, 기금 도입을 통해서 얻을 수 있는 좋은 결과들을 제시할 수 있어야 할 뿐 아니라, 기금 도입이 무언가 분명한 권리론적 근거를 가진다는 점을 보여줄 수 있어야 한다고 판단했을 것이다. 착취론에 의존하지 않는 한, 기금안 입안자들이 제시할 수 있는 기금 도입의 권리론적 근거는, 연대임금정책으로 인해 고수익 기업들이 초과이윤을 누려왔기 때문에 앞으로는 임노동자들이 이를 기금 기여금이라는 형태로 회수해야 한다는 것 외에는 달리 없었다.

전체적으로 볼 때 기금 도입의 필요성을 연대임금정책과 결부시켜 정당화하려 했던 시도가 봉착했던 논리적 난점은, 경제체제의 틀을 크게 바꾸려는 급진적 기획을 개혁주의적 방식으로 추진하고, 또 개혁주의적 담론에 의해 정당화하려는 전략이 낳는 난점에 연원한다고 볼 수 있다. 기금안 입안자들은 기금안이 스웨덴 모델로부터의 근본적 단절 기도(企圖)로 보이기보다는 스웨덴 모델의 부분적 문제점에 대한 보완책으로 보이기를 바랐던 것이다. 그리하여 연대임금정책의 딜레마라는, 스웨덴 사민주의 운동에 매우 익숙한 문제에 기초하여 기금 도입의 필요성을 설득하고자 한 것이다.

기금안 입안자들이 이러한 논변전략을 선택하게 된 이유는 이해하기 어렵지 않다. 온건한 개혁주의 노선에 따라 실천해온 스웨덴 사민주의 운동의 오랜 전통과, 협상과 타협의 문화가 지배해온 스웨덴의 정치풍토에서 기금안이라는 급진적 기획을 두고 이념적 정면 대결을 벌인다는 것이 LO에게 유리하게 작용하지 않으리라고 예측했을 것이다. 그러나 본격적인 사회화 기획을 개혁주의적 담론을 통해 정당화한다는 우회전략은 그리 성공적이지 못했다. 실제로 기금 도입의 필요성에 대해 기금안 입안자들이 제시한 여러 정당화논변 중에서 연대임금정책으로 인한 초과이윤문제는 논리적으로 가장 취약한 대목이었고, 고수익 부문 노동자들 이외의 사회 집단들에게는 호소력이 매우 약한 부분이었다.

3) 논쟁 이후

연대임금정책이 야기한 제반 문제는 기금논쟁의 종결 이후 연대임금정책이 추진될 수 있는 제도적 틀인 중앙단체교섭체계가 와해됨으로써 근본적으로 해소되었다. LO와 SAF 간의 중앙단체교섭체계는 1983년부터 와해되기 시작했다.[10] 1983년에 금속 및 기계공업 사용자연맹(VF / Verkstadsförening, 이하

---

10 1982-86년의 스웨덴 노사관계의 변화 과정에 대한 자세한 설명으로는 Elvander(1987) 참조. 1980년대 및 90년대 초에 진행된 중앙단체교섭체계의 와해 과정을 사용자단체 쪽에 초점을 맞추어 간략히 설명한 연구로는 De Geer(1992), Ch. 15 참조.

'VF'로 약칭)이 자신의 교섭 상대 조직인 금속노조와 SAF와 LO 차원의 중앙단체교섭을 거치지 않은 채 바로 산업별 단체교섭을 체결한 것이다. 이후 SAF와 LO 간의 중앙단체교섭체계는 많은 굴곡을 겪으며 서서히 와해되어갔다. 그러다 1990년에 SAF는 임금문제를 비롯한 통상적인 노동조건 문제에 대해서는 더 이상 LO와의 중앙단체교섭에 임하지 않겠으며, PTK와도 몇 년간의 과도기 이후에는 중앙단체교섭에 임하지 않겠다고 선언하였다. 이로써 스웨덴 노사관계의 핵심적 요소였던 중앙단체교섭체계가 완전히 해체되었다.

중앙단체교섭체계를 해체시키는 데 있어 중심적 역할을 한 조직은 VF였다. VF는 한편으로는 SAF 내에 중앙단체교섭 반대 여론을 확산시키고, 다른 한편으로는 SAF의 공식적 승인 없이 금속노조와 산업별 단체교섭을 실행해냄으로써, 중앙단체교섭을 해체시키는 데 선도적 역할을 해냈다. 그런데 VF는 과거에 중앙단체교섭이 형성되는 과정에서도 중추적 역할을 담당한 조직이었다. 노사관계의 중앙집권화를 가장 강력하게 주장하던 VF가 1980년대에 들어 정반대로 중앙단체교섭체계의 해체를 주도하는 세력으로 변모한 것이다. VF를 중심으로 하여 사용자단체들이 중앙단체교섭체계로부터 이탈하려 하게 된 배경으로는 다음과 같은 것들을 들 수 있다.

첫째, 1970년대 이후 진행된 각종 노동입법 작업과 기금논쟁을 경과하며 스웨덴의 노자관계가 극도로 악화되었다. LO의 정책 노선의 급진화에 따라 사용자단체들은 LO의 권력을 약화시키는 것이 그들에게 유리하다고 판단하게 되었다. 그런데 LO가 행사하는 권력의 핵심 기반은 중앙단체교섭체계이므로, 중앙단체교섭체계를 해체시키면 자연히 LO의 권력을 크게 약화시킬 수 있으리라고 계산한 것이다.

둘째, 앞에서 살펴본 바와 같이 1970년대 중반 이후 '임금부상의 연대화'가 제도화됨에 따라, 애초에 임금인상 억제정책적 성격을 강하게 띠었던 연대임금정책이 점차 전반적 임금상승을 야기하는 정책으로 변모해갔다. 따라서 사용자단체들의 입장에서는 연대임금정책을 수용해내는 제도적 틀인 중앙단체교섭체계의 매력이 크게 줄어들었다.

셋째, 그동안 중앙단체교섭체계의 복잡성이 크게 증대됨에 따라, 중앙
단체교섭체계가 효율적인 단체교섭을 어렵게 한다는 판단이 확산되었다.
중앙단체교섭체계에 포괄되는 산업 및 기업, 임노동자 집단의 수가 증가하
고, 각 사용자단체 및 노동조합이 제기하는 특수한 요구들이 늘어남에 따
라, 중앙단체교섭체계를 통해 해결해야 하는 문제들이 갈수록 많아지고 복
잡해지게 되었다. 이렇게 중앙단체교섭체계가 점점 더 많은 문제들에 대해
상세한 규칙들을 만들어가게 됨에 따라, 산업별 사용자연맹이나 노조의 입
장에서는 중앙단체교섭의 합의 사항을 따라가기가 점점 더 번거롭게 되었
다. 특히 VF는 그동안 금속노조와의 단체교섭에서 중앙단체교섭의 합의 사
항을 비교적 충실하게 이행해온 편이어서, 점점 더 복잡해져가는 중앙단체
교섭체계를 크게 부담스럽게 느껴왔었다(Elvander 1987: 83-84).

넷째, 중앙단체교섭체계와 연대임금정책이 그동안 진행된 기술과 산
업구조의 변화에 잘 부합되지 않는다는 생각이 확산되었다. 특히 중앙단체
교섭체계의 해체를 주도한 VF가 대표하는 금속 및 기계공업 부문은 수출
의존도가 아주 높고 기술 수준이 높은 고부가가치 업종들이 밀집되어 있
는 산업 부문이었다. 주로 해외시장에서 경쟁해온 이 부문의 사용자들은
급속히 변해가는 국제시장조건을 민감하게 감지할 수 있었다. 1970년대
이후 미국 등을 중심으로 급속히 발전해간 극소전자기술(micro-electronic
technology)이 금속 및 기계공업 부문에 광범하게 적용됨에 따라 이 부문의
국제경쟁조건이 크게 변모해간 것이다. 이제는 더 이상 표준화된 제품의 대
량생산에만 의존해서는 국제시장에서 생존하기 어려우며, 고도의 지식이
집약된 기술에 기초하여, 소비자들의 고급화된 수요에 부응하여 다양하게
차별화된 제품을 적시에 공급해낼 수 있어야만 한다는 인식이 뿌리내린 것
이다. 그런데 이러한 상황에 잘 적응하려면 노동력의 질이나 노동력의 사용
방식도 더욱 다양화·차별화·유연화되어야 하므로, 경직성을 띨 수밖에 없

는 중앙단체교섭과 연대임금정책은 더 이상 금속 및 기계공업 부문의 경쟁
조건에 부합되지 않는다고 판단하게 것이다.

한편 금속노조가 VF의 제안에 응하여 중앙단체교섭체계로부터 이탈하
게 된 배경으로는 다음과 같은 것들을 들 수 있다. 첫째, 금속노조의 조합원
들이 종사하는 금속 및 기계공업 부문은 당시 대표적인 고수익 부문이었다.
중앙단체교섭체계를 통해 LO가 추진해온 연대임금정책은 고수익 부문 노
동자들에게는 불리하게 작용해왔다. 앞에서 살펴보았듯이 이 문제에 불만
을 가졌던 금속노조 산하 지부들은 1971년 LO 총회에서, 연대임금정책으로
인한 초과이윤문제를 해소할 방안을 마련해줄 것을 LO 지도부에 요청한 바
있었다. 그리고 이것이 기금안이 나오게 된 가장 직접적인 배경으로 작용했
었다.[11] 기금논쟁이 사실상 LO의 패배로 종결된 시점에서, 금속노조의 입장
에선 연대임금정책으로 인한 임금상승 억제 문제를 근본적으로 해소할 수
있는 유일한 대안은 중앙단체교섭체계로부터 이탈하는 것이었다.

둘째, 당시 금속노조는 임금부상문제를 둘러싸고 공공부문 노조들과
불편한 관계에 있었다.[12] 민간산업 부문에서 큰 폭의 임금부상이 발생할 때
마다, 콤뮨노조를[13] 위시한 공공부문 노조들은, 그들도 이에 상응하는 임금
부상의 혜택을 보아야 한다고 요구하여 대체로 이를 관철시켜왔다. 그런데

---

11 앞에서 살펴본 바와 같이, 2차대전 이전에는 금속노조가 속한 기계 및 금속 부문은 내수
부문에 비해 상대적으로 저임금 부문이었고, 이러한 사정으로 인해 금속노조는 연대임금정
책을 대표적으로 주창했었다.

12 1980년대에 금속노조를 대표로 하는 민간산업 부문 노조들과 공공부문 노조들 사이의
갈등을 부각시킨 연구로는 Swenson(1991b) 참조.

13 콤뮨노동자연맹(Kommunalarbetareförbundet)은 스웨덴의 기초 지방자치 행정단위
인 콤뮨(kommun)에 소속된 공공부문 노동자 중 육체노동자 성격이 강한 노동자들의 노조
로서 LO에 소속되어 있다. 스웨덴의 복지국가체계에서 콤뮨이 담당하는 역할은 매우 커서,
1984년 현재 총 공공부문 소비 중 콤뮨의 소비가 67%를 차지했다. 이렇게 콤뮨의 비중이 커
짐에 따라 콤뮨에 종사하는 노동자들의 수도 꾸준히 증가하여, 노조원 수에서 콤뮨노조는
1970년대에 들어 금속노조를 제치고 LO 산하 최대의 노조로 자리잡았다.

이렇게 임금부상이 모든 부문으로 확산되어 물가가 크게 상승하게 되면 차기 임금협상에서는 노조 측이 임금인상을 자제해야 한다는 무거운 사회적 압력이 들어오게 마련이었다. 이로 인해 금속노조는 점차 공공부문 노조들에 대해 비판적인 입장을 취하게 되었다. 생산성이 낮고 경쟁으로부터 보호되는 공공부문 임노동자들이 민간산업 부문의 임노동자들과 동일한 대우를 요구하는 것은 부당하다고 생각하게 된 것이다. 특히 당시 금속노조 의장이었던 블룸베리(Leif Blomman Blomberg)는 실리주의적 노동조합운동 노선을 대표하는 인물로서, 공공부문 노조들에 대해 아주 부정적인 시각을 갖고 있어서, 공공부문 노조들을 임금인상의 무임승차자라고 공공연히 비판해온 인물이었다. 또 이러한 금속노조의 인식은 당시 민간산업 부문의 국제경쟁력 강화를 최우선적 목표로 삼아 사민당 정부가 추진하던 '제3의 길' 정책의 정신에도 부합되어 상당히 큰 사회적 설득력을 가질 수 있었다. 이러한 상황에서 금속노조는 중앙단체교섭체계로부터 이탈하는 것이 임금부상을 둘러싼 해묵은 갈등을 일거에 해소할 수 있는 길이라 판단한 것이다.

셋째, 가장 직접적인 이유로서, VF는 금속노조에게 중앙단체교섭체계로부터 이탈하는 조건으로, 2교대 노동자들의 노동시간 단축 등 금속노조가 오래 전부터 제기해오던 주요 요구사항들을 일괄적으로 수용해주겠다는 유혹적인 조건을 제시했다.

이렇게 중앙단체교섭체계가 와해되고 산업별 단체교섭체계가 다시 들어섬에 따라 SAF와 LO의 영향력은 자연히 크게 약화되었다. 그러나 이 문제와 관련하여 양자의 처지는 상당히 달랐다. SAF는 더 이상 중앙단체교섭이 자본 측의 이익에 부합되지 않는다고 판단하여 능동적으로 중앙단체교섭을 중단시키고 자신의 활동 영역을 자발적으로 축소시킨 것이다. 반면에 LO는 자신의 권력 기반의 핵심이었던 중앙단체교섭의 존속을 강력히 희망했던 것이다.

그러나 현행 산업별 단체교섭체계하에서도 LO는 약간의 영향력을 행

〈그림 3-3〉 연대임금정책의 궤적

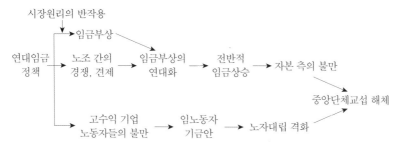

사하고 있다. LO 산하 노조들이 그들의 교섭상대자인 사용자연맹들과 산업별 단체교섭에 임하기에 앞서, LO 내부에서 노조들 간에 협의와 조정이 이루어지고 있다. 그러나 이러한 간접적 방식을 통해 LO가 행사하는 영향력은 과거에 LO가 중앙단체교섭의 주체로서 직접 단체교섭에 임하던 때와는 비교가 되지 않을 정도로 미약할 수밖에 없다. 반면에 금속노조의 영향력은 중앙단체교섭체계의 와해 이후 현저히 증대되어왔다.[14]

이상 살펴본 연대임금정책의 궤적을 되돌아볼 때 분명히 확인되는 사실은, 노동조합이 일정한 정책목표에 따라 노동시장의 임금결정원리에 거스르는 임금정책을 장기간 추진하기는 대단히 어렵다는 점이다. 이러한 임금정책의 지속을 어렵게 만드는 요인으로는 첫째, 시장원리의 강고함을 들 수 있다. 스웨덴의 경우에는 임금부상이라는 형태로, 연대임금정책의 결과에 대한 시장원리의 사후 교정이 이루어졌다. 둘째, 이러한 임금정책을 유지하면서 다양한 임노동자 집단을 계속 결속해내기가 어렵다는 문제가 있

---

14 스웨덴의 대표적 주간 경제지 『주간사업』(*Veckans Affärer*)은 스웨덴 사회에서 큰 영향력을 행사하는 인물들을 영향력 크기 순으로 순위를 매겼는데, 1997년 초 현재 금속노조 의장 요란 욘손(Göran Johnsson)은 18위로, LO 의장 베르틸 욘손(Bertil Johnsson)은 26위로 나타났다. Veckans Affärer Nr. 5, 27 January 1997, p. 23.

다. 스웨덴의 경우 연대임금정책에 대한 고수익 부문 노동자들의 불만이 기금안을 입안하게 된 직접적인 배경으로 작용했고, 임금부상을 둘러싼 상급 노조 조직들 간의 경쟁과 상호 견제가 '임금부상의 연대화'를 낳았다.

임노동자기금안은 연대임금정책이 낳는 문제를 연대임금정책을 유지하는 틀 내에서 해결하기 위한 방안이었지만, 노자대립을 격화시킴으로써 연대임금정책이 이루어지는 제도적 틀인 중앙단체교섭체계의 와해를 재촉하는 역설적 결과를 낳았다.

2. 재산과 경제적 권력의 집중과 임노동자기금안

1) 배경

마이드너 그룹의 구상이 별다른 정치적 여과 과정을 거치지 않은 채 표현된 1975년 기금안 시안에서, 기금안의 목적으로서 가장 강조된 것은 소수 사적 거대 주주들에게 집중되어 있는 재산과 경제적 권력을 재분배한다는 것이었다. 마이드너 그룹이 연구작업을 떠맡게 된 직접적 배경을 이룬 1971년 LO 총회에서 제기된 발안들은 무엇보다 연대임금정책으로 인한 고수익 기업들의 초과이윤 취득을 문제삼았지만, 1975년 시안은 임금정책 차원의 문제보다는 재산과 경제적 권력의 재분배 문제에 더 비중을 두었다. 이에 비해 1976년 기금안에서는 연대임금정책으로 인한 초과이윤문제에 좀더 강세가 주어지고 있는데, 이는 앞에서 언급한 것처럼 기금안이 1971년 LO 총회에서의 발안들에 대한 충실한 응답이라는 점을 보여주는 한편, 재산과 경제적 권력의 재분배 문제를 최전면에 부각시킬 경우에 봉착하게 될 것으로 예상되는 정치적 난점들을 피해가려는 전략적 고려의 산물로 보인다.

많은 기금안 반대자들이 누누히 강조한 바와 같이 연대임금정책으로 인해 고수익 기업들이 초과이윤을 누려온 점을 시정하는 것이 문제의 핵심이라면, 이 문제의 해결을 위해 기금안처럼 경제체제의 틀을 크게 변화시키는 거대한 구상이 필요하지는 않은 것이다. 사적 거대 주주들에게 집중되어 있는 재산과 경제적 권력을 임노동자 집단에게 이전시킨다는 사회주의적 동기를 빼놓고는 기금안이라는 급진적 구상이 나오게 된 이유를 설명하기 어렵다.

한편 1978년과 1981년의 LO-사민당 공동안에서는 기금 도입의 동기로서 경제침체를 극복하기 위한 집단적 자본형성의 필요성을 최우선적으로 강조했지만, 기금안 반대자들은 이는 기금안의 대중적 설득력을 높이기 위한 정치적 전략일 뿐 기금안의 진정한 목적은 종전과 다름없이, 기존 주주들이 행사해온 경제적 권력을 임노동자 집단이 탈취하는 것이라고 판단했다.

기금안이 그동안 스웨덴 사민주의 운동이 문제 삼지 않아왔던, 기업에 대한 소유와 권력의 문제를 정면으로 다루게 된 이유는 1960년대 후반 이후 진행된 노동운동의 급진화에서 찾을 수 있다. LKAB 파업에서 대표적으로 표출된, 스웨덴 모델에 대한 풀뿌리 노동자들의 이반과 스웨덴 정치문화의 전반적 급진화가 근본 배경으로 작용했다. 또 스웨덴의 경제력 집중 문제를 연구하기 위해 1966년에 발족된 국가연구위원회(Koncentrationsutredning 집중문제 연구위원회)가 1968년에 발간한 일련의 연구보고서들에서,[15] 그동안 스웨덴에서 경제력의 집중이 꾸준히 진행되어왔으며, 스웨덴의 주요 기업들에 대한 소수 사적 거대 주주들의 소유지배력이 꾸준히 증대되어왔다는 점이 확인된 것도 기업에 대한 소유와 권력의 문제에 사민주의자들이 새삼 관심을 기울이게 된 배경으로 작용했다.

그럼 기금안이 재산과 경제적 권력의 집중 문제를 정면으로 다루게 된 사정을 이해하기 위해, 먼저 스웨덴의 재산분배구조를 살펴보기로 하자. 표 3-2, 3, 4, 5는 스웨덴과 여타 몇몇 선진 자본주의국들의 재산분배구조를 비

---

15 경제력 집중 문제를 다룬 국가연구위원회의 연구보고서 시리즈 SOU 1968:3, SOU 1968:5, SOU 1968:6, SOU 1968:7.

〈표 3-2〉 1975년 현재 덴마크와 스웨덴에서 전체 가계의 순재산(=총재산-총부채, 과세표준 공시가격 기준) 중, 가장 부유한 1, 2, 5, 10%의 가계가 소유한 재산이 차지하는 비중

가계(%)	전체 가계 재산에서 차지하는 비중(누계치, %)	
	덴마크	스웨덴
1	25	20
2	33	28
5	48	44
10	65	60

(자료: SOU 1979:9, p. 102, 표 6:2)

〈표 3-3〉 1972년 현재 영국 및 1975년 현재 스웨덴에서 전체 가계의 순재산(시장가격 기준) 중, 가장 부유한 1, 5, 10, 20%의 가계가 소유한 재산이 차지하는 비중

가계(%)	전체 가계 재산에서 차지하는 비중(누계치, %)	
	영국(1972년)	스웨덴(1975년)
1	23.7	15-17
5	44.6	34-38
10	56.5	50-54
20	70.6	68-75

(자료: Ibid., p. 104, 표 6:4)

〈표 3-4〉 1966년 현재 서독 및 1975년 현재 스웨덴에서 전체 가계의 순재산(시장가격 기준) 중, 최상위 부유층 가계가 소유한 재산이 차지하는 비중

가계(%)	전체 가계 재산에서 차지하는 비중(누계치, %)	
	서독(1966년)	스웨덴(1975년)
0.004	3.6	1.0-1.5
0.140	13.6	6.5-7.0
1.700	31.0	20.0-22.0
2.020	32.4	22.0-24.0

(자료: Ibid., p. 107, 표 6:7)

〈표 3-5〉 1969년 현재 미국 및 1975년 현재 스웨덴에서 전체 가계의 순재산(시장가격 기준) 중, 가장 부유한 1, 2, 10%의 가계가 소유한 재산이 차지하는 비중

가계(%)	전체 가계 재산에서 차지하는 비중(누계치, %)	
	미국(1969년)	스웨덴(1975년)
1	35	15-17
2	40	22-24
10	65	50-54

(자료: Ibid., p. 110. 표 6:9)

교해주고 있다.

이 표들에서 1975년 현재 스웨덴은 동년의 덴마크에 비해 더 균등한 재산분배구조를 가졌으며, 1972년의 영국, 1966년의 서독, 1969년의 미국에 비해서도 더 균등한 재산분배구조를 가진 것으로 나타나 있다. 이 표들에서 스웨덴에 관한 수치들이 표마다 각기 조금씩 다르게 나타나는 것은 비교대상국과의 비교를 위해 각기 조금씩 다른 계측방식을 취한 데 기인한다. 그런데 영국, 서독, 미국과의 비교에서는 비교 시점이 다르기 때문에 정확한 비교가 불가능하다는 문제가 있으나, 이 문제는 표 3-6의 시계열자료를 통해 불만족스럽게나마 어느 정도 해소될 수 있다고 본다.

표 3-6의 1966년과 1970년도 수치들을, 계측방법상의 차이를 고려하여 비슷한 연도의 영국·서독·미국의 수치들과 비교해보아도, 스웨덴이 더 균등한 재산분배구조를 갖고 있었다고 추론할 수 있다고 판단된다. 또 위 표를 통해 스웨덴의 재산분배가 시간의 경과에 따라 점점 더 균등해졌음을 알 수 있다. 요컨대 스웨덴이 다른 나라들에 비해 유달리 불균등한 재산분배구조를 가졌거나 재산분배의 불균등성이 갈수록 심화되었기 때문에 기금안에서 재산의 불균등 분배를 문제삼은 것은 아니라는 것이다. 재산의 불균등 분배 문제가 부각된 것은 역설적으로 스웨덴에서 소득이 매우 균등하게 분배되어 있다는 사정에 기인했다고 판단된다. 즉 사민당의 적극적 재분배정책에 힘입어 균등성이 강화되어온 소득분배구조에 익숙해진 사민주

〈표 3-6〉 1920-75년에 스웨덴의 가계 재산분배구조의 변화. 과세대상 순재산(과세 표준 공시가격기준) 중, 가장 부유한 1, 2, 5, 10, 20%의 가계가 소유한 재산이 차지 하는 비중

연도	가장 부유한 가계들의 소유 비중(누계치, %)				
	1%	2%	5%	10%	20%
1920	50	60	77	91	100
1930	47	58	74	88	98
1935	42	53	70	84	97
1945	38	48	66	82	96
1951	33	43	60	76	92
1966	24	32	48	64	82
1970	23	31	46	62	84
1975	21	28	44	60	80

(자료: Ibid., p. 74 표 5: 12)

〈표 3-7〉 1977년 현재 스웨덴에서 전체 가계 가처분소득 중, 가장 부유한 10, 20% 의 가계의 가처분소득이 차지하는 비중

가계(%)	전체 가계소득에서 차지하는 비중(누계치, %)
10	20.8
20	36.8

(자료: Korpi, Walter., Sven E Olsson and Sten-Åke Stenberg[1982: 284], 표 7)

의자들은 상대적으로 균등화가 더디게 진행되어온 재산의 분배구조를 크 게 불만족스럽게 생각하게 되었다는 것이다.

표 3-6에서 1975년 현재 스웨덴의 재산 기준 최상위 부유층 가계 10% 및 20%가 전체 가계 재산의 각기 60%와 80%를 소유하고 있는 것으로 나타 난 데 비해, 표 3-7에서 1977년 현재 가처분소득 기준 최상위 부유층 가계 10% 및 20%가 전체 가계 가처분소득의 각기 20.8%와 36.8%를 차지하는 것 으로 나타나 있다.

그런데 여러 재산형태 중에서도 기금안이 무엇보다 관심을 가졌던 것 은 주식이었다. 주식은 기업에 대한 의사결정권을 동반하는 재산, 즉 경제

적 권력을 동반하는 재산이기 때문이다. 또 주식은 자기자본뿐 아니라 대부
자본에 대한 통제력도 동반한다는 점에서, 경제적 권력의 관점에서 볼 때
큰 중요성을 가진 재산인 것이다. 이 문제를 1975년 기금안 시안은 이렇게
표현하고 있다.

> 일반적인 평등의 관점에서 볼 때 바람직한 재산 소유의 균등화라는 것도 경제
> 와 사회에서 권력관계를 바꾸기에는 불충분하다. 모든 유형의 자본 소유에 경
> 제적 권력이 수반하는 것은 아니다. 경제의 민주화를 달성하기 위해서는 무엇
> 보다도 실물 생산자본, 즉 재화와 용역의 생산에 사용되는 건물이나 기계의 소
> 유에 초점을 맞추어야 한다……생산자본의 대종은 민간 주식회사들이 소유하
> 고 있다. 다른 말로 하면, 나라의 생산적 자원의 이용을 지휘하는 사람은 주주들
> 이다(Meidner, Rudolf., Anna Hedborg, Gunnar Fond, 1975: 37).

> 동시에 산업생산자본의 소유주는 그 자신이 조달한 자본 부분뿐 아니라 대부자
> 본의 사용도 지휘한다는 점이 지적되어야 한다(Ibid., p. 41).

그런데 스웨덴의 경우 주식은 매우 불균등하게 분배되어 있었다. 표
3-8은 스웨덴의 63개 주요 상장기업들에서의 주식소유 분포의 단순 평균
치다. 불과 0.15%의 거대 주주들이 전체 주식 총액의 32.1%를 소유하고,
3.0%의 거대 주주들이 주식총액의 66.3%를 소유하고 있는 것으로 나타났
다. 그런데 위 표에 나타난 수치들은 개별 기업들 단위로 일단 수치를 구한
후 이를 단순 합계하여 기업수로 나눈 단순 평균치이기 때문에, 조사 대상
기업들 간의 주식액의 규모 차이가 고려되지 않고 있다는 약점이 있다. 표
3-9에서는 이러한 문제를 고려하여 조사 대상 기업들의 주식계정을 모두
통합하여, 규모별로 각 범주의 주식계정에 속한 주식들이 조사대상 기업들
의 주식총액에서 차지하는 비중을 계산해내었다. 따라서 표 3-9에는 기업

<표 3-8> 1975년 현재 스웨덴의 63개 주요 상장기업들에서 주식 소유의 평균 분배 구조

주식 소유량에 따른 주주들의 범주	각 범주의 주주들이 전체 주주 수에서 차지하는 비중(%)	각 범주의 주주들이 소유하는 주식액이 주식 총액에서 차지하는 비중(%)
1-500주	97.0	33.7
501-1,000주	1.3	5.4
1,001-2,000주	0.8	5.9
2,001-5,000주	0.5	8.2
5,001-10,000주	0.2	7.4
10,0001-20,000주	0.1	7.3
20,0001-100,000주	0.1	18.4
100,0001주 이상	0.05	13.7
총	100	100

0.15%의 주주가 주식 총액의 평균 32.1% 소유
0.45%의 주주가 주식 총액의 평균 46.8% 소유
3.0%의 주주가 주식 총액의 평균 66.3% 소유
(자료: LO[1976a: 142], 표 2)

<표 3-9> 1975년 현재 스웨덴의 63개 주요 상장기업들의 주식합계분의 분배구조

주식 소유 규모에 따른 주식계정 범주	각 범주의 주식계정이 전체 주식계정수에서 차지하는 비중(%)	각 범주의 주식계정이 주식 총액에서 차지하는 비중(%)
1-500주	97.8	35.5
501-1,000주	1.1	6.0
1,001-2,000주	0.6	6.0
2,001-5,000주	0.3	6.5
5,001-10,000주	0.1	4.5
10,0001-20,000주	0.05	5.5
20,0001-100,000주	0.05	14.0
100,0001주 이상	0.01	22.0
총	100	100

0.01%의 주식계정이 주식총액의 22% 차지
0.2%의 주식계정이 주식총액의 46% 차지
2.2%의 주식계정이 주식총액의 64.5% 차지
(자료: Ibid., p. 143, 표 3)

〈표 3-10〉 1975년 현재 스웨덴의 54개 주요 상장기업들에서 주주총회 표결권의 50%를 차지하는 데 필요한 최대 주주 수

주주 수	1	2	3	4	5	6	총계
기업 수	16	16	15	5	1	1	54
비율(%)	29.5	29.5	28	9	2	2	100

(자료: LO[1976a: 158], 표 3)

들의 주식액의 규모 차이가 반영되어 있다.

이러한 방식으로 계산할 경우 단순평균치를 구하는 방식에 비해 주식 소유 분배구조가 더욱 불균등한 모습을 띠게 된다. 표 3-8에서는 0.45%의 거대 주주들이 주식총액의 46.8%를 소유하는 것으로 나타났는데, 표 3-8에서는 0.2%의 거대 주식계정들이 주식총액의 46%를 차지하는 것으로 나타나 있다.

이렇게 소수 거대 주주들에게 주식 소유가 편중되어 있기 때문에, 이들 소수 거대 주주들은 주주총회에서 의사결정을 쉽게 좌우할 수 있었다.

표 3-10에서 단 한 명의 최대 주주가 주주총회의 표결권의 과반수를 차지하는 경우가 조사대상 기업의 29.5%로 나타나 있고, 3인 이내의 최대 주주들이 표결권의 과반수를 차지하는 경우는 87(=29.5+29.5+28)%로 나타나 있다.

그런데 스웨덴의 경우 전통적으로 몇몇 소수 거대 금융가문이 주요 기업들에 대해 큰 소유지배력을 행사해왔다. 이들 금융가문들은 주식회사의 주식을 직접 매입하거나 아니면 투자회사 등 금융기관을 통해 주식을 간접적으로 매입하는 방식으로 주식회사들에 대해 강력한 소유지배력을 행사해왔다. 또 그들이 소유지배력을 행사하는 은행의 대부활동을 통해 많은 기업들을 통제하기도 했다. 1960년대 말까지는 소위 '15대 가문'(de femton familjerna)이, 1970년대 이후엔 소위 '10대 가문'(de tio familjerna)이 스웨덴 경제를 지배해온 것으로 거론되어왔다.[16]

그 중에서도 대표적인 것이 발렌베리(Wallenberg) 가문이었다. 이미 19세기 중엽에 거대 금융가문으로 성장한 발렌베리 가문은 주요 주식회사들에 대한 직접적 주식 구매와, 자신의 소유지배력하에 있는 투자회사 인베스토르(AB[17] Investor) 및 프로벤시아(Förvaltnings AB Proventia)를 통한 간접적 주식 구매를 통해 스웨덴 굴지의 기업들에 대해 소유지배력을 행사해왔다. 게다가 그들이 소유지배력을 행사하는 스웨덴 최대의 민간 상업은행 스칸디나비스카 엔휠다 방켄(Skandinaviska Enskilda Banken 스칸디나비아 개인은행)의 대부 활동을 통해 많은 기업들을 통제해왔다. 그림 3-4는 발렌베리 가문이 주요 기업들에 대해 소유지배력을 행사하는 방식을 나타낸 것이다.

그림 3-4에서의 수치들은 주주총회에서 차지하는 표결권의 비중이다. 예컨대 발렌베리 재단은 AB Investor의 주주총회에서 전체 주주의 표결권의 23%를 보유하며, AB Investor는 Incentiv AB의 주주총회에서 전체 주주의 표결권의 2%를 보유한다. 주식 중에는 표결권 수준이 다른 주식들이 있기 때문에 표결권의 비중과 주식보유액의 비중이 정확하게 일치하지는 않는다. 스웨덴의 경우 대체로 거대 주주들이 소유한 주식들은 표결권 비중이 큰 것이어서, 거대 주주들은 그들의 주식 보유액 비중보다 큰 표결권을 행사해왔다.

이 기업들은 대부분 산업 및 금융 분야에서 스웨덴을 대표하는 거대 기업들이다. 그런데 이 그림에는 발렌베리 가문의 소유지배력하에 있는 대표적인 기업들만이 표시된 데다, 이 그림에 나타나 있는 기업들이 다시 자회사를 갖고 있거나 다른 기업들의 주식을 보유하고 있는 경우가 많기 때문에, 발렌베리 가문이 스웨덴 경제에 대해 행사하는 소유지배력은 이 그림에 나타나 있는 것보다 훨씬 컸다. 또 발렌베리 가문은 그들이 기업들에 대

---

16 스웨덴의 금융가문들의 형성 과정과 현황을 자세히 설명해주는 연구로는 Hermansson (1981: 164-213) 참조.

17 회사명에서 흔히 발견되는 'AB'는 'aktiebolaget'(주식회사)의 약자다.

〈그림 3-4〉 1979년 현재 발렌베리 가문이 큰 소유지배력을 행사하는 기업군

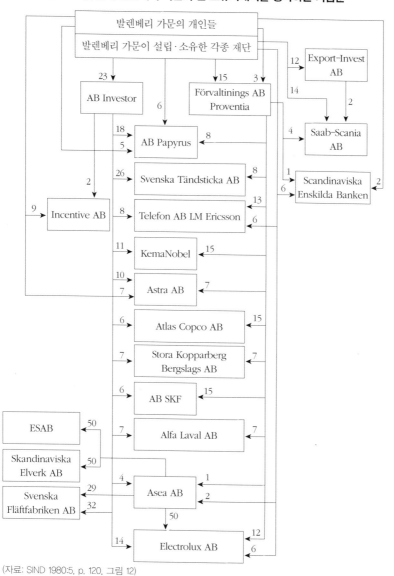

(자료: SIND 1980:5, p. 120, 그림 12)

스웨덴의 거대 기업

그림 3-4의 기업들 중 주요 기업들의 현황은 다음과 같다.
(알파벳 순)

- AB Investor: 발렌베리 가문이 확실한 소유지배력을 행사하는 투자회사. 스웨덴의 주요 기업들의 주식을 매입하여, 이 기업들에 대해 발렌베리 가문이 간접적으로 소유지배력을 행사하도록 해주는 역할을 담당. 1985년 현재 AB Investor는 스웨덴의 모든 투자회사 중 자기자본가치 순위 1위.

- AB SKF: 볼베어링 분야의 세계적 기업. 1985년 현재 스웨덴의 모든 기업 중 매출액(이하 수출액 포함) 순위 9위, 피용자 수(이하 해외 피용자 수 포함) 순위 10위.

- AB Papyrus: 제지, 판지, 목재, 수지(樹脂) 분야에서 스웨덴을 대표하는 기업.

- Alfa Laval AB: 축산기기 분야 세계적 기업. 1985년 현재 스웨덴의 모든 기업 중 매출액 순위 27위, 피용자 수 순위 28위.

- Asea AB: 발전기, 원자력 발전기기, 기타 전기기기 분야에서 스웨덴 최대의 기업이자 스웨덴의 대표적 다국적 기업 중 하나. 1985년 현재 스웨덴의 모든 기업 중 매출액 순위 3위, 피용자 수 순위 6위. Asea는 스웨덴의 주요 기업들의 주식을 많이 매입하여, 발렌베리 가문의 산업지배력을 강화시키는 데 큰 역할을 해왔다. 1988년에 스위스의 Brown Boveri 그룹과 주식지분 50 대 50 비율로 ABB(Asea and Brown Boveri)로 통합되었다. Asea는 스웨덴을 대표하는 전문경영인을 많이 배출한 것으로도 유명하다. 예컨대 1976-84년에 SAF 의장으로서 재계의 기금반대운동을 총지휘한 니콜린(Curt Nicolin), 1990년대에 들어 스웨덴을 대표하는 최고의 전문경영인이자 재계 최고의 실력자로 꼽혀온 바르네빅(Percy Barnevik) 등이 Asea 출신으로, 발렌베리 가문과 긴밀한 협력관계를 일구어왔다.

- Astra AB: 스웨덴 최대의 의약제품 생산 기업. 1985년 현재 스웨덴의 모든 기업 중 매출액 순위 40위, 피용자 수 순위 49위.

- Atlas Copco: 광업기기, 압축기 생산 분야의 스웨덴 최대 기업. 1985년 현

재 스웨덴의 모든 기업 중 매출액 순위 26위, 피용자 수 순위 21.

- Electrolux AB: 가전제품 분야의 스웨덴 최대 기업이자 스웨덴을 대표하는 다국적 기업의 하나. 1985년 현재 스웨덴의 모든 기업 중 매출액 순위 4위, 피용자 수 순위 1위.

- Förvaltnings AB Providentia: 투자회사로 1985년 현재 스웨덴의 모든 투자회사 중 자기자본가치 순위 4위.

- Saab-Scania AB: Volvo와 더불어 스웨덴의 양대 자동차생산 기업의 하나로, 주로 고급승용차와 화물수송차를 생산해왔다. 1985년 현재 스웨덴의 모든 기업 중 매출액 순위 6위, 피용자 수 순위 9위.

- Skandinaviska Enskilda Banken: 스웨덴 최대의 민간 상업은행. 투자회사인 AB Investor와 더불어 발렌베리 가문이 행사하는 경제적 권력의 양대 원천으로 평가된다. Skandinaviska Enskilda Banken(스칸디나비아 개인은행)은 1971년에 Stockholms Enskilda Banken과 Skandinaviska Banken이 통합되면서 생겨났는데, 이 중 Stockholms Enskilda Banken은 19세기 중반에 설립될 때부터 발렌베리 가문의 강력한 소유지배력하에 있어왔다. 스웨덴의 경우 은행과 산업 부문의 기업들 간의 대부-차입관계가 매우 안정적이었다. Stockholms Enskilda Banken과 Skandinaviska Enskilda Banken은 산업부문의 주요 기업들에 대한 안정적인 대부관계를 통해 이들 기업들에 큰 영향력을 행사해왔다.

- Telefon AB LM Ericsson: 전화설비 및 전화기기 분야의 세계적 다국적 기업. 1985년 현재 스웨덴의 모든 기업 중 매출액 순위 5위, 피용자 수 순위 2위.

해 보유한 소유지배력을 매우 적극적으로 행사하는 것으로도 유명하다. 발렌베리 가문의 경제적 권력의 원천이 된 투자회사 AB Investor와 은행 스칸디나비아 개인은행의 이사회 의장이나 집행이사(verkställande direktör)직은 [18] 전통적으로 가문의 구성원이 직접 맡아, 가문의 전체적 재산 관리와 소유 기업들의 의사결정을 총지휘해왔다.

이러한 사정은 여타 거대 금융가문의 경우에도 정도의 차이는 있을망정 대동소이했다. 따라서 주식회사제도가 발전해감에 따라 소유와 경영이 분리되고, 이에 따라 거대 주식회사들에서는 전문경영인이 실질적 권력을 장악하게 된다는 '경영자혁명론'은 스웨덴의 사정과는 거리가 멀었다. 스웨덴 경제는 거대 사적 주주들이 적극적으로 소유지배력을 행사하는 전형적인 소유주지배경제였다.

많은 나라의 거대 자본가들이 흔히 그러하듯, 스웨덴의 금융가문들도 좁은 의미에서의 경제활동뿐 아니라 정치적·문화적 영역의 활동을 통해 그들의 경제적 권력을 보호·증대시키려 노력해왔다. 예컨대 발렌베리 가문은 각종 재계 단체들을 매개로 하여 부르주아 정당인 보수당과 자유당, 특히 보수당에게 막대한 정치자금을 지원하는 한편, 사민당과도 가능한 한 우호적인 관계를 맺어 자신의 경제적 권력을 유지하려 노력했다. 1960년대 말까지 스웨덴 재계가 사민당 정부와 비교적 우호적 관계를 맺어온 데는 재계의 여론을 주도해온 발렌베리 가문이 사민당 정부에 대해 협조 노선을 취한 것도 크게 작용했다(Meyerson 1985: 50). 또 발렌베리 가문은 산업 부문의 대기업들의 이익을 대변하는 이익단체인 '산업연합'(Sveriges Industriförbund)과 대표적인 민간경제연구소인 '산업연구소'(IUI / Industriens Utredningsinstitut)

---

18 스웨덴의 회사제도에서 이사회(styrelse)를 대표하는 인물은 이사회 의장(ordförande / chairman)이고, 일상적 경영업무를 총괄하는 최고 경영자는 집행이사(verkställande direktör / executive director)다. 경제적 권력의 크기라는 측면에서 통상 이사회 의장이 집행이사보다 우위에 있다.

의 설립을 주도했다. 또 대학들에 대한 재정 지원 등을 통해 지식인 사회 내에 재계의 입장을 대변하는 집단을 지원·조직하는 한편, 스웨덴 국민 사이에 인기가 높은 왕실에 대한 재정 지원을 통해 '국민자본'으로서의 이미지를 확보하는 데도 관심을 기울였다.[19] 거대 금융가문을 핵심 행위 주체로 하는 자본 측이 경제와 시민사회에서 행사하는 확고한 헤게모니와, 정치 영역에서의 사민당의 확고한 헤게모니는 스웨덴 사회를 특징짓는 기본 골간이었다. 일종의 '이중권력' 상태가 오래 지속되어온 것이다.

그런데 이렇게 소수 금융가문에게 재산과 경제적 권력이 집중되어온 데는 사민당과 LO가 취해온 정책 노선도 적잖이 일조했다고 볼 수 있다. 거대 기업 위주의 경제성장전략인 렌-마이드너 모델, 거대 기업들에게 유리하게 작용해온 법인세정책, 여타 선진 자본주의국에 비해 낮은 세율이 적용되었던 재산세정책,[20] 거대 기업들이 주도해온 SAF와, 사민당 정부, 또 LO 및 TCO 등 중앙 노조 조직들 사이에 발전되어온 조합주의적 의사결정구조 모두가 거대 기업들의 성장에 유리하게 작용했고, 따라서 거대 기업들의 주식을 집중적으로 보유한 거대 금융가문들의 재산과 경제적 권력의 성장에 기여했다. 거대 금융가문을 핵심적 행위 주체로 하는 거대 자본과, 노동조합과 사민당이라는 형태로 조직적으로 분화·정립된, 조직화된 노동 사이의 타협은 스웨덴 모델의 주춧돌이었던 것이다.

그림 3-5는 스웨덴 경제의 집중도 변화추이를 보여주는데, 이를 통해

---

19 발렌베리 가문이 행사해온 경제적·정치적·문화적 권력에 대한 자세한 설명으로는 Ortmark(1967: 155-86) 참조.

20 스웨덴의 경우 전체 조세액 중 재산세가 차지하는 비중이 미국이나 영국에 비해 훨씬 낮았다. 스웨덴 사민당이 이렇게 저율의 재산세정책을 취해온 것은 부유층의 재산을 생산적 부문으로 유입시켜 경제성장에 동원한다는 성장전략적 고려와, 농민이나 도시 자영업자, 중소기업가 등 소자산층을 핵심 지지 기반으로 삼는 농민당과 정치적 협력을 유지해야 할 필요가 있었다는 정치적 사정에 기인한다. 스웨덴의 재산세정책에 대한 자세한 설명으로는 Steinmo(1993) 참조.

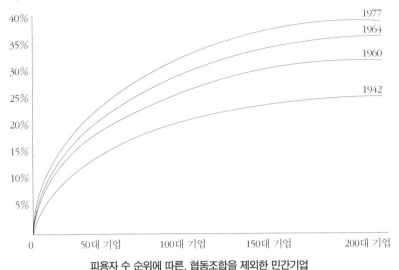

〈그림 3-5〉 1942, 1960, 1964, 1977년에 스웨덴의 거대 기업들에 속한 피용자 수가 전체 민간경제 부문의 총 피용자 수에서 차지하는 비중

피용자 수 순위에 따른, 협동조합을 제외한 민간기업

(자료: SIND 1980:5, p. 74, 그림 5.5)

시간이 경과할수록 거대 기업들이 스웨덴 경제에서 차지하는 비중이 증대되어갔음을 알 수 있다.

결국 스웨덴 사민주의 세력이 추진한 거대 기업 위주의 성장정책은 거대 기업들의 성장을 더욱 촉진하여 이들 기업들이 경제에서 차지하는 비중을 제고시키는 한편, 이들 거대 기업들의 주식을 집중적으로 소유한 사적 거대 주주들 — 그 핵심은 거대 금융가문 — 에게 재산과 경제적 권력이 집중되도록 하는 데 일조한 셈이다.

그런데 이렇게 재산과 경제적 권력이 소수 사적 주주들에게 집중되어 있는 상황은 사민주의 세력을 곤란한 문제들에 봉착하게 만든다. 우선 이러한 상황은 사민주의의 평등주의적 이념과 상치된다. 스웨덴 사민주의 세력은 조세정책과 적극적 사회정책을 통해 개인 소득과 소비의 측면에선 괄목할 만한 재분배효과를 얻을 수 있었다. 그러나 더 구조적이며 장기적 파장을 낳는 문제인 재산과 경제적 권력의 분배라는 측면에선 오히려 불균등 분배를 촉진하는 역할을 담당한 것이다. 사민주의 세력이 부르주아 세력과 구별되는 이념적 프로필을 유지하면서도 정치권력을 확보하려면, 대중의 평등주의적 요구를 부단히 불러일으키며, 또 이를 충족시켜줄 수 있어야 한다. 그런데 사민주의 세력이 추진해온 경제정책이 재산과 경제적 권력을 소수 사적 주주들에게 더욱 집중시키는 결과를 낳은 것이다. 요컨대 재산과 경제적 권력의 집중은 사민주의 세력에게, 사민주의의 정책 노선에 대한 대내적 정당성 위기를 낳기 쉽다. 기금안 입안 당시 LO가 직면했던 문제가 바로 이것이었다. LO가 그동안 추진해온 연대임금정책도 거대 기업 위주의 성장정책의 일환으로서, 고수익 거대 기업들에게 높은 이윤을 제공해줌으로써, 이들 거대 기업들의 성장에 조력해왔다는 인식이 LO 구성원들 내부에 확산되어 있었던 것이다.

이러한 상황에서 사민주의자들이 선택할 수 있는 길은 두 가지가 있다. 하나는 재산과 경제적 권력의 집중이라는 것을, 경제성장이라는 좋은 결과를 얻는 데 따르는 불가피한 부작용으로 받아들이는 것이다. 그리고 이것이 구체적인 경제문제들을 야기하는 경우에 한하여 대중적(對症的) 차원의 정책 처방으로 이에 대응해가는 길이다. 그러나 이 경우엔 사민주의의 이념적 정체성이 위기에 빠질 수 있다. 사민주의 세력은 그동안 부단히 평등주의적 이념을 정치적으로 동원해왔지만, 이것이 관철될 수 있는 영역은 매우 제한되어 있다는 점을 스스로 인정하는 셈이 되는 것이다. 이 경우 사민주의 세력은 더 이상 대중의 평등주의적·급진주의적 요구를 정치적으로 동원하기도, 또 이를 충족시켜주기도 어려워진다. 부르주아 세력과 구별되는 사민주의 세력 고유의 이념적 프로필도 그만큼 흐릿해지게 된다.

또 하나의 길은 개인 소득과 소비를 넘어 재산과 경제적 권력도 평등주의적인 방향으로 재분배하는 작업에 착수하는 길이다. 기금안이 바로 이 방향의 선택이었다. LO는 자신이 핵심적 행위주체로 참여해온 스웨덴 모델에

〈그림 3-6〉 거대 기업 위주의 성장정책의 부작용이 임노동자기금안의 제출로 귀결하게 된 과정

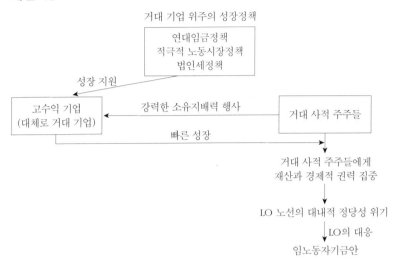

대한 노동 대중의 불만 고조라는 상황에 직면하여, 기금안이라는 소유의 사회화 전략을 통해 재산과 경제적 권력의 집중 문제를 근본적으로 타개하고자 한 것이다. 그림 3-6은 사민당과 LO가 추진해온 거대 기업 위주의 성장 전략이 재산과 경제적 권력의 집중 문제를 낳아 결국 기금안 제출로 귀결하게 된 과정을 그린 것이다.

　재산과 경제적 권력의 집중 문제와 관련하여 사민주의 세력이 봉착하게 되는 또 하나의 문제는, 재산과 경제적 권력을 집중한 거대 사적 주주들이 그들의 경제적 권력에 기초하여, 사민주의 세력의 정책을 효과적으로 무력화할 수 있는 힘을 갖게 된다는 것이다. 자본의 축적은 자본 소유주에게 경제적 선택의 폭을 늘려준다. 따라서 사민주의 세력의 정책이 거대 사적 주주들에게 불리하게 작용할 경우, 이들은 이를 피해갈 수 있는 선택을 할 수 있다. 이 문제는 기금논쟁에서는 별로 거론되지 않았으나, 1980년대 중반 이후 스웨덴 거대 기업들의 해외 직접투자가 급격히 증가한 이후 심각한 현실적 문제로 부각된다.

한편 경제생활에 대한 임노동자들의 영향력을 증대시킨다는 것은, 1975년 기금안 시안으로부터 1981년 LO-사민당 공동안에 이르기까지 기금 도입의 동기로서 한번도 빠지지 않고 제시된 것인데, 이것은 재산과 경제적 권력의 집중 문제와 동전의 양면을 이루는 문제라 할 수 있다. 소수 사적 주주들에게 집중된 재산과 경제적 권력을 임노동자기금을 통해 임노동자 집단에게 이전시킨다는 것은 결국 기업 및 산업, 나아가 국민경제 수준에서 경제생활에 대한 임노동자들의 영향력을 증진시키는 것으로 귀결될 것이기 때문이다.

앞에서 살펴본 바와 같이 1960년대 말부터 스웨덴 모델에 대한 풀뿌리 노동자들의 저항이 증대되었는데, 그들이 불만스럽게 생각했던 핵심적 요

〈그림 3-7〉 스웨덴 모델에 대한 풀뿌리 노동자들의 불만이 임노동자기금안의 제출로 귀결하기까지의 과정

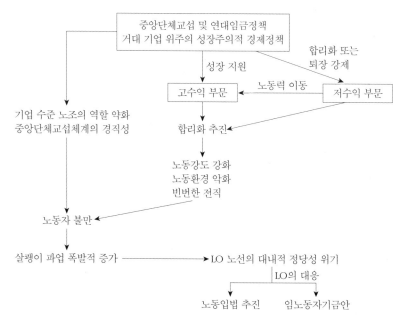

소는 중앙단체교섭과 연대임금정책이 갖는 경직성과, LO 및 사민당의 적극적 협력하에 자본의 주도로 강력하게 추진된 합리화운동에 따른 노동강도의 강화, 노동환경의 악화, 또 빠른 산업구조조정에 따른 실직 및 재취업에 따르는 고통 등이었다. 또 1960년대 후반에 진행된 스웨덴 사회의 정치문화의 전반적 급진화 추세도 스웨덴 모델에 대해 노동자들이 좀더 적극적으로 불만을 표출하도록 하는 배경으로 작용했다. 이러한 불만은 무엇보다도 1970년대에 활발히 추진된 노동입법 작업의 추동력으로 작용했지만, 기금안 입안자들은 이 문제를 해소하는 것도 기금 도입의 동기로 삼았다. 즉 각종 노동입법을 통해 기업 내에서 임노동자들의 영향력을 증대시키는 노력에 더하여, 대기업들에 대한 기금의 소유권에 기초하여 기업 수준뿐 아니라 산업 수준 및 국민경제 수준에서도 임노동자들의 영향력을 한층 더 강화시킬 것을 도모한 것이다. 그림 3-7은 스웨덴 모델에 대한 풀뿌리 노동자들의 불만이 기금안의 제출로 귀결하기까지의 과정이다.

2) 논쟁구도

임노동자기금 도입의 동기로서 재산분배의 균등화가 제시된 데 대해, 많은 기금안 반대자들은 스웨덴의 경우 전체 가계재산에서 주식이 차지하는 비중이 경미하기 때문에, 기금제도를 통해 주식 소유 분배 구조를 변화시킨다 해도, 이를 통해 재산분배를 균등화하는 효과는 경미할 것이라는 점을 지적했다(Öhman 1982a: 34, Lindbeck 1982: 21-23, Sveriges Industriförbund och Svenska Arbetsgivareföreningen 1976: 18). 실제로 스웨덴 가계의 재산 구성에서 주식이 차지하는 비중은 경미했다. 표 3-11은 1975년 현재 전체 가계재산의 내용별 구성을 보여주고 있는데, 전체 가계재산에서 주식이 차지하는 비중은 7.9%다.

그러나 이러한 지적은 문제의 핵심을 비껴가는 것이었다. 기금안의 진정한 관심사는 재산 일반의 균등 분배가 아니라 경제적 권력을 동반하는

〈표 3-11〉 1975년 현재 전체 가계재산의 내용별 구성 (단위: %)

부동산	은행예금	주식	청구권	채권	자동차와 보트	기타 내구 소비재	비품	기타	총계
51.0	19.8	7.9	5.1	2.0	5.2	2.8	2.7	3.3	100

(자료: SOU 1979: 9, p. 44, 표 4:8)

주식재산이 소수 사적 주주에게 집중되어 있는 상태를 시정하는 것이었다.

또 몇몇 기금안 반대자들은 소수 금융가문이 주식시장을 지배하는 것처럼 묘사하고 있는 기금안은, 주식시장의 실상을 왜곡하고 있다고 주장했다. 실제로 전체 주식액의 과반은 개인주주가 아니라 기관투자가에 의해 소유되어 있는 데다 기관투자가의 주식 소유 비중은 갈수록 증가해왔다는 것이다(Lindbeck 1982: 42-46, Sveriges Industriförbund och Svenska Arbetsgivareföreningen 1976: 84-86). 많은 주식회사의 주주총회에서 의사결정을 좌우하는 거대 주주는 개인주주들이 아니라 기관투자가들이라는 것이다. 따라서 금융가문과 같은 소수 사적 주주들이 압도적인 경제적 권력을 행사하는 것으로 오해해서는 안된다는 것이다.

일단 스웨덴의 주식시장에서 기관투자가의 소유 비중이 증대해온 것은 사실이다. 표 3-12는 1975년과 1979년에 스웨덴의 전체 상장기업에서의 주식 소유 분배 구조를 나타내주고 있다.

표 3-12에서, 1975년과 1979년 모두에서 기관투자가들이 개인주주들보다 많은 주식을 갖고 있었으며, 1975년에 비해 1979년에 기관투자가의 소유 비중이 크게 증대되었음을 알 수 있다. 또 막대한 주식을 소유한 거대 주주들의 대종이 기관투자가들이었던 것도 사실이다. 표 3-13은 1979년 12월 31일 현재 스웨덴의 17대 주주의 순위를 나타낸 것인데, 여기에 속한 주주들은 모두 보험회사나 투자회사, 공적 연금기금과 같은 기관투자가들이다.

그러나 그렇다고 해서, 거대 개인주주들이 매우 제한된 소유지배력만을 행사하고 있는 것처럼 기금안 반대자들이 주장한 것도 사실을 크게 호

〈표 3-12〉 1975년과 1979년에 전체 상장기업에서의 주식 소유 분배 구조 (단위: %)

소유주 범주	총 주식액에서 차지하는 비중	
	1975년	1979년
개인	47	36
외국인 투자가	4	4
투자회사	13	14
보험회사, AP 기금	11	15
기타 기관투자가	25	31
기관투자가 합계	49	60

(자료: SOU 1982: 28, p. 17, 표 2.3)

〈표 3-13〉 1979년 12월 31일 현재 17대 주주 (단위: 백 만 크로나)

순위	주주	범주	주식 소유액
1	Skandia	보험회사	1,690
2	Trygg-Hansa	보험회사	1,450
3	SPP	보험회사	1,300
4	Custos	투자회사	1,110
5	제 4 AP 기금[21]	공적 연금기금	1,044
6	Asea	산업기업	886
7	Investor	투자회사	857
8	Beijerinvest	투자회사	816
9	Proventia	투자회사	780
10	Industrivärden	투자회사	700
11	Knut & Alice Wallenberg 재단	재단	584
12	Svenska Handelsbanken 연금재단	재단	500
13	Kinnevik	투자회사	424
14	Cardo	투자회사	325
15	Protorp	투자회사	310
16	Folksam	보험회사	300
17	SAF	이익단체	300
		계 13, 376(상장기업 주식총액의 28%)	

(자료: Ibid., p. 25, 부록 2.A)

도하는 측면이 있었다. 표 3-13에 나타난 기관투자가들의 상당수는 다시 거대 금융가문의 강력한 소유지배력하에 있었던 것이다. 예컨대 Knut & Alice Wallenberg 재단은 발렌베리 가문이 가문의 재산 관리를 위해 설립한 재단이었으며, 투자회사인 Investor와 Proventia는 발렌베리 가문이 강력한 소유지배력을 행사하는 투자회사로, 발렌베리 가문은 이들을 수많은 주식회사들에 대해 간접적으로 소유지배력을 행사하기 위해 지주(持株)회사로 활용해왔다. 또 산업 부문의 기업인 Asea도 전통적으로 발렌베리 가문이 강한 소유지배력을 행사해온 기업이었다. 또 투자회사 Beijerinvest는 금융가 안더스-발(Anders-Wall)의 소유지배력하에 있었고, 투자회사 Kinnevik은 스텐벡(Stenbeck) 가문과 클링스포르(Klingspor) 가문의 압도적 소유지배력 하에 있었다. 또 많은 거대 기관투자가들은 상호 주식 소유와 다양한 인적 결합을 통해 서로 긴밀한 협력관계를 유지하고 있었다. 요컨대 스웨덴 주식시장에서 기관투자가들의 비중이 증대되어왔다는 것은 거대 금융가문들의 소유지배력이 약화되어왔다는 것을 의미한다기보다는, 거대 금융가문들이 상대적으로 작은 양의 주식 소유를 통해 더 많은 기업들에 대해 소유지배력을 행사할 수 있는, 매우 효율적인 소유지배방식을 발전시켜왔다는 점을 보여준다고 해석할 수 있다는 것이다.

부르주아 진영의 논자들을 포함하여 대다수 기금안 반대자들도, 스웨덴에서 주식이 과도하게 불균등하게 분배되어 있어서 이를 시정할 필요가 있다는 점은 인정했다. 부르주아 진영의 논자들이 주식 소유의 과도한 편중을, 시정되어야 할 중요한 문제로 인정한 것은, 무엇보다도 주식 소유의 과도한 편중으로 인해, 경제성장을 위해 필수적으로 요구되는, 기업의 높은 수익률에 대한 사회적 관용 수준이 낮아진다는 우려 때문이었다

---

21 제 4 AP 기금은 AP 기금의 하나로, 1979년 당시 AP 기금 중 유일하게 주식을 구매하는 데 자금을 투자할 수 있었다.

(Öhman 1982a: 38, Lindbeck 1982: 31-33, Sveriges Industriförbund och Svenska Arbetsgivareföreningen 1976: 19). 그러나 기금안 반대자들은 이 문제를 해결하기 위한 방안으로서 기금안은 부적절하다는 점을 역설했다.

무엇보다도 부르주아 진영의 대다수 논자들은 주식 소유 편중 문제에 대한 합당한 해결책은 더 많은 시민들이 개인적으로 주식을 소유하도록 촉진하는 정책을 시행하는 것이지, 임노동자기금과 같이 기존 주주들의 재산에 대한 몰수에 기초하여 조성되는 집단적 기금제도를 도입하는 것이 아니라는 점을 강조했다. 예컨대 '발덴스트룀 보고서'의 책임집필자인 발덴스트룀(Erland Waldenström)은 1975년 기금안 시안이 발표된 후 경제학회(Nationalekonomiska Förening)가 개최한 토론회에서, "마이드너가 제안하고 있는 [재산의] 재분배방식은……전적으로 부정적인 성격의 것이다. 일단(一團)의 개인저축자들의 재산을 탈취해서는, 이것을 다른 어떤 개인에게도 나누어주지 않겠다는 것"이라고 비판한다(Waldenström 1976: 76). 기금안이 기존 주주들의 소유권을 침해하며, 개인 지분을 허용하지 않는 집단적 주식 소유 제도라는 점을 겨냥한 것이다.

그런데 마이드너 그룹이 집단적 주식 소유 제도인 기금안을 구상한 것은, 개인 지분에 기초한 이윤분배제도는 재산의 균등 분배에는 어느 정도 기여할 수 있을지 몰라도, 경제적 권력의 재분배에는 거의 기여할 수 없다는 생각 때문이었다. 기금안에 반대한 우파 사민주의자 외만(Berndt Öhman)도 단지 주식 소유를 더 많은 시민들에게 분산시키는 것만으로는 기존 거대 주주들에게 편중된 경제적 권력을 분산시키는 효과를 낳을 수 없다는 점을 인정한다. 단지 더 많은 소액 주주들을 만들어내는 것만으로는 기존 거대 주주들이 주식시장에서 행사해온 막대한 권력을 견제하지도 못할 뿐더러, 주식 소유가 지나치게 분산될 경우에는 대주주가 주식회사에서 수행하는 적극적 소유주 기능을 훼손하는 측면도 있다는 것이다. 따라서 주식 소유는 어떻게든 조직될 필요가 있다는 것이다(Öhman 1982a: 32). 그러나 외만은 기금안이 노동조합이 관리하는 임노동자기금이라는 새로운 거대 주주를 만들어내어 노동조합에게 압도적인 경제적 권력을 집중시키는 방안이라는 점에서 반대한다.

임노동자기금안에 대한 대안으로서 그가 제안하는 것은 서로 독립적이면서 규모가 그리 크지 않은 새로운 기금을 여러 개 만들어내는 방안이다. 새로이 조성될 기금들은 서로 독립적으로 조직·운영되며 주식시장에서 서로 경쟁해야 한다. 그럴 때에야 경제적 권력의 집중이 억제되고 기금 자금이 효율적으로 운영될 수 있다. 또 이러한 새로운 기금들을 조성하는 것 외에도 기존의 AP 기금에 의한 주식 소유를 촉진하거나 노사 합의에 따라 개별 기업 수준에서 운영되는 임노동자 주식 소유 참여제도를 도입하는 것도 고려할 수 있다. 이를 통해 전체적으로는 다양한 소유주체와 활동 범위, 운영방식을 갖는 여러 개의 기금으로 이루어진 '얼룩덜룩한'(bråkig) 한 기금제도를 마련할 수 있다는 것이다. 이러한 기금제도는 한편으로는 주식시장에서 상당한 영향력을 행사할 수 있는 조직화된 새로운 기관투자가들을 만들어냄으로써, 기존 소수 주주들에게 편중된 경제적 권력을 분산시키는 한편, 주식시장에서의 경쟁 증대를 통해 주식시장의 효율화를 촉진할 수 있다는 것이다(Ibid., pp. 111-17). 결국 외만의 구상은 주식 소유의 편중 문제에 대한 해결책과 관련하여, 더 많은 개인들에게로 주식 소유의 분산을 주장하는 부르주아 진영 논자들의 입장과, 집단적 주식 소유 제도 구상인 기금안 사이의 중간 노선이라고 볼 수 있다.

사민주의 진영의 논자들 중에서 임노동자기금안에 대해 가장 격렬하게 반대한 린드벡(Assar Lindbeck)도 주식 소유 편중 문제에 대한 해결책으로서 외만과 유사한 구상을 제안하였다. 린드벡은 경제적 권력을 분산시키는 방안은 여러 가지가 있을 수 있지만 새로운 유형의 '자본기금'(kapitalfonder)을 설립하는 방안도 상정 가능하다고 본다. 그런데 이렇게 새로운 유형의 자본기금들을 설립할 때에 반드시 고려되어야 할 근본적인 전제조건은 이러한 기금제도가 분권화된 경제체제, 즉 시장경제와 양립 가능해야 한다는 것이다. 분권화된 경제체제와 양립 가능한 기금제도가 갖추어야 할 조건으로는, 첫째, 다수의 기금들로 구성되어야 하며, 둘째, 기금들이 서로 독립적이어야 하며, 셋째, 기금들이 각기 서로 인적 구성이 다른 이사회를 가져야 한다는 점을 들고 있다. 상정 가능한 구체적인 방안으로서 그는 기존의 AP 기금으로부터 그리 규모가 크지 않은 '주식기금(aktiefoner)'을 뽑아내는 방안과, 부가가치세 등에 기초하여 재원이 조달되고, 개인지분 원리에 기초하며, 다양한 시민층을 대표하는 이사회를 갖는 '시민기금(medborgarfonder / citizens' funds)'을 여러 개 설립하는 방안을 제안한다. 요컨대 '기금다원주의(fondpluralism)'가 실현되어야 한다는 것이다(Lindbeck 1982: 25-27).

결국 경제적 권력의 재분배 문제와 관련하여 기금안 반대자들이 전개한 반대 논변의 핵심은, 기금안이 노동조합에게 경제적 권력을 집중시킴으로써 기존의 사적 거대 주주들보다도 더 막강한 새로운 경제적 권력 독점자를 만들어내리라는 것이었다.

그런데 기금안 입안자나 지지자들은 기금안을 '경제민주주의(ekonomisk demokrati)'의 진전이라는 측면에서 정당화했다. 직접생산자인 임노동자 집단이 기업의 소유권과 경영권을 장악하는 것이 경제민주주의의 요체이며, 이는 민주주의 원리가 경제 영역으로까지 확장 적용되는 것을 의미한다는 것이다. 또 이는 보통선거권 쟁취로 대표되는 정치적 민주주의의 달성으로부터 시작하여, 복지국가의 확립으로 대표되는 사회적 민주주의(sociala demoktati)를 거쳐 경제민주주의로 진전해가는, 스웨덴 사민주의 운동의 민주주의 발전 프로젝트의 마지막 단계라는 것이다(Gustafsson, Bo 1981: 151-55, Edin, Per-Olof, & Anna Hedborg 1980: 114). 기금안에 반대한 부르주아 진영의 논자들이나 우파 사민주의자들은 물론 이러한 '경제민주주의론'에 대해서도 비판했다.

발덴스트룀 보고서 작성에도 참여한 바 있는 주류 경제학자 메이에르손(Per-Martin Meyerson)은 민주주의적 정당성원리를 기금안 지지자들과는 다른 방식으로 해석한다. 선거에 의해 구성된 권력만이 민주주의적 정당성을 갖는 것은 아니라는 것이다. 선거를 통해 구성된 권력이 아니더라도, 맡겨진 소임을 효과적으로 달성해냄으로써 사후적으로 정당성을 인정받을 수도 있다는 것이다. 예컨대 기업에서 핵심적 의사결정권을 사적 소유주가 배타적으로 행사하더라도, 그의 의사결정이 결과적으로 노동자와 소비자의 욕구를 모두 잘 충족시켜주었다면 그의 기업 활동은 민주주의적 정당성을 인정받을 수 있다는 것이다(Meyerson 1981: 40).

린드벡도 메이에르손과 유사한 견해를 표명한다. 민주주의문제를 의사결정절차라는 측면에서만 바라보아서는 안 된다는 것이다.

> 많은 의사결정이 정치적 회합이나 노동조합 회의를 통해 이루어지게 된다는 것만으로 그 사회가 더 좋아지거나 더 민주주의적으로 되는 것은 아니다. 만일 이런 방식으로 이루어지는 결정들만이 민주주의적 관점에서 "정당한" 것으로 간주되어야 한다면, 비록 오랜 세월에 걸쳐 개인의 욕구를 충족시키는 데 있어 가족과 시장제도가 아주 효율적이라는 점이 판명되었다 하더라도, 이 제도들은 "민주주의적 정당성"을 결여하는 것으로 간주되어야 할 것이다(Lindbeck 1982: 14).

외만은 '기업민주주의(företagsdemoktati)' 개념에 대해 회의적 태도를 보인다. 기업은 1인 1표주의가 적용되어야 하는 일종의 사회라기보다는, 계약들의 집합체로 보아야 한다는 것이다.

> 민주주의가 기업 내에서 실제로 무엇을 의미하는지는 일부 기업민주주의 주창자들이 생각하는 것처럼 그리 자명하지 않다. 기업은 만인이 동일한 투표권을 가져야 하는 일종의 "사회"가 아니다. 즉 기업은 형식적 민주주의의 규칙이 적용되는 여타 조직이나 결사체처럼 자명한 "인원 테두리", 즉 확인 가능한 수의 회원들을 갖지 않는다. 그보다는 차라리 기업은 자본 소유주·자금 대부자·임

노동자·납품업자·소비자 등과 맺은 계약들의 집합을 갖고 있다고 하는 것이
더 정확할 것이다……문제는 "그런대로 적절한" 인원 테두리를 찾아주되, 사람
들마다 기업 활동에 의해 각기 다른 정도로 영향받는다는 점에 주목하는 일이
다……결론적으로 민주주의의 통상적 의사결정규칙은 기업 내에서는 그리 간
단하게 적용될 수 없다(Öhman 1982a: 41-42).

이렇게 기업이 무엇보다도 계약들의 집합체로 파악될 경우, 기업의 활
동에 대한 평가는 기업 내에서 민주주의적 의사결정규칙이 적용되고 있느
냐 여부보다는 기업이 계약을 제대로 이행하느냐 여부를 기준으로 이루어
져야 한다는 것은 자명할 것이다. 또 외만은 경제민주주의를 "경쟁 증대와
의사결정의 민주화를 통해 달성되는 권력 분산의 요구"로 해석하고, 민주
적 사회란 "많은 결정이 개인들과 개별 기업들에 의해 이루어지는 강력하
게 분권화된 사회"라고 본다(Öhman 1982a: 39-40). 이러한 시각을 가진 외
만에게 있어 임노동자기금제도는 오히려 경제민주주의를 훼손하기 쉬운
제도일 수밖에 없었다.

린드벡이나 외만이 정치적 민주주의 원리를 경제 영역에 그대로 적용
할 수 없다는 점을 강조한 데 반해, 사민주의 계열의 정치학자 엘반데르(Nils
Elvander)는 거꾸로 임노동자기금안이 정치적 민주주의 원리의 핵심인 1인
1표주의에 위배된다는 점을 문제삼았다. 그는 1978년 LO-사민당 공동안에
대한 비판에서 기금안은 경제적 권력을 모든 시민이 아니라 오직 임노동자
집단에게만 부여한다는 점에서, 모든 국민에게 동일한 투표권을 부여한다
는 정치적 민주주의 원리에 위배된다는 점을 공격한다.

만일 경제민주주의를 정치적 민주주의의 작용범위의 [경제 영역으로의] 확
장으로 정의한다면, 사적 소유주의 경제적 권력을 특정 이익단체에게 이전
시키는 것은 경제민주주의와 양립할 수 없다. 그대신 경제적 권력은 시민들

(medborgarna)을[22] 대표하는 조직에게 이전되어야 한다. 이것이야말로 생산과 생산물의 분배에 대한 의사결정권이 전체 인민의 수중으로 이전되어야 한다는, 사민당 강령의 고전적 명제에 잘 부합되는 방식이다. 경제민주주의 또는 사회 주의는……**모든** 시민이 경제 **전체**에 대해 압도적인 영향력을 행사할 것을 보장 받는다는 것을 의미한다. 사회민주주의는 단지 임노동자정당인 것이 아니라 시민정당(medborgarparti)인 것이다……[기금안은] 1인 1표라는 민주주의의 근본원리에 위배된다. 기금제도의 지도부가 선출될 경우, 이 조직은 아마도 자의적으로 결정된 차별화된 비중의 투표권이 이러저러한 집단들에게 부여된, 조합주의적 이익 집단 대표조직이 될 것이다. 따라서 기금안은 비민주주의적이다!(Elvander 1978: 151, 강조 표시 엘반데르)

또 이렇게 정치적 민주주의 원리에 근본적으로 위배되는 기금제도가 도입되면 노동조합에게 경제적 권력이 집중될 것인 데다, 스웨덴의 정치 상황을 고려할 때 사민주의자들만이 기금 지도부 위원으로 선출될 것이므로, 스웨덴 사회는 다양한 의견이 사실상 허용되지 않는 폐쇄적 사회로 변모하리라는 것이다.

분산되어 있고 상호 경쟁하는, 따라서 통제하고 영향을 미치기가 상대적으로 쉬운 사적 자본주의와는 달리, [기금제도가 도입되면] 임노동자권력은 일괴암적으로 되고 막중해질 것임에 틀림없다……그 누구도 감히 거역할 수 없는, 정치적 권력과 경제적 권력의 융합이 이루어지지 않겠는가? [기금안이 구상되는] 종이 위에서는 아무리 다원주의적 기금제도가 고안되고, 사회 전체의 이익이 관철될 수 있도록 해주는 많은 형식적 보장이 마련된다 하더라도, 실질적 권

---

22 스웨덴어 'medborgar'는 국법에 의해 국민으로서의 권리와 의무를 부여받는 모든 사람들을 의미한다. 영어의 'citizen'에 해당되는 용어다. 'medborgarna'는 'medborgar'의 정관사형이다.

력이 소수의 노동조합 지도자들과 노동조합에 의해 고용된 전문가들의 수중으로 집중되는 것을 막을 수 있을까? 이러한 제도에서는 상호 견제하는 세력들과 상호 독립적이며 상호 경쟁하는 권력의 중심들이 별로 많지 않다……기금제도가 정치적 민주주의와 양립 가능하리라고 믿기 어렵게 만드는 으뜸가는 이유는 기금 지도부가 정치적으로 동질적인 집단에 의해 채워질 것이 분명하다는 점에 있다. 이윤분배제도하에서의 노동조합 선거에서는 거의 사회민주주의자들만 선출될 것이다……따라서 임노동자기금의 조합주의적 사회는 결국 더 큰 침묵이 흐르는 폐쇄적 사회가 될 수 있다(Ibid., pp. 155-56).

이러한 시각에 기초하여 엘반데르는 기금안에 대한 대안적 기금안을 제안한다. 민주주의 원리에 충실하면서도, 경제회생을 위한 집단적 자본형성을 강화하고, 이윤 균분을 달성케 해주는 기금제도를 도입할 수 있다는 것이다. 이러한 기금제도는 무엇보다도 스웨덴 사민주의 운동의 전통적 이념 노선인 기능사회주의 노선에 기초하여 구성되어야 한다.

기능사회주의의 길을 계속 가라! 자본 소유의 기능들을 단계적으로 사회화하는 것이 기금사회주의에 비해 열등한 형태의 경제민주주의라는 점을 설득력 있게 보여준 사람은 아무도 없었다. 오히려 기능사회주의야말로 유일하게 민주주주의적인 사회주의 형태다. 왜냐하면 기능사회주의는 생산과 생산물의 분배에 대한 의사결정권을 **전체** 인민의 수중에 두며, 위험스런 권력 집중을 야기하지 않기 때문이다.(Ibid., p. 156, 강조 표시 엘반데르)

구체적으로 이윤 균분을 위해서는 임노동자 집단뿐 아니라 모든 시민이 소유·관리하는 '사회적으로 소유된 구조기금'(samhällsägda strukturfonder)를 도입하고, 경제회생을 위한 집단적 자본형성을 위해서는 1978년 LO-사민당 공동안에서의 발전기금과 유사한 기금제도를 도입하되, 기금 이사회

위원들을 모든 유권자들의 투표에 의해 선출하도록 한다는 것이다.

린드벡도 기금안이 경제적 권력을 노동조합에게 집중시키는 결과를 낳으리라고 격렬하게 비판한다. 그는 아예 '임노동자기금'이라는 용어 대신 '노동조합기금'(fackföreningsfonder)이라는 용어를 사용한다. 기금안이 관철될 경우 실제로 경제적 권력을 장악하는 것은 일반 임노동자 대중이 아니라 노동조합 간부들일 것이라는 점을 강조하는 것이다.

> 노동조합기금에 대한 LO-사민당 안이[23] 관철된다면, 몇몇 거대 사적 금융가문으로부터 "임노동자들"에게로 재산과 소유권력이 이전되는 것이 아니다. 노동조합 지도자들과 또 아마도 정치인들이 통제하는 재산을 형성하기 위해, 기업과 400만 임노동자 개인들의 수입이 조세 증가를 통해 탈취당하게 되는 것이다.[24] 이와 더불어 소유권력은 수백 개의 기관들로부터 **조직으로서의** 노동조합 운동으로 이동하는 것이다.(Lindbeck 1982: 45-46, 강조 표시 린드벡)

또 린드벡은 기금안이 관철되면 장기적으로는 노동조합이 기업들의 지배주주가 될 것이므로, 노동조합은 전통적인 노동조합의 기능에 더하여 소유주 기능 및 이에 기초한 경영자 기능까지 담당하게 되어, 그 누구도 넘볼 수 없는 막강한 권력 집단으로 발전하게 될 것이라고 경고한다. 단일한 소유주–사용자–노동조합조직이 출현하게 되리라는 것이다(Ibid., 50). 노

---

23 1978년 LO-사민당 공동안을 지칭.

24 앞에서 살펴본 바와 같이, 1978년 LO-사민당 공동안은 임노동자기금안과 발전기금안으로 구성되어 있었다. 임노동자기금의 경우 1976년 LO안에서와 마찬가지로 대기업들의 과세 전 이윤의 20%를 기여금으로 삼아 기금재원을 조달하도록 되어 있었는데, 이는 기업들의 기존 주주의 입장에서 보면 기업에 대해 추가적 법인세를 부과한 것과 유사한 효과를 낳는다. 또 발전기금의 경우엔 모든 기업가수입과 임금으로부터의 기여금으로 재원을 조달하기로 했다. 즉 일종의 개인소득세를 부과하는 셈이다. 린드벡이 위 인용문에서 '조세 증가'를 거론한 것은 1978년 공동안의 이러한 내용을 지칭한 것이다.

동조합이 'SAFLO'로 발전하리라는 것이다(Lindbeck 1979a: 55-56). 즉 SAF의 기능과 LO의 기능을 동시에 담당하는 새로운 권력체가 형성되리라는 것이다. 이러한 권력집중체가 출현하게 되면 그 누구도 감히 이를 비판하기 어려워질 것이므로, 결국 언론의 자유가 사실상 소멸하여 정치적 민주주의와 문화의 다양성이 쇠퇴할 것이라는 주장이다. 또 주의해야 할 사실은 미래에 기금을 관리할 지도부는 현재의 노동조합 지도자들과는 성격이 크게 다를 것이라는 점이다.

> [기금의] 작용에 대해 판단함에 있어 고려해야 할 것은 미래에 기금을 관리할 사람들은 현재의 노동조합 지도자들이 아니라는 점이다. 현재의 노동조합 지도자들은 사용자나 정치인, 관료 등 사회의 여타 권력 집단을 견제하여 사회 전체적으로 권력관계의 **균형을 이루는** 일을 과제로 삼는 조직에서 일해왔다. 노동조합이 관리하는 거대한 기금들을 가진 사회에서 **미래의** 노동조합 지도자들에게는 권력을 열망하는 사람들이 반드시 달라붙게 될 것이다. 기금이라는 새로운 조직에서 관리·전문가·행정가로 일하게 될 학자들이 그 대표적 사례다. (Lindbeck 1982: 39, 강조 표시 린드벡)

사민주의 계열의 사회학자 코르피(Walter Korpi)도[25] 엘반데르와 마찬가지로 경제민주주의의 의미를 경제 영역으로까지 1인 1표주의를 확장 적용하는 것으로 해석한다. 그러나 엘반데르나 외만, 린드벡 등 우파 사민주의자들이 기금안에 대해 극도로 부정적인 견해를 가졌고 경제민주주의문제에 대해서도 소극적인 태도를 보였던 것과는 달리, 코르피는 경제민주주의 프로젝트를 열성적으로 지지하는 한편 기금안에 대해서도 호의적으로 평가한다. 기금안은 스웨덴 사민주의 운동이 그간의 계급타협의 틀을 넘어

---

25 서문에서 살펴본 바와 같이, Walter Korpi는 대표적인 권력자원론자다.

사회주의로의 이행에 본격적으로 착수했다는 것을 보여주는 기획으로서, 만일 기금안이 관철된다면 이는 경제민주주의의 진전 과정에서 결정적으로 중요한 진보가 달성된다는 것을 의미한다는 것이다(Korpi 1978: 363-64). 다만 그 구체적 내용에 있어 기금안은 모든 시민이 아니라 오직 임노동자들만을 기금의 소유·관리 주체로 삼고 있다는 점에서 정치적 민주주의 원리와 충돌되는 측면이 있으므로, 임노동자기금 대신 모든 시민을 기금의 소유·관리의 주체로 포괄하는 시민기금을 도입하는 것이 더 바람직하다는 것이다. 코르피의 시민기금안의 골자는[26] 다음과 같다.

기업들의 임금 총액이나 부가가치액, 또는 양자 모두를 기금 기여금의 산정 기준으로 삼아, 기업들로부터 현금으로 기여금을 받아 각 랜(län)마다 기금을 구성한다. 이윤이 아니라 임금 총액이나 부가가치액을 기금 기여금의 산정 기준으로 삼는 것은, 이윤총액보다 규모가 훨씬 더 크기 때문에 더욱 신속하게 큰 규모의 기금자금을 조성할 수 있기 때문이다. 이렇게 재원이 조달되어 기업 외부에서 조직되는 각 기금은 서로 독립적으로 운영된다. 기금의 자금은 기업들에 투자되는데, 장기투자의 경우엔 오직 주식 구입에만 사용되어 기금이 기업들에 대해 소유지배력을 행사하도록 하고, 단기투자의 경우엔 대부에도 사용될 수 있다. 각 기금의 최고의결기관은 대의원총회로서 여기서 기금 이사회 위원들을 선출한다. 대의원총회의 대의원들은 각 랜의 모든 유권자들의 투표를 통해 선출되며, 정치정당들도 대의원에 입후보할 정당후보자를 천거할 수 있다. 기금이 주식을 구입한 기업들도 기금에 대해 상당히 독립적인 지위를 확보하도록 한다. 기업의 일상적 경영행위는 기업의 독자적 판단에 의해 이루어지도록 한다. 기금은 기업활동의 포괄적인 목표를 제시하고 기업활동에 대한 한계를 설정하는 역할만을 맡는다. 예

---

[26] 코르피의 시민기금안이 상세하게 제시되어 있는 글로는 Korpi(1980), 간략하게 정리되어 있는 글로는 Korpi(1982: 63-72), Korpi(1978: 365-66) 참조.

컨대 기업활동에 있어, 이윤추구와 여타 목표들에 각기 얼마만큼의 비중을 둘 것인가 하는 문제는 기금이 지도하도록 한다. 기금이 기업들에 대해 수행하는 역할은 기업활동을 세세히 지도하는 중앙집권적 관료기구의 역할이 아니라 투자회사들이 기업들에 대해 갖는 역할과 유사한 것이 되어야 한다.

기금이 기업들의 주식을 구입함에 따라 기금은 해당 기업들의 주주총회에서 표결권을 행사하게 되는데, 이 표결권의 일부는 해당 기업의 피용자들에게 배분되는 것이 바람직하다. 1978년 LO-사민당 공동안의 내용대로, 기금이 기업의 주식 총액의 40%를 점하기까지는 해당 기업의 피용자들과 기금에게 동일한 비율로 표결권을 부여하고, 40%를 넘어서면서부터는 추가적으로 발생하는 표결권 모두를 기금에게 부여하도록 한다. 그러나 노조는 기금 관리로부터 완전히 손을 떼어, 노조가 사용자 역할까지 맡는 사태가 발생하지 않도록 한다. 이러한 형태의 기금을 조직함을 통해 기대되는 효과는 경제회생에 필요한 집단적 자본형성을 촉진한다는 것과 경제민주주의를 신장한다는 것이다.

이상 코르피의 시민기금안의 가장 두드러진 특징은 모든 유권자들이 기금 대의원 선거에 참여할 수 있도록 하는 한편 정당들도 대의원 후보를 천거할 수 있게 함으로써 기금제도의 운영에서도 정치적 민주주의 원리를 온전히 적용시킨다는 점이다. 그리고 노동조합이 기금 관리에 관여하는 것을 막는다는 점이다. 우선 코르피가 임노동자들뿐 아니라 모든 유권자들을 참여시키는 기금제도를 제안한 것은 무엇보다도 그것만이 민주주의 원리에 부합되는 유일한 제도형태라 판단했기 때문이다. 또 임노동자들만을 기금 관리의 주체로 삼고자 할 경우엔 임노동자의 경계를 어떻게 구획할 것이냐는 그리 쉽지 않은 기술적 문제도 있다. 예컨대 고용사정이 불안정하여 때로는 취업상태에 있다 때로는 실업상태에 있는 사람들도 많기 때문에, 시민을 몇 가지 경제적 범주로 구분한다는 것이 그리 쉬운 일이 아니라는 것이다(Korpi 1980: 21-23). 또 노동조합이 기금을 소유·관리하게 되면 임노동자들의 이익을 대변하는 역할뿐 아니라 기업의 소유주 역할까지 맡게 되는데, 이러한 '이중 역할'은 바람직하지 않다는 것이다. 또 경제민주주의가 관철되는 제도형태하에서도, 기업의 일상적 경영을 담당하는 전문가들과 일반 피용자들 사이에는 대립이 발생할 수 있으므로, 노동조합은 종전대로 일반 피용자들의 이익을 대변하는 일에 역량을 집중하는 것이 바람직하다는 것이다(Ibid., p. 29).

　이러한 코르피의 기금안은 일단 임노동자기금안에 대비되는 시민기금안이라는 점에서는 린드벡이나 외만이 제안한 시민기금안과 공통점을 갖고 있다. 그러나 그 구체적 내용이나 문제의식은 판이하다. 코르피의 기금안에서 각 랜마다 조직될 기금들은 재원조달방식이나 기금 이사회의 구성방식에 있어 서로 완전히 동질적이며, 지방의회와 유사한 구성원리에 기초해있다. 코르피가 이러한 형태의 기금제도를 제안한 데는 무엇보다도 정치적 민주주의 원리의 온전한 적용이라는 문제의식이 깔려 있었다. 모든 유권자들의 투표에 의해 지도부가 구성되며 지도부 선출에서 정당들이 후보를 천거하여 서로 경쟁하는 것이야말로 정치적 민주주의의 핵심적 요소이기 때문이다.

　반면에 린드벡이나 외만은 상이한 소유주체와 운영방식, 재원조달방식을 갖는 이질적인 기금들이 공존하는 '얼룩덜룩한' 기금제도를 제안하였다. 이들이 이러한 기금제도를 제안한 것은 무엇보다도 이러한 다원적 기금제도만이 시장경제에 부합된다고 판단했기 때문이다. 즉 자본시장에서의 경생을 촉진하기 위해서는 여러모로 성질이 나르며 상호 독립적인 기금들이 여럿 공존하는 것이 바람직하다는 것이다. 또 린드벡이나 외만은 민주주의의 요체를 1인 1표와 다수결이라는 의사결정의 절차보다는 권력의 분산과 다수의 선택대안의 존재에서 찾았다. 그런 점에서 외만이나 린드벡 등 우파 사민주의자들의 민주주의관은 자유주의적인 색채를 강하게 띠고 있다고 볼 수 있다. 요컨대 코르피의 경제민주주의관의 핵심이 민주적 의사결정절차에 의해 구성·운영되는 국가나 여타 공적 기구의 의사결정범위가 경제 영역으로까지 확장되는 것이었던 데 비해, 린드벡이나 외만의 경제민주주의관의 핵심은 시장경제가 허용하는 분권성과 다원성을 유지·강화하는 것이었다.

임노동자기금안 지지자들은 이상 이러저러한 형태의 시민기금안들에 대해 반대하는 논변을 전개했다. 1981년 LO-사민당 공동안은 시민기금안에 내포된 이중적 위험성을 지적한다(LO & SAP 1981: 104-105). 시민기금제도는 한편으로는 의사결정의 중앙집권화를 초래하기 쉬우며, 다른 한편으로는 개별 기업의 운영에서 강력한 이윤지향성을 보이기 쉽다는 것이다. 통상적인 정치적 선출 절차에 따라 모든 유권자들을 선출 과정에 참여시키는 시민기금제도가 도입될 경우, 의사결정의 심급(審級)이 더욱 위로 올라가는 경향을 보이기 쉬우리라는 것이다. 의사결정의 심급이 기업에서 기금으로, 기금에서 전국적 조직으로 상향이동하리라는 것이다. 특히 환경이나 고용·기금의 재원조달과 같은 문제에서 이러한 경향이 두드러지리라는 것이다.

반면에 개별 기업 차원에서는 생산자로서의 임노동자의 이해관계보다는 소비자로서의 시민의 이해관계가 지배한다. 자본주의적 기업에서와 마찬가지로 기업의 운영방식이 강력한 이윤지향성을 보이기 쉬울 것이며, 임노동자들의 영향력 행사 요구는 적극적으로 고려될 수 없으리라는 것이다. 따라서 기금 지도부의 활동 공간을 광범위하게 허용하는 형태로 시민기금을 조직한다면 일종의 국가사회주의와 유사한 방향으로 경제체제를 바꾸는 결과를 초래할 것이고, 반대로 개별 기업의 자율성을 크게 허용하는 형태로 조직한다면 현재의 자본주의 경제체제를 거의 손대지 않고 그대로 두는 결과를 낳으리라는 것이다. 그런데 이러한 두 가지 결과 모두 바람직하지 않으므로, 시민 일반이 아니라 임노동자들이 기금의 소유 및 관리의 주체가 되어야 한다는 것이다.

임노동자기금안의 입안자인 마이드너도 시민기금안을 비판하는 논변을 전개했다(Meidner 1981: 36-41). 우선 마이드너는 엘반데르의 기금안 비판 논리를 반박한다. 엘반데르는 권력이 분산되어 있고 기업 간에 활발한 경쟁이 존재하는 현행 사적 자본주의에 비해, 임노동자기금이 지배하는 사회는 권력이 온통 노동조합에 집중된 일괴암적 사회가 되리라고 경고한다. 하지만 엘반데르가 상정하는 사적 자본주의, 즉 권력이 충분히 분산되어 있고 활발한 경쟁이 존재하는 사적 자본주의는 실제의 스웨덴 자본주의의 모습과는 크게 다르다는 것이다. 현재 스웨덴의 소유구조는 이미 고도로 집중된 양상을 보이고 있다. 따라서 논쟁에서 적절한 대립 짝은 엘반데르가 상정하듯 다원주의 대 독점적 조합인 것이 아니라, 사적 권력집중 대 집단적 단위의 수중으로의 권력집중이라는 것이다. 그리고 이렇게 소유와 권력이 분산된 사적 자본주의라는 허구적 관념을 버리고, 사적 자본가들에게 권력이 집중되어 있는 현 상황을 고수하는 대신 소유의 집단화를 선택하고자 할 경우엔, 국가사회주의냐 아니면 임노동자 집단이 생산수단을 소유·관리하는 체제냐 하는 선택이 남는다는 것이다.

마이드너는 엘반데르나 코르피가 제안한 바와 같이 국가나 준(準)국가적 공공기구가 관리하는 기금제도보다 임노동자들이 관리하는 기금제도가 바람직한 이유를 두 가지로 제시한다. 첫째, 임노동자들이 관리하는 기금제도만이, 연대임금정책으로 인해 그동안 임노동자들이 포기해야 했던 임금분을 임노동자들에게 되돌려주는 효과를 볼 수 있다는 것이다. 둘째, 소비자로서의 일반 시민들의 이익을 보호한다는 국가의 전통적 기능은 임노동자기금이 도입되어도 손상받지 않고 유지될 것이므로, 기금은 생산자로서의 임노동자들의 이익을 증진하는 데 더 초점을 맞추는 방식으로 조직되는 것이 바람직하다는 것이다. 소비자의 이해관계와 생산자의 이해관계를 균형시킨다는 것은 매우 어려운 일이나, 기업의 의사결정권을 해당 기업의 피용자와 상위 기금조직에 적절히 배분하는 임노동자기금제도야말로 상정가능한 최선의 해결책이라는 것이다.

생산자의 이해관계와 소비자의 이해관계 사이의 긴장은 소유구조를 바꾼다고 해서 제거할 수 있는 것은 아니다. 생산자본이 사회적으로 소유된 체제나 사적으로 소유된 체제 모두에서 생산자의 이해관계가 무시되는 결과를 낳을 수 있다. 유고슬라비아 유형의 노동자 자주관리기업은 소비자의 이익을 소홀히 할 위험성이 있다. 집단적 임노동자기금은 이와 달리 상호 대립되는 이해관계들 사이에 균형을 맞출 수 있는 소유형태일 수 있다. 그들의 노동조건에 대한 피용자들의 이해관계와 모든 생산자들 — 이들은 동시에 소비자들이기도 한데 — 의 우월한 이해관계가 공존할 수 있는 여지를 제공해주는 조직 모델을 발견할 수 있다는 전제 하에서……이러한 균형을 이루기 위한 가장 확실한 보장은, 주식소유로부터 나오는 의사결정권을 한편으로는 지역의 기금관리조직에게,[27] 다른 한편으로는 기업의 피용자들에게 적절히 배분해주는 것이라 생각된다(Meidner 1981: 41).

임노동자기금안과 시민기금안 사이의 논쟁 구도는 무엇보다도 기금제도가 과연 정치적 민주주의 원리에 부합되며 권력분산의 요구를 충족시킬 수 있느냐는 문제를 중심으로 형성되었다. 하지만 임노동자 집단이나 일반 시민들이 기금제도를 통해 기업의 소유에 참여할 수 있는 권리의 근거가 과연 무엇이냐는 것도 쟁점의 하나였다. 이 문제와 관련하여 시민기금안 지지자들은 시민기금안을 주장하는 논거로 크게 두 가지를 제시했다. 하나는 임노동자들뿐 아니라 여타 시민들도 경제발전에 공헌해왔다는 점이고(Korpi 1980: 22), 다른 하나는 기금제도가 어떻게 운영되느냐에 따라 임노동자들뿐 아니라 모든 시민들의 생활이 크게 영향받는다는 점이다(Öhman 1982: 43).

반면에 마이드너는 임노동자들만이 기금의 소유주체가 되어야 하는 이유의 하나로, 임노동자기금으로 적립될 이윤 기여금이라는 것을, 그동안 연대임금정책으로 인해 고수익 기업들이 누려온 초과이윤에 대한 회수로

---

27 여기에서 마이드너가 염두에 두고 있는 기금안은 1981년 LO-사민당 공동안이다.

볼 수 있다는 점을 제시했다. 그런데 이러한 '초과이윤론'은 앞에서 설명한 바와 같이 이론적으로나 경험적으로 증명될 수 없는 주장이라는 약점이 있다. 필자가 보기에 임노동자들만이 기금의 소유주체가 될 권리를 갖고 있다는 주장을 비교적 확실하게 뒷받침해줄 수 있는 유일한 이론은 착취론이다. 좌파 사민주의자인 아브라함손(Bengt Abrahamsson)과 브루스트룀(Anders Broström)은 명시적으로 마르크스의 노동가치론에 입각하여 기능사회주의론을 비판하고 기금안을 지지한다(Abrahamsson, Bengt. & Anders Broström 1979).

아브라함손과 브루스트룀은 생산수단에 대한 소유권원리로 세 가지를 거론한다. 사적 소유권(privat äganderätt), 시민권(medborgarrätt), 노동권(arbetets rätt)이 그것이다. 자본주의 사회에서 지배적인 소유권원리인 생산수단에 대한 사적 소유권을 공략할 수 있는 길로는 시민권에 기초하는 길과 노동권에 기초하는 길이 있다. 시민권이란 시민으로서의 자격으로부터 나오는 권리들로서 선거권과 피선거권이 그 핵심이다. 시민권에 기초하여 사적 소유권을 제한하는 전략이란, 시민들에 의한 선거를 통해 구성된 정부가 국가권력을 이용하여 주로 입법조치를 통해 사적 소유권의 행사에 제한을 가하는 것이다. 스웨덴 사민주의 운동은 기금안이 나오기 전까지는 시민권에 기초하여 사적 소유권을 제한하는 전략을 취해왔다. 운덴(Östen Undén)의 소유권 개념, 칼레비(Nils Karleby)의 사상, 그리고 이들의 사상에 기초하여 아들러-칼손(Gunnar Adler-Karlsson)이 개념화한 기능사회주의론이 그것이라는 것이다.

그러나 기능사회주의 노선은 근본적인 한계를 갖고 있다. 법학자들도 인정하듯이 사적 소유권에는 제한이나 이전(移轉)이 불가능한 핵심적 권리 요소들이 포함되어 있다는 것이다. 이를 전적으로 인정하든지 아니면 거부하든지 양자택일할 수 있을 뿐 적절한 수준에서 제한할 수 없는 권리 요소들이 있는 것이다. 예컨대 타인의 노동력을 구매할 권리는 단계적으로 제한할 수 없다. 이 권리가 인정되든지 인정되지 않든지 둘 중의 하나일 수밖에 없다. 또 마찬가지로 생산수단 소유주가 타인의 노동력을 구매하지 않을 권리도 제한할 수 없다. 스웨덴의 주식회사법에 따르면 주식회사의 여타 조직에는 이양될 수 없으며 오직 주주총회에만 배타적으로 귀속되는 권리들이 있다. 그리고 주식회사법은 공동결정법과 같이 기업의 피용자들이 일정한 영향력을 행사할 수 있도록 해주는 법들에 우선한다는 점이 이미 확정되었다는 것이다. 기능사회주의론에 따르면 소유권은 일련의 기능들로 구성되어 있어서 소유권의 기능들을 단계적으로 사회화할 수 있다고 하나, 소유권이란 입법조치를 통해 서로 분리해낼 수 있는 일련의 기능들로 이루어진 것이 아니라는 것이다.

스웨덴 노동운동은 스웨덴의 산업발전이 늦었다는 점으로 인해 초기에 수공업자적 성격이 강한 노동자들에 의해 주도된 데다, 보통선거권의 쟁취를 위해 자유주의자들과 긴밀히 협력해야 했던 사정을 반영하여, 이념적으로 초기부터 사회자유주의적 성격이 뚜렷했고, 이러한 전통은 지금까지도 이어져오고 있다. 기능사회주의론은 이러한 사회자유주의적 이념이 소유권문제에 적용된 형태라는 것이다. 그런데 생산수단에 대한 사적 소유권을 지양하려면 시민권에 기초한 기능사회주의 노선으로는 충분치 않다. 시민권은 정의상(定義上) 개인적이고 비(非) 집단적인 성격을 띠는데, 생산수단 소유의 사회화란 정의상 생산수단의 주인을 개인으로부터 집단으로 교체하는 일이기 때문이다.

마이드너가 제출한 기금안은[28] 생산수단 소유의 사회화를 도모하는 기획으로, 많은 사람들은 기금안을 몰수조치라 비판해왔다. 그러나 노동가치론에 기초한 노동권의 관점에서 보면, 노동은 생산물에 대한 원초적 취득의 권리이므로 수동적 자본소유에 선행하는 권리이고, 따라서 기금안뿐 아니

---

28 1976년 LO안을 말한다.

라 노동권에 기초한 모든 정책 구상은 몰수조치로 볼 수 없다. 무엇이 몰수되려면 우선 그것이 존재해야 하는데, 노동권의 원리에 따르면 생산물은 그것이 만들어지는 순간에 이미 노동을 투입한 사람에게 귀속되기 때문이라는 것이다.

이상 임노동자기금이냐 시민기금이냐를 둘러싸고 사민주의자들 사이에 전개된 논쟁은 사민주의 정치에 내재한 핵심적 딜레마의 하나인 계급정치(class politics)와 국민정치(mass politics) 간의 갈등을 반영한다고 볼 수 있다. 각국의 사민주의운동은 초기에는 기본적으로 노동계급, 특히 산업노동자를 핵심으로 하는 생산직 노동자층을 중심으로 발전해갔다. 그러나 사민주의 정당이 의회민주주의의 경기규칙에 따라 집권하기 위해서는 노동계급뿐 아니라 농민이나 도시 중간계층의 지지도 받아야했으므로, 사민주의 정당들은 점차 노동계급만의 정당이 아니라 광범위한 국민대중의 이익을 대변하는 국민정당으로 자신의 위치를 설정해야 했다. 그런데 이러한 사민주의 정당의 국민정치 노선이 반드시 계급정치 노선과 대립해야 할 필요는 없었다. 인구 중에서 노동계급이 차지하는 비중이 상당히 크고, 또 적절한 정책을 수단으로 하여 동맹 세력을 확보할 수도 있기 때문에, 국민정치의 형식을 통해 계급정치적 내용을 확보하는 것이 불가능한 것은 아니었다.[29]

---

29 이 문제를 둘러싸고 쉐보르스키(Przeworski 1985)와 에스핑-안델센(Esping-Andersen 1985) 간에 논쟁구도가 형성되었다. 쉐보르스키는 사민주의 정당이 선거에서 승리하기 위해서는 노동계급 이외의 계급 및 계층으로부터도 광범위한 지지를 받아야 하는데, 그러기 위해서는 본래의 급진적 목표를 포기하고 온건한 정책 노선을 채택해야 한다는 점을 강조하고 이를 '선거의 딜레마'라 개념화한다. 에스핑-안델센은 사민주의 정당이 적절한 정책을 통해 노동계급과 여타 계급, 계층 사이에 동맹을 형성할 수 있으며, 이를 통해 유권자들로부터 안정적 지지를 받으면서도 사민주의적 정책목표를 순차적으로 실현해갈 수 있다고 본다. 즉 선거에서의 승리와 사민주의적 목표의 실현이 서로 상충관계(trade-off)에 있는 것은 아니라는 것이다.

예컨대 보편주의적 복지국가의 정비는 국민정치의 형식을 통해 관철해낸 계급정치적 내용의 대표적 성과물이라 할 수 있다. 그러나 어쨌든 국민정치의 형식 속에서 활동해가면서 사민주의 정당들은 무엇보다도 1인 1표주의와 다수결원칙을 핵심으로 하는 정치적 민주주의 원리를 그 어떤 다른 것에도 우선하는 정치적 신조로 삼게 되었다. 정치적 민주주의 원리의 요체는, 정치적 의사결정에서 어떤 개인이나 집단에게도 존재론적 특권을 인정하지 않는다는 것이다. 따라서 사민주의 정당이 추구하는 평등주의적 이념 및 정책에 대한 정당화논리도, 무엇보다도 그것이 다수의 국민의 이익에 부합된다는 데 초점이 맞추어지게 되었다. 또 정치적 민주주의 원리에 입각할 경우, 민주적 절차에 의해 구성되는 국가가 국민 대중의 일반적 이익을 대표하는 조직으로 간주될 수밖에 없다. 그러므로 사민주의 정치에서 민주주의의 진전은 흔히 국가 활동 영역의 확장과 동일시되었다.

스웨덴 사민당의 경우에도 초기에는 생산직 노동자층을 중심으로 발전했으나, 1930년대에 들어 노농동맹을 이루었고 또 1950년대에는 ATP 논쟁을 거치면서 사무직 노동자 등 도시 중간계층을 광범위하게 자신의 지지 기반으로 포괄하는 방향으로 발전해왔다. 그럼에도 불구하고 사민당의 핵심적 지지 기반은 여전히 생산직 노동자층이었고, 생산직 노동자들의 중앙 노동조합조직인 LO는 사민당의 핵심적 후원자이자 동반자 역할을 담당해 왔다. LO는 정치자금 지원과 인력 동원을 통해 사민당을 후원하고 사민당은 정치권력을 행사하여 LO를 후원하는 각별한 협력 관계가 장기간 유지되어온 것이다. 사민당은 LO로 조직된 생산직 노동자층을 핵심 지지 기반으로 하고 여타 계층을 보조적 지지 기반으로 삼아온 것이다. 보편주의적 복지국가의 건설로 요약되는 사민당의 적극적 사회정책은 노동계급과 중간계층을 동시에 만족시켜주어 양자 간의 정치적 결합을 유지해주는 기능을 수행해왔다.

그러다 LO에 의해 기금안이라는 생산수단 소유의 사회화 방안이 나오자 스웨덴 사민주의 운동의 이념적, 정치적 정체성이 문제시된 것이다. 내용이 매우 급진적인 데다 노동자 자치주의적 성격이 뚜렷한 기금안을 사민당이 수용할 경우 사민당은 종래의 국민정치 노선, 더 정확하게는 계급연합 정치의 틀로부터 크게 벗어나게 된다.

게다가 기금안은 스웨덴을 포함하여 모든 민주주의 사회들에서 일종의 '초(超)이데올로기'(överideologi / super-ideology)의[30] 지위를 차지해온 민주주의 원리와 상충되는 측면도 있었다. 물론 기금안도 의회에서의 표결이나 국민투표 등의 절차를 통해 입법화 여부가 결정된다는 점에서 일단 의사결정절차로서의 민주주의 원리에는 위배되지 않는다. 그러나 민주주의라는 것을 의사결정절차의 측면에서뿐 아니라 그 이상이라는 관점에서도 바라본다면, 기금안은 민주주의 원리와 상충되는 측면이 있다고 판단된다. 우리가 보기에 민주주의의 이상이란 대다수 시민들에게 영향을 미치는 중요 사안에 대해서는 가능한 한 모든 시민들이 동등한 수준의 영향력을 행사하도록 하는 것이다. 그런데 기금안의 경우엔 국민경제 전체에 크나큰 영향을 미치는 문제인, 주요 민간 기업들의 소유와 관리를 주로 임노동자 집단, 구체적으로는 노동조합에게 맡긴다는 점에서 민주주의의 이상과 상충되는 측면이 있었던 것이다. 또 법률적으로는 노동조합도, 국민의 일반적 이익을 대표하는 것으로 규정되는 공적 조직인 국가와는 달리 다른 이익단체들과 마찬가지로 사적 조직일 수밖에 없다는 점에서, 노동조합에 의한 기업의 소유는 적어도 정치적 민주주의 원리의 구현이라는 관점에서 정당화되기는 어렵다. 따라서 기금안 지지자들이 소수 사석 거대 주주들에로의 경

---

30 '초(超)이데올로기'란 상충되는 이데올로기를 가지고 경쟁·대립하는 정치 집단들이 모두 공유하고 존중하는 이데올로기를 의미한다. 예컨대 정치적 민주주의 원리가 관철되는 스웨덴 사회에서 사회민주주의자들이나 자유주의자들, 보수주의자들 모두 민주주의 절차를 우선적으로 존중하고 그 틀 내에서 서로 경쟁한다는 점에서, 민주주의는 스웨덴 정치의 '초이데올로기'라 할 수 있다.

제적 권력의 집중을 경제 '민주주의'의 관점에서 비판할 수 있었듯이, 시민기금안 지지자들 역시 유사한 논리로 기금안을 비판할 수 있었던 것이다.

필자가 보기에 이 문제는 궁극적으로는 사회주의를 무엇으로 볼 것인가 하는 문제와 직결되어 있다. 정치적 민주주의 원리의 핵심인 1인 1표주의를 경제 영역으로까지 확장 적용하는 것을 사회주의로 본다면 임노동자기금안보다는 코르피류의 시민기금안이 사회주의의 참모습에 가깝다고 보아야 할 것이다. 반면에 직접생산자에 의한 생산수단 소유를 사회주의의 핵심으로 본다면, 임노동자기금안이 사회주의의 이상에 더 잘 부합된다고 볼 수 있을 것이다.[31] 스웨덴 사민주의 운동의 역사에서 이 문제는 한 번도 분명히 정리되지 않았다. 예컨대 1960년과 1975년의 사민당 강령들에선,[32] 생산과 생산물의 분배에 대한 의사결정권이 전체 인민의 수중으로 이전되어야 한다고 했으나, 생산수단 소유의 사회화 문제와 관련하여 구체적인 경제 제도적 구상이 부재한 상태에서 제시된 이 명제는 그저 선언적 문구 이상의 의미를 가질 수 없었다. 그러다 생산수단의 소유 문제를 정면으로 다룬 기금안이 나오자 사회주의적 소유관계의 제도적 형태 문제에 대한 스웨덴

---

31 마르크스주의의 경우엔 이 문제가 그리 큰 어려움을 낳지 않았다. 첫째, 마르크스주의는 자본주의의 발전에 따라 인구의 압도적 다수가 프롤레타리아로 된다고 보았기 때문에, 프롤레타리아 혁명을 통해 극소수의 유산계급을 배제시키고 나면, 프롤레타리아는 사실상 전체 인민과 거의 동일시될 수 있었다. 둘째, 마르크스주의는 무엇보다도 생산양식론의 관점에서 역사와 사회를 바라보는 관계로, 민주주의문제는 마르크스주의에서 부차적으로만 다루어졌다. 사회주의로의 이행기에는 한시적으로 프롤레타리아 독재를 통해 사회주의 혁명을 완수하는 것이 무엇보다 중요하기 때문에, 프롤레타리아 이외의 계급·계층은 프롤레타리아와 동일한 권리를 부여받을 수 없었다. 또 사회주의 혁명이 완료되어 진정한 무계급 사회가 도래한 이후에는 사회성원들 간에 근본적으로 상충되는 이해관계는 소멸한다고 보았기 때문에, 상충되는 이해관계를 가진 개인들이 모인 사회에서 의사결정을 내리기 위한 규칙으로서의 1인 1표주의와 다수결 원리의 중요성은 약화되고, 합리적 토론에 기초한 상호이해와 합의라는 민주주의의 이상이 쉽게 실현될 수 있으리라 기대될 수 있었다.
32 1880년대부터 1960년까지 스웨덴 사민당의 역대 강령들 전문(全文)이 수록되어 있는 자료로는 Ahlsén, Bengt et al(ed.) (1972) 참조.

사민주의 운동의 입장 부재가 새삼 문제로 대두된 것이다.

코르피류의 시민기금안은 당시까지 스웨덴 사민주의 운동이 발전해온 방식, 즉 정치적 민주주의 절차에 의해 구성·운영되는 국가의 활동 영역을 확장시킴으로써 대중의 평등주의적 요구를 점진적으로 충족시켜온 방식에 따라, 시민기금이라는 준(準)국가적 공공기구를 통해 국가 내지 공공부문의 활동 영역을 생산수단의 소유문제로까지 확장시킴으로써 생산수단 소유의 사회화를 달성하자는 것이다. 그동안 스웨덴 사민주의 운동의 이념이자 운동방식이기도 했던 복지국가주의의 논리의 연장선상에서 복지국가주의를 내용적으로 급진화한다는 것이다. 반면에 임노동자기금안, 특히 1976년 LO의 기금안은 직접생산자인 임노동자 집단에 의한 생산수단 소유를 사회주의의 요체로 본 것으로, 스웨덴 사민주의 운동사의 맥락에서는 비그포르스의 길드사회주의 노선이 구체화된 것이라 할 수 있다.

필자가 보기에는 규범적으로나 정치적 실행 가능성의 측면에서나, 임노동자기금안보다는 코르피류의 시민기금안이 우월하다고 판단된다. 우선 규범적으로는 앞에서 언급한 바와 같이 임노동자기금안이 민주주의의 이상과 상충되는 면이 있다는 점을 중시해야 할 것이다. 임노동자기금제도나 시민기금제도는 기업의 소유주체를 변경시킴으로써 기업의 투자방식에 큰 변화를 야기할 수 있다는 점에서, 예컨대 공동결정법과는 달리 기업 내부의 문제들뿐 아니라 기업 외부의 사회 전체에도 큰 영향을 미치게 되는 제도들이다. 따라서 의사결정의 결과에 의해 영향받는 사람들의 범위와 의사결정의 주체의 범위를 가능한 한 일치시키는 것이 민주주의의 이상이라면, 임노동자기금안보다는 코르피류의 시민기금안이 민주주의의 이상에 더 잘 부합된다고 할 수 있을 것이다.[33] 그 대신 예컨대 노동과정상의 문제들과 같이 기

---

33 앞에서 살펴본 바와 같이 마이드너는 이 문제와 관련하여 시민기금안을 비판하고 임노동자기금안을 옹호하면서, 생산자로서의 임노동자의 이해관계와 소비자로서의 일반 시민들의 이해관계 사이의 균형문제는 1981년 LO-사민당 공동안에서처럼 기금이 부여해주는

업 내에서의 임노동자들의 일상생활에 관계되는 문제들에 대해서는 노동자 경영참여제도의 강화를 통해 해당 기업의 임노동자들이 큰 영향력을 행사할 수 있도록 할 수 있을 것이다. 또 기금안은 민간 대기업들에 종사하는 임노동자들 이외의 시민들에게는 실질적인 참여를 허용하지 않는다는 점에서 과반수 유권자의 지지를 얻기 어려운 내용을 담고 있었다. 따라서 정치적 실행 가능성의 측면에서도 코르피류의 시민기금안이 우월하다고 판단된다.

그런데 앞에서 살펴본 바와 같이 1981년 LO-사민당 공동안은 코르피류의 시민기금안에 대한 비판의 근거의 하나로, 시민기금안은 의사결정의 중앙집권화를 초래함으로써 경제체제를 국가사회주의적인 방향으로 이행시켜갈 위험이 있다는 점을 들었다. 필자가 보기에도 코르피류의 시민기금안이 의사결정의 중앙집권화를 초래하게 될 개연성은 매우 높다고 판단된다. 일반적으로 의사결정에 참여하는 집단의 규모가 커질수록 실질적인 의사결정의 심급은 더욱 상위로 올라가기 쉽다. 또 시민기금제도는 통상적인 의회정치의 영역 확장을 의미한다. 모든 유권자들이 기금 대의원회의 대의원 선거에 참여하며 정당들이 대의원 후보를 천거한다는 것은 통상적인 의회정치의 영역을 크게 확장시키는 것에 다름 아니다.

일반적인 의회민주주의제도에서 유권자들의 역할이 흔히 그러하듯, 시민기금제도에서도 유권자로서의 일반 시민들의 역할은 몇 년에 한 번씩 기금 지도부를 선출하는 것에 국한되기 쉬울 것이다. 물론 임노동자기금제

표결권을 개별 기업의 임노동자들과 지역기금에 적절히 배분해줌으로써 해결할 수 있다고 주장했다. 그러나 그럴 경우에도 각 랜(län)마다 구성되는 지역기금의 대의원을 뽑기 위한 선거에 참여하는 사람들은 랜의 모든 유권자가 아니라 임노동자들로만 국한되기 때문에 임노동자 이외의 시민들을 배제하게 된다. 또 개별 기업의 임노동자들과 지역기금에 표결권을 적절히 배분하면 된다는 사고는 기본적으로 원칙 없는 절충주의적·편의주의적 사고로 판단된다. 마이드너뿐 아니라 기금안을 옹호한 대다수의 논객들도 마이드너와 같은 논리를 전개했는데, 이러한 논리는 엘반데르가 언급한 것처럼 표결권 배분문제와 관련하여 자의성을 면할 수 없다.

도에서도 일반 임노동자 대중의 역할은 이와 유사한 것이 되기 쉽겠으나, 적어도 임노동자들은 노동조합으로 조직되어 있기 때문에, 노동조합이라는 조직을 통해 기금의 관리 상황에 대해 보고받고 기금 지도부에 간접적으로나마 어느 정도 영향을 미칠 수 있는 가능성을 확보할 수 있다. 이에 반해 조직되지 않은 일반 유권자들은 그야말로 몇 년에 한 번씩 투표에 참여하는 것 외에는 기금 지도부에 영향을 미칠 별다른 통로를 확보하지 못하기 쉬울 것이다. 따라서 기금의 운영에 큰 관심이 없는 대다수 유권자들은 그저 평소의 정당 선호에 따라 자신이 지지하는 정당에서 천거한 후보에게 표를 주는 것으로 역할을 종결짓게 되기 쉬울 것이다. 따라서 기금의 실질적 관리는 주로 기성 정치인이나 경제-경영 전문가들로 이루어진 정당 천거 대의원들 및 이들에 의해 선출된 기금 이사회가 맡게 될 것이다. 어떤 조직의 대표를 선출하는 절차로서의 민주주의 원리와 그 조직의 실질적 운영 방식으로서의 엘리트주의는 흔히 쉽게 결합되는 것이다.

그 어떤 정당도 과반수 유권자의 지지를 얻지 못하는 스웨덴 정치의 상황에서, 일반적인 정당정치의 논리에 따라 기금제도가 운영될 경우에 발생할 수 있는 결과로는 세 가지 시나리오를 생각해볼 수 있다. 첫째, 통상적인 정치 영역의 사안들에서와 마찬가지로, 기금 운영과 관련해서도 정당들 간에 치열한 경쟁과 대립이 전개되어, 기금 운영 문제도 통상적인 정치 영역의 사안들과 마찬가지로 정치화될 수 있다. 이럴 경우 기금 운영의 안정성과 일관성이 약화되기 쉽다. 둘째, 이를 피하기 위해 기금 운영이 철저하게 전문가들에 의해 지배되도록 하여 무엇보다도 수익성 기준에 따라 기금자금이 투자되도록 정당들 간에 합의에 이를 수도 있다. 셋째, 양자의 중간형으로 정치논리와 전문가주의가 적절한 선에서 절충되는 방식으로 기금이 운영될 수 있다. 어쨌든 그 어떤 경우에도 기금의 운영이 모종의 일관된 사회주의적 기획에 따라 이루어질 가능성은 거의 없다. 시민기금이 모종의 일관된 사회주의적 기획에 따라 운영되는 것은 잘 정리된 일관된 사회주의적 기획을 가진 좌파 정당이 유권자들로부터 지속적으로 압도적 지지를 받는 경우에만 가능하다.

요컨대 코르피류의 시민기금안은 1인 1표주의를 생산수단의 소유 영역에까지 적용시킨다는 점에서는 사회주의적이고, 또 준국가적 공공기구를 기금 운영의 주체로 상정하고 있는 데다 의사결정의 중앙집권화를 초래할 개연성이 높다는 점에서는 일종의 '국가'사회주의적인 성격을 띤 구상이라고 볼 수도 있지만, 기금 운영의 방향이라는 내용적 측면에서까지 사회주의적 성격을[34] 보장해주지는 않는다는 것이다. 이는 정치적 민주주의 원리가 기본적으로 수(數)의 문제이고, 의사결정의 방향에 대해서는 비(非)결정적이라는 점을 반영한다.[35] 필자의 관점에서는 의사결정의 방향을 사전적으로 강하게 결정짓는 정치적 기획은 민주주의 원리와 양립할 수 없으므로, 사회개혁의 방향과 관련하여 사회주의적 기획을 가진 정치 세력도, 결과가 불확정적인 민주주의 정치게임의 틀 내에서 다른 입장을 가진 정치 세력과 경쟁해가며 자신의 입장을 대중들에게 설득함으로써 자신의 기획을 관철하려 노력하는 것 외에는 다른 선택의 여지가 없다고 판단된다.

한편 외만이나 린드벡류의 시민기금안은 다양한 시민 집단을 포괄하는 다양한 유형의 기금을 조직하려 한다는 점에서 정치적 민주주의 원리와 무난히 결합될 수 있는 데다, 기존 경제질서에 가하는 변화 효과가 작고 시

---

34 예컨대 기금자금을 투자할 기업을 선정함에 있어 수익성 기준뿐 아니라 여타의 사회경제적 가치들을 함께 고려하거나, 기금자금이 투자된 기업들에 대해선 기업 내 임노동자들의 임금 격차를 축소시키고, 노동과정을 임노동자들의 생리적·심리적 욕구에 더 잘 부합되는 방식으로 조직할 것을 요구한다든지 하는 것 등을 생각해볼 수 있다.

35 마르크스주의의 사회주의적 기획에서는 이것이 큰 문제를 낳지 않았는데 그 이유는 다음과 같다. 첫째, 사회주의 사회의 주체가 될 프롤레타리아는 그 존재 조건의 높은 동질성으로 인해 그들이 지향하는 방향도 대체로 동질적일 것으로 가정되었다. 둘째, 자본주의에서 진행되는 생산의 사회화로 인해 경제제도로서의 사회주의 사회의 골격은 계획경제 외에는 다른 선택이 없다고 생각되었다.

장경제원리에 잘 부합된다는 점에서 별다른 충격이나 무리 없이 운영될 수 있다는 장점을 갖고 있다. 그러나 바로 그렇기 때문에, 자본주의적 소유관계를 크게 변화시키기를 희망하고 자본주의적 경제질서의 약화를 경제민주주의의 진전으로 해석하는 사람들의 입장에서는 별로 기대할 것이 없는 구상이기도 하다.

그런데 임노동자기금이냐 시민기금이냐를 둘러싸고 사민주의자들 사이에 전개된 논쟁은 단지 일부 이론가들 사이의 논쟁에 그친 것이 아니었다. 노동조합들 간에도 이 문제를 둘러싸고 논쟁이 전개되었다. 예컨대 공공부문 사무직 노동조합의 하나인 SKTF(Sveriges Kommunal-tjänstemannaförbund 스웨덴 콤뮨 사무직원 연맹)는[36] 코르피류의 시민기금안에 대한 지지를 분명히 했다(SKTF 1979).[37] SKTF가 임노동자기금안보다 코르피류의 시민기금안에 끌리게 된 것은 크게 두 가지 이유에서였다. 첫째, 임노동자기금제도는 민간부문에만 적용되기 때문에 공공부문 임노동자들은 기금제도로 인해 구체적으로 이익을 볼 것이 별로 없었다. 반면에 코르피류의 시민기금안은 공공부문 임노동자들도 민간부문 임노동자들과 동일한 권리를 행사할 수 있도록 해주기 때문에, 공공부문 임노동자들의 관심을 불러일으킬 수 있는 측면이 있었다. 둘째, 1976년 LO 기금안과 1978년 LO-사민당 공동안의 경우 기존 주주들의 손실을 줄이기 위해 임노동자기금으로 적립되는 이윤 기여금에 대해서는 면세 조치를 하기로 했는데, 이럴 경우 정부의 법인세 수입이 감소하여 공공부문의 재원이 줄어들 가능성이 있었다.

콤뮨과 랜에서 정치 경력을 쌓은 바 있는 사민주의 계열의 정치학자 아그네 구스탑손(Agne Gustafsson)은 아예 기존의 콤뮨[38] 조직들이 직접 관리

---

36 SKTF는 TCO에 속한 노조로, 기금논쟁 기간에 조합원 수에서 TCO 산하 노조들 중 두 번째 위치를 차지했다.

37 코르피의 시민기금안이 상세하게 제시되어 있는 책 Korpi(1980)도 SKTF가 발간했다.

38 '콤뮨'(kommun)은 스웨덴의 기초 지방자치 행정구역을 의미하기고 하고, 이 단위에

하는 콤뮨기금제도(kommunalt fondsystem)를 도입하는 것이 바람직하다고 주장한다(Gustafsson, Agne 1979). 그 근거는 다음과 같다. 첫째, 정치적 민주주의 원리에 의해 구성·운영되는 공적 기관인 콤뮨이 기금을 관리하게 되면 정치적 민주주의 원리가 아무 손상 없이 충실하게 구현될 수 있다는 것이다. 둘째, 공공부문 종사자가 전체 피용자의 1/3에 달하고 공공부문 내에서도 콤뮨의 역할이 압도적으로 중요한 스웨덴의 현실에서, 콤뮨이 기금을 관리하도록 한다는 것은 보다 광범위한 시민층으로 하여금 기금의 관리에 영향력을 행사할 수 있게 한다는 것을 의미한다는 것이다. 셋째, 콤뮨이 기금을 관리하게 되면 공공부문의 재원이 강화되는 효과를 낳게 된다는 것이다. 넷째, 이미 행정 경험이 풍부한 기존의 조직을 활용하는 것이 효율적이라는 것이다.

결국 임노동자기금안은 공공부문 노동조합의 이해관계에 강하게 호소하지 못하는 측면이 있었던 것으로 보이는데, 임노동자기금안의 적극적 지지 논객이었던 부 구스탑손(Bo Gustafsson)은 이를 기금논쟁에서 사민주의 진영이 분열하게 된 주요 원인의 하나로 들었다(Gustafsson, Bo 1995: 9).

한편 시민기금안이 아니라 임노동자기금안을 분명히 지지하면서도, LO와 사민당이 제출한 임노동자기금안이 개별 기업 차원의 임노동자들에게는 미약한 권력만을 부여하고 상급 노조조직에게 권력을 집중시킨다는 점을 비판한 논자도 있었다. 구스탑손(Bo Gustafsson)은 1981년 LO-사민당 공동안에 대한 평가에서, 기금이 소유하는 기업에서 기금이 부여하는 표결권의 과반수를 지역기금에 부여한다는 대목에 대해 비판한다. 1981년 공동안은 개별 기업의 임노동자들보다 지역기금에게 큰 표결권을 부여하고 있는데, 이는 임노동자 집단 전체의 일반적 이익을 우선시하기 위한 것으로 이해할 수 있긴 하다. 그러나 역사적으로 강한 중앙집권적 전통을 가진 스웨덴

서의 행정기관을 의미하기도 한다.

사회라는 배경을 고려할 때, 이는 임노동자 대중으로부터 불만을 사기 쉬운, 지나치게 이상주의적인 발상이라는 것이다. 또 사회주의의 핵심이 직접생산자에 의한 자주관리라는 점을 고려할 때, 개별 기업의 임노동자들의 영향력이 더 강화되는 것이 바람직하다는 것이다. 그렇지 않으면 자본주의적 소외 대신 '사회-자본주의적'(social-kapitalistisk) 소외가 들어설 위험이 있다는 것이다. 따라서 개별 기업의 임노동자들과 기금 간의 투표권 보유 비율은 51:49로 하는 것이 바람직하다는 것이다(Gustafsson, Bo 1981: 184-85).

임노동자기금안 반대자들은 이 문제를 더욱 신랄하게 비판했다. SACO/SR 1981년 보고서는 LO가 애초에 기금안을 제출하게 된 배경을 LO의 권력정치적 전략 차원에서 해석하고 있다. LO가 기금안을 처음으로 제출했던 시점은 LO 산하 기업 수준 노조들이 개별 기업 수준에서 경영에 대한 단위노조의 영향력 행사를 강력하게 요구하던 시점이라는 것이다. 그런데 이렇게 단위 노조들의 영향력이 커지면 중앙 노조조직인 LO의 입장에서는 자신의 권력이 상대적으로 약화된다는 문제가 있었다는 것이다. 그러나 그렇다고 해서 산하 단위 노조들의 요구를 아주 무시할 수도 없는 곤란한 상황에서 LO가 기금안을 제출했다는 것이다. 기금안은 개별 기업 수준의 단위 노조들의 영향력을 얼마간 증대시켜주는 한편 기금조직 전체를 관할하게 될 LO의 영향력은 비약적으로 증대시켜줄 수 있는 구상이었다는 것이다. 그리하여 LO 쪽에서 나온 모든 기금안은, 기금제도가 적용되는 기업의 단위 노조에게, 기금이 부여하는 표결권의 일부를 배분하지만, 과반수 표결권은 항상 상위 기금조직에게 배분하는 내용을 담고 있다는 것이다(SACO/SR 1981: 16).

기금안이 개별 기업의 단위 노조보다 기금조직에 큰 표결권을 부여한 것은 기본적으로 스웨덴 노동조합운동의 중앙집권적 전통을 반영한다고 볼수 있다. 강력한 중앙 노조조직에 의해 상이한 임노동자 집단들 간의 이해관계가 조율되어온 스웨덴 노동조합운동의 전통에서, 개별 기업의 단위 노조들이 강력한 자율성을 확보하게 되는 형태로 기업의 소유관계를 개혁하는 것을 생각하기란 어려운 일이었다. 앞에서 살펴본 바와 같이 1975년 기금안 시안은 강력하게 분권화된 노동자 자주관리기업 체제에 대해서는 명백한 거부감을 보였다. 노동계급 내의 경제적 격차가 확대되기 쉽고, 경제 전체 차원에서 계획과 조정을 달성하는 데 지장이 있으리라는 점을 우려한 것이다.

한편 기금안의 이러한 측면이 SACO/SR 1981년 보고서가 주장하듯이 LO의 조직이기주의적 고려에 기인한 것인지는 분명치 않다. 마이드너 그룹은 기금안을 작성하는 데 있어 LO 지도부로부터 별다른 지시나 간섭을 받지 않았다.[39] 다만 LO에 고용된 연구자들인 마이드너 그룹이 기금안 작성 시에, 스웨덴 노동조합운동에서 지배적 지위를 차지해온 LO의 기득권을 적어도 침해하지는 않는 방향으로 기금안을 구상해야 한다는 암묵적 제약 조건을 스스로 설정했을 개연성은 매우 높다고 판단된다.

한편 기금안의 동기 중 경제생활에 대한 임노동자들의 영향력을 증대시킨다는 문제와 관련하여, 많은 기금안 반대자들은 이미 공동결정법 등 각종 노동법이 발효되어 임노동자들이 기업 내의 의사결정과정에 적극적으로 참여할 수 있는 상황에서 임노동자기금이라는 추가적 제도를 도입할 필요가 없다는 점을 강조했다(예컨대 Peterson 1982: 21-30). 이러한 주장의 배후에는 무엇보다도 임노동자들의 영향력 행사는 기업 내부의 문제에 국한시키는 것이 적합하다는 사고가 깔려 있었다. 기업의 의사결정 영역 중 기업 외부세계와의 관계에 직결된 문제들은 국가가 입법조치를 통해 규제하는 것이 바람직하고, 노동환경 등 기업 내에서의 임노동자들의 일상생활과 직결된 문제들에 대해서는 공동결정법이나 단체교섭 등을 통해서도 임노동자들이 충분한 영향력을 행사할 수 있다는 것이다.

---

39 기금논쟁 이전에도 마이드너는 LO의 연구책임자로서 각종 공적 연구위원회에 LO를 대표하여 참여했는데, 이러한 모임에서 마이드너가 취한 입장이 LO 지도부와 달랐던 경우가 많았다. 마이드너는 LO의 연구책임자로 오랜 기간 활동해온 경력과 지적 권위에 기초하여 연구 및 정책 제안에서 큰 자율성을 누려왔다.

이에 대해 기금안 지지자들은 소유에 기초하지 않고 노동입법 등을 통해 임노동자들의 영향력을 증대시키는 조치들이 갖는 한계를 강조했다. 1981년 LO-사민당 공동안은 입법조치를 통해 국가가 기업의 활동을 규제하는 것이 갖는 한계를 강조한다. 기업의 이윤극대화 추구가 낳는 부정적 문제점들을 시정하려면, 국가가 입법조치를 통해 기업 외부에서 기업활동을 규제하는 것만으로는 충분치 않고, 기업 내부에서 기업활동의 지침 자체가 변화되어야 한다는 것이다. 또 이를 위해서는 임노동자들이 기업의 소유주체가 되어 기업의 의사결정을 주도해야 한다는 것이다.

1970년대에 들어 기업의 시야를 확장시키고, 기업들로 하여금 회계장부에는 나타나지 않는 문제들, 예컨대 노동환경 보호나 인간적·사회적 책임, 민주주의의 신장과 같은 문제들에 대해서도 더 민감하게 반응하도록 강제하기 위해 일련의 법률과 협약이 마련되었다.

그러나 문제는 기업 내부의 각종 힘은 예나 지금이나 다를 바 없다는 점이다. 사회는 기업들이 하고자 하는 것을 막는 많은 규제를 설정할 수 있다. 그러나 기업을 둘러싼 사회가, 기업의 엄청난 발전역량이 이윤이나 효율이 아닌 다른 것을 추구하는 데 쓰이도록 "외부로부터" 개입할 수는 없다. 우리는 기업의 설립을 막을 수는 있지만 기업이 자신의 사업활동을 중단하는 것을 막을 수는 없다. 우리는 노동의 단조로움에 제한을 가하는 규제를 설정할 수는 있으나, 그렇다고해서 이를 통해 "기술발전"이 노동의 단조로움의 철폐를 목적으로 하여 추진되도록 할 수는 없다. 우리는 기업들에게 피용자들의 가치관과 생활양식을 고려해달라고 요구할 수는 있으나, 각종 규제를 통해 기업 경영인들로 하여금 피용자들의 가치관이나 생활양식을 존중하도록 만들 수는 없다. 이 모든 것은 기업 내부의 각종 힘이 이미 언급한 바와 같이 예나 지금이나 달라진 바 없기 때문이다. 따라서 가장 중요한 변화는 기업 내부로부터 일어나야 한다(LO & SAP 1981: 52-53).

마이드너는 공동결정법이 발효된 지 몇 해 지난 1981년에 발표한 글에서 그간의 경험에 기초하여 공동결정법의 한계를 지적한다. 공동결정법의 그간의 운영 결과를 살펴볼 때, 공동결정법이 애초에 기대한 것만큼 임노동자들에게 충분한 영향력을 부여하지 못했다는 점이 분명히 드러났다는 것이다. 우선 공동결정법은 노동조합에게 거부권을 부여하지 않기 때문에 최종 결정은 항상 사용자가 내리게 되어 있다는 것이다. 게다가 1970년대 후반에 찾아온 경제위기와 맞물려, 공동결정법에 따른 단체교섭은 주로 사업 축소나 기업폐쇄와 같은 결정을 내릴 때 이용되어왔다는 것이다. 따라서 이제 임노동자들이 공동결정법 대신에 소유에 기초한 영향력 행사 방안인 기금안에 관심을 기울이게 된 것은 당연한 귀결이라는 것이다(Meidner 1981: 67-69).[40]

기업에 대한 임노동자들의 영향력 증진 문제와 관련하여 법학자 린덴크로나(Gustaf Lindencrona)는 색다른 제안을 내놓았다. 주식회사에서 주주 이외의 다른 집단, 예컨대 임노동자들로 하여금 기업의 의사결정에 깊숙이 참여하도록 하는 방법으로는 두 가지가 있다는 것이다. 하나는 주주 이외의 다른 집단이 주식 소유에 집단적으로 참여하도록 하는 길이다. 기금안이 그 대표적 사례다. 다른 하나는 소유와 권력을 분리하는 길이다. 예컨대 주주로 하여금 배당수익을 누리게 하되 기업의 의사결정권은 임노동자들이 보유하도록 하는 방향으로 주식회사법을 개정할 수도 있다는 것이다.[41] 그런데 이 때 문제는 주주 이외의 다른 집단이 의사결정권을 독점할 경우 이들이 주주의 배당수익 취득에 불리한 방향으로 기업을 운영할 수도 있다는 점이다. 이를 방지하기 위해서는 주주들에게도 그들의 배당수익 취득권을 보호하기 위한 최소한의 의사결정권을 부여해야 한다.

---

40 공동결정제도의 시행 결과에 대한 실증적 연구로는 Berggren(1986) 참조.

41 린덴크로나의 구상을 통상적인 경제학 용어로 설명하면, 소유권의 핵심 구성요소들인 '의사결정권'과 '잔여수익 청구권'을 분리시키자는 이야기가 된다.

서독에서 시행되어온 감독이사회(Aufsichtrat)제도에서는 임노동자와
주주 대표 동수로 감독이사회를 구성하여 감독이사회로 하여금 이사 선출
을 포함하여 기업의 주요 의사결정을 담당하도록 하고 있는데, 스웨덴에도
이 제도를 도입할 만하다는 것이다. 감독이사회제도를 통해 임노동자들은
소유참여 없이도 기업의 주요 의사결정에 참여할 수 있으며, 주주들도 감
독이사회에 참여함으로써 그들의 배당수익권을 보호할 수 있다는 것이다
(Lindencrona 1979: 16-31). 요컨대 린덴크로나의 아이디어의 핵심은, 노동자
경영참여제도를 크게 강화시키면 경제적 권력의 재분배라는 측면에선 임
노동자의 소유참여 없이도 소유참여와 유사한 효과를 볼 수 있다는 것이다.

지금까지 재산과 경제적 권력의 재분배 문제를 둘러싸고 전개된 논쟁
을 살펴보았다. 그런데 경제적 권력의 재분배 문제는 기금논쟁의 여러 쟁점
들 중에서도 대중적 차원에서 가장 널리 알려진 쟁점이었다. 이는 앞에서
이미 살펴본 바 있는 표 3-14에서 잘 드러난다.

표 3-14에서, 세 차례 여론조사 모두에서 기금논쟁의 여러 쟁점 중 경
제적 권력 문제를 둘러싼 쟁점이 대중에게 가장 잘 인식되었음을 알 수 있
다. 시간이 경과할수록 경제문제 차원의 논변들이 증가한 것은, 다음 절에
서 자세히 살펴보겠지만 1970년대 말 이후 LO와 사민당이 기금논쟁의 초

〈표 3-14〉 1979년, 1982년, 1985년에 일반 시민들을 상대로 시행된 여론조사에
서, 조사에 응한 시민들이 기금안에 대한 그들의 지지나 반대의 근거로 제시한 논변의
각 유형이, 수합된 논변 전체에서 차지하는 비중 (단위: %)

논변 유형	1979	1982	1985
경제문제 차원의 논변	23	33	34
권력문제 차원의 논변	66	50	52
임금정책 차원의 논변	1	1	1
기타 논변	10	16	13
총계	100	100	100
전체 답변 수	2076	2863	2108

(자료: Gilljam 1988: 40, 표 3.2)

점을 일반적인 거시경제정책 차원의 문제로 이동시킨 것이 상당히 주효했던 것을 반영한다고 판단된다.

또 기금안에서 소수 사적 주주들에게 집중된 재산과 경제적 권력을 재분배할 필요가 있다는 점을 강조한 대목은 기금안 반대자들조차 공감을 나타낸 주장이었다. 그러나 이렇게 호소력이 큰 문제를 건드렸음에도 불구하고 문제의 해결책으로서의 기금안은 기대했던 것만큼 큰 대중적 지지를 얻지 못했다. 제2장에서 언급한 바와 같이 기금논쟁 기간 중에 여러 번에 걸쳐 시행된 여론조사의 결과에 따르면 기금논쟁 기간 내내 기금안 지지층은 조사 대상 시민의 20% 안팎에 지나지 않았다(Gilljam 1988:152). 이렇게 된 중요한 원인의 하나는 기금안이 노동조합, 특히 중앙 노동조합조직에게 새로이 경제적 권력을 집중시킬 것이라는 우려가 대중적 차원에서 광범하게 확산된 데서 찾을 수 있을 것 같다. 이러한 사정을 반영하여서인지, 기금안 반대 진영은 기금안의 여러 쟁점 중에서도 경제적 권력의 문제에 논쟁의 초점을 맞추는 논쟁 전략을 구사했다.

기금안이 임노동자 이외의 시민들을 기금제도의 운영으로부터 사실상 배제하고 있다는 점, 또 임노동자 집단 내에서도 개별 기업 차원의 임노동자들보다는 상급 노동조합 조직들에게 더 큰 권력을 부여한다는 점, 또 기금논쟁이, 노동조합의 기업 내 의사결정권을 크게 강화시켜준 제도인 공동결정법의 발효와 거의 동시에 전개되었다는 점 등이 결합되어, 기금안은 노동조합 ― 특히 LO ― 의 권력을 극대화시키기 위한 수단에 불과하다는 기금안 반대자들의 논리가 대중적 차원에서 호소력을 가졌던 것으로 보인다.

요컨대 재산과 경제적 권력의 재분배 문제는 연대임금정책 문제와는 달리, 문제 설정 자체는 대중적 공감을 얻을 수 있었으나 문제에 대한 해결책으로서의 기금안은 큰 호응을 얻지 못했다는 것이다.

3) 논쟁 이후

그렇다면 기금안이 문제 삼았던, 소수 사적 거대 주주들에 의한 경제적 권력의 집중 문제는 기금논쟁이 종결된 이후에 어떠한 양상을 보였을까? 표 3-15와 표 3-16은 기금논쟁 이후 소수 거대 주주들에게 경제적 권력이 더욱 집중되어갔음을 보여준다.

표 3-15에서 기금논쟁이 진행 중이던 1978년에 비해, 기금논쟁이 종결된 1985년에, 거대 주주들이 보유한 주식의 총액이 조사 대상 기업의 주식 총액에서 차지하는 비중이 증가했음을 알 수 있다. 그런데 주식에 따라 주주총회에서 행사할 수 있는 표결권의 비중이 다른 경우가 많다. 따라서 주식 보유 비중과 표결권 행사 비중은 서로 다소 차이가 나게 마련이다. 표 3-16에서 보이듯이 표결권을 기준으로 할 경우 5인의 최대 주주가 차지하는 비중은 그들의 주식 소유 비중보다 더욱 큰 것으로 나타났다.

또 같은 기간에 발렌베리 가문은 스웨덴 최대의 금융 가문의 위치를 고

〈표 3-15〉 1978년과 1985년에 피용자 수 500인 이상 민간 상장기업들에서 5인의 최대주주가 보유한 주식의 총액이 조사대상 기업들의 주식 총액에서 차지하는 비중의 평균치 (단위: %, 누적치)

	최대 단일주주		양대 주주		3대 주주		4대 주주		5대 주주	
	1978	1985	1978	1985	1978	1985	1978	1985	1978	1985
평균가치(%)	19	22	28	34	34	41	38	46	40	49
조사대상 기업 수	61	61	61	60	58	60	58	58	51	55

(자료: SOU 1988: 38, p. 71, 표 4: 12)

〈표 3-16〉 1978년과 1985년에 종업원 수 500인 이상 61개 주요 민간 상장기업들에서, 5인의 최대주주가 주주총회에서 행사하는 표결권이, 각 기업의 전체 표결권에서 차지하는 비중의 평균치 (단위: %, 누적치)

	최대 단일주주	양대 주주	3대 주주	4대 주주	5대 주주
1978년	27	37	43	46	49
1985년	31	44	51	56	59

(자료: Ibid., p. 79, 표 4: 19)

수했을 뿐 아니라 가문의 소유지배력을 한층 더 강화시킨 것으로 나타났다 (SOU 1988: 38, pp. 142-43).

기금논쟁 이후 소수 거대 주주들의 소유지배력이 강화된 것에 병행하여 스웨덴 거대 기업들의 해외 직접투자가 크게 증가하였다. 1980년대에 사민당 정부가 추진한, 자유주의적 기조의 정책 노선인 '제3의 길' 정책의 일환으로 단행된 것이 신용시장 자유화조치다. 1982년 말에 재집권에 성공한 사민당은 이미 국내 기업들의 해외 차입 의존도가 높은데다, 기업들이 정부의 각종 신용시장 규제를 피해나갈 수 있는 재무관리기법을 충분히 발전시킨 상황에서 종래의 신용시장 규제정책을 유지하는 것은 실효성이 없다고 판단하여 신용시장 자유화정책을 일관되게 추진해나갔다. 그리하여 1985년에는 민간 금융기관들의 여신 공급에 대한 총량 규제를 해제했고, 1985년과 1986년에는 외환규제를 크게 완화시켜 스웨덴 기업의 해외 직접투자를 용이하게 해주었다(SOU 1987: 3, pp. 158-60).

스웨덴 기업들의 해외 직접투자는 1980년대 후반 이후 급증했다. 사민당 정부가 단행한 외환규제 완화 조치도 이를 촉진한 측면이 있었으나, 가장 큰 이유는 '제3의 길' 정책의 핵심이었던, 스웨덴 통화 크로나화의 대폭 평가절하로 인해 수익률을 높인 기업들이 완전고용 상황에서 노동력 부족 문제에 봉착하여 해외 직접투자에서 투자의 돌파구를 찾으려 한 데 있었다.

1980년대에 이루어진 스웨덴 기업의 해외 직접투자 규모는 스웨덴의 경제 규모에 비해 아주 큰 편이었다.

스웨덴 기업들의 해외 직접투자 증대는 당연히 스웨덴 다국적 기업들의 해외 고용 의존율을 높였다. 산업 부문 중에서는 금속 및 기계공업·화학공업·목재·제지업 등 전통적으로 스웨덴이 강세를 보이던 부문들에서 해외 직접투자가 가장 활발히 이루어졌다. 해외 직접투자를 선도한 것은 거대 기업들이었다. 그동안 스웨덴의 산업발전을 선도해온 거대 기업들이 이렇게 해외 생산에 크게 의존하게 됨에 따라, 이들 거대 기업들의 성장이 스웨

〈표 3-17〉 스웨덴 기업의 순(純) 해외 직접투자와 외국 기업의 스웨덴 내 순 직접투자 (단위: 10억 크로나)

연도	스웨덴 기업의 순 해외 직접투자	외국 기업의 스웨덴 내 순 직접투자
1980	4.6	2.8
81	6.7	2.0
82	8.5	2.5
83	11.7	2.2
84	12.9	2.7
85	15.7	3.7
86	28.1	7.7
87	30.4	4.1
88	45.8	10.2
89	65.7	11.7
90	86.3	11.6

(자료: SAF 1996: 71)

〈표 3-18〉 OECD 회원국 전체의 해외 직접투자 및 GNP 총계에서 스웨덴이 차지하는 비중 (단위: %)

	1980	1988	1989	1990	1991
OECD 회원국 전체의 해외 직접투자에서 스웨덴이 차지하는 비중	1.2	5.0	5.2	7.3	6.2
OECD 회원국 전체의 GNP 총계에서 스웨덴이 차지하는 비중	1.2	1.1	1.1	1.1	1.1

(자료: Sveriges Industriförbund 1992: 92, 표 7.1)

〈표 3-19〉 스웨덴 전체 다국적 기업의 국내 고용 및 해외 고용 비율 (단위: %)

	1974	1978	1986	1990
스웨덴 내 고용	60	58	51	39
해외 고용	40	42	49	61

(자료: Andersson, Thomas 1993: 60, 표 2.1)

〈표 3-20〉 1990년 현재 산업부문별 해외 고용 인원/스웨덴 내 고용 인원 비율 (단위: %)

생필품산업	20
섬유, 직물업	10
목재, 펄프, 제지, 합판, 인쇄업	50
화학공업	55
채광, 제철, 철강업	25
금속 및 기계 공업	75
건축자재 및 광물업	20
산업 전체	55

(자료: Jagrén 1993: 80, 표 3.4)

덴 내에 고용을 창출하는 효과가 크게 약화되었다.

이렇게 스웨덴 거대 기업들의 생산기지 해외 이전이 크게 진전됨에 따라 노동조합과 사민당 정부에 대한 거대 기업들의 교섭력이 한층 강화되었다. 예컨대 노동조합이나 사민당 정부의 정책이 거대 기업들의 이해관계에 위배될 경우, 거대 기업들은 생산기지나 본사를 해외로 이전시키겠다고 위협하여, 노동조합이나 사민당의 정책 기도를 무산·약화시킬 수 있게 된 것이다.[42]

---

42 1997년 봄에 발생한 에릭손사(社)와 사민당 정부 간의 대결은 이러한 사정을 전형적으로 보여주는 사례다. 발렌베리 가문이 소유지배력을 행사하는 대표적 기업이자 전기통신 부문의 세계적 다국적 기업인 에릭손사는 1997년 4월에 스웨덴에 있는 공장지구 하나를 폐쇄하겠다고 언론에 공표했다. 이에 금속노조는 이 공장지구의 수익성이 상당히 높은데도 불구하고 공장을 폐쇄하는 것은 비윤리적 행위라 비판하며 시위를 전개했다. 또 사민당 서기 탈렌(Ingela Thalén)은 5월 1일 메이데이 행사에서, 에릭손사를 대표적인 비윤리적 기업으로 지목하고 소비자들이 불매운동을 전개할 것을 촉구했다. 그러자 에릭손사는 문제가 된 공장뿐 아니라 아예 본사까지 해외로 이전시킬 계획을 갖고 있다고 발표했다. 또 이에 뒤이어 발렌베리 가문의 소유지배력하에 있던 다른 몇 개의 기업들도 본사를 해외로 이전할 것을 고려 중이라고 발표했다. 이에 사민당 정부 통상부 장관은 발렌베리 가문이 국가의 경제정책까지 좌우하려 한다고 공개적으로 격렬히 비판했지만, 에릭손사와의 막후교섭을 통해 에릭손사의 요구사항을 전향적으로 검토하기로 하고 공개적 갈등을 마무리했다.

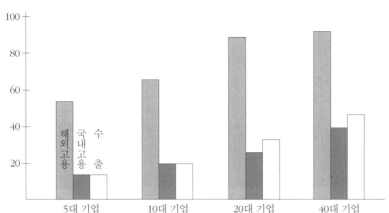

〈그림 3-8〉 1990년 현재 고용 및 수출에서 거대 기업들이 차지하는 비중 (%)

* 위 그림에서 각 기업군에 그려져 있는 세 개의 막대기들 중 왼쪽 것은 각 기업군의 해외 고용이 스웨덴 기업 전체의 해외 고용에서 차지하는 비중을, 가운데 것은 각 기업군의 국내 고용이 스웨덴 산업부문의 전체 국내 고용에서 차지하는 비중을, 오른쪽 것은 각 기업군의 수출액이 스웨덴 전체의 수출액에서 차지하는 비중을 나타낸다.
(자료: Sveriges Industriförbund 1992: 99, 그림 7.3)

이상 재산과 경제적 권력의 재분배 문제를 둘러싸고 전개된 논쟁과 기금논쟁 이후 전개된 사태를 살펴볼 때 확인할 수 있는 것은, 거대 기업 위주의 성장주의적 경제정책을 통해 이룬 경제성장의 성과물을 평등주의적 조세정책과 사회정책을 통해 재분배한다는, 스웨덴 모델식 정책패키지가 장기적으로 유지되기는 매우 힘들다는 점이다. 우선 거대 기업 위주의 경제정책은 사민주의의 평등주의적 이데올로기와 상치되어, 적어도 일부 사민주의 세력의 반발에 부딪치기 쉽다. 기금논쟁에서 재산과 경제적 권력의 재분배 문제가 핵심 쟁점이 되었던 것이 이를 잘 보여준다. 한편 거대 기업 위주의 경제정책은 거대 기업들과 이를 소유한 거대 주주들의 경제적 권력을 강화시킴으로써 이들이 필요와 조건에 따라서는 사민주의적 계급타협의 틀을 깰 수 있는 능력을 강화시켜준다. 1980년대 중반 이후 스웨덴 거대 기업들의 해외 직접투자 급증에 따라 노동조합이나 사민당 정부에 대한 자본 측의 교섭력이 현저하게 강화된 사정이 이를 잘 보여준다. 거대 기업 위주의 경제성장정책은 강력한 자본 분파의 이익을 증진시킨다는 점에서, 이들을 사민주의적 계급타협의 틀에 끌어들임으로써 단기적으로는 안정적인 노자 간 계급타협의 틀을 형성하는 데 유리하지만, 장기적으로는 사민주의 세력에게 큰 위협이 될 수 있는 것이다. 또 거대 기업들은 대체로 자본집약적 기술구조를 갖고 있는 관계로 자본 규모에 비해 고용창출 능력이 작기 때문에, 거대 기업 위주의 경제정책은 장기적으로는 고용 위기를 낳을 수도 있다. 또 중소기업가나 자영업자와 같은 광범위한 사회계층을 사민주의 세력의 주적(主敵)으로 만들기 쉽다. 이러한 문제들은 스웨덴에서 실제로 확인되었다. 따라서 거대 기업 위주의 경제정책은 장기적으로는 사민주의운동에 치명적인 위협이 되기 쉽다.

3. 경제침체와 임노동자기금안

1) 배경

앞에서 언급한 바와 같이, 1978년 LO-사민당 공동 기금안(이하 '1978년 공동안'으로 약칭)은 기금 도입의 동기와 관련하여 1975년 기금안 시안이나 1976년 LO안과 큰 차이를 보였다. 기존의 세 가지 동기 외에 경제침체 극복을 위해 집단적 자본형성을 촉진한다는 새로운 동기가 제시되었을 뿐 아니라, 이 새로운 동기가 기금안 전체를 지배하는 중심적 문제로 부각된 것이다. 또 1978년 공동안에서와 같이 두드러지게 강조되지는 않았지만, 1981년 LO-사민당 공동기금안(이하 '1981년 공동안'으로 약칭)에서도 경제침체 극복을 위한 집단적 자본형성이라는 문제가 기금 도입의 동기로서 중요하게 다루어졌다.

　이렇게 양 기금안에서 경제침체의 극복이라는 문제의식이 전면에 부

〈표 3-21〉 1970, 1975, 1980년의 주요 경제지표 (단위: %)

	1970	1975	1980
GNP 대비 경상수지 적자	1	1	4
GNP 대비 국가(＝중앙정부) 예산 적자	2	4	11
GNP 대비 국가채무	18	21	37
GNP 대비 공공부문 순저축	4	1	-4
GNP 대비 총 고정투자	22	21	19
GNP 대비 산업투자	5	5	3
물가상승률	7	10	14
상장기업의 자기자본비율	35	29	27
상장기업의 총자본 대비 순이윤	7	7	7
등록된 실업률	1.5	1.6	2.0

(자료: SOU 1981: 44, p. 89, 표 5.1)

각된 데는 무엇보다도 1970년대 후반의 경제침체가 근본 배경으로 작용했다. 표 3-21은 1970년대의 스웨덴 경제의 문제점을 종합적으로 보여준다.

이 표에서 1970년대에 경상수지 적자폭과 국가의 예산적자와 채무액이 증가하고, 투자가 감소하고 물가가 상승했으며, 상장기업들의 자기자본비율이 하락했음을 알 수 있다. 또 이러한 거시경제 지표들의 악화가 주로 1970년대 후반에 집중적으로 진행되었음을 알 수 있다.

그런데 1970년대는 스웨덴뿐 아니라 선진 자본주의 세계 전체 차원에서도 동요와 침체의 시기였다. 1970년대에 들어 전후 국제통화질서의 근간이었던 브레튼 우즈(Bretton Woods) 체제가 붕괴했으며, 1·2차 석유파동(oil shock)이 발생했다. 또 석유파동에 대한 대응으로 미국과 서독 등이 추진한 긴축정책에 따른 국제적 수요의 감소 등으로 인해 선진 자본주의 세계 전체에 장기불황이 닥쳐왔다. 특히 스웨덴은 1970년대의 불황을 매우 혹독하게 겪은 편이었다. 스웨덴의 경우 석유를 전량 수입에 의존하는 데다 에너지 다소비형 경제구조를 갖고 있어서, 석유파동으로 인해 매우 크게 타격받은 편이었다. 또 수출의존도가 높은 스웨덴 경제는 국제적 수요 감소로 인해 강도 높게 타격 받아야 했다.

게다가 1970년대에 들어 스웨덴의 전통적 기간산업의 국제경쟁력이 크게 약화되었다. 조선·철강 등 스웨덴의 중추적 산업들에서 신흥공업국들의 국제시장 진출이 크게 증가했다. 한국·브라질 등 신흥공업국들이 저임금에 기초한 가격경쟁력에 힘입어 수출을 크게 증가시킴에 따라 스웨덴 제품의 국제시장 점유율이 크게 떨어졌다. 또 1974년의 일시적 원자재 수출 호조로 인해 이 부문의 스웨덴 기업들이 예외적으로 높은 이윤을 올린 데 뒤따라, 1974-76년 기간에 폭발적 임금상승이[43] 이루어진 것도 스웨덴 제품의 가격경쟁력을 크게 약화시킨 요인으로 작용했다. 특히 큰 우려를 자아낸 것은 산업 부문의 투자 위축과 경상수지 악화였다.

경상수지 악화의 중요한 원인 중 하나는 스웨덴 제품의 상대가격의 상

〈표 3-22〉 1970-79년의 산업 부문 총투자 증가율 (단위: %)

1970	1971	1972	1973	1974	1975	1976	1977	1978	1979
4.0	0.4	2.6	10.7	11.9	1.5	-0.2	-18.5	-19.8	3.4

(자료: Ibid., p. 111, 표 5.10)

〈표 3-23〉 1970-79년의 경상수지 (단위: 10억 US $, 경상 가격 기준)

1970	1973	1974	1975	1976	1977	1978	1979
-2.3	7.0	-2.0	-21.5	-15.0	-16.6	-20.0	-13.0

(자료: SOU 1980: 52, p. 34, 표 2.2)

---

43 1974-76년 기간에 각종 사회보장 기여금을 포함한 실질임금비용이 40%나 상승했다. 이렇게 큰 폭의 임금상승이 이루어지게 된 주요 원인으로는 다음과 같은 것들을 들 수 있다. 첫째, 1971-73년 기간의 중앙단체교섭에서는 노동조합 측이 임금인상 요구를 억제한 편이었다. 이러한 상황에서 1974년에 스웨덴 기업들이 예외적으로 높은 이윤율을 기록하게 됨에 따라, 노동조합 측은 차기 단체교섭에서는 과거의 단체교섭에서의 임금인상 억제에 대한 보상까지 얻어야 한다고 생각하여 매우 공세적으로 임금인상을 요구하였다. 둘째, 노동조합과 사용자 모두 향후 매우 높은 수준의 인플레가 지속될 것으로 예상하여, 인플레로 인한 실질임금 하락을 보상하기 위해선 높은 임금상승이 필요하다고 판단하였다.

〈그림 3-9〉 1970-80년에 OECD 회원국에 대한 스웨덴 공산수출품의 시장점유율 및 상대가격 (1970년 수치를 100으로 했음)

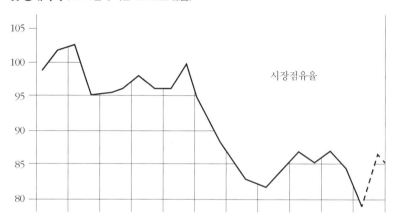

시장점유율

상대가격

(자료: Ibid., p. 402, 그림 10.1)

승인 것으로 평가되었다.

이러한 경제침체의 여러 측면 중에서도 1978년 공동안이 가장 우려한 사항은 투자와 저축의 위축이었다(LO & SAP 1978: 18-23). 1970년대에 들어 GNP에서 투자와 저축이 차지하는 비중이 크게 감소했으며, 특히 1970년대 중반 이후에 투자와 저축이 급락했다. 또 투자보다도 저축이 더 큰 폭으로 감소했다. 그리하여 1970년에 GNP에서 총투자가 차지하는 비중이 25.5%, 총저축이 차지하는 비중이 24.5%이던 것이, 1978년엔 각기 19.5%와 14.5%로 급락했다(Ibid., p. 20, 그림 1).

1978년 공동안은 저축 감소의 가장 중요한 원인을 AP 기금 재원의 성장 정체에서 찾는다. 1959년에 도입된 공적 연금제도인 ATP 제도의 구성요소인 AP 기금의 경우, 기여금 수입은 많으나 연금지급액은 적은 초기에는 기금 재원이 빠른 속도로 증가하여 경제에 필요자본을 공급해주는 역할을 톡톡이 수행하였다. 그러나 점차 연금수령자가 늘어나고 인플레이션이 진행됨에 따라 연금지급액이 큰 폭으로 증가하게 된 데다, 1970년대의 경제침체로 인해 기여금 수입은 정체되어 기금 재원의 성장이 정체되었다는 것이다. 이렇게 공적 저축인 AP 기금의 비중이 현저히 약화되어가는 상황에서 경제성장을 위해 요구되는 저축 수준을 회복하는 길로는, 민간 저축을 크게 증가시키는 방안과 새로운 공적 저축 수단을 개발하는 방안이 있는데, 전자는 받아들이기 어렵다는 것이다.

민간 저축이 크게 증가하려면 무엇보다도 민간 기업들의 수익률이 크게 제고되어 이것이 사내유보이윤으로 적립되어야 한다. 그런데 공적 저축의 위축을 상쇄할 만큼 민간 기업들의 수익률이 높아지기도 힘들 뿐더러, 설령 이것이 가능하다 하더라도 이는 주주들의 배당수익을 제고시킴으로써 분배 상황을 악화시키는 데다, 국가가 신용시장과 경제정책을 통해 자본을 통제하는 것을 더욱 어렵게 만들 것이므로 수용할 수 없다는 것이다. 결국 해결책은 새로운 공적 저축 수단을 개발하는 데서 찾아야 하는데, 모든 임금과 기업가 수입으로부터 기여금을 받아 조성되는 발전기금이 그 해결책일 수 있다는 것이다.

또 이윤으로부터의 기여금으로 조성되는 임노동자기금은 기업의 투자결정에 임노동자들이 참여하는 것을 가능케 함으로써 장기적 경제성장을 촉진하리라는 것이다. 임노동자들은 사적 주주들에 비해, 예컨대 투기를 통한 이익과 같은 단기적 이익보다는 장기적 기업 성장을 통한 고용안정과 생활수준 향상에 관심이 크므로, 더 장기적인 계획하에서 투자를 증대시키는 성향을 보일 것으로 기대된다는 것이다. 따라서 경제 상태가 나쁠수록 투자활동에 대한 임노동자들의 영향력을 증대시킬 필요가 더욱 커진다는 것이다(LO & SAP 1978: 18-26). 이렇게 1978년 공동안은 경제침체에 대한 해결책을 임노동자기금과 발전기금이라는 새로운 공적 기금제도의 도입을 통해 집단적 저축을 증가시킴으로써 경제에 필요한 자본공급을 증대시킨다는 데서 찾았다.

1981년 공동안은 1978년 공동안에서처럼 자본공급 증대의 필요성을 강조하면서도, 단지 자본공급량의 증대만이 중요한 것이 아니라 공급되는 자본의 성격, 즉 자본의 질적 측면도 중시되어야 한다는 점을 강조한다. 스웨덴 기업들의 투자가 정체된 데는 기업들의 자기자본비율이 너무 낮다는 점도 크게 작용했다는 것이다. 불확실성이 매우 큰 경제 상황에서 자기자본비율이 낮은 기업들은 큰 위험을 무릅쓴 투자를 할 수 없기 때문에 투자 정체가 야기된다는 것이다. 따라서 기업들의 초과이윤으로부터의 기여금으로 조성되는 임노동자기금의 자금을 오직 기업들의 주식 구입에 사용함으로써, 기업들의 주식 발행을 촉진시켜 기업들의 자기자본비율을 높여줄 필요가 있다는 것이다(LO & SAP 1981: 64-67).

표 3-24에 나타나듯이, 실제로 1970년대에 들어 민간산업 부문 기업들의 자기자본비율은 꾸준히 감소해왔다.

또 앞에서 언급한 바와 같이, 기금제도는 한편으로는 고수익 기업들의

<표 3-24> 1970-79년에 민간산업 부문의 자본 구조 (단위: 10억 크로나)

	1970	71	72	73	74	75	76	77	78	79
1. 실물자본	52.7	55.5	57.5	61.2	74.0	89.1	97.1	104.6	105.0	111.0
2. 금융자본	45.4	47.8	53.7	63.1	73.5	84.9	86.3	105.3	113.6	128.8
3. 총자본	98.1	103.3	111.2	124.3	147.5	174.0	183.4	209.9	218.6	239.8
4. 자기자본	30.3	30.8	32.4	35.1	41.0	47.6	51.5	56.5	57.1	64.0
5. 부채	67.8	72.5	78.8	89.2	106.5	126.4	131.9	153.4	161.5	175.8
6. 금융비율(%) = 2/1	86	86	93	103	99	95	89	101	108	116
7. 자기자본비율(%) = 4/3	30.9	29.8	29.1	28.3	27.8	27.3	26.7	26.9	26.3	26.7

* 조사대상기업은 피용자 수 20인 이상 기업

(자료: SOU 1980:52, p. 430 표 11.2)

이윤율을 사후적으로 하락시킴으로써 이들의 임금지불능력을 약화시키는 한편 고수익 기업 노동자들의 임금상승 요구를 억제시킴으로써 임금상승을 둔화시키는 효과를 볼 수 있다는 것이다. 또 임금상승 억제를 통해 인플레이션이 억제되면, 기업들에 대한 주주들의 배당수익 요구도 그만큼 감소하게 되므로 투자가 촉진되리라는 것이다. 이를 통해 고이윤 → 고임금 → 높은 인플레이션 → 저성장의 악순환을 단절시킬 수 있다는 것이다(LO & SAP 1981: 54-64). 결국 1981년 공동안은 기금제도가 경제 회생에 기여할 수 있는 경로를 기업들의 자기자본비율 제고와 임금인상 및 인플레이션의 억제에서 찾고 있는 것이다.

그런데 이렇게 두 기금안에서 경제침체 극복을 위한 집단적 자본형성이라는 동기가 강조된 데는, 1970년대 중반 이후 스웨덴 경제가 심각한 침체 국면에 들어서게 되었다는 객관적 사정뿐 아니라 정치전략적 고려도 크게 작용했다. 즉 본래의 기금안의 급진적 성격을 누그러뜨림으로써 기금문제를 둘러싸고 부르주아 진영과 정치적 타협을 끌어낼 수 있는 여지를 넓히는 한편, 기금안의 대중적 설득력을 높임으로써 기금 도입에 유리한 정치적 환경을 조성하겠다는 것이었다. 즉 본래의 기금안이 재산과 경제적 권력의 재분배 문제를 전면에 부각시켰던 데 비해, 1978년 공동안과 1981년 공동안에서는 당면한 경제침체를 극복한다는 일반적인 거시경제적 문제를 전면에 부각시킴으로써, 기금안이 단지 임노동자들의 이익 증진만을 도모하는 것이 아니라 국민경제 전체 차원의 문제 해결에도 도움이 된다는 점을 강조하고자 한 것이다.

또 1978년 공동안은, 임노동자기금 외에, 주로 임금으로부터의 기여금으로 조성되어 기업들이 필요로 하는 자본공급 증대에 크게 공헌할 것으로 기대되는 발전기금을 함께 조성할 것을 제안하였다. 이는 부르주아 진영의 격렬한 반대에 직면한 임노동자기금안과 부르주아 진영으로부터도 환영받을 것으로 기대되는 발전기금안을 단일 정책패키지로 묶어냄으로써 기금안에 대한 부르주아 진영의 반대를 누그러뜨릴 것을 도모한 측면이 있었던 것으로 판단된다. 일종의 '끼워 팔기' 전략인 셈이다.

또 1981년 공동안에서는 기존의 기금안들과는 달리 기금의 재원을 신규발행주식이 아니라 현금 형태로 조달하고, 이 자금을 경제성장이라는 측면에서 전략적 의미가 큰 기업들의 주식을 구입하는 데 사용함으로써 경제성장을 한층 더 촉진한다는 점이 강조되었다. 그러나 이러한 구상의 주된 의도는, 기존 기금안의 내용 중에서도 부르주아 진영으로부터 가장 격렬한 저항에 부딪친 대목인, 신규발행주식에 의한 기금재원 조달이라는 대목을 수정함으로써 기금 반대 여론을 약화시키겠다는 것이었다.

이런 사정 때문에, 기금안 입안자들이나 기금논쟁에 참여한 많은 사민주의자들이 경제침체 극복을 위한 집단적 자본형성의 필요성이라는 문제에 실제로 얼마나 큰 비중을 두었는지를 판단하기가 쉽지 않다. 그러나 이들이 주관적으로 이 문제를 얼마나 진지하게 생각했는지에 관계 없이, 1978년 이후 기금논쟁에선 과연 기금안이 경제침체 극복에 도움이 될 것인가 하는 문제가 중요한 쟁점으로 부상한 것이 사실이다. 또 기금안 입안자들이나 사민주의 논객들 의도의 진정성 정도에 관계 없이, 집단적 자본형성을 통해 저축과 투자를 사회화함으로써 경제침체를 극복한다는 것은, 경제침체에 직면한 사민주의 세력이 선택할 수 있는, 상정 가능한 중요한 정책 대안의 하나라고 판단된다. 따라서 여기서는 전후 스웨덴 사민주의 세력의 입장에서 새로운 상황이었던 장기적 경제침체에 대한 해결책으로서, 기금안이라는 집단적 자본형성 방안을 통해 저축과 투자를 사회화한다는 전략이 과연 어느 정도 타당성이 있는가 하는 문제를 둘러싸고 전개되었된 논쟁을 분석하고자 한다.

경제침체는 일반적으로 사민주의 정치에 위기를 초래하기 쉽다. 1970년대 말에서 1980년대 초의 미국과 영국에서 대표적으로 드러나듯이, 장기불황이 지속되는 시기에는 우파 정당이 집권하기 쉬우며, 설령 좌파 정당이 집권하더라도 좀더 자유주의적인 방향으로 정책 노선을 수정하기 쉽다. 서구 사민주의의 전성기였던 1950-60년대는 자본주의의 황금기로서 장기적으로 고도성장이 이루어졌던 기간이었다. 고도성장에 따라 파이가 꾸준히 커지는 시기에는 파이의 분배를 둘러싼 사회적 갈등이 상대적으로 약하기 때문에, 사민주의적 계급타협이 안정적으로 유지되기 쉽다. 특히 스웨덴의 경우 1970년대 초까지 전후 고도성장이라는 선진 자본주의 세계의 일반적 흐름에 동승할 수 있었을 뿐 아니라, 대다수 선진 자본주의국이 참여했던 1, 2차 세계대전을 피함으로써 전쟁으로 인한 생산력 파괴를 겪지 않았고, 장기적으로 산업평화가 유지된 관계로 사민주의 정치에 예외적으로 유리한 조건이 장기간 유지되었다. 이러한 여건 위에서 사민당의 장기집권이 이루어졌던 스웨덴은 여러모로 '사민주의의 실험장'이 될 만한 조건을 구비하고 있었다.

그러나 1970년대부터 상황이 크게 달라졌다. 선진 자본주의 세계에 장기불황이 찾아온 것이다. 이러한 상황에 직면하여 사민주의 세력이 선택할 수 있는 대표적인 정책 노선으로는 다음과 같은 것들을 들 수 있다.

첫째, 자유주의적인 방향으로 경제정책 노선을 수정함으로써 민간기업들의 투자 여건과 수익성을 제고시켜 경제 활력을 회복시키는 길이다. 즉 흔히 신자유주의라 불려온 정책 노선을 채택하는 길이다. 법인세나 사회보장 기여금 등의 조세 부담을 줄여줌으로써 기업들의 투자 의욕을 높이고, 개인소득세를 경감함으로써 개인들의 노동 의욕과 저축 의욕을 북돋우며, 높은 수준의 실업률을 허용함으로써 임금상승을 억제하고 노동규율을 강화시켜, 인플레이션 억제와 생산성 향상을 도모하는 것이다. 그런데 이러한 정책 노선은 국가의 조세 수입을 감소시킴으로써 복지국가의 재정적 기반을 약화시키는 데다, 대체로 빈부격차를 증대시키기 쉽다는 점에서 사민주의 세력이 받아들이기 어려운 측면이 있다. 특히 스웨덴 사민주의 세력의 경우 완전고용을 유지한다는 것은 그동안 최우선적인 경제정책목표로서 어떠한 경우에도 포기될 수 없는 신조 역할을 해왔기 때문에, 신자유주의적 처방은 진지하게 고려되기 어려웠다.

둘째, 사민주의 세력의 전통적 경제정책 노선이었던 케인스주의에 의존하는 길이다. 정부지출 증대나 조세 감소 등을 통해 내수를 부양함으로써 국제적 수요의 감소로 인한 경제침체를 완화시키는 것이다. 실제로 1970년대에 스웨덴에서 채택된 정책 노선이 바로 이것이었다. 1976년까지 존속된 사민당 정부와 1976-82년 기간의 부르주아 정당 연립정부는,[44] 복지지출의

---

44 부르주아 정당 연립정부는 정부를 구성한 세 부르주아 정당들 간의 정치적 입장 차이로 인해 많은 내부 갈등을 겪었다. 1976년 총선에서는 부르주아 정당들 중 중앙당이 최대 의석을 차지하여, 중앙당 당수 팰딘(Thorbjörn Fälldin)을 수상으로 하는 중앙당·자유당·보수당 3당 연립정부가 구성되었다. 그러나 원자력 발전소 폐기 문제를 둘러싸고 완전히 상반된 입장에 있던 중앙당과 보수당 사이의 갈등으로 인해 연립정부가 해체되고, 1978년에 자유당 당수 울스텐(Olla Ullsten)을 수상으로 하는 자유당 단독 소수내각이 구성되었다. 1979년 총선에서는 부르주아 정당 중 보수당이 최대 의석을 차지하였으나, 보수당에게 수상직을 넘기기를 거부한 중앙당과 자유당의 입장이 관철되어, 다시 팰딘을 수상으로 하는 3당 연립정부가 구성되었다. 그러다 조세감축문제를 둘러싸고 중앙당 및 자유당과, 보수당 사이에 갈등이 격화되어 1981년에 보수당은 부르주아 정당 연립정부로부터 탈퇴한다. 이후 다시 팰딘을 수상으로 하는 중앙당과 자유당 2당 연립정부가 구성되었다가, 1982년 총선에서

증대를 통해 내수를 부양하는 한편 국제경쟁력을 잃은 전통적 기간산업들에 막대한 보조금을 지원함으로써, 이들 산업의 붕괴로 인한 대량실업을 사전에 방지하고자 노력했다. '가교정책'(överbryggningspolitik / overbridging policy)이라 불린 이러한 정책 노선은 무엇보다도 완전고용을 중시해온 사민당의 전통적 정책 노선의 연장선상에 있었다. 흥미로운 것은 부르주아 정당들도 사민당 못지 않게 '가교정책'을 적극적으로 추진했다는 사실인데, 이는 무엇보다도 44년만에 최초로 구성된 부르주아 정당 연립정부가, 자신이 전후 최초로 대량실업을 낳은 정부로 낙인찍힐까 두려워했던 데 기인한다. 전통적 기간산업들을 포기하고 새로운 산업들을 발전시키는 방향으로 산업구조를 전환시키는 일은, 적어도 단기적으로는 대량실업을 낳을 수밖에 없다는 점에서 정치적으로 수용하기 어려웠던 것이다. 그런 점에서 이 시기의 부르주아 정당 연립정부의 정책 노선도 사민당의 오랜 정치적 헤게모니의 그림자 안에 있었다고 볼 수 있다.

그런데 케인스주의정책은 인플레이션을 야기하여 국내 제품의 가격경쟁력을 더욱 약화시키기 쉽다는 문제가 있다. 1930년대의 공황과는 달리 1970년대의 불황은 인플레이션을 동반하는 불황, 즉 스태그플레이션의 성격을 띠고 있었던 것이다. 따라서 부르주아 정당 연립정부는 '가교정책'을 추진하면서도, 상황에 따라서는 국가의 개입을 통해 임금상승과 물가상승을 직접 억제하는 소득정책적 조치에 의존하거나 부분적으로 긴축정책적 요소를 도입하기도 했고, 스웨덴 제품의 가격경쟁력을 높이기 위해 여러 차

사민당이 승리함에 따라 부르주아 정당 연립정부 시대가 막을 내렸다. 부르주아 정당 집권 기간에, 중앙당과 자유당은 대체로 사민당의 종전의 정책 노선에서 크게 이탈하지 않고 복지국가와 완전고용을 유지하려 했다. 다만 경미하게나마 노동조합의 힘을 견제하고 임금상승을 억제하려 했다. 반면에 보수당은 복지국가 축소와 조세감축을 일관되게 주장하였다. 부르주아 정당 연립정부에서 보수당의 위치가 강화되었던 1979-81년 기간엔 경제정책에서 보수당의 입장이 상대적으로 강하게 관철되어, 긴축정책적 요소가 강화되고 노동조합에 대해서도 강경대결 노선이 채택되었다.

례에 걸쳐 스웨덴 통화의 평가절하를 단행하기도 했다.

셋째, 경제침체를 계기로 저축과 투자의 사회화를 추진하는 길이다. 장기불황을 자본주의의 근본적 한계의 표현으로 간주하고, 경제상황에 대한 대중들의 불만을 정치적 자원으로 삼아, 공적 기금 등의 조성을 통해 저축을 증대시키고, 이 자금을 단기적 경기변동에 의해 지나치게 좌우되지 않고 장기적인 계획과 정책목표에 의거하여 투자함으로써, 단기적으로는 불황을 극복하고 장기적으로는 경제의 사회주의화를 추진하는 것이다. 경제위기를 사회주의화의 진일보를 위한 계기로 활용하는 것이다. 기금안이 바로 이러한 방향의 정책 구상이었다.[45]

스웨덴 경제의 침체상이 뚜렷이 드러난 1970년대 후반에 사민주의 좌파가 취한 입장은 케인스주의적 수요부양정책을 유지하는 동시에 임노동자기금 도입을 추진한다는 것이었다. 즉 단기적으로는 케인스주의적 수요부양정책을 통해 경제침체를 완화시키는 한편, 중장기적으로는 임노동자기금을 통해 자본공급 부족을 해소하여 투자를 촉진하되, 단기적 이윤 취득보다는 기업의 장기적 성장을 중시하는 임노동자들로 하여금 기금자금의 관리에 관여하도록 함으로써, 경제의 장기적·안정적 성장을 가능케 한다는 것이었다.

2) 논쟁구도

기금안 반대자들은 물론 기금안이 경제침체의 극복을 위한 적절한 해결책이라는 데 동의하지 않았다. 우선 많은 반대자들은 스웨덴 경제가 당면한 핵심적 문제가 자본공급의 부족이라는 데 동의하지 않았다. 예컨대 기금문제를 다룬 국가연구위원회의 최종 보고서에서 보수당 위원 토비손(Lars

---

45 1981년에 집권한 프랑스 사회당이 집권 초기에 추진한 국유화 노선도 이와 유사한 방향의 정책 노선이라 할 수 있다.

Tobisson)은 스웨덴 기업들의 투자 위축의 핵심적 원인은 자본공급의 부족이 아니라 기업들의 수익성 저하에 있다고 주장한다. 따라서 기업들의 투자를 촉진하려면 법인세나 각종 사회보장 기여금 등 기업들의 조세 부담을 경감시키는 한편, 정부지출을 억제하여 물가를 안정시킴으로써 이자율을 하락시켜 기업들의 이자 부담을 경감시켜야 한다는 것이다(SOU 1981:44, p. 162). 또 외만(Berndt Öhman)도 투자와 관련하여 가장 중요한 문제는 자본 공급이 아니라 기업들의 수익성과 이에 기초한 투자 유인이기 때문에, 임노동자기금이 자본형성에 미치는 효과를 판단하려면 기금이 저축에 미치는 효과뿐 아니라 투자 의욕과 자원배분에 미치는 효과도 연구되어야 한다고 주장한다(Öhman 1982a: 45).

실제로 1970년대 후반 이후 스웨덴 기업들의 수익률은 크게 하락해왔다. 표 3-25와 표 3-26을 통해, 1970년대 중반 이후 기업들이 생산해 낸 부가가치 중 과세 전 순이윤이 차지하는 비중이 감소해왔으며, 과세 후 실질수익률도 매우 낮은 수치를 보였음을 알 수 있다. 기업의 과세 후 실질수익률이 저하된 것은 1970년대에 사회보장 기여금이 크게 증가한 데에도 적지 않이 기인했다. 1970년대의 평등주의적 에토스 속에서 추진된 각종 노동입법과 복지국가의 확충으로 인해, 임금 총액 대비 사회보장 기여금의 비중이 1970년에 12.5%이던 것이, 사민당이 실권(失權)한 해인 1976년에는 32.7%로 증가했고, 1979년엔 다시 36.7%로 증가한다(Myhrman 1994: 189).

그런데 기금제도는 기업의 투자 결정을 좌우하는 기존 주주들의 배당수익을 감소시키거나 기업의 수익률을 저하시키기 쉽다. 1976년 기금안이나 1978년 공동안에서처럼 임노동자기금의 자금이 기업 내에 동결되어 있는 경우에는, 적어도 단기적으로는 기업의 수익률에는 별다른 영향을 미치지 않을 수 있으나 기존 주주들의 배당수익은 감소시키기 쉽다. 이윤의 20%가 자동적으로 기금으로 이전되기 때문에 기존 주주들에 대한 배당 지급의 여지가 그만큼 줄어들기 때문이다. 또 1981년 공동안에서처럼 초과이윤으

<표 3-25> 1970-79년에 국제경쟁에 노출된 부문에서 부가가치 중 임금(사회보장 기여금 포함), 감가상각, 순이윤(=총이윤－자본손모)이 차지하는 비중 (단위: %)

	1970	1971	1972	1973	1974	1975	1976	1977	1978	1979
임금	74.5	76.2	78.7	73.4	68.0	74.6	81.8	84.7	83.2	75.9
자본손모	8.5	9.0	9.3	9.0	8.6	9.5	10.2	11.4	12.0	11.2
순이윤	17.0	14.8	12.0	17.6	23.5	15.9	8.1	3.8	4.8	12.9

(자료: SOU 1980: 52, p.408, 표 10.3)

<표 3-26> 1971-79년에 59개 상장기업에서의 과세 후 명목수익률, 물가상승률, 과세 후 실질수익률 (단위: %)

연도	과세 후 명목수익률	물가상승률	과세 후 실질수익률
1971	8.3	7.4	0.9
72	9.2	5.7	3.5
73	14.9	7.6	7.3
74	19.5	10.4	9.1
75	11.8	10.1	1.7
76	7.9	9.4	-1.5
77	5.6	12.8	-7.2
78	6.9	7.5	-0.6
79	12.9	9.7	3.2

* 위 표에서 수익률이란 자기자본에 대한 수익률을 의미한다. 또 위 표에 나타난 59개 상장기업은 경제연구기관인 EFI의 데이터뱅크인 FINDATA의 1971-79년 기간의 통계에 한 해도 빠짐없이 등장한 상장기업들이다.

(자료: SOU 1981: 44, p. 123, 표 5.15)

로부터 기여금을 받아 기업 외부에서 조성되는 임노동자기금은, 기존 주주들의 배당수익을 감소시킬 뿐 아니라 기업의 수익률도 저하시키게 된다.

이 문제와 관련하여 SAF의 경제학자 뢰토릅(Anders Röttorp)은 1981년 공동안에 대한 평가에서, 기금제도를 포함하여 모든 이윤분배제도는 기업의 입장에서는 추가적인 법인세 부과와 마찬가지의 효과를 낳으므로, 기금제도는 당연히 수익률 저하에 따른 투자 의욕 위축을 낳을 것이라고 경고한다. 또 경기변동에 따라 전체적으로는 손실을 보면서도 특정 해에 한해 예외적으로 높은 이윤율을 올린 기업도 초과이윤 기여금을 납부해야 하므로, 기금제도는 기업들의 투자 의욕을 결정적으로 위축시키게 된다는 것이다(Röttorp 1981: 380).

또 SACO/SR 1981년 보고서도, 임노동자기금과 같은 이윤분배제도가 도입되면 기존 주주들의 입장에서 보면 이윤 분배 후 순수익은 하락하는 셈이 된다는 점을 지적한다. 그런데 여러 가지 투자 대안을 가진 주주들이 기금제도의 적용을 받는 기업들에 계속 투자하려면, 이 기업들의 이윤 분배 후 순수익률이 적어도 여타 투자 대상 사업의 수익률과 같은 수준을 유지할 수 있어야 하므로, 기금제도의 적용을 받는 기업들에 대한 주주들의 수익성 요구는 사실상 더 높아지는 셈이 되기 때문에, 전체적으로는 투자가 위축되리라는 것이다(SACO/SR 1981: 36).

기금제도로 인해 기업의 수익률이나 주주들의 배당수익이 저하한다면 기업들이 주식 발행을 통해 외부 자금을 공급받기도 어려워진다. 기금논쟁 초기 국면부터 기금안 반대자들이 줄기차게 주장한 사항의 하나는 기금이 도입되면 기업들이 주식 발행을 통해 자금을 조달하기가 어려워지리라는 것이었다. 기금제도는 기존 주주들의 배당수익의 감소를 야기할 것이므로, 투자가들의 주식 보유 유인을 저하시켜 기업들이 주식 발행을 통해 기업 외부로부터 자금을 조달하기가 어려워지게 되고, 따라서 기업들의 자금 사정 악화로 인한 투자 정체와 이로 인한 전반적 경제침체가 야기되리라는 것이다(Sveriges Indusstriförbund och Svenska Arbetsgivareföreningen 1976: 23, Röttorp 1981: 385).

이러한 비판에 대해 1978년 공동안은 기금제도하에서도 기존 주주들의 이익이 충분히 보호될 수 있다는 점을 강조한다. 우선 임노동자기금이 지배하는 기업의 경우에도 상당 기간 사적 주주들의 자본을 계속 필요로 할 것이므로, 사적 주주들에게 크게 불리해지는 방향으로 배당 정책을 급격히 바꾸지는 않으리라는 것이다. 또 설령 이러한 문제가 발생한다 하더라도 사적 주주들의 이익을 보호하기 위한 제도적 장치를 마련할 수 있다는 것이다. 예컨대 기금제도가 적용되는 기업에서 사적 주주들에 대한 배당지급이 기금제도 도입 이전의 합리적 수준에 비해 현저히 낮은 수준에서 이루어질 경우, 사후적으로 사적 주주들에 대해 그 손실분을 보상해주면 된다는 것이다. 구체적으로는 이 문제를 다룰 중립적인 중재기관을 설립하고, 이 기관으로 하여금 배당수준의 적절성 여부를 감독하도록 하여, 사적 주주들에게 현저하게 불리하게 배당지급이 이루어졌다고 평가될 경우엔 기업이 사적 주주들에게 사후적으로 보상해주도록 하면 되리라는 것이다(LO & SAP 1978: 39-42).

한편 경제침체의 극복 문제가 기금논쟁의 중심부로 부상하게 되면서 기금안 반대자들은 공공부문의 팽창을 경제침체의 주원인으로 지목하여 공격했다. 앞에서 언급한 바 있는 토비손(Lars Tobisson)은 저축 부족과 국제수지 적자의 핵심적 원인은 공공부문의 적자에 있으므로 공공부문의 지출을 줄이면 저축 부족과 국제수지 적자 문제도 쉽게 해소될 수 있다고 주장한다(SOU 1981:44, p. 162).

1970년대 후반에 들어 공공부문의 재정수지가 적자 상태에 있었던 것은 사실이다. 〈표 3-27〉에서 1975-79년에 정부부문인 중앙정부와 콤뮨의 순저축이 음의 값을 기록하였으며, 투자가 없기에 순저축이 양의 값을 나타낼 수밖에 없는 사회보장 부문의 순저축폭도 1970-74년에 비해 감소하였다. 또 재원의 조달과 사업방식 모두에 있어 공공부문적 성격이 농후한 주택 부문도 음의 순저축을 기록하였음을 알 수 있다.

또 공공부문은 경제 전체의 저축 부족과 국제수지 적자를 야기할 뿐 아니라, 과도한 임금상승을 야기한다는 점에서도 비판받았다. SACO/SR 1981년 보고서는 공공부문의 과도한 팽창이 노동인력 수요 증대와 실업 감소를 낳음으로써 과도한 임금상승의 배경으로 작용했다는 점을 지적한다(SACO/SR 1981: 21). 표 3-28은 공공부문의 노동인력 흡수효과를 잘 보여준다.

〈표 3-27〉 1970-74년 및 1975-79년에 GNP 대비 부문별 총저축, 총투자, 순저축액 (단위:%)

	1970-74	1975-79
총저축	23.8	19.6
국가(=중앙정부)	1.8	-1.2
콤뮨	3.5	2.9
사회보장 부문	4.4	3.9
주택 부문	2.4	2.5
가계	2.9	3.0
비금융기업	6.8	5.1
금융기업	2.1	3.4
총투자(재고투자 포함)	23.1	21.1
국가	1.3	1.1
콤뮨	4.3	3.1
사회보장 부문	0.0	0.0
주택 부문	5.7	4.9
가계	1.3	1.7
비금융기업	10.1	10.0
금융기업	0.3	0.3
순저축(총저축-총투자)	0.6	-1.5
국가	0.5	-2.4
콤뮨	-0.9	-0.3
사회보장 부문	4.4	3.9
주택 부문	-3.4	-2.4
가계	1.5	1.4
비금융기업	-3.4	-4.9
금융기업	1.8	3.1

(자료: SOU 1980: 52, p. 422, 표 1.1)

표 3-28에서 1965년과 1979년 사이에 공기업을 제외한 공공부문, 즉 정부부문 종사자가 전체 고용인구에서 차지하는 비중이 2배 이상 증가했음을 알 수 있다. 또 정부부문 종사자의 증가가 주로 콤뮨 부문에서 이루어졌음을 알 수 있다. 스웨덴의 경우 콤뮨의 핵심적 기능은 사회복지정책의 집행이었다. 또 표 3-29에서 스웨덴 경제의 침체 상황이 지속되었던 1970년대 후반에, 민간경제 부문의 취업자 수는 감소한 반면에 공공부문 취업자 수는 이보다 큰 규모로 증가했음을 알 수 있다.

452

<표 3-28> 1965-79년에 총 고용인구에서 공공부문(공기업 제외) 종사자가 차지하는 비중 (단위: %)

	1965	1970	1974	1979
국가	5.2	5.1	5.8	6.6
콤뮨	9.0	14.5	17.9	22.6
총	14.2	19.6	23.7	29.2

(자료: SOU 1980: 52, p. 238, 표 6.2)

<표 3-29> 1975년과 1979년에 민간경제 부문, 민간산업 부문(광업 포함), 공공부문의 취업자 수 (단위: 1,000명)

	총 취업자 수			전일(全日)노동 취업자 수		
	1975	1979	변화	1975	1979	변화
민간경제 부문	3,006	2,908	-98	2,552	2,358	-194
그 중 민간산업 부문	1,049	973	-76	900	791	-109
공공부문	1,057	1,257	+200	746	844	+98
경제 전체	4,063	4,165	+102	3,298	3,202	-96

(자료: SOU 1981: 44, p. 106, 표 5.7)

이 문제와 관련하여 주류 경제학자 뮈르만(Johan Myrhman)은 렌-마이드너 모델의 실패를 지적한다. 본래 렌-마이드너 모델에서는 저성장 낙후 민간부문에서 퇴출된 노동인력을 고성장 민간부문으로 이동시킬 것을 기도했으나, 고성장 민간부문은 기대했던 것만큼 고용창출효과를 낳지 못했다는 것이다. 결국 저성장 민간부문으로부터 방출되었으나 고성장 민간부문에서 일자리를 얻지 못한 노동인력은 공공부문이 흡수해야 했고, 이로 인해 경제성장의 주동력인 민간부문이 전반적으로 위축되었다는 것이다. 즉 렌-마이드너 모델은 본래의 의도와는 달리 민간경제 부문을 인위적으로 지나치게 위축시키는 결과를 낳았다는 것이다(Myhrman 1994: 195-96).

결국 기금안에 반대한 부르주아 진영의 논객들과 일부 우파 사민주의자들은 스웨덴 경제의 침체에 대한 해결책을 복지국가 축소를 통한 민간기업들의 수익성 제고에서 찾은 것이다. 이 문제와 관련하여 주목할 만한 사실은, 재산과 경제적 권력의 재분배 문제와 연대임금정책으로 인한 고수익 기업들의 초과이윤문제가 기금논쟁의 핵심 쟁점이었던 논쟁 초기 국면에서는 기금안 반대자들의 주장이 대체로 스웨덴 모델의 현상 유지라는 수세적 성격을 띠었던 데 반해, 경제침체 극복 문제가 전면에 부각된 논쟁 후기 국면에서는 스웨덴식 복지국가 축소라는 형태로 공세적 성격을 띠게 되었다는 것이다. 사실 복지국가의 적정 규모를 둘러싼 논란은 전후(戰後)기간 내내 스웨덴의 정치적 논쟁의 고정 메뉴였다. 정부지출과 조세, 고용 문제는 현대 스웨덴 정치사 전체를 관류하는 핵심적 쟁점들이었다. 그러나 1970년대에 들어 경제성장은 크게 둔화되면서도 복지국가는 빠르게 성장해감에 따라 복지국가의 적정 규모 문제가 예전보다 훨씬 더 뜨거운 쟁점으로 부각된 것이다. 또 이 문제가 부각된 데는 기금논쟁을 스웨덴 모델을 전반적으로 공격할 수 있는 기회로 삼으려는 부르주아 진영, 특히 재계와 보수당의 정치전략도 크게 작용했다. 스웨덴 모델에 대한 좌파적 비판인 기금안이 제출되자 부르주아 진영은 이 기회에 스웨덴 모델을 우파적 관점에서 공격한다는 맞불작전을 채택한 것이다.

기금안 지지자들 중에서 경제침체의 극복 문제와 관련하여 가장 체계적인 논변을 전개한 논자는 구스탑손(Bo Gustafsson)이었다. 구스탑손은 경제침체의 원인을 다른 논자들과는 전혀 다른 방식으로 진단한다(Gustafsson, Bo 1981: 120~48). 구스탑손에 따르면 경제위기에 대한 처방을 둘러싸고 부르주아 진영과 사민주의 진영 간에 논쟁이 전개되어왔지만, 양자 모두 경제위기의 원인에 대한 진단에 있어선 같은 출발점을 갖고 있었다는 것이다. 즉 스웨덴 경제의 위기의 핵심을 고임금·고조세·석유파동 등으로 인한 '비용위기'로 본다는 것이다. 이러한 진단에 기초하여 부르주아 진영에서는 공공부문 축소를 통한 민간 기업들의 비용 절감에서 경제위기에 대한 해결책을 찾았고 이에 일부 사민주의자들도 동조해왔다는 것이다. 한편 사민주의 주류는 유효수요 제고를 통한 생산 및 투자 증대를 주장해왔으나, 비용위기를 경제위기의 핵심 원인으로 간주한다는 점에서는 부르주아 진영의 입장과 차이가 없다는 것이다.

그러나 구스탑손이 보기에 고비용문제는 경제위기를 더 악화시킨 요인은 될 수 있을지언정 위기의 원인이라 볼 수는 없다는 것이다. 경제위기의 진정한 원인은 과잉설비라는 것이다. 자본주의의 황금기로 불려온 1950-60년대는 '제3차 산업혁명'이 진행된 시기로, 이 기간에 자본장비율이 높은 중화학공업과 내구소비재 산업을 중심으로 눈부신 기술혁신이 진행되었다. 그러나 1960년대 후반부터 이러한 '제3차 산업혁명'이 포화기에 도달함에 따라, 슘페터(J. Schumpeter)가 이야기하는 '창조적 파괴' 과정이 둔화되어 선진 자본주의국들이 예외 없이 과잉설비문제에 봉착하게 되었다는 것이다. 과잉설비는 이윤율의 저하를 야기한다. 설령 임금과 이윤 사이의 분배에서 임금이 차지하는 비중이 떨어진다 해도 큰 규모의 과잉설비가 남아 있는 한 이윤율은 떨어진다는 것이다. 과잉설비로 인해 이윤율이 저위에 머문 상황에서 신자유주의적 긴축정책이 추진되면, 경제침체 해소에 도움이 안 될 뿐더러 오히려 문제를 악화시키기 쉽다. 유효수요를 위축시키는 긴축정책은 과잉설비문제를 더욱 악화시킨다는 것이다. 특히 철강·펄프 등 스웨덴의 전통적 기간산업의 경우 상당한 수준의 생산 규모에 이르기까지는 생산의 한계비용이 체감하므로, 유효수요를 부양하여 생산 규모를 증대시키는 것이 기업의 이윤율을 높이는 동시에 제품의 가격도 하락시키는 길이 될 수 있다. 그런 점에서 스웨덴 경제의 '비용위기'는 사실 유효수요의 부족에 기인하는 측면이 크다는 것이다.

또 부르주아 진영의 논자들은 공공부문의 과잉 팽창을 경제위기의 주원인의 하나로 지목하지만, 이것도 올바른 진단이 아니라는 것이다. 부르주아 진영의 논자들은 공공부문을 축소시키면 경제의 가용 자원이 민간부문으로 이동하여 민간부문이 크게 성장할 수 있으리라 생각하지만, 이는 잘못된 생각이다. 우선 1980년 현재 공공부문 총지출의 48%가 가계와 기업들에 대한 이전(移轉)지출이기 때문에, 공공부문 지출의 절반은 경제의 가용자원을 전혀 소비하지 않고, 단지 소득을 재분배하는 데 사용되었다. 또 공공부문은 여러 가지 경로로 민간부문을 부양해왔다는 것이다. 공공부문 지출의 큰 부분은 공공부문 종사자의 인건비로, 이것이 민간부문에서 생산되는 소비재에 대한 유효수요의 큰 부분을 이루어왔다. 또 공공부문 지출의 일부는 민간부문에서 생산된 상품을 구입하는 데 사용되어 민간부문의 성장을 지원해왔다. 따라서 공공부문을 축소시키면 민간부문이 성장하는 것이 아니라, 유효수요의 부족으로 인해 민간부문도 위축된다는 것이다.

또 많은 사람들은 공공부문을 통한 재분배정책이 자본의 희생하에 노동에 이득이 되는 형태로 시행되어 왔다고 생각하지만 사실은 그렇지 않다는 것이다. 오히려 공공부문은 임노동자들로부터 조세를 받아 자본가들에게 보조금을 지급해왔다고 보는 것이 사실에 더 가깝다는 것이다. 공공부문은 자본이 필요로 하는 사회간접자본을 조성하고, 기업들에게 각종 보조금을 지급하고, 적극적 노동시장정책을 통해 원활한 노동공급을 촉진함으로써 자본축적을 지원해왔다는 것이다. 또 공공부문을 통한 소득재분배라는 것도 그 압도적 부분은 임노동자 집단 내에서 이루어져왔다. 취업자와 실업자, 건강한 사람과 병약한 사람, 아이가 있는 가정과 아이가 없는 가정 등 사이에서 이루어진 소득재분배는 자본 측에 별다른 부담을 부과하지 않았다는 것이다.

그러나 공공부문의 팽창이 민간경제 부문에 부정적 효과를 제공한 측면도 있다. 그 하나는 공공부문의 고용창출효과로 인해 실업률이 크게 감소하여, 자본이 산업예비군을 이용하여 임금상승을 억누르고 임노동자들을 쉽게 통제하기가 어려워졌다는 점이다. 다른 하나는 공공부문을 통한 평등주의적 재분배정책으로 인해, 필요보다는 업적에 따라 보상하고 위계와 특권을 전제로 하며 또 이를 창출하는 자본주의적 분배 원리가 크게 손상되었다는 점이다. 그런데 이러한 효과는 물론 민주주의의 진전이라는 관점에서는 매우 긍정적인 것들이다.

　이러한 진단에 기초하여 구스탑손은 경제위기를 극복하기 위한 방안을 제시한다. 우선 단기적으로는 공공지출을 더욱 증가시켜 유효수요를 부양해야 한다. 공공부문에서 일부 나타나는 낭비적 지출 요인은 줄여야 하지만, 전체적으로는 주택 공급 증대와 사회간접자본의 추가적 조성 등을 통해 유효수요를 부양하는 한편 경제성장의 전제조건을 더욱 확충해야 한다. 장기적으로는 기금제도를 통해 경제의 효율화와 민주화를 촉진해야 한다. 임노동자들의 소유참여를 통한 경제민주주의의 진전은 그 자체로도 큰 의미가 있을 뿐 아니라, 기업활동에 대한 임노동자들의 참여와 이해를 증진시킴으로써 경제의 효율화에도 기여하리라는 것이다.

　한편 사민주의 계열의 경제학자 해밀톤(Carl Hamilton)은 기금 도입의 필요성을 당면한 경제침체문제와 연계시켜 정당화하는 것은 부적절하다고 주장한다. 일단 도입되고나면 장구하게 존속하게 될 제도인 임노동자기금의 필요성을 저축 부족이나 불황과 같은 단기적인 경기상황적 차원의 문제들과 연계시켜 정당화하는 것은 옳지 않다는 것이다. 예컨대 만일 3-4년 후에 경기상황이 호황으로 바뀐다면, 기금안은 그 필요성을 정당화할 중심적 근거를 잃어버린 이상한 구상이 되기 쉽다는 것이다. 또 저축 부족 문제를 해결하기 위해서라면 부가가치세율을 인상하거나 각종 사회보장 기여금을 인상하는 것과 같은 한결 간단한 방법에 의존하는 것으로 족하다는 것이다 (Hamilton 1979: 94-96). 또 기금안의 본래의 중심적 문제의식은 재산과 경제적 권력의 집중을 타파하자는 것이었는데, 이 문제는 경기상황이나 저축 부족 등과 무관하게 의미 있는 문제이므로 기금안은 경기상황과 관계 없이 정당화될 수 있다는 것이다(Ibid., p. 89).

　기금안이 당면한 경제침체를 극복할 수 있는 적절한 해결책이 될 수 있느냐는 문제를 둘러싸고 전개된 이상의 논쟁을 살펴볼 때, 1978년 공동안이나 1981년 공동안에서 기금 도입의 필요성을 경제침체의 극복 문제에 연계시킨 것은 그리 설득력 있는 논변이 아니었다고 판단된다.

　우선 기금을 통해 경제에 필요한 자본공급을 증대시킨다는 문제와 관련해선 일단 1978년 공동안의 발전기금과 같은 의무저축제도는 얼마간 저축 증대 효과를 발휘할 수 있다고 판단된다. 저축 증대 효과의 정도는 발전기금을 통한 공적 저축이 민간 저축을 구축(驅逐)하는 정도에 의존할 것이고, 이는 궁극적으로는 소비자들의 한계 저축 성향에 의존할 것이다. 그러나 주로 임금소득으로부터의 기여금으로 조성되는 기금재원의 성격과 복지제도가 잘 정비된 스웨덴 사회에서 소비자들의 낮은 저축 성향을 고려할 때, 발전기금이라는 의무저축제도는 상당한 저축 증대 효과를 볼 수 있었으리라 판단된다. 사실 SACO/SR 1981년 보고서나 기금문제를 다룬 국가연구위원회에서 자유당과 중앙당이 제시한 최종 입장도 '시민저축안'이라는 의무저축제도였다.

　이 문제와 관련하여 사민주의 진영과 이들 간의 입장 차이는 주로 저축자금에 대한 개인 지분의 허용 여부와 저축자금의 소유 및 관리의 주체가 임노동자 집단이어야 하는가 아니면 일반 시민이어야 하는가를 둘러싸고 형성되었을 뿐 의무저축제도 도입의 필요성에는 양자 모두 공감했었다. 이 문제와 관련하여 외만(Berndt Öhman)은 저축과 소비 간에 적절한 균형을 맞추는 문제는, 저축과 관련하여 일정한 형태의 위무를 부과할 것을 요구할 수는 있어도 기금제도와 같은 특정한 유형의 기업 소유형태를 요구하는 문제는 아니라고 지적한 바 있다(Öhman 1982a: 69).

　한편 임노동자기금의 경우에는, 우선 1976년 기금안이나 1978년 공동안에서 임노동자기금 도입을 통한 저축 증대 효과는 배당지급 감소에 기인한다. 이윤의 일부가 기금으로 자동적으로 적립되므로 그만큼 기존 주주들에 대한 배당지급의 여지가 축소된다. 그런데 기존 주주들에게 지급되는 배당수익의 일부는 소비지출에 사용될 것이므로, 기금제도는 배당지급의 규모를 축소시켜 소비를 감소시키고 저축, 구체적으로는 기금이라는 형태로 기업 내에 동결되는 저축을 증대시키는 효과를 발휘한다. 1981년 공동안의 경우엔 기여금이 기업 외부로 유출된다. 하지만 초과이윤의 일부와 ATP 납부금의 인상으로 조성되는 기금이 모두 기업들의 주식 구입에만 사용된다는 점에서, 1981년 공동안에서의 기금제도도 1976년 기금안이나 1978년 공동안에서의 기금제도와 마찬가지로 배당지급을 축소시켜 저축을 증대시키는 효과를 낳는다.

그러나 이때 간과해서는 안될 것은, 앞에서 확인하였듯이 스웨덴 가계의 총 재산에서 주식이 차지하는 비중이 그리 크지 않았기 때문에, 기금제도를 통한 자본공급 증대 효과는 매우 제한되어 있었다는 점이다. 이 문제와 관련하여 외만은 기존의 모든 기금안은 저축 부족 문제를 해소하기에는 저축 증대 효과가 너무 미약하다는 점을 지적한다. 따라서 기금안은 저축 부족 해소를 위한 방안으로서는 부적절했다는 것이다(Ibid., p. 45).

한편 많은 기금안 반대자들이 지적했듯이, 임노동자기금이 도입되었더라면 배당수익의 감소에 따라 투자가들의 주식 보유 유인이 약화되기 쉬우므로, 기업들이 주식 발행을 통해 외부 자본을 조달하기는 한층 어려워졌으리라 판단된다. 이 문제와 관련하여 1978년 공동안은 기존 주주들의 이익을 보호하기 위한 제도적 장치를 마련하면 된다고 주장하였으나, 그럼에도 불구하고 사적 소유권 원리에 근본적으로 저촉되는 기금제도가 도입되었더라면 미래에 대한 투자가들의 불안이 증폭되어 주식시장이 침체되었을 개연성은 매우 높다고 판단된다.

또 기금제도가 도입되었더라면 기업의 기존 경영자들의 입장에서는 그들이 앞으로도 경영권을 계속 유지할 수 있을지 여부가 불확실해지므로, 미래에 대해 큰 불안감을 갖게 되기 쉬웠을 것이다. 이 문제와 관련하여 1978년 봄에 금속 및 기계 공업 사용자연맹(VF)이 연맹 내 사용자들을 상대로 시행한 설문조사에 따르면, 설문응답자의 60%가 기금논쟁으로 인해 미래의 사회경제체제가 어떤 모습을 띠게 될지에 대해 불안감이 생겨 투자

의욕이 위축된다고 응답했다고 한다(Hedengren 1978: 55). 경제체제의 틀을 크게 바꾸는 개혁안의 경우, 그에 대한 논의가 진행된다는 사실 자체가 미래에 대한 불확실성을 증폭시켜 경제주체들의 현재의 경제행위 양식에 크게 영향을 미칠 수 있는 것이다. 기금안 입안자들이나 기금안 지지자들은 기금제도가 도입되어도 기존 주주나 경영자들의 경제행위 양식이 종전과 별로 달라지지 않으리라 묵시적으로 가정한 데 비해, 기금안 반대자들은 기존 주주나 경영자들의 경제행위 양식이 방어적, 투자기피적인 방향으로 크게 바뀔 것이라는 점을 강조했는데, 이 문제와 관련해선 기금안 반대자들의 견해가 더 현실적이었다고 판단된다.

또 자본공급 증대와 기업의 자기자본비율 제고가 기금제도를 통해 달성하고자 하는 핵심적 과제라면, 이를 위해서는 기금제도 외에도 더욱 간단한 정책 대안이 여러 가지 있을 수 있다는 점을 많은 논자들이 지적하였는데, 이 지적도 타당성이 있다고 판단된다. 예컨대 부르주아 정당들이 집권 중에 있던 1978년 초에 소액 주주들의 주식저축을 촉진하기 위해 도입된 조세우대 주식저축제도인 주식저축기금(aktiesparfonder)의 경우, 주식저축 증대 효과를 톡톡이 발휘하여 주가를 상승시킴으로써, 이 제도가 도입된 지 3년째인 1981년 현재 기업들의 신규 주식 발행액을 1975~79년의 평균치보다 두 배나 증가시키는 효과를 발휘했다(Sveriges Industriförbund 1982: 4).

또 해밀톤이 지적한 바와 같이, 장구하게 존속할 제도인 기금제도의 필요성을 경제침체라는 단기적 상황에 의해 정당화하는 것은 부적절한 면이 있다. 기금제도의 필요성이 경제침체와 연계되어 정당화될 수 있으려면, 당면한 경제침체가 단순히 경기적 차원의 것이 아니라 구조적이며 매우 장기적인 성격을 띤 것이라는 점이 논증되어야 한다. 그러나 1978년 공동안이나 1981년 공동안에서 제시된 경제침체에 대한 진단은 상황 묘사적 수준을 넘지 못했고, 따라서 경제침체에 대한 해결책으로서의 기금안에 대한 정당화 논변도 다분히 대증적 처방 수준에 머물러 있었다. 구스탑손은 기금안 지지자들 중에서 당시의 경제침체를 장기적이고 구조적인 문제에 연원하는 것으로 진단한 유일한 논자였지만, 주로 '제3차 산업혁명'이라는 특정한 기술체계의 포화에 초점을 맞춘 그의 진단도 자본주의의 체제 내재적·항구적 요인에서 경제침체의 원인을 찾은 것은 아니었다고 할 수 있다.

전체적으로 평가해볼 때 기업의 소유형태를 근본적으로 바꾸는 제도인 임노동자기금과 같은 급진적 제도는 기존 주주들이나 경영자들로 하여금 미래에 대해 큰 불안감을 갖게 함으로써 적어도 단기적으로는 경제상황을 악화시키기 쉽다고 판단된다. 따라서 임노동자기금에 대한 정당화 논변은 그것이 당면한 경제침체를 극복하는 데 도움이 된다는 점보다는, 설령 단기적으로는 경제침체를 더욱 악화시키기 쉽다 하더라도 장기적으로는 이를 상쇄하고도 남을 만한 긍정적인 효과를 낳을 수 있다는 점에 초점이 맞추어져 제시되는 것이 더 적절했으리라 판단된다. 일반적으로 성장주의적 문제틀 속에서는 기존 경제질서를 크게 바꾸려는 급진적 기획은 논쟁에서 불리한 위치에 처하기 쉽다. 큰 변화를 도모하는 기획은 적어도 단기적으로는 과도기적 진통과 혼란을 낳기 쉽기 때문이다. 따라서 기금안에 대한 정당화 논변은 예컨대 임노동자기금이 지배하는 경제는 종래의 사적 자본주의 경제에 비해 장기적으로는 더욱 효율적인 경제 운영을 가능케 한다든지, 아니면 이윤극대화만을 추구하는 전형적인 자본주의적 기업들이 소홀히해온 여타 의미 있는 사회적 가치들을 달성하는 데 유리하다든지 하는 측면에 더 무게중심이 두어지는 것이 타당했으리라 판단된다. 이 문제는 결국 임노동자기금이 지배하는 경제가 기존의 복지자본주의에 대한 대안적인 경제체제모델로서 장기적으로 좋은 성과를 내며 존속할 수 있는가 하는 문제인데, 이 문제를 둘러싼 논쟁은 다음 장에서 분석하도록 하겠다.

한편 앞에서 언급한 바와 같이, 1978년 공동안과 1981년 공동안에서 경제침체문제를 부각시킨 데는 정치전략적 고려가 짙게 깔려 있었다. 그러면 이러한 전략은 과연 소기의 성과를 내었던가? 그렇지 않았다. 1976년 기금안에 비해 1978년 공동안이나 1981년 공동안은 그 내용이 훨씬 온건했음에도 불구하고, 부르주아 진영, 특히 재계와 보수당의 기금안 반대 입장은 조금도 누그러지지 않았다. 오히려 부르주아 진영은 경제침체 극복 문제가 기금논쟁의 중심부로 부상하게 됨에 따라, 기금논쟁을 스웨덴식 복지국가 모델 전반에 대한 공격의 기회로 활용했다. 반면에 기금안의 핵심 지지층인 LO의 노조활동가들은 기금안의 내용이 점차 온건해지고, 기금논쟁의 쟁점이 일반적인 거시경제적 차원의 문제들로 옮겨감에 따라 기금안에 대한 지지 열정을 많이 잃었던 것 같다.

이 문제와 관련하여 사민주의 계열의 정치학자 엘반데르(Nils Elvander)는 1978년 공동안에 대한 평가에서, 이 기금안은 형편없는 타협의 모든 특징을 다 갖고 있어서 사민주의운동 내의 그 어떤 세력으로부터도 참된 열정을 불러일으킬 수 없다고 꼬집은 바 있다(Elvander 1979b: 37). 본래의 기금안의 입안자인 마이드너는 1990년에 기금논쟁을 회고하는 글에서, 사민주의 세력이 기금안과 관련하여 최소한 일부 부르주아 정당으로부터도 수용될 수 있는 타협책을 찾으려고 노력하는 과정에서, 기금안의 본래의 내용은 점차 공동화시키면서도 점점 더 복잡한 내용의 기금제도를 제시하게 됨에 따라, 적극적 노조원이나 사민당 지지 유권자층 중 여론형성 집단들로부터 기금안에 대한 이해와 지지를 얻기가 더욱 어려워졌다는 점을 지적했다(Meidner 1990: 329).

3) 논쟁 이후

기금논쟁이 종결된 이후 1990년대 후반까지 스웨덴 사민당이 추진해온 경제정책의 골자는 민간 기업의 수익성 제고와 복지국가의 축소를 통해 경제위기를 극복한다는 것이었다. 기금논쟁에서 부르주아 진영의 논자들이 주장하던 정책 노선을 사민당이 사후적으로 수용한 셈이다. 1976년과 79년 두 차례의 총선에서 패배했던 사민당은 1982년 말에 재집권에 성공하였다.

사민당이 재집권할 수 있었던 가장 큰 이유는 부르주아 정당 연립정부하에서 경제상황이 호전되지 않은 데 있었다. 앞에서 언급한 바와 같이 부르주아 정당 연립정부는 '가교정책'을 통해 국제경쟁력이 약화된 전통적 기간산업들을 회생시키기 위해 막대한 보조금을 지급하였으나 결국 경쟁력 회생에 실패하고 말았다.

　정부로부터 지원받은 많은 산업들 중에서도 가장 대표적인 부문이 조선업이었다. 표 3-31에서 1978년과 79년의 경우 보조금 규모가 부가가치액보다 컸다는 것을 알 수 있다. 더구나 이때의 부가가치액은 정부 보조금을 포함한 부가가치액이다. 즉 보조금이 없었더라면 이 시기에 조선업은 음의 부가가치를 산출한 셈이 되는 것이다. 따라서 부르주아 정당 연립정부는 적어도 단기적으로는 전혀 경제적 효율성이 없는 산업에 막대한 정부예

〈표 3-30〉 스웨덴 산업들에 대한 정부지원액 (단위: 100만 크로나, 1980년 물가수준을 기준으로, 인플레이션 효과를 배제한 불변가격 산정액)

	1970/71	74/75	76/77	77/78	78/79	79/80
보조금	275	332	4,854	4,865	7,890	5,286
대출	7	506	45	0	587	2,383
신용보증	1,108	814	2,598	4,554	1,375	1,557

(자료: Hamilton 1982: 150-51, 표 1)

〈표 3-31〉 조선업에 대한 보조금 규모 (1980년 물가수준을 기준으로, 인플레이션 효과를 배제한 불변가격 산정액)

연도	보조금 규모 (단위 100만 크로나)	보조금을 포함한 부가가치액 (단위 100만 크로나)	보조금/부가가치액 (단위 %)
1971	227	2,388	9.5
75	127	4,348	2.9
76	827	4,214	19.6
77	1,778	4,275	41.6
78	3,553	3,311	107.3
79	3,361	3,056	110.0

(자료: Ibid., pp. 162-63, 표 5)

산을 지출한 셈이다. 그러나 이러한 정부지원에도 불구하고 조선업의 국제 경쟁력은 충분히 회복되지 않았다. 그리고 이러한 사정은 조선업뿐 아니라, 제철·철강·채광·섬유업 등에도 해당되었다. 그리하여 1976-82년 기간에 산업부문의 고용인구가 15만 명 감소하였다(Feldt 1985: 13).

부르주아 정당 연립정부가 선택한, 정부지원을 통한 기간산업 회생 전략은 결과적으로 단지 막대한 정부예산의 낭비만을 낳은 것이 아니라 산업 구조조정의 지체를 야기하기도 했다. 많은 선진 자본주의국들은 이 기간에 에너지 절약형 첨단산업을 육성하는 방향으로 산업구조를 전환하는 데 힘을 기울였으나, 스웨덴은 전통적 기간산업들을 회생시키는 데 몰두하느라 산업구조조정에 필요한 시간을 놓쳐버린 것이다.

이러한 경제침체를 배경으로 1982년 말에 재집권한 사민당은 '제3의 길' 정책을 통해 경제위기를 극복하고자 했다. '제3의 길'이라는 용어는 스웨덴 사민당이 추진하고자 하는 경제정책을 당시 미국의 레이건(R. Reagan) 정부나 영국의 대처(M. Thatcher) 정부가 선택한 신자유주의적 경제정책이나 프랑스 사회당 정부가 선택한 케인스주의적 수요부양정책으로부터 구별짓기 위해 고안되었다. 우선 완전고용과 균등분배를 중심적 경제정책 목표로 삼아온 스웨덴 사민당의 입장에서 볼 때, 경제회생을 위해 높은 수준의 실업률을 용인하며 소득분배구조를 악화시키는 신자유주의 노선을 수용할 수는 없다는 것이다. 반면에 각국의 사민주의 정당들이 전통적으로 의존해온 팽창적 수요관리정책은 재정적자와 높은 인플레이션을 야기하기 쉽다는 점에서 문제가 있다는 것이다(Feldt 1985: 22-26). 스웨덴 사민당이 추진하려는 '제3의 길' 정책은 완전고용과 복지국가의 유지라는 전통적인 사민주의적 정책 목표를 견지하되, 경제회생의 실마리를 수요가 아니라 공급 측에서 찾는 정책이라는 것이다. 즉 무엇보다도 스웨덴 산업의 국제경쟁력 회복을 통해 경제회생과 고용증대를 달성하겠다는 것이다.

'제3의 길' 정책은 이렇듯 야심적인 정책 목표를 제시하였지만 구체적인 정책 수단은 비교적 단순하였다. 스웨덴 통화를 대폭 평가절하하여 스웨덴 산업의 가격경쟁력을 확보한다는 것이 '제3의 길' 정책의 골자였다. 그런데 이렇게 통화의 평가절하를 통해 확보된 자국 산업의 가격경쟁력이 장기적으로 유지되려면 임금상승이 억제되어야 하며 정부의 재정적자도 감소되어야 한다. 따라서 '제3의 길' 정책은 노동과 자본 간의 기능적 소득분배라는 측면에선 노동 쪽에 불리하게 작용하며, 복지국가의 확충을 통해 계급·계층 간의 경제적 격차를 줄인다는 사민당의 전통적인 재분배정책과도 상충되는 면이 있었다. 그런 점에서 '제3의 길' 정책은 완전고용을 여전히 중시한다는 점을 제외하곤 신자유주의 노선에 매우 가깝다고 볼 수 있다. '제3의 길' 정책을 입안하고 시행한 재무부 장관 펠트(Kjell-Olof Feldt)는 1970년대부터 사민당 내 우파를 대표해온 인물이었다. 기금논쟁이 사실상 종결된 시점에서, 사민당 정부는 경제위기의 타개책으로 신자유주의적 성격이 농후한 정책 노선을 채택한 것이다.

사민당 정부는 집권 직후에 스웨덴 크로나화를 16% 평가절하했다. 이미 1981년 가을에 부르주아 정당 연립정부가 단행한 크로나화 10% 평가절하에 이어 추가적으로 단행된 평가절하로 인해 스웨덴 산업의 가격경쟁력이 크게 강화되었다. 그리하여 산업 생산이 크게 증가하고 기업들의 수익률도 제고되었으며 국제수지 적자도 감소하였다. 1980년대 중반까지는 '제3의 길' 정책이 성공일로에 있는 것처럼 보였다.

그림 3-10과 그림 3-11에서 1982년을 전환점으로 하여 산업 부문의 생산량과 설비가동률이 급증했음을 알 수 있다. 산업 부문의 순조로운 성장과 더불어 동 부문의 수익률과 자기자본비율도 제고되었다.

표 3-32에서 1982년부터 총자본에 대한 수익률이 1970년대 평균수준을 상회했음을 알 수 있다. 그런데 1970년대의 경우 1974년의 일시적인 큰 호황에 따라 기업들이 예외적으로 높은 수익률을 올림으로써 1970년대 전체 평균 수익률을 크게 높여준 것이고, 70년대 중반 이후엔 수익률이 하락

〈그림 3-10〉 1970–91년 산업생산 (지표: 1970년도 규모＝100)

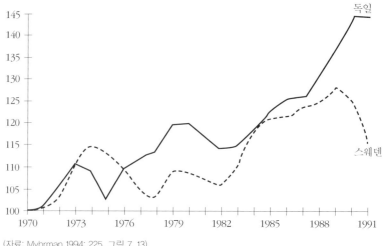

(자료: Myhrman 1994: 225, 그림 7, 13)

〈그림 3-11〉 1980–91년 산업 부문 설비가동률 (단위: %)

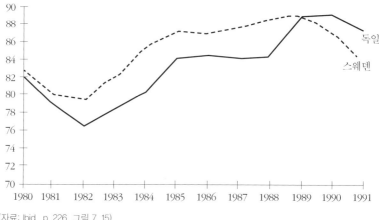

(자료: Ibid., p. 226, 그림 7, 15)

추세에 있었다. 따라서 1982년 이후 스웨덴 산업의 수익률은 괄목할 정도로 제고되었다고 볼 수 있다.

한편 재정적자문제도 1980년대 후반에 들어 해소되었다. 표 3-33에서

〈표 3-32〉 1970-86년 산업 부문의 수익률 (단위: %)

	1971-79	1982	1983	1984	1985	1986
실물자본에 대한 수익률	9.8	11.2	13.5	10.2	8.6	7.5
금융자본에 대한 수익률	4.1	6.5	5.9	5.9	6.7	6.6
총자본에 대한 수익률	7.6	9.2	10.0	8.1	7.6	7.1
자기자본비율	0.493	0.515	0.534	0.528	0.524	0.528

(자료: SOU 1987:3, p. 158, 표 7. 7)

〈표 3-33〉 공공부문 총수입과 총지출이 GNP에서 차지하는 비중 (단위: %)

연도	수입	지출	수지
1970	48.3	43.9	4.4(흑자)
1980	58.6	62.3	-3.7(적자)
1982	61.0	67.4	-6.4
1988	65.8	61.9	3.9

(자료: Myhrman 1994: 206, 표 7)

1982년과 1988년을 비교해볼 때, 공공부문의 총수입이 GNP에서 차지하는 비중은 4.8%포인트 증가한 반면 공공부문 총지출은 5.5%포인트 감소하여, 공공부문의 수지 상태가 적자에서 흑자로 반전했음을 알 수 있다. 공공부문의 운영에 관한 한 사민당 정부는 강력한 긴축정책을 시행한 것이다.

결론적으로 스웨덴 통화의 평가절하와 공공부문 운영에 있어서의 강력한 긴축정책은 민간부문과 공공부문의 순저축을 증가시키고, 국제수지 적자 문제를 해소시켰다. 그림 3-12에서 1982년을 기점으로 공공부문의 적자와 국제수지 적자폭이 빠른 속도로 감소해갔으며, 민간부문 순저축의 증가 추세도 유지되어갔음을 알 수 있다. 또 실업률은 1980년대 전체를 통해 2% 내외에서 유지되었다.

이렇듯 '제3의 길' 정책은 거시경제지표상의 좋은 결과를 가져와, 1980년대 후반엔 스웨덴이 불황을 극복한 대표적인 성공 사례로 국제적으로 거론되기도 했다. 그러나 성공은 그리 오래 가지 않았다. 무엇보다도 인플레

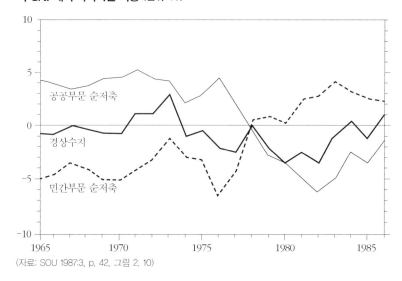

〈그림 3-12〉 공공부문과 민간부문의 순저축, 그리고 경상수지 흑자 (또는 적자) 규모가 GNP에서 차지하는 비중 (단위: %)

(자료: SOU 1987:3, p. 42, 그림 2. 10)

〈표 3-34〉 스웨덴과 OECD 회원국의 인플레이션율 (단위: %)

연도	스웨덴	OECD 평균
1982	8.6	7.8
83	8.9	5.4
84	8.0	5.2
85	7.4	4.4
86	4.2	2.7
87	4.3	3.2
88	5.8	3.5
89	6.4	4.7
90	10.4	5.2
91	9.4	4.5

(자료: SAF 1996: 12)

이션문제를 해결하지 못했다.

1980년대 내내 높은 수준의 인플레이션이 지속된 이유로는 다음과 같은 것들을 들 수 있다. 첫째, 자국 통화의 평가절하 자체가 원리적으로 인플레이션을 유발하는 측면이 있다. 우선 통화의 평가절하는 수입품 가격을 상승시켜 국내 물가를 상승시킨다. 또 고정환율제하에서 평가절하조치에 힘입어 국제수지가 개선됨에 따라 통화량이 증가하여 인플레이션이 야기되는 측면도 있다.

둘째, 사민당 정부의 기대와는 달리 임금인상이 잘 억제되지 않았다. 기업들이 고수익을 올리고 실업률이 2% 내외에서 유지되는 상황에서 임금인상을 억제한다는 것은 쉬운 일이 아니었다. 게다가 스웨덴 통화의 평가절하는 수입품 가격을 상승시켜 실질임금을 하락시키는 효과도 갖고 있었기 때문에, 노동조합은 이를 높은 수준의 임금인상을 통해 보상받으려 했다. 기업들은 완전고용 상황에서 우수한 노동인력을 확보하기 위해 높은 임금인상을 허용했고, 노동조합은 이러한 기회를 놓치지 않고 활용했다. 그리하여 1980년대 기간 내내 임금상승률이 생산성 증가율을 상회했고, 양자 간의 격차는 갈수록 커졌다. 국제적으로도 스웨덴의 임금상승률은 매우 높은 수준을 유지했다.

셋째, 사민당 정부는 1985년에 신용자유화정책의 일환으로 민간 금융기관들의 여신 공급에 대한 규제를 해제했다. 이에 따라 호황을 배경으로 민간 금융기관들의 여신 공급량이 급증했다. 예컨대 1987-89년에 일반인에 대한 은행 여신 공급량이 매년 평균 27%씩이나 증가했다. 여신 공급 증가분의 큰 부분은 부동산 투기 부문으로 흘러들어가 부동산 가격을 급등시켰다(Myhrman 1994: 216-17).

이러한 요인들로 인해 물가가 크게 상승함에 따라, 평가절하에 따른 스웨덴 산업의 가격경쟁력 증대 효과도 1980년대 말에는 거의 소진되었다. 극심한 경기과열과 인플레이션문제에 봉착한 사민당 정부는 1990년 봄에

〈그림 3-13〉 1970-90년에 시간당 상대노동비용과 상대생산성 (1970-74년의 평균 노동비용과 생산성을 100으로 두었음)

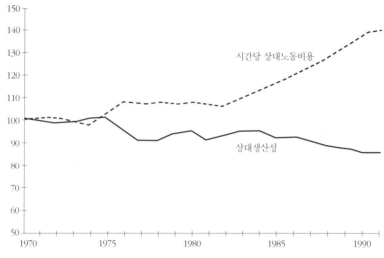

(자료: Myhrman(1994: 215), 그림 7,8)

〈표 3-35〉 1982-89년에 스웨덴과 OECD 회원국의 산업노동자의 시간당 임금비용 증가율 (단위: %)

	1982	1983	1984	1985	1986	1987	1988	1989
스웨덴	8.6	7.1	9.5	7.5	7.4	6.5	8.0	9.7
OECD 평균	8.6	5.9	4.8	4.9	4.2	4.2	4.3	4.8

(자료: Meyerson(1991: 42), 표 2, 1)

소위 '동결정책 패키지'(stoppaket / stop package)라는 극단적 정책안을 의회에 제출했다. 그 내용은 1990년과 1991년 두 해 동안 임금과 물가, 콤뮨조세를 동결시키고 파업을 금지시킨다는 것이었다. 이러한 동결정책 패키지에 LO는 크게 반발했다. LO는 처음부터 노동 측의 양보를 전제로 하는 '제3의 길' 정책에 호의적이지 않아, 1980년대 내내 사민당과 LO의 관계가 악화되어왔다. 세간에 '장미전쟁'이라 불리운 사민당과 LO 사이의 갈등은 동결정책 패키지로 인해 최악의 국면에 들어섰다(Magnusson 1996: 480-

81).[46] 동결정책 패키지는 의회에서 부결되었고, 그 직후 펠트는 재무부 장관직을 사임했다. 이로써 '제3의 길' 정책의 시대가 막을 내렸다.

'제3의 길' 정책의 일환으로 추진된 정책들 중 중요한 것의 하나는 조세개혁이었다. 사민당 정부는 1989년 말부터, '세기의 조세개혁'이라 불린 큰 폭의 조세개혁에 착수했다. 조세개혁의 골자는 개인소득세의 한계세율을 대폭 낮추는 대신에 각종 조세공제제도를 폐지하고 간접세의 비중을 다소 높이는 것이었다. 세율을 낮추는 대신에 세원은 넓힌다는 것이었다. 조세개혁의 주된 취지는 개인소득세의 한계세율을 낮춤으로써 노동공급과 저축을 촉진한다는 것이었다. 개인소득세의 한계세율을 대폭 낮추어야 한다는 주장은 그동안 부르주아 정당들이 꾸준히 제기해온 것이었다. 그런 점에서 사민당 정부의 조세개혁은 사민당의 경제정책 노선의 전반적 자유주의화의 일환으로 해석할 수 있다. 표 3-36은 조세개혁이 이루어지기 전인 1989년과 조세개혁안이 완전히 발효되기 시작한 1991년의 조세구조를 비교해주고 있다.

'제3의 길' 정책은 결국 실패로 끝났다. 스웨덴 통화의 평가절하에 힘입어 몇 년간 스웨덴 산업의 생산과 수출이 증가하고 민간 기업들의 수익률이 높아지긴 했으나, 평가절하에 따른 가격경쟁력 증대 효과는 높은 수준의 인플레이션에 의해 얼마 지나지 않아 흡수되었다. 경제사학자 마그누손(Lars Magnusson)은 '제3의 길' 정책이 낳은 부정적 효과들 중 장기적인 파장을 갖는 것으로서 산업구조조정을 크게 지체시켰다는 점을 든다. 기업들이 가격경쟁력에 의존하여 종래의 생산패턴을 크게 바꾸지 않고 안이하게 국제시장에 대처해갔다는 것이다. 그 결과 1980년대 들어 스웨덴 기업들은 상대적으로 저부가가치제품 생산을 특화하는 양상을 보이게 되었다는 것이다. 이는 미국을 위시하여 많은 선진 자본주의국들이 1970년대 이후 극

---

46 '장미전쟁'이라는 말은 사민당의 상징(symbol)이 붉은 장미라는 것에서 유래한다.

〈표 3-36〉 각종 조세 형태가 GNP에서 차지하는 비중 (단위: %)

	1989	1991
총 조세 부담	56.1	53.5
개인소득세	22.0	19.1
사회보장 기여금	16.5	17.5
간접세	13.5	14.1
기타 조세	4.1	2.8

(자료: Agell 1992: 226, 표 4.1)

소전자기술의 발전에 주력하여 큰 폭의 산업구조혁신을 달성한 것과 대비된다. 1970년대엔 사민당 정부와 그 뒤를 이은 부르주아 정당 연립정부가 추진한 '가교정책'으로 인해, 1980년대엔 사민당 정부가 추진한 '제3의 길' 정책으로 인해, 스웨덴은 극소전자기술을 중심으로한 산업구조혁신의 대열에서 크게 뒤처지게 되었다는 것이다(Magnusson 1996: 483-97).

1990년 초에 절정에 이르렀던 경기과열은 부동산 부문의 경기위축을 시발로 하여 이후 심각한 경기침체로 급격히 반전되었다. 앞에서 언급한 것처럼 민간 금융기관들에 대한 여신 규제 해제 조치는 여신 공급량의 급증을 낳았다. 그런데 이는 1990년 후반부터 찾아온 경기 급락과 맞물려, 부동산 부문에 막대한 규모의 여신을 제공한 민간 금융기관들의 막대한 금융손실을 낳아, 주요 투자회사와 민간 상업은행들의 연쇄 도산위기를 초래했다. 1990년대 초의 경기침체는 1930년대 초 경제공황에 비견될 정도로 심각했다. 사민당은 경기침체가 계속되는 가운데 이루어진 1991년 말의 총선에서 패배하였고, 이어 보수당 중심의 부르주아 정당 연립정부가 구성되었다. 사민당 정부는 집권 말기인 1991년 6월에 EU 가입을 신청했다.

부르주아 정당 연립정부는 상당히 큰 폭의 개혁 작업에 착수했다. 보수당이 1985년 선거에서부터 주장해오던 '체제전환'(systemskifte / system shift) 작업에 착수한 것이다. '체제전환'의 골자는 시장경제원리에 더 잘 부합되는 방향으로 경제정책과 사회정책을 수정해간다는 것이었다. 부르주아 정당 연립정부가 추진한 정책들 중 중요한 것으로는 다음과 같은 것들을 들 수 있다.

첫째, 광범위한 조세개혁을 추진했다. 재산세를 폐지하고, 자본소득세·상속세·증여세를 크게 경감시켰다. 고소득층의 조세 부담을 줄이는 방향으로 조세제도를 손질한 것이다. 둘째, 스웨덴 사회복지제도 중 가장 중요한 요소인 공적 연금제도를 개혁했다. 연금 수령자의 연금 기여금 부담률을 크게 높이는 한편 연금적립액의 일부에 대해 연금수령자가 투자 방식을 스스로 결정할 수 있도록 했다. 민간 보험회사에서 적용되는 보험원리의 요소를 부분적으로 도입한 것이다. 셋째, 임노동자기금을 완전히 해체시켰다. 넷째, 탁아제도 등 종래에 국가가 독점적으로 운영하던 사회복지제도의 일부에 민간부문의 참여를 허용했다. 다섯째, 고정환율제도를 포기하고 변동환율제도를 채택하였다.

부르주아 정당 연립정부는 이렇게 자유주의적인 방향으로 경제정책과 사회정책을 수정해갔으나 경제침체는 좀처럼 해소되지 않았다. 사민당 정부 말기에 찾아온 심각한 경제침체를 극복하려면 시간이 더 필요했던 것이다. 또 부르주아 정당 연립정부가 추진한 정책이 경제침체를 더욱 부추긴 측면도 있었다. '체제전환'이라는 정치적 슬로건하에 진행된 사회복지제도의 부분적 민영화 조치로 인해 시민들은 스웨덴식 사회복지제도의 장기적 존속 가능성에 의구심을 갖게 되었고, 이에 따라 소비를 줄이고 저축을 늘리는 방향으로 소비-저축패턴을 수정해간 것이다. 이에 따라 소비수요가 크게 감소하여 경제침체를 더욱 악화시켰다.[47] 경제침체는 1994년에 가서야 극복의 기미를 보이기 시작했다. 1994년부터 경기가 회복될 수 있었던 가장 큰 이유는 1992년에 단행한 변동환율제로의 이행이 크로나화를 25%

---

47 예컨대 1993년의 승용차 판매량은 1950년대의 평균 판매량에도 못 미쳤다고 한다. Magnusson(1996: 482).

나 평가절하하는 효과를 가졌기 때문이다.

또 재정적자 규모도 갈수록 불어갔다. 이렇게 된 데는 무엇보다도 1990년 이래 총체적 파산 위기에 직면한 민간 금융기관들의 회생을 위해 부르주아 정당 연립정부가 막대한 규모의 재정지원을 허용한 것이 가장 큰 이유로 작용했다. 이러한 과정에서 주요 거시경제지표들이 모두 악화되었다.

1994년 총선은 사민당의 승리로 끝나, 사민당 단독 소수내각이 구성되었다.[48] 사민당 정부가 최우선적 경제정책 목표로 삼은 것은 그동안 눈덩이처럼 불어난 재정적자를 줄이는 것이었다. 이를 위해 사민당 정부는 유례없는 초긴축 재정정책을 추진했다. 한편으로는 조세수입을 증가시키고 다른 한편으로는 정부지출을 대폭 삭감하는 고통스러운 긴축정책을 일관되게 추진했다. 1998년까지는 재정수지를 흑자로 전환시킨다는 야심적인 재정 건전화 프로젝트를 일관되게 추진하여 1998년에는 GDP 대비 2%의 재정흑자를 실현했다. 정부지출의 억제를 위해 27개 주요 지출 영역에 대해서는 3개년 지출 상한을 설정했다. 그리하여 어떤 해에 한 정책프로그램의 지출이 상한선을 넘게 될 경우, 동일 영역 내의 다른 정책 프로그램의 지출 규모를 줄이거나 나머지 2년간 해당 정책프로그램의 지출 규모를 줄임으로써 이를 상쇄하도록 했다. 이런 과정에서 사회복지지출이 대폭 감소했다(OECD 1997: 63). 사민당 정부는 개인소득세와 법인세를 증액하고 부르주아 정당 연립정부하에서 폐지된 재산세를 재도입하는 등 재분배효과를 강화시키는 방향으로 조세수입을 증가시킴으로서, 사회정책 관련 지출의 감소에 따른 사민당 지지층의 불만을 상쇄시키고자 했다.

또한 사민당 정부는 인플레이션 억제를 위해, 허용 인플레이션 목표를 2%로 설정하는 긴축적인 금융정책을 추진했다. 이는 인플레이션 억제에

---

48 또 사민당은 1998년 말의 총선에서도 승리하여 다시 한 번 사민당 단독 소수내각을 출범시켰다.

〈표 3-37〉 경상가격 GNP 규모 (1970년 GNP 수준을 100으로 했음)

연도	GNP	연도	GNP
1987	219.6	1991	230.4
1988	224.6	1992	227.2
1989	229.9	1993	222.1
1990	233.0	1994	227.8

(자료: SAF 1996: 7)

〈표 3-38〉 완전실업률 (단위: %)

연도	완전실업률	연도	완전실업률
1987	2.1	1991	2.9
1988	1.8	1992	5.3
1989	1.5	1993	8.2
1990	1.7	1994	8.0

(자료: Ibid., p. 23)

〈표 3-39〉 정부부채 누적액 (단위: 10억 크로나)

연도	정부부채 누적액	정부부채 누적액이 GNP에서 차지하는 비중(%)
1987/88	597.6	53.6
1988/89	589.7	47.8
1989/90	582.5	42.8
1990/91	626.7	43.3
1991/92	711.0	49.3
1992/93	960.6	66.4
1993/94	1,178.6	77.3
1994/95	1,370.4	83.5

(자료: Ibid., p. 70)

〈표 3-40〉 경상수지 (단위: 10억 크로나)

연도	경상수지	연도	경상수지
1987	0.9(흑자)	1991	-28.9
1988	-4.4(적자)	1992	-50.8
1989	-21.9	1993	-31.9
1990	-31.9	1994	5.4

(자료: Ibid., p. 57)

<표 3-41> 해외부채 누적액 (단위: 10억 크로나)

연도	해외부채 누적액	해외부채 누적액이 GNP에서 차지하는 비중(%)
1987	214.4	20.9
1988	263.7	23.7
1989	370.3	30.0
1990	481.9	35.4
1991	503.4	34.8
1992	637.9	44.2
1993	727.2	50.3
1994	665.3	43.6

(자료: Ibid., p. 69)

실패했던 '제3의 길' 정책에 대한 반성을 반영했다. 이러한 초긴축적 재정정책과 금융정책은 1990년대의 사민당의 거시경제정책을 1980년대의 '제3의 길'과 구별 짓는 핵심 내용이었다. 사민당이 이렇게 엄격한 초긴축적 거시경제정책을 집행한 데는 EMU(Economic and Monetary Union) 가입을 위한 수렴조건(convergence condition)을 조속히 충족시켜야 한다는 부담감도 크게 작용했다.[49]

산업정책 영역에서 사민당 정부는 기업들 간의 경쟁을 촉진하는 한편 중소기업에 대한 지원을 강화하는 정책을 추진했다. 부르주아 정당 연립정부 시기인 1993년 7월부터 발효된 경쟁법에 따라, 종래 해당 부문에서 독점 기업의 지위를 차지해온 국영기업들도 경쟁에 노출되게 되었다. 국영기업이 수행해오던 사업활동 영역을 여러 개의 단위로 분할하여 부분적 민영화를 단행하고, 신생 기업의 시장 진입을 용이하게 하는 각종 조치가 취해졌다. 주로 전기, 통신, 교통 등 인프라 산업에서 추진된 이러한 경쟁촉진정책

---

49 스웨덴은 1991년 6월 EC 가입을 신청했으며, 1994년에는 EU 가입에 대한 찬반 여부를 묻는 국민투표를 실시하여 가입을 결정했다. 그러나 EMU에는 참여하지 않았다.

은 사민당 정부하에서도 일관되게 계승되어 왔다.

1990년대 사민당의 산업정책에서 특기할 만한 사항은 중소기업에 대한 관심이 대폭 증대했다는 점이다. 사민당이 오랜 기간 거대 기업 위주의 경제정책을 추진해온 점에 비추어보면 이는 상당히 중요한 변화라고 할 수 있다.

이러한 변화는 무엇보다도 스웨덴의 거대 기업들이 생산 기지를 해외로 이전시켜 감에 따라 거대 기업의 성장과 국내 고용창출 간의 상관관계가 극히 희박해진 상황을 반영한다. 반면에 중소기업들은 고용창출의 원동력 역할을 담당했다. 예컨대 1985년에서 1989년까지 스웨덴에서 창출된 민간부문 고용의 60%가 중소기업에 의한 것이었다(OECD 1998: 129). 사민당 정부는 전통적으로 중소기업에 불리한 경제정책을 추진해왔지만, 스웨덴을 대표하는 거대 기업들이 생산의 주요 거점을 해외로 옮겨감에 따라 산업정책의 근간을 심각하게 재고하지 않을 수 없게 된 것이다.

또 정치적으로는 사민당 단독 소수 내각이 의회 내 입지를 강화하기 위해 중앙당과의 정책 협력을 적극적으로 추진하게 된 것도 중요한 요인으로 작용했다. 중앙당의 핵심지지 기반은 중소기업주·자영업자였기 때문에, 중앙당은 중소기업의 육성을 강력하게 주장해왔다. 중앙당과의 정책 협력을 도모하던 사민당으로서는 이러한 중앙당의 입장을 고려하지 않을 수 없었다.

그리하여 사민당 정부는 중소기업의 육성을 위한 각종 정책을 마련했다. 중소기업에 대한 조세 부담의 경감, 재정 지원 및 컨설팅 지원 강화, 노동시장의 유연성 강화 등의 조치를 취했다. 또 중소기업의 활성화를 위해서는 지방정부와 중소기업 간의 긴밀한 협력이 필요하다고 판단하여, 지방정부가 해당 지역의 중소기업 육성정책을 주도할 수 있도록 산업정책의 분권화를 추진했다(OECD 1998: 147-51).

산업정책 영역에서 발생한 중요한 사건의 하나는, 사민당 정부가 1997

년에 원자력발전소의 조속한 폐쇄를 결정했다는 점이다. 그리하여 우선 2
개의 원자력발전소에 대한 폐쇄작업에 들어갔다. 이를 통해 사민당은 자신
의 경제정책 노선에 생태주의적 색채를 가미할 수 있게 되었다.[50]

또한 사민당 정부는 노동정책 및 사회정책 영역에서도 좀더 자유주의
적인 방향으로 정책 노선을 수정해갔다. 노동정책 영역에서는 고용주의 채
용 및 해고 권한을 신장시키는 조치가 취해졌다. 1997년부터 발효된 고용
법에 따라, 해고 및 채용 시 선임자 우대 원칙이 다소 약화되었다. 또 정리
해고(lay-off)된 노동자에 대한 재고용(recall) 의무 유효 기간이 해고 후 12개
월에서 9개월로 단축되었고, 1년 기한 단기고용이 용이해졌으며, 신생 기업

---

50 원자력발전소 폐쇄 문제는 1976년 총선 직전에 중앙당이 선거공약으로 제시한 이래
20여 년간 스웨덴 정치의 중요 쟁점이었다. 1980년에 있었던 국민투표 결과에 따라 2010년
까지는 모든 원자력발전소를 폐쇄하기로 정당들 간에 합의가 이루어졌지만 이 계획의 실
현 여부는 불확정적이었으며, 그 기간 내에 원자력발전소의 점진적 폐쇄 속도와 관련해서
도 정당들 간에 입장이 일치하지 않았다. 이 문제와 관련하여 상당히 모호한 태도를 취해오
던 사민당이 원자력발전소의 조속한 폐쇄 쪽으로 입장을 정한 가장 직접적인 원인은, 1998
년 선거에서 재집권에 성공하고 재집권 이후에도 안정적인 정국 운영을 이끌어내기 위
한 것이었다. 1970년대 중반 이후 생태주의 정당으로 이념적 프로필을 정립해온 중앙당과
의 협력을 통해 재집권과 집권 이후의 안정적 정국 운영을 가능케 하겠다는 것이었다. 하
지만 이러한 단기적인 정략적 고려 외에도 사민당의 경제발전 노선 자체의 수정을 반영
하는 측면이 있다는 해석도 있다. 이 해석에 따르면 당시 사민당 당수이자 수상인 페르손
(Göran Persson)을 중심으로 생태주의적 발전 대안을 추구하는 그룹이 형성되었으며, 생
태주의 문제에 대한 입장이 향후 스웨덴 정당정치의 구도를 그려줄 핵심 사안이 되리라는
것이다. 스웨덴의 거대 기업들이 대부분 생산의 중심 근거지를 해외로 이전시킨 상황에서
거대 기업 위주의 경제발전전략은 더 이상 실효성이 없으므로, 페르손을 중심으로 한 사민
당 지도부는 국내에 확고하게 뿌리내리고 있으며 자본 규모에 비해 고용창출 효과가 크고
생태계 친화적인 기술에 기초한 중소기업들을 중심으로 경제발전을 추진하려 한다는 것이
다. 거대 기술과 거대 자본을 상징하는 원자력발전소를 조속히 폐기하기로 결정한 것은, 이
러한 패러다임 변경을 압축적으로 보여주는 사례라는 것이다. 이러한 해석의 예로는 정치
학자 이드룬드(Janerik Gidlund)가 일간지 *Dagens Nyheter* 1997년 3월 19일자 논단(DN
DEBATT)에 쓴 글 "S tvingas samarbeta med m"(「사민당은 보수당과 협력하도록 강제된
다」) 참조.

에는 18개월 기한 단기고용도 허용되었다.

스웨덴 복지국가 모델의 주요 요소의 하나인 적극적 노동시장정책 영역에서도 상당한 변화가 이루어졌다. 적극적 노동시장정책에 투입되는 전체 예산과 이 정책의 수혜 대상 인원을 줄이는 대신, 장기실업자나 청소년층 등 취업이 어려운 집단을 정책의 주요 목표로 삼아, 이들의 취업에 좀 더 역점을 주는 방향으로 정책의 틀이 수정되었다. 그리하여 1994년에는 총 노동인구의 5.3%가 적극적 노동시장정책에 참여하던 것이 1998년에는 4.5%로 크게 감소했다.

사회정책 영역에선 사회복지 지출의 대폭 삭감이 이루어졌다. 수많은 사회복지 프로그램에서 수급 자격의 엄격화, 수급 수준의 축소가 이루어 졌다.[51]

사회정책 관련 지출의 감소와 관련하여 가장 주목할 만한 사항은 공적 연금제도의 개혁이었다. 1994년 4월에 당시 부르주아 정당 연립정부는 공적 연금제도를 크게 개혁한다는 내용의 입법안을[52] 의회에 제출하여 이를 통과시켰다. 당시까지 스웨덴의 공적 연금제도는 국민연금(folkpension)과 ATP를 골간으로 삼고 있었다. 양 연금제도 모두 현재 경제활동인구의 조세나 연금 보험료에 기초하여 현재 퇴직인구의 연금수령액을 조달하는 부과 방식(fördelningssystem / pay-as-you-go-system)에 기초해 있었다. 그런데 부과방식의 연금제도는 일반적으로 경제성장이 원만히 이루어지지 않을 경우엔 장기적으로 정부에게 큰 재정적 부담을 부과하기 쉽다. 인구의 고령화에 따라 연금지급 필요액은 갈수록 증가하는데, 경제성장이 원만히 이루어지지 않을 경우엔 현재 경제활동인구로부터 많은 연금 보험료를 징수하기가 어려워지기 때문이다. 현재 경제활동인구가 납부하는 연금 보험료만으

---

51 1990년대 사민당의 사회정책에 대해서는 안상훈(1998) 참조.
52 Regeringens proposition 1993/94: 250, Reformering av det allmänna pensions-systemet.

로 연금지급액을 충당할 수 없을 때에는 정부의 일반적 재정수입으로 이를 메워주어야 한다.

　스웨덴의 경우에도 인구 고령화와 1970년대 이후의 경제 저성장으로 인해, 연금지급재원을 장기적으로 확보하는 것이 큰 문제거리로 대두되었다. 그리하여 1993년 현재 총 연금지급액의 21%가 정부의 일반적 조세수입으로부터 조달되었다. 그리고 연금재원의 핵심인 연금 보험료라는 것도 따지고 보면 조세의 한 형태와 다름없다. 따라서 부과방식의 연금제도는 장기적으로는 현재 경제활동인구에게 큰 조세 부담을 안겨주기 쉽고 연금문제를 둘러싸고 세대 간 갈등을 유발하기 쉬운 측면이 있다. 특히 당시 과중한 정부부채를 안고 있던 스웨덴에선 이 문제가 특히 심각하게 느껴졌다.

　이러한 문제의식에 기초하여 부르주아 정당 연립정부가 제출한 연금 개혁안의 골자는 다음과 같다. 첫째, 앞으로는 오직 연금 보험료 납부액으로부터만 연금지급이 이루어지도록 했다. 이를 통해 정부의 일반적 조세수입으로부터 연금지급액을 지원하는 것을 막음으로써, 연금지급으로 인한 정부의 재정부담을 없애도록 했다. 둘째, 종래에 연금 보험료의 거의 전액을 사용자가 납부해 왔는데, 앞으로는 연금 수령자의 납부 부담을 크게 높이기로 했다. 피용자도 절반 가까이 부담하게 했다. 셋째, 연금 보험료는 연금 산정의 기준이 되는 소득의 18.5%로 정하고 이 중 16.5%는 종래와 마찬가지로 부과방식에 따라 지급하되, 나머지 2%는 적립방식(fonsystem 또는 premiereservsystem / funded system)에 따라 각 연금 수령자의 개인구좌에 적립되고, 연금 수령자 각자가 이 자금을 관리할 투자기관을 선택하도록 했다.

　이러한 내용의 연금개혁안의 핵심은 민간 보험회사에서 적용되는 보험원리의 요소를 부분적으로 도입함으로써, 한편으로는 연금 수령자로 하여금 연금 보험료 부담의 일부를 떠맡게 하는 동시에, 자신의 연금액의 일부에 대한 운영방식을 자유롭게 선택할 수 있게 하며 연금문제로 인한 정부의 재정 부담을 없앤다는 것으로 요약할 수 있다. 이 연금 개혁안에는 사민당도 찬성했다. 사민당은 이 연금 개혁안의 준비 과정에도 부르주아 정당들과 함께 참여했었다. 이러한 새로운 공적 연금제도는 1998년에 법제화되었다.

전체적으로 볼 때 1990년대의 사민당의 경제-사회 정책은 1980년대의 '제3의 길' 정책에 비해 한결 일관되게 자유주의적 노선 위에 있어 왔다고 할 수 있다. 일관된 긴축적 거시경제정책, 사회복지 지출의 삭감, 노동시장 유연화의 추진, 국영기업의 부분적 민영화, 경쟁 촉진적 산업정책 등 신자유주의의 핵심적 정책 패키지를 실천해왔다.

이러한 자유주의적 방향의 개혁 드라이브는 일단 우수한 거시경제적 성과를 가져왔다. 1994년 말에 사민당 정부가 집권할 당시 GDP의 10%에 달하던 재정적자를 완전히 해소하여 1998년에는 GDP 대비 2%의 재정흑자를 이루어내는 놀라운 성과를 기록했다. 또 인플레이션율 하락, 실업률 하락, 수출 증대 등 거의 모든 거시경제지표 상의 성공을 이루어내었다.

이렇듯 사민당 정부가 자유주의적 개혁 드라이브를 통해 우수한 거시경제적 성과를 낳을 수 있게 된 주요 요인으로는 다음과 같은 것들을 들 수 있다고 판단된다. 첫째로 정부지출의 큰 삭감이 이루어진 사회정책 영역의 경우, 기존의 복지 수준이 워낙 높았기 때문에 심각한 사회적 긴장을 유발하지 않고도 상당 수준의 지출 삭감이 가능했다는 점이다. 둘째로 1994년 말 사민당 집권 시에 재정적자 문제가 워낙 심각했던 관계로, 대다수의 정당들이 긴축적 거시경제 운영을 지지하여 정당들 간에 정치적 마찰이 작았다는 점이다. 셋째로 이러한 정치환경을 등에 업고, 사민당 정부가 1980년대의 '제3의 길' 정책과는 달리 '절반의 자유주의화' '절반의 개혁' 대신에 '일관된 자유주의화' '일관된 개혁'을 추진할 수 있었다는 점이다. 이를 통해 특히 인플레이션을 억제할 수 있었다. 넷째로 스웨덴 기업들의 기초 경쟁력이 여전히 만만치 않았다는 점이다. 경제활동에 좀더 유리한 여건이 조성되자 스웨덴 기업들은 수출시장에서 잘 경쟁해 나갔다. 다섯째로 자유주의적 기조의 긴축정책에 대한 최대의 길항(拮抗) 세력인 노동조합, 특히 LO가 1980년대 이후 세력의 급속한 약화를 경험한 관계로, 사민당의 자유주의적 정책기조에 크게 제동을 걸 수 없었다는 점이다.

이렇듯 사민당은 1994년 말 이후 강도 높은 자유주의적 개혁을 통해 1990년대 초 이래의 경제위기를 성공적으로 극복할 수 있었다. 하지만 이는 사민당의 이념적 정체성을 크게 약화시키는 것을 대가로 한 성공이었다. 물론 그렇다고 해서 가깝게는 1990년대 중반 이후, 멀게는 1980년대 초 이후 사민당이 이념적으로 자유주의에 완전히 경도되었다고까지 이야기하기는 어렵다. 1980년대에나 1990년에나 사민당은 공식적으로 신자유주의와 이념적 대항 전선을 형성해왔다. 1980년대 이후 사민당의 정책 노선의 자유주의화는, 적어도 추진 주체의 동기·의도라는 측면에서는 자유주의로의 개종이라기보다는 일단 자유주의적 개혁 정책을 통해 경제의 기초 체력을 강화시켜 숨통을 마련하려는 잠정적 조정 과정이라고 볼 수 있다. 또 사민당의 지지 기반의 성격이나 부르주아 정당과의 차별화 전략의 필요성 등 정치전략적 측면을 고려할 때, 사민당이 자유주의로 완전히 개종하는 것은 가능하지 않다. 이후 거시경제 여건이 크게 호전되자 1998년 말 선거에서 사민당이 복지 부문의 재강화를 선거공약으로 내세운 것도 이러한 점을 확인시켜준다. 그러나 자유주의적 정책 노선 외에 별다른 현실적 대안을 찾지 못하는 상황이 오래 지속된다면, 애초에 주체의 동기라는 측면에서는 한시적 적응·조정 과정이라고 볼 수 있는 사민당 정책 노선의 자유주의화는 실천적으로는 사민당 정책 노선의 근본적 전환으로 귀결될 수도 있으며, 그 과정에서 사민당의 이념 노선 자체의 결정적 우경화로 귀결될 수도 있을 것이다.

한편 애초의 기금안의 입안자인 마이드너는 기금논쟁 이후 크게 변화된 스웨덴 경제의 상황에서 자신의 기금안을 회고적으로 재평가하는 글을 발표했다(Meidner 1990). 이 글의 요지는 애초의 기금안을 통해 해결하고자 했던 문제들이 여전히 남아 있기 때문에, 임노동자들이 집단적으로 소유·관리하는 기금제도를 마련해야 할 필요성은 여전히 존재하나, 자신이 과거에 입안했던 임노동자기금과는 다른 형태의 기금제도를 도입하는 것이 바람직하다는 것이다.

마이드너는 기금논쟁 이후 스웨덴 경제의 변화 추이를 매우 비판적인 시각에서 바라보고 있다. 우선 중앙단체교섭체계와 연대임금정책이 와해됨에 따라 임노동자들 간의 임금 격차가 확대되고 있으며 또 그 과정에서 노동조합운동이 약화되고 있음을 우려하고 있다. 또 애초의 기금안이 해결하고자 했던 핵심적 문제의 하나였던, 소수 사적 주주들에 의한 자본의 집중이 더욱 심화되어가고 있다는 점을 지적하고 있다. 특히 사민당이 추진한 '제3의 길' 정책으로 인해 기업들의 이윤이 괄목하게 증대하였는데, 이윤의 큰 부분이 해외 직접투자에 사용됨에 따라 스웨덴 다국적 기업들의 해외 자회사의 고용은 급증해온 반면에, 스웨덴에 기반을 둔 기업들의 고용은 정체되어왔다는 점을 크게 우려하고 있다. 게다가 사민당 정부가 추진한 신용 시장 자유화정책으로 인해 이러한 문제들에 사회가 개입할 수 있는 여지도 없어져 버렸다는 것이다.

한편 의회를 통과하여 당시까지 실제로 시행되어온 임노동자 기금제도는 기금 규모의 미약성과 각종 법률적 제한, 또 전적으로 시장원리에 따른 투자정책으로 인해 애초의 기금안이 겨냥했던 목적들을 전혀 충족시킬 수 없었다고 평가하고 있다. 실제로 시행되어온 기금제도는 "본래의 기금 안의 희미한 그림자에 지나지 않는다"는 것이다(Ibid., p. 325). 마이드너는 자신이 입안한 애초의 기금안이 관철될 수 없었던 가장 큰 이유를 사민당의 비협조적 태도에서 찾고 있다. 애초의 기금안은 사민당의 전통적 이념 노선이었던 기능사회주의 노선으로부터 명백히 이탈한 것이었기 때문에, 사민당은 기금안에 대해 미온적인 태도로 일관했으며 끊임없이 기금안을 보다 온건한 내용으로 수정해가려 했다는 것이다.

　그러나 마이드너는 자신이 입안한 애초의 기금안의 내용 자체가 노동조합원들의 공감과 지지를 지속적으로 끌어내는 데 어려움을 낳은 면도 있었다는 점을 인정하고 있다. 첫째, 많은 노조원들은 자신들이 개인적으로 기금자금의 일정 몫에 대해 처분권을 행사할 수 있는 형태의 기금제도를 소망하였는데 철저하게 집단적 성격을 띤 기금안은 이를 충족시켜줄 수 없었다는 것이다. 둘째, 기금자금의 사용 목적과 관련하여 얼마간의 불명료성이 있었다는 것이다. 기금제도는 개별 기업의 단위 노조들에게 그들이 속한 기업의 의사결정에 대해 영향력을 부여해주는데, 이렇게 확보된 영향력을 어떠한 목적에 사용해야 하는지에 대해서는 분명한 언급이 없었다는 것이다. 셋째, 여러 가지 목적을 하나의 기금제도를 통해 한꺼번에 실현시키려 하다보니 기금안의 내용이 매우 복잡해져서 일반 노조원들이 기금안의 내용을 이해하는 데 어려움을 낳았다는 것이다. 그러나 마이드너는 적어도 원리적으로는 하나의 제도를 통해 여러 가지 목적을 충족시키는 것이 얼마든지 가능하다고 보고 있다. 예컨대 연대임금정책은 노동계급 내의 임금균등화를 주된 목적으로 삼았지만, 동시에 산업구조조정정책이나 경기안정화 정책적 효과도 가질 수 있었다는 것이다. 하지만 기금안의 내용이 지나치게 복잡해짐으로써 노조원들에 대한 교육과 설득이라는 측면에선 문제를 낳은 게 사실이라는 것이다. 이 문제에 대한 반성을 통해 얻을 수 있는 교훈은 서로 다른 목적들에 대해서는 각각의 목적을 겨냥하는 독립적 조치들이 마련되는 방식으로 문제가 해결되어야 한다는 점이라는 것이다.

　이러한 반성에 기초하여 마이드너는 스웨덴 경제의 당면 문제들을 해결하기 위해 새로운 형태의 기금제도를 도입할 것을 제안하고 있다. 우선 임금정책과 관련해선, 중앙단체교섭이 와해됨에 따라 연대임금정책으로 인한 초과이윤문제는 소멸되었으나, '제3의 길' 정책이 기업들에게 지나치게 높은 이윤을 가져다줌에 따라 야기된 심각한 인플레이션문제를 해결해야 한다고 주장한다. 지나치게 높은 이윤이 높은 임금상승을 낳고, 또 임금상승은 인플레이션을 낳고, 인플레이션이 다시 임금상승을 낳는 악순환을 차단해야 한다는 것이다. 이를 위해 마이드너는 '임금정책기금'(lönepolitiska fonder / wage policy funds)을 도입할 것을 제안하고 있다. 즉 일정 수준 이상의 이윤율을 올린 기업들에게 기여금을 부과하고, 이 기여금을 임노동자 집단 전체가 공동으로 관리하는 기금에 적립한 후, 이 기금자금을 저임금 노동자들을 지원하는 데 사용한다는 것이다. 이를 통해 저임금 노동자들을 지원해줄 수 있을 뿐 아니라, 기업들이 지나치게 높은 이윤을 얻는 것을 차단함으로써 인플레이션을 억제할 수 있으리라는 것이다. 그리고 이렇듯 임금정책기금이 경제적 권력의 문제와 완전히 차단되어 오직 임금정책적 과제만을 충족시키게 되면 불필요한 정치적 논쟁도 피할 수 있으리라는 것이다.

주식 소유의 집중 및 이에 수반하는 경제적 권력의 집중 문제와 관련해선 이 문제를 해결하기 위한 별도의 기금을 도입할 것을 제안하고 있다. 우선 마이드너 자신이 입안했던 애초의 임노동자기금을 다시 도입하자고 주장하는 것은 정치적으로 전혀 현실성이 없기 때문에 고려될 수 없다고 보고 있다. 따라서 새로운 형태의 기금이 도입되어야 하는데, 이 기금은 다음과 같은 기본적 조건들을 충족시켜야 한다. 우선 기금 소유에 참여한 임노동자들이 불이익을 보지 않도록 하기 위해선 기금자금이 적정 수익률을 올릴 수 있는 방향으로 투자되어야 한다.[53] 그러나 그렇다고 해서 오직 수익극대화원리에 따라 자금이 투자되어서도 안 된다. 기금자금의 투자는 고용증대 등 노동조합운동이 지향하는 사회경제적 가치 기준을 충족시켜주는 방향으로 이루어져야 한다. 즉 일정 수준 이상의 수익률을 올려야 한다는 것

---

53 여기에서 마이드너가 염두에 두고 있는 기금제도는 1981년 LO-사민당 공동안에서의 임노동자기금이나, 1983년에 입법화되어 실제로 시행된 임노동자기금처럼 기업 외부에서 조성되어 기금자금을 기업들에 투자하는 형태의 기금제도다.

은 기금제도의 유지를 위한 최소한의 조건인 것이지 수익극대화가 기금제도의 목적인 것은 아니다. 또 임노동자에 의한 기금 소유가 개별 임노동자들의 소비 증대로 바로 연결되도록 기금제도가 구성되어서도 안 된다.

이러한 조건들을 충족시키려면 기금은 의무가입원리에 기초해야 하며 집단적 성격을 띠어야 한다. 자발적 가입과 개인지분원리에 기초한 기금제도는 그것이 설령 노동조합에 의해 관리된다 하더라도, 단기적 수익극대화를 추구하는 가입자들의 동기로 인해 본래의 취지를 살릴 수 없다는 것이다.

그렇다면 구체적으로 어떠한 형태의 기금제도가 도입되어야 하느냐는 문제가 제기되는데, 이 문제에 대한 마이드너의 답은 그리 구체적이지 않다. 기존의 연금기금 및 임노동자들의 교육과 휴가를 위한 기금 등을 활용하고, 필요하다면 이와 유사한 기금들을 국가의 결정을 통해 새로이 도입할 수도 있으리라는 것이 전부다.

이 문제에 대한 마이드너의 구상은 이후 연금제도 개혁 문제가 중요한 정치적 이슈로 대두되면서 더 구체화된다. 앞에서 설명한 바와 같이 1994년 4월에 당시 부르주아 정당 연립정부는 공적 연금제도를 크게 개혁한다는 내용의 입법안을 의회에 제출하여 이를 통과시켰다. 이후 연금제도 개혁을 위한 논의가 단행되었는데, 마이드너는 이러한 연금개혁논의에 대해 큰 불만을 갖고, 논문[54] 집필과 신문 인터뷰[55] 등을 통해 연금개혁안을 비판했다. 연금개혁안 중 마이드너가 가장 큰 불만을 표시하고 있는 부분은, 연금 보험료의 일부가 연금수령자의 개인구좌에 적립되고, 이 적립금에 대해선 연금수령자 자신이, 자금을 운영할 투자기관을 선택하도록 한다는 대목이다. 마이드너가 보기에 이 문제는 단지 연금제도의 개혁에 국한되는 것이

54 Meidner(1996).
55 LO-Tidningen(LO-신문), nr 11. 1996년 3월 22일자 4면, 또 Dagens Nyheter, 1997년 5월 4일자 A 12면.

아니라 신용시장에서의 권력이동과 직결되는 문제이기도 하다는 것이다. 마이드너가 예상하기에, 연금수령자의 개인구좌에 적립될 자금의 운영과 관련하여 대부분의 연금수령자는 수익극대화를 위해 이 자금을 민간 보험회사나 투자회사에 신탁하리라는 것이다. 기존에 ATP 자금을 관리해온 공적 기금인 AP 기금에 자금을 신탁하는 것도 가능하지만, 많은 연금수령자들이 AP 기금에 그들의 자금을 신탁할 가능성은 극히 희박하다는 것이다. 이 자금을 유치하는 데 있어 AP 기금이 아주 소극적인 데 반해 민간 금융기관들은 벌써부터 적극적인 홍보활동에 들어갔다는 것이다. 따라서 논의 중인 연금개혁안이 발효될 경우 AP 기금의 규모는 급격히 축소되는 반면에, 민간 보험회사나 투자회사의 수신액은 급증할 것이 뻔하다는 것이다. 소수 거대 사적 주주들에 의해 지배되고 있는 민간 금융기관들에 연금자금이 몰리게 되면, 신용시장에 대한 이들 사적 주주들의 지배력은 현재보다도 훨씬 더 커지리라는 것이다.

공적 기금인 AP 기금은 그동안 사민당의 주택정책을 강력하게 지원하는 역할을 해왔을 뿐 아니라 신용시장에서 사적 자본의 권력을 견제하는 역할을 담당해왔는데, 연금제도의 개혁으로 인해 AP 기금이 현저히 축소되고 민간 금융기관들의 수신액이 급증하게 되면 신용시장도 사적 자본의 지배영역으로 완전히 넘어가게 되리라는 것이다. AP 기금은 스웨덴 모델의 주요 요소들이 거의 다 깨어져나간 현재 유일하게 남아 있는 스웨덴 모델의 주요 요소라 할 수 있는데, AP 기금이 약화될 경우 스웨덴 경제는 이윤극대화를 추구하는 사적 자본들이 아무런 제약 없이 활동하는 무대가 되고 말 것이라는 것이다.

이 문제와 관련하여 마이드너는 노동조합이 관리하는 연금기금안을 제안하고 있다. 그 골자는 LO나 TCO가 투자회사를 설립하여, 새로운 연금제도가 발효될 경우 소속 노조원들의 개인구좌에 적립될 자금을 유치하고, 이 자금을 노동조합의 이익에 부합되고 사회경제적 의의를 갖는 사업들에 투자하도록 한다는 것이다. 예컨대 무엇보다도 스웨덴 내에서 활동하는 중소기업들에 우선적으로 자금을 투자하여 고용을 창출하고 산업정책적 의의가 큰 사업들에 투자하는 식으로 자금을 운영하면 좋으리라는 것이다. 그 좋은 실례로 마이드너는 캐나다 퀘벡(Québec)주에서 운영되어온 노동조합 투자기금의 사례를 들고 있다.[56] 퀘벡주의 경우 1980년대부터 노조원들 및 일반 시민들이 자발적으로 납부하는 기여금 등에 기초하여 노동조합들이 투자기금을 조성하고 이를 운영하여 많은 일자리를 창출해냈다. 또 이 자금이 투자되는 기업들에 대해 영향력을 행사함을 통해 이 기업들에 종사하는 임노동자들의 권익을 신장시켜왔는데, 이를 본받을 필요가 있다는 것이다. 문제는 노동조합이 운영하는 기금은 단지 수익극대화만을 추구하는 것이 아니라 임노동자들의 권익 신장과 산업정책적 의의까지 고려하여 투자 행위를 결정해야 하기 때문에, 민간 금융기관들에 비해 낮은 수익률을 올릴 가능성이 크다는 점이다. 이렇게 될 경우 장기적으로 기금재원을 유치하기가 어려워진다는 문제가 생기는데, 퀘벡주의 경우엔 정부가 노동조합의 투자기금에 보조금을 지급함으로써 이 문제가 해결되었다는 것이다.[57] 현재 심각한 실업문제를 겪고 있는 스웨덴의 경우에도 이러한 실험을 고려해볼 필요가 있는데, LO조차도 이 문제에 전혀 관심을 기울이지 않고 있다는 것이다.

이러한 마이드너의 제안에 대하여 LO 연구원 안델손(Dan Andersson)은 회의적인 입장을 보였다. 만일 LO가 직접 투자회사를 설립하여 노조원들의 연금자금을 유치하여 투자행위를 전개한다면 이 투자회사는 무엇보다도 연금수령자로서의 노조원, 즉 소비자로서의 노조원의 이익을 대변해야 하고, 따라서 무엇보다도 유치자금에 대해 최대의 수익을 보장하는 데

---

56 퀘벡에서 전개된 노동조합 투자기금 및 협동조합운동의 실험에 대한 개괄적 소개로는 Comeau, Yvan, and Benoit Lévesque(1993) 참조.
57 〈부록 1〉참조.

주력해야 하리라는 것이다. LO의 투자회사가 높은 수익을 보장해주지 않는 다면 LO의 조합원들이라 하더라도 다른 금융기관에 자신의 연금자금을 신탁할 것이기 때문이다. 따라서 유치자금에 대해 높은 수익성을 보장하는 것 이외에 다른 문제들까지 고려하면서 투자회사를 운영하기는 극히 힘들다는 것이다. 따라서 마이드너의 구상은 별로 현실성이 없으며, 차라리 이미 존재하는 공적 기금인 AP 기금의 운영에 노동조합이 보다 적극적으로 관여함으로써 임노동자들의 권익을 옹호하는 쪽이 더 현실적이라는 것이다.[58]

그러나 LO의 이러한 회의적 태도에 대해 마이드너는 다른 해석을 내놓고 있다. LO가 자신의 제안에 대해 미온적인 것은, 무엇보다도 기금논쟁이 재연될지도 모른다는 우려 때문이라는 것이다. 자신이 제안한 노동조합 관리 연금기금안대로 LO가 투자회사를 설립하려 한다면, 부르주아 진영은 이를 새로운 형태의 임노동자기금이라고 몰아세울 가능성이 큰데, 기금논쟁에서 이미 정치적으로 큰 손실을 입은 바 있는 LO는 또 다시 기금논쟁에 말려들어가고 싶어하지 않는다는 것이다.[59]

노동조합이 관리하는 연금기금에 대한 마이드너의 구상을 그가 20년 전에 제출했던 기금안과 비교해보면 큰 격세지감을 갖게 된다. 그동안 스웨덴 사회가 그만큼 크게 변한 것이다. 기금안은 완전고용이 당연히 전제되는 경제상황과 노동운동 내에 급진주의적 조류가 대두된 정치적·이념적 상황을 배경으로 하여, 자본 측의 경제적 권력의 궁극적 근거인 생산수단에 대한 사적 소유를 공격한 급진적·공세적 구상이었다. 노동조합 관리 연금기금안은 이와 반대로 높은 실업률이 유지되는 경제상황과 신지유주의적 조류가 사민주의 진영 내부에까지 깊이 침투된 정치적·이념적 상황을 배경으로 하여, 얼마 남지 않은 스웨덴 모델의 잔존요소를 지켜보려는 수세

---

58 LO-Tidningen, op. cit.
59 Dagens Nyheter, op. cit.

적 성격을 띠고 있다. 또 경제발전 모델이라는 측면에서는 임노동자기금안은 거대 기업 위주의 경제성장을 당연시하고 있었으나, 연금기금안은 스웨덴 내에서 활동하는 중소기업들의 지원을 통해 경제성장과 고용 증대를 도모하고 있다. 이는 스웨덴 모델이 잘 작동하던 시기에 사민주의 세력이 추진한 경제정책에 의해 상당한 도움을 받았던 거대 기업들이 1980년대 이후 해외로 생산기지를 옮겨온 사정을 반영한다.

이렇듯 두 기금안은 서로 대조적인 모습을 보이고 있지만, 두 기금안에 깔려 있는 마이드너의 기본적 사고방식은 뚜렷한 일관성을 유지하고 있다. 이윤극대화를 추구하는 사적 자본의 운동논리에 경제를 그대로 맡겨두면 고용문제와 같은 중요한 경제문제들이 해결되지 않는다는 것이다. 따라서 자본의 투자방식에 의해 직접적으로 영향받는 임노동자들이 자본의 투자방식에 개입함으로써 임노동자들의 이익과 사회 전체의 이익을 지켜내야 한다는 것이다. 이를 위해서는 대의민주주의제도를 통한 임노동자들의 정치적 영향력 행사나 공동결정제도 등으로는 충분치 않고, 자본의 소유에 임노동자들이 참여할 때에만 실질적 영향력을 행사할 수 있다는 것이다.

4. 스웨덴 모델의 역사와 임노동자기금논쟁

이상 앞에서의 설명에 기초하여, 스웨덴 모델의 발전 및 해체 과정에서 임노동자기금논쟁이 차지한 위치를 다음과 같이 요약 정리할 수 있다.

기금논쟁은 기본적으로 1960년대 후반 이후 LO가 직면한 대내적 정당성 위기의 산물이었다. 중앙단체교섭과 연대임금정책, 거대 기업 위주의 성장주의적 경제정책, 그리고 보편주의적 복지국가를 핵심적 구성요소로 하는 스웨덴 모델은, 1960년대 후반 이후 노동자들의 저항에 부딪쳤다. 중앙단체교섭에 기초하여 강력하게 추진된 연대임금정책은 고수익 부문 노동자들의 불만을 낳았으며, 개별 기업 수준의 단위 노조들의 역할을 위축시켜 풀뿌리 노동자들의 불만을 야기했다. 거대 기업 위주의 성장주의적 경제정책은 재산과 경제적 권력이 소수 사적 거대 주주들에게 집중되는 데 일조함으로써, 사민주의운동의 평등주의적 이데올로기의 정체성 위기를 낳았다. 또 고수익 부문 거대 기업들을 중심으로 진행된 재산과 경제적 권력의 집중으로 인해 고수익 부문 노동자들이 연대임금정책에 대해 가진 불만이 더욱 격화되었다. 또 사민당 정부와 LO의 적극적 협력하에 자본의 주도로 강력하고 일관되게 추진된 산업합리화는 노동강도 강화와 노동과정의 단조화(單調化), 산업 간·지역 간 빈번한 노동인력 이동 등의 문제들을 낳아, 잘 정비된 복지국가의 완충 기능에도 불구하고 풀뿌리 노동자들로부터 큰 불만을 샀다. 고도로 중앙집권적으로 조직된 스웨덴식 노사관계는 풀뿌리 노동자들의 의견을 효과적으로 수렴해내기 어려웠기에, 풀뿌리 노동자들은 1960년대 말 이후 살쾡이 파업 등 비제도적 방식으로 그들의 불만을 표출했다.

이러한 문제들에 봉착하여 사민당과 LO는 1960년대 말 이후 급진적인 방향으로 정책 노선을 수정해야 했다. 사민당 정부가 1960년대 말부터 추진한 적극적 산업정책, 사민당 정부와 LO의 긴밀한 협력하에 1970년대에 추진된 각종 노동입법, 또 1970년대 중반에 LO가 제출한 임노동자기금안이 그 대표적 사례들이다. 특히 기금안은 그동안 스웨덴 사민주의 운동이 문제 삼지 않아왔던 생산수단의 사적 소유를 정면으로 공격한 것이었다는 점에서, 스웨덴 사민주의 운동의 급진화 과정의 절정에 위치한 사건이었다.

그런데 여기에서 주의해야 할 대목은, 1960년대 후반 이후 풀뿌리 노동자들을 중심으로 전개된 스웨덴 모델에 대한 이반이라는 것이, 스웨덴식 복지자본주의의 성과가 다른 선진 자본주의국들의 성과에 못 미쳤거나 자본주의의 발전에 수반하는 문제점들이 스웨덴에서 유달리 두드러졌기 때문에 발생한 것은 아니라는 점이다. 1960년대 말까지 스웨덴 경제는 경제성장률이나 실업률 등 주요 거시경제지표에서 매우 양호한 수치를 기록했으며, 복지국가의 정비 수준도 세계 최상위 수준이었다. 오히려 1960년대 후반 이후 전개된 스웨덴 모델에 대한 이반은 역설적으로 스웨덴 사민주의 운동의 선진성의 표현으로 해석할 수 있는 측면이 있다. 사민당의 장기집권과 노동조합의 강력한 힘, 또 이에 기초하여 그동안 진행되어온 사민주의적 개혁정책의 성과들로 인해, 역설적으로 스웨덴 모델에 대한 풀뿌리 노동자들의 불만이 적극적이고 공세적인 형태로 표출되는 것이 가능해졌다고 볼 수 있다는 것이다.

우선 성공적인 사민주의운동은 노동자들의 욕구 수준을 높이는 측면이 있다. 그동안 진행되어온 개혁의 축적과 생활 수준의 향상에 기초하여 노동자들은 더욱 수준 높은 새로운 욕구를 갖게 되기 쉬우며, 또 이러한 욕구 역시 사민주의운동의 정치적 헤게모니에 기초하여 잘 충족될 수 있으리라 기대하기 쉬운 것이다. 또한 사민주의운동의 평등주의적 담론(discourse)과 문화 속에서 교육받고 성장한 노동계급 세대가 더욱 급진적인 요구를 제기하게 되는 것은 매우 자연스럽다. 그런 점에서 코르피(Walter Korpi) 등 권력자원론자들이 노동계급의 권력자원이 증대할수록 노동계급의 요구 수준이 높아진다는 점을 강조한 것에는 수긍할 만한 측면이 있다. 또 앞에서 설명한 바와 같이, 계급협조주의 노선을 통해 빠른 경제성장을 달성하고 이러한 성장의 과실(果實)을 적극적인 소득재분배정책을 통해 분배하는데 주력해온 사민주의운동은, 자본주의적 경제성장의 필연적 결과인 사적 자본가의 재산과 경제적 권력의 강화라는 사태에 봉착하여 거의 필연적으로 투자의 통제나 투자자본의 사회화라는 의제(agenda)에 직면하게 되는 측면이 있다. 스웨덴 사민주의 운동은 그 선진성으로 인해 이러한 과정을 가장 먼저 겪어온 것이고, 따라서 투자의 통제나 투자자본의 사회화라는 의제에 가장 먼저 도달하게 된 것이다.

물론 기금안이 나오게 된 배경으로 작용한 스웨덴의 특수한 사정도 있었다. 우선 국내 시장 규모가 작은 스웨덴에서 산업화를 주도해온 소수 금융가문이 경제적으로 이미 지배적 위치를 차지한 상황에서, 거대 기업 위주의 경제정책이 추진됨에 따라 경제적 권력의 집중이 두드러지게 진행되었다는 특수한 사정이 있었다. 또 중앙단체교섭과 연대임금정책이라는 독특한 제도와 정책이 낳은 문제점도 중요하게 고려되어야 할 것이다. 그러나 이러한 문제들에 대한 인식이 급진적 사회개혁의 요구로 전환되려면, 요구를 제기한 주체들이 자신들의 요구가 충분히 정당하다는 점을 확신해야 할 뿐 아니라, 이러한 요구를 관철해낼 만한 힘이 스스로에게 있다는 자신감이 뒷받침되어야 하는 것이다.

1976년에 LO가 기금안을 제출하게 된 것은 가장 직접적으로는 연대임금정책에 대한 고수익 부문 노동자들의 불만을 배경으로 하였으나, 기금안은 연대임금정책의 문제점뿐 아니라 스웨덴 모델의 여러 문제점들을 종합적으로 한꺼번에 해결하기 위한 정책 구상이었다. 스웨덴 모델의 부분적 보완이라기보다는 스웨덴 모델의 지양을 도모한 급진적 기획이었던 것이다.

이렇듯 LO가 임노동자기금안을 제출한 것은 그간의 LO의 정책 노선이 직면한 대내적 정당성 위기를 극복하기 위한 것이었으나, 기금안이 제출된 이후 경제 상황이 크게 악화됨에 따라 점차 기금논쟁의 초점이 이동하게 되었다. 당면한 경제침체를 어떻게 극복해야 할 것인가 하는 문제가 스웨덴 정치의 최대 쟁점으로 대두된 상황에서, LO와 사민당은 경제침체 극복을 위해 집단적 자본형성을 촉진한다는 새로운 논리로 기금안을 정당화시켜야 할 필요를 느끼게 된 것이다. 이제 스웨덴 모델은 그것이 사민주의 운동의 평등주의적 이념과 갈등을 일으키는 측면이 있다는 점보다는, 이제 더 이상 효과적인 경제운영 모델로서 기능하지 않는다는 기능부전(機能不全)의 측면에서 문제거리가 된 것이다. 기금안의 직접적 배경이 되었던 연대임금정책의 경우에도, 이제는 그것이 고수익 기업들에게 초과이윤을 제공한다는 점보다는, '임금부상의 연대화'를 매개로 하여 전반적 임금상승을 야기하여, 인플레이션과 스웨덴 산업의 국제경쟁력 약화를 초래한다는 점에서 문제거리로 대두되었다.

이러한 상황에서 LO와 사민당은 기금논쟁의 초점을 일반적인 거시경제정책 차원의 문제로 전환시키는 한편 기금안의 내용을 한층 온건화함으로써 기금안의 대중적 설득력과 정치적 수용 가능성을 높이려 했으나, 이러한 전략은 소기의 성과를 거두지 못했다. 기금안 반대 진영은 기금안의 온건화에도 불구하고 강경한 반대 입장을 고수하였으나, 기금안의 핵심 지지층의 경우엔 기금논쟁의 초점 이동과 기금안의 온건화로 인해 기금안에 대한 지지 열정이 크게 약화된 것이다. 기금논쟁은 부르주아 진영을 정치적으로 결속시킨 반면에 사민주의 진영을 분열시켰다. 기금문제를 둘러싸고 LO와 사민당 사이에 큰 간극이 벌어졌고, 노동조합운동 내에서도 LO와 TCO 간에 큰 입장 차이가 생겼다.

1982년에 재집권한 사민당이 추진한 '제3의 길' 정책은, 더 자유주의적 방향으로 경제정책 및 사회정책의 기조를 수정함으로써 스웨덴 모델의 기능부전 위기를 극복한다는 전략이었다. 자본운동의 세계화라는 세계경제의 일반적 추이에 적응하기 위해 제3의 길 정책의 일환으로 추진된 신용시장 자유화정책에 크게 힘입어, 스웨덴 자본의 해외 직접투자가 급증하여 1990년대 이후 고용 위기의 주요 원인으로 작용하였으며, 노동에 대한 자본의 교섭력이 현저히 증대되었다. 이에 따라 자본은 노동과의 타협 노선보다는 스웨덴식 계급타협의 틀을 공세적으로 깨는 대결 노선을 선택하게 되었다.

1983년에 시발되어 1990년에 마무리된, 중앙단체교섭체계의 와해과정은 시종일관 자본 측의 주도로 진행되었다. 자본은 한편으로는 변화된 국제시장상황에 보다 효과적으로 적응하기 위해, 다른 한편으로는 LO의 권력기반을 약화시키기 위해 중앙단체교섭체계를 와해시켰다. 자본이 이러한 선택을 하게 된 데는, 기금논쟁을 통해 노자대립이 격화되고 LO에 대해 자

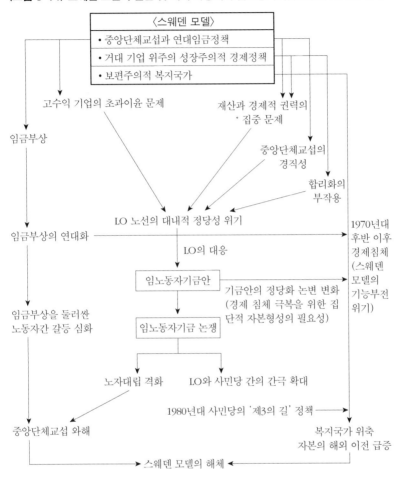

〈그림 3-14〉 스웨덴 모델의 발전 및 해체 과정에서 임노동자기금논쟁이 차지한 위치

본 측이 불신하게 된 점이 중요한 요인으로 작용했다. LO가 스웨덴 모델을 보다 사회주의적인 방향으로 지양하려는 과정에서 전개된 기금논쟁은 역설적으로 자본 측으로 하여금 보다 자유주의적 방향으로 스웨덴 모델을 수정·약화시키도록 하는 빌미와 조건을 제공해준 것이다. 이상의 설명을 그림 3-14와 같이 그려볼 수 있다.

여기에서 우리가 던져볼 수 있는 질문 하나는, 만일 LO가 기금안을 제출하지 않았더라면 스웨덴 모델의 운명이 어찌되었겠느냐는 것이다. 기금논쟁이 없었더라면 아마도 노자대립이 그리 격화되지는 않았을 것이며 LO와 사민당 간의 협력도 더 오래 지속되었을 것이다. 그러나 1980년대 이후 전개된 스웨덴 모델의 해체의 주 원인은 무엇보다도 국제경제적 여건의 변화에서 찾아야 할 것으로 보인다. 1980년대 이후 전세계적 차원에서 급속도로 진전된 자본운동의 지구화(globalization), 극소전자기술의 발전을 중심으로 한 산업구조의 변화 및 이에 따른 노동인력 구성의 변화, 거의 모든 선진 자본주의국들에서 확인된 케인스주의적 수요관리정책의 한계, 스웨덴 경제가 수출과 수입 모두에서 해외의존도가 매우 높은 소규모 개방경제라는 점 등을 고려할 때, 설령 기금논쟁이 없었더라도 종래의 스웨덴 모델식 경제-사회 운영 모델이 별다른 손상을 입지 않고 존속되었을 개연성은 매우 낮다고 판단된다. 기금논쟁은 노자대립을 격화시킴으로써 스웨덴 모델의 수명을 단축시킨 요인으로는 작용했던 것으로 보이지만, 스웨덴 모델 해체의 주 원인으로 볼 수는 없다고 생각된다.

5. 스웨덴 사회민주주의의 딜레마

임노동자기금논쟁은 그 발단 배경과 경과, 또 귀결을 통해 스웨덴 사민주의 운동이 직면해야 했던 여러 가지 딜레마를 종합적으로 보여주었다.

우선 발단 배경의 측면에선, 기금안은 스웨덴 모델이라는 형태로 구체화된 사민주의적 계급타협 노선이 직면한 대내적 정당성 위기의 산물이다. 스웨덴 모델의 골자는 노자 간 계급타협에 기초하여 거대 기업 위주의 경제정책을 통해 달성한 빠른 경제성장의 과실(果實)을 평등주의적 재분배정책을 통해 균등 분배한다는 것이었다. 그런데 자본주의적 경제성장은 필연적으로 자본가들의 재산과 경제적 권력을 강화시킨다. 개인소득 및 소비 영역에서의 상대적 균등 분배에 대비되는 재산과 경제적 권력의 과도한 편중은 사민주의의 평등주의적 이념과 갈등을 빚게 된다. 즉 사민주의적 재분배정책의 물질적 기초를 안정적으로 확보하기 위해 적극적으로 추진되어온 거대 기업 위주의 성장주의적 경제정책은 재산과 경제적 권력의 분배라는 중요한 문제 영역에서, 사민주의운동의 평등주의적 이념과 상치되는 결과를 가져온다는 문제가 있었다.

또 빠른 경제성장을 위해, 자본 측이 주도하는 합리화운동을 적극적으로 지지해온 스웨덴 사민주의 세력은 자본주의적 방식으로 진행되는 합리화운동의 부작용으로 인해 풀뿌리 노동자들로부터의 저항에 직면하게 되었다. 그런데 스웨덴의 경우 사민당과 LO로 조직된 사민주의 세력이 스웨덴 모델의 형성과 운영의 중심주체였던 관계로, 자본주의 사회에서 통상 자본을 향해 표출되는 노동자들의 불만과 저항의 화살이 바로 사민당과 LO를 겨냥하게 된 것이다. 즉 사민주의운동의 기존의 정책 노선이 사민주의의 핵심적 지지층인 노동계급으로부터 정당성을 의심받게 된 것이다. 기금안은 이러한 대내적 정당성 위기에 직면한 LO가 위기로부터 탈출하려는 과정에서 나온 급진적 정책안이었다. 그런 점에서 우리는 기금안이 나오게 된 배경으로부터, 계급협조주의적이며 성장주의적인 정책 노선을 채택한 사민주의 세력이 직면하게 되는 딜레마를 확인할 수 있다. 즉 사민주의적 재분배정책의 물질적 기초를 안정적으로 확보하기 위해 추진되는 자본주의적 경제성장이, 장기적으로는 사민주의 정치의 대내적 정당성 위기를 초래하기 쉽다는 딜레마를 확인할 수 있다.

이러한 대내적 정당성 위기에 직면한 LO가 위기로부터 빠져나오기 위해 제출한 임노동자기금안은 그동안 유지되어온 계급타협의 틀을 깨는 구상이었다. 만일 LO가 기금논쟁에서 승리하여 애초의 급진적 기금안이 관철되었더라면 스웨덴 사민주의의 역사는 지금과는 전혀 달리 쓰여졌을 것이다. 임노동자기금이 지배하는 경제가 과연 장기적으로 잘 작동할 수 있을 것인가 하는 문제는 다음 장에서 자세히 다루겠지만, 이 문제와 관계없이 일단 스웨덴 사민주의 운동은 서구 사민주운동의 역사에서 최초로 민주적 이고 평화적인 방식으로 본격적인 사회화 프로젝트를 달성한 사례로 기억되었을 것이다. 또 기금안이 나오게 된 배경으로 작용한 LO의 대내적 정당성 위기는 사민주의운동의 진전을 위해 겪어야 했던 과도적 문제로서, 예컨대 사민주의운동의 변증법적 발전의 구성적 계기로 사후적으로 평가될 수 있었을 것이다.

그러나 사태는 이와 정반대 방향으로 전개되었다. 기존의 계급타협의 틀을 노동 측이 공세적으로 깨는 구상이었던 기금안은 노자 간 격렬한 대립을 초래했고, 기금논쟁의 종결 이후 오히려 자본 측이 공세적으로 스웨덴 모델의 틀을 깰 수 있는 빌미와 조건을 마련해주는 역설적 결과를 초래했다. 그런 점에서 우리는 기금논쟁의 경과와 귀결을 통해, 스웨덴 사민주의 운동이 이미 경험했고 다른 나라의 사민주의운동도 앞으로 직면할 수도 있는 또 하나의 딜레마를 확인하게 된다. 즉 계급협조주의 노선으로 인해 대내적 정당성 위기에 직면한 사민주의 세력이, 이 문제를 해결하기 위해 계급대결 노선을 취하게 될 경우, 사민주의 세력의 정치적 힘이 압도적으로 강하지 않은 한, 계급타협의 파트너였던 자본 측의 역공을 받아 그간의 계급타협의 틀과 그 성과물까지 유실당하기 쉽다는 딜레마가 그것이다.

한편 기금논쟁 과정에서 기금안의 내용이 점차 온건화해가고, 기금안에 대한 정당화 논변의 초점이 이동해간 것을 통해서도 스웨덴 사민주의 운동이 직면해야 했던 또 하나의 딜레마를 읽어낼 수 있다. 급진적 기획을 전통적인 사민주의 정치의 틀 속에서 추진하고 정당화하는 과정에서 직면하게 되는 딜레마가 그것이다. 애초의 기금안은 스웨덴 사민주의 운동의 전통적 정치 노선이었던 국민정치 노선으로부터 이탈하여, 계급정치적 의제를 전면에 부각시킨 기획이었다.

기금안 입안자들이 별다른 정치적 고려 없이 그들의 생각을 솔직하게 드러낸 1975년 기금안 시안에서, 기금안 정당화 논변의 초점은 무엇보다도 재산과 경제적 권력의 재분배 문제에 맞추어져 있었다. 그러나 1976년 LO 총회에 제출된 기금안에서는 연대임금정책으로 인한 초과이윤문제가 가장 강조되었고, LO와 사민당이 공동으로 입안한 1978년 기금안과 1981년 기금안에서는 경제침체 극복을 위한 집단적 자본형성의 필요성이라는 새로운 정당화 논변이 전면에 부각되었다.[60] 시간이 경과할수록 기금안 정당화 논변에서 계급정치적 문제의 비중은 약화되고, 전통적인 개혁주의적·국민정치적 문제의 비중이 커져간 것이다.

　또 기금안의 내용에 있어서도, 1975년 시안이나 1976년 기금안에 비해 1978년 기금안은 훨씬 온건해졌고, 1981년 기금안은 한층 더 온건해졌다. 또 논쟁 구도에 있어서도, 논쟁 초기 국면에는 기금안 지지자들이 공세적 위치에 있었으나 시간이 경과할수록 이들이 수세적 위치에 서게 되었다. 앞에서 자세히 살펴본 바와 같이, 이렇게 사민주의자들이 기금안의 내용을 온건화해가고 기금안 정당화 논변의 무게중심을 이동시켜간 것은 기금안 반대 진영의 반대를 누그러뜨리고 기금안의 대중적 설득력을 높이기 위한 것이었다.

　그런 점에서 일단 사민주의자들이 이러한 전략을 취한 것은 나름대로 정치적 합리성을 인정해줄 만한 측면이 있다. 그러나 이러한 전략의 부작용도 컸다. 우선 정치전략적 고려에 의해 기금안 정당화 논변의 초점이 이동해감에 따라, 적어도 논리적 측면에서는 기금안의 설득력이 더 약화되어갔다. 앞에서 설명한 바와 같이, 연대임금정책의 부작용으로부터 기금 도입의 필요성을 정당화하는 논변은, LO 내부의 이익정치적 차원의 문제를 생산수

60　1975년 시안에서는 경제성장을 위한 자본형성이라는 문제는 기금 도입의 동기로서 명시적으로 배제된 것이었다. 이는 성장주의적 문제틀 속에 기금안을 위치시킬 경우 기금 도입의 본래의 취지를 살리지 못하게 되리라는 우려를 반영한 것으로 볼 수 있다.

단 소유관계 변혁의 문제로 전이시킨다는 점에서 설득력이 매우 약한 논변이었다. 또 앞에서 설명한 바와 같이, 기금 도입의 필요성을 당면한 경제침체를 극복해야 한다는 성장주의적 문제틀 속에서 정당화한 것도 설득력이 약했다. 두 가지 논변 모두에서 해결 과제와 해결책 사이에 큰 부조응이 확인되는 것이다.

또 1978년 기금안에서부터 기금안 정당화 논변의 초점이 경제침체의 극복을 위한 집단적 자본형성의 필요성이라는 일반적인 거시경제적 차원의 문제로 이동하게 됨에 따라, 기금안의 핵심 지지층의 지지 열정이 약화된다는 문제도 발생했다. 또 기금안의 내용의 온건화도 같은 결과를 초래했다. 이를 통해 우리는 사민주의자들이, 급진적 기획의 관철에 유리한 정치정세를 조성한다는 정치전략적 고려에 의해 이 기획을 전통적인 개혁주의적·국민정치적 담론에 의해 정당화하려 하고, 본래의 기획의 내용을 온건화하다보면, 기획을 정당화하는 논변의 논리적 설득력을 약화시키고, 기획의 핵심 지지층의 지지 열기를 냉각시키기 쉽다는 딜레마를 확인할 수 있다.

IV

기금사회주의 모델

담론투쟁을 거쳐, 법과 제도를 통해, 사회주의적인 체제로 옮겨가겠다는 기획은 어쩌면 혁명을 통해 사회주의로 가겠다는 것보다도 어려울지 모른다. 담론투쟁에서 승리하려면, 새로운 사회에 대한 정교하고 현실적인 설계는 물론이고 이행 과정에서 발생하는 변수들까지 통제할 수 있는 해법을 사전에 제시해야 하기 때문이다.

임노동자기금안에 내장되었던 자본주의에 대한 대안적 경제체제 모델인 기금사회주의 모델의 타당성 여부를 둘러싸고 스웨덴에서 펼쳐진 논쟁을 살펴본다. 이것이 가능한 모델인가? 가는 길에 문제는 없겠는가? 그리고 사회민주주의자라면 이 길에 동의할 수 있겠는가?

임노동자기금안(이하 '기금안')이 국제적으로 주목받았던 가장 큰 이유는 그것이 자본주의의 지양을 도모한 급진적 구상이었다는 데 있었다. 기금안은 자본주의에 대한 대안적 경제체제 모델로서, 시장사회주의 모델의 한 형태라 할 수 있는 기금사회주의(fondsocialism / fund socialism) 모델을 내장하였다. 특히 1976년 LO안은 경제체제 변혁적 성격이 뚜렷하여, 기금안이 그대로 관철될 경우 기금 도입 이후 수십 년이 지나면, 노동조합이 소유·관리하는 임노동자기금이 대다수 민간 대기업들의 지배주주가 될 수 있었다.[1] 대규모로 기업 소유의 사회화가 이루어지게 되어 있었던 것이다. 1976년 LO안은 서구 사민주의 진영으로부터 최초로 제시된, 시장사회주의로의 이행구상이었다.[2] 1978년 LO-사민당 공동안(이하 '1978년 공동안')

---

1   1976년 LO안의 모태가 된 1975년 기금안 시안은 예컨대 기업의 이윤율이 15%이고 기여금 납부액이 이윤액의 20%일 경우 기금제도 도입 이후 25년이 지나면 기금이 기업의 주식 총액의 50%를 보유할 것으로 예측했다. 그런데 거대 주식회사의 경우 통상 주식총액의 50%에 훨씬 못 미치는 지분으로도 충분히 지배주주 역할을 담당할 수 있다.

2   마이드너는 필자와의 인터뷰에서, 그를 포함하여 애초의 기금안의 입안자들은 기금 적립이 어느 수준까지 이루어져야 하는지에 대해서는 언급한 바 없으며, 이는 기본적으로 노조 지도자들이나 정치가들이 나중에 결정해야 할 문제로, 완전히 개방된 문제였다고 이야기했다. 또 마이드너 자신은 개인적으로, 기업들의 총 주식액의 1/3 내지 1/4 정도를 기금이

에서는 비록 1976년 LO안에 비해 기금제도의 적용을 받는 기업의 범위는 많이 축소되었으나 규모가 매우 큰 민간 거대 기업들은 대부분 기금이 소유하도록 되어 있었다. 경제체제에 미치는 장기적인 효과라는 측면에서, 1976년 LO안과 1978년 공동안 간의 차이는 양적인 차이일 뿐 질적인 차이는 아니었다.

대안적 경제체제 모델이라는 관점에서 볼 때 기금안이 가진 최대의 장점은 단순성이라 판단된다. 대안적 경제체제 모델이라는 관점에서 볼 때 기금안의 골자는 기존의 자본주의 시장경제체제의 골격을 그대로 두되, 단지 민간 대기업들의 주식 소유주체만 바꾸자는 것이다. 따라서 기금안에 내장

소유하는 정도에서 기금에 의한 주식 소유의 상한을 설정하는 것이 바람직하다고 생각했다고 이야기했다. 이렇게 기금이 기업들의 주식의 1/3 내지 1/4 정도를 소유하게 된다면, 기금은 기업의 의사결정에서 거부권을 행사할 수 있을 정도의 중요한 지위를 확보하게 되지만 사적 주주들의 동의 없이도 의사결정을 좌우할 수는 없다. 따라서 이런 상태를 시장사회주의라 보기는 어려울 것이다. 그러나 마이드너와 함께 애초의 기금안을 입안한 헤드보리(Anna Hedborg)와, 여러 번에 걸쳐 수정 기금안 입안에 참여한 에딘(Per-Olof Edin)이 공동으로 집필한 *Det nya uppdraget*(『새로운 과제』, 1980)에서는 임노동자기금이 기업의 소유권을 전적으로 장악하게 된 상황을 전제로 하여 노동자소유기업 체제의 우월성이 역설되고 있다. 또 기금논쟁에서 기금안 반대 논자들이나 지지 논자들 모두, 기금이 기업의 소유권을 완전히 장악하게 되는 경제체제 모델을 전제로 삼아 이러한 경제체제의 작동 가능성에 대해 논쟁을 전개시켰다. 마이드너는 기금논쟁에서 논쟁의 이러한 전제가 잘못된 것이라고 이야기한 적이 없다. 우리는 이하의 분석에서, 마이드너의 개인적 생각과는 관계 없이, 임노동자기금이 기업의 소유권의 압도적 부분을 장악하게 되는 상태, 즉 시장사회주의 모델의 한 형태인 기금사회주의 모델을 전제로 삼아 논의를 전개할 것이다. 우리는 다음과 같은 이유에서 이러한 전제를 정당화할 수 있다고 생각한다. 첫째, 기금논쟁에서 기금안 반대자들이나 지지자들 모두 실제로 이러한 상태를 전제로 삼아 논변을 전개했다. 기금논쟁을 분석하는 데 있어 마이드너의 개인적 생각보다는 실제로 전개된 논쟁에 더 무게를 둘 수밖에 없다. 둘째, 아직 세부적으로는 그 구체적 내용이 완전히 확정되지 않은 개략적인 구상을 분석·평가함에 있어, 그 구상을 관통하는 중심적인 아이디어가 가능한 한 순수하고 완전하게 실현된 상태를 전제로 하여 분석·평가하는 것이 나은 경우가 많다. 우선 분석을 위해서는 일반적으로 얼마간 단순화가 필요하기 때문이기도 하고, 경계선에 대한 분석을 통해서만 경계 내부의 상태가 정확하게 이해되기 때문이기도 하다.

된 기금사회주의 모델은 기금제도를 통해 대기업들의 주식 소유주체를 교체한다는 것을 제외하곤 별다른 경제제도적 변화를 필요로 하지 않는다. 따라서 기금안 지지 세력의 정치적 역량이 충분히 강하여 기금안 반대 세력을 제압할 수 있기만 하다면 기금제도는 별다른 제도적·기술적 난점 없이 일단 바로 도입될 수 있다.

1976년 LO안이나 1978년 공동안에서 구상된 기금제도는 대기업들의 이윤의 일부를 신규발행주식의 형태로 의무적으로 납부케 함으로써 임노동자기금의 재원을 조달하도록 되어 있었다. 이러한 제도가 장기간 시행된다면 주로 노동조합이 소유·관리하는 임노동자기금이 자동적으로 민간 대기업들의 지배주주가 되어 이들 기업들의 의사결정을 좌우하게 된다. 이러한 구상이 입안자들의 의도대로 실현될 경우 도래하게 될 새로운 경제체제의 골격은 다음과 같다.

첫째, 시장경제가 존속된다. 생산물시장과 노동시장은 종전과 다름없이 유지된다. 그러나 자본시장의 경우엔 상당한 변화를 겪게 된다. 임노동자기금으로 적립되는 주식은 주식시장에서 거래되지 않고 기금에 동결되기 때문에, 시간이 지날수록 전체 주식 중 점점 더 큰 부분이 주식시장에서 거래되지 않게 된다. 그러나 기금으로 적립되는 주식 이외의 주식들은 주식시장에서 자유로이 거래된다. 또 임노동자기금이 지배하는 경제에서도 기업의 지배적 형태는 주식회사다.

둘째, 종래의 복지국가가 유지된다.

셋째, 임노동자기금이 민간 대기업들의 지배주주가 됨으로써 노동조합에 의한 기업 소유가 실현되고 이에 기초하여 일종의 노동자 자주관리가 시행된다.

결국 기금안 입안자들이 구상했던 경제체제 모델은, 시장경제의 존속을 통해 경제적 효율이 확보되며, 복지국가의 유지를 통해 시장경제의 문제점들이 완화되고, 임노동자기금을 통해 노동조합이 민간 대기업들을 소유함으로써 직접생산자에 의한 생산수단의 소유라는 사회주의의 고전적 이상이 구현되는 경제체제였던 것이다.

또 임노동자기금의 재원은 장기간에 걸쳐 조금씩 적립되기 때문에 기금이 민간 대기업들의 지배주주가 되기까지는 수십 년이 소요될 것이므로, 기금을 관리할 노동조합은 오랜 과도 기간에 기업운영의 기법(knowhow)을 습득함으로써, 나중에 기업들의 지배주주가 된 후에도 큰 혼란이나 실패 없이 기업을 운영할 수 있을 것으로 기대되었다. 즉 장기간에 걸쳐 실천을 통한 학습(learning by doing)이 이루어지리라 기대되었다.

자본주의 경제체제의 지양을 도모하는 좌파 사민주의자들에게 기금안이 매력적으로 느껴졌던 것은, 한편으로는 기금안이 기존 주주들의 주식재산에 대한 분명한 몰수조치라는 점에서[3] 체제 변혁적 성격을 가졌으나, 다른 한편으로는 몰수가 진행되는 방식은 합법적인 데다 점진적이고 평화적이라는 점에서, 큰 경제적 혼란이나 반대 세력에 대한 정치적 억압 없이도 경제체제 이행을 달성할 수 있는 전망을 보여주었다는 데 있었다고 판단된다.

반면에 1981년 LO-사민당 공동안(이하 '1981년 공동안')에서 구상된 기금제도는 기금자금이 기업 내에 동결되는 것이 아니라, 기업 외부에서 기금이 조직되고 이 기금자금으로 기업들의 주식을 자유롭게 구매하게 함으로써 기금이 기업들에 대해 소유지배력을 행사하게 되어 있었다. 1981년 공동안이 1976년 LO안이나 1978년 공동안에 비해 경제체제 변혁적 효과가 약한 것은 두 가지 사정에 연유한다. 첫째, 기금재원의 규모가 작다는 점이다. 1976년 LO안이나 1978년 공동안에서는 기여금의 산정 기준이 기업의 과세 전 이윤액이었으나, 1981년 공동안에서는 이윤 전체가 아니라 일

---

3 기금제도를 기존 주주들의 주식 재산에 대한 몰수조치로 볼 수 있는 이유는 다음과 같다. 첫째, 이윤의 일부가 기여금으로 납부되기 때문에 그만큼 기존 주주들의 배당소득의 여지가 줄어들게 된다. 둘째, 이렇게 미래의 배당소득의 여지가 줄어들게 되면 주식 보유의 매력이 줄어 주가가 하락하기 쉽다. 즉 기존 주주들의 주식재산가치가 하락하기 쉽다.

정 기준 이상의 초과이윤만을 기여금의 산정 기준으로 삼았고, 이에 더하여 ATP 기여금을 1%p 인상하여 기금재원을 조성하도록 했다. 초과이윤액은 이윤 총액의 극히 일부에 지나지 않기 때문에, ATP 기여금을 1%p 인상하여 추가적인 기금재원으로 사용하더라도 1981년 공동안에서 기금재원의 규모는 1976년 LO안이나 1978년 공동안에 비하면 경미했다.[4] 게다가 임금 총액에 기초하여 산정되는 ATP 기여금 납부 부담은 임금 인하나 상품가격 인상을 통해 임노동자나 소비자들에게 전가될 수도 있었다. 둘째, 1981년 공동안에서는 기여금이 신규발행주식이 아니라 현금 형태로 납부되게 되어 있었다. 따라서 1981년 공동안은 기금이 자동적으로 기업들의 지배주주가 되도록 보장해주지는 않는다. 기금이 기업들의 지배주주가 될 수 있느냐 여부는 기금자금의 투자방식에 의존한다. 기금자금을 특정 기업들의 주식을 구입하는 데 집중적으로 사용한다면 기금은 빠른 속도로 해당 기업들의 지배주주가 될 수 있다. 반면에 기금자금을 가능한 한 많은 기업들에 분산투자할 경우엔 기금이 해당 기업들의 지배주주가 되려면 아주 오랜 기간이 걸리게 된다. 또 투자정책을 잘못 쓸 경우에는 기금자금이 장기적으로 축소될 수도 있다.

그러나 1981년 공동안과, 1976년 LO안이나 1978년 공동안 사이에서 발견되는 차이도 근본적인 원리적 성격의 차이라고는 생각되지 않는다. 1981년 공동안에서처럼 현금으로 기여금이 납부되어 기업 외부에서 조직되는 형태의 기금제도의 경우에도, 기금재원의 규모만 충분히 크다면 많은 기업들의 주식을 대규모로 구입함으로써 기금이 많은 기업들에 대해 지배주주가 될 수 있는 것이다. 다만 1981년 공동안에서와 같은 유형의 기금제도가 도입될 경우엔, 기금의 규모가 아주 크다 하더라도 1976년 LO안이나

---

4 1981년 공동안에서는 15-20%의 명목이윤율을 정상이윤율로 보아 이를 상회하는 이윤 분을 초과이윤으로 볼 수 있다고 했다. 그리고 이 초과이윤의 20%만큼을 현금으로 납부하여 기금의 재원을 조달하도록 했다.

1978년 공동안처럼 주식시장을 크게 위축시키는 효과를 낳지는 않을 것이다. 기금에 의한 기업의 소유도 주식시장에서의 주식 구입을 통해서 이루어지기 때문이다.

1976년 LO안으로부터 1981년 공동안에 이르기까지 LO와 사민당이 제안한 각종 기금안에 내장된 경제체제 모델의 성격을 분명하게 이해하기 위해, 임노동자기금이 소유지배력을 행사하는 기업을 구(舊)유고슬라비아(이하 '유고')의 노동자 자주관리기업 및 많은 자본주의 경제 내에서 실제로 활동해온 생산자 협동조합과 비교해보도록 하자.

먼저 유고의 노동자 자주관리기업 체제에서는 기업의 소유권이 국가와 개별 기업의 노동자 집단에 분산 귀속되어 있었다. 국가는 기업의 생산수단에 대한 형식적 소유권을 보유하여, 개별 기업의 노동자 집단에게 생산수단을 임대하여 그에 대한 사용료를 징수하고, 기업의 일상적 활동에 대한 의사결정권과 잔여수익 청구권은 개별 기업의 노동자 집단이 행사했다. 반면에 임노동자기금이 소유지배력을 행사하는 기업에서 기금은 통상적인 주식회사 원리에 따라 주식보유량에 비례하여 소유권의 모든 요소를 통합적으로 보유한다. 다만 기업민주주의의 발전을 위해, 기금이 보유하는 주식으로부터 나오는, 주주총회에서의 표결권과 이사선임권의 일부를 해당 기업의 임노동자 집단에게 나누어준다. 즉 소유권의 핵심적 요소인 의사결정권과 잔여수익 청구권 중 의사결정권에 한해서 개별 기업의 임노동자 집단에게 일정 몫을 나누어준다. 요컨대 기업의 소유권에 관한 한 기금제도가 유고의 노동자 자주관리기업 체제에 비해 윤곽이 더욱 선명하다. 즉 임노동자기금이 지배하는 기금사회주의에서는 기업에 대한 소유권은 그것을 구성하는 권리요소별로 상이한 주체들에게 분산 귀속되지 않고, 기본적으로 주식 소유주에게 통합적으로 귀속된다. 또 소유권의 크기는 주식 보유량에 비례한다.

한편 기업의 자율성이라는 측면에선 유고의 노동자 자주관리기업에 비해 기금사회주의에서의 기업이 더 작은 자율성을 누린다고 볼 수 있다. 유고의 노동자 자주관리기업의 경우 국가에 생산수단에 대한 사용료를 납부하고 국가가 부과하는 몇 가지 기본적인 지침을 준수하는 것을 제외하곤 일상적인 기업활동은 전적으로 개별 기업이 자율적 판단에 따라 전개할 수 있었다. 반면에 기금이 지배하는 기업의 경우 산업이나 지역별로 조직되는 기금이 지배주주이기 때문에 일상적인 기업활동에 대한 의사결정권도 기금에 귀속된다. 개별 기업의 임노동자 집단에게도 기금에 의한 주식 소유로부터 나오는, 주주총회에서의 표결권의 일부가 배당되나 과반수 표결권은 기금에게 귀속된다. 실제로 개별 기업이 어느 정도의 자율성을 누릴 수 있느냐는 문제는 기금을 관리하는 노동조합의 정책에 의존하겠지만, 적어도 원리적으로는 기금이 개별 기업들의 일상적 경영도 거의 완전히 통제할 수 있다.

한편 생산자 협동조합은 조합원들의 1인 1표주의에 기초해 있다는 점에서 인적(人的) 조직으로서의 성격이 두드러진 기업 형태다. 반면에 기금이 지배하는 기업은 주식회사라는 순수한 물적 조직이다. 기금이 지배하는 기업에서 기업활동에 대한 의사결정권과 잔여수익 청구권의 크기는 주식 보유량에 비례한다. 1인 1표주의가 아니라 1주(株) 1표주의가 관철되는 것이다. 따라서 기금 이외의 주주들도 그들의 주식 보유량에 따라 기금과 차별 없이 동등한 소유권을 행사한다.

그런데 지금까지 많은 사회주의 이론가들이 제안해온 각종 시장사회주의 모델 중에서 주식회사를 기업의 지배적 형태로 삼은 것은 거의 없었다. 이는 주식회사야말로 가장 발전된, 전형적인 자본주의적 기업 형태로 간주되었기 때문이라 생각된다. 이 문제와 관련하여 기금안이 우리에게 던져주는 질문은 다음과 같다. 만일 대다수의 주식회사에서 임노동자 집단이 집단적 형태로 지배주주가 된다면, 이러한 주식회사들을 지배적 기업 형태로 삼는 시장경제는 일종의 시장사회주의가 아닌가? 또 주식회사가 가장 발전된, 효율적인 자본주의적 기업 형태라면, 이러한 기업 형태를 유지함으로써 시장사회주의의 경제적 효율을 높일 수 있는 것 아닌가?

　이러저러한 대안적 경제체제 모델에 대한 평가에 있어 빼놓을 수 없는 핵심적 평가 기준은 다음 두 가지라 생각된다. 첫째, 대안적 경제체제 모델이 현실화될 경우, 애초의 의도대로 경제가 운영될 수 있을 것인가? 우선 경제체제 모델이 내적으로 정합성(整合性)이 있는가? 원리적으로 공존 불가능한 요소들을 내장하고 있지는 않은가? 또 입안 시에는 충분히 고려되지 않았던 문제들이 발생하여, 애초의 의도와는 전혀 다른 방향으로 경제가 움직여가게 될 가능성은 크지 않은가? 둘째, 설령 대안적 경제체제 모델이 완전히 실현될 경우엔 경제가 잘 운영될 수 있다 하더라도, 현재의 경제체제로부터 새로운 경제체제로 이행해가는 과도기에 크나큰 경제적 혼란이 발생하지는 않겠는가? 만일 과도기에 큰 경제적 혼란이 발생한다면, 체제이행을 중도에 포기해야 하거나 아니면 애초의 계획과는 전혀 다른 방향으로 체제이행이 진행되기 쉬울 것이다.

　따라서 기금안에 내장된 기금사회주의 모델을 둘러싸고 전개된 논쟁을 분석함에 있어 다음 두 가지 문제를 중심으로 논쟁을 재구성하여 분석하고자 한다. 첫째, 기금사회주의 모델이 입안자들의 의도대로 운영될 수 있겠는가? 기금사회주의 모델을 구성하는 요소들 중 원리적으로 상충되는 요소들은 없는가? 둘째, 기금사회주의로의 이행에 있어 크나큰 경제적 혼란이 발생할 가능성은 크지 않은가? 또 큰 경제적 혼란이 발생할 경우 이것을 극복할 수 있는 방안은 마련되어 있는가?

510

1. 진정한 경쟁의 존속 가능성

기금안에 내장된 경제체제 모델은 시장이 자원배분의 중추적 기제로 기능하는 시장사회주의 모델의 한 형태다. 시장사회주의는 예컨대 중앙집권적 계획경제로 나아가는 과정에서 과도적으로 거쳐야 할 경제체제로 상정된 것이 아니라 궁극적으로 지향해야 할 경제체제의 최종적 형태로 상정되었다. 스웨덴 사민주의 운동의 전통에서 중앙집권적 계획경제에 대한 구상은 20세기 초까지의 초기 사민주의운동을 제외하곤 기본적으로 낯선 것이었다. 스웨덴에서 중앙집권적 계획경제를 지향한 정치 세력은 공산당과 그 후신인 좌익당이었다.

그런데 시장경제가 존속하려면 기업들 간에 진정한 경쟁이[5] 존속해야 한다. 기업들 간에 경쟁이 소멸하거나 크게 약화된다면 시장원리가 제대로 작동할 수 없는 것이다. 따라서 임노동자기금이 지배하는 기금사회주의에서도 기업들 간에 진정한 경쟁이 존속할 수 있어야 한다. 우파 사민주의자인 린드벡(Assar Lindbeck)은 이 문제가 기금안의 결정적 약점이라 보았다. 그는 1978년 LO-사민당 기금안을 비판하면서, 임노동자기금이 주요 대기업들의 지배주주로 등장하게 되면 기업들 간에 진정한 경쟁은 소멸할 것이라고 경고한다(Lindbeck 1982: 36-40, 48-49). 수많은 대기업들의 지배주주가 된 임노동자기금은 자신의 지배적 지위를 유지하기 위하여, 자신이 소유지배력을 행사하는 기업들에 대한 현재적·잠재적 경쟁 기업들을 시장으로부터 축출하려는 동기를 갖게 되기 쉽다는 것이다. 그리하여 기금은 자신이

---

5 여기에서 기업 간 '진정한 경쟁'이 의미하는 바는 다음과 같다. 첫째, 경쟁에서 패배한 기업들에 대해 체계적이고 지속적으로 지원이 이루어져 이 기업들을 다시 구제시킬 여지가 배제된 경쟁상황, 즉 경쟁에서 패배한 기업들은 시장으로부터 퇴장(exit)해야 하는 경쟁상황을 의미한다. 둘째, 국가나 여타 기관들이 기업 간 경쟁에 지속적으로 개입하여, 경쟁을 제한하거나 경쟁 조건을 끊임없이 재설정하는 것이 배제된 경쟁 상황을 의미한다.

소유지배력을 행사하는 기업들을 외국 기업들과의 경쟁으로부터 보호하기 위해 수입을 규제하고, 또 중소기업이나 신생 기업들과의 경쟁으로부터 보호하기 위해 이들 기업들의 시장 진입을 어렵게 만드는 조치를 마련하리라는 것이다. 특히 임노동자기금이 지배하는 기금사회주의에서는 신생 기업의 설립과 성장이 크게 저지될 것인데, 이는 한편으로는 기금이 잠재적 경쟁 위협이 있는 신생 기업의 설립을 방해할 것인 데다, 다른 한편으로는 이러한 신생 기업이 천신만고 끝에 대기업으로 성장하고 나면 이 기업의 소유권이 점진적으로 기금으로 이전될 것이기 때문에, 기업가가 기업을 성장시킬 유인이 크게 약화될 것이기 때문이다.

임노동자기금은 수많은 대기업들에 대한 지배주주로서 엄청난 경제적 권력을 보유하게 될 것이며, 이러한 경제적 권력에 기반하여 정치인들과 결탁함으로써, 자신이 소유지배력을 행사하는 기업들에 대한 각종의 경쟁 위협을 차단하는 조치들을 얼마든지 만들어낼 수 있다. 그러다보면 장기적으로는 경쟁이 사실상 소멸하게 되고, 기금은 국가의 경제정책과 독립적으로 자신의 경제정책을 가질 수 있게 되고, 심지어는 국가의 경제정책에 반(反)하여 자신의 경제정책을 관철시킬 수도 있게 되리라는 것이다.

그러다보면 장기적으로는 임노동자기금이 지배하는 스웨덴 경제는, 기금을 소유·관리하는 상급 노조들이 경제정책 전반을 입안·집행하는 '노동조합연맹국가'(fackföreningsförbundsstat)로 발전해갈 수 있다. 만일 사태가 이러한 방향으로 발전해가는 것을 피하려 한다면, 노동조합운동이 산업별, 지역별, 또는 기업별로 분권화되거나, 스웨덴 경제가 유고형(型) 경제체제로 발전해가야 한다. 그런데 이때 강조되어야 할 점은, 설령 기금이 지배하는 경제가 노동조합연맹국가가 아니라 분권화된 경제제체로 발전해간다 해도 다원주의가 보장되는 것은 아니라는 점이다. 산업별, 지역별, 또는 기업별로 분권화된 노동조합운동이 지배하는 경제의 경우에도 결국 노동조합이라는 단일한 조직 유형이 기업들을 지배하는 셈이기 때문이다.

결국 린드벡의 주장의 요지는, 기금제도는 기업들 간의 경쟁을 억압함으로써 장기적으로는 시장경제를 소멸시키기 쉽다는 것인데, 이에 대해 애초의 기금안의 입안자인 마이드너는 다음과 같은 반박논리를 전개한다. 첫째, 스웨덴 경제는 이미 소유집중도가 대단히 높아 소수의 거대 사적 자본가들이 다양한 연결고리를 통해 서로 담합하여 시장을 지배하는 단계에 도달했다는 것이다. 따라서 기금제도가 도입되면 스웨덴 경제가 기업들 간에 활발한 경쟁이 존재하던 분권화된 시장경제로부터 경쟁이 소멸하는 중앙집권적 계획경제로 이행하게 되는 것처럼 묘사하는 것은 잘못이라는 것이다.

　　둘째, 시장경제의 특징의 하나가 의사결정의 분권화라면, 임노동자기금이 도입되면 의사결정의 분권화가 강화됨으로써 시장경제도 강화되리라는 것이다. 지금까지는 수십 명의 사적 자본가들이 민간경제 부문의 의사결정을 좌우해왔으나, 기금이 도입되면 개별 기업의 피용자들과 지역기금의[6] 대표들도 기업의 의사결정에 참여하게 되므로, 종전에 비해 훨씬 더 광범위한 사회 집단들을 의사결정에 참여시키는 효과를 볼 수 있다는 것이다. 또 이 문제와 관련하여 기금안 반대자들은 개별 기업의 피용자 대표나 지역기금의 대의원 및 이사진들 모두 결국 노동조합운동을 대표하는 사람들일 것이므로, 결국 이들 모두가 한통속이 되어 사실상 일괴암적인 의사결정단위가 형성될 것이라 비판해왔다. 그러나 임노동자들은 그들이 속한 지역이나 기업의 특수한 이해관계에 결박되어 있기 때문에, 기금의 운영과 관련하여 노동조합운동이 단일한 목소리를 낼 것이라 가정하는 것은 비현실적이라는 것이다. 자본은 그 본성상 유동적이어서 국경을 넘어 자유롭게 운동하며 축적되지만, 노동력은 자본과 달리 지역이나 기업에 크게 결박되어 있기 때문에 임노동자들은 그들이 결박되어 있는 지역이나 기업의 특수 이해관계

6　1978년 공동안과 1981년 공동안에서는, 광역 지방자치 행정단위인 랜(län)마다 하나씩 임노동자기금을 조직하도록 되어 있다. 1976년 LO안에서는 산업별로 기금을 조직하도록 되어 있다.

에 얽매이게 될 것이다. 따라서 이렇게 다양한 조건에 처한 임노동자들이 소유·관리하는 기금이 지배하는 경제는 소수의 사적 자본가들이 지배하는 현재의 경제에 비해 더욱 다양한 이해관계와 견해가 표출될 수 있도록 하리라는 것이다(Meidner 1981: 54-56).

좌파 사민주의자인 구스탑손(Bo Gustafsson)도 마이드너와 유사한 주장을 개진한다. 임노동자들은 그들이 속한 지역이나 기업의 특수한 이해관계에 결박되어 있는 데다 임노동자들의 정치적 성향도 다양하므로, 수많은 임노동자들과 결부되어 있는 기금제도하에서는, 소수의 자본가들이 상호 담합 하에 가격 설정·시장 분할 등을 실천하고 있는 현재의 경제에 비해 기업 간 경쟁을 제한하기가 더욱 어려워질 것이다. 또 설령 모든 임노동자기금들과 기금들이 지배하는 기업들이 상호 경쟁을 제한하는 데 이해관계를 같이 하게 된다 하더라도, 임노동자들은 동시에 소비자의 압도적 다수이기도 하다는 사정으로 인해, 경쟁 제한이 발생하기는 매우 어려우리라는 것이다(Gustafsson 1982: 370-71). 즉 소비자로서의 임노동자들은 기업 간 활발한 경쟁을 존속시킴을 통해 보다 양질의 상품을 값싸게 구입하는 데 이해관계를 갖고 있기 때문에, 경쟁 제한에 반대할 것으로 보았다.

필자가 보기에는 임노동자기금이 지배하는 기금사회주의에서 기업 간 경쟁이 제한될 개연성은 매우 높다고 판단된다. 린드벡은 기금이 자신의 소유지배력 하에 있는 기업들을 다른 기업들과의 경쟁으로부터 보호하기 위해 다른 기업들의 시장진입을 차단하는 데 힘쓰리라는 점을 강조했다. 이러한 린드벡의 주장도 상당한 설득력이 있지만, 이보다 더 심각한 문제는 기금이 지배하는 기업들 간에 경쟁이 제한될 개연성이 매우 높다는 점이다.

특히 1976년 LO안의 경우, 산업별로 조성되는 부문기금에 납부되는 주식은 주식시장을 통해 거래되는 것이 아니라 기금 내에 동결되도록 되어 있다. 따라서 부문기금은 장기적으로는 동일한 산업 내에서 상호 경쟁하던 여러 기업들에 대해 동시에 지배주주가 된다. 이러한 상황에서 부문기금이 자신이 소유지배력을 행사하는 기업들 간의 자유경쟁을 완전히 허용한다는 것은 기금이 소유지배력을 행사하던 기업들의 일부가 시장경쟁에서 패배하여 시장으로부터 퇴장하는 것을 용인한다는 것을 의미한다. 이럴 경우 해당 기업에 기금소유주식으로 묶여 있는 주식의 가격이 크게 하락하여 그만큼 기금자금이 감소하게 된다. 또 기금이 소유지배력을 행사하는 기업의 수가 줄어들게 된다. 또 경쟁에서 패배한 기업에 속한 임노동자들은 일자리를 잃게 된다. 부문기금이 이러한 사태를 그대로 방치하는 선택을 하게 될 개연성은 높지 않다고 생각된다. 사태가 이러한 방향으로 전개되는 것을 막으려면 부문기금이 기업들 간의 경쟁조건을 규제하거나 도산 위기에 처한 기업을 재정적으로 지원해줘야 한다. 그러다보면 점차 기업 간 경쟁이 제한되고 계획경제적 요소가 기금제도 내에서 성장하기 쉬울 것이다.

물론 이론적으로는 기금이 개별 기업들의 자율성을 거의 완전히 보장하고 기업들 간에 진정한 경쟁을 허용하는 선택을 하리라 가정할 수도 있다. 그러나 이 경우엔 다음과 같은 문제들에 봉착하게 된다. 첫째, 개별 기업들의 자율성이 거의 완전히 보장되도록 한다면, 도대체 왜 기금을 처음부터 개별 기업 수준에서 조직하지 않고 산업 수준에서 조직해야 하는가 하는 근본적인 의문에 직면하게 된다.

둘째, 기금이 소유하는 기업들 간에 자유경쟁이 완전히 용인된다면 이 기업들도 전형적인 자본주의적 기업들과 마찬가지로 무엇보다도 이윤극대화에 몰입하게 될 것이다. 그런데 앞으로 자세히 살펴보겠지만, 기금안 입안자들이나 지지자들이 기금 도입을 통해 얻을 수 있는 효과로 기대했던 것 중의 하나는, 임노동자들이 기업의 소유주체가 됨으로써 기업들의 행태가 전형적인 자본주의적 기업들과는 크게 달라지게 될 것이라는 점이었다. 예컨대 기업들이 임노동자들의 노동조건 개선이나 환경오염과 같은 외부불경제 문제 해결에 큰 관심을 기울임으로써, 이윤극대화에만 전념하는 자본주의적 기업들이 야기하는 문제들의 큰 부분이 해소되리라 기대한 것이다. 그런데 기금이 소유한 기업들 간에 완전한 자유경쟁이 용인되어 경쟁에서 패배한 기업이 도산해야 한다면, 기금사회주의에서도 기업들은 생존을 위해 무엇보다 이윤극대화를 추구하게 될 것이다. 따라서 기금 도입을 통해 얻고자 한 긍정적 효과의 큰 부분을 잃게 된다.

셋째, 기금이 소유지배력을 행사하는 기업들 간에 경쟁이 무제한적으로 허용되어 경쟁에서 패배한 기업이 도산하고 그 기업에 종사하던 임노동자들이 일자리를 잃도록 방치한다는 것은 노동조합운동의 전통적 가치이자 행위 양식이었던 연대와 협력의 원칙이 크게 손상된다는 것을 의미한다. 애초에 기금안 입안자들이 개별 기업 수준이 아니라 산업이나 지역 등 개별 기업의 상위 수준에서 기금을 조직하려 한 핵심적 이유도, 임노동자들 사이에 경제적 처지의 격차가 확대되는 것을 막고 기업이기주의의 확산을 차단하여 노동조합운동의 연대의 전통을 유지하려 한 데 있었다(Meidner, Rudolf., Anna Hedborg, Gunnar Fond 1975: 80-81). 요컨대 기금안 입안자들은 시장경제를 전제로 하면서도, 노동조합의 소유지배하에 있는 기업들 간에 제한 없는 경쟁이 전개되는 것까지는 허용하기 어려웠던 것이다. 개별 기업과 국가 사이에 존재하는 중간적 조직으로서의 부문기금이라는 구상은 이러한 사고방식의 반영이다. 그러나 절충적 구상이 흔히 그러하듯 시장을 통한 조정과 계획을 통한 조정, 기업 간 경쟁의 원리와 협력의 원리라는 양극단 사이에 어정쩡하게 위치한 부문기금안은 장기적으로 안정적으로 유지될 수 있는 경제체제 모델을 제공하지 못한다고 판단된다. 부문기금안은 입안자들의 의도대로, 기본적으로 기업 간 경쟁의 원리에 기초하면서도 경쟁의 부작용을 완화시켜주는 결과를 낳기보다는 린드벡이 주장한 대로 노동조합이 주도하는 계획경제체제로 귀결하기 쉽다고 판단된다.

1978년 공동안의 경우에도 사정은 크게 다르지 않다. 일단 1978년 공동안에서는 기금이 산업별로 조직되는 것이 아니라 지역별로 조직되기 때문에, 동일한 기금이 소유한 기업들 간의 경쟁을 제한해야 할 필요성은 크게 감소할 것이다. 그러나 동일 지역 내에 존재하는 동일 업종의 기업들 간에는 1976년 LO안에서와 마찬가지로 경쟁 제한의 문제가 발생할 것이다.[7] 또 기금제도 전체 차원에서 노동조합운동의 연대의 전통이 강력하게 유지될 경우, 상이한 지역별 기금들이 소유하는 동일 업종의 기업들 간에도 경쟁 제한이 발생할 수 있다.

일반적으로 기업 간에 진정한 경쟁이 존속하기 위한 기본적 조건으로는 다음과 같은 것들을 들 수 있다. 첫째, 소유주가 다른 다수의 기업이 동일 산업 내에 존재해야 한다. 둘째, 경쟁에서 패배한 기업은 국가나 여타 기관에 의해 지원받아 끊임없이 구제되는 것이 아니라 시장으로부터 퇴장해야 한다. 그런데 1976년 LO안과 1978년 공동안은 이 두 가지 조건을 충족시키지 못하는 것이다. 첫째, 두 기금안에서 임노동자기금은 장기적으로는 동일 산업 내에 존재하는 여러 대기업들에 대해 동시에 지배주주로 들어서게 된다. 따라서 소유주의 다원성이 충분히 확보되지 않는다. 둘째, 기금이 소유지배력을 행사하는 기업의 도산과 해당 기업의 임노동자들의 실직을 기금 스스로 용인하리라 기대하기 어렵다.

반면에 1981년 공동안에서처럼, 기업 외부에서 조성되어 기업들의 주식을 구매함으로써 기업들에 대해 소유지배력을 행사하는 기금제도의 경우에는 기업 간 경쟁의 제한을 피할 수 있다고 판단된다. 기금은 일정한 투자 기준에 따라 기업들의 주식을 구매하고, 상황에 따라서는 주식을 다시 매각함으로써 특정 기업에 대한 소유지배를 중단할 수 있다. 이러한 형태의 기금제도에서는 동일 산업 내에서 경쟁하는 기업들의 주식을 기금자금으

---

7 이 문제는 유고의 노동자 자주관리기업 체제에서도 확인되었는데, 로머(John E. Roemer)에 따르면, 1970년대에 들어 기업들에 대한 지방정부의 간섭이 강화되면서 동일 지역 내의 동일 업종에서 활동하는 기업들 간의 경쟁이 크게 제한되었다고 한다. Roemer (1994: 86-87).

로 동시에 대량으로 구매하는 것만 피하면 된다. 그러나 이 경우에도 기금의 규모가 아주 커서 기금이 경제 내의 대다수 기업들의 지배주주가 될 경우엔 경쟁제한의 문제가 발생할 것이다.

마이드너나 구스탑손은 임노동자들이 가진 특수한 이해관계의 다양성으로 인해, 기금이 지배하는 기업들 간에 담합이 이루어지기는 아주 어려우므로 기업들 간에 진정한 경쟁이 존속할 수 있으리라고 주장하지만, 이 주장은 설득력이 약하다고 판단된다. 임노동자들이 가진 특수한 이해관계의 다양성은 기업들 간의 진정한 시장경쟁을 보장한다기보다는, 기금 운영과 관련하여 다양한 층의 임노동자들 간에 다양한 형태로 정치적 협상이 진행되도록 하는 요인으로 작용하기 쉽다고 판단된다. 따라서 코르나이(János Kornai)가 이야기하는 연성(軟性) 예산제약(soft budget constraint)의 문제를 낳기 쉬울 것이다.[8] 임노동자기금이 지배하는 기업들 간에 진정한 경쟁이 존속되는 것은, 기금의 소유주체인 노동조합이 기업 경영의 기준으로서 이윤극대화 원리를 별다른 유보 없이 수용하고, 자신이 소유지배력을 행사하는 기업들의 일부가 도산하여 그 기업들에 속한 임노동자들이 실직하는 것을 기꺼이 수용할 수 있을 때에만 가능하기 때문이다.

또 구스탑손은 임노동자들은 동시에 소비자이기도 하기 때문에 기업들 간에 진정한 경쟁이 존속하는 것을 선호하리라고 주장하지만, 수많은 재화와 용역에 대한 소비자로서의 이해관계보다는 특정한 직업에 속박되어 이에 생계를 의존하는 생산자로서의 이해관계가 더욱 강력하게 표출된다는 점은 이미 각국에서의 경험을 통해 충분히 확인되었다고 판단된다.

또 마이드너나 구스탑손은 현행 자본주의하에서도 소수 거대 자본가들이 담합을 통해 자발적으로 상호 경쟁을 제한한다는 점을 강조했지만, 현

---

8 사회주의 경제에서의 연성 예산제약문제를 다룬 코르나이의 연구로는 Kornai(1970), Kornai(1986) 참조.

대 과점이론이 보여주듯 담합이 장기적으로 유지되기는 어렵다. 이윤극대화를 추구하는 자본가들은, 담합체계를 유지하는 것이 이윤극대화에 불리한 상황이 올 경우엔 언제든지 담합으로부터 이탈하려는 동기를 갖게 되는 것이다. 반면에 노동조합운동의 연대와 협력이라는 규범에 의해 지도되는 임노동자기금이 지배하는 기업들 간에는 담합 등 다양한 경쟁 제한 조치가 장기적으로 유지될 개연성이 높다고 판단된다.

기업 간 진정한 경쟁을 존속시킬 수 있는 기금제도, 더 일반적으로는 집단적 소유제도가 취할 수 있는 형태로는 다음과 같은 것을 상정해볼 수 있다고 생각된다. 첫째, 거의 완전한 노동자 자주관리기업 체제를 들 수 있다. 기금제도라는 구상의 틀 내에서 생각해본다면, 우선 개별 기업 수준에서 조성되는 기금을 해당 기업의 임노동자들이 전적으로 소유하여 그들이 속한 기업에 대해 소유지배력을 행사하는 형태를 상정할 수 있다. 경쟁의 단위인 개별 기업 수준에서 기금이 조직되면, 경쟁의 단위와 소유의 단위가 일치하므로 기업 간 진정한 경쟁이 존속될 수 있다. 또 1976년 LO안이나 1978년 공동안에서처럼, 개별 기업의 상위 수준에서 부문기금이나 지역기금을 설립할 경우에도, 기금이 소유하는 기업의 주주총회에서 기금이 행사하는 표결권의 압도적 과반수를 개별 기업의 임노동자 집단에게 부여하는 방식도 상정할 수 있다. 이렇게 거의 완전한 노동자 자주관리기업 체제는, 개별 기업 수준에서 기업의 소유주가 교체된다는 것을 제외하고는 자본주의 시장경제와 다를 바가 없으므로 기업 간 진정한 경쟁이 유지될 것이다. 이러한 유형의 경제체제에서는 개별 기업 수준에서 노자대립으로 인한 문제는 해소될 것이나 자원배분원리로서의 시장원리가 낳는 문제점은 고스란히 남을 것이다.

둘째, 1981년 공동안에서처럼, 기업 외부에서 기금을 조직하여 기금자금으로 기업들의 주식을 자유롭게 구매하게 함으로써 기금이 기업들에 대해 소유지배력을 행사하도록 하는 형태의 기금제도를 들 수 있다. 이 경우 동일한 산업에서 상호 경쟁하는 기업들의 주식을 기금이 동시에 대량으로 구매하는 것만 막는다면 기업 간 진정한 경쟁이 존속될 수 있다. 이러한 형태의 집단적 기금제도가 경제 전반에 미치는 효과는 무엇보다도 기금자금의 투자 방식에 의존한다. 이러한 집단적 기금이 통상적인 기관투자가들과 마찬가지로 수익성과 안전성을 무엇보다 중시하는 방식으로 투자 행위를 전개한다면, 별다른 경제체제 변혁적 효과를 낳지 않을 것이다. 반면에 수익성과 안전성을 다소 포기하는 한이 있더라도 일정한 이념적 가치 기준에 따라 투자 행위를 전개할 경우엔 경제에 상당한 변화를 초래할 수 있을 것이다. 만일 기금자금의 규모가 충분히 크고, 기금자금의 투자에 있어 일관된 이념적 지향을 유지하고, 기금재원의 지속적 조달 문제를 해결할 수 있다면 이러한 집단적 기금은 기금자금의 투자대상 선택과, 또 그것이 소유지배력을 행사하는 기업들의 의사결정에 대한 관여를 통해 경제전체 차원에서의 자본배분과 기업들의 행위 양식에 변화를 가함으로써, 경제 전체의 움직임에 상당한 폭의 변화를 가할 수 있을 것이다.

셋째, 위 두 가지 형태의 기금제도, 더 일반적으로는 집단적 소유제도를 결합시키는 형태를 상정해볼 수 있다. 예컨대 노동자소유기업에 대한 외부자본 공급을 주된 과제로 삼는 공적 기금을 설립할 수 있을 것이다.

2. 기금이 지배하는 기업의 경영 기준과 기금자금의 투자 기준

자본주의적 기업은 이윤극대화 원리에 따라 기업활동을 전개한다. 기업의 모든 활동은 궁극적으로는 이윤극대화라는 목표를 달성하는 데 종속된다. 또 투자가들은 투자자금에 대한 수익극대화를 추구하여 다른 조건이 동일하다면 기대수익률이 높은 사업에 자금을 투자한다. 주류 경제학에서는 기업의 이윤극대화 추구나 투자가들의 수익극대화 추구가 소비자들의 효용극대화 추구와 맞물려 대체로 자원의 효율적 배분을 달성한다고 본다. 그러나 이러한 경제행위가 모여 자원의 효율적 배분에 실패하는 경우도 있다. 주류 경제학은 이러한 경우를 '시장실패'(market failure)라 개념화하여, 시장실패의 교정을 위한 정부의 개입은 정당한 것으로 간주해왔다.

기금논쟁에서 많은 기금안 지지자들은 기금제도의 도입을 통해 기업의 이윤극대화 추구나 투자가의 수익극대화 추구가 낳는 문제를 효과적으로 해결할 수 있다고 보았다. 우선 1976년 LO안이나 1978년 공동안과 같은 형태의 기금제도가 도입될 경우 수십 년이 지나면 임노동자기금이 민간 대기업들의 지배주주로 등장하게 된다. 따라서 기금을 관리하는 노동조합은 기금이 소유지배력을 행사하는 기업들의 의사결정을 주도하게 된다. 또 1981년 공동안에서처럼 기업 외부에서 조직되는 기금의 경우에도, 기금의 규모가 충분히 커서 많은 민간 기업들의 주식을 대량으로 구입할 수 있을 경우에는 마찬가지의 결과를 낳게 된다. 기금안 지지자들은 이렇게 기업의 소유 및 의사결정의 주체가 교체되면 기업에서 의사결정의 방향 역시 크게 변화할 수 있으리라 기대하였다. 또 1981년 공동안에서처럼 기업 외부에서 조직되어 기금자금으로 기업들의 주식을 구매하는 형태의 기금제도에서는, 기금자금을 투자함에 있어 일반적인 사적 투자가들처럼 투자수익의 극대화를 추구하는 것이 아니라 다양한 사회경제적 가치들을 고려하여 투자 대상을 선택함으로써, 국민경제 전체 차원에서 더욱 바람직한 자본배분을 달성할 수 있으리라 기대하였다.

LO의 연구원으로서, 기금안 입안에도 참여했던 에딘(Per-Olof Edin)[9]과 헤드보리(Anna Hedborg)[10]는 임노동자기금이 지배하는 기업에서 의사결정

---

9 에딘(Per-Olof Edin)은 1978년 LO-사민당 공동안과 1981년 사민당 공동안, 또 1983년 입법안 작성에 참여했다.
10 헤드보리(Anna Hedborg)는 1975년 기금안 시안과 1976년 LO안, 1978년 LO-사민당 공동안 및 1981년 LO-사민당 공동안 작성에 참여했다.

이 어떠한 방향으로 변화할 수 있으며, 또 어떻게 해서 변화가 가능한가 하는 문제를 본격적으로 다루었다. 그들은 1980년에 발간된『새로운 과제』(Det nya uppdraget)에서 기금제도 도입의 필요성을 복지자본주의의 딜레마에서 찾는다. 그들이 보기에 이미 물질적으로 상당히 풍요로워진 스웨덴 사회에서는 사회성원들의 욕구와 사회조직들의 구성원리 사이에 큰 간극이 발견된다는 것이다. 기본적인 물질적 욕구를 이미 충족시킬 수 있게 된 사회성원들은 비물질적 가치의 실현에 큰 관심을 보이는 데 반해, 빈곤했던 시기에 형성된 사회조직들, 예컨대 기업이나 정당, 노동조합 등은 물질적 재부의 효율적 생산과 분배에 적합한 형태로 조직되었으며 지금도 여전히 물질적 문제의 해결에 골몰하고 있다는 것이다.

또 경쟁원리에 기초한 산업사회가 낳는 많은 부작용을 해소하기 위해 각종 공공부문 조직들이 생겨났는데, 이러한 조직들이 제대로 작동하려면 더 많은 조세수입이 요구되고, 이를 감당하기 위해선 더 많은 재부를 생산해야 하며, 또 이를 위해선 민간경제 부문에서 더 높은 효율과 강도 높은 경쟁이 요구된다. 그런데 이렇게 경쟁과 효율을 우선시하다보면 많은 사회적 부작용이 발생하여, 이 문제를 해결하기 위해 공공부문에 더 많은 조세수입을 배정해주어야 한다는 악순환적 딜레마에 처하게 된다는 것이다. 또 경쟁원리에 기초한 산업사회는 사회성원들에게 경쟁지향적인 심성을 부여하여, 사회성원들로 하여금 남보다 우월한 지위와 조건을 확보하는 데 골몰하도록 만드는데, 이는 끝도 없는 악무한(惡無限)의 길이라는 것이다.

이러한 문제들을 해결하기 위해선, 첫째, 적정한 수준의 물질적 평등을 확보해줌으로써 사회성원들로 하여금 경제적 문제 이외의 문제들에도 노력을 기울일 수 있게 해주어야 하고, 둘째, 경제활동에 대한 집단적 의사결정 형태를 마련해줌으로써 사회성원들이 물질적 조건의 향상을 위해 벌이는 끝없는 사냥을 억제시킬 수 있어야 한다는 것이다. 사회복지제도의 확충이 첫 번째 방향의 해결책이라면 임노동자기금의 도입은 두 번째 방향의 해결책이다.

임노동자기금을 통해 임노동자들이 기업의 소유주체가 되면 기업들의 경영 기준이 크게 변화할 수 있다. 이는 임노동자들은 사적 주주들과는 달리 이윤극대화만을 지향하지 않을 것이라는 데 기인한다. 특히 생산활동에 직접 참여하는 임노동자들은 그들의 노동의 질을 개선하는 데 큰 관심을 기울일 것이다. 임노동자기금이 기업들의 지배주주가 되면, 이윤은 더 이상 기업활동의 궁극적 목표가 아니라 하나의 제한으로 기능하게 될 것이다. 즉 이윤은 반드시 극대화되어야 하는 지상 목표로 작용하는 것이 아니라 기업의 생존을 위한 최소 조건을 알려주는 지침 역할을 하게 될 뿐이라는 것이다. 자본주의적 기업에서는 기업의 모든 활동이 이윤극대화라는 단일 목표를 달성하는 데 종속되지만, 기금이 지배하는 기업에서는 기업의 장기적 생존을 위해 필수불가결한 최소한의 이윤 수준이 일단 확보되고 난 후엔 나머지 기업 역량을 어디에 쏟을 것인가 하는 문제는 임노동자 집단이 스스로 결정할 수 있다는 것이다. 따라서 기금이 지배하는 기업의 경우에는 자본주의적 기업에 비해 기업의 경영 방향과 관련하여 한층 더 폭넓은 선택의 여지가 허용된다는 것이다. 예컨대 자본주의적 기업에선 생산기술을 개발함에 있어 이윤극대화를 위해 효율성만이 중시되지만, 임노동자기금이 지배하는 기업에선 기업의 생존을 위한 최소한의 이윤 수준이 보장된다는 조건하에서, 임노동자들이 노동과정에서 더욱 만족을 누릴 수 있는 방향으로 기술을 개발하려는 동기가 강화되리라는 것이다. 이를 그림으로 나타내면 그림 4-1과 같다.

그림 4-1에서 종축과 횡축은 기술 개발에서 고려해야 할 가치들로서, 종축은 기술의 효율성 수준을, 횡축은 노동 자체의 가치, 예컨대 노동을 통한 임노동자들의 자아실현 가능성 수준을 나타낸다. 가로 실선은 연대임금 정책을 유지하면서 모든 임노동자들에게 최소한의 생활 수준을 보장하기 위해 요구되는 기술의 최소 효율성 요구 수준을 나타내고, 세로 실선은 노

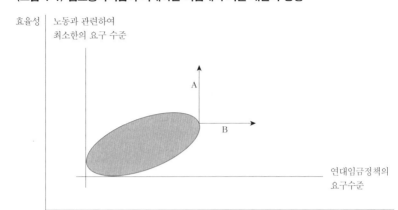

(자료: Edin, Per-Olof, och Anna Hedborg 1980: 82, 그림)

동 자체의 질이나 품위와 관련하여 더 이상 침해되어서는 안 되는 최소 요
구 수준, 예컨대 최소한의 산업안전 요구 수준 등을 나타낸다. 타원형은 기
업들이 실제로 처한 상태의 범위를 나타낸다. 화살표 A는 이상 두 가지 최
소 요구 수준을 충족시킨 기업이, 남은 역량을 오로지 효율성을 높이는 방
향으로 기술 개발을 추진하는 경우를 나타내고, 화살표 B는 남은 역량을 오
직 노동 자체의 질과 품위를 높이는 방향으로 기술 개발을 추진하는 경우
를 나타낸다. 자본주의적 기업은 A 방향으로 나아가려는 강한 경향을 보이
겠으나 임노동자기금이 지배하는 기업은 노동의 질의 개선에도 큰 비중을
두리라는 것이다. 임노동자기금이 지배하는 기업에서 기술 개발의 실제 방
향은 화살표 A와 B 사이 어디에선가 결정되겠지만, 이윤 수준이 높은 기업
일수록 B에 더 가까운 방향으로 기술 개발을 추진하리라 기대할 수 있다는
것이다.

　　한편 임노동자기금안을 적극적으로 지지한 사회학자 힘멜스트란드(Ulf
Himmelstrand)와 룬드베리(Lars Lundberg)는 임노동자들이 전통적 자본 소
유주들에 비해 예컨대 환경오염같은 외부불경제 문제에 더 크게 노출되어

있기 때문에, 임노동자들이 지배하는 기업은 자본주의적 기업에 비해 외부불경제 문제를 해소하는 데 더 주력하는 방향으로 기업활동을 전개하리라 기대할 수 있다고 주장한다(Himmelstrand, Ulf. et al. 1981: 134).

주류 경제학자 쇠더스트룀(Hans Tson Söderström)은 이러한 논리를 반박한다. 기금이 소유지배력을 행사하는 기업들에게 이윤극대화 이외의 다른 경영 기준들을 부과하는 것은 바람직하지 않다는 것이다. 이는 사회 전체가 떠맡아야 할 비용을 일부 기업들에게만 부담시킨다는 점에서 불공평하기 때문이다. 또 예컨대 환경보호와 같은 기준은 국가가 입법조치를 통해 모든 기업들에 일괄적으로 적용해야만 기업들이 이 기준을 잘 준수하도록 합리적으로 통제할 수 있으며, 또 이러한 기준 부과에 따르는 비용부담을 시민들에게 적절히 분배할 수 있다는 것이다(Söderström 1981: 334-35).

기금안에 반대했던 우파 사민주의자 외만(Berndt Öhman)은 1981년 공동안을 표적으로 삼아 비판 논리를 전개한다. 1981년 공동안에서처럼, 기업 외부에서 조직되어 기업들의 주식을 구매하는 형태의 집단적 기금이 기업들의 의사결정 방향 및 나아가 국민경제의 작동에 영향을 미치는 경로는 두 가지다. 하나는 어떤 기업의 주식을 구매하느냐는 선택, 즉 기금자금의 투자배분을 통해서다. 둘째, 기금자금으로 주식을 구입한 기업의 의사결정에 관여함을 통해서다.

외만은 임노동자기금이 기금자금의 투자 방향과 관련하여 수익성기준 이외의 다른 투자 기준을 고려해서는 안 된다는 점을 강조한다. 1981년 공동안은 기금자금의 투자수익의 일부를 ATP 체계에 납부하게 함으로써 기금자금의 운영과 관련하여 적정 수익률을 올릴 것을 요구하는 동시에, 기금이 주식을 구매하는 기업들에 대해 노동환경의 개선을 요구하는 등의 방식으로 기업들로 하여금 이윤극대화 이외의 다른 사회경제적 가치들을 존중하도록 만들 것을 도모하였다. 그러나 외만에 따르면 이는 전혀 비현실적인 발상이라는 것이다. 우선 기업들이 창출하는 부가가치에서 이윤이 차지하는 비중은 경미하기 때문에, 설령 기업들이 이윤의 일부를 포기하여 노동환경 개선이나 고용안정성 보장 등에 힘쓴다 하더라도 괄목할 만한 수준의 개선을 이루기는 불가능하다는 것이다. 괄목할 만한 수준의 개선을 이루려면 이윤 전체를 투입해도 모자라리라는 것이다.

둘째, 기금이 수익성기준 이외의 기준들을 가지고 투자행위를 전개할 경우 기금이 재정적으로 적자를 보더라도 이에 대해 비판하기가 어려워진다. 수익성기준을 충족시키지 못한 기금은, 수익성 이외의 사회경제적 가치들을 크게 고려하느라 주로 수익성이 낮은 기업들에 투자했다는 식으로 변명할 수 있는 여지가 생기게 된다는 것이다. 따라서 기금은 에딘과 헤드보리가 이야기하듯이 적정 수익률을 올린다는 '오래된' 과제와, 기업들에게 기업 활동의 지침으로서 이윤극대화 이외의 다른 기준을 부여한다는 '새로운' 과제를 동시에 충족시킬 수는 없게 될 것이다. 셋째, 이윤이란 다른 모든 계약의무가 이행되고 난 후에 남는 잔여수익(residual)이므로, 기업이나 기금이 이윤극대화나 수익극대화에 전념하는 것 자체가 사회적으로 긍정적인 의미를 갖는다고 보았다(Öhman 1982a: 62-64).

기금문제를 다룬 국가연구위원회에 전문가 자격으로 참여했던 경제학자 에이뎀(Rolf Eidem)도 기금에게 수익성기준 이외의 사회경제적 기준들을 부과하는 것은 부적절하다고 주장한다. 그도 외만과 같이 1981년 기금안에서와 같은 유형의 기금제도를 전제로 삼아 논의를 전개한다. 기금안을 지지하는 논자들은 기금제도를 통해, 예컨대 큰 위험을 부담하고, 투자의 장기적 효과를 크게 고려하며, 큰 고용창출 효과를 볼 수 있는 방향으로 기금자금을 투자할 수 있으리라 기대하지만, 기금에게 이러한 투자 기준들을 부과하면 많은 부작용을 낳게 된다는 것이다.

첫째, 시장실패에 대한 모든 교정조치는 종합적 연관 속에서 이루어지는 것이 바람직하므로, 국가라는 단일 주체에 의해 이루어지는 것이 합당하다는 것이다. 둘째, 기금에게 시장실패에 대한 교정기능을 부과하게 되면 국가와 기금 사이에 역할 중복의 문제가 생기는 데다, 기금들 간에 투자 방식에 있어 동형성(同形性)이 유지되지 않아, 기금들의 투자 활동에 의해 영향받는 사람들의 입장에서는 기금들의 활동 방식이 자의적(恣意的)으로 느껴지게 될 것이다. 셋째, 시장실패에 대한 교정을 위한 투자 기준이라는 것은 단일하지도 않은 데다 쉽게 해석하기도 어려우므로, 이러한 투자 기준을 부과할 경우 기금의 투자 활동에 대한 평가와 감독이 어려워진다는 것이다. 넷째, 설령 기금자금을 투자함에 있어 수익성뿐 아니라 여타 사회경제적 기준들을 고려하는 것이 바람직하다 해도, 그렇다면 왜 다른 금융기관들에게도 이러한 기준들을 부과하지 않고 오직 기금에게만 이러한 기준을 부과해야 하느냐는 문제가 남는다고 보았다. 따라서 기금은 여타 기관투자가들과 마찬가지로 오직 수익성 기준에 따라 자금을 투자하도록 하고 시장실패에 대한 교정은 종전과 마찬가지로 국가가 통합적으로 책임지는 것이 바람직하다는 것이다(Eidem 1981: 353-60).

이상의 논쟁의 핵심 쟁점은 다음 두 가지라 판단된다. 첫째, 기금이 지배하는 기업이 기업 활동의 지침으로서 이윤극대화 이외의 기준을 고려할 수 있는 여지는 얼마나 있는가? 둘째, 기업 활동의 지침인 이윤극대화 기준과 투자가의 투자 지침인 수익극대화 기준이 갖는 한계를 극복하기 위해, 국가의 개입이라는 전통적 해결책 외에도 임노동자기금과 같이 국가로부터 독립적인 집단적 기금제도를 도입해야 할 필요가 있는가?

첫 번째 문제는 무엇보다도 기금이 지배하는 경제에서 기업 간 경쟁의 강도에 달려 있다고 생각된다. 기업 간 경쟁의 강도가 강할수록 기업 활동의 지침으로서 이윤극대화 이외의 기준을 고려할 여지는 작다는 것이다. 우리는 앞 절에서 1976년 LO안이나 1978년 공동안과 같은 유형의 기금제도의 경우 기업 간 진정한 경쟁의 존속과 양립하기 어렵다는 입장을 취했다. 기업 간 진정한 경쟁이 약화·소멸될수록, 기금이 지배하는 기업에서 기업 활동의 지침으로서 이윤극대화 이외의 기준이 고려될 수 있는 여지가 커질 것이다. 그런데 기업 간 경쟁이 약화·소멸된다는 것은 기금사회주의 모델의 기본 전제인 시장경제의 존속이 위협받는다는 것을 의미하므로, 1976년 LO안이나 1978년 공동안에서와 같은 기금제도는 이러한 논의가 유의미하게 진행될 수 있는 경계 범위를 벗어나 있다고 할 수 있다. 1976년 LO안이나 1978년 공동안에서와 같은 경제체제 모델은 입안자들의 의도와는 달리 일종의 연성(軟性) 계획경제체제로 귀결하기 쉬운 것이다.

반면에 개별 기업의 자율성이 거의 완전하게 보장되는 완전한 노동자 자주관리기업 체제는 시장경제와 별 문제없이 양립할 수 있다. 완전한 노동자 자주관리기업에서 이윤극대화 이외의 기준이[11] 크게 고려될 수 있느냐 여부는 각 기업이 시장경쟁에서 처한 위치에 달려 있다고 볼 수 있다. 어떤 기업이 시장경쟁에서 매우 유리한 위치에 처하여 경쟁 기업들에 비해 매우 높은 이윤율을 올린다면, 그 기업에선 기업활동의 지침으로서 이윤극대화 이외의 기준들이 비교적 적극적으로 고려될 수 있을 것이다. 예컨대 다소 이윤율의 하락을 감수하는 한이 있더라도 노동환경을 개선하는 데 기업의 자원을 많이 사용할 수 있을 것이다. 그러나 해당 기업 내부의 문제가 아니라 기업 외부세계와의 관계와 관련된 문제들, 예컨대 환경오염과 같은 외부불경제 문제의 해결에도 적극적으로 힘을 기울이리라 기대하긴 어려울 것이다.

그런데 경쟁상황은 끊임없이 변화하게 마련이다. 특히 오늘날에는 전 세계적인 수준에서 기업 간 경쟁이 치열하게 전개되고 있으므로, 어떤 기업이 장기적으로 우월한 경쟁 조건을 유지하기란 쉽지 않다. 따라서 현재 상

---

11 워드(Benjamin Ward)는 생산자 협동조합과 같은 완전한 노동자 자주관리기업에서는 이윤극대화 대신 노동자 1인당 소득의 극대화가 추구될 것이며, 이에 따라 일정 조건하에서는 이윤극대화를 추구하는 자본주의적 기업에 비해 고용창출능력이 떨어질 것이라고 주장한 바 있다. Ward(1958) 참조. 그런데 임노동자기금이 지배하는 기업에서 노동환경의 개선이나 외부불경제 문제의 해결과 같은 기준들이 충분히 고려될 수 있을 것인가 하는 문제를 다루는 여기서의 문제의식에서는 이윤극대화와 노동자 1인당 소득극대화는 기본적으로 동질적인 기준들이다.

대적으로 우월한 경쟁 조건을 확보한 기업의 경우에도 장기적 생존을 위해서는 더 많은 이윤을 확보하고 이를 재투자해야 할 필요가 있다. 끊임없이 변동하는 시장경제에서 기업의 경쟁력 유지를 위한 최소 필요이윤 수준을 사전적으로 인지하기는 어렵다(Trautwein 1988: 30). 따라서 이윤극대화 이외의 기준을 크게 중시하는 방식으로 장기적으로 기업활동을 전개할 수 있는 기업은 드물 것이다. 예컨대 그러한 기업의 대표적 사례로는 주로 내수시장에 판매하며 그 시장에서 독점적 위치를 차지한 기업을 들 수 있을 것이다. 그러나 이런 기업에 대해서는 자본주의국가들에서도 독과점의 폐해를 막기 위해 공기업화하는 경우가 많다. 따라서 완전한 노동자 자주관리기업 체제에서도, 기업들이 기업활동의 지침으로서 이윤극대화 이외의 기준을 크게 고려할 수 있는 여지는 전체적으로 볼 때 그리 크지 않다고 보아야 할 것이다.

1981년 공동안에서처럼 기업 외부에서 조직되는 기금제도의 경우엔 사정이 더 복잡하다. 이러한 기금제도를 통해 시장실패를 교정할 수 있는 경로는 두 가지다. 하나는 기금자금의 투자배분을 통한 것이고, 다른 하나는 기금자금으로 주식을 구매한 기업에 대한 경영권 행사를 통한 것이다.

우선 기금자금을 투자함에 있어 기대수익률이 높은 기업에 우선적으로 투자하는 대신, 기대수익률이 낮더라도 기금이 중시하는 사회경제적 가치들을 잘 충족시키는 기업에 우선적으로 투자함으로써 경제 전체의 자원배분에 변화를 가할 수 있다. 예컨대 생태 친화적이거나 고용창출능력이 큰 사업 분야에서 활동하는 기업들의 주식을 우선적으로 구매함으로써 이러한 기업들의 성장을 지원할 수 있다. 또 주식 구매를 통해 기금이 소유지배력을 행사하게 된 기업의 경영권을 장악하여, 기업활동의 지침으로서 이윤극대화 이외의 기준들이 존중되는 방향으로 기업을 경영할 수 있다.

그런데 이 두 가지 경로를 통한 시장실패의 교정 시도는 각기 나름의 난점을 안고 있다. 첫째, 기금자금의 투자배분과 관련하여 투자자금에 대한 수익극대화를 추구하지 않을 경우 장기적으로는 기금자금의 고갈을 초래하기 쉽다. 따라서 기금이 재정적으로 파탄하는 것을 막으려면 외부로부터 지속적으로 기금재원이 조달되어야 한다. 기금 외부로부터 조달되는 재원은 구체적으로는 어떠한 형태를 취하든 기본적으로 조세의 한 형태일 수밖에 없을 것이다. 1981년 기금안의 경우에도, 기금의 재원은 법인세의 일종이라 할 수 있는 초과이윤 기여금과 사회보장 기여금의 일종인 ATP 기여금이었다. 결국 국가가 기금의 재원조달을 책임지는 셈이다. 이렇게 재정적으로 국가에 의존적인 기금은 운영에 있어서도 국가로부터 독립성을 유지하기 어려울 것이다. 재원을 조달하는 국가가 기금의 운영에도 관여하려 하게 되는 것은 자연스럽다. 또 재원을 조달하는 주체가 그 재원으로 운영되는 사업도 책임지는 것이 원리적으로도 합당한 면이 있다. 소유주체와 의사결정의 주체, 책임의 주체가 단일화되면 연성 예산제약의 문제나 본인-대리인 문제(principal-agent problem) 등이 크게 해소될 수 있기 때문이다. 따라서 수익성 기준 이외의 기준을 크게 중시하여 자금을 투자하는 기금은 국가로부터 독립성을 유지하기 어렵다. 따라서 조세수입을 재원 조달의 원천으로 삼는 기금은 처음부터 국가기구 내지 준국가기구적 성격을 띠는 것이 자연스럽다. 코르피(Walter Korpi)의 시민기금안이 바로 이러한 성격의 기금안이었다. 앞에서 민주주의 원리와의 부합성이라는 측면에서 임노동자기금안보다는 코르피류의 시민기금안이 우월하다는 입장을 취한 바 있는데, 민주주의 원리뿐 아니라 조직구성 원리의 합리성이라는 측면에서도 시민기금안이 우월하다고 판단된다.

그런데 임노동자기금안 지지자들이 시민기금안 구상에 반대한 이유의 하나는, 준국가기구적 성격을 띠는 시민기금제도하에서는 무엇보다도 소비자로서의 일반 시민의 이해관계를 대변하는 국가의 속성으로 인해 생산자로서의 임노동자들의 이해관계가 반영될 여지가 거의 없다는 데 있었다. 그러나 이 문제에 대해서는 임노동자들이 소유·관리하는 별도의 기금을 설립하지 않고도 적어도 부분적으로는 해결 방안을 마련할 수 있다고 판단된다. 예컨대 고용 증대나 노동환경 개선 등 임노동자들의 이해관계에 직결되는 문제들의 해결을 주된 목적으로 삼는 기금을 설립할 경우, 기금의 재원 조달과 운영을 국가가 통합적으로 책임지되, 기금 이사회 구성에서 임노동자들의 대표를 많이 참여시키는 등의 방식으로 기금운영에서 임노동자들의 이해관계가 많이 반영될 수 있도록 할 수도 있을 것이다.

둘째, 기금이 소유지배력을 행사하는 기업의 경영에 있어, 기금이 이윤극대화 기준 이외의 기준을 중시하는 방향으로 기업을 경영하려 할 경우 이 기업은 경쟁에서 불리한 위치에 서게 되기 쉽다. 따라서 기업의 기존 대주주들은 그들이 소유한 기업의 주식을 기금이 구매하는 것을 달갑게 생각하지 않을 것이다. 따라서 이들은 자신들이 소유한 기업이 기금의 수중으로 넘어가는 것을 막기 위한 조치들을 마련하려 하기 쉽다. 예컨대 기업에 대한 경영권을 계속 확보하기 위해, 신규 주식의 발행을 억제하거나 신규 주식을 발행하더라도 주로 무의결주(無議決株)를 발행하거나 하는 방식으로 기금에 의한 경영권 장악을 막으려 할 수 있다. 코르피는 이러한 사태를 막기 위해, 기업의 주식에 대한 기금의 우선(優先)구매권(förköpsrätt)을 법률로 규정할 필요가 있다고 주장한다(Korpi 1980: 26). 또 1981년 공동안은 경영합리성의 측면에선 기업이 신규 주식을 발행하는 것이 타당한 데도 불구하고 기존 주주들이 경영권 고수를 위해 신규 주식을 발행하지 않으려 할 경우엔, 해당 기업의 노동조합에게 신규 주식 발행을 요구하는 발안권(發案權, initiativrätt)을 부여하고, 그래도 기존 주주들이 이에 응하지 않을 경우엔 별도의 중재위원회로 하여금 이 문제에 대해 판정을 내리도록 하자는 아이디어를 제출하고 있다(LO & SAP 1981: 93-98). 결국 이러한 아이디어 뒤에는 일정한 강제 조치를 동반하지 않고는 기금이 기업들의 경영권을 장악하기가 어려우리라는 생각이 깔려 있는 것이다.

강제 조치를 동반하지 않고도 기금이 기업들의 경영권을 장악할 수 있는 방식은 일정한 보상 조치를 통해 기존 주주들을 유인하는 길일 것이다. 예컨대 기금이 일정 비율 이상의 지분을 소유한 기업들에 대해 유리한 자금 대출 조건을 제공해주거나 조세감면 혜택을 제공하는 방식을 상정해볼 수 있다. 이 경우에도 결국 국가의 재정적 지원이 개입하게 된다.

결국 어떠한 경우에도, 기금이 자금투자의 기준으로서 수익극대화를 추구하지 않거나, 소유지배력을 행사하는 기업의 경영에서 이윤극대화를 추구하지 않을 경우엔 국가의 지원과 개입이 불가피하다고 볼 수 있다. 또 시장실패에 대한 교정은 가능한 한 통합적으로 이루어지는 것이 바람직하다는 에이뎀(Rolf Eidem)의 주장도 타당성이 크다고 판단된다. 따라서 시장실패의 교정을 주된 동기로 하여, 시장원리에 상당 정도 거스르는 형태로 운영되는 기금은 처음부터 국가기구 내지 준국가기구적 성격의 기금으로 조직되는 것이 합당하다고 판단된다.

결국 기업 간 진정한 경쟁의 존속을 전제로 하는 한, 임노동자기금과 같은 집단적 기금제도, 더 일반적으로 말하자면 집단적 소유제도를 통해 기업의 경영원리로서 이윤극대화 원리 이외의 기준들이 비중 있게 자리 잡게 할 수 있는 여지는 크지 않다고 판단된다. 따라서 기금사회주의 모델, 더 일반적으로는 이러저러한 유형의 시장사회주의 모델에서도, 기업의 경영원리로서 이윤극대화 원리가 갖는 한계의 극복, 더 일반적으로 말하자면 시장실패에 대한 교정은 주로 국가의 몫일 수밖에 없다고 생각된다.

3. 경제의 효율적 작동 가능성

어떤 경제체제가 장기적으로 생존하려면 경제의 효율성이 확보되어야 한다. 기금안 반대자들은 임노동자기금이 지배하는 기금사회주의에서는 경제의 효율성이 크게 약화되리라는 점을 강조했다. 기금제도가 기업 간 진정한 경쟁을 불가능하게 하리라는 점을 강조한 린드벡(Assar Lindbeck)은, 무엇보다도 기업 간 경쟁의 약화에 따른 경제의 비효율화를 경고한다. 기금에 의한 경쟁 제한 조치에 따라 수입이 규제되고 중소기업이나 신생 기업이 쇠퇴하기 때문에 경제는 점점 더 독과점적인 구조를 갖게 된다. 이로 인해 특히 혁신과 발명이 쇠퇴하기 쉽다. 중요한 혁신이나 발명은 대체로 기성 조직들에서 경력을 쌓지 않은 개인들로부터 나오는 경우가 많은데 노동조합이 지배하는 경제에서는 새로운 이니셔티브는 노동조합을 경유해서만 나오게 될 것이기 때문이라는 것이다(Lindbeck 1982: 40, 48-50).

주류 경제학자 스톨(Ingemar Ståhl)은 경영진이 따로 분리되지 않은 노동자 자주관리기업에서는 노동자들의 노동동기가 약화되기 쉽다는 점을 지적한다. n명의 노동자가 일하는 노동자 자주관리기업에서 한 명의 노동자가 노동을 태만히 할 경우, 그의 임금은 자신의 태만으로 인한 생산성 하락의 효과의 1/n만큼 감소할 것이다. 그러나 태만으로 인한 이득은 온전히 그에게 귀속될 것이다. 따라서 노동자 자주관리기업에서는 노동자들의 태만이 만연하기 쉽다는 것이다(Ståhl 1976: 73).

또 스톨은 기금제도를 구성함에 있어, 개별 기업에게 큰 자율성을 부여하는 노동자 자주관리기업 형태로 구성하든 개별 기업 상위 수준에서 조직되는 기금에게 큰 통제력을 부여하는 중앙집권적 기금 형태로 구성하든 양자 모두 경제의 효율성을 약화시키기 쉽다는 점을 지적한다. 우선 노동자 자주관리기업의 경우엔 기업활동의 목표가 노동자 1인당 수입의 극대화일 것이므로 이윤극대화를 지향하는 자본주의적 기업에 비해 덜 성장지향적이리라는 점을 지적한다. 또 이러한 경향은 노동자 자주관리기업의 피용자들이 전통적 주주들에 비해 더 위험기피적이라는 사정으로 인해 강화되리라는 것이다. 노동자 자주관리기업의 피용자들은 그들이 속한 기업에 대해 노동계약을 맺은 데 더해 기업의 이윤에 대한 분배계약까지 맺은 셈이므로, 그들이 속한 기업의 성과에 대해 너무 큰 위험부담을 지게 되는 관계로 기업의 운영에 대한 의사결정에 있어 위험기피적·현상고수적 성향을 보이리라는 것이다. 반면에 상위 노동조합조직이 관장하는 중앙기금(centralfond)의 통제력이 강한 중앙집권적 기금제도에서는 위험부담의 분산 효과를 볼수 있는 반면에 기금의 운영 성과와 개별 임노동자의 복지 수준 사이의 연계가 너무 약화되므로, 기금이 효율적으로 운영되도록 감독할 유인이 형성되지 않으리라는 것이다(Ibid., 72).

SACO/SR 1981년 보고서도 이와 비슷한 주장을 전개한다. 직원들이 소유한 기업(personalägda företag)은 기업의 소유, 의사결정, 위험부담의 주체가 단일하기 때문에, 기업활동의 방향이 잘 변하지 않고 안정적으로 유지되는 한에서는 높은 효율을 보일 수 있으나 통상적인 민간기업에 비해 변화를 기피하는 성향을 보인다는 것이다. 그리고 이는 모든 변화에 있어 모든 직원들 사이에 합의를 도출해야 한다는 사정에 기인한다는 것이다. 즉 일부 직원들만 변화를 기피해도 변화를 선택하기가 어려워진다는 것이다. 반면에 1978년 LO-사민당 공동안에서와 같은 기금제도는 기금이 소유지배력을 행사하는 기업에서 소유와 의사결정, 위험부담의 주체가 누구인지가 불분명하다는 문제가 있다는 것이다(SACO/SR 1981: 35-36).

스톨은 또 임노동자기금이 지배하는 기업은 외부로부터 자본을 조달하기가 어려우리라는 점을 지적한다. 스톨은 기업에서 주주의 위험부담행위가 갖는 결정적 의미를 강조한다. 주주의 위험부담행위로 인해 기업의 다른 모든 계약은 안전하게 보호된다는 것이다. 위험에 직면한 채 활동하는 기업에 있어 위험을 스스로 부담하고, 자신의 수입을 기업활동의 잔여수익(residual)에 결부시키는 계약주체가 있어야 한다는 것은 자명하다는 것이다. 또 이렇게 위험을 부담하는 계약주체인 주주가 그들의 이익을 지키기 위해 기업활동에 큰 영향력을 행사하는 것도 지극히 합당하다. 그런데 주주의 위험부담행위는 일정한 조건하에서만 제대로 이루어진다. 즉 주주 이외의 어떠한 다른 계약주체도 이윤배당의 크기에 큰 영향을 미칠 수 있는 힘을 갖지 못해야 하며, 손실의 위험은 오직 주주만이 부담하면서 주주 이외의 다른 집단들도 이윤을 체계적으로 같이 분배받는 일은 없어야 한다는 조건이 충족되어야 한다는 것이다. 따라서 기금안에서처럼 임노동자들에게도 기업의 이윤을 분배해준다면 기존 주주들은 주식투자에 매력을 못 느끼게 되리라는 것이다.

> 나는 기업 내의 [주주 이외의] 다른 계약주체로 하여금 압도적인 영향력을 행사하도록 하고, 이들로 하여금 순수한 금융계약이 아닌 다른 계약을 통해 이윤을 수취하도록 허용하면서, 동시에 전통적인 금융가 집단으로 하여금 통상적인 방식으로 주식을 소유하도록 한다는 것이 이론적으로나 실제적으로나 어렵다는 점을 지적하고자 한다. 이는 임노동자 집단이 주식 소유를 점진적으로 탈취하도록 하는 문제에 대한 선행 논의들이 대부분 전적으로 비현실적이라는 것을 의미한다. 상당한 영향력 행사를 가능케 해주는 [임노동자 집단에 의한] 매우 제한된 소유조차도 — 기업 주식의 10%만 보유해도 기업의 처분권의 많은 부분을 봉쇄할 수 있다 — 전통적 금융가들로 하여금 주식 형태로 [기업에] 자금을 계속 공급하는 것에 매력을 덜 느끼게 할 것이므로, 이들은 다른 형태의 계약을 찾아나서게 될 것이다(Ståhl 1976: 68).

또 많은 기금안 반대자들은 임노동자기금이 단기적 인기 영합에 치우치는 방향으로 의사결정을 내려 경제의 장기적 효율성을 훼손하게 될 가능성을 우려했다. SACO/SR 1981년 보고서는 기금이 소유지배력을 행사하는 기업 중에서 어떤 기업이 아무리 수익성이 없더라도 기금이 이 기업을 도산시키는 결정을 내릴 수는 없으리라고 지적한다.

> 이러한 제도(임노동자기금제도: 필자)에서도 기업을 도산시키는 결정은 내려져야 한다. 형식적으로는 더 큰 집단(임노동자기금을 소유·관리하는 집단: 필자)이 권

력과 책임을 갖고 있다. 그러나 선출된 대표자들(임노동자기금의 관리자들이나 노동조합 간부들: 필자)이 이렇게 불유쾌한 결정을 내리는 데 얼마나 큰 이해관계를 갖겠는가? 단기적으로는 이러한 결정을 회피하는 데 경제적으로나 정치적으로나 전혀 비용이 들지 않는다. 아마도 반대로 단기적으로는 기금이 "이해관계를 걸고 있는 기업"(intresseföretag) 중 수익성 없는 기업의 축소나 도산을 저지함으로써 선출인들로부터 지지와 신뢰를 한층 더 받을 수 있다(SACO/SR 1981: 34).

SAF의 경제학자 뢰토릅(Anders Röttorp)은 1981년 기금안에 대한 비판에서, 고용안정을 중시하는 기금의 정책으로 인해, 기금은 매우 효율적이며 성장능력이 큰 기업들로부터 기금 기여금을 받아, 이 자금을 비효율적인 기업들을 지원하는 데 쓰게 될 것이므로 경제 전체의 효율을 약화시키리라 경고한다(Röttorp 1981: 383).

주류 경제학자 쇠더스트룀(Hans Tson Söderström)은 기금제도가 도입되면 경제 내의 정보가 제한되고 왜곡되기 쉽다는 점을 우려한다. 우선 기금제도는 일종의 의무저축제도이기 때문에, 임노동자기금제도가 시행되면 경제주체들의 저축성향 및 그들이 선호하는 저축형태에 대한 정보가 소멸한다는 문제가 있다는 것이다. 그런데 이러한 정보는 합리적인 경제정책 수립을 위한 기초라는 것이다. 또 기금제도는 가격체계를 왜곡시켜 가격의 정보전달기능을 훼손하기 쉽다. 기업들이 이윤극대화에 전념할 때에야, 재화와 용역을 공급하는 데 드는 실제 비용과 재화와 용역에 대한 소비자들의 선호 정도를 가격이 제대로 반영할 수 있다. 그런데 임노동자기금이 지배하는 기업은 수익성 외에도 고용안정이나 환경보호와 같은 다른 기준들을 고려하여 기업활동을 전개할 것이므로 가격체계를 왜곡시키기 쉽다는 것이다. 그런데 가격이 정보전달기능을 제대로 수행하지 못하면 합리적인 경제정책을 마련하기도 어려워진다는 것이다(Söderström 1981: 383).

또 기금안이 개인지분을 허용하지 않는 집단적 기금안이라는 점도 비판의 표적이 되었다. 린드벡은 기금제도가 개인 지분을 허용하지 않는 집단적 기금제도인 관계로 그 어떤 개인도 기금자금의 수익에 대해 직접적 이해관계를 갖지 않을 것이므로 기금이 매우 비효율적으로 운영되기 쉽다는 점을 경고한다(Lindbeck 1982: 49).

외만(Berndt Öhman)은 개인 지분이 허용되지 않는 기금제도에서는 '발언을 통한 영향력'(voiceinflytande / voice influence) 행사만이 가능하고 '퇴장을 통한 영향력'(exitinflytande / exit influence) 행사가 봉쇄된다는 점을 문제삼는다(Öhman 1982: 83-84). 여기에서 '발언을 통한 영향력'과 '퇴장을 통한 영향력'이라는 용어는 미국의 경제학자 허쉬만(Albert Hirschman)이 고안해낸 개념들로, 개인이 그가 속한 조직에 대해 영향력을 행사하는 두 가지 경로를 지칭한다.[12] 예컨대 주주는 그가 주식을 구매한 기업의 경영상태가 마음에 들지 않을 경우 다음 두 가지 방식으로 기업의 경영에 영향을 미칠 수 있다. 하나는 주식을 팔아버리는 것이다. 많은 주주들이 그 기업의 주식을 팔려 할 경우 다른 조건이 불변이라면 해당 기업의 주가는 하락하게 된다. 주가의 하락은 기업의 경영진에게, 기업 경영방식을 개선해야 할 필요가 있다는 신호로 인지된다. 이것이 퇴장을 통한 영향력 행사 방식이다.

또 하나의 길은 주주총회에 참여하여 기업 경영방식의 개선을 요구하거나 경영진의 교체를 요구하는 것이다. 이것이 발언을 통한 영향력 행사 방식이다. 그런데 외만이 보기에 퇴장을 통한 영향력 행사는 발언을 통한 영향력 행사에 비해 한결 간단하고 효율적인 영향력 행사 방식이다. 발언을 통한 영향력 행사가 큰 의미를 가지는 경우는, 문제가 되는 조직의 활동목표가 단일하지 않아서 목표 자체를 무엇으로 설정해야 할 것인지에 대해 논란을 벌일 여지가 있는 경우에 한정된다. 그런데 통상적인 주식회사에서는 이 두 가지 영향력 행사 방식이 모두 허용되지만, LO와 사민당이 입안한

12　허쉬만이 이 문제를 집중적으로 다룬 저술은 Hirschman(1970).

기금안에서와 같이 개인 지분을 허용하지 않는 집단적 소유제도에서는 퇴장을 통한 영향력 행사가 봉쇄된다는 문제가 있다는 것이다.[13]

쇠더스트룀도 유사한 주장을 전개한다. 쇠더스트룀이 보기에 통상 발언을 통한 영향력 행사는 퇴장을 통한 영향력 행사에 비해 한층 번거로운데다 많은 자원을 소진시키는 영향력 행사 방식이다. 따라서 많은 경제주체들은 대체로 퇴장을 통한 영향력 행사에 만족하고 발언을 통한 영향력 행사 기능은 소수의 전문가 집단에 위임해버린다는 것이다. 이것이 경제 전체로 볼 때 효율적인 역할 분담 방식이라는 것이다(Söderström 1981: 334).

기금문제를 다룬 국가연구위원회에서 자유당 대표로 활동했던 레빈(Bert Levin)은 임노동자기금의 재원이 일종의 조세형태로 조달된다는 점을 문제 삼는다. 재원이 조세 형태로 조달되면, 기금이 아무리 비효율적으로 운영되더라도 재원이 끊임없이 자동적으로 조달되므로, 기금은 어떠한 경우에도 재정적으로 파산하지는 않는다. 따라서 기금을 효율적으로 운영하고자 하는 동기 자체가 소멸하게 된다는 것이다(Levin 1981: 376).

한편 기금안을 지지한 논자들 중 경제의 효율성 강화라는 측면에서 기금안을 옹호한 대표적 논자는 구스탑손(Bo Gustafsson)이었다. 그가 보기에 임노동자기금을 통해 임노동자들이 기업의 소유주가 되면 경제의 효율성이 한층 강화되리라 기대할 수 있는 근거가 매우 많다는 것이다. 우선 노동의 주체와 소유의 주체가 일치됨으로써 임노동자들의 노동 및 혁신 동기가 크게 강화되리라는 것이다. 이는 무엇보다도 생산성 향상의 성과가 임노동자들 자신에게 온전히 귀속되리라는 신뢰가 형성된다는 데 기인한다.

---

13 예컨대 개인지분 원리에 기초한 기금제도에서는, 기금에 대한 지분을 가진 개별 임노동자는 기금이 소유지배력을 행사하는 기업의 경영상태나 기금의 운영방식이 마음에 들지 않을 경우 자신이 보유한 주식을 주식시장에서 팔아버릴 수 있다. 그러나 개인 지분을 허용하지 않는 기금제도에서는, 기금의 소유주인 임노동자 집단은 기금이 소유하는 기업의 경영상태가 마음에 들지 않을 경우 해당 기업의 주주총회에 참여하여 기업 경영의 개선을 요구하거나 노동조합 회의에 참여하여 기금의 운영방식을 개선할 것을 요구해야 한다.

이 문제와 관련하여 그는 라이벤슈타인(Harvey Leibenstein)의 'X-효율성'(X-efficiency)론을 원용한다. 라이벤슈타인의 연구에 따르면, 조사 대상 기업들에서 생산기술의 특별한 변화 없이도, 원료를 취급하는 방식이나 불량품 통제, 생산과정의 단순한 변화 등을 통해서 괄목할 만한 수준의 비용 절감과 생산성 향상이 가능하더라는 것이다. 그런데 이러한 방식의 생산성 향상은 임노동자들의 적극적 참여를 통해서만 가능하다. 따라서 임노동자들이 기업의 소유주가 되면 이러한 'X-효율성'이 최대한 발휘되리라 기대할 수 있다는 것이다(Gustafsson 1981: 170).[14] 또 임노동자들이 기업의 소유주가 되면 그들은 기업의 장기적 성장을 위해 단기적 임금상승 요구를 스스로 자제하는 경향을 보일 것으로 기대할 수 있다는 것이다. 이에 따라 인플레이션 문제가 크게 완화될 수 있다. 이는 기업의 장기적 성장의 성과가 임노동자들에게 고용안정과 미래의 임금상승으로 귀결하리라는 확신이 형성되는 데 기인한다(Ibid, pp. 165–66).

또 노동의 주체와 소유의 주체가 일치하게 되면 자본주의 경제에서 노동과 자본 간의 대립으로 인해 발생하는 거래비용이 대폭 감소할 것이다. 더 구체적으로는 노동에 대한 감시비용과 노자 간 협상비용이 감소할 것이다. 감시비용과 협상비용은 기본적으로 당사자 간의 이해관계 대립과 상호 신뢰 부족으로 인해 발생하는 것이므로, 노동의 주체와 소유의 주체가 일치하게 되면 이러한 문제가 근본적으로 해소되리라 기대할 수 있기 때문이다(Gustafsson 1982: 380).

또 임노동자들이 기업의 소유주체가 되면 기업 경영진의 충원 방식이 자본주의적 기업에서와는 크게 달라질 것이다. 오늘날 자본주의적 기업에서는 매우 협소한 범위의 특권 계층으로부터만 기업 경영진이 충원된다. 이들은 자신의 성장 및 교육 배경으로 인해 생산의 문제보다는 재무적·상업

---

14 'X-효율성'에 대한 라이벤슈타인의 설명으로는 Leibenstein(1973) 참조.

적 문제들에 관심을 과도하게 집중시키는 경향이 있다. 임노동자들이 기업의 소유주체가 되면 훨씬 더 광범위한 사회계층으로부터 기업 경영진을 충원함으로써, 기업활동의 광범위한 영역에서 경험을 쌓은 인물들로 하여금 기업을 경영하게 할 수 있으리라는 것이다(Ibid., pp. 379-80). 또 임노동자들이 소유한 기업은 1970년대에 스웨덴 민간기업들이 흔히 그러했던 것처럼 기업의 자원을 빼내어다가 이를 금융회사에 투자하는 등 금융투기에 힘을 쏟지는 않을 것이다. 이는 임노동자들이 통상적 주주들에 비해 기업의 장기적 존립과 성장에 한결 큰 이해관계를 걸고 있다는 사정에 기인한다는 것이다(Gustafsson 1981: 167).

또 임노동자들은 고용안정을 무엇보다 중시하기 때문에, 임노동자소유기업은 불황 시에 해고보다는 다소의 과잉인력을 끌어안는 선택을 하리라 예상할 수 있다. 이 문제는 기금안 반대자들에 의해 기금사회주의 모델의 대표적 약점으로 많이 거론된 것이지만, 단기적 경기변동 차원의 불황 시에는 다소 과잉인력을 끌어안는 것이 효율성 측면에서도 유리할 수 있다는 것이다. 임노동자들을 쉽게 해고시키는 것도 많은 비용을 발생시키는 일이기 때문이다. 실업자에 대한 소득보장, 재취업을 위한 교육과 지원 등 공공부문의 지출 요인이 증가하는 것이다(Gustafsson 1982: 378). 문제는 경기변동 차원의 불황이 아니라 장기적인 산업구조전환 과정에서 불가피하게 도태되어야 하는 기업에 종사하는 임노동자들이 고용 보장을 요구하며 산업구조전환에 저항할 수도 있다는 점인데, 이 문제는 개별 기업의 상위 수준에서 조직되는 기금의 조정 기능을 통해 상당 부분 해결될 수 있을 것이다. 예컨대 지역기금은[15] 콤뮨이나 국가와의 협력 하에 신생 기업의 설립을 지원함으로써 사양 부문에 종사하는 임노동자들을 새로운 부문으로 흡수할 수 있을 것이다(Gustafsson 1981: 169-70).

---

15 여기에서 구스탑손이 염두에 두고 있는 것은 1981년 LO-사민당 공동안이다.

또 임노동자들이 기업을 소유·경영하게 되면, 경제에 대해 국가가 개입할 필요성이 감소하여 공공부문의 지출도 경감될 수 있다는 것이다. 임노동자 집단이 지배하는 경제에서는 자본주의 경제에서 항상 발생하는 문제인 실업·소득불균등·노자대립 등이 미연에 방지되거나 크게 완화될 것이므로 이러한 문제들의 해결을 위한 공공부문 지출도 크게 경감되리라는 것이다(Gustafsson 1982: 381).

좌파 사민주의 경제학자 쇠더스텐(Bo Södersten)은 개별 기업의 임노동자들이 기업을 완전히 소유하고 필요자본을 금융기관으로부터 차입하는 형태의 분권화된 노동자 자주관리기업 체제를 논의의 전제로 삼아,[16] 노동자 자주관리기업이 자본주의적 기업에 비해 효율성 면에서 우월하다는 점을 역설한다. 첫째, 노동자 자주관리기업의 경우 임노동자들의 노동 동기가 한층 강화되리라는 것이다. 혹자는 1/n 문제로[17] 인해 경영진이 분리되지 않은 노동자 자주관리기업에서는 임노동자들이 노동에 태만하기 쉽다

---

16 부 쇠더스텐(Bo Södersten)은 기금논쟁이 개시되기 전부터 노동자 자주관리기업 체제를 소개·옹호해온 예외적인 좌파 사민주의자였다. 또 그는 부 구스탑손(Bo Gustafsson)과 더불어, 주류 경제학이 절대적 우위를 점해온 스웨덴 경제학계에서 사회주의 이념을 견지해온 예외적인 경제학 교수였다. 그는 1970년대 초부터 노동자 자주관리기업 모델의 국제적 이론가 바넥(Jaroslav Vanek)의 지적 영향하에 분권화된 노동자 자주관리기업 모델을 연구해왔다. 바넥이나 쇠더스텐이 상정한 노동자 자주관리기업은 개별 기업의 노동자들이 기업을 전적으로 소유하고 필요자본은 외부 금융기관으로부터 차입하는 형태였다. 쇠더스텐은 마이드너 등이 제출한 기금안에 대해선 양면적 태도를 보였다. 일단 기금안이 임노동자 집단에 의한 기업 소유를 주장한다는 점에선 기금안을 긍정적으로 평가하고 기금논쟁에서도 기금안을 지지하는 입장을 취했다. 그러나 기금안의 구체적 내용에 대해선 큰 불만을 표시했다. 쇠더스텐이 보기에 기금안은 개별 기업의 임노동자들과 상위 노동조합, 기존 주주, 국가 대표 등 다양한 경제주체들을 기금 관리에 참여시키는 일종의 조합주의적 모델이었다. 이러한 조합주의적 모델은 민주주의라는 관점에서는 어느 정도 정당화될 수 있을 지 모르나 경제체제 모델이 갖추어야 할 기본 조건인, 체제구성 원리의 논리적 일관성과 완결성을 충족시키지 못한다고 보았다.

17 앞에서 스톨(Ingemar Ståhl)이 주장한 바, 노동자 자주관리기업에서 노동자들의 태만이 증대하기 쉽다는 문제를 말한다.

고 주장하나, 노동자 자주관리기업에서는 임노동자들 스스로에 의한 상호 감독이 이루어질 것이다. 또 1/n 문제는 주로 규모가 큰 기업에서 발생하는 문제인데, 대기업의 경우에도 기업의 활동 영역을 소규모 단위들로 쪼개어 평가·감독할 수 있다는 것이다. 둘째, 노동자 자주관리기업은 기술 발전에 있어 노동집약적 기술을 발전시키려는 성향을 보일 것이므로,[18] 자본주의적 기업에 비해 고용창출능력이 크리라는 것이다. 셋째, 노동자 자주관리기업에서는 고용안정성이 클 것이므로, 기업이 임노동자들에게 기업특수적 교육을 제공하는 데 인색하지 않으리라는 것이다(Södersten 1979: 175-202).

사민주의 계열의 사회학자 힘멜스트란드(Ulf Himmelstrand)는 임노동자기금이 도입되면 투자의 이윤탄력성이 감소하여 투자가 촉진되리라고 주장한다. 그는 마르크스의 이윤율 저하경향 명제에 따라, 자본주의 경제에서는 이윤율의 경향적 저하로 인해 투자가 정체되지만, 임노동자기금이 지배하는 기업에서는 투자량 결정이 이윤율에 크게 종속되지 않을 것이므로 이 문제가 크게 해소되리라고 본다. 또 많은 기금안 반대자들은 집단적 소유제도가 임노동자를 포함하여 경제주체들의 경제활동 유인을 감소시키리라고 주장하지만, 임노동자들이 지배하는 경제에선 임노동자들에게 노동생활 및 노동환경의 개선과 같은 질적 유인이 부여되리라는 것이다 (Himmelstrand, Ulf. et al. 1981: 298-99).

이상 기금사회주의 모델의 효율적 작동 가능성 문제를 둘러싸고 전개된 논쟁을 살펴보았는데, 실제로 실험되지 않은 이론적 가공물인 기금사회주의 모델을 효율성의 측면에서 평가하기란 매우 어렵다. 첫째, 어떤 경제체제의 효율성 수준을 결정하는 요인은 무수히 많은 데다, 이상 살펴본 논쟁에서도 확인된 바와 같이, 순수하게 이론적 차원에서도 기금사회주의 모

---

18 필요자본을 외부로부터 차입하는 형태의 노동자 자주관리기업에선 자본집약적 기술을 발전시킬수록 차입자본에 대한 이자 부담이 커진다. 따라서 노동집약적 기술을 발전시킬 동기를 가지게 된다는 것이다.

델은 효율성의 측면에서 긍정적인 요인과 부정적인 요인을 다 안고 있다고 볼 수 있기 때문에 수많은 요인들을 종합적으로 고려하여 균형 있게 평가하기가 쉽지 않다. 둘째, 지금까지 실제로 실험된 시장사회주의 체제나 노동자 소유기업의 사례가 매우 제한되어 있기 때문에 과거의 경험으로부터 일반화된 결론을 끌어낼 수도 없다.[19]

사정이 이러하기 때문에, 기금사회주의 모델을 효율성의 측면에서 평가하려는 여기에서의 시도는 매우 한정된 목표를 가질 수밖에 없다. 우리는 주로 기금논쟁에서 개진된 논의들을 출발점으로 삼아, 몇 가지 핵심적 문제 영역에 국한하여, 경제의 효율적 작동과 양립 가능한 시장사회주의 모델이 일반적으로 갖추어야 할 조건을 제시하고 나서, 이에 기초하여 기금사회주의 모델을 평가하는 것으로 과제를 한정하고자 한다.

1) 노동 동기 부여 문제

기금사회주의의 경제적 효율성 문제와 관련하여 기금안 지지자들이 무엇보다 강조한 것은, 임노동자들이 기업을 소유하게 되면 임노동자들의 노동 동기 및 혁신 동기가 한층 강화되어 개별 기업 수준에서 생산성 향상이 이루어지리라는 것이었다. 즉 임노동자들이 기업의 소유주체가 되면, 소유주로서의 임노동자의 이해관계가 노동 수행의 주체로서의 임노동자의 노동 동기를 강하게 이끌어내리라는 것이다. 이러한 논리는 물론 인간의 이기심

---

19 전국적 차원에서 본격적인 시장사회주의 체제가 상당 기간 존속되었던 유일한 사례인 유고슬라비아의 경험은 다민족 연방국가라는 특수성, 공산당 일당지배체제라는 정치체제적 특성, 또 상대적으로 저발전국이었다는 사정 등으로 인해, 경제발전 수준이 높고 자유민주주의적 정치질서가 정착된 지 오래인 스웨덴과 같은 사회에 크게 의미 있는 함의를 주기 어렵다. 한편 자본주의 경제의 틀 내에서 활동해온 노동자 소유기업 형태인 생산자 협동조합의 경우 아직 그 어떤 나라에서도 기업의 지배적 형태로까지 성장한 경우가 없는 데다 전체적으로는 자본주의적 환경 속에서 활동해왔기 때문에, 생산자 협동조합이 경제에서 지배적인 기업 형태가 될 경우엔 경제가 어떻게 작동할 것인지 예측하기가 쉽지 않다.

이라는 경제학의 기본 가정에 기초한 것이므로 충분히 설득력이 있다고 판단된다. 따라서 소유주로서의 임노동자의 이해관계를 노동 동기와 더욱 밀접하게 결합시킬수록 임노동자의 노동 동기는 강화된다고 볼 수 있다. 이러한 기본적인 전제로부터 노동자 소유기업 체제의 조직 형태와 관련하여 다음과 같은 일반적인 함의를 끌어낼 수 있다고 생각된다.

첫째, 개별 기업의 자율성이 강화될수록 임노동자들의 노동 동기가 강화된다. 노동이 수행되는 제도적 공간인 개별 기업의 자율성이 커서 기업활동의 이득이나 손실에 대해 개별 기업의 임노동자들이 거의 전적으로 책임지는 형태로 노동자 소유기업 체제가 조직될수록 기업활동의 성과와 임노동자들의 소득수준 간의 연계가 강화되므로 임노동자들의 노동 동기가 강화된다. 따라서 경쟁의 단위이자 노동이 수행되는 단위인 개별 기업 수준의 임노동자들이 기업의 소유권을 전적으로 장악하는 경우에, 소유주로서의 임노동자의 이해관계와 노동 수행의 주체로서의 임노동자의 노동 동기가 가장 밀접하게 결합된다. 자본주의 경제에서 활동해온 생산자 협동조합이 그 대표적 사례다.

그런데 1976년 LO안이나 1978년 공동안의 경우 기금제도의 적용을 받는 기업에서 지배주주가 되는 것은 개별 기업의 임노동자 집단이 아니라 산업이나 지역 수준에서 조직되는 기금이다. 따라서 기금사회주의에서는 완전한 노동자 자주관리기업 체제에 비해선 임노동자들의 노동동기가 약하리라 예상할 수 있다. 산업이나 지역 수준에서 조직되는 기금은 자신이 소유지배력을 행사하는 기업들을 운영함에 있어 해당 산업이나 지역에 속한 모든 임노동자들의 이해관계를 종합적으로 고려하리라 기대할 수 있다. 또 1976년 LO안에서는 전국적 수준에서 조직되는 균등화기금으로 하여금 산업 간 수익성 격차를 상쇄하는 일종의 재분배기능을 담당하도록 했다. 이렇게 개별 기업을 넘어서는 상위조직에 의해 기업 간 자원의 재분배가 이루어지는 정도가 커질수록 개별 기업에 대한 소유주로서의 임노동자의 이해관계와 노동 수행의 주체로서의 임노동자의 노동 동기 사이의 결합이 약화되므로 임노동자의 노동 동기는 약화될 것이다.

그러나 산업이나 지역 수준에서 조직되는 기금이 지배하는 기업의 경우에도 자본주의적 기업에 비해선 노동 동기가 한층 강화되는 요인이 분명히 존재한다. 첫째, 기금이 기업의 지배주주 역할을 담당하는 기금사회주의에서는 임노동자가 아닌 외부 주주의 비중이 결정적으로 약화된다. 따라서 기업의 이윤 중 외부 주주들에게 배당으로 지급되는 부분이 크게 축소되므로, 다른 조건이 동일하다면 기금이 지배하는 기업에선 기업활동의 성과가 해당 기업의 임노동자들의 소득수준의 향상으로 연결될 개연성이 크게 높아진다. 둘째, 기금을 소유·관리하는 상위 노동조합, 더 구체적으로는 상위 노동조합의 간부들도 궁극적으로는 노동조합원인 일반 임노동자 대중의 간부 선출권에 의해 통제받는다. 기존 사적 주주들과는 달리 노동조합의 간부들은 기본적으로 정치적 민주주의 원리의 적용 범위 내에서 활동한다. 이들이 조합원들의 이해관계에 거스르는 방향으로 기금을 장기적으로 운영하기는 어렵다. 구스탑손(Bo Gustafsson)의 말대로, "그 어떤 경우에도, 대체로 민주주의적 의사결정과정의 외부에 있는 사람들보다는 직접 선출하고 또 쫓아낼 수도 있는 대표자들에 대해 '저항하기가' 쉬운 것이다."(Gustafsson 1982: 369). 따라서 개별 기업을 넘어서는 상위 조직에 의해 기업이 소유된다 하더라도 이 조직을 운영하는 주체가 임노동자들의 대표인 한, 성공적 기업활동의 성과가 해당 기업 임노동자들의 임금 및 복지 수준의 향상으로 연결될 가능성은 매우 크다고 볼 수 있다.

그런데 노동자 소유기업 체제에서 소유주로서의 임노동자의 이해관계로 인해 노동 수행의 주체로서의 임노동자의 노동 동기가 강화된다는 것은 임노동자들에게 긍정적 유인(positive incentive)이[20] 제공된다는 것을 의

---

20 긍정적 유인이란 조직이나 체제가 지향하는 목표에 부합되는 성과를 낳거나 그러한 방

미한다. 그런 점에서 노동자 소유기업은 자본주의적 기업에 비해 긍정적 유인의 강도라는 측면에서 우월하다고 볼 수 있다. 긍정적 유인의 강화는 물론 기업활동의 효율성을 강화시킨다. 반면에 노동을 태만히 한 임노동자에 대한 처벌과 제재는 자본주의적 기업에 비해 노동자 소유기업에서 더 약하게 작용하기 쉽다. 예컨대 해고 위협을 통한 노동 동기 부여는 노동자 소유기업에서 한결 약하게 작용하리라 기대할 수 있다. 즉 노동자 소유기업에서는 부정적 유인(negative incentive)은[21] 약하게 작용하기 쉽다. 부정적 유인의 약화는 기업활동의 효율성 약화를 낳기 쉽다. 노동자 소유기업 체제에서 긍정적 유인의 강화와 부정적 유인의 약화 중 어느 것이 더 크게 작용할 것인지는 일반적으로 이야기할 수 있는 문제는 아니다. 이는 상벌체계를 구체적으로 어떻게 구성하느냐에 달린 문제다. 그러나 다른 조건이 동일하다면, 임노동자들에게 노동 동기를 부여하는 방식으로서 부정적 유인보다는 긍정적 유인에 더 크게 의존하는 노동자 소유기업은, 부정적 유인에 대한 의존성이 큰 자본주의적 기업에 비해 적어도 윤리적 측면에서는 우월하다고 볼 수 있을 것이다.

둘째, 기업의 규모가 작을수록 임노동자들의 노동 동기가 강화된다. 기업의 규모가 작을수록 개별 임노동자의 성취 수준과 노력 수준에 대한 평가가 용이하여 이에 대한 보상과 제재를 마련하기가 쉬워진다. 또 임노동자들 간의 상호 감독도 용이해진다. 즉 1/n 문제가 약화된다. 또 일반적으로 조직의 규모가 작을수록 조직 성원들 간에 유대가 형성되기 쉽다. 자본주의 경제 내에서 활동해온 생산자 협동조합의 경우 대체로 그 규모가 작은 것은 무엇

향으로 실천하는 행위주체에게 보상을 제공함으로써, 조직이나 체제의 목표에 부합되는 행위를 유도하는 요인을 의미한다.

21 부정적 유인이란, 조직이나 체제가 지향하는 목표에 부합되지 않는 결과를 낳거나 그러한 방향으로 실천하는 행위주체에게 불이익을 줌으로써, 조직이나 체제가 지향하는 목표에 반하는 행위를 줄여주는 요인을 의미한다.

보다도 자본조달 문제에 기인하겠지만 조합원들 간에 강한 유대가 유지될 수 있는 조직 규모에 한계가 있다는 사정에도 기인한다고 판단된다. 그런데 LO나 사민당이 제안한 모든 기금안에서는 대기업에만 기금제도를 적용하기로 되어 있다. 이는 기금안이 애초에 연대임금정책으로 인한 초과이윤문제의 해소와 경제적 권력의 재분배라는 문제의식에 의해 지배되어 마련된 결과다. 그러나 어쨌든 대기업에만 기금제도가 적용될 경우 임노동자들의 노동 동기를 강화하는 효과는 그만큼 작아질 것으로 예상할 수 있다.

셋째, 집단적 소유 형태보다는 개인지분 원리에 기초한 소유 형태에서 임노동자들의 노동 동기가 더욱 강화된다. 인간의 이기성을 전제로 하는 한 모두의 재산은 그 누구의 재산도 아니라는 속설은 충분한 근거를 가지고 있다고 할 수 있으며 또 경험적으로도 충분히 증명되었다고 볼 수 있다. 따라서 기업의 자본 중 개별 임노동자가 차지하는 소유몫을 확정해주는 개인 지분 원리에 기초한 소유 형태에서는 기업의 실적 수준과 개별 임노동자의 소득 및 재산 증식 정도가 아주 밀접하게 결합되기 때문에 임노동자들의 노동 동기가 크게 고취될 수 있다. 앞에서 살펴본 바와 같이 마이드너도 기금논쟁을 회고하면서, 기금안이 개인 지분을 허용하지 않는 철저한 집단적 소유 제도 구상이었기 때문에[22] 노동조합원들로 하여금 기금안에 대해 적극적으로 관심을 갖도록 유도하지 못한 측면이 있었다는 점을 인정한 바 있다.

그런데 이러한 문제점에도 불구하고 기금안 입안자들이 처음부터 개인 지분 원리를 배제한 이유는 다음과 같다. 첫째, 현행 주식시장 제도를 그

---

22 반면에 생산자 협동조합의 경우엔 조합원들이 출자하여 출자액에 대해 개별적으로 소유지분을 가진다. 이 경우 기업의 성장은 개별 조합원들의 소유지분의 가치 증식으로 직접 연결된다. 조합원들은 퇴사 시에 그의 노동활동 기간 중에 가치가 변동된 소유지분액을 현금으로 지급받는다. 개인 지분 원리에 기초한 기업 형태인 생산자 협동조합에서 사회주의적 요소가 확인되는 대목은 조합원들의 출자액 간에 큰 차이가 없으며 출자자는 동시에 노동자이기도 하다는 점이다. 요컨대 생산자 협동조합은 집단적 소유 또는 공동소유 원리에 기초한 조직이 아니라 생산자들에 의한 개인적 소유 원리에 기초한 조직이다.

대로 둔 채 개별 임노동자들에게 개인 지분을 제공할 경우, 많은 임노동자들은 그들이 소유한 주식을 매각하여 현금을 얻으려 할 것이므로 장기적으로는 기존 주주들이 임노동자들의 주식을 다시 사들이기 쉽다는 우려가 있었다. 이렇게 될 경우 재산과 경제적 권력을 재분배한다는 기금안의 중심 동기를 살릴 수 없다는 문제가 생긴다. 둘째, 임노동자들로 하여금 그들의 소유몫인 주식을 자유롭게 매매할 수 있도록 하고 임노동자들의 소유지분에 대해 배당소득을 지급할 경우, 임노동자들의 개인소비가 증대하여 경제 전체적으로는 저축을 감소시킴으로써 투자나 경제성장에 악영향을 미칠 수 있다는 우려가 있었다. 이러한 우려들은 충분히 이해할 수 있다. 특히 개별 임노동자에 의한 주식매매를 허용하지 않은 것은 기업 소유의 사회화를 위해선 불가피한 선택이었다고 볼 수 있다. 그럼에도 불구하고, 기업이나 기금의 사업 실적을 개별 임노동자의 재산의 증식이나 감소에 연계시키는 방안은 필요하다고 판단된다. 이 문제를 해결하기 위한 상정 가능한 대안의 하나는 개별 임노동자에 의한 주식 매매는 허용하지 않되 개별 임노동자에게 배당소득은 지급하는 방안이라고 판단된다. 배당소득은 통상적인 주식회사에서 그러하듯 매년 지급될 수도 있고, 아니면 개별 임노동자가 실직하거나 은퇴할 때에 한꺼번에 지급될 수도 있을 것이다. 즉 임노동자가 노동생활을 영위하는 동안에 이루어진 기업의 재산 증식에 기초하여 배당소득을 이론적으로 계산하고, 이를 개별 임노동자가 실직하거나 은퇴할 때에 받는 실업수당이나 연금소득에 더하여 한꺼번에 지급하는 형태를 취할 수 있을 것이다. 기금자금의 조속한 적립이라는 측면에선 후자의 방안이 보다 유리할 것이다.

2) 기업의 경영 기준 문제

앞에서 우리는 기업 간 진정한 경쟁이 존속되는 한 노동자 소유기업의 경우에도 기업의 경영 기준으로서 이윤극대화 이외의 기준을 고려할 여지는 크지 않다는 점을 확인한 바 있다. 그런데 현실적 가능성이라는 측면에서 뿐 아니라 경제 전체의 효율성이라는 측면에서도 개별 기업의 경영은 이윤극대화 기준에 충실한 것이 낫다고 판단된다.

우선 앞에서 살펴본 SACO/SR 81년 보고서의 지적대로, 기금이 소유지배력을 행사하는 기업에서 고용안정성 보장 등의 가치가 너무 중시될 경우 장기적 경제성장을 위해 불가결한 산업구조조정이 크게 저해될 수 있다. 산업구조조정에 따르는 실직문제는 새로운 일자리 창출과 국가 및 기업의 재원 부담에 기초한 임노동자 재교육, 또 사회복지제도를 통한 소득보장 등 다른 방식으로 해결되는 것이 바람직하다고 판단된다.

또 쇠더스트룀(Hans Tson Söderström)이 지적한 대로, 기업들이 이윤극대화 이외의 기준들을 크게 고려할 경우 가격의 정보전달기능이 크게 훼손될 수 있다. 물론 이윤극대화 원리, 더 일반적으로는 시장원리에 기초한 가격결정방식도 정보전달기능의 측면에서 많은 한계를 갖고 있다. 우선 재화와 용역의 생산과 소비에는 흔히 외부효과가 발생하기 때문에, 기업의 이윤극대화 추구 행위와 소비자의 효용극대화 추구 행위의 결과로 형성되는 가격은 사회적 비용이나 사회적 편익을 충실히 반영하지 못한다. 또 기존의 불균등한 소득분배상태를 전제로 한 상태에서, 유효수요라는 형태로 시현되는 소비자의 선호는 재화와 용역에 대한 소비자의 주관적 필요의 절실성 정도와 일치하지 않는다. 소득수준이 상이한 소비자들 간에 화폐 한 단위의 한계효용은 동일하지 않기 때문이다.

그럼에도 불구하고, 개별 기업의 경영 차원에서 이윤극대화 이외의 기준들이 크게 고려될 경우 가격의 정보전달기능이 더욱 크게 훼손되기 쉽다고 판단된다. 예컨대 완전히 동질적인 재화나 용역을 생산하는 여러 경쟁기업들에서 이윤극대화 외에도 환경오염 극소화나 임노동자들의 고용안정성 보장 등 다양한 기준들이 각기 나름대로 고려되어 생산이 이루어진다면 이 기업들에서 생산되는 재화나 용역의 가격은 천차만별일 것이다. 이때 기업

간 진정한 경쟁이 존속한다면, 이윤극대화 이외의 기준들을 크게 고려하는 기업들은 대체로 경쟁에서 패배하여 도태되어 갈 것이다. 따라서 기업들이 이윤극대화 이외의 기준들을 고려할 여지가 소멸해가게 될 것이다. 반면에 이러한 기준들을 살리기 위해 이윤극대화 이외의 가치 있는 기준들을 크게 고려한 기업을 기금이나 국가가 재정적으로 지원해줄 경우엔, 각 기업에서 각기 형성된 가격들을 사회적으로 용인해주는 결과를 낳게 된다. 구체적으로는 예컨대 보조금 지급이나 조세 감면 등을 통해 각 기업이 부담한 비용을 사회적으로 흡수해주어야 할 것이다.[23] 이때 생기는 문제는 기업들에 대한 재정적 지원이라는 형태로 사회가 부담해야 할 적정 비용을 산정하기가 쉽지 않다는 것이다. 문제가 되는 기업들에 대해 입법조치 등을 통해 일반적인 기준을 부과하는 경우와는 달리, 개별 기업이나 개별 기금의 가치판단에 따라 가중치를 달리한 기준들에 기초하여 생산이 이루어질 경우, 그 결과 형성되는 가격은 자의성과 우연성의 요소를 너무 많이 포함하기 쉽다. 따라서 이러한 가격은 합리적인 경제정책 수립을 위한 기초 정보로서 활용되기 어렵다. 또 이렇게 개별 기업이나 개별 기금 차원에서 설정된 가치기준에 의해 생산이 이루어진 결과로 형성된 가격이 보조금 지급 등을 통해 사회적으로 용인·흡수된다면, 방만한 경영에 대한 제재가 어려워져 비효율적인 경영에 따른 비용이 사회 전체로 전가되기 쉽다. 또 비효율적인 경영을 변명하고, 이것이 사회적으로 용인되도록 하기 위한 로비와 정치적 협상의 팽배로 인해 연성 예산제약의 문제가 악화되기 쉽다.

따라서 노동자 소유기업의 경우에도 기업의 경영 기준은 이윤극대화로 단일화하고 이윤극대화 추구에 수반되는 부작용을 완화·해소하는 일은 국가 등 기업 외부의 사회조직들이 담당하도록 하는 것이 합리적이라 판단

---

23 자본주의 경제에서도 외부효과 문제의 처리 등을 위해 국가가 보조금 지급이나 조세 조절을 통해 개별 기업의 비용부담을 사회적으로 흡수해주거나 개별 기업의 비용 부담을 높이곤 한다.

된다. 예컨대 노동자들의 고용안정성 보장 문제의 경우, 개별 기금이나 개별 기업이 각기 나름의 기준에 따라 조치를 마련하는 것보다는 예컨대 국가의 입법조치를 통해 경제 전체 차원에서 전반적으로 노동시간을 단축함으로써 일자리를 보호하는 방식이 낫다고 생각된다. 기금안 입안자나 지지자들은 기업 내부로부터 경영활동의 기준이 바뀔 때에야 근본적인 변화가 이루어지리라 생각했다. 이들이 국가에 의한 입법조치 등을 통해 기업 외부에서 기업활동을 규제하는 일이 갖는 한계를 지적한 점은 타당한 면이 있다. 그럼에도 불구하고 개별 기업 차원에서 다양한 사회경제적 가치들을 고려하여 경영이 이루어지도록 한다는 발상은 재화와 용역에 대한 최종적 선택권을 소비자에게 부여하는 시장원리와 원리적으로 조화되기 어렵다. 기금안 입안자나 지지자들의 구상이 충분히 구현되려면 생산자와 소비자 간에 정치적 협상과 합의를 통해 생산활동의 방향이 결정되는 경제체제가 도입되어야 한다.[24] 이러한 경제체제는 그 구체적 형태는 어떠한 것이 되었든 결국 계획경제체제의 일종이 될 수밖에 없으며,[25] 따라서 기금안이 전제로

---

24 마이드너의 정신적 대부 격이었던 비그포르스(Ernst Wigforss)의 사고에 큰 영향을 미쳤던 길드사회주의의 구상이 바로 이런 것이었다. 길드사회주의자들은 생산자의 대표조직인 길드와 소비자의 대표조직인 국가 간의 협상과 합의를 통해 경제활동이 조직·운영되는 경제체제를 구상하였다.

25 초기 비그포르스에게 큰 영향을 미쳤던 콜(G. D. H. Cole)의 길드사회주의 구상은 시장사회주의보다는 계획경제에 가까운 것으로 보인다. 그의 길드사회주의 구상이 체계적으로 제시된 그의 주저(Cole 1919)에서, 콜은 길드사회주의 사회에서 자원배분의 중심적 메카니즘이 시장인지 계획인지에 대해서는 명확히 언급하지 않고 있다. 그러나 길드와 국가, 소비자 협동조합 등 중심적 조직들 간의 협상을 통해 생산물의 가격과 수량이 결정되는 경제체제 모델에서 시장의 역할은 극히 경미할 수밖에 없다고 판단된다. 주요 조직들 간의 협상과 합의를 통해 경제활동이 조직되는 길드사회주의 사회는, 국가 이외의 조직들에게도 매우 중요한 역할이 부여된다는 점에서, 국가라는 단일 조직에 의해 경제가 조직되는 국가사회주의보다는 분권적이고 다원적이지만, 시장경쟁이 아니라 정치적 의사결정을 자원배분의 중심적 기제로 삼는다는 점에서, 여전히 계획경제의 일종일 수밖에 없다고 판단된다. 반면에 1959년에 만년의 비그포르스가 제출한 '소유주 없는 사회적 기업' 구상은 자본시장이 제

했던 시장경제의 틀을 벗어나게 되는 것이다.

3) 외부 자본 조달 문제

외부 자본의 원활한 조달은 노동자 소유기업이 일반적으로 직면하는 어려운 문제다. 여기에서 외부 자본이란 기업의 사내유보이윤에 의해 조달되는 자본 이외의 자본을 의미한다. 자본주의 경제에선 통상 금융기관으로부터의 차입이나 주식시장을 통해 외부 자본이 조달된다. 외부 자본의 조달과 관련하여 노동자 소유기업은 흔히 딜레마에 봉착하게 된다. 기업의 순조로운 성장을 위해선 외부 자본이 원활하게 공급되어야 하지만, 주식시장을 통해 대규모로 외부 자본을 조달할 경우엔 기업의 소유권이 외부 주주들의 수중으로 이전된다는 문제가 생긴다. 즉 노동자 소유기업이라는 기업 형태를 유지할 수 없게 된다. 따라서 노동자 소유기업 형태를 유지하면서 외부 자본을 조달하려면 주로 차입에 의존하는 수밖에 없다. 그런데 차입을 통해 외부 자본을 조달하는 방식은 큰 약점을 갖고 있다. 위험부담 자본인 주식의 소유주인 주주들과는 달리 차입 자본의 대부자(貸付者)는 기업의 경영성과에 대해 위험을 부담하지 않는다.[26] 이는 자본을 차입한 기업이 전적으로 위험을 부담해야 한다는 것을 의미한다. 지나치게 큰 위험부담은 물론 기업의 성장을 저해한다.[27]

대로 작동하는 시장경제를 전제로 하고 있다.

26 물론 기업이 완전히 망하여 청산절차를 거쳐도 차입금에 대한 원리금을 상환하지 못하는 경우도 있다. 그러나 이는 예외적인 경우다.

27 자본주의 경제에서 활동해온 생산자 협동조합의 경우엔 협동조합이라는 기업 형태로 인해 주식시장을 통해 외부 자본을 조달할 수 없다. 결국 협동조합은 외부 자본의 조달을 전적으로 차입에 의존해야 하는데, 차입에 의한 자본 조달이 부과하는 지나친 위험부담을 감내해야 할 뿐 아니라, 자본을 차입하는 데서도 통상 자본주의적 기업에 비해 불리한 위치에 처해왔다. 생산자 협동조합이 주로 필요자본 규모가 작은 노동집약적 산업에서 주로 중소기업 규모로 활동해오게 된 가장 큰 요인은 바로 외부 자본 조달의 어려움이었다.

임노동자기금이 지배하는 기업의 경우 외부 자본 조달 문제는 두 개의 국면으로 나누어 살펴볼 필요가 있다. 하나는 기금이 적립되어가는 과도기에서 외부 자본 조달 문제이고 다른 하나는 기금적립이 종료된 이후의 외부 자본 조달 문제다.

기금이 적립되어가는 국면에서는 주식 발행을 통해 외부 자본을 조달하는 데 큰 어려움을 겪기 쉬울 것이다. 기금의 재원이 이윤으로부터 조달되기 때문에 외부 주주들은 기금제도가 적용되는 기업의 주식을 구매하려하지 않을 것이다. 기금의 재원이 이윤으로부터 조달된다는 것은 외부 주주들의 배당소득의 원천인 가처분이윤의 규모가 줄어든다는 것을 의미하므로 배당소득 지급의 여지도 그만큼 줄어드는 것이다. 또 기금이 소유지배력을 행사하는 기업에서는 외부 주주들의 이익이 크게 존중되지 않으리라는 우려가 확산되기도 쉬울 것이다. 따라서 여러 가지 투자 대상을 가진 외부주주들의 입장에선 기금제도가 적용되는 기업의 주식을 구입하려는 동기가 형성되기 어렵다. 또 신규 주식 발행을 통해 외부 주주들의 자본을 유치하는 것이 어려울 뿐 아니라 기금제도가 적용되는 기업의 주식을 이미 소유하고 있는 기존 주주들도 주식을 매각하려는 동기를 갖게 되기 쉽다. 따라서 기금제도가 적용되는 기업은 기금이 적립되어가는 과정에서 외부 자본의 조달에 큰 어려움을 겪기 쉬우며, 이 문제는 기금사회주의 기획을 조기에 좌절시키는 요인으로 작용하기 쉽다.

기금제도가 적용되는 기업은 이렇듯 주식시장을 통해 외부 자본을 조달하기가 어려워질 것이므로 거의 전적으로 차입을 통해 외부 자본을 조달해야 한다. 그런데 차입은 앞에서 언급한 바와 같이 기업에게 큰 위험부담을 준다. 따라서 이 문제를 완화하기 위해선 금융제도상의 보완이 필요할 것이다. 예컨대 자본을 대여하는 금융기관으로 하여금 자본을 차입한 기업의 경영 성과에 대해 얼마간 위험을 부담하도록 하고 그대신 기업의 경영에 대해 보다 큰 감독권이나 참여권을 행사하도록 하는 방안을 상정해볼 수 있다. 그러나 민간 금융기관의 입장에서는 위험을 부담하면서까지 기금제도가 적용되는 기업에 적극적으로 자본을 대부해줄 유인은 크지 않을 것이다. 따라서 기금제도가 적용되는 기업에 자본을 대부하는 역할은 주로 공적 금융기관의 몫이 되어야 할 것이다. 이는 기금제도가 도입될 경우 금융시장에서도 정부의 개입이 크게 증대하거나 금융기관에 대한 소유의 사회화가 진행되어야 한다는 것을 의미한다. 경제체제를 구성하는 요소들 간에는 정합성이 유지되어야 하므로 한 영역에서의 사회화는 다른 영역에서의 동반적 사회화를 필요로 하기 쉬운 것이다. 따라서 기금안 입안자들이 생각했던 것처럼, 경제의 다른 영역은 그대로 두면서 실물 부문의 민간 대기업들의 소유주체만 바꾸기는 어려운 것이다. 실물 부문에서의 소유구조의 큰 변화는 그에 상응하는, 금융 부문의 변화를 필요로 한다고 보아야 할 것이다.

기금적립이 종료된 상황, 극단적인 예로 기금이 기업의 주식 전체를 소유하게 된 상황에서는 외부 자본 조달 문제의 성격이 달라진다. 기금적립이 종료된 후에도 기업은 외부 자본을 필요로 할 것이다. 신규 주식 발행을 통해 외부 자본을 조달하려 할 경우 기금이 적립되어가는 기간에서와는 달리 외부 주주들에게 지급할 배당소득의 여지가 줄어든다는 문제는 없다. 외부 자본의 원활한 조달 여부는 전적으로 기업의 수익성 전망과 배당 정책에 대한 잠재적 외부 주주들의 평가에 의존할 것이다. 기금이 소유하는 기업의 수익성 전망이 양호하고 외부 주주들에게 충분한 배당소득이 보장된다면, 기금이 소유하는 기업이라고 해서 외부 주주들에 의해 외면될 이유는 없을 것이다. 다만 이 경우에도 기업의 경영권 장악에 관심이 큰 거대 사적 주주의 적극적 참여를 유도하기에는 어려움이 있을 것이다. 그런데 거대 사적 주주의 적극적 참여는 노동자 소유기업 체제를 유지한다는 관점에서 볼 때 바람직한 것도 아니다. 결국 기금적립이 종료된 상황에서는 신규 주식 발행을 통해 소액주주들의 자본을 유치하는 데는 별다른 어려움이 없다고 볼 수 있을 것이다.

4) 위험부담의 주체와 방식 문제

모든 경제행위에는 다소간 위험이 수반하게 마련이다. 특히 시장경제에서는 기업 간 경쟁과 경기변동으로 인해 경제주체들이 항시적으로 위험에 노출되어 있다고 할 수 있다. 경제행위에 수반하는 위험을 누가 부담하며 또어느 정도로 부담하느냐는 문제는 경제의 효율적 작동 여부와 관련하여 큰중요성을 가진 문제다. 위험부담의 주체가 불분명하거나 부적절할 경우에는 경제주체로부터 책임성 있는 경제행위를 기대하기 어렵다. 또 어떤 경제주체가 감당해야 하는 위험부담의 크기는 그의 경제행위의 성격에 걸맞아야 한다. 일반적으로 더 중요한 의사결정을 내리는 경제주체일수록 더 큰위험부담을 지도록 하고, 또 그의 경제행위가 성공적 결과를 가져올 경우큰 이득을 보는 경제주체일수록 실패를 볼 경우에는 큰 손실을 보도록 하는 것이 합리적이라고 할 수 있다. 어떤 경제행위의 중요성이나 그것이 가져다주는 이득의 크기에 비해 위험부담이 너무 작을 경우에는 책임성 있는경제행위를 유도하기 어렵고, 반대로 위험부담이 너무 클 경우에는 경제주체의 경제활동 의욕을 지나치게 위축시킬 수 있다.

자본주의적 주식회사에서 위험부담은 상이한 경제주체들에게 상이한형태로 배분된다. 주주들은 재산의 증감이라는 형태로 그들의 투자 행위에대해 위험부담을 진다. 주주들이 위험부담을 줄일 수 있는 방법은 두 가지다. 하나는 그들의 재산을 다양한 기업의 주식들에 분산 투자함으로써 위험을 분산시키는 길이다. 다른 하나는 그들이 주식을 구입한 기업의 주주총회나 이사회에 참여하여 기업의 경영이 그들의 의사에 부합되는 방향으로이루어지도록 이끄는 길이다. 주식회사의 1주 1표주의는 위험부담을 더 크게 지는 주주에게 더 큰 의사결정권을 부여한다는 점에서 조직원리상 합리성을 갖고 있다. 시장경제에서 기업은 항시적으로 위험 속에서 활동하는 조직이므로 기업의 조직 원리는 위험부담의 배분 원리에 조응해야 할 필요가있는 것이다. 전문경영인의 경우에는 기업의 경영실적이 좋지 않을 경우 주주들에 의해 문책당하는 형태로 위험을 부담한다. 통상 전문경영인이 감당하는 위험부담의 최대치는 해고다. 임노동자들은 기업의 의사결정에 크게 관여하지 않지만, 기업의 경영성과가 나쁠 경우에는 임금 삭감이나 해고 등으로 위험부담을 진다. 임노동자들이 부담하는 위험부담의 최대치도 해고다. 기업이 도산하는 경우에도 임노동자들이 개인재산의 손실로 위험을 부담하는 경우는 극히 드물다. 그러나 노동력은 자본과 달리 여러 대상에 분산 투입될 수 없고, 특정 시점에는 대개 한 직장에만 속해 있어야 하기 때문에 임노동자들이 지는 위험부담도 매우 크다고 볼 수 있다.[28]

그렇다면 임노동자기금이 지배하는 기업에서는 위험부담이 어떻게 배분될 것인가? 임노동자들이나 전문경영인의 경우엔 자본주의적 기업에서와 사정이 크게 다르지 않을 것이다. 이들이 감당해야 하는 위험부담의 최대치는 해고일 것이다. 다만 임노동자기금이 지배하는 기업의 경우 자본주의적 기업에서보다는 온정주의적 풍토가 만연할 가능성이 크므로, 임노동자들이 해고라는 형태로 위험을 부담하는 정도는 다소 경감되리라 예상할 수 있다.

한편 동어반복적 이야기지만, 기금이 지배하는 기업에서 지배주주는 기금이다. 구체적으로는 기금을 대표하여 기업 이사회에 참여하는 이사가 지배주주 역할을 담당하게 된다. 아마도 노동조합 간부나 노동조합에 의해 고용된 경제-경영 전문가들이 기금을 대표하는 이사 역할을 담당하게 될 것이다. 또 해당 기업의 임노동자들을 대표하는 인물도 이사회에 참여하게 된다. 자본주의적 주식회사의 대주주와 유사한 역할을 담당하는 이들은 과연 기업의 경영성과에 대해 어떠한 책임을 지게 되는가? 일단 이들은 기업

---

28 미드(James E. Meade)는 이것이야말로 노동이 자본을 고용하지 않고, 자본이 노동을 고용하게 되는 주된 이유라고 주장한다. 즉 노동은 위험을 분산시킬 수 없지만 자본은 위험을 분산시킬 수 있기 때문에, 위험부담을 지고 노동을 고용하여 사업에 착수할 수 있다는 것이다. Meade(1972: 402-28).

이 손실을 보게 될 경우에도 그들의 개인 재산을 잃게 되는 것은 아니다. 이 것이 자본주의적 주식회사의 개인 주주와 다른 점이다. 이들은 정치적 선출 과정을 통해 선임된 대표이거나 이들에 의해 고용된 전문가이므로 이들이 감수하게 되는 위험부담의 최대치는 낙선이나 해임일 것이다. 재산손실과, 낙선이나 해임 중 어느 것이 위험부담을 더 크게 지는 방식인지는 일반적 으로 이야기할 수 있는 문제는 아니다.

그러나 대주주에게 개인 재산의 손실이라는 형태로 위험부담을 지우 는 것에 비해 낙선이나 해임이라는 형태로 위험부담을 지우는 것은[29] 기업 경영의 효율성이라는 면에서 불리한 점이 있다. 첫째, 통상 주가의 하락이 라는 형태로 발생하는 주주의 재산 손실은 기업경영이 잘못될 경우 대개 즉각적으로 발생하지만, 기업경영이 잘못되었다고 해서 이사진을 즉각 해 임시키기는 어렵다. 이사진의 잦은 교체는 기술적으로도 쉽지 않고 또 조직 의 안정성이라는 면에서 항상 바람직한 것도 아니다. 또 현실적 권력관계로 인해 사실상 거의 불가능할 수도 있다. 예컨대 기금제도를 총괄적으로 관리 하는 상급 노동조합조직들의 간부들 사이에 암묵적 결탁이 형성되어 서로 의 지위를 보호해주는 관행이 만연될 경우, 기업경영의 실패에 대해 기금을 대표하는 이사를 문책하기가 매우 어려워질 것이다. 요컨대 사적 주주들과 는 달리 공적 재산을 대표하는 임원들에게는 기업경영의 실패에 대해 즉각 적으로 책임을 지우기가 쉽지 않다.

둘째, 사적 주주의 재산 손실 규모는 기업경영의 실패 정도를 반영한다 는 점에서 신축적 성격을 띠지만, 유임이나 해임이라는 형태의 위험부담 방

---

29 물론 기금이 지배하는 기업에서 대주주는 기금이지 기금을 대표하는 이사인 것은 아니 다. 이사는 대주주인 기금의 역할을 대행하는 대리인(agent)일 뿐이다. 그리고 기금이 지배 하는 기업이 경영 실패를 겪을 경우 대주주인 기금의 재산도 손실을 입게 된다. 그리고 기금 의 궁극적 소유주는 임노동자 집단이라 볼 수 있다. 그러나 현실적으로 중요한 것은 대주주 인 기금의 소유주 역할을 실제로 담당하는 행위 주체가 누구이며, 이들은 자신의 행위 결과 에 대해 어떠한 위험부담을 지느냐는 것이다.

식은 전부 아니면 전무의 성격을 띤다. 즉 신축성이 결여된 위험부담방식이다. 기업의 경영성과에 따라 즉각적으로 주주의 개인 재산 규모가 변동하고, 또 경영 실패의 정도에 따라 재산 손실 규모가 결정되도록 하는 위험부담 방식하에선, 위험부담의 대표적 주체인 대주주가 기업을 효율적이고 책임성 있게 경영하려는 유인이 쉽게 형성된다.[30] 즉 책임 있는 경영 주체의 창출 문제가 쉽게 해결된다.[31] 그러나 이사의 유임이나 해임, 또는 노동조합 간부의 재선이나 낙선을 통해서만 기업경영의 실패에 대한 문책이 이루어지는 위험부담 방식에선 책임 있는 경영 주체를 창출하기가 어려워지기 쉽다. 책임 있는 경영 주체가 없는 기업에선 물론 방만하고 불성실한 경영이 행해지기 쉽다. 또 1981년 기금안에서처럼, 기금자금을 투자하는 형태의 기금제도의 경우에는 기금자금을 효율적으로 관리할 책임 있는 경영 주체

30 일반적으로 신뢰할 수 있는 경영 주체가 갖추어야 할 조건으로는 경영 능력과 조직에 대한 헌신(commitment)을 들 수 있다. 기업이라는 영리조직에서, 헌신은 대체로 주관적인 애정의 문제라기보다는 이해관계 결박의 문제다. 기업활동의 성과에 자신의 개인적 이해관계가 크게 결박되어 있는 사람일수록 기업에 대해 헌신적 태도를 보이기 쉽다. 따라서 기업을 조직함에 있어, 기업의 장기적 존립과 성장을 책임지는 경영주체의 경제적 처지가 기업경영의 결과에 의해 크게 영향받도록 만들수록 경영 주체로부터 헌신을 이끌어내기 쉽다.

31 자본주의적 주식회사에서 책임 있는 경영주체는 대체로 대주주들이다. 모든 주주들이 기업의 실패에 대해 자신의 재산의 감소라는 형태로 책임지지만, 소액주주들은 통상 기업의 경영에 직접 참여할 유인과 기회가 작기 때문에, 대개 주식의 매매라는 '퇴장을 통한 영향력'(exit influence) 행사에 만족하고, 기업의 경영에 직접 관여하여 '발언을 통한 영향력'(voice influence)을 행사하는 주체는 대개 대주주에 국한된다. 대주주들은 통상 기업 이사회에 직접 참여하거나 이사를 선임함을 통해 기업경영의 큰 틀을 짜게 된다. 소유와 경영이 분리된 주식회사에서는 전문경영인이 일상적 경영활동을 주관하지만 전문경영인의 경영활동은 대체로 이사회의 통제 하에서 이루어진다. 그런 점에서 자본주의적 주식회사는 책임 있는 경영 주체의 창출 문제를 대체로 해결한 기업 형태라 볼 수 있다. 그러나 경우에 따라서는 전문경영인이 기업의 실질적 최고 권력자로 군림할 수도 있다. 전문경영인과 대주주 간의 권력관계는 기본적으로 주식 소유의 분포에 의존한다고 볼 수 있다. 수많은 소액주주들에 의해 주식이 크게 분산 소유되어 있고 압도적 대주주가 없을 경우에는, 전문경영인이 기업의 의사결정을 사실상 주도할 수 있다. 주식 소유의 분포 상황과, 전문경영인과 대주주 간의 권력관계 사이의 함수 관계에 대한 좋은 설명으로는 황태연(1996: 138-45) 참조.

를 창출하는 데 있어 이와 동일한 문제에 봉착하기 쉽다. 결국 기금사회주의 모델은 위험부담의 주체와 방식을 적절히 확정한다는 중요한 문제에서 큰 약점을 보이고 있다고 평가할 수 있다.

경제구조의 사회주의적 성격을 유지하면서도 이러한 문제를 해결할 수 있는 방안으로는 다음과 같은 것들을 생각해볼 수 있다. 첫째, 개별 기업에게 완전한 자율성을 부여하여, 개별 기업의 임노동자들로 하여금 자기 기업을 전적으로 소유하도록 하는 방안이다. 즉 완전한 노동자 자주관리기업 형태로 노동자 소유기업을 조직하는 것이다. 이 경우 개별 기업의 경영 성과는 해당 기업의 임노동자들의 경제적 처지의 개선이나 악화로 바로 연결될 것이므로, 해당 기업의 임노동자들은 책임 있는 경영 주체 역할을 적극적으로 담당하려 할 것이다. 전문경영인을 고용할 경우에도 임노동자들은 전문경영인의 경영행위를 적극적으로 감독·통제하려 할 것이다. 자본주의 경제에서 활동해온 생산자 협동조합에서 이러한 모습을 발견할 수 있다. 그런데 이러한 방안은 개별 기업의 임노동자들에게 과도한 위험부담을 지운다는 문제점이 있다. 기금논쟁에서 스톨(Ingemar Ståhl)이 지적한 것처럼, 완전한 노동자 자주관리기업의 경우엔, 개별 기업의 임노동자들이 자기 기업에 대해 노동계약에 더하여 이윤분배계약까지 맺은 셈이므로 자기 기업의 경영성과에 대해 너무 큰 위험부담을 지게 된다. 자신의 자본을 여러 기업 및 여러 자산에 분산 투자할 수 있는 사적 주주들과는 달리, 자기 기업을 소유한 임노동자들은 오직 자기 기업에 대해서만 투자한 셈이므로 위험을 분산시킬 수 없다. 이 경우 발생할 수 있는 문제는, 이미 큰 위험부담을 진 임노동자들이 더 이상의 위험부담을 꺼리게 되어, 기업을 경영함에 있어 현상유지적·위험기피적 성향을 보일 수 있다는 것이다. 대다수의 기업들이 이러한 양상을 보일 경우 장기적으로는 경제 전체의 침체가 야기되기 쉬울 것이다.

둘째, 개인지분 원리를 도입하는 방안이다. 기금안에서처럼 개별 기업의 상위 수준에서 조직되는 기금제도를 도입하더라도, 기금에 대한 개별 임노동자들의 소유몫을 확정해주고 이에 대해 배당소득을 지급해주면, 임노동자들이 기금의 효율적 운영 여부에 큰 이해관계를 갖게 될 것이므로 기금의 효율적 운영 여부를 감독하려는 유인이 형성될 것이다. 1981년 공동안에서와 같은 형태로 기금제도를 구성하면 임노동자들이 기금자금의 효율적 투자 여부에 관심을 갖게 될 것이다. 기금자금이 효율적으로 투자되어 기금자금이 증식될수록 기금에 대한 개인지분을 가진 개별 임노동자들의 배당소득이 증가할 것이기 때문이다. 또 1976년 LO안이나 1978년 공동안에서와 같은 형태로 기금제도를 구성할 경우엔, 기금이 소유한 기업이 효율적으로 경영되도록 하는 데 관심을 갖게 될 것이다. 기금이 적립되어가는 과도기에는, 기금제도가 적용되는 기업이 효율적으로 경영되어 높은 이윤율을 올릴수록 기금으로 적립되는 기여금이 커지므로, 기금에 대한 개인 지분을 소유한 개별 임노동자들의 배당소득이 증가할 것이고, 기금적립이 종료된 후에도 기업이 높은 이윤율을 올릴수록, 기금의 재산가치가 증가하여 기금에 대한 개인 지분을 소유한 개별 임노동자들의 배당소득이 증가할 것이기 때문이다. 또 이렇게 개별 기업 상위 수준에서 조직되는 공적 재산에 대해 개별 임노동자들에게 개인 지분을 허용할 경우엔, 완전한 노동자 자주관리기업에서 생기는 문제인, 위험부담의 과도한 집중 문제가 크게 완화될 수 있을 것이다. 그러나 개인 지분에 대해 배당소득 지급뿐 아니라 주식시장에서의 자유로운 매매까지 허용하게 되면, 장기적으로는 노동자 소유기업의 틀을 유지하기가 어려워질 수 있다. 전통적 재산가들이 임노동자들이 소유했던 주식을 대량으로 사들일 수 있기 때문이다.

　개별 기업에게 완전한 자율성을 부여하는 한편 개별 기업 수준에서 개인 지분 원리까지 도입할 경우엔 기업의 효율적 경영에 대한 해당 기업의 임노동자들의 관심을 극대화시킬 수 있을 것이다. 이 경우 노동자 소유기업은 자본주의 경제에서 활동해온 생산자 협동조합과 아주 유사한 형태를 띠게 될 것이다. 그러나 이 경우엔 위험부담의 과도한 집중 문제가 야기될 것이다.

셋째, 노동자가 기업을 소유하는 것이 아니라 자본을 공급하는 경제 주체가 기업을 소유하도록 하는 방안이다. 자본을 공급하는 경제 주체가 기업을 소유하여 기업활동에 대해 직간접적으로 경영권을 행사하도록 한다면, 책임 있는 경영 주체를 창출하고 외부 자본을 원활하게 조달하는 데 큰 어려움을 겪을 필요가 없다. 자본주의 경제의 소유권 원리가 바로 이러하다. 그렇다면 이러한 방식에 기초하면서도, 경제구조의 사회주의적 성격을 확보할 수 있는 길이 과연 있겠는가?

송희식은 주식과는 성격이 다른 경제 매체를 통해 기업의 소유권을 매개하는 방안을 구상했다. 송희식은 '연대사회' 구상은 기업에 대한 경영권을 담보해주지만 수익권이 제한되어 있고, 시장에서 자유롭게 매매되지 않는 경제 매체인 '연대 매체'를 통해, 평등한 소득분배와 책임 있는 경영 주체의 창출, 또 효율적인 경제 운영을 달성한다는 구상이다(송희식 1992). 이 구상의 장점은, 자본주의적 기업에서처럼 위험부담의 주체와 경영의 주체를 일치시킴으로써, 책임 있는 경영 주체의 창출 문제와 외부 자본의 조달 문제를 동시에 해결하는 한편 기업의 소유권을 매개하는 경제 매체에 주식과는 다른 여러 가지 특성을 부여해줌으로써, 모든 사회주의적 기획에 공통된 이상인, 소득분배의 균등화와 경제적 의사결정과정에 대한 대중의 참여기회의 균등화를 달성할 수 있는 길을 보여주고 있다는 점이다.[32] 그러나 이 구상은 현재까지 역사적으로 사용되어본 적이 없는 전혀 새로운 경제 매체를 중심으로 경제체제를 구성하자는 구상인 관계로, 현재의 자본주의 경제로부터 새로운 경제체제로 어떻게 이행할 수 있는 것인지에 대해서는 아

---

[32] 모든 성년 시민들에게 무상으로 배정되며, 시장에서 자유롭게 거래되지 않는 경제 매체인 '쿠폰'으로 하여금 기업의 소유권을 간접적으로 매개하게 함으로써, 모든 시민들에게 균등한 자본소득을 보장해준다는, 로머(John E. Roemer)의 '쿠폰 사회주의'(the coupon socialism) 구상도 세부적 내용은 크게 다르지만, 기본적 아이디어는 송희식의 구상과 상당히 닮았다. 로머의 쿠폰 사회주의 구상이 본격적으로 제시된 책은 Roemer(1994), 쿠폰 사회주의 구상이 간략히 요약되어 있는 글로는 Roemer(1996) 참조.

무것도 이야기해주지 못한다는 결정적인 문제를 안고 있다. 반면에 기금안에 내장된 기금사회주의 구상은 비록 내용상 많은 약점을 갖고 있음에도 불구하고, 현재의 자본주의 경제로부터 어떻게 기금사회주의로 나아갈 것인가에 대해서는 분명한 답변을 제공해주고 있다. 경제체제의 이행 문제를 진지하게 생각하는 사람이라면, 설득력 있는 이행 방안이 전혀 제시되어 있지 않은 정교한 대안적 경제체제 모델보다는, 비록 내용에 허술한 점이 많다 하더라도 설득력 있는 이행 방안을 제시해주고 있는 대안적 경제체제 모델을 우월한 것으로 평가할 것이다.[33]

4. 노동조합 역할의 이중화

노동조합이 관리하는 임노동자기금이 기업들의 지배주주가 되면 노동조합의 역할은 이중화된다. 한편으로는 임노동자들의 일상적 이익을 대변한다는 전통적 역할을 계속 떠맡아야 하고, 다른 한편으로는 기업들에 대한 소유주로서의 역할도 떠맡아야 한다. 애초의 기금안의 입안자인 마이드너 그룹은 1975년 기금안 시안에서 노동조합의 역할의 이중화 문제를 앞으로 더 논의가 필요한 중요한 문제로 거론한 바 있었다. 기금논쟁에서 기금안 반대자들은 노동조합의 역할의 이중화에 내포된 위험성을 지적했다. 우파적 관점에서 기금안에 반대한 논자들은 대개 노동조합의 권력의 비대화에 비판의 초점을 맞추었고, 좌파적 관점에서 기금안에 반대한 논자들은 노동조합

---

33 또 송희식의 '연대사회' 구상처럼 내용이 매우 치밀하게 짜여진 정교한 구상은 틈이 많은 개략적 구상에 비해 현실 적응력이 떨어질 수도 있다. 구성요소들 간에 복잡한 상호의존 관계를 포함하는 정교한 구상의 경우, 구성요소들 중 일부만 제대로 작동하지 않아도 구상 전체가 무의미해지기 쉽다. 반면에 빈 틈이 많아 다소 엉성하게 보이지만 상황의 변화에 대한 적응 잠재력이 있는 구상은, 복잡다단하고 정확한 예측이 어려운 현실 속에서 보다 큰 생명력을 보일 수 있다.

의 전통적 역할의 유명무실화를 우려했다.

앞에서 살펴본 바와 같이, 우파적 관점에서 기금안을 비판한 대표적 논자인 린드벡(Assar Lindbeck)은 기금제도가 도입되면 노동조합은 소유주, 사용자, 전통적 노동조합의 역할을 모두 겸하는 막강한 권력체로 성장하게 되리라는 점을 경고했다. SAF와 LO의 역할을 겸하는 'SAFLO'로 발전해가리라는 것이다(Lindbeck 1979: 55-56). 이로 인해 엄청난 권력 집중이 이루어져, 그 누구도 노동조합을 비판하기가 어려워지는 상황에 이르게 되리라는 것이다.

반면에 좌익당 당수 헤르만손(Carl-Henrik Hermansson)은 기금제도가 도입되면 노동조합의 전통적 역할이 유명무실해지리라 경고했다. 우선 소유주의 역할과 임노동자의 이익단체로서의 역할을 노동조합이라는 단일한 조직이 동시에 담당한다는 것은 원리적으로 불합리하다는 것이다. 더 높은 임금을 요구하는 전통적인 노동조합의 역할과 더 높은 이윤을 추구하는 자본가의 역할을 동일한 조직이 담당하는 것은 있을 수 없는 일이라는 것이다. 또 이렇게 노동조합이 이중적 역할을 담당하게 되면, 오직 임금인상에만 주력하는 새로운 임노동자조직이 생겨나 기존의 노동조합과 경쟁하게 될 가능성이 크다는 것이다(Hermansson 1977: 12). 이러한 헤르만손의 주장 뒤에는 소유주로서의 노동조합의 역할이 임노동자들의 이익의 대변자로서의 전통적 노동조합의 역할을 압도하게 되리라는 생각이 깔려 있었다고 볼 수 있다.

또 중앙 노동조합조직들인 TCO와 SACO/SR, 또 코르피(Walter Korpi) 및 그의 시민기금안을 지지했던 콤뮨 소속 사무직 노동자 노동조합 SKTF도 노동조합의 전통적 역할이 훼손되지 않는 방향으로 기금제도가 구성되어야 한다는 점을 강조했다.

이러한 비판들에 맞서 기금안을 옹호한 논자는 마이드너였다. 그는 노동조합의 역할이 이중화된다는 것이 그리 심각한 문제를 야기하지는 않는다는 점을 강조한다. 첫째, 노동조합의 역할의 이중화라는 것이 전혀 새로운 문제는 아니라는 것이다. 스웨덴의 노동조합운동은 전통적으로 임노동자들의 이익을 대변해왔을 뿐 아니라, 거시경제의 안정화를 도모하는 임금정책을 추진해왔다는 점에서 사회 전체의 이익도 대변해왔다고 볼 수 있다는 것이다. 즉 이미 이중적 역할을 담당해왔다는 것이다. 또 이스라엘의 노동조합 히스타드루쓰(Histadruth)는 이스라엘의 총 생산자본의 1/3 가량을 소유하고 있으면서도 임노동자들의 이익을 대변하는 독립적 조직으로서의 성격을 온전히 유지해왔다는 것이다.

둘째, 기금제도에서 소유주로서의 노동조합의 역할과 임노동자의 이익단체로서의 노동조합의 역할이 서로 날카롭게 대립되는 경우는, 노동조합이 기금자금의 투자 방식이나[34] 기금이 소유지배력을 행사하는 기업의 경영 방향을 설정함에 있어,[35] 철저하게 이윤극대화를 추구하는 경우일 텐데, 사태가 이러한 방향으로 진행될 가능성은 거의 없다는 것이다. 에딘(Per-Olof Edin)과 헤드보리(Anna Hedborg)가 잘 설명했듯이, 기금이 소유지배력을 행사하는 기업에서 이윤은 '목표'가 아니라 '제한'으로 기능할 것이기 때문이다.

그럼에도 불구하고, 임노동자들의 이익단체로서의 역할과 기업의 소유주로서의 역할을 각기 상이한 임노동자조직들에 부여함으로써, 상이한 역할들을 조직적으로도 분화·정립(鼎立)시키는 방안도 고려해볼 만하다고 한 발 물러선다. 여기에서 마이드너가, 참고할 만한 좋은 사례로 거론하는 것이 오스트리아의 노동의회(독일어 Arbeiterkammern, 스웨덴어 arbetarkamrar)다. 오스트리아의 노동의회는 노동조합과는 독립적인 별도의 조직으로서 임금문제 등 노동조합의 전통적 관심 사항은 다루지 않고, 임노

---

34 1981년 공동안에서처럼 기금이 기업들 외부에서 조직되어 기업들의 주식을 구매하는 방식으로 기업들에 대해 소유지배력을 행사하는 경우에 해당된다.

35 1976년 LO안, 1978년 공동안, 1981년 공동안 모두에 해당된다.

동자들에 대한 교육과 법률지원, 또 사회정책 연구 등 모든 임노동자들의 이해관계를 포괄하는 사업들을 담당해왔다. 또 노동의회 의원의 선출 방식은 정치인들을 선출하는 것과 아주 유사하여, 모든 임노동자들이 투표권을 행사하고, 다양한 정파들이 입후보자들을 천거하며 정파별 득표율에 따라 정파별 의석이 배분되는 형태였다.[36] 이렇게 오스트리아의 노동의회와 유사한 임노동자조직으로 하여금 기금을 관리하도록 하고 노동조합은 전통적 역할에 충실하도록 하는 것도 고려해볼 만한 방안이라는 것이다. 이러한 기금조직 방식은, 노동조합이 기금을 관리하도록 하는 방안과, 모든 시민들로 하여금 기금 지도부를 선출하도록 하는 코르피류의 시민기금안 사이의 중간의 길이 되리라는 것이다(Meidner 1981: 41-51).

이상 기금사회주의에서 노동조합의 역할의 이중화 문제를 둘러싸고 전개된 논쟁을 살펴보았다. 일반적으로 임노동자들이 기업의 소유주가 되면 임노동자들의 주체위치(subject position)는 이중화된다. 한편으로는 기업의 소유주로서의 주체위치를 갖게 되고, 다른 한편으로는 임금을 받고 노동을 수행하는 자로서의 주체위치를 갖게 된다. 문제는 두 주체위치 간에 이해관계의 대립이 존재한다는 점이다. 기업의 소유주로서의 임노동자는 기업의 수익성 제고와 성장을 무엇보다 우선시할 것이고, 임금을 받고 노동을 수행하는 자로서의 임노동자는 높은 임금과 쾌적한 노동조건을 우선시할 것이다. 이러한 상이한 주체위치에 기인하는 상충되는 이해관계는 예컨대 임금문제를 둘러싸고 날카롭게 표출될 수 있다.

더욱이 LO나 사민당이 제안한 기금안들은 모두 기금의 관리 주체를 노동조합으로 삼고 있었기 때문에,[37] 기금사회주의에서는 임노동자의 주체위

---

36 오스트리아의 노동의회에 대한 보다 자세한 설명은 Klose(1987: 51-57) 참조.
37 1975년 기금안 시안에서는 산업별 노조가 해당 산업에 조직되는 부문 기금을 관리할 산업위원회를 선출하도록 했다. 1976년 LO안에서는 부문 기금을 관리하는 위원 중 1-2명

치가 이중화될 뿐 아니라, 노동조합이라는 구체적인 조직의 역할도 이중화된다. 이러한 조직방식에서 전개될 수 있는 상황으로는 다음과 같은 시나리오들을 상정해볼 수 있다. 첫째, 노동조합이 유능한 소유주로서의 역할 담당에 역점을 둘 경우, 임노동자들의 일상적 이익을 대변한다는 노동조합의 전통적 역할이 크게 약화될 수 있다. 이론적으로는 임노동자 집단 자신에 의한 자기착취가 성행할 수 있다. 구체적으로는 기금을 대표하여 기업 이사회에 참여할 사람들은 노동조합 간부이거나, 이들에 의해 선임되는 경제-경영 전문가들일 것이므로, 이들이 풀뿌리 임노동자대중과 실질적으로 분리되어 유능한 소유주 또는 경영자로서의 역할 담당에만 몰두할 수 있다. 이 경우 헤르만손이 지적한 대로, 임금문제 등 풀뿌리 임노동자대중이 큰 관심을 가지는 문제의 해결에 전념하는 새로운 임노동자조직이 생겨나 기

___

은 공익위원으로 채우고, 나머지 위원들 중 절반은 해당 산업의 산업별 노조가 선출하고, 나머지 절반은 여타 산업별 노조들이 선출하도록 했다. 1978년 공동안에서는, 각 지역에 속한 단위 노조들이, 지역별로 조직되는 지역기금을 관리할 지역대의원들을 선출하도록 했다. 1981년 공동안에서는 지역기금을 관리할 기금 이사회 위원들을 선출하는 방법으로 두 가지를 제시하고 그 중에 하나를 선택할 것을 권고했다. 그 하나는 각 지역의 모든 임노동자들이 직접선거를 통해 그 지역에 조직될 지역기금을 관리할 이사회 위원들을 선출하는 방식이다. 다른 하나는 중앙노동조합조직인 LO, TCO, SACO/SR에게 가입 조합원수에 따라 지역기금 이사회 선출권을 할당하고, 해당 지역의 지방자치기구들에도 얼마간의 선출권을 할당하는 방식이다. 이상 여러 구상 중, 산업기금이나 지역기금이 노동조합으로부터 조직적으로 분명히 분리되는 것은 1981년 공동안의 첫 번째 선출 방식뿐이다. 오스트리아의 노동의회의 의원 선출방식은 1981년 공동안의 첫번째 선출 방식과 유사하다.

이렇듯 LO와 사민당이 제출한 기금안들에서, 노동조합이 실질적으로 기금을 관리하도록 하게 된 배경으로는 다음과 같은 것들을 생각해볼 수 있다. 첫째, 애초에 기금안을 제출하여 기금논쟁을 시발시킨 장본인이 스웨덴에서 가장 강력한 중앙 노동조합조직인 LO였다. 둘째, 스웨덴의 경우 노동조합은 매우 강력한 데 반해, 예컨대 서독의 직장평의회(Betriebsrat)와 같이 노동조합과 조직적으로 독립된 임노동자 대표 기구를 가져본 적이 없었다. 앞에서 살펴본 바와 같이, 1960년대 말까지 LO가 노동자 경영참여제도의 도입에 미온적이었던 이유의 하나는, 이로 인해 노동조합과 독립된 별도의 임노동자 대표 기구가 생겨나 노동조합과 경쟁하게 될지도 모른다고 우려한 데 있었다. 따라서 기금을 관리할 임노동자 대표 기구로서 노동조합 외에 달리 생각해볼 만한 마땅한 대안도 없었다.

존의 노조와 경합할 수도 있을 것이다.

둘째, 노동조합 간부들이 그들에 대한 선출권과 해임권을 가진 일반 노동조합원들의 환심을 사기 위해 단기적 인기에 영합하는 정책을 선호하여, 기금 및 기업의 성공적 운영을 책임지는 유능한 경영자 역할을 제대로 담당하지 못할 수 있다. 이럴 경우 장기적으로는 경제 침체를 면하기 어려울 것이다.

셋째, 노동조합이 상충되는 두 가지 이해관계를 균형 있게 고려하여, 기금 및 기업의 성공적 운영과 풀뿌리 임노동자대중의 일상적 이익을 고루 충족시킬 수도 있다. 구체적으로는 노동조합의 여러 기관들에 적절한 권한과 의무를 부여하고, 이 기관들이 상호 견제할 수 있도록 해주는 조직 유형을 발전시킴으로써, 소유주 역할과 임노동자의 이익단체로서의 역할을 큰 갈등 없이 함께 담당할 수 있다.

노동조합의 역할이 이중화될 경우 사태가 구체적으로 어떠한 방향으로 진행되어갈 것인지는 이론적으로 예측하기가 불가능하다. 그러나 조직 구성원리의 합리성이라는 관점에서 볼 때 노동조합의 역할이 이중화되는 것은 바람직하지 않다고 판단된다. 원리적으로 이질적인 과제들은 상이한 조직들로 하여금 각기 담당하도록 하는 것이 합리적이라 생각된다. 우선 하나의 조직이, 상충될 수도 있는 여러 과제들을 담당할 경우 의사결정의 기준이 불분명해지기 쉽다. 그런데 일반적으로 의사결정의 기준이 분명할 때에야 효과적인 과제 수행이 가능해진다. 둘째, 소유주 역할을 담당하는 것과 임노동자의 이익단체로서의 역할을 담당하는 것은 원리적으로 서로 갈등적인 측면이 있기 때문에, 양자가 균형 잡히려면 각 역할을 담당하는 주체 간에 상호 견제가 이루어져야 한다. 그런데 일반적으로 하나의 조직에 속한 기관들 사이에서보다는 조직적으로 서로 완전히 독립된 기관들 사이에서 상호 견제가 더 잘 이루어질 수 있다.

임노동자기금안과 시민기금안 사이의 논쟁을 살펴보면서, 민주주의

원리와의 부합성이나 정치적 실행 가능성 모두에서, 임노동자기금안보다는 코르피류의 시민기금안이 우월하다는 입장을 취한 바 있다. 그런데 코르피류의 시민기금안은 노동조합의 역할의 이중화를 낳지 않는다는 이점도 있다. 또 설령 직접생산자인 임노동자들이 생산수단을 소유해야 한다는 사고의 틀 속에서 생각한다 하더라도, 노동조합이 기금을 관리하도록 하는 것보다는 오스트리아의 노동의회든 그 어떤 형태로든 노동조합과는 조직적으로 분리된 임노동자조직으로 하여금 기금을 관리하도록 하는 것이 합당하다고 판단된다.

5. 이행기의 경제적 혼란

일반적으로 하나의 경제체제로부터 새로운 경제체제로 이행하는 일은 큰 경제적 혼란을 야기하기 쉽다. 그런데 이행기의 경제적 혼란이 아주 크면, 이행 자체를 중도에 포기해야 하거나 설령 끝까지 이행을 이루어낸다 해도 애초의 계획과는 크게 다른 방식으로 이행을 추진하게 되기 쉽다. 또 이행기의 경제적 혼란과 싸우는 과정에서 애초의 구상과는 상당히 다른 형태의 경제체제가 형성되는 결과가 나올 수도 있다. 따라서 어떤 대안적 경제체제 모델이 충분한 설득력을 가지려면, 체제 이행이 종료된 이후에는 새로운 경제체제가 제대로 작동할 수 있다는 점을 보이는 것만으로는 불충분하고 순조로운 이행의 가능성까지 보일 수 있어야 한다.

　많은 기금안 반대자들은 기금사회주의로의 이행 과정에서 큰 경제적 혼란이 발생하리라는 점을 강조했다. 많은 논자들이 지적한 문제의 하나는 이행기에 자본의 해외 이전과 투자 스트라이크가 빈발하리라는 것이었다. 우파 사민주의자인 엘반데르(Nils Elvander)는 임노동자기금이 도입될 경우 기존 주주들은 그들의 주식 재산을 많이 잃게 되므로 이를 피하기 위해 재산을 해외로 빼돌리거나 주식 투자를 기피하고 그대신 비생산적 투기에 몰두하리라고 경고한다(Elvander 1978: 152-53). 특히 다국적기업에 의한 자본의 해외 이전은 극적인 강제조치를 취하지 않는 한 막기 어려우리라는 것이다. 기금안 입안자들은 개혁주의적 방식에 따라 장기간에 걸쳐 단계적으로 기업의 소유를 사회화하려 하지만 이는 전적으로 비현실적인 구상이라는 것이다. 이행이 더디게 진행된다는 것은 그동안 기존 주주들이 그들의 재산을 지켜내기 위한 조치들을 충분히 취할 수 있다는 것을 의미하므로 이행 과정에서 크나큰 경제적 혼란이 발생하기 쉽다는 것이다. 사태가 이렇게 진행되는 것을 막으려면 국가가 강력한 강제조치들을 발동해야 하는데, 이럴 경우엔 민주주의적 가치들이 크게 위협받게 된다는 문제가 생긴다. 따라서 개혁주의적이고 민주주의적인 방식으로 심원한 사회화를 달성한다는 것은 지극히 어려운 일이라는 것이다. 진정으로 사회화를 단행하고자 한다면 차라리 단번에 과감하게 단행하는 편이 낫다는 것이다.

> [기금안에서] 거대 자본주의에 대한 선고는 이미 확정되었지만 단번에 형(刑)이 집행되는 것은 아니다. 즉 거대 자본은 형이 천천히 집행되는 사형선고를 받았는데 거대 자본은 여기에서 빠져나갈 수 있는 모든 가능성을 확보하고 있다. 다루기 힘든 저항자를 사형시키려면, 철저한 조사와 재판 절차가 끝난 후에는 단번에 무자비하게 형을 집행해야 한다(Ibid., p. 153).

물론 여기에서 엘반데르가 주장하고 있는 것은, 단번에 사회화를 단행하자는 것이 아니라, 섣부른 사회화 시도를 포기하자는 것이다.

기금안에 대한 대표적 반대 논객이었던 린드벡(Assar Lindbeck)도 기금제도의 적용을 회피하려는 기업들의 반응으로 인해 스웨덴 경제가 공동화할 것을 우려한다. 즉 스웨덴 기업들은 기금제도의 적용을 받는 것을 피하기 위해 스웨덴보다는 외국에 집중적으로 투자하리라는 것이다. 반면에 외국 기업들은 스웨덴에 대한 투자를 기피하게 될 것이다. 이에 따라 스웨덴 경제는 공동화해가고, 외국의 선진 기술을 습득하기가 점점 어려워지게 되리라는 것이다(Lindbeck 1982: 50).

또 많은 기금안 반대자들이 우려한 것은, 기금제도가 도입되면 기업들에서 방만한 경영이 만연하고 투자가 위축되기 쉽다는 점이었다. 많은 기업들에서 경영이 부실해지고 투자가 위축되면 경제 전체의 침체가 야기될 것이다. 린드벡은 임노동자기금의 재원이 이윤으로부터 조성된다는 점을 문제 삼는다. 기금안에 따르면 이윤율이 높을수록 기금으로 납부하는 기여금 규모가 커지게 되어 있으므로, 다른 조건이 동일하다면 이윤율이 높은 기업일수록 빨리 기금으로 소유권이 넘어가게 된다. 따라서 기업의 경영진은 기업의 소유권이 기금으로 이전되는 것을 지연시키기 위해 이윤율을 의도적으로 낮추려는 동기를 갖기 쉽다는 것이다. 이에 따라 기업의 경영에서 낭비와 비효율이 만연하게 되리라는 것이다(Ibid., p. 35). 사민주의 계열의 경제학자 베리스트룀(Villy Bergström)은 기금안에 원칙적으로는 찬성하면서도, 기금의 재원이 이윤으로부터 조성됨에 따라 기업들이 투자를 꺼리고 그 대신 현금 지출을 증가시키는 경향을 보이게 될 것을 우려한다. 투자의 증가는 차기(次期) 이윤 증가를 낳고, 이윤의 증가는 기금 기여금의 증가를 의미하기 때문이다. 따라서 이로 인한 투자 위축 문제를 해결하기 위한 보완책이 마련되어야 한다는 것이다(Bergström 1975: 368-70).

기금제도가 주식시장에 미칠 악영향도 기금안에 대한 단골 비판 메뉴였다. 1976년 LO안이나 1978년 LO-사민당 공동안에서와 같은 기금제도가 도입되면 전체 주식량 중 점점 더 큰 부분이 기금 내에 동결되어 주식시장에서 거래되지 않게 된다. 따라서 주식시장의 기능이 위축된다. 또 기금제도가 도입되면 기존 주주들의 배당소득의 여지가 줄어들기 때문에 주식투자의 매력이 감소하여 기존 주주들은 그들이 보유한 주식을 매각하려 하기 쉽다. 많은 주주들이 주식을 매각하려 한다면 주가가 폭락할 것이다. 주가가 계속적으로 폭락하게 되면 주식시장은 사실상 기능 마비 상태에 빠지게 된다(Öhman 1982a: 53, Sveriges Industriförbund och Svenska Arbetsgivareföreningen 1976: 63-72).

경제학자 악셀(Bo Axell)은 1975년 기금안 시안이 나온 지 얼마 안 되어 발표된 논문에서(Axell 1976), 기금제도의 도입으로 인해 주가가 하락하게 되면 기금이 기업들의 소유권을 장악하는 데 필요한 시간이 급격히 단축된다는 점을 논증한다. 앞장에서 살펴본 바와 같이, 1975년 기금안 시안은 기업의 이윤율 및 이윤 대비 기금 기여금의 비율에 따라 기금이 기업들의 지배주주가 되는 데 필요한 시간을 계산한 바 있다. 예컨대 이윤율이 15%이고, 이윤 대비 기금 기여금의 비율이 20%일 경우, 기금이 기업의 주식 총액의 50%를 소유하기까지 25년이 소요될 것으로 추계되었다. 그런데 이 계산은 기금제도가 도입되어도 주가가 불변으로 유지된다는 가정 위에서 이루어진 것이었다.

악셀은 기금제도가 도입되면 주가가 하락한다는 전제 위에서 논의를 전개한다. 그가 보기에 기금제도가 도입되면 주가가 하락한다는 것은 불문가지(不問可知)인데, 이는 주가를 결정하는 것은 기본적으로 기대(期待)배당소득의 현재가치이기 때문이다. 기금제도가 도입되면, 기금 이외의 여타 주주들이 미래에 수취할 것으로 기대되는 배당소득이 줄어들 것이므로 주가는 하락한다.[38] 그런데 주가가 하락하면 기금으로 적립되는 신규발행주

---

38 이를 부연 설명하면 다음과 같다. 기금제도가 도입되면 기금 이외의 여타 주주들이 미래에 수취할 수 있는 배당소득의 여지는 줄어든다고 볼 수 있다. 우선 기금의 재원 자체가 이윤으로부터의 기여금으로 조성되는 관계로 여타 주주들의 입장에서 보면 그들의 배당소득의 원천인 이윤 자체가 감소하는 셈이다. 또 기금은 현금이 아니라 신규 주식 형태로 적립되므로 기금은 차기의 기업 이윤의 일부를 배당소득으로 수취하게 된다. 따라서 차기에 여타 주주들에게 지급될 배당소득의 여지는 차기의 기금 기여금에다 차기에 기금에게 돌아갈 배당소득을 더한 만큼 줄어들게 된다. 매년 이러한 과정이 계속 진행될 것이므로 기금 이외의 주주들에게 돌아갈 배당소득의 여지는 시간이 지날수록 줄어들게 된다. 따라서 기금 이

식의 양이 증가하게 된다.[39] 주가는 주식량에 반비례하므로 총 주식량이 증가하게 됨에 따라 주가는 더욱 하락하게 된다.[40] 주가가 하락하면 기금으로 적립되는 주식량은 더욱 증가하게 된다. 따라서 주가의 하락과 기금으로 적립되는 주식량의 증가 사이에는 일종의 승수효과가 작용하게 된다. 이러한 승수효과가 작용함에 따라 기금은 불과 수년 내에 기업의 전체 주식의 대부분을 소유하게 된다는 것이다. 따라서 마이드너 그룹의 구상처럼 수십 년에 걸쳐 점진적으로 기업 소유의 사회화가 이루어지는 것이 아니라 불과 수 년 내에 급격한 사회화가 이루어지리라는 것이다.

기금안 입안자들도 기금제도가 도입될 경우 이러저러한 형태로 경제적 혼란이 발생할 가능성이 있다는 점은 부인하지 않았다. 마이드너 그룹은 이미 1975년 기금안 시안에서, 기금안에 대해 재계에서 거론할 것으로 예상되는 문제로서 자본의 해외 이전과 투자 스트라이크 문제를 다룬 바 있

외의 주주들의 입장에서는 시간이 지날수록 주식을 보유할 유인이 감소하게 되므로 이들은 주식을 매각하려 할 것이다. 다른 조건이 불변일 때 많은 주주들이 주식을 매각하려 하면 주가는 하락하게 된다.

39 이를 예를 들어 설명해보자. 예컨대 A라는 기업의 이윤액이 매년 100원으로 유지된다고 가정하고 이윤으로부터 기금으로 적립되는 기여금 비율이 20%라고 가정하자. 또 기금제도가 도입된 첫 해에 이 기업의 주식 한 주의 가격이 1원이라고 가정하자. 이 경우 첫 해에 20원 어치의 신규발행주식이 기금으로 적립될 것이므로, 20주가 기금에 적립된다. 그런데 기금제도가 도입되면 주가는 하락한다. 다음 해에 주가가 0.5원으로 하락한다고 가정해보자. 따라서 다음 해에는 40장의 주식이 기금으로 이전된다. 이제 기금은 총 60장의 주식에 대해 배당소득을 얻게 된다. 이로 인해 여타 주주들의 배당소득의 여지는 더욱 감소하므로 주가는 더욱 하락한다. 주가가 하락하면 기금으로 적립되는 주식 매수(枚數)는 더욱 증가한다. 그런데 이상의 설명이 전제로 하고 있는 것은, 기금으로 적립되는 주식 1단위의 가치를 평가함에 있어 주식시장에서의 시세를 기준으로 한다는 것인데, 악셀이 논의의 대상으로 삼고 있는 1975년 기금안 시안에서는 상장기업의 경우엔 주식시장에서 결정되는 실제 주가에 의해, 기금으로 적립되는 주식의 가치를 평가하도록 했다.

40 다른 조건이 불변일 때 주식량이 증가하게 되면, 일정 규모의 이윤으로부터 나오는 일정 규모의 총 배당액이, 보다 많은 단위의 주식들에게 분산 귀속되므로 한 단위 주식 소유로부터 얻을 수 있는 배당소득이 줄어들게 된다. 따라서 주가는 하락한다.

572

다. 그 요지는, 이러한 문제가 발생할 위험성을 과소평가해서는 안 되지만 그렇다고 해서 지레 겁먹을 필요도 없다는 것이다. 우선 투자에 영향을 미치는 요인은 아주 다양하기 때문에, 기금제도로 인해 기존 주주들의 배당소득의 여지가 줄어든다고 해서 자본의 해외 이전과 투자 스트라이크가 빈발하리라고 단언할 수는 없다는 것이다.[41] 또 설령 이러한 문제가 발생한다 하더라도, 사회의[42] 강력한 개입을 통해 문제를 완화시킬 수 있다는 것이다. 예컨대 투자에 대한 조세 감면 조치를 통해 투자를 촉진하고, 공적 연금기금인 AP 기금에 의한 주식 구매를 확대함으로써 주가를 부양할 수 있다는 것이다(Meidner, Rudolf., Anna Hedborg, Gunnar Fond 1975: 115).

또 마이드너는 1981년에 발간된 책 『임노동자기금에 관하여』(Om löntagarfonder)에서도 기금제도가 주식시장에 미칠 영향에 대해 언급하고 있다. 그는 기금제도가 시장경제원리와 상충되지는 않지만 적어도 주식시장에 대해서는 부정적인 영향을 미칠 수 있다는 점을 인정하고 있다. 1975년 기금안 시안이나 1976년 LO안에서와 같은 기금제도가 도입될 경우 주식시장이 상당히 위축되리라는 것은 예상할 수 있으며, 또 이는 처음부터 의도된 것이기도 하다는 것이다. 기금제도가 도입되면 주식 투자의 매력은 감퇴할 것이고, 주가의 모니터링(monitoring)기능도[43] 약화될 것이다. 그러나 그렇다고 해서 기금제도로 인해 주식시장이 기능 마비 상태에 빠지게 되리라고 단언할 수는 없다는 것이다. 우선 AP 기금에 의한 주식 구매 확대

---

41 또 마이드너는 필자와의 인터뷰에서, 기금논쟁 당시에는 국가의 신용 규제가 강력하였기 때문에 자본을 해외로 이전시키기가 쉽지 않았다는 점을 지적하였다. 〈부록 1〉참조.

42 스웨덴 사민주의자들의 어법에서, '사회'(samhälle)라는 용어는 흔히 '국가'(stat)라는 용어와 의미가 구별되지 않은 채 사용된다.

43 여기에서 주가의 모니터링기능이란, 주식회사들의 경영 실태 및 미래 사업 전망에 대한 주주들의 평가가 주가에 반영되고 또 주가에 따라 기업들에 공급되는 위험부담 자본의 규모가 조절됨으로써, 결과적으로 주가가, 경영이 부실한 기업은 제재하고 경영이 양호한 기업은 지원하는 기능을 수행하게 된다는 것을 의미한다.

등을 통해 주가의 하락을 저지할 수 있다. 또 개별 기업 차원에서 노사 합의에 따라 이윤분배제도를 시행해온 스웨덴의 2개 상업은행에 대한 연구 결과에 따르면, 이윤분배제도로 인해 이 은행들의 주가가 크게 영향 받았다고 볼 만한 근거는 없더라는 것이다.

또 주식시장의 원만한 작동이라는 것은 기업들에게 위험부담자본을 원활히 공급해준다는 데 의미가 있는 것이지 그 자체가 자기목적일 수는 없다는 것이다. 그런데 스웨덴의 경우 주식시장은 기업들에게 위험부담자본을 공급하는 기능을 충분히 수행하지 못했다. 1955-75년 기간에 스웨덴 산업의 총 투자 자금 중 신규 주식 발행을 통해 조달된 것은 전체의 3-4%에 불과했고 나머지는 사내유보이윤이나 차입을 통해 조달되었다는 것이다(Meidner 1981: 58-61).

이상 기금이 적립되어가는 과도기에 발생할 수 있는 경제적 혼란 문제를 둘러싸고 전개된 논쟁을 살펴보았다. 기금사회주의로의 이행 과정에서는 큰 경제적 혼란이 발생할 개연성이 매우 높다고 판단된다. 특히 주식시장의 민감성이 큰 문제다. 일반적으로 잘 발달된 주식시장에서는 주주들의 이익에 자그마한 영향을 미치는 사건이 발생해도 주가가 이에 매우 예민하게 반응한다. 그리하여 주식시장의 동향은 통상 생산물시장에서의 기업 간 경쟁보다도 더욱 신속하고 효율적으로 기업들의 활동을 통제하는 기능을 수행한다. 이는 한편으로는 자본배분의 효율을 높이기도 하지만 다른 한편으로는 경제 전체의 불안정성을 크게 높이는 요인으로도 작용한다. 거의 모든 민간 대기업들의 소유를 사회화하는 것을 목적으로 삼아, 그 재원을 기업의 이윤으로부터 조달하는 기금제도가 도입될 경우 주가가 크게 하락하리라는 것은 쉽게 예상할 수 있다.[44] 주가의 폭락은 주식시장의 기능을 사실

---

44 앞에서 마이드너가 언급한 바 있는, 개별 기업 차원에서 시행되는 이윤분배제도는 기금

상 마비시키는 결과를 가져오기 쉽다. 또 악셀이 논증한 바와 같이, 주가가 폭락하면 별다른 보완 조치가 취해지지 않는 한 기금은 불과 수년 내에 기업들의 주식의 대부분을 소유하게 될 수도 있다. 점진적 사회화가 아니라 급격한 사회화가 이루어지는 것이다. 급격한 사회화가 이루어진다는 것은 기금제도를 통해 임노동자들이 오랜 기간에 걸쳐 기업의 소유와 경영에 참여함으로써 기업경영의 기법(knowhow)을 익히는 것이 불가능해진다는 것을 의미한다.

사태가 이렇게 전개되는 것을 막기 위해 AP 기금과 같은 공적 기금을 동원하여 주식을 대량 구매함으로써 주가의 하락을 지연시킨다 해도, 이것 역시 급격한 사회화로 귀결되기는 마찬가지다. AP 기금과 같은 공적 기금이 전체 주식량의 큰 부분을 소유하는 것 역시 기업의 소유권을 사적 주주들로부터 공적 기관으로 이전시키는 일이기 때문이다. 결국 어떠한 경우에도 급격한 사회화를 피하기는 어렵다는 것이다. 경제 전체에 미치는 파장이라는 측면에서, 아마도 이보다는 차라리 단계적·선별적 국유화조치가 미치는 파장이 작을 것이다. 또 자본의 해외 이전이나 투자 스트라이크를 막기 위해 국가가 강력한 조치를 통해 경제에 개입하게 되면 경제 운영에 있어 계획경제적 요소가 크게 강화될 것이다.

따라서 기금안에서와 같은 방식으로 민간기업들의 주식을 점진적으로 탈취함으로써 장기간에 걸쳐 기업 소유의 사회화를 달성한다는 전략은 비현실적이라 판단된다. 일반적으로 어떤 체제의 골간을 공략하는 시도는 그것에 수반하는 기존 질서 파괴의 자기증폭적 동학(動學)으로 인해, 본래 계

안과 같은 사회화구상과는 전혀 성격이 다르다. 따라서 주가에 미치는 영향도 다른 것이다. 스웨덴의 몇몇 기업들에서 시행되어온 이윤분배제도는 임노동자 집단이 아니라 개별 종업원들에게 이윤을 분배하는 제도이고 이윤 지급 방식에 있어 대개 주식보다는 현금으로 지급하는 형태를 취했다. 또 이윤분배제도가 시행될 경우 그 반대 급부로 임금상승이 억제되는 경우가 많기 때문에, 기업의 이윤에 큰 부담을 주지는 않는다. 따라서 개별 기업 수준에서 시행되는 이윤분배제도는 대개 임금 지급 형태의 변화 이상의 의미를 갖지 않는다.

획했던 것보다 훨씬 빨리 기존 체제를 붕괴시키기 쉽다. 현대 자본주의 경제에서 주식의 사적 소유는 체제를 구성하는 핵심 요소인 것이다.

그러므로 기업의 주식을 집단적인 방식으로 취득함으로써 기업 소유의 사회화를 이루려 한다면, 매우 단기간 내에 전면적으로 사회화가 이루어질 것에 대비하여 이에 대한 준비 태세를 충분히 갖추는 데 힘쓰거나 아니면 기금안과는 다른 방식으로 사회화를 추진해야 할 것이다. 예컨대 기금의 재원을 이윤이 아니라 임노동자들의 임금소득으로부터 조달한다면 주가를 하락시키는 효과는 상당히 약화될 수 있을 것이다. 따라서 기금재원의 규모가 동일하다면 더 장기간에 걸쳐 사회화를 추진할 수 있을 것이다. 또 재원이 임금소득으로부터 조성되면 기존 주주들이 이에 반대할 명분도 별로 없을 것이다. 또 예컨대 노동조합이 동원할 수 있는 자금으로 시범적으로 몇몇 기업들의 주식을 대량으로 구입하여 기업경영의 기법을 충분히 익히고 난 후에 보다 많은 기업들에 대한 사회화를 시도할 수도 있을 것이다. 그러나 기업들 간에는 복잡한 상호 작용이 존재하며, 어떤 기업의 경영 방식 및 그 성과는 그 기업이 속한 전체 경제 환경의 성격에 의해 크게 좌우된다는 점을 고려할 때, 몇몇 노동자 소유기업의 실험적 성공이 경제체제로서의 노동자 소유기업 체제의 성공까지 약속해주는 것은 아니다.

6. 기금사회주의 모델에 대한 종합적 평가

지금까지 임노동자기금안에 내장된 경제체제 모델인 기금사회주의 모델의 타당성 여부를 둘러싸고 전개된 논쟁을 살펴보았다. 그 결과 기금사회주의 모델은 자본주의에 대한 설득력 있는 대안으로서의 요건을 갖추지 못한 것으로 보인다.

우선 경제체제 모델이 갖추어야 할 기본적 요건인, 체제 구성 원리의 논리적 정합성을 갖추지 못했다. 특히 시장경제를 전제로 하면서도 기업 간 진정한 경쟁의 존속을 어렵게 하는 내용을 담고 있다는 점은 결정적 약점이라 할 수 있다. 이는 한편으로는 기금안 입안자들이 기업 간 진정한 경쟁을 가능케 하는 조건이 무엇인가에 대해 충분히 통찰하지 못한 데서 연유하기도 하고 다른 한편으로는 상급 노조들에 의해 관리되는 기금을 매개로 하여 다양한 임노동자 집단들 간에 연대와 협력의 전통을 살려야 한다는 문제의식에 크게 속박된 데 연유하기도 한다고 생각된다. 또 시장경제에서도 개별 기업이나 기금 수준에서 이윤극대화나 수익극대화 이외의 기준이 크게 고려될 수 있으리라 생각한 것이나, 시장경제에서 매우 중요한 문제의 하나인 위험부담의 주체와 방식의 설정 문제와 관련하여 안이한 생각을 가졌던 것에서도, 기금안 입안자들이 시장경제의 작동원리를 충분히 이해하지 못했다는 점을 발견할 수 있다. 또 기금을 소유·관리하는 주체로 노동조합을 상정한 것에도 문제가 있다고 판단된다. 앞에서 살펴본 바와 같이, 노동조합의 역할이 이중화될 때 야기될 수 있는 부작용도 있거니와, 이러한 구상은 앞에서 언급한 바와 같이, 임노동자 집단 이외의 시민들을 기금의 관리로부터 배제시킨다는 점에서 민주주의 원리에 부합하지 않는다는 문제도 있다.

또 기금사회주의로 나아가는 이행기에 발생할 수 있는 경제적 혼란 문제을 과소평가했다는 약점도 크다. 사실 기금안이 가졌던 매력의 하나는 어떻게 이행해야 할 것인가에 대해 아주 단순하고 또렷한 답변을 제공해준다는 데 있었다. 기금제도를 통해 민간 대기업들의 주식 소유주체를 교체하기만 하면 된다는 것이다. 그러나 자본주의 경제질서의 핵심적 요소인 주식의 사적 소유를 정면으로 공략할 경우, 기존 질서의 파괴 동학에 내재한 자기증폭적 성격으로 인해 크나큰 경제적 혼란이 발생할 수 있다는 점을 충분히 인식하지 못했다.

기금사회주의 모델이 이렇게 많은 약점을 갖게 된 배경으로는 다음과 같은 것들을 들 수 있다고 생각된다. 우선 정치정황적 요인들을 들 수 있다. 첫째, 애초에 기금안 입안자들에게 부여된 과제는 연대임금정책으로 인한 초과이윤문제나 재산과 경제적 권력의 집중 문제와 같은 당면 문제를 해결할 수 있는 정책안을 마련하라는 것이었다. 물론 기금안 입안자들은 기금안이 실행에 옮겨질 경우 장기적으로는 자본주의 경제의 틀을 벗어나게 된다는 점을 알고 있었다. 그러나 기금안을 통해 우선적으로 해결해야 하는 당면 과제가 주는 속박으로 인해, 대안적 경제체제 모델을 구상하는 데 있어 필수 불가결한, 충분한 이론적 성찰의 사정(射程)을 확보하지 못한 것으로 보인다. 둘째, 기금안은 정치적 진공 상태에서 마련된 것이 아니라 일정한 정치적 제약조건하에서 입안되었다. LO 지도부의 요청에 따라 LO에 속한 연구자들이 마련한 기금안에서 기금의 소유·관리의 주체로서 상급 노조들이 상정된 것은 이해하기 어렵지 않다. 셋째, 기금안은 LO와 사민당의 정치전략적 고려로 인해 여러 차례 수정되었다. 그리고 이러한 수정 작업은 대안적 경제체제 모델 구상으로서의 기금안에 대한 이념적·이론적 차원의 비판적 성찰에 기초하여 이루어진 것이 아니라 부르주아 진영과의 정치적 타협점의 모색이라는, 당면 정치전략적 고려에 의해 이루어진 것이었다. 따라서 충분한 이념적·이론적 성찰에 기초하여 대안적 경제체제 모델 구상을 더욱 다듬어갈 기회가 마련되지 않았다.

또 그간의 스웨덴 사민주의 운동의 조직적·이념적 전통이 기금사회주의 모델 구상에 부과한 제약이 있었다고 판단된다. 첫째, 중앙집권적으로 조직된 노동조합운동의 전통을 들 수 있다. 기금사회주의 모델에서 중심적 역할을 담당하는 조직은 기금제도 전체를 관장하는 상급 노조들, 즉 LO나 TCO와 같은 중앙 노동조합조직들이다. 그런 점에서 기금사회주의 모델은 분권적 성격이 강한 유고의 노동자 자주관리기업 체제와는 크게 차이난다. 기금사회주의 모델의 이러한 측면은 고도로 중앙집권적으로 조직된 노동조합이 경제와 사회에 큰 영향을 행사하며 다양한 임노동자 집단의 이해관계를 조율해온 스웨덴 노동조합운동의 전통을 반영한다고 볼 수 있다. 둘째, 기금안이 이념적으로 젖줄을 대었던 길드사회주의 이념은 사민당과 LO 사이의 밀접한 공조관계 속에서 발전해온 스웨덴 사민주의 운동의 전통과 친화력을 갖는 면이 있다. 길드사회주의 구상의 핵심은 노동조합과 국가로 이루어진 쌍두(雙頭)지배체제 구상이다. 이는 기금사회주의 모델의 경우에도 마찬가지다. 국가권력을 장악한 사민당과 강력한 노동조합조직인 LO 간에 밀접한 협력이 이루어져온 스웨덴 사민주의 운동의 오랜 전통과 길드사회주의 및 기금사회주의의 쌍두지배체제 구상 사이에는 강한 친화력이 있다고 판단된다. 셋째, 스웨덴 사민주의 운동의 이념적 전통에서 복지자본주의를 넘어서는 대안적 경제체제 모델에 대한 구상과 논의가 매우 미약했다는 점을 들 수 있다. 스웨덴 사민주의 운동사에서 생산수단 소유의 사회화 문제는 사회화논쟁 이후 사실상 망각된 주제였다. 1930~60년대에 이루어진 스웨덴 모델의 형성과 발전은 사민주의 운동의 이념적 발전에는 오히려 부정적 영향을 미쳤다. 비교적 잘 작동해온 스웨덴 모델을 운영하는 문제에 사민주의자들의 관심이 온통 집중되었던 것이다. 유일한 예외가 비그포르스(Ernst Wigforss)인데, 그의 '소유주 없는 사회적 기업' 구상은 그 내용이 매우 소략하여 기금안의 구체적 내용을 짜는 데는 크게 도움이 될 수 없었다. 이렇게 이념적 전통이 취약한 바탕에서 나온 기금사회주의 모델이 내용적으로 많은 약점을 갖게 된 것은 이해하기 어렵지 않다. 또 기금안의 정당화 논변이 기금사회주의 모델의 우수성을 설득하는 형태로 제시되지 않고 주로 연대임금정책의 부작용과 같은 당면 문제들과 관련하여 제시된 것도 이 문제와 관련이 있으리라 짐작된다.

더 일반적인 차원에서는 기금안은 선발 주자가 일반적으로 범하게 되는 시행착오를 겪어야 한 면이 있다. 기금안 입안에 있어 유의미하게 참고할 만한, 다른 나라들에서의 경험이 별로 없었다. 기금안 입안자들은 구미 각국에서 시행되거나 논의되어온 각종 이윤분배제도나 임노동자 자본형성

참여 방안에 대해 충분히 연구했으나, 이러한 것들은 거의 예외 없이 자본주의 경제의 틀 내에서의 제도개혁 구상이었던 관계로 기금안 입안에 크게 도움이 되지 않았다. 한편 유고나 헝가리 등에서 실험되었던 시장사회주의 모델은 정치적·경제적 환경의 근본적 이질성으로 인해 스웨덴에서의 기금사회주의 기획에 유의미하게 참고되기 어려웠다.[45]

또한 기금안 입안자들은 일반적으로 시장사회주의자들이 쉽게 빠지게 되는 이론적 함정에서 벗어나지 못했다고 판단된다. 이념사적으로 볼 때 각종의 시장사회주의적 기획은, 중앙집권적 계획경제의 문제점을 심각하게 인식한 사회주의자들이 이념적 돌파구를 모색하는 과정에서 마련되었다. 집단적 소유제도에 내재한 평등주의적 가치와 시장경제가 보장해주는 효율성을 동시에 살려보자는 것이 시장사회주의적 기획의 중심적 동기였다. 그런데 이러한 시장사회주의적 기획은 잘못하면 아주 안이한 사고에 빠지기 쉽다. 예컨대 자본주의 경제를 시장사회주의로 이행시키고자 하는 사람은 시장경제는 앞으로도 존속할 것이므로 오직 생산수단의 소유만 사회화하면 문제가 해결되리라 생각하기 쉽다.

필자가 보기에는 기금안 입안자들이나 지지자들도 이러한 사고 경향을 보인 것으로 판단된다. 기금안에서 민간 대기업들의 주식을 기금으로 이전시킨다는 것 외에는 별다른 경제제도적 변화가 구상되지 않은 것도 이러한 사고의 소산으로 보인다. 즉 기금사회주의에서도 시장경제가 존속될 것이므로 경제조정양식으로서의 시장의 효율성을 충분히 살리는 한편, 기업의 소유는 사회화되기 때문에 착취의 문제도 사라지고, 노자 간 대립으로

---

45 코르나이(János Kornai)는 어떤 경제체제의 작동에 있어 그것의 출발점이 무엇이었느냐가 결정적으로 중요한 문제라는 점을 강조한다. 예컨대 체제구성원이라는 측면에서 서로 완전히 동질적인 시장사회주의 경제들이라 하더라도, 중앙집권적 계획경제로부터 이행해온 것과 자본주의로부터 이행해온 것은 실제 작동에 있어 서로 큰 차이를 보일 수 있다는 것이다. Kornai(1993: 42).

인한 경제적 비효율도 해소되리라고 기대한 것이다. 요컨대 사회주의와 자본주의의 좋은 점만 취사선택하여 경제체제를 구성할 수 있으리라 기대한 것이다. 그러나 일반적으로 소유관계와 경제조정양식 간에는 강력한 상호 규정관계가 존재한다. 경제조정양식으로서의 시장의 기능을 충분히 살리려면 집단적 소유제도가 위협받기 쉽고 집단적 소유제도를 고수하려다보면 시장의 기능이 위축되기 쉬운 것이다. 따라서 기금안 입안자들은 시장사회주의 모델을 구상하더라도, 구체적으로 어떠한 사회적 소유형태가 기업 간 진정한 경쟁이 존속되는 시장경제와 장기적으로 양립할 수 있는가 하는 문제에 대해 더욱 심도 있게 사고해야 할 필요가 있었다. 또 실물 부문의 민간 대기업들이 사회화될 경우 이에 상응하여 예컨대 금융 부문 등 경제의 다른 부분에서도 제도적 변화가 요구되지는 않는가 하는 문제에 대해서도 생각해볼 필요가 있었다. 또한 기업 간 진정한 경쟁이 존속되는 진정한 시장경제에서는 기금제도를 통해 그들이 성취하리라 기대했던 원대한 목표들의 상당 부분이 포기되어야 한다는 점도 더 잘 성찰할 필요가 있었다.

7. 스웨덴 사회민주주의자들의 이념적 스펙트럼

기금논쟁은 스웨덴 사민주의 운동의 분열을 초래했다. 앞에서 살펴본 바와 같이 LO와 사민당 간에, 또 LO와 TCO 간에 큰 입장 차이가 노정(露呈)되었다. 또 기금논쟁에 참여한 많은 사민주의 논객들 사이에서도 서로 화해하기 힘든 근본적인 입장 차이가 확인되었다. 기금논쟁에서 사민주의자들이 취한 입장은 대체로 세 가지로 대별될 수 있다. 임노동자기금안 지지 입장, 중앙집권적 시민기금안 지지 입장, 분권화된 다원적 시민기금안 지지 입장이 그것이다.[46] 조직 차원에서는 LO가 임노동자기금안을 시종일관 고수했고 사민당도 공식적으로는 임노동자기금안을 지지했다. 그러나 앞에서 살펴본 바와 같이, 사민당의 입장은 기본적으로 정치전략적 고려에 의해 좌우되었기 때문에 임노동자기금안에 대한 사민당의 지지는 진정성이 결여된 것이었다. 적어도 사민당 지도부의 경우엔 그 사고 경향이라는 측면에서, 분권화된 다원적 시민기금안을 지지한 논자들의 사고에 가까웠던 것으로 보인다.

개별 논자 차원에서는, 임노동자기금안을 지지한 대표적 논자로는 애초의 기금안의 입안자인 마이드너(Rudolf Meidner)와 헤드보리(Anna Hedborg), 또 좌파 사민주의자인 구스탑손(Bo Gustafsson), 아브라함손과 브루스트룀(Bengt Abrahamsson & Anders Broström), 힘멜스트란드(Ulf Himmelstrand) 등을 들 수 있다. 중앙집권적 시민기금안을 지지한 대표적 논자는 코르피(Walter Korpi)였다. 또 비록 코르피에 비해 경제민주주의 프로젝트에 대한 지지 열정은 훨씬 약했지만 엘반데르(Nils Elvander)도 중앙집권적 시민기금안을 지지했다. 분권화된 다원적 시민기금안을 지지한 대표적 논자로는 우파 사민주의자인 린드벡(Assar Lindbeck)과 외만(Berndt Öhman)을 들 수 있다.

이상 세 가지 입장은 그간의 스웨덴 사민주의 운동의 이념적 발전의 궤적을 압축적으로 보여주고 있다고 생각된다. 스웨덴 모델이 순조롭게 작동하던 시기에는 타협과 공존 상태에서 잠복해 있던 상이한 이념적 조류들이

---

46 여기에서 '중앙집권적 시민기금안'과 '분권화된 다원적 시민기금안'이라는 용어는 기금논쟁에서 실제로 사용된 공식적 용어가 아니라 그 내용에 비추어 필자가 명명한 것이다. 여기에서 '중앙집권적 시민기금안'은 대표적으로는 코르피(Walter Korpi)의 기금안을 지칭하는데, 그가 구상한 시민기금은 그 구성 및 운영 방식에서 의회와 같은 국가기구와 유사하다는 점에서 '중앙집권적'이라 볼 수 있다. '분권화된 다원적 시민기금안'은 린드벡(Assar Lindbeck)이나 외만(Berndt Öhman)의 기금안을 지칭하는데, 그들의 기금안은 소유주체나 재원의 조달 방식에 있어 성격이 다른 다수의 기금들을 상정하고 있다는 점에서 '다원적'이며, 규모가 크지 않은 다수의 상호 독립적인 기금들을 상정하고 있다는 점에서 '분권적'이라 볼 수 있다.

기금논쟁을 계기로 하여 적나라한 제 모습을 드러낸 것이다. 아래에서는 이 세 가지 입장 간의 논쟁 구도를 요약하고, 각 입장이 젖줄을 대고 있는 이념 적 뿌리와 이론적 자원을 확인함으로써, 스웨덴 사민주의 진영의 이념적 스 펙트럼을 선명하게 보여주고자 한다.

1) 논쟁구도

살펴본 바와 같이, 기금논쟁에서 중요한 쟁점의 하나였던 '경제민주주의' 에 대한 해석 방식에서 세 가지 기금안 사이의 입장 차이가 가장 선명하게 드러났다.

임노동자기금안 지지자들에게 있어 경제민주주의의 요체란 직접생산자 인 임노동자들이 생산수단을 소유하여 기업의 의사결정을 좌우하게 되는 것 을 의미한다. 그들은 국가의 입법조치 등을 통해 기업 외부에서 기업의 활동 방식에 제약을 가한다는 기능사회주의 노선의 한계를 강조하고, 생산수단의 소유주체가 바뀌지 않는 한 사회의 권력구조가 근본적으로 바뀔 수 없다는 점을 역설한다. 이들이 상정하는 이상적 경제체제 모델은 시장경제의 틀 위 에서 기존의 스웨덴식 복지국가가 유지되고 이에 더하여 대기업들은 임노동 자 집단이 소유·경영하게 되는 일종의 시장사회주의 모델이다. 이들의 사고 에선, 국가사회주의에 대해 명백히 부정적인 태도, 정치적 차원의 대의민주 주의의 한계를 중시하는 시각, 노동자 자치주의적 지향 등이 확인된다.

중앙집권적 시민기금안 지지자들에게 있어 경제민주주의의 요체란 정 치적 민주주의 원리의 핵심인 1인 1표주의가 경제 영역에까지 확장 적용되 는 것을 의미한다. 구체적으로는 모든 유권자들이 참여하는 선거에 의해 구 성되는 국가나 준국가적 공공기구가 생산수단의 소유 문제를 포함하여 모 든 경제문제들에 대한 의사결정을 좌우하게 되는 것이 경제민주주의의 핵 심이다. 이들이 임노동자기금안에 반대하는 최대의 이유는 임노동자기금 안이 정치적 민주주의 원리의 핵심인 1인 1표주의에 위배된다는 데 있다.

이들은 임노동자들이 비(非)임노동자 시민들에 비해, 경제문제에 대한 의사결정에서 더 큰 권한을 부여받아야 할 아무런 근거가 없다고 본다. 이들은 노동자 자치주의적 사고 경향에 대해 부정적이다. 이들은 정치적 민주주의 원리와 모종의 '경제민주주의'의 추구가 갈등을 일으킬 경우엔 주저 없이 전자를 선택한다. 이들에게 있어 정치적 민주주의 원리는 그 성과의 우수성 여부에 관계 없이 존중되어야 할 지고의 가치다. 이들은 소련-동구형 경제체제에 대해서는 전혀 호감을 갖지 않고 시장경제의 존속을 지지하지만, 민주적 국가의 활동 영역의 확장을 경제민주주의의 요체로 본다는 점에서, 이들에게선 국가중심주의적 사고경향이 뚜렷이 확인된다. 임노동자기금안 지지자들은 중앙집권적 시민기금안을 일종의 민주적 국가사회주의 모델로 간주했다.

분권화된 다원적 시민기금안 지지자들은 경제민주주의 프로젝트에 별로 공감을 보이지 않는다. 이들이 보기에 경제영역은 1인 1표주의라는 정치적 민주주의 원리가 적용되기에는 부적합한 영역이다. 이들이 무엇보다 중시하는 것은 시장경제의 존속이다. 임노동자기금안 지지자들이나 중앙집권적 시민기금안 지지자들도 모두 시장경제의 존속을 지지한다고 공언(公言)하지만, 분권화된 다원적 시민기금안 지지자들이 보기에는 임노동자기금안이나 중앙집권적 시민기금안은 시장경제의 존속을 근본적으로 위협한다. 시장경제가 존속하려면 다양한 소유주체를 가진 기업들 간에 진정한 경쟁이 유지되어야 하는데, 임노동자기금안이나 중앙집권적 시민기금안에서 구상된 경제체제 모델에서는 기업들의 소유주의 다원성이 확보되지 않을 것이기 때문이다.

분권화된 다원적 시민기금안 지지자들에게 있어 시장경제는 경제적 효율성과 정치적 민주주의, 그리고 문화적 다양성을 보장해주는 유일한 경제질서다. 따라서 아무리 좋은 동기를 가진 개혁 시도라 하더라도 그것이 시장경제의 존속에 위협을 줄 가능성이 클 경우에는 반드시 포기해야 한다.[47] 그리고 이들의 시각에서는 시장경제는 경제민주주의라는 이상의 많은 부분을 이미 구현해낸 경제질서이기도 하다. 소비자들의 선택의 자유, 이해당사자들 간의 자발적 거래가 보장되기 때문이다. 이들은 민주주의를 이해함에 있어, 1인 1표주의라는 의사결정절차보다는 다양한 선택 대안의 존재와, 이해 집단 간의 상호 견제를 통한 세력균형이라는 내용적 측면을 더욱 중시한다. 그런 점에서 이들의 민주주의관은 자유주의적 색채가 강하다. 이들은 결국 자본주의의 존속을 지지한다. 소수의 자본가들에게 자본이 집중되어 있다는 것은 다소 불만족스러운 상황이긴 하지만, 자본가들 사이에는 진정한 경쟁이 유지될 것이므로, 노동조합이나 국가가 생산수단의 대부분을 소유하는 경우에서처럼 경제적 권력이 단일한 조직에 집중되지는 않을 것이기 때문이다.

2) 이념적 뿌리와 이론적 자원

임노동자기금안은 스웨덴 사민주의 운동사의 맥락에서는 비그포르스(Ernst Wigforss)의 길드사회주의 노선을 계승한 것으로 볼 수 있다. 임노동자기금안에는 생산수단의 소유문제를 강조하고 노동자 자치주의의 이상에 큰 무게를 두었던 비그포르스의 사상이 온전히 배어 있다. 스웨덴 사민주의의 이념적 전통에서 늘 예외적 비주류 입장으로 머물러 있던 길드사회주의 노선이, 1960년대 말 이후 노동운동의 급진화를 배경으로 하여 임노동자기금안이라는 형태로 구체화되어 사민주의 정치의 전면에 대두하게 된 것이다.

---

47 린드벡은 어떠한 개혁 활동에 의해서도 결코 손상되어서는 안 되는 구속 조건 (bindande villkor / binding conditions)으로서 다음 네 가지를 제시한다. (1) 효율적으로 기능하는 경제체제 (2) 분권화된 의사결정 (3) 경제정책 영역에서 잘 기능하는 정치적 민주주의 (4) 문화생활과 사회생활의 다양성, 즉 서로 다른 이해관계와 이데올로기, 편향성을 가진 채 서로 균형을 잡아주며 서로 경쟁하는 독립적 권력 집단이 다수 존재하는 사회. 그런데 린드벡에 있어 이 네 가지 조건을 모두 충족시키는 유일한 경제질서는 시장경제다. Lindbeck(1982: 20-21).

자본주의에 대한 비판 논리라는 측면에선 임노동자기금안 지지자들은 마르크스 경제학에 크게 의존했다. 마이드너나 구스탑손은 현대자본주의는 다수의 경쟁적 기업들 간에 활발한 경쟁이 존재하는 분권화된 경제질서가 아니라 소수의 거대 자본가들에 의한 조작과 그들 간의 담합에 의해 지배되는 경제질서라 주장한다(Meidner 1981: 54-55, Gustafsson 1982: 370). 그들은 비록 '독점자본주의'라는 용어는 사용하지 않았지만,[48] 그들의 현대자본주의관은 독점자본주의론의 내용과 대동소이하다. 아브라함손과 브루스트룀은 '소비자주권론'을 일종의 신화로 본다. 현대자본주의에서는 거대 기업들이 다양한 방법으로 소비자들의 욕구마저 조작한다는 것이다(Abrahamsson, Bengt., och Anders Broström 1979: 270). 또 임노동자기금안 지지자들은 노동가치론에 기초한 착취론을 명시적으로든 암묵적으로든 받아들인다. 아브라함손과 브루스트룀, 또 힘멜스트란드는 노동가치론에 명시적으로 기초하여 임노동자기금안을 옹호한다. 임노동자기금안의 입안자인 마이드너나 헤드보리는 결코 '착취'라는 용어를 사용하지 않았지만, 애초의 임노동자기금안의 재원 조달 방식은 착취론적 사고를 깔고 있었다고 볼 수 있다. 민간 대기업들의 이윤에 대해 일률적으로 일정 비율의 기여금을 부과하여, 이 자금으로 임노동자들이 소유하는 기금의 재원을 조성하는 것을 정당화해줄 수 있는 경제이론은 착취론 외에는 달리 없다고 판단되기 때문이다.

구스탑손이나 힘멜스트란드가 자본주의를 분석하는 기본틀은 마르크스의 '사회화론'이다(Gustafsson 1981, Himmelstrand, Ulf. et al. 1981). 즉 자본주의가 발전할수록 생산의 사회적 성격과 소유의 사적 성격 사이의 모순이 심화된다는 마르크스의 명제에 결정적으로 의존하고 있다. 따라서 이러한

---

48 구스탑손은 현대자본주의를 지칭하는 용어로 '후기자본주의'(senkapitalismen / the late capitalism)라는 용어를 사용한다.

모순의 근본적 해결은 생산의 사회적 성격에 걸맞게 소유도 사회화될 때에만 가능하다고 본다.

그런데 마르크스의 사회화론은 자본주의에 대한 비판 논리라는 측면에서 두 가지 근본적 요소를 포함하고 있다. 하나는 생산의 주체와 생산수단 소유의 주체 사이의 분리로부터 야기되는 착취의 문제다. 다른 하나는 생산의 단위와 소유의 단위 사이의 분리로부터 야기되는 경제적 혼란의 문제, 즉 공황으로 압축적으로 표현되는 '생산의 무정부성' 문제다. 첫 번째 문제가 소유관계 차원의 문제라면 두 번째 문제는 경제조정양식의 문제다. 물론 마르크스의 자본주의 분석에서 양자는 밀접하게 결합되어 있었다. 따라서 이로부터 사회주의 경제질서의 구상과 관련하여 두 가지 근본적인 실천적 함의가 도출된다. 첫째, 생산의 주체인 노동자들이 생산수단을 소유함으로써 착취를 소멸시킨다는 것이다. 둘째, 대규모로 사회화된 생산의 단위에 걸맞게 소유의 단위도 대규모로 사회화함으로써 생산의 무정부성을 극복한다는 것이다. 즉 계획경제를 시행한다는 것이다. 그런데 임노동자기금안 지지자들은 중앙집권적 계획경제를 거부하고 시장사회주의를 지지하였다. 따라서 마르크스의 사회화론의 두 가지 요소 중 첫 번째 요소, 즉 소유관계의 측면만을 적극적으로 수용하였다. 따라서 임노동자기금이 지배하는 기금사회주의에 대한 이들의 옹호논리는 거의 전적으로 생산의 주체와 소유의 주체의 일치로부터 얻을 수 있는 이점을 강조하는 데 초점이 맞추어져 있다. 즉 생산의 주체인 임노동자의 주체위치적 특성으로부터, 임노동자 집단이 기업의 지배주주로 등장하는 시장사회주의의 우월성이 도출되고 있다. 그리고 이는 정도의 차이는 있을 망정 여타 임노동자기금안 지지자들에게도 해당된다.

중앙집권적 시민기금안은 스웨덴 사민주의 운동의 주류 입장이었던 복지국가주의 또는 기능사회주의 노선에 한층 밀착해있다. 민주적 방식으로 구성된 국가의 개입을 통해 자본주의 경제의 문제점들을 완충·해소한다는 복지국가주의의 논리를 생산수단의 소유 문제에까지 연장 적용시킨 것이 바로 중앙집권적 시민기금안이라 볼 수 있다. 복지국가주의의 논리적 연장선상에서 복지국가주의의 내용을 한층 급진화시킨 것이다. 그런 점에서 중앙집권적 시민기금안은 스웨덴식 복지국가주의의 사상적 대부격인 칼레비(Nils Karleby)의 사상을 좌파적인 방향으로 계승한 것이라고 볼 수 있다.[49] 복지국가주의가 기금논쟁을 계기로 생산수단 소유의 사회화라는 본격적인 사회주의적 프로젝트와 결합된 것이다. 한편 중앙집권적 시민기금안 지지자들의 경우엔 별다른 경제이론에 입각하여 그들의 기금안을

---

[49] 흥미롭게도 코르피는 자신의 입장이 비그포르스의 노선을 제대로 계승한 것이라 주장한다. 비그포르스의 산업민주주의관은, 임노동자기금안처럼 노동조합을 경제민주주의의 중심주체로 설정하는 생디칼리즘적 사고와는 거리가 멀었다는 것이다. Korpi(1982: 61). 그러나 이미 살펴본 바와 같이, 비그포르스의 '소유주 없는 사회적 기업' 구상은 애초의 임노동자기금안의 내용과 매우 유사했다. 또한 흥미롭게도 마이드너는 필자와의 인터뷰에서 코르피의 이야기와는 정반대로, 자신의 임노동자기금안은 생디칼리즘적 요소를 포함하고 있긴 하나 비그포르스의 사고처럼 생디칼리즘이나 길드사회주의에 연원한다고 할 수는 없다고 이야기했다. 분권주의적이고 노동자 자치주의적 지향이 매우 강한 생디칼리즘이나 길드사회주의와는 달리 그의 기금안은 중앙 노조와 단위 노조, 또 노조와 국가 간의 세력균형을 중시했기 때문이라는 것이다. 또 임노동자기금안을 적극적으로 지지했던 대표적 논객이었던 구스탑손(Bo Gustafsson)은 필자와의 대담에서 마이드너보다는 자신의 기금안 구상이 비그포르스의 사고방식에 더 가깝다고 생각한다고 말했다. 앞에서 살펴본 바와 같이, 구스탑손은 임노동자기금안을 지지하면서도 지역기금보다는 단위 노조에 더 큰 비중의 표결권을 부여해야 한다고 주장했다. 구스탑손은 단위 노조의 적극적 역할을 강조한 자신의 입장이 노동자 자치주의 이상에 크게 경도되었던 비그포르스의 사고에 보다 가깝다는 것이다. 재미있는 것은 스웨덴 사민주의자들 중에서 경제민주주의 프로젝트를 열성적으로 지지한 모든 논자들은 자신이 비그포르스를 이념적으로 계승하고 있다고 생각한다는 점이다. 그런데 우리가 보기엔 칼레비 노선과 대비되는 비그포르스 노선의 핵심의 하나는 국가보다는 노조의 역할을 한층 더 강조한다는 점이고, 이것이 스웨덴 사민주의 주류의 전통적 복지국가주의와 크게 차이나는 대목이다. 중앙 노조와 단위 노조 사이의 역할배분 문제는 이것에 비하면 사소한 문제다. 그런 점에서 코르피의 기금안은 비그포르스의 길드사회주의적 사고와는 원리적으로 거리가 멀고 마이드너나 구스탑손의 기금안은 모두 비그포르스 노선 위에 있는 것으로 보아야 한다고 판단된다.

정당화하지는 않았다. 경제민주주의에 대한 코르피의 옹호 논변은 주로 평등·참여·민주주의 등 사민주의운동의 일상적 담론에 의존하고 있다. 엘반데르는 오직 정치적 민주주의 원리의 수호라는 차원에서 임노동자기금안을 비판했을 뿐이다. 그러나 서론에서 살펴본 바와 같이 코르피의 주저(Korpi 1978)에 자본주의 사회의 성격과 그 발전전망에 대한 그의 시각이 종합적으로 제시되어 있는데, 자본주의에 대한 그의 이해 방식은 한 마디로 마르크스주의적이다. 그의 '권력자원론'은 마르크스의 '프롤레타리아화(化)론'의 연장선상에 있으며, 자본주의의 성격과 발전 전망에 대한 코르피의 시각은 마르크스의 '사회화론'에 확고하게 입각해 있다. 다만 자본주의의 붕괴 대신 점진적 개혁의 축적을 통해 사회주의를 건설할 수 있다고 본다는 점에서 고전적 마르크스주의의 시각과 차이날 뿐이다.

결국 임노동자기금안 지지자들이나 중앙집권적 시민기금안 지지자들 모두 자본주의에 대한 비판 논리라는 측면에선 거의 전적으로 마르크스 경제학에 의존하고 있음을 알 수 있다. 이는 스웨덴 사민주의 운동이 자본주의에 대한 분석 및 비판을 위한 독자적 이론체계를 발전시키지 못했다는 점을 보여준다. 임노동자기금안의 사상적 대부격이었던 비그포르스의 경우에도 자본주의에 대한 비판 논리라는 측면에선 마르크스로부터 결정적으로 영향받은 인물이었다. 이런 상태에서 1960년대 말 이후 스웨덴 모델이라는 계급타협체제에 대한 좌파적·급진적 비판이 고조되자, 오랜 기간 스웨덴 사민주의 운동의 관심권 바깥에 있어왔던 마르크스주의가 다시 조명 받게 된 것이다.[50] 그러나 수미일관된 사상 및 이론체계로서의 마르크스주의 전체가 아니라 마르크스 경제학의 일부 요소들만이 취사선택된 것이다. 즉 자본주의에 대한 비판 논리로서의 마르크스 경제학은 상당 부분 수

---

50 스웨덴에서 마르크스 경제학의 발전 과정과, 마르크스 경제학과 주류 경제학 사이에 형성되었던 논쟁 구도에 대한 간략한 소개로는 Lönnroth(1983) 참조.

용되었으나, 사회주의로의 이행 과정이나 사회주의 경제의 구조에 대한 마르크스의 전망은 수용되지 않았다.

분권화된 다원적 시민기금안 지지자들이 경제문제를 바라보는 시각은 철저하게 주류 경제학의 시각이었다. 시장경제에 대한 신뢰, 시장경제가 제대로 작동하기 위한 근본적 전제 조건으로서 사적 소유에 대한 존중, 국가와 노동조합의 권력의 성장에 대한 경계 등이 그들의 사고를 특징짓는 중심적 요소들이다. 그들이 허용하는 사회주의적 기획의 최대치는 주로 소득 재분배에 역점을 두는 복지국가적 기획이다. 1960년대 말까지 잘 작동했던 스웨덴 모델이 그들이 생각하는 이상적 경제체제 모델이다. 이를 넘어서고자 하는 사회주의적 기획은 사민주의운동의 진전이 아니라 궤도 이탈이다. 따라서 이들의 사회관은 사회자유주의적이라 볼 수 있다. 실제로 분권화된 다원적 시민기금안 지지자들과 자유주의자들 간의 견해차는 미세하였다. 예컨대 린드벡은 기금논쟁을 계기로 사민당에서 탈당하여 이후 우파적 관점에서 스웨덴식 복지국가 모델을 비판해왔다. 즉 복지국가라는 것도 잘 기능하는 시장경제의 기반 위에서만 장기적으로 존립 가능한 것인데, 1970년대 이후 스웨덴 복지국가는 그 터전인 시장경제를 위협할 정도로까지 과잉 팽창했다는 것이다.[51]

복지국가주의의 적용 영역 확장과 내용적 급진화를 도모하는 중앙집권적 시민기금안 지지자들과는 달리 이들은 복지국가의 존립 기반으로서 시장경제의 원활한 기능을 무엇보다 강조한다는 점에서, 이들의 입장은 칼레비 사상의 우파적 계승이라 볼 수 있다. 앞에서 살펴본 바와 같이, 칼레비에게도 시장경제의 원활한 작동을 보존해야 한다는 것은 중심적 문제의식의 하나였다. 또 그는 신고전파 경제학의 방법론과 주요 이론들을 수용한

---

51 스웨덴식 복지국가 모델에 대한 린드벡의 비판적 입장이 압축적으로 정리된 글로는 Lindbeck(1991) 참조.

인물이었다. 그러나 칼레비의 경우에는 국가나 노동조합 등에 의한 시장개입이 어느 정도까지 허용되어야 하느냐는 문제는 공백으로 남아 있었는데, 분권화된 다원적 시민기금안 지지자들은 복지국가적 기획이 허용될 수 있는 한계를 더욱 명료하게 설정한 것이라 볼 수 있다.

린드벡과 외만은 기금논쟁 이전에는 각기 사민당과 LO에서 경제전문가로 활동해온 주류 경제학자들이었다.[52] 스웨덴 경제학계에서 압도적 우위를 점해온 주류 경제학은 2차대전 이전에는 주로 보수당과 자유당의 중심 이데올로기 역할을 담당해왔으나,[53] 2차대전 이후에는 많은 주류 경제학자들이 사민주의 진영에 합류했다. 이는 한편으로는 '전후강령논쟁' 이후 스웨덴 사민주의 진영이 이념적으로나 정치적으로나 안정기를 맞으면서 이데올로그보다는 경제전문가를 더욱 필요로 하게 된 사정을 반영하며, 다른 한편으로는 사민주의 정치와 친화력이 컸던 케인스 경제학이 전후 주류 경제학의 헤게모니를 장악하게 된 사정을 반영한다고 볼 수 있다.[54]

---

52 린드벡은 스톡홀름대학의 교수로서, 사민당 당수 팔메(Olof Palme)의 경제자문역을 맡았고, 외만은 LO에서 노동시장정책 전문가로 활동했다.

53 스웨덴의 경우 경제학의 태동기에서부터 신고전파 경제학이 확고한 우위를 점해왔다. 스웨덴의 경우 근대적 과학으로서의 경제학이 비교적 뒤늦게 도입된 편이지만 빅셀(Knut Wicksell: 1851-1926), 데이빗손(David Davidson: 1854-1942), 카셀(Gustav Cassel: 1864-1944) 등 걸출한 1세대 신고전파 경제학자들을 배출했다. 이 중 데이빗손과 카셀은 보수적 자유주의자들이었으나, 빅셀은 신고전파 경제학자로서는 예외적으로 급진 자유주의적인 정치적 입장을 가졌으며 노동운동에 대해서도 동정적이었다. 스웨덴 경제사학(經濟史學)의 원조격인 헥셔(Eli Hecksher: 1879-1952)도 보수적 자유주의 입장에서 사민주의운동을 맹렬히 비판한 대표적 논객이었다. 1920년대 말에서 30년대 말에 걸쳐 스웨덴 최초의 독자적 학파라 할 수 있는 스톡홀름학파(Stockholmsskolan / the Stockholm school)가 형성되어 케인스 경제학과 매우 흡사한 이론체계를 발전시켜갔다. 그러나 스톡홀름학파를 구성한 개인들의 정치적 성향은 다양했다. 뮈르달(Gunnar Myrdal)은 대표적인 좌파 사민주의자였으며, 올린(Bertil Ohlin)은 사회자유주의자로서 2차대전 이후 장기간 자유당 당수직을 맡았다. 스웨덴의 경제학설사에 대한 교과서적 설명으로는 Sandelin (ed.) (1991), Landgren(1957) 참조. 또 스웨덴에서 경제학설의 발전 과정과, 경제학설이 경제정책에 미친 영향을 종합적으로 분석한 연구로는 Lundberg(1996) 참조.

스웨덴의 경우 전통적으로 경제학자들의 정치 참여가 매우 활발한 편이었다.[55] 이는 한편으로는 정치적으로 안정된 스웨덴 사회에서 최대의 정치적 쟁점이 늘 경제정책이나 사회정책 차원의 문제들이었다는 사정을 반영하며, 다른 한편으로는 스웨덴 정치에서 전문가들이 비중 있게 참여할 수 있는 조합주의적 의사결정구조가 발달했다는 사정을 반영한다고 볼 수 있다. 직업적으로는 대학교수나 각종 연구소의 연구원, 사민당이나 LO의 연구조직의 연구원직을 가졌던 주류 경제학자들은 사민당이나 LO의 정책을 입안하거나 정당화하는 기능을 수행했다.

그런데 주류 경제학은 두 가지 측면을 갖고 있다. 하나는 경제문제에 대한 분석 기법으로서의 측면이며 다른 하나는 이데올로기로서의 측면이다. 경제문제에 대한 분석 기법으로서의 주류 경제학은 사민주의운동의 평등주의적 경제정책이나 사회정책을 입안하는 데도 충분히 동원될 수 있다. 예컨대 전후 스웨덴 모델의 골간 가운데 하나였던 렌-마이드너 모델도 경제이론적 측면에선 전적으로 주류 경제학의 틀 내에 있었다. 또 랑게(Oscar Lange)에게서 잘 드러나듯이, 주류 경제학의 핵심인 신고전파 경제학은 심지어 본격적인 사회주의 경제를 운영하는 데 필요한 이론적 자원으로서도 활용될 수 있다.[56] 그러나 이데올로기로서의 주류 경제학의 경우

---

54 스웨덴에서 주류 경제학과 사민주의운동 간의 관계에 관한 통사적(通史的)이고 지식사회학적인 연구로는 Bergström(1977) 참조.

55 예컨대 뮈르달(Gunnar Myrdal)은 사민당 국회의원과 통상부장관직을 역임했으며, 올린(Bertil Ohlin)은 1944-67년 기간에 자유당 당수직을 맡았다. 대표적인 신고전파 경제학자의 하나였던 바게(Gösta Bagge)는 1935-44년 기간에 보수당 당수직을 맡았다.

56 그런 점에서 하이에크(Friedrich von Hayek)를 필두로 하는 질서경제학(Ordnungsökonomik [독일어], Economics of Social Order)은 신고전파 경제학이 시장경제를 제대로 옹호할 수 없다고 본다. 질서경제학의 입장에서 볼 때, 신고전파 경제학은 정보와 지식의 원천적 제한성, 국지성, 암묵성, 동태성을 제대로 이해하지 못하며, 경제체제에 대한 평가에 있어 경제주체의 자유가 아니라 자원배분의 효율성을 무엇보다 중시한다는 점에서, 시장경제의 작동원리를 제대로 이해하지도 못하며, 시장경제의 가치를 제대로 옹호하지도 못한다고

592

에는 사정이 크게 다르다. 신고전파 경제학은 이념적으로 보수적 자유주의와 큰 친화력을 가지며 케인스 경제학은 사회자유주의와 친화력을 갖는다. 이데올로기로서의 주류 경제학은 자유주의 이데올로기의 이론적 핵심인 것이다.

스웨덴 사민주의 진영에 합류한 주류 경제학자들이 담당했던 역할은 주로 경제문제에 대한 분석기법 전문가로서의 역할이었으나, 기금논쟁에서는 사정이 달랐다. 이념투쟁적 성격이 뚜렷했던 기금논쟁에서 주류 경제학자들은 자본주의를 옹호하는 이데올로그로서의 역할을 담당한 것이다. 기금논쟁에서 린드벡이나 외만이 취했던 입장과 논리는 예컨대 SAF에 고용된 주류 경제학자들이 취한 입장과 논리와 다를 바 없었다. 특히 린드벡은 부르주아 진영에 속했던 그 어떤 논자보다도 더욱 격렬하게 임노동자기금안을 비판함으로써, 스웨덴 사민주의 진영 내에 포괄되어 있던 상이한 이념적 조류들 사이의 큰 간극을 선명하게 드러낸 장본인이었다.

한편 기금논쟁 당시 사민당의 경제정책 최고 책임자로서, 1978년 공동안과 1981년 공동안 입안에도 참여했고, 1983년에 재무부장관으로서 임노동자기금 입법안의 작성을 주도하였으며, 1982년 이후 '제3의 길' 정책을 주도한 펠트(Kjell Olof Feldt)의 경제관도 린드벡이나 외만의 견해와 별로 다를 바 없었다. 펠트는 재무부장관직에서 물러난 후에 쓴 회고록에서 자신이 애초의 임노동자기금안에 대해 확고히 반대했던 이유를 설명하였다. 우선 민간기업의 피용자들로 하여금 그들의 기업을 소유하게 한다는 생각은 스웨덴 사회민주주의의 전통에서는 기본적으로 낯선 발상이었다는 것

본다. 인식론적으로 볼 때, 신고전파 경제학은 사회주의 사상과 마찬가지로 구성주의적 합리주의를 토대로 하고 있어서 양자는 근본적으로 동질적이라는 것이다. 질서경제학의 입장에서 신고전파 경제학을 필두로 하는 주류 경제학에 대해 체계적으로 비판을 가한 연구로는 민경국(1997) 참조. 한편 모의시장(simulated market)을 이용한 계획경제 모델에 대한 랑게의 구상이 정리된 저술로는 Lange(1938) 참조.

이다. 둘째 자원의 효율적 배분을 달성하려면, 이윤극대화를 추구하고 이를 자신의 삶의 의미로 삼는 경제주체가 반드시 존재해야 하는데 피용자들은 이러한 경제주체일 수 없다는 것이다. 피용자들이 그들의 기업을 소유하게 되면, 피용자들은 피용자로서의 자신의 이해관계와 소유주로서의 자신의 이해관계라는 상호 대립되는 이해관계들을 동시에 대변해야 한다는 곤란한 상태에 빠지게 된다는 것이다. 셋째, 대규모로 임노동자 소유기업을 실험해본 경험 사례들은 모두 초라한 경제적 성취를 보였다는 것이다. 예컨대 유고슬라비아의 경우 투자 부족, 생산성 저위, 경직된 노동시장, 고용증대에 대한 저항 등 부정적 결과를 보였다는 것이다. 또 마이드너 그룹이 제출한 애초의 임노동자기금안을 중심으로 논쟁이 전개되던 기금논쟁 초기 국면에, 펠트는 마이드너를 여러 차례 만나 기금문제에 대해 논의해보았지만 결코 서로의 관점에 대한 이해에 도달할 수 없었다는 것이다(Feldt 1991: 28). 이러한 입장을 가졌던 펠트는 기금논쟁 기간 내내 기금문제에 대한 사민당의 입장을 대변하는 공식 창구 역할을 담당했다.[57] 이러한 조건 하에서 애초의 임노동자기금안이 관철되기란 불가능했다. 또 마이드너와 펠트 사이에 발견되는 큰 입장 차이는 그들이 각각 대변하는 LO와 사민당의 정치적 이해관계의 차이만을 반영하는 것이 아니었다. 그들이 뿌리를 두고 있는 이념적 지반 자체가 크게 달랐던 것이다.

　이상 기금논쟁에서 사민주의자들이 취했던 입장을 세 가지 기금안으로 대별하여 살펴보고, 각 기금안이 젖줄을 대었던 이념적 뿌리와 이론적 자원을 살펴보았다. 결국 각 기금안이 의존했던 이론적 자원의 핵심은 마르크스 경제학과 주류 경제학이었다. 제1장에서 살펴본 바와 같이, 사회화논쟁의 절정이었던 1932년 사민당 전당대회에서, 비그포르스는 사민당의 두

57　또 펠트는 재무부 장관직에서 사임한 이후 경제평론가이자 재계의 이익단체의 간부로 활동하면서 시장에 대한 국가의 규제가 완화되어야 한다는 주장을 펼쳐왔다.

가지 이념적 원천으로서 마르크스주의와 경제적 자유주의를 거론한 바 있다. 그런데 이로부터 40여 년 후에 전개된 기금논쟁에서도 이러한 사정은 달라지지 않았다. 그동안 스웨덴 사민주의 진영 내에서 근본적인 이론적 혁신은 이루어지지 않은 것이다. 다만 사회화논쟁에서와는 달리 기금논쟁에서는 임노동자기금안과 중앙집권적 시민기금안이라는 형태로 구체적인 사회화전략이 마련되었다는 차이가 있다. 이러한 차이를 낳게 한 요인은 물론 1960년대 말 이후 진행된 스웨덴 노동운동의 급진화였다.

한편 스웨덴 모델에 조응하는 이데올로기였던 기능사회주의론은 기금논쟁에서 구심력을 발휘하지 못했다. 스웨덴 사민주의 진영 내에 포괄되어 있던 다양한 이념 조류들이 잠정적으로 합의할 수 있었던 이념적 최대 공약수였던 기능사회주의론은 본격적 이념 투쟁이었던 기금논쟁이 발휘한 원심력에 의해 해체되었다. 임노동자기금안은 처음부터 기능사회주의 노선의 한계를 보다 사회주의적인 방향으로 돌파하겠다는 문제의식에 기초하여 입안된 것이었다. 한편 중앙집권적 시민기금안과 분권화된 다원적 시민기금안은 기능사회주의 노선이 좌우로 분열한 형태라 볼 수 있을 것이다. 중앙집권적 시민기금안은 준국가적 공공기구인 시민기금에 의해 기업 소유의 사회화를 추진하고자 한다는 점에서는, 주로 국가의 입법조치를 통해 생산수단에 대한 사적 소유권의 행사를 제한해간다는 기능사회주의론과 친화력을 가진다고 볼 수 있다. 그러나 중앙집권적 시민기금안을 실천에 옮겨 장기간 일관되게 추진한다면 많은 민간기업의 국유화 내지는 준국유화로 귀결된다는 점에서, 중앙집권적 시민기금안은 기능사회주의론이 반대했던 국유화 노선 위에 서 있는 구상이라고 볼 수 있다. 반면에 분권화된 다원적 시민기금안은 생산수단에 대한 사적 소유의 원칙을 확고하게 고수하고, 이를 침해하려는 모든 사회주의적 기도에 반대한다는 점에서, 기능사회주의 노선에 따라 사회화가 진행될 수 있는 영역은 매우 협소하게 한계지워져 있다는 점을 분명히 한 것이라 볼 수 있다. 결국 확고한 경제이론적 토대를 갖추지 못했던 기능사회주의론은 기금논쟁에서 제 자리를 찾을 수 없었고, 그대신 마르크스 경제학과 주류 경제학이라는 고전적 대립항들이 전면에 부상하게 된 것이다.

V

복지자본주의냐
민주적 사회주의냐

임노동자기금논쟁이 전개된 스웨덴 사회는 여러 모로 우리 사회와는 판이한 사회다. 그리고 임노동자기금 도입을 통해 스웨덴 사회를 복지자본주의에서 민주적 사회주의로 전환시키겠다는 기획은 결국 실패로 끝났다. 우리 사회와는 매우 다른 환경에서 전개된 논쟁, 그것도 실패로 귀결된 논쟁을 살펴봄을 통해 얻을 수 있는 것은 무엇일까? 더 나아가 임노동자기금논쟁의 발생 배경이었던 스웨덴 모델의 역사와 스웨덴 사회민주주의 운동의 역사로부터 얻을 수 있는 교훈은 무엇일까?

스웨덴의 임노동자기금논쟁(1975-1983)은 1960년대 후반 이후 진행되어 간, 스웨덴 사민주의 운동 급진화 과정의 정점에 위치한 사건이었다. 기금 논쟁은 스웨덴의 생산직 노동조합 중앙조직인 LO가 임노동자기금안을 제출함으로써 발단되었다. LO의 기금안은 서구 사민주의 진영 전체를 통틀어 최초로 시도된, 본격적인 생산수단 소유의 사회화 기획이었다는 점에서 사민주의운동의 급진주의적 잠재력을 절정에서 표현해준 사례였다. 그러나 기금논쟁은 LO의 철저한 패배로 귀결됨으로써 사민주의운동이 할 수 있는 일과 할 수 없는 일 사이의 경계를 선명히 보여주었다.

　필자가 기금논쟁에 주목한 것은, 무엇보다도 이 논쟁에서 스웨덴 사민주의 운동의 여러 면모와, 그것이 직면해야 했던 여러 딜레마가 종합적으로 드러났다고 판단했기 때문이다. 기금논쟁은 그 발단 배경이라는 측면에선 스웨덴 사민주의 세력의 경제-사회 운영 모델이었던 스웨덴 모델의 문제점들을 압축적으로 반영하였다. 또 정치투쟁 과정이라는 측면에서는 스웨덴 정치의 주요 행위자들인 정당들과 주요 이익단체들의 이념적 성향과 그들의 정치전략, 또 스웨덴 정치의 작동방식과 세력 관계를 보여주었다. 이를 통해 스웨덴 사민주의 운동이 그 속에서 활동해온 환경인 스웨덴 정치의 여러 면모를 종합적으로 보여주었다. 또 담론 투쟁으로서의 기금논쟁은 스웨덴 사민주의 운동이 포용해온 상이한 이념적 조류들의 성격을 선명히 보여주었고, 사민주의자들이 본격적인 사회주의적 기획을 전통적인 사민주의 정치의 형식을 통해 추진하고 정당화하려 할 때 직면하게 되는 딜레마를 잘 보여주었다.

기금논쟁을 다룬 기존 연구들과 비교해 이 책은 통상적인 정치투쟁으로서의 기금논쟁이 아니라 지적·담론적 차원의 투쟁으로서의 기금논쟁을 다루었다는 데 차별성과 의의가 있다. 기금논쟁의 발단 배경과 경과를 정치사회학적으로 설명하는 데 초점을 맞춘 것이 아니라 기금논쟁의 내용, 즉 기금논쟁에서 기금안 지지자들과 반대자들이 전개한 논변을 집중적으로 분석한 것이다. 이를 통해 기금논쟁에서 LO가 패배하게 된 원인과 관련하여 기존 연구들이 주목하지 않았던 요인을 새로이 부각시킬 수 있었다. 우선 기존 연구들은 기금논쟁에서 LO의 패배 원인을 사민주의 진영의 분열과 부르주아 진영의 결속 및 우월한 힘, 일반 유권자들의 비호응 등 정치적 요인들에서 찾았다. 그러나 이 연구에서는 이에 더하여 기금안의 내용과 기금안을 정당화하는 논변의 설득력이 약했다는 점을 보여줌으로써, 기금논쟁이 LO의 패배로 귀결하게 된 원인에 대한 추가적·보완적 설명을 제공하였다. 또 기금문제를 둘러싸고 사민주의 진영이 분열하게 된 원인과 관련하여, 기존 연구들은 LO와 사민당과 같은 사민주의 진영의 중심적 조직들의 계급적 기반과 정치적 이해관계가 서로 달랐다는 데 주목하였다. 그러나 이 책에서는 이에 더하여 사민주의 진영 내에 이념적으로 근본적으로 상이한 조류들이 기금논쟁을 계기로 적나라하게 상호 대립하게 되었다는 점을 보여주었다. 이를 통해 한편으로는 기금논쟁에서 사민주의 진영이 분열하게 된 원인에 대해 추가적 설명을 제공하고, 다른 한편으로는 스웨덴 사민주의 진영 내에 포용되어온 상이한 이념적 조류들의 성격을 보여줄 수 있었다. 이 책의 내용을 간단히 요약하면 다음과 같다.

1. 임노동자기금논쟁은 스웨덴 모델의 위기의 산물이다. 더 구체적으로 이야기하자면, 스웨덴 모델의 형성과 운영의 핵심 주체의 하나였던 LO가 직면한 대내적 정당성 위기의 산물이다.

초기의 지도 이념이었던 마르크스주의와 결별하고 난 후 스웨덴 사민주의 운동이 발전시켜간 경제-사회 운영 모델이었던 스웨덴 모델의 핵심적 구성요소로는 스웨덴식 노사관계, 거대 기업 위주의 성장주의적 경제정책, 보편주의적 복지국가, 조합주의적 의사결정구조를 들 수 있다. 스웨덴식 노사관계의 핵심은 고도로 중앙집권적으로 조직된 노동조합과 사용자단체가 노사관계에 대한 국가의 개입을 가능한 한 피하면서, 중앙단체교섭과 중앙집권화된 협약을 통해 노사 간 쟁점 사안들을 일괄적으로 타결함으로써 산업 평화와 계급 타협을 자율적으로 유지한다는 것이었다. 중앙단체교섭과 연대임금정책은 이러한 스웨덴식 노사관계를 뒷받침해준 핵심적인 제도와 정책이었다. 이러한 스웨덴식 노사관계를 기반으로 삼아 사민당과 LO는 거대 기업 위주의 성장주의적 경제정책을 일관되게 추진했다. LO가 추진한 연대임금정책과 사민당 정부가 추진한 법인세정책과 적극적 노동시장정책은 고수익 기업의 성장에 유리하게 작용했다. 그런데 스웨덴의 경우 고수익 기업들은 대체로 자본 규모가 매우 큰 거대 기업들이었다. 사민당 정부는 거대 기업 위주의 경제성장의 성과물을 주로 누진율이 매우 높은 개인소득세와 국가독점적인 사회복지 부문을 통해 재분배함으로써 소득과 소비의 균등 분배를 달성하고자 했다. 국민의 높은 조세 부담에 의해 유지되는 잘 정비된 복지국가는 한편으로는 거대 기업 위주의 경제성장을 뒷받침하고 다른 한편으로는 자본주의적 경제성장이 낳는 부작용들을 완화시키는 기능을 수행했다. 사민주의 진영은 복지국가를 발전시켜감을 통해 부르주아 진영과 구별되는 자신의 이념적 프로필을 확보하는 한편 노동계급과 중간 계층들로부터 안정적 지지를 확보할 수 있었다. 사민당 정부와 LO, 또 전국적 차원의 사용자단체인 SAF를 핵심적 참여 주체로 하는 조합주의적 의사결정구조는 이러한 경제-사회 운영 모델을 공고히 하는 기능을 수행했다. 이러한 스웨덴 모델은 1960년대까지는 순조롭게 작동하여 원만한 경제성장과 완전고용을 달성하고 세계 최고 수준의 사회복지제도를 유지할 수 있게 했다.

그러나 스웨덴 모델은 1960년대 후반에 들어 LO와 사민당으로 하여금 대내적 정당성 위기에 직면하게 했다. 우선 기업의 수익성 수준에 관계없이 동일 노동에 대해서는 동일 임금이 지급되도록 하는 것을 목표로 삼는 연대임금정책은 고수익 부문 노동자들의 불만을 초래하였다. 또 중앙단체교섭은 개별 기업 수준의 단위 노조들의 역할을 위축시켜 풀뿌리 노동자들의 불만을 초래했다. 거대 기업 위주의 경제정책은 재산과 경제적 권력이 소수 사적 거대 주주들에게 집중되는 데 일조함으로써 사민주의운동의 평등주의적 이념과 갈등을 빚었고 연대임금정책에 대해 고수익 부문 노동자들이 가졌던 불만을 가중시켰다. 사민당 정부와 LO의 협력하에 자본의 주도로 강력하게 추진된 산업합리화는 노동강도의 강화와 산업 간, 지역 간 빈번한 노동인력 이동 등의 문제를 낳아, 복지국가의 완충 기능에도 불구하고 풀뿌리 노동자들로부터 큰 불만을 샀다. 고도로 중앙집권적으로 조직된 스웨덴식 노사관계는 풀뿌리 노동자들의 의견을 효과적으로 수렴해내기 어려웠기에, 풀뿌리 노동자들은 1960년대 말 이후 살쾡이 파업 등 비제도적 방식으로 그들의 불만을 표출했다.

이러한 문제들로 인해 LO는 대내적 정당성 위기에 직면하게 되었다. 즉 LO의 기존 정책 노선이 고수익 부문 노동자들을 중심으로 하여 LO 소속 노동자들로부터 큰 불만을 사게 된 것이다. 이러한 문제에 직면하여 LO는 기금안이라는 급진적 정책안을 통해 돌파구를 찾으려 했다. 기금안의 골자는 민간 대기업들의 이윤의 일부를 신규발행주식의 형태로, 노동조합이 소유·관리하는 임노동자기금에 매년 의무적으로 적립케 함으로써 장기적으로는 노동조합이 민간 대기업들의 지배주주가 되도록 한다는 것이었다. 기금제도는 대체로 수익률이 높은 대기업들의 이윤의 일부를 기금에 적립케

함으로써, 연대임금정책으로 인해 고수익 기업들이 누려온 초과이윤을 임노동자들이 회수하도록 해주는 효과를 낳을 것으로 기대되었다. 또 노동조합이 소유·관리하는 임노동자기금이 대기업들의 주식을 자동적으로 취득하게 됨에 따라 소수 사적 거대 주주들에 의한 주식 소유의 집중도 억제할 수 있으리라 기대되었다. 또 임노동자기금에 의한 주식 소유로 인해 확보되는, 기업들의 주주총회에서의 표결권과 이사 선임권의 일부를 개별 기업 수준의 단위 노조들에게 나누어줌으로써 스웨덴식 노사관계의 중앙집권적 성격으로 인해 그동안 위축되었던 단위 노조들의 역할을 강화시킨다는 것도 기금안의 중심 목표 가운데 하나였다.

이렇듯 기금안은 LO가 직면한 대내적 정당성 위기를 돌파하기 위하여 입안되었지만 기금논쟁이 진행되는 과정에서 스웨덴의 경제침체가 심화됨에 따라 점차 논쟁의 초점이 크게 변하게 된다. 경제침체를 해소하는 문제가 스웨덴 정치의 최대 현안으로 대두됨에 따라 기금안의 내용도 변화해가고 기금안에 대한 정당화 논변도 변화해가게 된다. 점차 기금안에 대한 정당화 논변의 초점은 기금제도가 경제침체를 극복하는 데 도움이 된다는 것을 강조하는 쪽으로 이동하게 된다. 또 스웨덴 모델의 문제점도 그것이 사민주의운동의 평등주의적 이념과 상치되는 측면이 있다는 점보다는 더 이상 효율적인 경제-사회 운영 모델로서 제 구실을 하지 못한다는 점이 더욱 부각되었다. 스웨덴 모델의 기능부전이 뚜렷해짐에 따라 기금논쟁은 시간이 경과할수록 부르주아 진영에게 유리하게 작용하게 되었다.

기금논쟁은 1983년에 사민당 정부가 제출한 기금 입법안이 의회를 통과함으로써 종결되었다. 그런데 이렇게 실제로 입법화된 기금제도는 애초에 LO가 제출한 기금안과는 전혀 성격이 다른 것이었다. LO의 기금안이 생산수단 소유의 사회화라는 고전적인 사회주의적 기획을 내장했던 데 반해, 실제로 입법화되어 시행된 기금제도는 기금 규모의 미약성과 기금 운영방식의 시장원리 지향성 등으로 인해 경제에 별다른 영향을 미치지 못했다.

2. LO가 제출한 급진적 내용의 기금안이 관철될 수 없었던 원인은 무엇보다도 사민주의 진영의 분열과 이에 대비되는 부르주아 진영의 결속 및 이들의 우월한 힘에서 찾을 수 있다. 사민당은 처음부터 기금안에 호의적이지 않았고 기금논쟁 기간 내내 애초의 기금안의 급진성을 희석시키는 데 주력했다. 이는 무엇보다도 사민주의운동의 고전적 딜레마의 하나인 계급정치(class politics)와 국민정치(mass politics) 간의 갈등을 반영한다고 볼 수 있다. 주로 생산직 노동자들의 조직인 LO와는 달리 국민정치의 틀 속에서 다양한 계급과 계층의 이익을 고루 대변해야 했던 사민당은 LO가 제출한 급진적 성격의 기금안을 수용하기가 어려웠다. 또 그동안 많은 문제들에서 LO와 보조를 같이해오던, 중하위 사무직 노동조합 중앙조직인 TCO는 기금논쟁이 격화되자 정치적 중립을 선택했다. 반면에 평소에 분열되어 있던 부르주아 정당들은 근본적인 경제체제 선택의 문제가 정치 현안으로 대두되자, 점차 보수당을 중심으로 기금안 반대의 입장으로 굳게 결속해갔다. 또 재계는 그들이 보유한 우월한 경제적 자원과 문화적 헤게모니를 최대한 동원·행사하여 임노동자기금 반대 캠페인을 성공적으로 전개시켜갔다. 또 스웨덴의 유권자 중 기금안을 지지하는 유권자는 20% 선에 머물러, 총 유권자 중 사민당 지지비율 45%의 절반에도 못 미쳤다. 스웨덴 유권자들의 과반수는 스웨덴 모델식의 온건한 개혁정책에는 지지를 보내지만 기금안과 같은 급진적 기획에는 부정적인 입장을 가졌던 것이다. 이러한 상황에서 LO의 기금안이 관철될 가능성은 처음부터 극히 희박했다. LO는 여러 모로 정치적 준비가 되어 있지 않은 상태에서 기금안을 제출함으로써, 결과적으로 사민주의 진영의 힘을 약화시키고 부르주아 진영의 힘을 강화시켜주는 역설적 결과를 초래한 것이다.

그런데 기금논쟁에서 사민주의 진영이 분열하게 된 것은 LO와 사민당, TCO와 같은 중심적 조직들이 계급적 기반이나 정치적 이해관계에서 서로 상당한 차이를 보인 데도 기인하지만, 사민주의 진영 내에 근본적으로 상이한 이념적 조류들이 기금논쟁을 계기로 전면적으로 대립하게 된 데도 기인한다. 그런 점에서 기금논쟁은 스웨덴 사민주의 진영 내에 포용되어 있던 다양한 이념적 조류들의 성격을 선명히 드러내주는 계기로 작용하였다. 스웨덴 모델이 잘 작동하던 시기에는 기능사회주의 노선이라는 형태로 잠정적 타협상태에 있던 상이한 이념적 조류들이 기금논쟁이 개시되자 각기 제목소리를 내게 되었다. 기금논쟁에서 사민주의자들이 취했던 입장은 임노동자기금안 지지 입장, 중앙집권적 시민기금안 지지 입장, 분권화된 다원적 시민기금안 지지 입장 등 세 가지 입장으로 대별할 수 있다.

임노동자기금안은 스웨덴 사민주의 운동의 이념적 전통의 맥락에서는 비그포르스(Ernst Wigforss)의 길드사회주의 노선을 계승한 것이었다. 생디칼리즘과 국가사회주의 사이의 중간 노선이라 할 수 있는 길드사회주의 노선은 노동조합의 역할을 매우 강조하고 산업문제들에서 노동자 자치주의적 지향이 강한 이념 노선이었다. 길드사회주의 노선은 스웨덴 모델이 잘 작동하던 시기에는 사민주의 주류로부터 관심을 끌지 못하였으나, 1960년대 후반 이후 노동운동의 급진화를 배경으로 하여 LO의 기금안이라는 형태로 계승·발전되었다. 한편 기금안의 입안자나 지지자들이 전개한, 자본주의에 대한 비판 논변은 마르크스 경제학에 크게 의존한 것이었다.

중앙집권적 시민기금안은 정치적 민주주의 절차에 따라 구성·운영되는 국가나 준국가적 공공기구로 하여금 기금의 소유 및 관리를 담당하도록 한다는 구상으로서, 스웨덴 사민주의 운동의 전통적 이념 노선이자 운동 방식이기도 했던 복지국가주의 또는 기능사회주의 노선의 연장선상에서 그 내용을 한 단계 더 급진화시킨 것이라고 평가할 수 있다. 중앙집권적 시민기금안 지지자들은 정치적 민주주의 원리의 핵심인 1인 1표주의를 경제 영역으로까지 확장 적용하는 것을 경제민주주의 또는 사회주의의 요체로 보았고 노동자 자치주의 이상에는 공감을 보이지 않았다.

분권화된 다원적 시민기금안은 소유주체와 운영 방식 등에서 각기 성격이 다른 여러 개의 상호 독립적 기금들을 설립한다는 구상으로 우파 사민주의자들이 지지한 기금안이었다. 분권화된 다원적 시민기금안 지지자들은 시장경제의 존속을 무엇보다 중시하였고, 스웨덴 모델식의 복지국가적 기획을 넘어서려는 어떠한 형태의 사회주의적 기획에도 단호하게 반대하였으며, 이론적으로는 주류 경제학에 확고하게 의존하였다. 기금논쟁 당시 사민당 지도부가 가졌던 경제관은 분권화된 다원적 시민기금안 지지자들의 사고에 가까웠다.

이렇듯 기금논쟁이라는 창을 통해 바라볼 때, 스웨덴 사민주의 진영은 단일한 이념을 추종하는 사람들로 구성되었다기보다는 상당히 편차가 큰 이념적 지향을 가진 여러 세력들의 연합체적 성격을 띠고 있었다는 점을 알 수 있다. 따라서 본격적 이념 투쟁이었던 기금논쟁에서 단일한 목소리를 내기가 어려웠던 것이다.

3. 기금논쟁은 통상적인 정치 투쟁일 뿐 아니라 지적, 담론적 차원의 투쟁이기도 했다. 따라서 기금논쟁에서 LO가 패배하게 된 원인을 입체적으로 이해하려면 통상적인 정치적 요인들뿐 아니라 기금안의 내용과 기금안 정당화 논변의 설득력 여부에도 주목할 필요가 있다. 기금안은 무엇보다도 스웨덴 모델의 여러 문제점에 대한 해결책으로서 제시되었다. 연대임금정책으로 인해 고수익 기업들이 초과이윤을 누리게 된다는 문제는 기금안 입안의 가장 직접적 배경으로 작용한 문제였다. 그리고 기금안 정당화 논변에서도 중요한 위치를 차지한 문제이기도 했으나 기금안을 정당화하기에는 부적절한 문제였다. 우선 연대임금정책으로 인해 과연 고수익 기업들이 초과이윤을 누려왔는지를 이론적으로나 통계적으로나 증명할 수 없었다. 또한 기본적으로 LO 내부의 이익정치(interest politics) 차원의 문제인 연대임금정책의 문제에 대한 해결책으로서 경제체제 차원의 큰 변화를 가져오는 기획인 기금안이 제시된 것은 자연스럽지 않았다. 한편 재산과 경제적 권력이

소수 사적 거대 주주들에게 집중되어 있다는 문제는 기금안 반대자들로부터도 공감을 얻었던 문제였다. 그러나 이 문제에 대한 해결책으로서의 기금안은 노동조합에게 새로운 경제적 권력의 집중을 야기하게 된다는 문제가 있어서, 결국 이 문제를 둘러싸고 사민주의 진영 내에서도 근본적인 이념적 대결이 전개되었다. 한편 1970년대 후반 이후 스웨덴 경제가 심각한 침체 국면으로 들어서게 되자, 기금안 지지자들은 당면한 경제침체의 극복을 위해 임노동자기금이라는 형태로 집단적 자본형성을 촉진할 필요가 있다는 새로운 논변을 전면에 부각시켰다. 이 논변은 주로 기금안의 대중적 설득력을 높이기 위해 전략적으로 채택된 것이었으나 이 논변의 설득력도 약했다. 기존 경제질서에 큰 변화를 가하는 기금제도가 도입될 경우 적어도 단기적으로는 경제침체를 악화시키기 쉬웠다. 일반적으로 성장주의적 문제틀 속에서는, 기존 경제질서에 큰 변화를 가하려는 급진적 기획은 논쟁에서 불리한 위치에 서기 쉬운 것이다. 이렇듯 기금안을 정당화하는 논변들의 설득력이 약했던 이유의 큰 부분은 기금안 지지 세력이 기존 경제질서에 큰 변화를 초래하게 되는 급진적 기획을 시도하면서도, 기금안의 정치적 수용 가능성을 높이기 위해 전통적인 개혁주의적·국민정치적 담론에 의해 기금안을 정당화하려 한 데서 찾을 수 있다.

또 LO의 기금안은 자본주의에 대한 대안적 경제체제 모델로서 기금사회주의 모델을 내장하고 있었는데, 기금사회주의 모델은 자본주의에 대한 설득력 있는 대안적 경제체제 모델로서의 요건을 제대로 갖추지 못했다. 기금사회주의 모델은 시장사회주의 모델의 일종이었지만, 시장경제의 작동 원리에 대한 충분한 통찰이 결여된 채 마련된 모델이어서 안정적으로 재생산될 수 있는 경제체제 모델로서의 자격을 갖추지 못했다. 또 자본주의로부터 기금사회주의로 이행해가는 과도기에 발생할 수 있는 경제적 혼란도 과소평가하여, 있을 수 있는 경제적 혼란에 대한 대비책도 제대로 마련하지 못했다. 또 이러한 문제점들은 이후 LO와 사민당이 공동으로 마련한 수정

기금안들에서도 마찬가지로 확인된다. 대안적 경제체제 모델로서 기금사회주의 모델이 많은 결함을 갖게 된 원인은 각종 기금안이 입안될 당시의 정치정황적 요인들, 스웨덴 사민주의 운동의 조직적·이념적 전통이 기금안 구상에 부과한 제약, 기금안 입안자들이 의존할 만한 경험적 사례와 이론적 자원의 결핍 등에서 찾을 수 있다.

4. 기금논쟁이 종결된 이후 스웨덴 모델은 해체 일로에 있어왔다. 1970년대 중반 이래의 경제침체를 극복하기 위해 1980년대에 사민당 정부가 추진한 '제3의 길' 정책은 민간 기업들의 수익성 제고와 시장에 대한 규제 완화, 복지국가의 팽창 억제를 통해 경제성장을 달성한다는 자유주의적 성격이 뚜렷한 정책 노선이었다. 자본운동의 국제화 추세에 부응하기 위해 사민당 정부가 추진한 신용 및 외환 규제 완화 조치에 크게 힘입어 스웨덴 자본의 해외 이전이 현저하게 증대했고, 이에 따라 노동조합과 국가에 대한 자본의 교섭력이 크게 강화되었다. 또 자본 측은 변화된 국제시장 여건에 부응하는 한편 노동조합, 특히 LO의 영향력을 약화시키기 위해 중앙단체교섭으로부터 이탈해갔다. 이에 따라 LO의 영향력이 현저히 약화되었다. 자본측이 중앙단체교섭의 틀을 버리는 선택을 하게 된 데는 기금논쟁으로 인해 노자대립이 격화된 것도 중요한 요인으로 작용했다.

1980년대 후반의 경기과열에 뒤이어 경제공황 수준의 경기침체가 발생한 뒤인 1994년 말에 집권한 사민당 정부는 국제수지적자와 재정적자의 해소를 최우선적 경제정책목표로 삼아 강력한 긴축정책을 시행해왔다. 이는 EMU에 참여하기 위한 전제 조건을 충족시키기 위해서는 불가피한 선택이기도 했다. 그 과정에서 사회정책 관련 정부지출이 감소했고 노동조합의 지위가 약화되었다. 스웨덴 모델을 구성하던 요소들의 상당수는 이미 해체되었고, 오늘의 스웨덴 사회는 여타 유럽 선진 자본주의 사회들과 과거처럼 현저한 차이를 보이지는 않고 있다. 국제적으로 사민주의운동의 최량의 성과물로 평가되었던 스웨덴 모델은 이제 상당 부분 역사 속의 이야기가 된 것이다. 스웨덴 모델을 대체할 만한 새로운 좌파적 경제-사회 운영 모델을 갖고 있지 않다는 점에서, 현재 스웨덴 사민주의 세력은 이념적·정책적으로 상당히 어려운 상태에 처해 있다고 할 수 있다.

끝으로 기금논쟁이 전개된 스웨덴 사회라는 특수한 환경적 맥락을 넘어, 기금논쟁이 각국의 사민주의운동에게 일반적으로 던져줄 수 있는 시사점을 정리하는 것으로 이 책을 마무리하고자 한다.

우선 기금논쟁의 발단 배경으로 작용한, 스웨덴 모델의 위기의 원인으로부터 각국의 사민주의운동이 끌어낼 수 있는 교훈이 있다고 생각된다.

첫째, 거대 기업 위주의 경제성장정책은 장기적으로는 사민주의운동에 치명적인 위협이 되기 쉽다는 점이다. 거대 기업 위주의 경제성장정책은 한편으로는 사민주의운동의 평등주의적 이데올로기와 상충되는 경제적 결과를 초래함으로써 사민주의운동의 이념적 정체성 위기를 낳기 쉬우며, 다른 한편으로는 거대 기업 및 그 소유주의 경제적 권력 강화와 의사결정 선택 폭의 확대를 야기함으로써 이들이 필요와 조건에 따라서는 사민주의적 계급 타협의 틀을 공세적으로 깰 수 있는 발판을 마련해주게 된다. 거대 기업 위주의 경제성장정책은 단기적으로는 지배적 자본 분파를 사민주의적 계급 타협의 틀 안으로 끌어들임으로써 사민주의적 개혁정책을 안정적으로 추진할 수 있는 조건을 마련해주는 측면이 있지만 장기적으로는 사민주의운동에 큰 위협이 되기 쉬운 것이다.

둘째, 노사관계의 과도한 중앙집권화는 장기적으로는 노동조합운동 내부에 큰 긴장과 갈등을 야기하기 쉽다는 점이다. 스웨덴에서는 중앙단체 교섭이 임금협상까지 담당했다. 중앙단체교섭의 위상 강화는 일단 노동조합운동의 역량을 응집시킴으로써 노동조합의 교섭력을 강화시켜주는 측면이 있지만 장기적으로는 많은 문제를 낳기 쉽다. 우선 중앙단체교섭에서 임금 문제 등 임노동자들의 일상적 생활 조건과 관련된 문제들을 세세히 결정하게 되면, 구체적으로 상이한 조건에 있는 다양한 임노동자층의 요구를 고루 충족시키기가 어려워져 일부 임노동자층으로부터 불만을 사기 쉽고, 단위 노조의 역할을 매우 위축시키기 쉽다. 또 시장원리의 강고한 힘으로 인해 중앙단체교섭의 결과가 늘 사후적으로 크게 수정됨으로써 중앙단체교섭의 실효성 자체가 의문시되기 쉽다. 즉 노사관계가 과도하게 중앙집권화되면 한편으로는 노자대립을 임노동자 집단 내부의 대립으로 전이시키기 쉽고 다른 한편으로는 단체교섭의 실효성을 약화시키기 쉽다. 따라서 중앙단체교섭과 산업별 단체교섭, 기업별 단체교섭이라는 단체교섭의 상이한 심급들은, 스웨덴에서처럼 동일한 의제를 순차적으로 다루는 형태로 조직되는 것보다는 각기 상이한 의제를 다루는 형태로 조직되는 것이 낫다고 판단된다. 예컨대 중앙단체교섭에서는 노사관계의 기본 질서나 사회복지제도와 같이 임노동자 집단 전체에 관계되는 문제를 집중적으로 다루도록 하고, 임금문제는 주로 산업별 단체교섭과 기업별 단체교섭에서 다루도록 하는 등의 형태로 단체교섭의 상이한 심급들 간에 역할분담이 이루어지도록 하는 것이 나을 것 같다.

한편 기금논쟁의 경과와 귀결로부터 각국의 사민주의운동이 끌어낼 수 있는 교훈도 있다고 생각된다.

첫째, 정치적·이념적으로 준비가 제대로 갖추어지지 않은 상태에서 사민주의 세력이 생산수단 소유의 사회화 기획에 착수하면, 사회화 기획을 관철시키지 못할 뿐 아니라 사민주의 세력의 정치적 역량을 훼손시키고 기존의 사민주의적 개혁의 성과마저 유실당하기 쉽다는 점이다. 우선 기금논쟁의 경과와 귀결을 통해, 사민주의운동이 생산수단 소유의 사회화 기획을 관철하기란 대단히 어렵다는 점이 잘 확인되었다고 생각된다. 기금논쟁을 통해 볼 때, 본격적인 사회화 기획의 관철을 어렵게 만드는 핵심적 요인으로는 다음과 같은 것을 들 수 있다.

우선 부르주아 진영의 저항이 격렬하다는 점이다. 기금안에 대한 부르주아 진영의 저항은 복지국가의 확충에 대한 그들의 저항과는 비교가 되지 않을 정도로 강고했다. 사회화 기획은 부르주아 진영의 궁극적 권력 기반을 근본적으로 약화·박탈하려는 기획이기 때문이다. 다음으로 일반 유권자들의 지지를 이끌어내기가 어렵다는 점이다. 사민당이 강력한 정치적 헤게모니를 행사해오던 스웨덴에서도 기금안을 지지한 유권자는 전체 유권자의 20% 선에 머물렀다. 예외적 위기 상황이 아닌 한 경제체제의 틀을 크게 바꾸려는 기획이 과반수 유권자의 지지를 얻기는 어려운 것이다. 그리고 사민주의 진영 내부에서 폭넓은 합의를 도출하기가 어렵다는 점이다. 사민주의는 예컨대 자유주의나 마르크스주의와 비교할 때 이념적 정체성이 덜 분명하게 규정되는 이념이다. 사민주의의 이러한 측면은 다양한 이념적 성향을 가진 사람들을 포괄할 수 있게 해준다는 점에서 사민주의운동의 지지 기반을 넓히는 효과를 낳는 측면이 있다. 그러나 바로 이러한 점 때문에, 본격적인 사회화 기획이 정치 현안으로 대두될 경우에는 사민주의 진영 내부로부터 근본적인 이념적 분열이 발생하기 쉬운 것이다. 기금논쟁에서 바로 이러한 일이 발생했다. 마지막으로 기존 사회의 제도와 관행에 체화된 보수적 관성도 무시할 수 없다. 스웨덴에서 기금문제가 다루어진 공식적인 제도적 장은 국가연구위원회였다. 전통적인 조합주의적 의사결정구조를 대표하는 제도의 하나인 국가연구위원회를 통해서 임노동자기금안과 같은 급진적 기획을 관철시키기란 처음부터 거의 불가능한 일이었다. 따라서 예컨대 조합주의적 의사결정구조와 같이 전통적인 사민주의적 정치 틀을 통해 급진적 기획을 추진하려는 사민주의 세력은, 급진적 기획의 관철을 어렵게 하는 기존의 제도에 의존하여 이러한 기획을 추진해야 한다는 딜레마에 직면하게 된다.

따라서 본격적인 사회화 기획은 예외적 상황이 아닌 한 관철되기가 매우 어려우며, 따라서 제반 여건이 갖추어지지 않은 상황에서 사민주의 세력이 섣불리 사회화 기획에 착수하면, 사회화 기획은 관철시키지 못하면서 자신의 정치적 역량만 훼손시키기 쉬운 것이다.

둘째, 이러한 어려움을 무릅쓰고라도 어떤 이유로든 본격적인 사회화 기획에 착수하기로 결단한 사민주의운동은 기금논쟁에서 LO가 취했던 전략과는 크게 다른 전략을 채택할 필요가 있다는 점이다. LO는 계급정치적 내용이 두드러진 사회화 기획인 기금안을 개혁주의적·국민정치적 담론에 의해 정당화하고 조합주의적 의사결정구조에 의존하여 관철하려 시도하였다. 그러나 그 결과는 참담한 패배였다. 사회화 기획에 성공하려면 LO가 취했던 방식을 따라서는 안 될 것이다. 오히려 그 반대의 길을 선택해야 할 것이다. 즉 사회화 기획의 내용은 가능한 한 사민주의 정치의 전통적 노선인 국민정치 노선에 잘 부합되는 형태로 마련하고, 사회화 기획을 관철하는 방식으로는 이념적·정치적 정면 대결 노선을 취하는 것이 나을 것이다.

먼저 사회화 기획의 내용과 관련해서는 가능한 한 전통적인 사민주의 정치의 연장선상에서 사회화 기획이 구상되는 것이 바람직하다고 생각된다. 전통적인 사민주의 정치의 핵심은 국민정치적 형식을 통해 계급정치적 내용을 채우는 것이라고 판단된다. 즉 1인 1표주의와 다수결 원리를 핵심으로 하는 정치적 민주주의 원리에 입각하여 자신을 노동계급만이 아니라 대다수 국민대중의 일반적 이익을 대변하는 정치 세력으로 위치지우면서, 노동계급 및 여타 중하위 계층의 이익을 무엇보다도 다수 사회성원으로서의 서민대중의 이익이라는 형태로 내세워 관철해가는 것이다. 이는 많은 한계에도 불구하고 사민주의운동의 상대적 성공을 가능케해준 핵심적 요인이며, 대다수 사회성원으로부터 정당성을 인정받은 정치형태라 판단된다. 그렇다면 사회화 기획 역시 사민주의운동의 이러한 전통에 잘 부합되는 형태로 구상되는 것이 바람직하다고 생각된다.

구체적으로 먼저 사회화의 주체는 노동조합 등 임노동자 집단만을 대표하는 조직보다는 국가나 준국가적 공공기구가 되는 것이 바람직하다고 판단된다. 사민주의 정치에서 국민대중의 일반적 이익을 담지하는 조직으로서 배타적으로 특권화되어온 조직은 국가이며, 사민주의 정치의 진전은 대체로 국가의 활동 영역의 확장과 등치되어왔다. 그리고 이러한 국가주의적 실천은 사민주의 유권자들에게 매우 친숙한 것이며 대체로 지지를 받아온 실천 방식이기도 하다. 국가주의적 실천의 적지 않은 부작용과 한계에도 불구하고, 일반 시민들로 하여금 자본이 지배하는 시장관계 속에서의 실천이 아닌 다른 방식으로 사회질서의 전체적 틀을 설정하는 과정에 참여할 수 있게 해주는 현존하는 유일한 제도는 정치적 민주주의 원리에 의해 구성·운영되는 국가다. 또 특정한 개인이나 집단의 존재론적 특권을 인정하지 않는 정치적 민주주의 원리에 기초할 때, 국민대중의 일반적 이익을 담지하는 공적 조직으로서 정치적 정당성을 인정받을 수 있는 조직은 국가 외에 달리 없기도 하다. 또 사회화는 대다수 사회성원의 삶의 조건을 크게 바꾸는 기획이기 때문에, 사회화된 생산수단의 소유와 관리 문제는 모든 사회성원에 의한 정치적 의사결정의 범위 내에 있도록 하는 것이 규범적으로 바람직하다. 그런데 모든 사회성원에 의한 정치적 의사결정이 이루어지고, 이에 기초한 실천이 이루어지도록 하는 현존하는 유일한 제도는 국가다. 그런 점에서 사회화의 주체를 국가나 준국가적 공공기구로 설정하는 것은 예컨대 노동조합으로 설정하는 것에 비해 우선 규범적으로 우월하다고 판단된다.

또 정치적 실행 가능성의 측면에서도 사회화의 주체는 국가나 준국가적 공공기구로 설정되는 것이 유리하다. 우선 사회화 기획이 관철되려면 최소한 과반수 유권자의 지지를 얻어야 한다. 또 사회화 기획의 추진과정에 수반하는 각종 난관을 고려하면, 압도적 과반수 유권자의 지지를 얻어야 사회화 기획이 일관되고 안정적으로 추진될 수 있을 것이다. 노동조합이나 그 어떤 형태로든 임노동자 집단만을 대표하는 조직이 사회화의 주체로 상정될 경우 과반수 유권자의 지지를 얻기는 어려울 것이다. 또 사민주의운동의 국가주의적 실천은 오랜 역사를 가진 것이고 대중에게 매우 친숙한 것이다.

따라서 사회화된 생산수단에 대한 소유·관리의 주체가 국가나 준국가적 공공기구로 설정될 경우 대중의 불안이나 저항이 상대적으로 작을 것이다.[1]

다음으로, 사회화 기획의 내용은 대다수 사회성원이 큰 이해관심

---

1   그런데 이렇게 사회화된 생산수단을 소유·관리할 주체로 노동조합이 아니라 국가나 준국가적 공공기구가 상정되는 것이 바람직하다고 할 때, 일반적으로 생길 수 있는 의구심은 결국 이미 실패한 모델인 국가사회주의로 다시 가자는 이야기가 아니냐는 것일 수 있다. 그러나 국가나 준국가적 공공기구를 중심 주체로 삼는 사회화 기획이 반드시 소련-동구형 국가사회주의의 건설로 귀결될 수밖에 없는 것은 아니다. 우선 인정할 수 있는 것은 예컨대 스웨덴과 같은 사회에서 점진적 방식으로 사회화가 이루어진다 하더라도, 국가가 주요 생산수단의 대부분을 소유하게 되면 경제체제 차원에서는 소련-동구형 국가사회주의와 대동소이해지기 쉬우리라는 것이다. 소유주의 다원성이 유지되지 않으므로 기업 간 경쟁이 사실상 거의 소멸하고 일종의 중앙집권적 계획경제체제가 들어서기 쉬울 것이다. 또 장기적으로는 정치적 민주주의도 위협받기 쉬울 것이다. 정치적 민주주의가 제대로 작동하려면 1인 1표주의와 다수결 원리라는 절차적 요소뿐 아니라, 사회성원들이 그들의 생활의 기초적 조건을 확보하는 데 있어 다수의 선택 대안을 가질 수 있어야 한다는 내용적 요소도 확보되어야 하기 때문이다. 요컨대 총체적 사회는 중앙집권적 계획경제로 귀결하기 쉬우며 정치적 민주주의와도 장기적으로 양립하기 어렵다는 것이다. 따라서 사회화는 총체적인 것이 아니라 부분적인 것이 되어야 한다. 부분적 사회화의 대표적 사례로는 대다수 나라들에서 실제로 실천되어온 부분적 국유화를 들 수 있다. 산업의 기술적 속성이나 산업이 국민경제에 미치는 영향에 따라 일정 산업 전체나 해당 산업의 중추적 기업들을 국유화하는 방식은 많은 나라들에서 실천되어온 대표적인 사회화 방식이다. 그 밖에도 예컨대 이 책에서 분석한 바 있는 코르피(Walter Korpi)의 시민기금안과 같이, 국가나 준국가적 공공기구가 기금을 조성하여 산업정책적 목표 등 일정한 기준에 따라 민간 기업들의 주식을 구매하는 방식으로 사회화를 추진할 수도 있다. 물론 이 경우에도 기금이 대다수 기업의 주식 과반수를 구매하게 되면 총체적 사회화로 귀결하게 된다. 이를 피하려면 투자 대상 산업이나 기업을 제한하거나 기업들에 대한 기금의 지분 소유비율의 상한선을 설정해야 할 것이다. 그 밖에도 여러 가지 방안이 상정 가능할 것이다. 그런데 물론 이러한 방안들도 각기 나름의 문제점을 가질 것이다. 바람직한 여러 가치 기준을 고루 충족시켜주는 동시에 경제체제 구성원리상 논리적 정합성을 갖는 사회화 기획의 구체적 방안을 제시하는 것은 현재 필자의 능력을 넘어서기도 하고, 또 이 책의 과제도 아니다. 다만 여기에서 필자가 이야기하고 싶은 것은 산업정책적 목표 때문이든 사민주의 평등주의적 목표 때문이든 어떠한 이유로든 사민주의 운동이 사회화 기획에 착수하기로 결단한다면, 사회화의 주체로 노동조합 등 임노동자 집단만을 대표하는 조직보다는 국가나 준국가적 공공기구가 상정되는 것이 규범적으로나 정치적 실행 가능성의 측면에서나 우월한 선택이 되리라는 것이다.

(interest)을 갖고 있는 문제의 해결에 초점을 맞추어 마련되어야 한다. 기금안 입안의 직접적 배경으로 작용한 문제인, 연대임금정책으로 인한 초과이윤문제는 민간 고수익 부문 노동자들에게는 호소력이 큰 문제였으나 대다수 사회성원에게는 관심 밖의 문제였다. 양적으로 매우 한정된 계층의 이해관심에 초점을 맞춘 사회화 기획이 과반수 유권자로부터 지지를 받기는 어려웠다. 오늘의 시점에서 광범위한 사회성원이 큰 이해관심을 가지는 문제의 대표적 예로는 고용문제, 생태계 보존 문제를 들 수 있을 것이다.

한편 사회화 기획을 관철시키는 방식과 관련해선 정치적·이념적 정면 대결 외에는 다른 길이 없다고 판단된다. 기금논쟁에서 LO는 처음에는 매우 공세적인 형태로 기금논쟁을 촉발시켰으나 이후 정세가 불리하게 전개되자 수세적 태도로 일관했다. 기금안을 정당화하는 논변의 초점을 전통적인 개혁주의적 의제로 이동시키고, 기금안의 내용을 온건화하고, 전통적인 조합주의적 의사결정구조를 통해 기금안을 관철시키고자 했다. 이는 부르주아 진영과 타협에 이르기 위한 것이었으나, 기금안의 내용이 온건화해감에도 불구하고 부르주아 진영의 반대 입장은 조금도 누그러지지 않았다. 부르주아 진영은 오히려 시간이 지날수록 더욱 완강한 반대 입장을 취했을 뿐 아니라 사민주의 진영을 분열·약화시키기 위해 의도적으로 기금논쟁을 정치적·이념적 정면 대결로 몰아가려 했다.

본격적인 사회화 기획을 부르주아 진영과의 순조로운 타협과 합의를 통해 관철시키기란 불가능하다. 따라서 사민주의운동이 사회화 기획에 착수하기로 결단한다면, 부르주아 진영과의 정면 대결을 처음부터 각오하고 이에 대해 준비 태세를 갖추는 것이 필수적이다. 그러려면 잠재적 지지층에 대한 적극적인 교육과 설득을 통해 지지층의 수를 늘리고 지지층을 단단하게 결속시켜야 한다. 또 상황에 따라서는 지지층의 대중 동원을 통해 부르주아 진영을 압박할 필요도 있다. 부르주아 진영과의 타협이 불가피하다 하더라도, 적극적인 대중 동원을 통해 부르주아 진영을 압박함으로써 협상에서 유리한 위치를 선점해야 할 필요가 있는 것이다. 기금논쟁에선 역으로 부르주아 진영이 이러한 전략을 취했다. 이러한 정면 대결 전략을 채택하려면 사민주의 진영이 우선 결속되는 것이 필수 불가결하다. 기금논쟁에선 이것이 이루어지지 않았다. LO는 사민당과의 협의 없이 먼저 기금안을 제출했다. 이는 기금안에 미온적인 태도를 보일 것으로 예상되는 사민당을 반강제적으로 기금안 지지의 입장으로 견인해내려 한 전략으로 이해할 수 있으나 이러한 전략은 철저한 실패로 귀결되었다. 오히려 부르주아 진영과의 본격적인 이념 투쟁으로 발전해간 기금논쟁에서 사민주의 진영이 분열하는 모습만 보여주었을 뿐이다. 따라서 사민주의운동이 본격적인 사회화 기획에 착수하려면 그 전에 사민주의 진영 내부에서 충분한 논의를 통해 폭넓은 합의에 이르는 것이 필수 불가결하다. 이것이 불가능하다면 사회화 기획에 착수하지 않는 것이 낫다.

사회화 기획을 둘러싸고 사민주의 진영 내부에서 폭넓은 합의에 이르려면 오랜 시간에 걸친 충분한 이념적·이론적 준비가 필요하다. 즉 사회화 기획이 본격적인 정치적 의제로 떠오를 수 있는 정치적·경제적 여건이 마련되기 전에도 이론적 차원에서는 다양한 모색과 토론이 전개되어야 한다. 또 이러한 기획을 이론적으로 준비하는 과정에 가능한 한 많은 사회 집단을 참여시키는 것이 바람직하다. 그러나 기금안은 몇 명의 연구자들이 2-3년의 준비를 통해 마련한 사회화 기획이었고, 기금안의 기본 골격은 사실상 마이드너 개인의 작품이었다. 물론 기금안이 입안되기 전인 1960년대에도 부문합리화기금안이나 부문기금안과 같은 형태로 이론적 모색이 있긴 했으나, 그것 역시 마이드너를 중심으로 하는 몇몇 LO 연구자들의 작업일 뿐이었다. 전체적으로 스웨덴 사민주의 진영은 이념적·이론적 준비가 너무 부족한 상태에서 기금논쟁을 맞았던 것이다.

또 사회화 기획이 광범위한 사회성원에게 신뢰감을 주려면 본격적인 사회화 기획에 착수하기에 앞서, 성공적으로 운영되는 사회화된 기업의 모범 사례를 창출하는 것도 필요할 것이다. 이는 성공적인 경제운영을 기약해 주는 사회화 기획의 구체적 내용을 마련하여 이 기획에 대한 대중적 지지를 이끌어내기 위해서도 필요할 뿐 아니라, 실제로 사회화 기획이 실현되고 난 후에 성공적으로 경제를 운영하는 데 필요한 기법(knowhow)을 미리 습득하기 위해서도 필요하다. 따라서 스웨덴 사민당처럼 안정적으로 장기집권할 수 있는 사민주의 정당은 집권기간 중에 다양한 유형의 사회화된 기업을 소규모로 창출하고 운영해보는 실험을 축적해가는 것이 좋을 것이다.

| 참고문헌 |

1. 국내 문헌

김수행(1988). 『정치경제학원론』, 한길사.

민경국(1997). 『시장경제의 법과 질서: 질서경제학과 주류 경제학』, 자유기업센터.

송희식(1992). 『인간의 연대 II – 자본주의와 사회주의의 지양』, 비봉출판사.

안재흥(1995). 「개혁주의에 대한 스웨덴 사민주의자들의 논쟁에 표상된 '민중의 관심'(1886-1991)」, 『산업노동연구』 제1권 1호.

황태연(1996). 『지배와 이성』, 창작과비평사.

2. 구미 문헌

Abrahamsson, Bengt. & Anders Broström (1979). *Om arbetets rätt – Vägar till ekonomisk demokrati* (노동권에 관하여 – 경제민주주의로 가는 길). Stockholm: Almqvist & Wiksell förlag.

Adler-Karlsson, Gunnar (1967). *Funktionssocialism: Ett alternativ till kommunism och kapitalism* (기능사회주의: 공산주의와 자본주의에 대한 대안). Stockholm: Prisma. (영어본은 *Functional Socialism: A Swedish Theory for Democratic Socialization*. Stockholm: Prisma, 1967).

Agell, Jonas (1992). "Det svenska skattesystemet." (스웨덴의 조세제도) In Bo Södersten(ed.), *Den offentliga sektorn* (공공부문). Stockholm: SNS förlag, pp. 204-257.

Ahlsén, Bengt. et al (eds.), (1972). *Från Palm till Palme: Den svenska socialdemokratins program 1882-1960* (팔름에서 팔메까지: 1882-1960년 기간의 스웨덴 사회민주당 강령). Stockholm: Rabén & Sjögren.

Andersson, Lillian (1978). "Nils Karleby – en socialdemokratisk Marx-uttolkare."

618

(닐스 칼레비 – 사회민주주의적 맑스해석가) *Häften för Kritiska Studier* (비판연구를 위한 소책자), vol. 11, no. 6, pp. 52-77.

Andersson, Thomas (1993). "Den svenska industrins expansion i utlandet." (스웨덴 산업의 해외 팽창) In Industriens Utredningsinstitut. *Den långa vägen* (머나먼 길). Stockholm, pp. 53-76.

Axell, Bo (1976). "Innebär Meidners förslag börskrasch och omedelbar socialisering?" (마이드너의 제안이 주식시장 붕괴와 직접적 사회화를 의미하는가?) *Ekonomisk Debatt* (경제토론), no. 1, pp. 58-61.

Berggren, Christian (1986). "Top Management and Codetermination in Swedish Companies: Greater Union Influence Results in Better Decisions." *Economic and Industrial Democracy*, vol. 7, pp. 99-108.

Bergström, Villy (1975). "Löntagarfoner för demokrati." (민주주의를 위한 임노동자기금) *Tiden* (시대), no. 7, pp. 363-373.

_____ (1977). "Nationalekonomerna och arbetarrörelsen." (경제학자들과 노동운동). In Jan Herin & Lars Werin (eds.), *Ekonomisk Debatt och ekonomisk politik* (경제토론 誌와 경제정책). Stockholm: P. A. Norstedt & Söners förlag, pp. 115-157.

_____ (1979). "Den svenska kapitalbildningens politiska ekonomi." (스웨덴의 자본형성의 정치경제학). *Ekonomisk Debatt* (경제토론), no. 4. pp. 255-266.

_____ (1984). "Arvet från tjugotalet präglar dagens politik." (1920년대로부터의 유산이 오늘날의 정치를 각인한다). *Tiden* (시대), no. 8, pp. 471-483.

Bäck, Mats & Tommy Möller (1995). *Partier och organisationer i Sverige* (스웨덴의 정당들과 조직들). 3rd ed. Stockholm: Publica.

Carsparsson, Ragnar (1947). *LO under fem årtionden* (LO 50년사), vol. I. Stockholm: Tiden.

_____ (1948). *LO under fem årtionden* (LO 50년사), vol. II. Stockholm: Tiden.

Childs, Marquis W (1947). *Sweden: The Middle Way*. New Haven: Yale Univ. Press.

Cole, G. D. H (1919). *Self-Government in Industry*. 4th ed. London: G. Bell and

Sons.

Comeau, Yvan. & Lévesque Benoit (1993). "Workers' Financial Participation in the Property of Enterprises in Québec." *Economic and Industrial Democracy*, vol. 14, pp. 233-250.

Dagens Nyheter (조간신문). 1997/03/19, 1997/03/30, 1997/05/04.

Dahlkvist, Mats (1975). *Staten, socialdemokratin och socialismen* (국가, 사회민주주의, 그리고 사회주의). Stockholm: Prisma.

D'Art, Daryl (1992). *Economic Democracy and Financial Participation*. London & New York: Routledge.

De Geer, Hans (1989). *I vänstervind och högervåg: SAF under 1970-talet* (좌경화 바람과 우경화 물결 속에서: 1970년대의 SAF). Stockholm: Publica.

_____ (1992). *Arbetsgivarna: SAF i tio decennier* (사용자들: SAF 100년사). Stockholm: SAF.

Edin, Per-Olof. & Anna Hedborg (1980). *Det nya uppdraget* (새로운 과제). Stockholm: Tidens förlag.

_____ (1981). "Fonder, tillväxt och lönsamhet." (기금, 성장, 수익성). *Ekonomisk Debatt* (경제토론), no. 5, pp. 365-373.

Eidem, Rolf (1981). "Löntagarfonder: Kriterna för placeringspolitiken." (임노동자기금: 투자정책을 위한 기준들). *Ekonomisk Debatt* (경제토론), no. 5, pp. 353-360.

Eidem, Rolf. & Berndt Öhman (1979). *Economic Democracy through Wage-earner Funds*. Stockholm: Arbetslivscentrum.

Elvander, Nils(1966). *Intressorganisationerna i dagens Sverige* (오늘날 스웨덴의 이익단체들). Lund: CWK Gleerup Bokförlag.

_____ (1978). "Vem skall styra ekonomin – facket eller folket?" (누가 경제를 지도할 것인가 – 노동조합이냐 국민이냐?) *Tiden*(시대), no. 3/4호 합본호, pp. 148-156.

_____ (1979a). "Fondfrågan – lösning och låsning." (기금문제 – 해결과 답보). In Nils Lundgren (ed.), *Sju socialdemokrater om löntagarfonderna* (임노동자기금에 대한 7인의 사회민주주의자들의 견해). Stockholm: Tidens förlag, pp. 57-62.

_____ (1979b). "Låt oss vänta." (기다려보자). In Nils Lundgren (ed.), *Sju socialdemokrater om löntagarfonderna* (임노동자기금에 대한 7인의 사회민주주의자들의 견해). Stockholm: Tidens förlag, pp. 36-42.

_____ (1987). *Den svenska modellen: Löneförhandlingar och inkomstpolitik 1982-1986* (스웨덴 모델: 1982-1986년 기간의 임금협상과 소득정책). Stockholm: Allmänna förlaget.

Erlander, Tage (1972). *Tage Erlander 1901-1939* (터게 에얼란데르 자서전 1901-1939). Stockholm: Tidens förlag.

_____ (1973). *Tage Erlander 1940-1949* (터게 에얼란데르 자서전 1940-1949). Stockholm: Tidens förlag.

_____ (1974). *Tage Erlander 1949-1954* (터게 에얼란데르 자서전 1949-1954). Stockholm: Tidens förlag.

_____ (1976). *Tage Erlander 1955-1960* (터게 에얼란데르 자서전 1955-1960). Stockholm: Tidens förlag.

_____ (1979). *Tage Erlander Sjuttiotal* (터게 에얼란데르 자서전 1970년대). Stockholm: Tidens förlag.

_____ (1982). *Tage Erlander 1960-talet. Samtal med Arvid Lagercrantz* (터게 에얼란데르 자서전 1960년대: 아르비드 라거크란츠와의 대담). Stockholm: Tidens förlag.

Esping-Andersen, Gøsta (1985). *Politics against Markets: The Social Democratic Road to Power.* Princeton, New Jersey: Prinston Univ. Press.

_____ (1988). *Jämlikhet, effektivitet och makt: Socialdemokratisk välfärdspolitik* (평등, 효율, 권력: 사회민주주의적 복지정책). In Klaus Misgeld et al. (eds.), *Socialdemokratins samhälle: SAP och Sverige under 100 år* (사회민주주의 사회: 스웨덴 사민당과 스웨덴의 100년사). Stockholm: Tiden, pp. 219-249.

Fackföreningsrörelsen (노동조합운동), no. 19, 1975, p. 17

Feldt, Kjell-Olof (1985). *Den tredje vägen - En politik för Sverige* (제 3의 길 - 스웨덴을 위한 정책). Stockholm: Tidens förlag.

_____ (1991). *Alla dessa dagar……* (그 모든 날들……). Stockholm: Nordstedts.

Finansutskottets betänkande 1991/92:FiU21 (Utskiftning av löntagarfondernas tillgångar m.m. (prop. 1991/92:92 och 1991/92:100) (1991/92년 의회 회기 재무위원회 보고서 21호: 임노동자기금의 자금의 처분 등에 관하여; 1991/92년 회기 정부입법안 92호 및 100호와 관련된 사항임).

Flora, Peter (ed.), (1987). *Growth to Limits: The Western European Welfare States since World War II.* vol. 4. Berlin & New York: Walter de Gruyter.

Folkpartiet (1978). *Folkpartiet informerar 1978: 3, Löntagarfonder* (자유당 회람 자료 1978: 3, 임노동자기금).

Gilljam, Mikael (1988). *Svensk folket och löntagarfonderna* (스웨덴 국민과 임노 동자기금). Lund: Studentliteratur.

Gustafsson, Agne (1979). "Ett kommunalt alternativa till löntagarfonder." (임노동 자기금에 대한 콤뮨적 대안), In Nils Lundgren (ed), *Sju socialdemokrater om löntagarfonderna* (임노동자기금에 대한 7인의 사회민주주의자들의 견 해). Stockholm: Tidens förlag, pp. 71–88.

Gustafsson, Bo (1977). "Vänstern måste delta i kampen för löntagarfonder!" (좌 익은 임노동자기금을 위한 투쟁에 참여해야 한다!). *Socialistisk Debatt* (사 회주의 토론), vol. 29. no. 5, pp. 20–29.

_____ (1980). W. Korpi의 책 *Arbetarklassen i välfärdskapitalismen* (복지자본 주의에서의 노동계급)에 대한 서평. *Economic and Industrial Democracy*, vol. 1, pp. 137–140.

_____ (1981). *I övermorgon socialism* (모레에는 사회주의). Stockholm: Gidlund.

_____ (1982). "Löntagarfonder – demokrati och effektivitet." (임노동자기금 – 민 주주의와 효율). *Tiden* (시대), no. 6, pp. 365–385.

_____ (1995). "Foundations of the Swedish Model." *Nordic Journal of Political Economy*, vol. 22, pp. 5–26.

Hamilton, Carl (1979). "Fördjupad demokrati genom löntagarfonderna." (임 노동자기금을 통해 심화되는 민주주의). In Nils Lundgren (ed.), *Sju socialdemokrater om löntagarfonderna* (임노동자기금에 대한 7인의 사회

민주주의자들의 견해). Stockholm: Tidens förlag, pp. 89-103.

＿＿＿＿ (1982). "Industripolitik och subventioner." (산업정책과 보조금). In Bo Södersten (ed.), Svensk ekonomi (스웨덴 경제). 3rd ed. Stockholm: Rabén & Sjögren, pp. 172-212.

Hansson, Gunnar (1997). Dogm eller arbetshypotes?: Den unge Wigforss och det socialistiska samhällsproject (도그마냐 작업가설이냐?: 청년 비그포르스와 사회주의적 사회프로젝트). Stockholm: Symposium.

Hansson, Ingemar (1987). "Det svenska skattesystem." (스웨덴의 조세제도) In Bo Södersten (ed.), Marknad och politik (시장과 정책). Stockholm: Dialogos, pp. 207-230.

Hansson, Sven Ove (1984). SAF i politiken: En documentation av näringslivsorganisationernas opinionbildning (정치에 뛰어든 SAF: 재계단체들의 여론형성에 대한 기록). Stockholm: Tidens förlag.

Hedengren, Olof (1978). Verkstadsindustrin och fonderna (금속 및 기계공업과 기금). Stockholm: Timbro.

Helco, Hugh. & Henrik Madsen (1987). Policy and Politics in Sweden: Principled Pragmatism. Phliadelphia: Temple Univ. Press.

Helldén, Arne (1991). "Läs Wigforss!" (비그포르스를 읽자!) Tiden (시대), no 8, pp. 496-500.

Henrekson, Magnus (1992). "Vad förklarar den offentliga sektorns utveckling?" (무엇이 공공부문의 발전을 설명하는가?) In Bo Södersten (ed.), Den offentliga sektorn (공공부문). Stockholm: SNS förlag, pp. 89-136.

Hermansson, Carl-Henrik (1959). Koncentration och storföretag (집적과 거대기업). Stockholm: Arbetarkulturs förlag.

＿＿＿＿ (1962). Monopol och storfinans (독점과 거대 금융). Stockholm: Arbetarkulturs förlag.

＿＿＿＿ (1977). Socialism eller löntagarfonder? (사회주의냐 임노동자기금이냐?)

＿＿＿＿ (1980). "Vad var egentligen den svenska modellen?" (스웨덴 모델이란 도대체 무엇이었나?) Socialistisk Debatt (사회주의자 토론), vol. 46, no. 46, pp. 4-11.

_____ (1981). *Kapitalister II. Storfinans* (자본가들 II. 거대 금융). Stockholm: Arbetarkultur.

_____ (1986). *Sverige i imperialismens nät* (제국주의적 연결망 속에 있는 스웨덴). Stockholm: Arbetarkulturs förlag.

Himmelstrand, Ulf. et al. (1981). *Beyond Welfare Capitalism: Issues, Actors and Forces in Societal Change.* London: Heinemann.

Hirschman, Albert (1970). *Exit, Voice, and Loyalty: Responses to Decline in Firms, Organizations, and States.* Cambridge, Massachusetts & London: Harvard Univ. Press.

Industriens Utredningsinstitut (1993). *Den långa vägen* (머나먼 길). Stockholm.

Jae-Hung, Ahn (1993). "Social Democratic Ideology and Workers' Interest: The Developments of Social Democracy in Sweden, 1886-1911." Ph. D. diss. Univ. of Michigan, Ann Arbor.

Jagrén, Lars (1993). "De dominerande storföretag." (지배적 거대 기업들). In Industriens Utredningsinstitut. *Den långa vägen* (머나먼 길). Stockholn. pp. 77-90.

Jakobsson, Ulf (1982). "Svensk stabiliseringspolitik." (스웨덴의 안정화정책). In Bo Södersten (ed.), *Svensk ekonomi* (스웨덴 경제). 3rd ed. Stockholm: Rabén & Sjögren, pp. 111-154.

Johansson, Anders L (1989). *Tillväxt och klassamarbete – en studie av den svenska modellens uppkomst* (성장과 계급협력 – 스웨덴 모델의 탄생에 관한 연구). Stockholm: Tidens förlag.

Jonter, Thomas (1995). *Socialisering som kom av sig: Sverige, oljan och USAs planer på en ny ekonomisk världsordning 1945-1949* (중단된 사회화: 1945-1949년 기간의 스웨덴, 석유, 그리고 새로운 세계경제질서에 관한 미국의 구상). Stockholm: Carlssons.

Karleby, Nils (1926a). *Socialismen inför verkligheten: Studier över socialdemo-kratisk åskådning och nutidspolitik* (현실에 직면한 사회주의: 사회민주주의적 견해와 오늘날의 정치에 관한 연구). Stockholm: Tidens förlag.

Karleby, Nils (1926b). "Fetischism." (물신숭배) *Tiden* (시대), no 2, pp. 71-80.

624

Kjellberg, Anders (1981). "Från industriell demokrati till medbestämmande – fackliga utvecklingslinjer 1917-1980." (산업민주주의에서 공동결정 까지 – 1917-1980년 기간의 노동조합의 발전 노선). *Arkiv för Studier i Arbetarrörelsens Historia* (노동운동사 연구총서). vol. 21/22 합본호, pp. 53-82.

Klose, Alfred (1987). "Gewerkschaften, Aebeiterkammern und Sozialpartnerschaft in Österreich." In Wolfgang Ockeenfels (ed.), *Krise der Gewerkschaft– Kriser der Tarifautonomie?* Bonn: Scienta Humanita Institut, pp. 51-57.

Kornai, János (1970). "Resource-constrained versus Demand-constrained Systems." *Econometrica* vol. 47, no. 4, pp. 801-819.

_____ (1986). "The Soft Budget Constraint." *Kyklos* vol. 39, no. 1, pp. 3-30.

_____ (1993). "Market Socialism Revisited." In Pranab K. Bardhan & John E. Roemer (eds.), *Market Socialism: Current Debate*. New York & Oxford: Oxford Univ. Press, pp. 42-68.

Korpi, Walter (1978). *Arbetarklassen i välfärdskapitalismen* (복지자본주의에서의 노동계급). Stockholm: Prisma. (영어본은 *The Working Class in Welfare Capitalism: Work, Unions and Politics in Sweden*. London: Routledge & Kegan Paul, 1980).

_____ (1980). *Fonder för ekonomisk demokrati* (경제민주주의를 위한 기금). Stockholm: Sveriges Kommunaltjänstmannaförbund.

_____ (1982). *Från undersåte till medborgare* (신민[臣民]에서 시민으로). Stockholm: Tidens förlag.

_____ (1983). *Den demokratiska klasskampen: Svensk politik i jämförande perspektiv* (민주주의적 계급투쟁: 비교전망 속에서 살펴본 스웨덴 정치). Stockholm: Tidens förlag. (영어본은 *The Democratic Class Struggle*. London: Routledge & Kegan Paul, 1983).

_____ (1992). *Halkar Sverige efter?: Sveriges ekonomiska tillväxt 1820-1990 i jämförande belysning* (스웨덴이 뒤처지고 있는가?: 비교론적 관점에서 조명해본 1820-1990년 기간의 스웨덴의 경제성장). Stockholm: Carlssos.

Korpi, Walter., Sven E. Olsson, Sten-Åke Sprenberg (1982). "Svensk socialpolitik."

(스웨덴의 사회정책). In Bo Södersten (ed.), *Svensk ekonomi* (스웨덴 경제). 3rd ed. Stockholm: Rabén & Sjögren, pp. 258-297.

Kristensson, Kaj., Hans Nyström, Örjan Nyström (1985). *Från mörkret stiga vi mot ljuset: Arbetarrörelsens historia i Sverige* (우리 암흑으로부터 일어나 광명을 향해 서다: 스웨덴 노동운동사). 3rd ed. Göteborg: Proletärkultur.

Lancaster, Kevin (1973). "The Dynamic Inefficiency of Capitalism." *Journal of Political Economy*, vol. 81, no. 5, pp. 1092-1109.

Landgren, Karl-Gustav (1957). *Economics in Modern Sweden*. Washington D. C.: Reference Department, Library of Congress.

_____ (1960). *Den 'nya ekonomien' i Sverige* (스웨덴에서의 '신경제학'). Stockholm: Almqvist & Wiksell.

Lange, Oscar (1938). "On the Economic Theory of Socialism." In Benjamin E. Lippincott (ed.), *On the Economic Theory of Socialism*. vol. II. The Univ. of Minnesota Press, pp. 55-143.

Leibenstein, Harvey (1973). "Competition and X-efficiency: Reply." *Journal of Political Economy*, vol. 81, no. 3, pp. 765-777.

Levin, Bert (1981). "Löntagarfonder: några principiella synpunkter." (임노동자기금: 몇가지 원칙적 관점). *Ekonomisk Debatt* (경제토론), no. 5, pp. 374-387.

Lewin, Leif (1967). *Planhushållningsdebatten* (경제계획논쟁). Stockholm: Almqvist & Wiksell.

Lindbeck, Assar (1974). *Swedish Economic Policy*. Berkley & Los Angels: Univ. of California Press.

_____ (1979a). *Fondfrågan* (기금문제). Stockholm: ALBA.

_____ (1979b). "Ägande och kapitalbildning." (소유와 자본형성). In Nils Lundgren(ed), *Sju socialdemokrater om löntagarfonderna* (임노동자기금에 대한 7인의 사회민주주의자들의 견해). Stockholm: Tidens förlag, pp. 10-35.

_____ (1982). *Makt och Ekonomi: Om fondfrågan* (권력과 경제: 기금문제에 관하여). Stockholm: Akademilitteratur.

_____ (1991). "Politikens och marknadens möjlighet och begransningar." (정치와 시장의 가능성과 한계). In Assar Lindbeck et al. *Den nya svenska modellen* (새로운 스웨덴 모델). Stockholm: SAF, pp. 7-31.

Lindencrona, Gustaf (1979). "Om aktieägande." (주식소유에 관하여). In Lars Lidén et al. *Ägarmakt på avskrivning?* (마모되는 소유권력?) Stockholm: Studieförbundet Näringsliv och Samhälle, pp. 16-31.

Lindblom, Paul (1977). *Ernst Wigforss - socialistisk idépolitiker* (에른스트 비그포르스 - 사회주의 이념정치인). Stockholm: Tidens förlag.

Lindhagen, Jan (1977). "Nils Karleby i halvfigur." (닐스 칼레비의 반신상[半身像]). *Tiden* (시대), no. 4, pp. 237-47.

Lindkvist, Lars (1982). "Karleby och den socialdemokratiska ekonomiläran." (칼레비와 사회민주주의 경제학설). *Tiden* (시대), no, pp. 306-315.

LO (1951). *Fackföreningsrörelsen och den fulla sysselsättningen* (노동조합운동과 완전고용).

_____ (1961). *Samordnad näringspolitik* (조정된 산업정책). Stockholm: Tidens förlag.

_____ (1966). *Fackföreningsrörelsen och den tekniska utvecklingen* (노동조합운동과 기술발전).

_____ (1971). *Protokoll från Landsorganisationens 18:e ordinarie kongress 1971* (1971년 제18차 LO 정기총회 회의록).

_____ (1976a). *Kollektiv kapitalbildning genom löntagarfonder* (임노동자기금을 통한 집단적 자본형성).

_____ (1976b). *Protokoll från Landsorganisationens 19:e ordinarie kongress 1976* (1976년 제19차 LO 정기총회 회의록).

LO-Tidningen (LO-신문), no 11, 1996/03/22, p. 4.

LO & SAP (1944). *Arbetarrörelsens efterkrigs program* (노동운동의 전후강령).

_____ (1978). *Löntagarfonder och kapitalbildning* (임노동자기금과 자본형성). Stockholm: Tidens förlag.

_____ (1981). *Arbetarrörelsen och löntagarfonderna* (노동운동과 임노동자기금). Stockholm: Tidens förlag.

Lundberg, Erik (1996). *The Development of Swedish and Keynesian Macroeconomic Theory and Its Impact on Economic Policy*. Cambridge, New York and Melbourne: Cambridge Univ. Press.

Lundh, Christer (1979). *Svensk löntagarfondsdebatt under 1970-talet* (1970년대의 스웨덴의 임노동자기금논쟁). Medelande från ekonomisk‐historiska institutionen Lunds universitet.

_____ (1980). "Från gillesocialism till BPA." (길드사회주의로부터 BPA까지). *Arkiv för Studier i Arbetarrörelsens Historia* (노동운동사 총서). vol. 18, pp. 3-26.

_____ (1987). *Den svenska debatten om industriell demokrati 1919-1924 I. Debatten i Sverige* (1919-1924년 기간에 산업민주주의에 관한 스웨덴에서의 논쟁 제I권: 스웨덴에서의 논쟁). Lund: Studentliteratur.

Lönnroth, Johan (1983). "Den svenska nationalekonomin och Marx under 100år." (지난 100년간 스웨덴의 경제학과 마르크스). *Ekonomisk Debatt* (경제토론), no. 5, pp. 341-352.

Magnusson, Lars (1996). *Sveriges ekonomiska historia* (스웨덴 경제사). Stockholm: Rabén Prisma.

Mead, James E. (1972). "The Theory of Labour-Managed Firms and of Profit Sharing." *Economic Journal*, vol. 83, pp. 402-428.

Meidner, Rudolf (1973). "Samordning och solidarisk lönepolitik under tre decennier." (지난 30년간 조정과 연대임금정책). In Rudolf Meidner et al. *Tvärsnitt* (횡단면). Stockholm: Prisma, pp. 7-71.

_____ (1981). *Om löntagarfonder* (임노동자기금에 관하여). Stockholm: Tidens förlag.

_____ (1984). *I arbetets tjänst* (노동에의 봉사: 루돌프 마이드너 선집). Stockholm: Tidens förlag.

_____ (1990). "Efter löntagarfonderna." (임노동자기금 이후). *Tiden* (시대), no. 6, pp. 321-337.

_____ (1996). "Fackets ställning efter EU-integrationen." (EU 통합 이후의 노동조합의 위상). In Sture Ring (ed.), *Det nygamla kalssambället* (새롭고도

낡은 계급사회). Stockholm: Hägglunds förlag, pp. 82-92.

Meidner, Rudolf., Anna Hedborg, Gunnar Fond (1975). *Löntagarfonder* (임노동
자기금). Stockholm: Tidens förlag.

Meyerson, Per-Martin (1978). *Löntagarfonder eller……* (임노동자기금 또는……)
Stockholm: P A Norstedt & Söners förlag.

_____ (1981). *Marknadsekonomin och löntagarfonderna* (시장경제와 임노동자
기금). Stockholm: Sveriges Industriförbund.

_____ (1985). *Eurosclerosis: The Case of Sweden*. Stockholm: The Federation of
Swedish Industries.

_____ (1991). *Den svenska modellens uppgång och fall* (스웨덴 모델의 부상[浮
上]과 추락). Stockholm: SNS förlag.

Motion 1974:1495 (av herr Helén m. fl. om lagstadgad rätt för löntagarna till
andel i företagens kapitaltillväxt) (1974년 의회 회기 발안 1495호: 기업의
자본증식에 임노동자들이 참여할 수 있도록 입법화하는 방안에 관하여 헬
렌 등이 제출한 발안).

Motion 1978/79:1115. (av Thorbjörn Fälldin m. fl. om delägande genom
löntagarkooperation) (1978/79년 의회 회기 발안 1115호; 임노동자협동조
합을 통한 소유참여에 관하여 토르뵈른 펠딘 등이 제출한 발안).

Myhrman, Johan (1994). *Hur Sverige blev rikt* (스웨덴은 어떻게 해서 부유해졌나).
Stockholm: SNS förlag.

Myrdal, Alva & Gunnar (1934). *Kris i befolkningsfrågan* (인구문제에서의 위기).
Stockholm: Bonniers.

Norman, Göran & Södersten, Jan (1978). *Skattepolitisk resursstyrning och
inkomstutjämning: En analys av företagsbeskattning och indirekt
beskattning* (조세정책을 통한 자원배분과 소득균등화: 법인세와 간접세
분석). Stockholm: Industriens Utredningsinstitut.

Ohlin, Bertil. 1937. "Some Notes on the Stockholm Theory of Savings and
Investments I-II." *Economic Journal*, no. 185, vol. XLVII, pp. 53-69, no.
186, vol. XLVII, pp. 221-240.

Olsen, Gregg M (1992). *The Struggle for Economic Democracy in Sweden*.

Avebury: Ashgate.

Olsson, Anders S (1989). "The Swedish Wage Negotiation System." Ph. D. diss., Uppsala University.

Olsson, Sven (1990). *Social Policy and Welfare State in Sweden*. Lund: Arkiv Förlag.

Ortmark, Åke (1967). *Maktspelet i Sverige – ett samhällsreportage* (스웨덴에서의 권력게임 – 사회 르포). Malmö: Wahlström & Widstrand.

Persson-Taimura, Inga (1982). "Arbetsmarknad och arbetsmarknadspolitik." (노동시장과 노동시장정책). In Bo Södersten (ed.), *Svensk ekonomi* (스웨덴 경제). 3rd ed. Stockholm: Rabén & Sjögren, pp. 172–212.

Petersson, Roland (1982). *Behövs löntagarfonder?* (임노동자기금이 필요한가?) Stockholm: LTs förlag.

Pontusson, Jonas (1984). "Behind and beyond Social Democracy in Sweden." *New Left Review*, vol. 143, pp. 69–96.

_____ (1987). "Radicalization and Retreat in Swedish Social Democracy." *New Left Review*, vol. 165, pp. 5–33.

_____ (1992). *The Limits of Social Democracy: Investment Politics in Sweden*. Ithaca and London: Cornell Univ. Press.

Przeworski, Adam (1985). *Capitalism and Social Democracy*. Cambridge, New York, & Melbourne: Cambridge Univ. Press.

Regeringens proposition 1983/84:50 (om löntagarfonder) (1983/84년 의회 회기 정부입법안 50호: 임노동자기금에 관한 안).

_____ 1991/92:36. (om avveckling av löntagarfonderna) (1991/92년 의회 회기 정부입법안 36호: 임노동자기금의 해체에 관한 안).

_____ 1993/94:250. (Reformering av det allmänna pension-systemet) (1993/94년 의회 회기 정부입법안 250호: 공적 연금제도의 개혁에 관한 안).

Rehn, Gösta (1948). "Ekonomisk politik vid full sysselsttning." (완전고용 하에서의 경제정책). *Tiden* (시대), vol. 40, no. 3, pp. 135–142. (이 글은 Rehn, Gösta (1987). *Full sysselsättning utan inflation: Skrifter i urval* (인플레이션 없는 완전고용: 렌 선집). Stockholm: Tidens förlag, pp. 53–63에 재수록).

_____ (1980). "Idéutveckling." (이념발전) In Rudolf Meidner et al. *Lönepolitik och solidaritet* (임금정책과 연대). Stockholm: LO, pp. 26-36.

Roemer, John E (1994). *A Future for Socialism*. Cambridge, Massachussets: Harvard Univ. Press.

_____ (1996). "A Future for Socialism." In Erik O. Wright (ed.), *Equal Shares*. London & New York: Verso, pp. 7-39.

Röttorp, Anders (1981). "Löntagarfonder skadar Sverige." (임노동자기금이 스웨덴을 손상시킨다). *Ekonomisk Debatt* (경제토론), no. 5, pp. 379-387.

SACO/SR (1978). *Löntagarfonder?: Debatt inför kongress 79 SACO/SR* (임노동자기금?: 1979년 SACO/SR 총회용 토론자료).

_____ (1981). *Fonder för förändring: SACO/SR:s förslag till medborgarfonder* (변화를 위한 기금: SACO/SR의 시민기금안).

SAF (1996). *Fakta om Sveriges ekonomi 1996* (1996년 스웨덴 경제사정).

Sandelin, Bo (ed.). (1991). *The History of Swedish Economic Thought*. London & New York: Routledge.

SAP (1932). *Protokoll från Sveriges Socialdemokratiska Arbetarepartis fjortonde kongress 1932* (1932년 제14차 스웨덴 사회민주주의 노동자당 전당대회 회의록).

Schiller, Bernt (1973). "LO, paragraf 32 och företagsdemokratin." (LO, 32조, 기업민주주의). In Rudolf Meidner et al. *Tvärsnitt* (횡단면). Stockholm: Prisma, pp. 283-398.

SFS 1976:580. *Lag om medbestämmande i arbetslivet* (스웨덴 법전 1976년도 580호 법. 노동생활에서 공동결정에 관한 법).

Simonson, Birger (1989). *Arbetarmakt och näringspolitik - LO och inflytandefrågorna 1961-1982* (노동자권력과 산업정책 - 1961-1982년 기간에 LO와 영향력문제). Stockholm: Arbetsmiljöfonden.

SIND 1980:5, *Ägandet i det privata näringslivet* (민간경제부문에서의 소유).

SKTF (1979). *Kapitalbildningen - en samhällsfråga* (자본형성 - 사회의 문제). SKTF skriftserie nr 7. 1979.

Sköld, Per Edvin (1957). *Sparande och medinflytande* (저축과 공동영향력).

Stockholm: Arbetets debattforum.

SOU 1923:29, *Den industriella demokratiens problem* (산업민주주의문제).

_____ 1936:7, *Socialiseringsproblemet I: Allmänna synpunkter* (사회화문제 I: 일반적 관점).

_____ 1937:1, *Socialiseringsproblemet II: Hushållsräkningens problem och faktorer* (사회화문제 II: 경제계산의 문제와 요소들).

_____ 1968:3, *Kreditmarknadens struktur och funktionssätt* (신용시장의 구조와 기능방식).

_____ 1968:5, *Industrins struktur och konkurrensförhållanden* (산업구조와 경쟁관계).

_____ 1968:6, *Strukturutveckling och konkurrens inom handeln* (상업에서의 구조발전과 경쟁).

_____ 1968:7, *Ägande och inflytande inom näringslivet* (민간경제부문에서의 소유와 영향력).

_____ 1979:9, *Löntagarna och kapitaltillväxten 2* (임노동자들과 자본성장 2).

_____ 1980:52, *Långtidsutredning 1980* (1980년도 장기예측연구).

_____ 1981:44, *Löntagarna och kapitaltillväxten 5: Slutrapport* (임노동자들과 자본성장 5: 최종보고서).

_____ 1982:28, *Löntagarna och kapitaltillväxten 9* (임노동자들과 자본성장 9).

_____ 1982:47, *Löntafarna och kapitaltillväxten 10* (임노동자들과 자본성장 10).

_____ 1984:4, *Långtidsutredning 1984* (1984년도 장기예측연구).

_____ 1987:3, *Långtidsutredning 1987* (1987년도 장기예측연구).

_____ 1988:38, *Ägande och inflytande i svensk näringsliv* (스웨덴 민간경제부문에서의 소유와 영향력).

_____ 1992:19, *Långtidsutredning 1992* (1992년도 장기예측연구).

_____ 1995:4, *Långtidsutredning 1995* (1995년도 장기예측연구).

Steinmo, Sven (1988). "Social Democracy vs. Socialism: Goal Adaptation in Social Democratic Sweden." *Politics and Society*, vol. 16, no 4, pp. 403~446.

_____ (1993). *Taxation and Democracy: Swedish, British and American*

Approaches to Financing the Modern State. New Haven and London: Yale Univ. Press.

Stephens, John D (1979). *The Transition from Capitalism to Socialism*. London & Basingstoke: Macmillan.

Ståhl, Ingemar (1976). En debattinledning in the symposium "Ägande och makt i företagen" ("기업에서의 소유와 권력"이라는 주제로 열린 심포지움에서의 기조발제). *Ekonmisk Debatt* (경제토론), 1976, no. 1, pp. 62-75.

Ståhlberg, Ann-Charlotte (1993). *Våra pensionssystem* (우리의 연금제도). Stockholm: SNS förlag.

Sveriges Industriförbund (1982). *Aktiesparfonder i lag och praktik* (주식저축기금의 법률과 실제).

_____ (1992). *Det ekonomiska läget: Industrikrisen i Sverige* (경제상황: 스웨덴의 산업위기).

Sveriges Industriförbund och Svenska Arbetsgivareföreningen (1976). *Företagsvinster, Kapitalförsörjning, Löntagarfonder* (기업이윤, 자본조달, 임노동자기금).

Swenson, Peter (1989). *Fair Shares: Union, Pay, and Politics in Sweden and West Germany*. London: Adamantine.

_____ (1991a). "Bringing Capital Back in, or Social Democracy Reconsidered: Employee Power, Cross-class Alliances, and Centralization of Industrial Relations in Denmark and Sweden." *World Politics*, vol. 43, pp. 513-544.

_____ (1991b). "Labor and the Limits of the Welfare State: The Politics of Intraclass Conflict and Cross-class Alliances in Sweden and West Germany." *Comparative Politics*, vol. 23. no. 4, pp. 379-399.

Sydow, Björn von (1977). "Löntagarfonder 1957 och 1977 - och Per Edvin Sköld." (1957년과 1977년에서의 임노동자기금 - 그리고 페르 에드빈 횔드) *Tiden* (시대), no. 9, pp. 551-561.

Söderpalm, Sven Anders (1980). *Arbetsgivarna och Saltjöbadspolitik* (사용자들과 살트쉐바덴 정치). Stockholm: SAF.

Södersten, Bo (1979). "Mot ett löntagarstyrt Sverige?" (임노동자들이 지도하는

스웨덴을 향하여?). In Villy Bergström & Bengt Rydén (eds.), *Vägval i svensk politik: ekonomi och samhälle på 80-talet* (스웨덴 정치의 선택: 1980년대의 경제와 사회). Stockholm: SNS förlag, pp. 175-202.

Söderström, Hans Tson (1981). "Är löntagarfoner ett hot mot marknadsekonomin?" (임노동자기금은 시장경제에 대한 위협인가?) *Ekonomisk Debatt* (경제토론), no. 5, pp. 329-341.

Sölvén, Arnold (1939). *Huvudavtalet* (主協약). Stockholm: LO.

TCO(1976). *Löntagarkapital* (임노동자자본). 1976.

_____ (1978). *Löntagarkapital genom fonder - ett principförslag* (기금을 통한 임노동자자본 - 원칙적 제안).

_____ (1982). *Fackliga krav på kapitalbildningen* (자본형성에 대한 노동조합의 요구).

_____ (1987). *Gemensam löneutveckling: en debattskrift om löneglidning* (공동의 임금발전: 임금부상에 관한 토론용 저술).

Tilton, Tim (1984). "Utopia, Incrementalism and Ernst Wigforss' Conception of a Provisional Utopia." *Scandinavian Studies*, vol. 56, no. 1, pp. 36-54.

_____ (1990). *The Political Theory of Swedish Social Democracy: Through the Welfare State to Socialism*. New York: Oxford Univ. Press.

Tingsten, Herbert (1941). *Den svenska socialdemokratiens idéutveckling. I-II* (스웨덴 사회민주주의의 이념발전 I-II). Stockholm: Tidens förlag. (영어본은 *The Swedish Social Democrats: Their Ideological Development*. New Jersey: Bedminster Press, 1973).

_____ (1966). *Från ideér till idyl: den lyckliga demokratin* (이념에서 목가[牧歌]로: 성공적 민주주의). Stockholm: PAN/Nordstedt.

Trautwein, Hans-Michael (1988). "Löntagarfonderna - spagat på tredje vägen." (임노동자기금 - 제 3의 길에서의 분열). *Ekonomisk Debatt* (경제토론), no. 1, pp. 21-32.

Ullenhag, Jörgen (1971). *Den solidariska lönepolitiken i Sverige: Debatt och verklighet* (스웨덴에서의 연대임금정책: 논의와 실제). Stockholm: Lärdomsförlag.

Undén, Östen (1927). *Svensk sakrätt I. Lös egendom* (스웨덴 민법 제I권: 동산[動

産]). Lund: C. W. K. Gleerups förlag.

_____ (1928). "Några synpunkter på begreppsbildning inom juridiken." (법학에서의 개념형성에 관한 몇 가지 관점). In *Festskrift tillägnad Axel Hägerström* (악셀 해거스트룀 화갑[華甲] 기념 논문집). Uppsala & Stockholm. Almqvist & Wiksell, pp 176-177.

Unga, Nils (1976). *Socialdemokratin och arbetslöshetsfrågan 1912-34* (1912-34년 기간에 사회민주주의와 실업문제). Stockholm: Arkiv Förlag.

Vallinder Torbjörn. et. al (1984). *Liberal ideologi och politik: 1934-1984* (1934-1984년 기간에 자유당의 이데올로기와 정책). Stockholm: Folk & Samhälle.

Veckans Affärer (주간사업), no. 5, 1997/01/27, p. 23.

Vikström, Lars (1981). "Taktik & Strategi: Möjlighet inför 80-talet - SAP, LO och VPK." (전술과 전략: 1980년대 앞에서의 가능성 - 사회민주당, LO, 좌익당). *Socialistisk Debatt* (사회주의 토론), no. 5, pp. 11-16.

Victorian, Anders (1973). *Lönenormering genom kollektivavtal* (단체교섭을 통한 임금기준설정). Stockholm: Allmänna förlaget.

Vänsterpartiet kommunisterna (1982). *Arbetarrörelsen och fonderna: VPK:s fondförslag* (노동운동과 기금: 좌익당의 기금안). 1982.

Waldenström, Erland. En debattinledning in the symposium "Ägande och makt i företagen" ("기업에서의 소유와 권력"이라는 주제로 열린 심포지움 에서의 기조발제). *Ekonmisk Debatt* (경제토론), 1976, no. 1, pp. 75-78.

Ward, Benjamin (1958). "The Firm in Illyria: Market Socialism." *American Economic Review*, vol. 48, no. 4, pp. 566-589.

Wigforss, Ernst (1922). "En besök hos engelska byggnadsgillen." (영국의 건설 길드 방문기). *Tiden* (시대). [이 글은 Ernst Wigforss Skrifter i urval (에른스트 비그포르스 선집), vol. II, pp. 28-57에 재수록].

_____ (1925). "Socialism - Dogm eller arbetshypotes?" (사회주의 - 도그마냐 작업가설이냐?). *Tiden* (시대). (이 글은 Ernst Wigforss *Skrifter i urval* vol. I, pp. 178-202에 재수록).

_____ (1926). "Ett livsverk." (필생의 저작). *Tiden* (시대), no. 3, pp. 136-147.

_____ (1955). "Välfärdsstaten - anhalt till socialism." (복지국가 - 사회주의로

가는 정거장) (사민주의 청년동맹[SSU] 14차 총회 연설문. 이 글은 Ernst Wigforss *Skrifter i urval*. vol. V, pp. 143-153에 재수록).

_____ (1958). "Om provisoriska utopier." (잠정적 유토피아에 관하여) *Insikt och Handling* (통찰과 실천) 2. (이 글은 Ernst Wigforss *Skrifter i urval*. vol. I, pp. 274-313에 재수록).

_____ (1959). "Kan dödläget brytas? Dagspolitik och utopi." (정체상태를 타개할 수 있는가? 일상정치와 유토피아). Socialist Bokklubb. (이 글은 Ernst Wigforss *Skrifter i urval*. vol. V, pp. 225-320에 재수록).

_____ (1960). "Den nya ekonomiska politiken." (새로운 경제정책). *Ekonomisk Tidskrift* (경제誌). (이 글은 Ernst Wigforss *Skrifter i urval*. vol. III, pp. 460-470에 재수록).

_____ (1980). *Skrifter i urval I-VI* (에른스트 비그포르스 선집 I-VI). Stockholm: Tidens förlag.

Wilensky, Harold L. & Lebeaux, Charles N (1958). *Industrial Society and Social Welfare*. New York: Russel Sage Foundation.

Åsard, Erik (1978). *LO och Löntagarfondsfrågan* (LO와 임노동자기금문제). Stockholm: Rabén & Sjögren.

_____ (1985). *Kampen om Löntagarfonderna* (임노동자기금을 둘러싼 투쟁). Stockholm: P A Norstedt & Söners förlag.

Öhman, Berndt (1973), "LO och arbetsmarknadspolitiken efter andra världskriget." (2차대전 이후 LO와 노동시장정책). In Rudolf Meidner et al. *Tvärsnitt* (횡단면). Stockholm: Prisma, pp. 73-150.

_____ (1982a). *Fonder i marknadsekonomi* (시장경제에서의 기금). Stockholm: Studieförbundet Näringsliv och Samhälle.

_____ (1982b). *Solidarisk lönepolitik och löntagarfonder* (연대임금정책과 임노동자기금). In SOU 1982:47, pp. 3-242.

| 표목록 |

| 그림목록 |

| 찾아보기 |

부록 1
마이드너와의 인터뷰

- 일시 및 장소: 1996년 11월 6일 Arbetslivsinstitutionen(노동생활연구소), Stockholm.
- 필자는 'S'로, 마이드너(Rudolf Meidner)는 'M'으로 표기.

S ｜ 본래 임노동자기금의 도입을 통해 해결하고자 했던 문제들 중에서 가장 중요하고 시급했던 것은 연대임금정책으로 인해 야기되는, 고수익 기업들의 초과이윤 취득 문제였던 것으로 알고 있다. 그러나 당신의 임노동자기금안은 초과이윤 문제의 해소라는 다소 제한된 과제에 비교해볼 때, 매우 급진적이며 사회 전체에 아주 큰 파장을 미치는 내용을 담고 있었다. 당신은 1971년 LO 총회에서의 결의에 따라, 초과이윤 문제의 해결을 위한 방안을 연구하라는 과제를 부여받기 전부터 기금안과 유사한 급진적 정책 구상을 이미 갖고 있었는가 아니면 LO의 의뢰에 따라 문제의 해결책을 탐구해가는 과정에서 당신의 생각 자체가 급진화된 것인가?

M ｜ 우선 기금안 도입의 동기들로부터 이야기를 시작해보자. 동기들은 1971년 LO 총회에 의해 주어진 것이다. 나는 당시 LO에서 일하고 있지 않았다. 대학에서 일하고 있었다. 1973년에 LO 지도부가, 1971년 LO 총회에서 금속노조와 몇몇 그 산하 노조들이 제출한 발안들에 대해 답하라는 과제를 내게 부여했다. 따라서 기금안의 동기들은 내가 만들어낸 것이 아니라

1971년 LO 총회에 의해 미리 주어진 것이다. 그러나 물론 해석의 문제가 있었다. LO 총회에서 제기된 동기들이라는 것이 매우 모호한 형태로 표현되었기 때문에 우리는 그 내용을 우리의 입장에서 해석해야 했다. 우리는 다음 세 가지 동기가 있다고 해석해내었다.

첫째, 기업의 수익성이 허용하는 것보다 낮은 수준의 임금상승으로 귀결되는 연대임금정책의 문제를 해결하기 위해 노조 쪽에서는 무엇을 할 수 있는가? 내가 보기엔 이 문제가 가장 중요한 동기였다고 생각된다.

둘째, 사적 이해관계에 의해 전적으로 지배되는 자본시장에서 사적 자본에 대한 길항 세력(counteracting body)을 만들어내는 것. 즉 집단적 자본형성.

셋째, 경제민주주의를 진작시키는 것.

그리고 기금안이 급진적이고 사회 전체에 큰 파장을 미치는 내용이었다고 했는데, 그것은 사실이다. 기금안과 같은 모델은 노동조합에게 한결 큰 권력을 주는 방향으로 자본시장을 변화시키지 않고는 이용할 수 없기 때문이다. 이는 자본시장의 구조 변화를 의미한다. 그리고 이는 물론 상당히 큰 변화다. 기금안의 새로운 요소이자 거센 반대를 불러일으킨 요소는 바로 소유문제였다. 사적 소유권이란 자본주의의 핵심인 것이다. 우리의 기금안은 사적 소유를 집단적 소유로 이전시킨다는, 소유권 변화를 의미했다. 이것이 중심적 문제였고, 또 사회 전체에 큰 파장을 미치게 될 문제였다.

S | 얼마간 기술적 성격의 문제였던 것으로 보이는 과제들에 비해, 당신의 기금안은 전체 경제체제에 변화를 초래한다는 점에서 매우 급진적이었다고 생각된다.

M | 전체 경제체제를 바꾸자는 것이었다기보다는 새로운 요소를 도입하자는 것이었다. 기금안이 경제체제의 총체적 변화를 기도했던 것은 아니

다. 우리는 혼합자본주의 시장경제를 받아들였다. 다만 우리는 집단적 자본 형성이라는 새로운 요소를 도입하고자 했다. 우리는 그저 도구를 제공한 것이다. 이 도구를 어떻게 이용하느냐는 것은 정치인들이나 정부, LO 지도부에게 달린 것이다. 우리는 기금 적립이 어느 수준까지 진행되어야 하는지에 대해서는 구체적으로 이야기하지 않았다. 우리는 표를 제시했다.

S | 기금적립 시간표(time table)[1] 말인가?

M | 시간표는 아니다. 그 표는 예컨대 이윤의 10%나 20%, 또는 25%가 기금으로 적립될 경우 어떠한 일이 발생하느냐를 보여주는 표였다. 그러나 표에서 제시된 바와 같은 기금적립 과정을 끝까지 진행시키자는 것은 아니었다. 우리는 세 가지 목적을 충족시킬 수 있는 도구를 고안해냈을 뿐이고, 이 도구를 어떻게 사용하며 또 얼마나 오래 사용할 것인가는 정치적 결정의 문제였다.

S | 그러나 어쨌든 기금이 대기업들의 지배주주가 되도록 하는 것이 당신의 야심이지 않았는가?

M | 지배주주는 아니다. 기금이 기업을 지배하도록 한다는 것은 기금안에 반대했던 사람들이 취했던 해석이고 심지어 우리의 동료들도 이렇게 해석하곤 했다. 우리는 '지배'(domination)에 대해 이야기하지 않으려고 주의했다. 나나 공동 입안자들에게 있어서 기금이 대기업들의 지분을 어느 정도까지 소유해야 하느냐는 것은 완전히 개방된 문제였다. 아주 개인적으로 말하자면, 나는 대기업들의 총 주식 중 1/3 내지 1/4 정도를 기금이 소유하는

---

1 II장의 표 2-1과 2-2를 말한다.

정도에서, 기금에 의한 주식 소유의 상한선을 설정해야 한다고 생각했다. 그 정도만 해도 굉장히 높은 수준이다. 어쨌든 이 문제는 전적으로 개방된 문제였다.

그리고 1971년 LO 총회 이전부터 내가 임노동자기금과 유사한 제도에 대한 구상을 갖고 있었느냐는 질문에 대한 대답은 '그렇다'이다. 나는 이 문제에 수십 년간 관심을 가져왔다. 1961년의 LO 보고서나[2] 1966년 보고서에서도[3] 나는 이 문제를 다룬 바 있다. 1966년 보고서에는 외국에서 논의되거나 시도된, 임노동자 자본형성 참여제도의 사례들을 다룬 부분이 있다. 특히 1954년에 나온 서독의 글라이체(Gleitze) 플랜은 우리의 임노동자기금안과 유사한 점이 많다. 그러나 서독에서의 논의는 임금정책이 아니라 사회정의의 관점에서 진행된 것이다. 나의 개인적 관심에 따라 나는 외국에서의 논의들을 지켜보아왔다. 그러나 스웨덴에서는 이 문제에 대한 논의가 없었다. 1961년과 1966년의 LO 보고서에서 우리가 이러한 유형의 자본형성안을 제안했을 때, 이에 대해 반대도 없었지만 이에 따른 적극적 실천도 없었다. 스웨덴에선 이 문제가 이슈거리가 안 된 것이다.

내가 오랜 기간 LO에서 일하면서 수많은 회합에 참석하고 노조들을 방문하는 과정에서 평범한 노동자들, 예컨대 볼보(Volvo)사의 노동자들로부터 다음과 같은 질문을 자주 받았다. "우리가 더 높은 수준의 임금인상 요구를 자제하는 것으로부터 이득을 취하는 사람은 누구냐?" 그리고 그들은 연대임금정책이라는 명분에 따라 임노동자들이 임금인상 요구를 자제함으로써 발생한 이윤 부분을 임노동자들이 이용할 수 있는 방법은 없겠냐고 물어오곤 했다. 나는 이에 대해 아무런 답도 줄 수 없었다. 우리는 답을 발견하고자 노력했다. 기금안은 적어도 이론적으로는 이 문제에 대한 답일 수 있

---

2 LO (1961). *Samordnad näringspolitik* (조정된 산업정책).

3 LO (1966). *Fackföreningsrörelsen och den tekniska utvecklingen* (노동조합운동과 기술발전).

다. 집단적인 방법으로 초과이윤을 이용할 수 있다는 것이다.

이러한 류의 구상은 기금안을 작성하기 전부터 내 머리 속에 있었다. 또 나뿐 아니라 1961년과 1966년의 LO 보고서 작성에 참여한 사람들은 이러한 구상을 갖고 있었다. 1950년대부터 나는 이러한 유의 구상을 갖고 있었다. 또 이러한 구상은 독창적인 것도 아니었다. 그것은 서독의 글라이체 플랜의 내용에 아주 가까웠다. 그러나 스웨덴에서는 연대임금정책의 딜레마를 해결하기 위해 그러한 기금안이 구상되었다는 데 새로운 면이 있었다.

S ┃ 결국 1975년과 1976년 보고서에 제시된 임노동자기금 구상은 당신의 과거의 사고로부터의 큰 도약이었다기보다는 점진적이고 자연스런 발전의 소산이라고 볼 수 있는가?

M ┃ 그렇다.

S ┃ 주식시장은 자본주의 경제 메커니즘의 핵심이다. 만일 기금이 대기업 전체 주식의 1/3 내지 1/4만 소유해도 기금은 충분히 지배주주 역할을 할 수 있지 않겠는가?

M ┃ 그러나 사적 주주들의 이해관계가 더 지배적일 것이다. 예컨대 기금이 기업 주식의 5-6% 정도를 보유하게 되면 기금을 대표하는 이사가 기업 이사회에 참여할 수 있게 된다. 그러나 상당히 오랜 기간 기금 대표 이사들은 이사회에서 소수 위치에 머물게 된다. 어쨌든 이들 기금 이사들이 이사회에서 어떠한 방향으로 영향력을 행사해야 하는지에 대해서는 우리는 그리 명확한 생각을 갖고 있지 않았다. 또 기금의 도입으로 인해 확보되는, 기업의 의사결정에 대한 영향력을 어떻게 행사해야 하는지에 대해 이야기하는 것은 우리 전문가들의 과제도 아니다. 그것은 노조 지도자들이 결정할

문제다. 그러나 임노동자들을 대표하는 기금 이사들은 스웨덴 산업을 해외로 이전시키거나 자본의 대종을 해외에 투자하는 것보다는 스웨덴 내에 산업을 유지하는 데 더 관심을 기울일 것이라는 정도는 상상해볼 수 있을 것 같다.

S | 기금안에 내장된 당신의 경제체제 모델은 일종의 시장사회주의인가 아니면 혼합자본주의인가? 내 생각에 당신이 생각한 최종적인 이상적 경제체제는 과거의 유고슬라비아 모델이나 헝가리 모델과도 다른 일종의 시장사회주의로 보인다. 시장이 유지되고 복지국가와 정치적 민주주의, 다원주의도 보존된다. 그러나 이에 덧붙여 노동자의 소유참여에 기초하여 과거의 유고형 노동자 자주관리기업 체제의 일정 요소가 새로이 도입된다. 이러한 해석이 맞는가?

M | 유고형이라고 볼 수는 없다. 우리는 균등화기금이라는 중앙기금의 도입을 제안했고, 중앙기금과 산업기금 또는 지역기금의 결합을 통해 국민경제적 이해관계와 국지적 이해관계의 균형을 도모했기 때문에, 순수한 노동자 자주관리기업 모델과는 다르다. 물론 기금안에는 사회주의적 요소가 있다. 집단적 소유가 그것이다. 그러나 우리는 기업 간 경쟁과 자유무역이 존속되는 시장경제를 받아들였으므로, 기금안이 그대로 실천된다 해도 시장경제로부터 사회주의적 계획경제로 가는 식의 전면적 변화가 발생하는 것은 아니다.

S | 그렇다면 당신의 경제체제 모델이 일종의 시장사회주의라 불리는 것과 혼합자본주의의 연장선상에 있는 것으로 불리는 것 중에 어느 것을 선호하는가?

M ㅣ시장사회주의의 정의가 무언가?

S ㅣ시장사회주의에서는 시장이 자원배분의 기제로서 중심적 역할을 담당한다. 그러나 생산수단의 소유권은 국가나 노동조합 또는 어떤 형태로든 조직화된 노동자들에게 귀속된다.

M ㅣ기금안에서는 생산수단의 소유권의 일부만이 기금에 귀속된다. 우리는 사적 소유권을 받아들였다. 본래 우리의 생각은 종업원 수 50인이나 100인 이상의 대기업들에만 기금제도를 적용하자는 것이었다. 우리는 예컨대 종업원 수가 3-4인 정도인 소규모 기업에서 노동조합이 영향력을 행사하는 것에는 관심이 없었다. 그러나 LO 총회에서 우리의 제안과는 달리 거의 모든 기업을 기금체계에 포함시킨다는 식으로 결정이 났다. 이것은 정치적 패착이었다. 이 결정으로 인해 우리의 반대자들은 수십만 명의 중소기업주들을 쉽게 동원해낼 수 있었다.

　어쨌든 나는 사회주의자이기 때문에 기금안을 사회주의적인 구상이라고 불러도 그것은 내게는 부정적 딱지가 아니다. 결국 문제는 시장사회주의와 혼합자본주의를 어떻게 정의하느냐에 달린 것인데, 그에 대해서 나는 명확한 생각을 갖고 있지 않다.

S ㅣ당신은 연대임금정책을 중심적 구성요소로 하는, 유명한 '렌-마이드너 모델'을 입안한 장본인 중의 하나다. 당신이 렌-마이드너 모델을 입안할 당시에는 연대임금정책으로 인해 초과이윤 문제가 발생하리라는 것을 예상하지 못했나? 논리적으로는 초과이윤 문제의 발생이 아주 쉽게 예상될 수 있는데 말이다. 아니면 처음부터 이 문제를 의식하고는 있었지만 그리 심각한 문제로 발전하리라고는 생각하지 않았던 것인가?

M ㅣ 연대임금정책은 렌-마이드너 모델의 중추적 부분이었고 우리는 연대임금정책의 딜레마를 처음부터 알고 있었기 때문에 이 문제에 대한 해결책도 모델의 한 부분이 되어야 한다고 생각했다. 그러나 이 문제에 노동조합들에서 관심을 갖고 있지 않았기 때문에, 딜레마에 대한 해결책이 모델의 구성요소로 포함되어 제시되지 않았던 것이다. 모델이란 그저 유토피아적 비전(vision)에 그쳐서는 안 되고 정치적 실천 방안까지도 완전히 그려낼 수 있어야 하는 것이다. 그러나 연대임금정책의 딜레마에 대한 해결책이 마련되어야 한다는 생각은 최소한 내 머리 속에는 있었다. 나는 1950년대부터 이 문제를 생각해왔고 이 문제에 대해 글도 썼다. 그러나 당시에 노조 사람들은 이 문제를 인식하지 못했다. 심지어는 요즈음에도 연대임금정책의 딜레마가 무엇인지 잘 모르고 있는 것 같다.

예컨대 브뤼셀 백서(白書)는 GNP 성장률이 3%라면 임금인상률은 2%에 그쳐야 한다고 권고한다. 나의 질문은 그렇다면 나머지 1%는 누가 관리하느냐는 것이다. 그 부분은 투자되어야 한다고 말할 수 있을 것이다. 좋다. 그렇다면 투자된 자본을 누가 소유하느냐? 내가 보기에 이 문제는 스웨덴 노동조합운동만의 문제가 아니라 서방세계의 모든 노동조합이 직면한 문제다.

S ㅣ 렌(Gösta Rehn)도 당신과 같은 생각이었나?

M ㅣ 렌은 연대임금정책문제에는 큰 관심이 없었다. 그는 무엇보다도 안정화정책에 관심이 있었다. 인플레이션과 싸우고 완전고용과 물가안정을 함께 달성하는 문제 말이다.

S ㅣ 렌-마이드너 모델을 입안하는 과정에서 당신과 렌 사이의 역할분담 방식은 어떤 것이었나?

M | 우리는 매우 밀접히 협력했다. 1951년 LO 보고서는[4] 부분적으로는 렌이, 부분적으로는 내가, 또 부분적으로는 다른 동료들이 집필한 것이다. 내가 보기에 렌은 그동안 '렌 모델'이라고[5] 불려온 것의 중심적 부분들을 다룬 장(章)들을 집필했다. 더 정확하게 말하자면 렌은 긴축적인 일반적 거시경제정책과 선별적인 인력정책, 지역정책적 조치들을 결합해야 할 필요가 있다는 점을 명확하게 지적한 유일한 인물이었다. 내 관심사는 연대임금정책이었고, 1951년 보고서에서도 연대임금정책과 관련된 장을 집필했다. 그러나 우리는 사실상 모든 문제들에 대해 동의했다. 우리는 다른 견해를 가진 것이 아니라 다른 관심을 가졌을 뿐이다. 우리 사이에 의견충돌은 없었다.

S | 1978년 LO-사민당 공동연구그룹 보고서 *Lönatgarfonder och kapitalbildning*(임노동자기금과 자본형성)의 내용은 1975년과 1976년에 제출된 당신의 기금안과 크게 다르다. 당신이 본래 제안했던 부문기금 구상 대신 지역기금 구상이 제시되었고 균등화기금 구상은 아예 소실되었다. 그런데 당신은 1978년 보고서를 만든 공동연구그룹 위원 중의 하나였다. 당신은 1978년 보고서에서 이루어진 이러한 수정에 진심으로 동의한 것인가? 아니면 연구그룹의 다수파의 의견을 수동적으로 수용해야 했던 것인가? 그리고 기금조직 구상과 관련하여 이러한 변화가 필요했던 주된 이유는 무엇이었나?

---

4 렌-마이드너 모델이 체계적으로 제시된 1951년 LO 총회 보고서 *Fackföreningsrörelsen och den fulla sysselsättning* (노동조합운동과 완전고용)을 가리킨다.

5 렌-마이드너 모델을 말한다. 마이드너는 렌-마이드너 모델의 입안과정에서 렌의 공헌이 결정적이었다는 점을 강조하기 위해, '렌-마이드너 모델'이라는 통상적 용어 대신 늘 '렌 모델'이란 용어를 사용해왔다.

M ⏐ LO와 사민당 간의 정치적 타협의 산물이다. 총선을 불과 몇 개월 앞 둔 1976년 6월 LO 총회에서 정부에게 기금제도의 도입을 요구한다는 공식적 결정이 났다. 유감스럽게도 총회 전에 LO와 사민당 간에 의사소통이 원활하지 않았다. 우리는 LO 총회 전에 사민당 지도부에게 기금안의 내용에 대해 알려주었지만 그들은 거의 관심이 없었다. 그러다 LO 총회에서 기금을 도입하기 위해 노력한다고 공식적으로 결정이 나자 사민당 지도부가 깜짝 놀라게 된 것이다. 개인적으로는 나도 1976년 총회에서 기금문제에 대해 공식적 결정이 나리라고는 예상하지 않았다. 우리 입안자들의 의도는 기금문제에 대한 토론을 촉진하자는 것이었지 바로 결정을 내리자는 것은 아니었다. 기금안은 스웨덴에서는 새로운 아이디어인 데다 복잡한 기술적 문제들을 수반하기 때문에, 공식적인 결정은 예컨대 1981년 다음 총회에서 내려도 늦지 않다고 생각했다.

기금제도를 도입하려면 기금안이 의회에서 통과되어야 하기 때문에 LO는 사민당을 필요로 했다. 그러나 당시 LO 지도부와 사민당 지도부 간에 의사소통이 잘 이루어지지 않았다. 게다가 기금안이 LO 총회에서 승인된 6월은 여름휴가 시즌이 시작되는 시기였다. 총선은 9월에 있을 예정이었다. 따라서 스웨덴 국민들에게 기금안에 대해 설명할 시간여유가 없었다. 선거 직전에 기금문제가 새로이 끼어들게 됨에 따라 사민당의 선거 캠페인이 크게 혼선을 빚게 되었다. 이를 알아차린 부르주아 정당들은 기금문제를 둘러싸고 LO와 사민당 사이에 벌어진 틈을 즉각 정치적으로 이용했다. 이 문제가 1976년 총선에서 사민당이 패배하는 데 일조했을 것이다. 그러나 당시 선거에서 기금문제보다도 원자력발전소 문제가 더 중요한 이슈였다는 점을 보여주는 연구들이 있긴 하다. 그리고 패배라는 것도 그리 파국적인 수준은 아니었다. 사민당 지지율은 지난번 총선에 비해 1%p 하락했다. 그러나 이 1%p가 정권을 바꾸기에 충분했다. 총선에서의 패배 이후에 사민당과 LO는 정치적 타협점을 찾으려 노력했다. 사민당은 기금문제에 대해 열의

가 없었다. 기금제도를 도입하려면 정치적·기술적으로 어려운 문제들에 부딪쳐야 했다. 그러나 LO와 사민당 간에 수십 년 동안 지속되어온 협조관계로 인해, 사민당은 이미 총회에서 기금안을 공식적으로 승인한 LO를 만족시켜주어야 할 필요가 있었다. 그러나 사민당은 기금안 전체에 대해 흥미가 없었다. 그래서 사민당은 기금안 내용을 수정하려 한 것이다. LO와 사민당에서 각기 선임된 연구그룹 위원들은 타협점을 찾으려고 노력했다.

S ㅣ그러면 1978년 공동안에서 이루어진 내용 수정은 기본적으로 사민당 쪽 위원들이 주도한 것인가?

M ㅣ그렇다. 나도 형식적으로는 연구그룹의 위원이었다. 하지만 나는 첫 번째 회의와 마지막 회의, 이렇게 두 번만 그룹 모임에 참석했다. 나는 당시 미국 대학에 객원연구원으로 가 있었다. 나는 그 모든 정치적 타협에 흥미를 느끼지 못했다. 형식적으로는 나도 1978년 공동안에 서명했다. 나는 무엇보다도 연구자다. 정치적 타협은 연구전문가의 소관 사항이 아니다.

내 개인적 의견으로는 1978년 공동안은 본래의 기금안과는 내용적으로 거의 관계가 없다고 생각한다. 내용이 아주 온건화되다 보니 사실상 거의 아무것도 아닌 것이 되어버렸다. 개인적으로 나는 이러한 타협 과정에 관여한 바 없고 또 그런 일에 흥미도 없었다.

S ㅣ그래서 당신은 당신의 본래의 구상을 옹호하기 위한 글들을 많이 쓰지 않은 것인가?

M ㅣ나는 더 이상 신경 쓰지 않았다. 나는 나의 연구과제를 완수했고, 그 결과로 나온 기금안은 LO 총회에서 사실상 만장일치로 승인되었다. LO 총회에 참석한 대의원들 중 기금안에 반대한 사람은 하나도 없었던 것으로

기억한다. 이후 기금안을 둘러싸고 오랫동안 정치적 토론과 투쟁이 전개되었다. 나는 여기에 관여할 이유가 없었다. 나는 더 이상 새로이 할 이야기도 없었다. 정치적으로 사실상 이미 죽어버린 구상을 옹호하는 것이 무슨 소용이 있는가? 이런 구상이 실패한 것은 스웨덴만의 일이 아니라 네덜란드에서도 그랬고 덴마크에서도 그랬다. 그러나 요즈음 들어 이 문제가 다시 논의되고 있다. 나는 얼마 전에 유럽의회의 노동자 정당들 의원들로부터 기금 논쟁에 관해 글을 써달라고 요청하는 편지를 받았다. 그들은 "기금안이 스웨덴에서 무산된 것은 스웨덴이 작은 나라이기 때문이고, 우리는 EU 차원에서 그와 유사한 구상을 도입할 수 있을 것"이라고 했다. 내가 보기에 이러저러한 방식으로 우리가 기금문제로 다시 돌아가게 되는 것은 가능하다고 생각된다. 기금 도입을 통해 해결하고자 했던 문제들이 여전히 해결되지 않은 채 남아 있기 때문이다.

현실주의적 관점에서 볼 때 본래의 기금안보다 정치적으로 더 실행가능성이 큰 것은, 노조원들이 지불하는 연금 보험료를 민간 보험회사들에 맡기는 대신 노동조합이 이 자금을 직접 관리하는 길이다. 나는 몇몇 논문들을 통해 LO와 TCO가 그들의 조합원들을 상대로 하는 보험회사를 직접 설립하여 연금자금을 민간 보험회사들과는 다른 방식으로 운영하라고 촉구했다. 그러나 노동조합들이 이 구상에 대해 전혀 관심이 없다. 지금 실제로 진행되고 있는 것은 연금개혁인데, 그 내용인즉슨 6,500억 크로나 규모의 집단적 기금인 AP 기금이 사라지고 대신 민간 보험회사들이 관리하는 개인 적립방식의 연금제도가 들어선다는 것이다. 이것이야말로 자본시장의 큰 변화일 것이다. 내가 요즈음 분투하고 있는 일은 LO와 TCO로 하여금 캐나다 퀘벡에서 하고 있는 것처럼 노동조합 자신의 연금관리회사를 설립하여, 연금자금을 민간 보험회사들과는 조금 다른 방식으로 사용하라고 촉구하는 일이다. 예컨대 중소기업을 지원하고 새로운 일자리를 창출하는 데 자금을 투자하는 등 보다 산업정책적 고려에 입각한 방식으로 투자하라는 것이다. 민간 보험회사에 비해 노동조합의 투자정책은 더 적극적이고 위험부담도 많이 져야 할 것이기에 아마도 수익률은 조금 떨어지기 쉬울 것이다. 그러나 이 수익률문제도 캐나다에서는 노동조합이 운영하는 연금기금에 국가가 보조금을 지급함으로써 해결되었다. 그러나 스웨덴에선 아무런 토론이 없다. 공적인 토론 없이 연금개혁이 진행되고 있다. 자본시장의 가장 큰 변화가 사민당 정부에 의해 주도되고 있는데도 스웨덴 국민들이 이에 대해 잘 알지도 못하고 관심도 없다는 것은 아주 이상스런 일이다.

S ｜ 1981년 LO-사민당 공동연구그룹의 보고서 *Arbetarröelsen och löntagarfonderna*(노동운동과 임노동자기금)의 내용은 1978년 공동안의 내용과도 크게 다르다. 기금재원의 조달 방식에도 내용 수정이 이루어졌고, 기금자금의 사용 방식과 관련하여 자금을 오직 주식 구입에만 사용하게 하는 등 큰 폭의 내용 수정이 이루어졌다. 이러한 내용 변화가 이루어진 이유는 무엇인가?

M ｜ 결국 정치적 타협의 결과다. 1981년 공동안에서 기금제도를 ATP 제도와 연계시킨 것은 전략적인 것이었다. ATP 제도와 연계시킴을 통해 기금안이 그리 위험한 것이 아니라는 점을 강조하고자 했을 것이다. 그러나 1981년 공동안대로 기금이 적립될 경우, 기금 규모가 작아서 ATP 제도를 강화시키기에도 역부족이었을 것이다. 또 기금자금의 투자 대상을 주식 구입에만 한정시킨 것도 별로 중요한 의미를 갖지 않는다. LO를 만족시키기 위해 사민당이 본래의 기금안의 취지를 어느 정도 살려보려 한 것일 뿐이다. 1983년에 의회를 통과하여 실제로 적립되었던 기금은 이후 몇 개의 연구진흥기금으로 해체되었다. 임노동자기금의 자금이 임노동자들의 이익과 직접적으로 관계 없는 일들에 사용되어왔다는 것도 문제다.

S | 미국의 정치학자 틸톤(Tim Tilton)은 그의 책 *The Political Theory of Swedish Social Democracy*(1990)에서 노조의 권력에 강조점을 두는 임노동자기금안은 생디칼리즘적 또는 길드사회주의적인 이념적 뿌리를 드러내었다고 했다. 이에 동의하는가? 또 당신의 이념적 발전과 관련하여 누구로부터 영향을 많이 받았는가?

M | 비그포르스(Ernst Wigforss)로부터 많이 영향받았다. 1975년 기금안 시안을 발표하기 직전에도 비그포르스를 만나 기금안에 대해 토론했었다. 그는 우리의 기금안에 동의하였으나, 과연 LO가 기금안대로 끝까지 밀고 나갈 태세가 되어 있느냐고 물어보았다. 생디칼리즘 문제와 관련해선, 우리는 기금안에서 중앙 노조와 단위 노조 간의 권력 균형을 추구했기 때문에 우리의 구상을 생디칼리즘적이라고 할 수는 없을 것이다.

S | 틸톤이 '생디칼리즘'이니 '길드사회주의'니 하는 용어를 통해 의미하는 바는 중앙 노조와 단위 노조 간의 권력 배분 문제보다는 노조의 권력 대 국가의 권력이라는 구도와 더 밀접히 관련되어 있다. 틸톤이 의미하는 바는 당신의 기금안은 국가권력보다는 노조의 권력에 크게 강조점을 두고 있다는 점이다.

M | 그건 사실이다.

S | 예컨대 코르피(Walter Korpi)나 엘반데르(Nils Elvander)는 당신의 기금안은 모든 시민이 아니라 오직 임노동자들만을 포괄한다는 점에서 일종의 조합주의적 구상이라고 비판한 바 있다.

M | 하지만 그들의 시민기금안의 논리적 귀결은 산업의 국유화다. 만일

그들이 주장하는 것처럼 모든 시민이 기금제도에 포괄된다면 우리는 과거 스타일의 산업 국유화로 돌아가게 되는 것이다. 또 내 생각에는 연대임금정책으로 인해 임노동자들이 스스로 포기한 임금인상분이 고수익 기업들에게 초과이윤을 제공한 것이므로, 이윤으로부터의 기여금 형태로 기금으로 적립되어야 할 자금은 임노동자들의 돈이지 연금생활자나 학생들이나 사적 소유주들의 돈이 아니다. 따라서 임노동자들만이 기금자금을 이용할 권리를 갖고 있다. 어떤 면에서는 임노동자기금안은 생디칼리즘적 요소를 갖고 있다고 할 수도 있을 것이다. 그러나 생디칼리즘적 요소를 갖고 있다는 것과 진정한 생디칼리즘은 다른 것이다. 우리는 기금 이사회에 국가 대표를 참여시키는 방안에 대해서도 논의했다. 이것은 생디칼리즘과 복지국가주의를 타협시키는 한 방안이 될 수 있을 것이다. 중앙 노조와 단위 노조 간의 관계, 또 노조권력과 국가권력 간의 관계라는 측면에서 임노동자기금안에 분명히 생디칼리즘적 요소가 있는 것은 사실이다. 그러나 그렇다고 해서 임노동자기금안이 비그포르스의 사고처럼 생디칼리즘이나 길드사회주의적 뿌리에 연원한다고 할 수는 없다. 비그포르스는 그가 독자적으로 사유하기 시작했던 1920년대에 영국의 길드사회주의 구상으로부터 많은 영향을 받았다고 여러 차례 이야기한 바 있다.

S ㅣ 1975년 기금안 시안이나 1976년 기금안에서와 같은 이윤분배제도는 일종의 몰수조치로 간주할 수 있다고 본다. 이러한 몰수조치는 오직 '착취론'에 기초해서만 정당화될 수 있다고 생각한다. 당신은 어떠한 유형의 착취론 — 예컨대 노동가치론 — 에 의존했는가?

M ㅣ 기금안에서와 같은 이윤분배제도와 여러 나라에서 시행되어온 자발적 이윤분배제도 간에 어떠한 원리적 차이가 있는가? 물론 정치적으로는 양자의 차이는 엄청나다. 그러나 경제적으로는 같은 원리에 기초한 것 아닌

가? 양자 모두 이윤을 노자 간에 분배하는 방식 아닌가? 그러나 어쨌든 나는 '착취'라는 용어의 사용에 대해서 반대할 이유는 없다.

S | 당신은 노동가치론 또는 노동가치론에 기초한 착취론을 믿는가?

M | 원리적으로는 노동가치론이 맞다. 재투자를 위해서는 이윤이 필요하다고 하더라도 이 재투자되는 자금이 반드시 사적 소유주의 수중에 있어야 할 필요는 없으며 그 일부는 임노동자들에게 귀속되어야 하므로. 나는 소위 '잉여가치론'에 반대할 이유가 없다. 연대임금정책이 아니라 통상적인 임금정책하에서도 잉여가치는 발생한다. 통상적인 임금정책 하에서도 이윤의 일부는 임노동자들에게 귀속되어야 한다. 그렇지 않으면 그것은 착취다.

오늘날 실제로 진행되고 있는 일은 자본의 엄청난 축적과 동시에 대다수 나라에서 실질임금이 하락하고 있다는 것이다. 나는 지금 『공산당선언』을 다시 읽고 있다. 나는 『공산당선언』에서 잘못된 부분이 무엇인가에 관해 글을 쓸 생각인데, 사실 잘못된 부분은 그리 많지 않다. 『공산당선언』의 내용의 대부분은 오늘의 시점에서도 여전히 현재적이다.

S | 그렇다면 당신의 저술들의 경제이론적 기초는 무엇인가? 당신의 저술 중 일부는 마르크스 경제학을 연상시킨다. 예컨대 착취론, 조직자본주의론, 독점자본주의론 등을 연상시킨다. 그런 점에선 당신의 관점은 마르크스주의적인 것 같다. 그러나 그리 분명하진 않다. 예컨대 당신은 계급갈등이나 계급투쟁 같은 용어는 사용하지 않는다.

M | 나는 마르크스로부터 많은 것을 배웠고 또 마르크스 이외의 초기 사회주의자들로부터도 많이 배웠다. 나는 그들이 말한 것 중의 많은 부분이

이미 현실화되었다고 생각한다. 자본의 국제화, 자본의 축적, 아시아나 남미, 아프리카 등에서는 말할 것도 없고 선진 산업국들에서도 진행되어가고 있는 궁핍화 등……. 대량 실업은 자본주의체제의 구성적 부분이다. 높은 실업률 수준에서 경제균형이 이루어진다.

마르크스가 말한 것의 아주 많은 부분이 현재에도 참이다. 그런 의미에선 나는 마르크스주의자로 불릴 수 있을 것이다. 내가 짐작건대 당분간 우리는 자유시장 사상을 따라가게 될 것이다. 그러나 대량실업문제가 해결되지 않는 한 우리는 엄청난 사회적 긴장을 경험하게 될 것이고, 결국 다시 국가개입주의로 복귀하게 될 것이다. 그러나 나는 마르크스의 이론 중 프롤레타리아 독재론 같은 것은 믿지 않는다. 비그포르스도 마르크스로부터 명백히 영향받았다. 비그포르스의 사고의 많은 부분이 마르크스주의적이다. 나는 물론 자유주의나 신자유주의에 대해 비판적이다. 이러한 이념들은 거대한 문제들을 해결할 수 없다. 예컨대 스웨덴의 경우처럼 국민경제들은 자신의 경제적 자율성을 상실해가고 있다. 오늘날 우리는 초국적 기업들을 견제할 그 어떤 제도도 갖고 있지 못하다.

마르크스의 모든 말을 성경말씀처럼 받아들여야만 마르크스주의자라면 나는 마르크스주의자가 아니다. 그러나 경제발전에 관한 그의 일반적 사고, 역사유물론적 사고, 또 이데올로기가 생산관계에 기초하여 형성된다는 사고, 이런 것들은 다른 어떤 사상보다도 나은 설명을 제공해주는 것으로 생각된다.

S │ 1976년 기금안에서 이윤의 20%를 기금에 자동적으로 이전시킨다고 했을 때, 이 20%라는 것이 어떤 경제이론적 기초를 가진 것은 아니지 않은가?

M │ 경제이론에 기초한 것은 아니다.

S │ 그저 정치적으로 수용 가능하고 경제적으로 작동 가능한 적정 수준을 결정하면 되는 문제 아닌가?

M │ 그렇다.

S │ 그렇다면 적어도 원리적으로는 이윤 전부가 노동자들에게 귀속될 수도 있다는 것 아닌가? 그리고 이러한 사고는 이윤 전체가 노동자로부터 착취된 것이라는 사고에 의해서만 정당화될 수 있는 것 아닌가?

M │ 이윤 전체가 노동자들에게 귀속될 수는 없다. 자본주의가 굴러가려면 이윤이 존재해야 한다. 재투자자금이 확보되어야 하고 주주들에게 배당금도 지급해야 한다. 주주들에게 적정 수익을 보장해주지 않으면 기업 외부로부터 자금을 유치할 수 없다. 그러나 모든 투자가 자본가의 수중에서 이루어져야 한다는 경제이론은 없다. 따지고 보면 자발적 이윤분배제도라는 것도 착취론적 사고를 깔고 있다고 볼 수 있다. 그렇지 않다면 왜 자본가가 이윤을 분배하려 하겠는가?

S │ 당신은 지금도 1975년이나 1976년의 기금안 구상이 시장경제질서와 장기적으로도 양립 가능하다고 생각하는가? 기금에 의해 지배되는 기업들 간에 진정한 경쟁이 존속할 수 있겠는가? 이 문제와 관련하여 린드벡 (Assar Lindbeck)은 임노동자기금이 도입되면 스웨덴은 장기적으로 '노동조합연맹국가'로 발전하거나 아니면 구(舊)유고의 노동자 자주관리기업 체제와 유사한 경제체제를 갖게 될 것이라고 주장했다. 린드벡의 주장에 대해서 어떻게 생각하는가?

M │ 왜 진정한 경쟁이 존속하지 않을 것이라고 생각하는가?

S | 예를 들어 이윤극대화만을 추구하는 기업 A와 환경문제나 피용자 복지문제 등을 중시하는 기업 B가 동일한 산업 내에서 경쟁하고 있고, 두 기업 모두에서 임노동자기금이 지배주주 역할을 하고 있다고 가정해보자. 이럴 경우 기업 A가 경쟁에서 승리하게 되기 쉬울 것이다. 이때 기금이 자신의 통제권 내에 있는 기업들 간의 경쟁에 개입하지 않는다면 기금이 소유한 대부분의 기업들은 경쟁에서 살아남기 위해 전형적인 자본주의적 기업들과 마찬가지로 무엇보다도 이윤극대화에 전념하게 될 것이다. 반면에 이러한 사태를 막기 위해 기금이 자신의 통제권 내에 있는 기업들 간의 경쟁 조건에 간섭하다보면 나중에는 기금이 기업들 간의 경쟁 조건을 전반적으로 설계·조직하고 기업들의 행위를 규제하게 되어, 결국 일종의 중앙집권적 계획경제와 비슷한 경제체제로 나아가게 되지 않을까?

M | 그 문제는 새로울 것도 없는 문제다. 상이한 기업들은 상이한 행태를 보이게 마련이다. 사회복지 지향적인 이미지를 가진 기업들도 오직 이윤극대화만을 추구하는 기업들과 잘 경쟁해나갈 수 있다. 헤드보리(Anna Hedborg)와 에딘(Per-Olof Edin)이 쓴 *Det nya uppdraget*(새로운 과제)[6]라는 책에는 이 문제가 잘 다루어져 있다. 기금이 소유한 기업들도 경쟁력이 있어야 한다. 그러나 이것은 기업의 생존을 위한 제약조건이지 그 자체가 유일한 목적인 것은 아니라는 것이다. 기업을 경영하는 데 있어 이윤극대화만을 추구하는 대신 다른 방식을 선택할 수 있는 여지도 있다. 예컨대 오늘날 생태 친화적인 기업들이 그렇지 않은 기업들보다도 더 많은 이윤을 올리는 현상을 관찰할 수 있다. 따라서 린드벡이 이야기하듯, 임노동자들이 기업에 영향력을 행사한다고 해서 총체적인 계획경제로 귀결되는 것은 아니다. 린드벡은 모든 문제를 너무 단순화시킨다. 또 임노동자기금은 기업의 지분

---

6   Edin, Per-Olof, & Anna Hedborg (1980).

소유에 기초한 표결권의 절반만 행사하고 나머지 절반은 해당 기업의 단위 노조가 행사하도록 되어 있었다.[7] 단위 노조는 노조원들이 일자리를 잃지 않도록 하기 위해, 기업의 경쟁력을 유지하는 데 주력하는 쪽으로 기업을 운영하는 방향으로 표결권을 행사하기 쉬울 것이다.

S ㅣ 린드벡도 당신의 의도가 중앙집권적 계획경제체제로 나아가자는 것이 아니라는 점을 인정한다. 당신이 염두에 둔 경제체제는 '노조연맹국가'나 구 유고형 노동자 자주관리기업 체제라는 양극단이 아니라 그 중간의 길이라는 점을 그도 인정한 것 같다. 다만 그는 양극단 사이의 중간의 길을 선택한다는 것은 실제로 개연성이 낮고 양극단 중의 하나로 귀결할 개연성이 높다고 주장하는 것이다.

M ㅣ 스웨덴은 지금껏 늘 중간의 길을 걸어왔다. 기금이 도입되더라도 이 문제와 관련해서도 중간의 길을 선택하게 될 개연성이 더 높다. 그러나 현재 진행되고 있는 것은 사적 자본가의 수중으로 자본의 집중이다.

S ㅣ 엘반데르(Nils Elvander)는 기금제도는 정치적 민주주의 원리를 침해한다고 주장했다. 이에 대해 어떻게 생각하는가? 기금제도하에서 임노동자들은 다른 시민들에 비해 경제적 문제들에 관한 의사결정에서 우월한 위치에 서게 된다. 이러한 상황은 어떠한 근거에 의해 정당화될 수 있는가?

M ㅣ 나는 한 번도 엘반데르의 논변으로부터 감명받은 적이 없다.

---

7   1978년 공동안과 1981년 공동안에서는, 기금이 기업의 주식 총액의 40%를 차지하기까지는, 기금이 부여해주는 주주총회에서의 표결권을 해당 기업의 단위 노조와 기금에 동일한 비율로 분배하고, 40%를 넘어서면서부터는 추가적 표결권을 모두 기금에 부여하기로 했다.

S ㅣ그러나 기금이 도입되면 경제적 의사결정 영역에서 임노동자들이 비임노동자 시민들에 비해 더 큰 영향력을 행사하게 되는 것은 사실 아닌가?

M ㅣ자기 기업 내부의 일에 국한해서다.

S ㅣ그러나 기금은 산업정책에 영향을 미칠 수 있지 않은가?

M ㅣ기금이 영향력을 행사하는 길은 기금이 지분을 소유한 기업의 이사회에서 발언하거나 주주총회에서 표결에 참여하는 것 외에는 없다.

S ㅣ엘반데르에게 있어 정치적 민주주의의 핵심은 1인 1표주의다.

M ㅣ스웨덴에서 경제적 의사결정에서 1인 1표주의가 지켜지고 있는가? 소수의 부유층이 의사결정을 독점하고 있지 않은가?

S ㅣ기능사회주의론에 대해 어떻게 생각하는가?

M ㅣ나는 기능사회주의론을 한 번도 믿어본 적이 없다. 사민당의 그간의 경제정책은 칼레비(Nils Karleby)로부터 크게 영향받은 것이었다. 즉 사적 소유권 자체는 건드리지 않되 소유권의 행사 방식을 통제한다는 것인데, 나는 이를 믿지 않는다. 소유권을 변화시키지 않는 한 권력관계를 변화시킬 수 없다.

S ㅣ만일 임노동자기금이 도입된다면 주식시장의 기능이 크게 위축되기 쉽다고 본다. 그럴 경우 기업들에 위험자본을 공급해주는 기능은 어떤 다른 시장이나 기관이 수행할 수 있겠는가?

M ㅣ왜 주식시장의 기능이 위축될 거라고 생각하는가?

S ㅣ기존 주주들은 임노동자기금이 이윤극대화를 추구하지 않으리라 예상할 테니 주식투자의 예상 수익률이 하락하게 될 것이고, 이에 따라 기존 주주들이 그들의 보유 주식을 매각하여 주가가 하락하지 않겠는가?

M ㅣ우리가 기금안을 입안했을 당시에는 AP 기금의 규모가 상당히 컸다. 이 기금으로 주식을 구입할 수도 있었고 새로운 공적 기금을 만들기도 쉬웠다. 이에 비해 당시 주식시장의 규모는 매우 작았다. 따라서 공적 기금들을 통해 주식을 충분히 구입할 수 있었다. 또 과연 기금제도가 도입되면 기업들의 수익률이 떨어질지 여부도 그리 확실한 건 아니다. 다만 기존 주주들의 심리적 공황 현상으로 인해 주식시장이 급격히 위축되는 사태는 상정할 수 있다고 본다. 어쨌든 이 문제는 실제로 시행해보기 전에는 예측하기 어려운 문제다.

S ㅣ스웨덴의 EU 가입에 대해 어떻게 생각하는가?

M ㅣ나는 이에 대해 일관되게 반대했던 사람 중의 하나다. 당시 LO 조합원의 75%가 EU 가입에 반대했다. 그러나 나중에 LO 지도부가 가입에 동의했다. 오늘날 지구화된 자본운동이란 현실을 고려할 때, 국제적 차원에서 노동자 정당들 및 노동조합들 간의 연대와 공동 조직을 통해서만 대량 실업과 같은 문제들을 해결할 수 있지 일국적 차원에서의 노력으로는 문제를 근본적으로 해결할 수 없다고 본다. 그러나 그러한 연대와 조직이 형성되려면 오랜 시간을 기다려야 할 테고, 그 사이에 대량 실업이나 사회적 갈등의 고조와 같은 고통스런 문제들이 대두될 것이다.

S ㅣ기금안 입안 과정에서 당신과 헤드보리(Anna Hedborg), 폰드(Gunnar Fond) 사이의 역할 분담 방식은 어떤 것이었나?

M ㅣ폰드는 작업에 깊이 관여하지 않았다. 설문 조사결과 분석과 같은 기술적 작업들을 약간 한 정도고, 기금안에 대해서도 나나 헤드보리와는 의견이 다른 부분이 많았다. 결국 나와 헤드보리가 대부분의 작업을 했는데 대부분의 문제에서 우리는 의견을 같이했다. 나는 기금문제의 이데올로기사적, 국제논쟁사적 맥락을 다루는 데 더 주력했고, 예컨대 다국적 콘체른은 기금제도에서 어떻게 다루어져야 하느냐는 것과 같은 기술적 문제들은 헤드보리가 많이 다루었다.

S ㅣ당신의 기금안에서 기금자금을 기업들에 대한 대출 등에 이용하지 않고 해당 기업 내에 주식 형태로 동결되도록 한 이유는 무엇인가?

M ㅣ서독 등에서의 경험을 살펴볼 때, 기금자금을 기업 내에 동결시키지 않으면 얼마 안 있어 기금자금이 사라지게 되리라고 판단했다.

S ㅣ엘반데르는 당신의 기금안에서처럼 경제체제의 이행 기간이 길면 기존 주주들이 자본을 해외로 유출시키는 등 각종 사보타지를 시도하여 경제위기를 초래하기 쉽기 때문에 이행 기간은 가능한 한 짧을수록 좋다고 주장했다. 이에 대해 어떻게 생각하는가?

M ㅣ당시에는 스웨덴 자본시장이 정부의 규제하에 있었기 때문에 자본의 해외유출이 어려웠다. 그러다 1970년대 말부터 자본시장이 자유화되어 간 것이다. 따라서 현재의 상황을 기준으로 생각해본다면 엘반데르의 말이 옳지만, 당시에는 그렇지 않았다.

임노동자기금논쟁 연표

1951   LO 총회에서 렌-마이드너 모델이 체계적으로 제시된 보고서 *Fackföreningsrörelsen och den fulla sysselsättning*(노동조합운동과 완전고용)이 제출됨

1952   LO와 SAF 간 중앙단체교섭 개시

1956   LO와 SAF 간 중앙단체교섭 연례화

1957   횔드(Per Edvin Sköld)가 피용자 기업저축안 제안

1959   비그포르스(Ernst Wigforss)가 그의 저술 *Kan dödläget brytas? Dagspolitk och utopi*(정체상태를 타개할 수 있는가? 일상정치와 유토피아)에서 '소유주 없는 사회적 기업' 구상 제시.

1961   LO 총회 보고서 *Samordnad näringspolitik*(조정된 산업정책)에서 부문합리화기금안이 제안됨.

1966   LO 총회 보고서 *Fackföreningsrörelsen och den tekniska utveckling*(노동조합운동과 기술발전)에서 부문기금안이 제안됨.

1971   LO 총회에서 연대임금정책으로 인해 발생하는, 고수익 기업들의 초과이윤 취득 문제의 해결을 요구하는 발안들이 제기됨.

1973   LO 지도부의 요청에 따라 마이드너(Rudolf Meidner)를 책임자로 하는 LO 연구그룹이 구성됨.

1974   – SAF와 산업연합(Sveriges Industriförbund)이 공동으로 이윤분배
        제도의 도입 문제를 연구할 연구그룹을 발족시킴.
        – 자유당은 의회 발안을 통해, 기업 내에서 진행되는 자본형성에
        임노동자들이 참여할 수 있는 방안을 연구하기 위한 국가연구위
        원회를 발족시킬 것을 제안.

1975   1월. 이윤분배제도와 임노동자 자본형성 참여방안 도입 문
        제를 연구할 국가연구위원회 *Utreding om löntagarna och
        kapitaltillväxten*(임노동자들과 자본성장에 관한 연구위원회) 발족.
        8월. 마이드너그룹의 임노동자기금안 시안 *Löntagarfonder* (임
        노동자기금)가 발간됨.
        11월. '경제학회'(Nationalekonomiska Förening)에서 임노동자기
        금문제에 대한 토론회 개최.

1976   '경제학회'가 발간하는 학술지 *Ekonomisk Debatt* (경제토론)
        1976년 1호는 임노동자기금문제를 특집으로 다룸.
        5월. SAF와 산업연합 공동연구그룹의 보고서 *Företagsvinster,
        kapitalförsörjning, löntagarfonder*(기업이윤, 자본조달, 임노동자
        기금)가 발간됨.
        6월. LO 총회에서 마이드너 그룹의 임노동자기금 최종안
        Kollektiv kapitalbildning genom löntagarfonder(임노동자기금
        을 통한 집단적 자본 형성)가 제출됨. LO 총회는 이 기금안을 공식
        적으로 승인하고, 임노동자기금제도의 도입을 위해 노력하기로
        공식적으로 결의함.
        9월. 총선에서 사민당 패배. 이로 인해 사민당은 44년 만에 정권
        을 부르주아 정당들에게 내어주게 됨.
        TCO 총회에서 임노동자기금 문제를 다룬 보고서 *Löntagarkapital*
        (임노동자자본)이 제출됨.

1977   - 임노동자기금안 수정안을 작성할 과제를 맡은 LO-사민당 공
        동연구그룹 발족.
        - 좌익당 당수 헤르만숀(Carl-Henrik Hermansson)은 임노동자기
        금 문제에 대한 좌익당의 공식입장을 담은 소책자 *Socialism eller
        löntagarfonder?*(사회주의냐 임노동자기금이냐?)를 발간.
1978   2월. LO-사민당 공동연구그룹의 보고서 *Löntagarfonder och
        kapitalbildning*(임노동자기금과 자본형성)이 발간됨.
1979   - 중앙당은 의회 발안에서 임노동자협동조합안을 제시.
        - 총선에서 사민당 다시 패배.
        - TCO 총회에서 임노동자기금문제를 다룬 보고서 *Löntagarkapital
        genom fonder - ett ptincipförslag*(기금을 통한 임노동자자본 - 원
        칙적 제안)이 제출됨.
        - SACO/SR 총회에서 임노동자기금문제를 다룬 보고서
        Löntagarfonder?(임노동자기금?)가 제출됨.
1981   - LO-사민당 공동연구그룹의 2차 보고서 *Arbetarrörelsen och
        löntagarfonder*(노동운동과 임노동자기금)가 발간됨.
        - *Ekonomisk Debatt*지 1981년 5호에서 임노동자기금문제 특집
        마련.
        - 마이드너가 그간의 임노동자기금논쟁을 회고적으로 정리·평
        가한 책 *Om löntagarfonder*(임노동자기금에 관하여) 발간.
        - SACO/SR 총회에서 임노동자기금문제에 대한 SACO/
        SR의 최종안 *Fonder för förändring: SACO/SR:s förslag till
        medborgarfonder*(변화를 위한 기금: SACO/SR의 시민기금안)가 제
        출됨.
        - 국가연구위원회의 최종보고서 발간. 이와 동시에 국가연구위
        원회 해산.

1982   - 총선에서 사민당 재집권에 성공.

- TCO 총회에서 임노동자기금문제를 다룬 보고서 *Fackliga krav på kapitalbildningen*(자본형성에 대한 노동조합의 요구)이 제출됨.

- 임노동자기금문제에 대한 좌익당의 최종안이 담긴 소책자 *Arbetarrörelsen och fonderna: VPK:s fondförslag*(노동운동과 기금: 좌익당의 기금안)이 발간됨.

1983   10월 4일. 스톡홀름에서 임노동자기금 도입에 반대하는 군중시위에 7만 5천 명의 시민이 참가.

12월 21일. 사민당 정부가 작성한 임노동자기금 입법안이 의회에서 표결을 통해 통과됨.

1984   1월. 임노동자기금 입법안에 따라 기금적립 개시.

1990   12월. 기금적립 종료.

1991   총선에서 사민당 패배. 부르주아 정당 연립정부 재출범. 부르주아 정당 연립정부는 출범 직후 임노동자기금제도를 폐지하자는 입법안을 의회에 제출하여 통과시킴.